KB177516

톨스토이(1828~1910)

▲야스나야 폴랴나
풍경
느릅나무 숲에
난 작은 오솔길은
톨스토이가 곧잘
미역을 감던 보롱
카 강으로 이어진
다. 카잔 대학을
중퇴하고 고향으
로 돌아와 있을
때 톨스토이가 심
은 나무가 코앞에
보인다.

◀톨스토이의 생가
그는 1856~1910
년까지 대부분의
세월을 여기서 보
냈다.

〈숲속에서 책 읽는 톨스토이〉 일리야 레핀. 1891.

◀톨스토이와 소피야

▼손자들에게 재미있
는 이야기를 들려주는
톨스토이
톨스토이의 손자는
26명이나 된다.

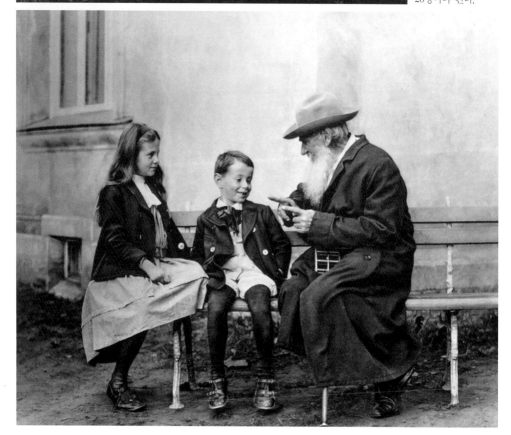

숲속에서 생각에 잠긴 톨스토이(1897)

1908년 죽기 2년 전 찍은 원색 사진

가출 1910년 10월 28일 새벽, 톨스토이는 전부터 생각해오던 가출을 결행했다.

A Calendar of Wisdom

Daily Thoughts to Nourish
the Soul

Written and Selected
from the
World's Sacred Texts

by

Leo Tolstoy

Translated from the Russian by
Peter Sekirin

First Time in English

《인생이란 무엇인가》 표지 영문판

세계사상전집086
Lev Nikolaevich Tolstoy
A CALENDAR OF WISDOM

인생이란 무엇인가 I

톨스토이/채수동 고산 옮김

동서문화사

　〈인생이란 무엇인가〉는 세계 수많은 위대한 작품과 사상서에서 삶의 지혜를 내가 가려 엮은 것이다. 글 끝마다 지은이를 밝혀 두었다. 출처를 밝히지 않는 것은 지은이 미상의 책에서 뽑은 것이거나 내가 직접 쓴 것이다. 그러나 그 글을 추려낸 원전 제목, 작품을 정확하게 밝히지는 않았다. 어떤 부분은 원서가 아닌 외국어판에서 다시 옮긴 것도 수록돼 있어서 내 옮김이 원문과 완전히 일치하지 않을 수도 있다. 독일, 프랑스, 이탈리아 사상가들의 글을 뽑을 때는 원문을 엄격하게 따르지 않고, 이해하기 쉽게 다시 써 옮겼으며 때에 따라서는 간략하게 줄이기도 했다.

　독자들은 이 글들이 파스칼이나 루소의 것이 아니라 나의 창작이라고 말할지도 모르지만, 조금 언어가 변형되긴 했어도 그들의 사상을 전달하는 데는 아무런 문제가 없다고 생각한다.

　그러므로 이 책을 다른 말로 옮기려는 사람이 있다면 영국 시인 콜리지, 독일 철학자 칸트, 프랑스 저술가 루소의 원문을 해석하려 들지 말고 나의 글을 직접 옮길 것을 권하고 싶다. 그 글이 더러 원문과 일치하지 않는 또 다른

이유는, 길고 복잡한 주장에서 하나의 단상을 뽑아내야 했는데 이때 표현의 명료성과 통일성을 위해 부득이하게 낱말과 구절을 바꿔야 했기 때문이다. 어떤 경우에는 지은이의 생각을 나 자신의 말로 바꿔 표현한 것도 있다.

그렇게 된 이유는 내가 이 책을 세상에 내놓는 목적이 본디 지은이의 말을 앵무새처럼 따라 읊기 위함이 아니라 여러 저술가들의 위대하고 유익한 지적 유산을 많은 독자가 매일 쉽게 다가가서 읽고 최상의 생각과 감정을 얻도록 하려는 것이기 때문이다.

내가 이 책을 만들면서 경험했으며 이 책을 새로 새로 엮어나가느라 나날이 되새겨 읽으면서 다시금 경험하게 된 이 뜻깊고 숭고하며 아름답게 고양된 감정을 이 책을 읽을 독자들도 부디 경험하게 되기를 바란다.

야스나야 폴랴나에서
레프 톨스토이

디자인 : 동서랑 미술팀

인생이란 무엇인가 I II
차례

인생이란 무엇인가 I

머리글–래프 톨스토이

1월 ··· 15

도둑의 아들·28/회개한 죄인·47/자기완성·63/그리스도교의 본질·79

2월 ··· 90

이성·99/부처·114/자기희생·133/자유인·134

천사 가브리엘·151/기도·151

3월 ··· 166

가난한 사람들·173/(1) 합일·192/(2) 항해·193

폭력으로 악에 대항하지 말라·209

수라트의 찻집·225/코르네이 바실리예프·246

4월 ··· 265

선(善)·277/채소장수·294/편지에서·324/달걀만한 씨앗·340

5월 ··· 348

교육·358/교육에 관한 편지·359/병원에서의 죽음·379

폭력의 법칙과 사랑의 법칙·394/소크라테스의 변명·410

6월 ··· 422

귀여운 여인·426/체호프의 단편 〈귀여운 여인〉 뒤에 부친 글·438

정말 이래도 된단 말인가·456/첫 슬픔·474

스스로 노예이기를 원하다·502/독수리·510/딸기·528

인생이란 무엇인가 II

7월···541

파스칼·559/1. 세상의 구조·582

2. 초기 그리스도교도의 전쟁에 대한 태도에 대하여·583

3. 병역을 거부했던 농부 올리호비크의 편지·586

믿음이 없는 사람·604/1. 뉘우침·624

8월···632

1. 큰곰자리·641/2. 참새·642/3. 쿠나라의 눈·642

가톨릭과 개신교·677/토지제도에 대해·693

9월···708

사람들은 왜 스스로를 마비시키는가·711/어린이의 힘·729

페트르 헬치츠키·746/1. 멕시코 왕의 유서에서·766

2. 소크라테스의 죽음·766/사무엇 때문에?·788

10월···815

살아 있는 주검·826/하느님의 법칙과 이 세상의 법칙·853

라므네·875/계시와 이성·892

11월···906

신적인 것과 인간적인 것·913/그리스도교와 인간 차별·965

사랑의 요구·987/미리엘 주교·1007

12월···1024

여성·1027/누이들·1029/〈열두 사도의 가르침〉 서문·1051

〈열두 사도에 의해 사람들에게 전해진 주의 가르침〉·1054

해리슨과 그의 '선언'·1081/미치광이·1103

헝가리와 세르비아, 크로아티아에 퍼져있는 나사렛파에 대하여·1127

톨스토이가 남긴 인류 지혜의 유산—채수동·고산·1135

1월

1월 1일

1

그리 중요치 않은 평범한 것을 많이 알기보다는 참으로 좋고 필요한 것을 조금 아는 것이 더 낫다.

2

잘 갖추어진 작은 서재에 굉장한 보배가 존재할 수 있다. 수천 년에 걸친 세계의 모든 문명국에서 추려낸 가장 지혜롭고 고귀한 위인들의 세계, 즉 그들의 연구와 지혜의 소산이 그 책들 속에 고스란히 살아 숨쉼을 우리에게 보여주고 있기 때문이다. 모습을 드러내지 않으며 가까이 하기 어려운 존재인 그들은, 우리가 자신들의 고독을 깨뜨리거나 자신들의 작업을 방해하는 것을 견디지 못할 것이고, 또는 사회적 조건들이 그들과의 교류 자체를 불가능하게 할 수도 있을 것이다. 그러나 책 속에는 그들의 최상의 벗에게도 보여주지 않았던 사상이, 세기를 건너뛰어 누구인지도 모르는 우리에게 명료한 언어로 펼쳐져 있다. 우리는 인생에서 가장 큰 정신적 은혜를 책 속에서 얻고 있는 것이다.

에머슨

3

인간은 원래 반추동물이다. 그러므로 우리는 그저 많은 책을 머리에 채워 넣는 것만으로는 충분하지 않다. 우리가 삼킨 것을 잘 새김질하여 소화시키지 않는다면 책은 우리에게 아무런 힘과 자양도 주지 않을 것이다.　　　　로크

4

다양한 저자의 저술과 온갖 종류의 책을 읽음으로써 우리 머리 속에 혼란

과 모호함이 일어나지 않도록 조심하라. 만약 독서를 통해 무엇인가 유익한 것을 끌어내고 싶거든 진정으로 가치 있는 저자의 책만을 즐기도록 해야 한다. 책을 무턱대고 많이 읽는 것은 두뇌를 산만하게 만들 뿐이다. 그러므로 확실히 양서로 정평이 나 있는 책만 읽도록 하라. 만약 잠시 다른 종류의 책을 접하고 싶은 생각이 나더라도 언젠가는 다시 본래의 독서법으로 돌아가기를 잊지 말라.

세네카

5

무엇보다 먼저 좋은 책부터 읽어라. 그렇지 않으면 결국 평생 그 책을 읽을 기회를 놓치게 될 것이다.

소로

6

자신의 사상이 고갈되었다고 느낄 때 비로소 책을 읽어야 한다. 그것은 지극히 총명한 사람들에게도 흔히 일어나는 일이다. 그러나 독서에 의해, 아직 완성되지 못한 자신의 사상을 혼란케 하는 일은, 자기 영혼에 대한 범죄 행위이다.

쇼펜하우어

7

문학에서도 인생에서와 같은 현상을 볼 수 있다. 어디를 돌아보나 마치 여름철 파리처럼 득실거리며 모든 것을 더럽히고 있는 구제할 길 없는 속된 무리와 부딪히게 된다. 그것 때문에 실제로 나타나고 있는 악서의 범람과 좋은 씨앗의 발아를 방해하는 문학적 독초의 이상 번식이 일어나고 있다. 그와 같은 책들은, 엄선된 참으로 뛰어난 작품에 투자해야 할 시간과 돈과 정신력을 훔치고 있다.

악서는 무익하기만 한 것이 아니라 단연코 유해하다. 홍수처럼 쏟아지는 문학서 가운데 십중팔구는 우매한 독자의 호주머니에서 조금이라도 더 돈을 뜯어내려는 목적으로 출판되고 있다. 그래서 저자와 출판업자와 인쇄업자들은 고의로 책을 두껍게 만들고 있는 것이다.

돈벌이를 위해 글을 쓰는 매문업자는 더더욱 유해하고 후안무치한 기만을 자행하고 있다. 하찮은 문장을 늘어놓고 한 줄에 얼마라고 하는 이 일용 노동자들은 독자의 기호에 흠집을 내고 참된 문화를 망치고 있다.

이 같은 해독에 대항하는 수단으로서 우리는 반드시 '읽지 않는 것'을 배워야 한다. 즉, 대중에게 인기가 있는 책, 평판이 자자한 책은 아예 읽지 말아야 한다. 더욱 과감하게 말하면, 발행된 첫해가 그 존재의 마지막해가 되는 책은 모두 멀리해야 한다.

분명히 말해두지만, 어리석은 사람들을 대상으로 하는 저자가 언제나 가장 많은 독자층을 확보하는 법이다. 우리는 이 짧고 덧없고 한정된 생애를, 동서고금의 위대한 작품과 수많은 열등작가들 위에 탑처럼 우뚝 솟아 있는 천재적 작가들의 작품을 가까이하며 보내지 않으면 안 된다. 오직 이러한 저자들만이 우리를 정말로 움직일 수 있고 가르칠 수 있기 때문이다.

악서는 아무리 적게 읽어도 지나치지 않고, 양서는 아무리 많이 읽어도 과하다고 할 수 없다. 악서는 마음을 흐리게 하는 정신적인 독이다.

어리석은 사람들은 고금의 양서는 읽을 줄 모르고, 그저 그 시대의 새로운 작품만 읽기에 바쁘다. 때문에 오늘날의 지식인들은 언제나 우물 안 개구리처럼 같은 주제를 우려먹으며 같은 주장만 되풀이하고 있다. 그로 인해 우리 시대는 해악에서 좀처럼 벗어나지 못하고 있는 것이다.　　　　　쇼펜하우어

8

물질적인 독물과 정신적인 독물의 차이는 다음과 같다. 물질적인 독물은 대부분 맛이 불쾌하지만, 저급한 신문이나 악서 같은 정신적인 독물은 불행히도 아주 매혹적이라는 점이다.

1월 2일

1

가장 야만적인 미신의 하나는, 현대의 대다수 학자들에게 만연하고 있는, '인간은 신앙이 없이도 살아갈 수 있다'는 미신이다.

2

언제 어느 시대를 불문하고 사람들은, 자신을 처음으로 이 세상에 보낸 이가 누구이고, 또 그 궁극의 목적이 무엇인지 알고 싶어하며, 적어도 그것에 대

해 자기 나름의 이해를 가지기를 열망해왔다. 그래서 이 같은 요구를 만족시키기 위해, 만인을 하나의 기원을 가진 형제로 결합시키고, 그들의 삶에 공통된 과제와 공통된 궁극의 목적을 천명하기 위해 종교가 등장한 것이다.

주세페 마치니

3

진정한 종교는, 사람들이 자기를 에워싸고 있는 무한한 삶과의 사이에 수립하는 관계를 뜻한다. 그 관계가 그의 삶과 이 무한한 삶을 연결하여 그의 행위를 지도하는 것이다.

4

모든 종교의 본질은 나는 무엇을 위해 사는가, 그리고 나를 둘러싼 무한한 세계와 나는 어떤 관계에 있는가 하는 물음에 대한 해답에 있다. 가장 고차원적인 종교에서 가장 야만적인 종교에 이르기까지 거의 모든 종교가 그 밑바탕에, 이러한 인간을 둘러싸고 있는 세계와 '나'의 관계의 수립이라는 문제를 가지고 있다.

5

종교는 사람들에게 최고의 교육자이며 최대의 계몽자이지만, 반면에 외면적인 현상과 정치상의 이기적 활동은 인류의 진보를 방해하는 가장 큰 장애물이다. 종교의 본질인 신성함과 영원함은 살아 있는 한, 느끼는 한 모든 사람의 마음을 한결같이 채워준다.

우리가 탐구의 길로 나아가면 갈수록, 모든 위대한 종교의 근본 원리는 하나라는 것, 천지창조 이후 오늘날까지 연면히 이어져온 가르침이 그 하나로 관철되어 있음이 밝혀질 것이다.

모든 신앙의 밑바탕에는 오직 하나의 영원한 진리의 흐름이 있다.

조로아스터교도는 조로아스터교의 깃발을, 유대교도는 유대교의 깃발을, 그리스도교도는 십자가를, 이슬람교도는 그들의 반월기(半月旗)를 걸게 하라. 그러나 그들도 모두, 그러한 것은 단순한 외면적인 표징(表徵)에 지나지 않으며, 모든 종교의 본질적 원리는 예수, 바울, 마누, 조로아스터, 부처, 모세, 소크라테스, 실러, 마호메트가 한결같이 설파한 '이웃에 대한 사랑'이라는 것을 잊어서는 안 된다.　　　　　　　　　　　　　　　　　　　　　　　모리스 플류겔

6

특정한 가르침을 신의 계시로 정하는(그래서 그것을 신학이라고 부르지만) 것이 아니라, 인간의 모든 의무를 신의 계율로 정하는 것 속에 모든 종교의 본질이 존재한다.　　　　　　　　　　　　　　　　　　　　　　　칸트

7

신앙이 없는 사람의 생활은 금수의 생활과 조금도 다를 바가 없다.

1월 3일

1

"내 양식은 나를 보내신 분의 뜻을 행하고 그분의 사업을 성취하는 데 있다"고 그리스도는 말했다. 우리에게도 저마다 우리를 보내신 분의 일을 성취하기 위해 해야 할 일이 있다. 우리는 신이 우리를 통해 이룩할 사업의 전모를 알 수는 없다. 그러나 그 사업에 동참하기 위해 우리가 무엇을 해야 하는지는 모를 수가 없다.

2

나더러 주여! 주여! 하는 자마다 천국에 다 들어갈 것이 아니요, 다만 하늘에 계신 내 아버지의 뜻대로 행하는 자라야 들어가리라.　마태복음 제7장 21절

3

타오르는 힘, 빛을 발하는 힘이 없다면, 적어도 빛을 가리지는 않도록 하라.

4

지혜의 법칙을 아는 자는 그것을 사랑하는 자보다 못하다. 그것을 사랑하는 자는 그것을 실천하는 자보다 못하다.　　　　　　　　　　　　　중국 잠언

우리 생애에서 가장 중요한 문제는, 우리에게 주어진 이 짧은 생애에서 우리를 이 세상에 보낸 이가 우리에게 바라는 것을, 우리가 얼마나 실천하며 살아가고 있는가 하는 점이다.

우리는 과연 그렇게 살고 있는가?   탈무드

나는 괴롭다, 나는 신에게 도움을 청한다. 그러나 내가 신을 섬겨야 하는 것이지 신이 나를 섬겨야 하는 것이 아니지 않는가. 그것을 깨닫는다면 괴로움은 절로 가벼워질 것이다.

이 지상과 천상 사이에 심연이 있는 것은 아니다. 신이 우리에게 준 주거가 영원히 악과 이기주의와 압박의 지배 아래 있어야 한다고 생각하는 것은 신성모독이라고 하지 않을 수 없다. 지상은 단순한 속죄의 장소가 아니라 우리가 진리와 정의를 실천하기 위해 노력해야 하는 곳이다. 그 진리와 정의에 대한 갈망은 모든 사람의 마음속에 내재되어 있다.   주세페 마치니

언젠가 우리는 천사가 될 것이라고 생각하고 있든, 옛날에는 연체동물이었다고 믿고 있든, 중요한 것은 우리는 우리에게 주어진 일을 성실히, 그리고 실수 없이 완수해야 한다는 사실이다.   존 러스킨

인생의 목적을 단순히 일신상의 행복이라고 생각한다면, 인생은 견디기 어려운 허망한 것이 되고 말 것이다. 그러나 성현이, 그리고 우리의 이성, 우리의 심장이 우리에게 말하듯이, 인생이란 우리를 이 세상에 보내신 분에 대한 봉사라고 생각한다면, 그 순간부터 인생은 끊임없는 기쁨이 될 것이다.

1월 4일

1

우리는 아무리 그럴 생각이 없어도, 싫든 좋든 이 세상과 맺어져 있음을 느끼지 않을 수 없다. 산업, 교역, 예술, 지식 등이, 특히 우리 처지의 동일성, 세계에 대한 관계의 동일성이 우리를 결합시키고 있다.

2

선한 사람들은 굳이 그것을 의식하지 않고 서로 돕고 산다. 그러나 악한 사람들은 의식적으로 서로에게 적대행위를 하기 마련이다.　　　　　중국 속담

3

모든 사람은 저마다 무거운 짐을 지고 있고, 저마다 결점을 가지고 있다. 남의 도움 없이 살아갈 수 있는 사람은 아무도 없다. 그러므로 우리는 서로를 위로하고 대화하고 충고하면서 돕지 않으면 안 된다.　　　　　성현의 사상

4

이 세상은 천 사람이 함께 일하면 같은 천 사람이 따로따로 일할 때보다 훨씬 많은 것을 생산할 수 있도록 되어 있다. 그렇다고 여기서 구백구십구 명의 사람이 한 사람의 노예가 되어야 한다는 결론을 내려서는 안 된다.　헨리 조지

5

선한 사람은 악한 사람의 스승이다. 악인은 선인이 교육해야 할 학생에 지나지 않는다. 자신의 스승을 존경하지 않는 사람도, 자신의 제자를 사랑하지 않는 사람도, 똑같은 잘못을 저지르는 것이다.　　　　　노자

6

인간은 모두 아담의 자식, 말하자면 하나의 몸에 딸린 손이고 발이다. 손이 괴로우면 발도 괴롭다. 남의 괴로움에 냉담한 자는 인간이라는 이름으로 불릴 자격이 없다.　　　　　사디

우리 한 사람 한 사람의 생활은 인류 전체의 생활과 밀접하게 결부되어 영위되지 않으면 안 된다. 왜냐하면 모든 피조물은 조화와 합일을 추구하고 있기 때문이다. 자연계에 있어서와 마찬가지로, 정신계에 있어서도 모든 생명 현상은 서로 긴밀한 관계로 맺어져 있다. 　　　　　　마르쿠스 아우렐리우스

8

천지창조 이후의 인류 역사는 인류의 합일을 향한 끊임없는 전진의 역사이다. 이 합일은 수많은 다양한 방법으로 달성되는 것이며, 그 합일을 위해 일하는 사람들뿐만 아니라, 그것에 저항하는 사람들까지 거기에 봉사하고 있는 것이다.

1월 5일

1

사람들이 북적대는 건물 안에서 누군가가 "불이야!" 하고 외친다. 그러면 사람들은 한꺼번에 출구로 몰려가고, 눈 깜짝할 사이에 수십 명 수백 명의 사람들이 죽게 된다.

2

언어에 의한 해독은 명백하다. 우리가 우리의 언어에 의해 괴로워하는 사람들을 눈앞에서 보지 않는다 해도 그 해독이 큰 것은 마찬가지이다. 총에 맞은 상처는 나을 수 있지만, 언어에 의해 입은 상처는 결코 아물지 않는다.

페르시아 격언

3

우리는 모두 실수하는 일이 많습니다. 말에 실수가 없는 사람은 온 몸을 잘 다스릴 수 있는 완전한 사람입니다. 말은 입에 재갈을 물려야 고분고분해집니다. 그래야 그 말을 마음대로 부릴 수가 있습니다. 또 배를 보십시오. 거센 바람의 힘으로 움직이는 크디 큰 배라도 아주 작은 키 하나로 조종됩니다. 그래서 키잡이는 자기가 원하는 방향으로 그 배를 마음대로 몰고 갈 수 있습니다.

이와 같이 혀도 인체에서 아주 작은 부분에 지나지 않지만 엄청나게 허풍을 떱니다. 아주 작은 불씨가 굉장히 큰 숲을 불살라 버릴 수도 있습니다. 혀는 불과 같습니다. 혀는 우리 몸의 한 부분이지만 온 몸을 더럽히고 세상살이의 수레바퀴에 불을 질러 망쳐 버리는 악의 덩어리입니다. 그리고 혀 자체도 결국 지옥불에 타 버리고 맙니다. 야고보서 제3장 2~6절

4

남을 헐뜯는 얘기를 들을 경우, 그들과 함께 맞장구를 치지 말라. 남의 험담을 들으면 끝까지 다 듣지 말고 이미 들은 것은 잊도록 하라. 반대로 남의 선행에 대한 말을 듣거든 그것을 마음에 새겨 두고 여러 사람에게 얘기하라. 그렇게 하면 우리는 이내 그런 것에 길들여져, 남의 험담을 들을 때는 자신이 욕을 얻어먹은 것처럼 괴로움을 느끼고, 저도 모르게 남에 대해 험담을 해버렸을 때는 자기가 자기 자신을 때린 것처럼 아프게 느낄 것이다. 동양의 금언

5

논쟁에는 귀를 기울이되 거기에 끼어들지는 말라. 아무것도 아닌 사소한 말에도 격앙과 흥분을 경계하라. 노여움은 어떠한 경우에도 바람직하지 않지만, 옳은 일을 하는 경우에는 더욱 그렇다. 왜냐하면 노여움이 그 옳은 일을 흐려 놓기 때문이다. 고골리

6

내가 말하기를 나의 행위를 조심하여 내 혀로 범죄치 아니하리니, 악인이 내 앞에 있을 때에 내가 내 입에 자갈을 물리리라 하였도다. 시편 제39편 1

7

말로 사람들 마음에 서로의 반감을 부채질하여 그들의 합일을 방해하는 사람이 되어서는 안 된다.

1월 6일

1

착한 일을 하기 위해서는 노력이 필요하지만, 악을 행하지 않기 위해서는 그 이상의 노력이 필요하다.

2

성인의 경지에 도달하는 데는 자제심이 가장 중요하다. 그 자제심은 되도록 일찍부터 습관을 들이지 않으면 안 된다. 어릴 때부터 그것이 몸에 배어 있으면 우리의 덕행은 견고한 것이 될 것이다. 덕행이 견고한 사람에게는 극복할 수 없는 일은 아무것도 없다.

노자

3

사람들이 그처럼 매혹되어 있는 모든 것, 그리고 그것을 얻기 위해서 그처럼 골몰하고 있는 것, 그러한 것은 그들에게 아무런 행복도 가져다주지 않는다. 사람들은 골몰하고 있는 동안에는 그 갈망하는 것 속에 자신들의 행복이 있다고 생각하지만, 그것이 손에 들어오자마자 그들은 다시 안절부절못하고 아직 손에 넣지 못한 것을 바라며 남들이 갖고 있는 것을 부러워한다. 마음의 평화는 헛된 욕망의 충족에 의해 생기는 것이 아니라, 반대로 그 같은 욕망을 버림으로써 얻어지는 것이다. 그것이 진실이라는 것을 확인하고 싶다면, 그러한 헛된 욕망을 만족시키기 위해 네가 오늘까지 쏟아온 노력의 반이라도 좋으니, 그러한 욕망으로부터 자기 자신을 해방시키는 데 힘써 보라. 그러면 너는 곧 그렇게 함으로써 훨씬 더 많은 평화와 행복을 얻을 수 있다는 것을 발견할 것이다.

에픽테토스

4

유혹에 굴복하지 않는 사람에게 영광이 있을지어다. 하느님은 모든 자들을 시험한다. 어떤 사람은 부(富)를 통해, 어떤 사람은 가난을 통해. 부유한 자는 가난한 자에게 아낌없이 베푸는지, 가난한 자는 그 가난을 원망하지 않고 순종하는 마음으로 견뎌내고 있는지를.

탈무드

5

화살같이 달리는 마차와도 같은 자신의 분노를 꾹 참을 수 있는 사람이야 말로 좋은 마부라고 불릴 자격이 있다. 그 밖의 힘없는 사람은 그저 고삐만 잡고 있을 뿐이다.　　　　　　　　　　　　　　　　　　　부처의 가르침

6

만일 불쾌한 일이 자꾸 겹쳐서 분노와 격앙을 느끼거든 얼른 자기 자신 속에 침잠하여 자제심을 잃지 말도록 하라. 우리가 의지의 힘으로 평화로운 정신상태로 돌아가는 법을 배우면 배울수록 우리 내부의 정신을 평화롭게 유지하는 능력은 커진다.　　　　　　　　　　　　　　마르쿠스 아우렐리우스

7

우리가 자신의 욕정을 억제하지 못하고 여러 번 죄에 빠지더라도 결코 절망해서는 안 된다. 욕정과의 싸움을 계속하면 계속할수록 그 힘이 약해져서 쉽게 그것을 이겨낼 수 있다.

1월 7일

1

사람들에 대한 선의는 인간의 의무이다. 만일 우리가 선의로써 사람을 대하지 않는다면 우리는 인간의 가장 중요한 의무를 이행하지 않는 것이 된다.

2

아무리 비참하고 우스꽝스러운 사람일지라도, 우리는 그를 존중하지 않으면 안 된다. 또한 어떤 사람의 내부에도, 우리들 속에 살고 있는 것과 똑같은 영혼이 살고 있다는 것을 잊어서는 안 된다. 어떤 사람이 정신적으로나 육체적으로 혐오감을 불러일으킬 때도, '그래, 세상에는 온갖 사람이 다 있게 마련이니까 참아야지' 하고 생각하라. 만일 우리가 그런 사람들에게 혐오감을 드러낸다면, 첫째로 우리는 옳게 행동하는 것이 아니며, 둘째로 그들을 결사적인 싸움으로 유인하게 된다. 그가 어떤 사람일지라도 자기 자신을 바꿀 수는 없다. 그로서는 불구대천의 원수로서 우리와 싸울 수밖에 없지 않은가! 그런데

도 우리는 그가 현재와 같은 인간이 아니라면 좀더 잘해 줄 수 있을 텐데 하고 생각한다. 그러나 그에게 그런 일은 불가능하다. 따라서 우리는 어떤 사람이라도 선의로 대하며, 그에게 다른 사람이 될 것을 요구하지 않도록 해야 한다.
쇼펜하우어

3

악의 유혹에 빠진 사람을 잔인하게 대해서는 안 된다. 자신도 남에게 위로받은 적이 있는 것처럼, 그 사람을 위로하기에 힘써라.
성현의 사상

4

① 오늘 할 수 있는 일을 내일로 미루지 말라.

② 내가 할 수 있는 일을 남에게 시키지 말라.

③ 오만은 의식주에 필요한 경비보다 더 비싼 값을 치르게 한다.

④ 우리는 일어날지도 모른다는 것만으로, 실제로 일어나지도 않은 일을 가지고 얼마나 괴로워하는가!

⑤ 만약 화가 나거든 무엇인가를 하거나 말을 하기 전에 열을 세도록 하라. 그래도 여전히 마음이 가라앉지 않거든 백까지, 그래도 안 된다면 천까지 세도록 하라.
제퍼슨

5

어느 누구도 얕보지 마라. 이웃에 대한 악의와 시기심을 버려라. 남의 행위와 말은 언제나 선의로 해석하라.
성현의 사상

6

성인은 강직한 마음을 가지지 않는다. 성인은 자신의 열린 마음을 만인의 마음에 적응시킨다. 그래서 선덕이 있는 사람은 선덕이 있는 사람으로 대하고, 죄 많은 사람은 선덕의 가능성을 지닌 사람으로 대한다.
동양의 잠언

7

총명하고 선량한 사람일수록 사람들 속에 있는 선을 알아본다.
파스칼

8

친절한 마음은 모든 모순을 풀어 주는 인생의 꽃이다. 그것은 싸움을 해결해주고, 어려운 일을 수월하게 해주며, 어둠을 밝게 해준다.

이레째 읽을거리

도둑의 아들

어느 고을에서 배심재판이 열렸다. 배심원은 농부와 귀족과 상인으로 구성되어 있었다. 배심장은 명망 있는 상인 이반 아키모비치 벨로프라는 사람이었다. 사람들은 이 선량한 상인을 존경하고 있었다. 그는 장사를 무척 정직하게 하는 데다 누구도 속이는 일이라곤 없고, 계산이 정확하며 어려운 사람들을 도와주기 때문이었다. 그는 이미 일흔 살에 가까운 노인이었다.

배심원들이 모여 선서를 하고 저마다 자리에 앉자, 한 농부의 말을 한 마리 훔친 죄로 기소된 남자가 끌려 나왔다. 막 재판이 시작되려는 순간, 이반 아키모비치가 자리에서 일어나 재판장에게 말했다.

"재판장님, 허락해주십시오. 저는 평결을 내릴 수가 없습니다."

재판장은 깜짝 놀랐다.

"그게 무슨 말씀이신지?"

"아무튼 저는 할 수 없습니다. 부디 배심원에서 제외시켜 주십시오."

이반 아키모비치의 목소리가 갑자기 떨리는 것 같더니, 곧 울음이 터져 나왔다. 어찌나 우는지 한참 동안 말도 하지 못했다. 이윽고 정신을 가다듬은 그는 재판장에게 말했다.

"재판장님, 제가 평결을 내릴 수 없는 것은, 저나 제 아비가 어쩌면 이 도둑보다 더 나쁜 사람일지도 모르기 때문입니다. 어떻게 나하고 똑같은 인간을 심판할 수 있겠습니까. 전 못합니다. 제발 허락해주십시오."

재판장은 이반 아키모비치를 일단 돌려보낸 다음, 저녁에 자기 집에 불러 물었다.

"어째서 재판을 거부하셨습니까?"

"사실은 이렇습니다."

이반 아키모비치는 재판장에게 다음과 같이 자신의 사정을 얘기하기 시작했다.

재판장님은 아마 제가 상인의 아들이고 이 고을에서 태어난 것으로 생각하고 계시겠지만, 실은 그렇지 않습니다. 저는 농부의 아들입니다. 제 아비는 농부였지만, 이 일대에서는 둘째가라면 서러운 도둑으로 결국 감옥에서 죽었습니다. 아버지는 원래 착한 사람이었는데, 한번 술에 취하기만 하면 어머니를 때리고 온갖 난폭한 짓을 다했습니다. 그러다가 나중에 술이 깨면 후회하는 것이었습니다. 한번은 아버지가 저를 데리고 도둑질을 하러 갔습니다. 그런데 바로 그 한번이 나에게 큰 행운을 가져다준 겁니다.

사건의 내막은 이렇습니다. 어느 날, 제 아버지는 다른 도둑들과 주막에서 만나, 어디 좋은 벌이가 될 만한 데가 없는지 서로 의논을 하고 있었습니다. 그러다가 제 아버지가 그들에게 이렇게 말했습니다.

"어보게들, 좋은 수가 있네. 왜 그 큰 길가에 있는 벨로프네 가게 창고 알지? 그 창고 안에는 어마어마한 재물이 잔뜩 들어 있는데, 문제는 그 안에 들어가는 것이 쉽지 않다는 거야. 그래서 내가 궁리를 해봤는데, 그 창고에는 조그만 들창이 하나 있어. 그런데 그 들창이 높은 곳에 있는 데다 좁아서 어른은 들어갈 수가 없는 거야. 그래서 나는 또 생각해 봤지. 우리 집에 날쌘 개구쟁이 녀석이 하나 있는데(그건 바로 저를 두고 하는 말이었지요) 말이야, 그 녀석을 데리고 가서 가는 삼노끈으로 묶어 창문까지 당겨 올리는 거야. 그러면 그 놈이 창문으로 기어들어갈 수 있지 않겠어? 그런 다음 또 하나의 끈을 그 녀석에게 들려주는 거지. 그러면 아이가 그 끈에 재물을 매달아 올리고, 우리는 그것을 끌어올리면 되는 거야. 다 됐다 싶으면 이번에는 그 녀석을 끌어내면 돼."

도둑들은 그 묘안을 크게 환영하며 이구동성으로 말했습니다.

"자, 그렇다면 당장 자네 아들놈을 데려와."

그래서 아버지는 집에 돌아와 큰 소리로 저를 불렀습니다.

"그 아인 왜요?" 하고 어머니가 물었습니다.

"볼일이 있으니까 부르지."

"그 아인 지금 밖에 나가 있는걸요."

"어서 가서 불러 와."

어머니는 아버지가 술에 취해 있을 때는 아무리 말해봤자 소용없고, 이내 손이 올라오는 것을 알고 있었기 때문에, 밖에 나가 저를 불렀습니다. 아버지가 저에게 말했습니다.

"바니카! 너 기어들어가는 건 잘 할 수 있지?"

"그럼요, 어디든지 기어들어갈 수 있어요."

"그럼 나하고 같이 가자."

어머니가 말리려 했지만 아버지가 주먹을 치켜드는 바람에 어머니는 입을 다물고 말았습니다. 아버지는 저에게 옷을 갈아입히고 주막에 데리고 가서 차와 과자를 주었습니다. 우리는 저녁때까지 그곳에 앉아 있다가, 주위가 완전히 어두워진 뒤에 출발했습니다. 도둑 세 명과 어린 저는 잠시 뒤 그 벨로프라는 상인의 집에 도착했습니다. 거기서 도둑들은 저를 가는 삼노끈에 묶고 또 한 가닥의 끈을 손에 쥐어 주고는 달아 올리는 것이었습니다.

"무서우냐?"

"무섭긴요, 아무렇지도 않아요."

"그럼 창문으로 기어들어가. 그리고 내 얘기 잘 들어라, 잘 살펴보고 가능한 한 비싼 물건을 고르는 거야. 모피 같은 것 말이다. 그래서 그걸 끈에다 묶는데, 주의해야 한다. 끝에다 매지 말고 중간에다 매란 말이야. 우리가 끌어당길 때 끝자락이 네 손에 남아있도록 말이다. 알겠어?"

"예, 잘 알겠어요."

그리하여 그들은 저를 들창까지 올려주었고, 제가 들창 안으로 기어 들어가자, 이번에는 다시 내려주었습니다. 바닥에 내려선 저는 이내 두 손으로 더듬기 시작했습니다. 깜깜해서 뭐가 뭔지 보여야 말이지요. 그저 손으로 더듬기만 할 뿐이었습니다.

뭔가 모피일 성싶은 것이 손에 걸리면 그것을 끈 끝자락이 아닌 중간에 매었습니다. 그러면 밖에서 그것을 잡아당겼지요. 다시 끈을 끌어내려주면 물건을 또 비끄러매었습니다. 그렇게 세 번을 하고 나자 끈이 완전히 밖으로 나가 버리더군요. 이제 그만하면 충분했던 거지요. 그리고 이번에는 저를 끌어올리기 시작했습니다. 제가 조그만 두 손으로 줄을 꼭 붙들자 세 사람은 그것을 잡아당겼습니다. 그런데 절반쯤 올라갔을 때 툭 하고 줄이 끊어지고 말았습니다.

저는 아래로 떨어졌는데, 다행히 커다란 베개 위에 떨어져서 다치지는 않았습니다. 나중에 안 일이지만, 바로 그때 야경꾼이 세 사람을 발견하고 소리를 지르는 바람에, 그들은 훔친 물건을 걸머지고 냅다 줄행랑을 쳐버린 것이었습니다.

세 사람은 도망치고 저는 혼자 남았습니다. 어둠 속에 혼자 있으려니까 와락 무서운 생각이 들어 엄마를 부르며 울었습니다. 하지만 무서움과 눈물에 지친 데다 그때까지 잠도 자지 못했기 때문에, 그만 베개 위에서 잠이 들어버렸습니다. 얼마 뒤 문득 눈을 뜨자 눈앞에 등불을 든 바로 그 상인 벨로프와 순경이 서 있는 것이 아니겠어요? 순경이 저에게 누가 널 데리고 왔느냐고 물었습니다. 아버지하고 같이 왔다고 대답했지요. "네 아버지가 누구냐?"

저는 또 울기 시작했습니다. 그때 벨로프 영감님이 순경에게 말하는 것이었습니다. "이제 그만하시오. 어린아이는 천사입니다. 저 아이에게 아버지의 이름을 대라고 할 수는 없어요. 이미 잃어버린 것은 할 수 없는 일이니까."

지금은 천국에 가 계시지만, 벨로프씨는 정말 어진 분이었습니다. 게다가 노부인은 그분보다 한결 더 자비로운 분이었어요. 노부인은 저를 자기 방으로 데리고 가서 과자를 주셨습니다. 그래서 저는 울음을 그쳤지요. 아시다시피 어린아이들이란 조그마한 일에도 기뻐하는 법이니까요.

이튿날 아침 부인은 저에게 "아가, 집에 돌아가고 싶니?" 하고 물었습니다. 저는 뭐라고 대답해야 할지 몰라 그저 "예" 하고 말했지요. 그러자 이번에는 부인이 "이 집에 있고 싶니?" 하고 물어서, 저는 또 "예" 하고 대답했습니다. "그럼, 여기 있으렴."

그리하여 저는 그대로 그 집에 있게 되었습니다. 그러다가 결국 그곳에 주저앉아 버리고 말았지요. 그 집 사람들은 버려진 아이를 주웠다고 관청에 신고하고, 저를 수양아들로 삼았습니다. 처음에는 잔심부름을 했지만 적당한 나이가 되자 정식 직원으로 채용되어 가게에서 장사를 맡게 되었습니다. 그분들 보기에 제가 웬만큼 일을 해내기도 했지만, 그보다는 그분들이 워낙 좋은 분들이라 저를 진심으로 사랑해주셨기 때문이지요. 결국은 따님을 저와 결혼시켜 주고 저를 양자로 삼으셨습니다. 그리고 벨로프 영감님이 돌아가시자 재산은 온통 제 차지가 되었지요.

저란 사람은 바로 그런 사람입니다. 저는 도둑이었고, 도둑의 아들이었어요. 그런 제가 어떻게 남을 심판할 수 있겠습니까? 그리고 재판장님, 그것은 그리스도교의 가르침에도 어긋나는 일이라고 생각합니다. 우리는 모든 사람을 용서하고 사랑해야 합니다. 도둑질로 죄를 범한 사람이 있다 하더라도, 그 사람을 벌하지 말고 오히려 불쌍히 여겨야 할 것입니다. 그리스도가 말씀하신 것을 생각해보십시오.

이반 아키모비치의 이야기가 끝났다. 그러자 판사는 더 이상의 질문을 그만 두고, 그리스도교의 계명에 비추어, 누가 누구를 심판하는 일이 과연 있을 수 있는 일일까 하고 조용히 생각에 잠겼다.

레스코프 원작, 레프 톨스토이 다시 씀

1월 8일

1

그리스도교의 가르침은 매우 알기 쉬워서 어린이도 그 참뜻을 이해할 수 있다. 다만 그리스도교도인 양 행동하고 그렇게 자칭하면서 실제로는 그렇지 않은 사람들만이 그것을 이해하지 못하고 있다.

2

부처는 말했다. "영혼에 봉사하는 생활을 시작한 사람은 캄캄한 집안에 빛을 가지고 들어온 것과 같다. 어둠은 이내 걷혀 버린다. 오직 그와 같은 생활을 굳게 지키도록 하라. 그렇게 한다면 그대의 마음속에 완전한 광명의 세계가 임하게 될 것이다."

3

그리스도가 마몬(재물의 신)의 유혹이라고 부른 것에서 벗어나 배고픔을 모면할 정도의 빵만으로 만족하며, 하느님을 향해, 하느님이, 뿌리지도 않고 거두지도 않는 새들에게 주는 정도의 것밖에 바라지 않는 일반 백성, 그러한 백성이야말로 이 세상의 욕망과 계산에 묻혀 사는 사람들보다 훨씬 진실한 생활, 영적인 생활을 보내고 있는 것이다. 그러므로 참된 영웅적 행동과 헌신적 행동은 그것을 백성들 가운데서 구하지 않을 수 없다.

만일 일반 백성이 없다면 인간적 의무의 가르침은 어떻게 될까? 사회생활을 지탱해주는 유일한 것, 민족의 힘과 존엄성의 기틀은 도대체 어떻게 될까? 민족이 쇠퇴해갈 때 일반 백성을 빼놓고 도대체 누가 그것을 부활 갱생시킬 수 있겠는가? 또한 만일 병이 이미 골수에 스며들어 민족의 사멸에서 벗어날 수 없는 경우에도 이 역시 일반 백성 가운데서가 아니면, 도대체 어디서 그 썩은 나무를 대신할 사명을 띤 어린 나무가 싹을 틔울 수 있겠는가? 그렇기 때문에 그리스도도 일반 백성에게 이야기를 했고, 일반 백성도 그를 하느님이 보내신 사자로 인정하고 그 이름을 찬양했으며 그 권능에 순종하여 그 가르침을 찬미한 것이다. 그러나 제사장들과 율법학자들은 그를 저주하고 마침내 죽였다. 그러나 그들의 폭력과 간계에도 불구하고, 그리스도는 일반 백성 가운데서 승리를 얻었다. 백성들은 그의 왕국을 이 세상에 세웠으며, 그것이 온 세계에 전

파된 것도 백성들에 의해서이다. 따라서 자신들의 종말의 날이 가까워진 것을 일찍부터 두려워한, 폭력기구 위에 서 있는 권력이, 눈에 불을 켜고 그 영적인 싹을 도려내려 하고 있는 새로운 인류의 생활도 백성들에 의해 탄생될 것이다.

라므네

4

똑같이 해로운 두 가지 미신을 주의해서 피해야 한다. 그 하나는 신의 존재를 언어로 표현할 수 있다고 가르치는 신학의 미신이다. 또 하나는 신의 힘을 학문적인 연구를 통해 해명할 수 있다고 보는 과학의 미신이다.　존 러스킨

5

그리스도의 마지막 계명은 그의 가르침의 전부를 표현하고 있다.

"내가 너희를 사랑한 것처럼 서로 사랑하라. 만약 너희가 서로 사랑한다면 너희가 내 제자임을 모든 사람들이 알 것이다."

그는 "만일 너희가 그것을 믿는다면"이라거나 "이것을 믿는다면"이라고 말하지 않고 "만일 서로 사랑한다면"이라고 말했다. 신조라는 것은 사람들의 의견과 지식의 부단한 변화와 함께 변화한다. 그것은 시간과 결부되어 있고 시간과 함께 변하는 것이다. 그러나 사랑은 시간을 초월한다. 사랑은 언제나 변함이 없다.

6

나의 종교는 생명 있는 모든 것에 대한 사랑이다.　이브라김 콜도프스키

7

그리스도교의 가르침을 실현하기 위해서는 그 왜곡을 제거하는 것만으로 충분하다.

1월 9일

1

기억에 의해서가 아니라 자신의 사색에 의하여 얻어진 것만이 참된 지식

이다.

2

우리가 지금까지 배워왔던 것을 완전히 잊어버렸을 때 진정한 인식은 시작된다. 어떤 것을 인식하려고 할 때, 그것과 자신의 관계가 학자에 의해 정해져 있다고 생각한다면 한 발짝도 그 인식에 다가갈 수 없다. 어떤 것을 인식하기 위해서는 완전히 백지의 상태에서 거기에 다가가지 않으면 안 된다.   소로

3

끊임없이 남의 사상만 접하다 보면, 자기 자신의 사상은 방해를 받아 위축되고 만다. 게다가 그것이 장기화되면, 그 사상에 그와 같은 부자연스러운 영향에 반발할 만한 유연성이 없을 경우, 완전히 소멸되어 버릴 것이다. 그래서 늘 책을 읽으며 공부만 하고 있으면 머리가 이상해지는 것이다. 이와 마찬가지로 우리가 완전한 타인의 사상에 접하기 위해 너무 멋대로 자기의 사상적, 학문적 활동을 중단하는 일이 거듭되면, 자기 자신의 사상체계 또는 학문체계가 그 통일성과 관련성을 잃게 된다.

책에서 읽은 사상에 자리를 양보하기 위해 자신의 사상을 내쫓는 것은, 셰익스피어가 당시의 여행자를 비난하여 말했듯이, 남의 땅이 보고 싶어서 자신의 땅을 팔아치우는 것과 같다고 나는 생각한다. 뿐만 아니라 어떤 사항에 대해 스스로 생각해보기도 전에, 남이 그것에 대해 쓴 책을 읽는 것도 유해하다고 하지 않을 수 없다. 왜냐하면 새로운 재료에 대한 타인의 견해와 타인의 태도가 그 사람의 머리 속에 끼어들기 때문이다. 원래 인간에게는, 나태하고 무관심해서 스스로 노력하여 사색하기보다는 기존의 사상을 받아들이고 끝내려는 습성이 있기 때문에 더욱 그렇다. 이 습성이 뿌리를 내리면 이미 사상은 운하로 흘러드는 개울처럼 다만 일정한 통로로 나아갈 뿐이다. 그렇게 되면 결국 자신의 새로운 사상을 발견하는 것은 더욱 어려워진다. 독자적인 사상을 지닌 학자가 좀처럼 나오지 않는 까닭이 여기에 있다.   쇼펜하우어

4

지식은 돈의 흐름과도 같다. 금을 채굴하는 일에 종사했거나, 그 주조에 참

여했거나, 또는 정직하게 일하여 유통화폐를 손에 넣은 사람은 자기 돈을 자랑할 자격이 있다. 그러나 그가 이러한 일은 하나도 하지 않고 다만 지나가는 사람이 코앞에서 던져주는 것을 받았을 뿐이라면, 어찌 자랑할 자격이 있겠는가?

존 러스킨

5

사람의 두뇌를 위해서는 너무 일찍 너무 많이 배우는 것보다는 전혀 배우지 않는 것이 폐해가 적다.

6

위대한 사상가가 위대한 까닭은, 그들이 그때까지 나온 책이나 전설과는 상관없는 자신의 생각을 말했지, 자기보다 먼저 살았던 사람들이나 현재 자신과 함께 살고 있는 다른 사람들의 생각을 말한 것이 아니라는 점에 있다. 그와 마찬가지로, 우리도 이따금 마치 불꽃처럼 마음속에 밝게 피어오르는 사상을 늘 주시하며 놓치지 않도록 해야 한다. 우리 각자에게 있어서 그 같은 내면적인 빛이, 반짝이는 별 같은 시인과 철학자들의 관찰과 연구보다 훨씬 더 많은 의미를 지니고 있다.

에머슨

7

사상은, 자신의 지능에 의해 얻어졌거나 조금이라도 이미 마음속에 일어난 의문에 대해 답하는 경우에 비로소 인생을 움직인다. 이와 반대로 머리와 기억력만으로 받아들여진 남의 사상은, 인생에 아무런 영향도 주지 않고 거기에 반하는 행위와 태연하게 공존한다.

8

더 적게 읽고 더 적게 배우고, 더 많이 생각하라. 정말로 필요하고 진심으로 알고 싶은 것만을 스승이나 책에서 배우도록 하라.

1월 10일

1

교육의 기초는 만유의 본원에 대한 관계를 수립하고, 그 관계에서 생기는 행동의 규범을 수립하는 일이다.

2

"나를 믿는 이 보잘 것 없는 사람들 가운데 누구 하나라도 죄짓게 하는 사람은 그 목에 연자맷돌을 달고 깊은 바다에 던져져 죽는 편이 오히려 나을 것이다. 사람을 죄짓게 하는 이 세상은 참으로 불행하다. 이 세상에 죄악의 유혹은 있게 마련이지만 남을 죄짓게 하는 사람은 참으로 불쌍하다."

마태복음 제18장 6~7절

3

아동 교육에서 잊어서는 안 될 것은, 아동은 그저 인류의 현상태에 맞춰 교육받는 것이 아니라, 미래의 더 나은 상태, 즉 지금까지와는 다른 더 나은 생활조건에 맞춰 교육받아야 한다는 것이다. 흔히 부모들은 현재의 세상(비록 타락해 있을지라도)에만 맞춰 아이들을 교육하고 있다. 그러나 아동을 미래의 더 나은 세상에 맞춰 교육함으로써, 비로소 우리는 인류의 미래사회에 공헌할 수 있다.

칸트

4

미래에 이바지할 인간을 교육하려면, 완전무결한 인간을 목표로 하여 교육하지 않으면 안 된다. 그래야만 비로소 피교육자는 장차 그가 함께 살게 될 새로운 세대의 좋은 일원이 될 수 있다.

5

아이들에게 자기 내부의 신성(神性)을 자각시키는 일이야말로 그 부모와 교육자들의 가장 큰 의무라고 나는 생각한다.

채닝

진정한 교육의 목적은 사람들에게 선한 일을 하게 하는 것뿐만 아니라, 그 속에서 기쁨을 찾아내게 하는 것이다. 결백하고 정직할 뿐만 아니라, 결백과 정직을 사랑하게 하는 것이다. 정의에 어긋남이 없을 뿐만 아니라, 정의를 갈망하게 하는 것이다.

존 러스킨

종교는 교육의 기초이다. 그런데도 현대의 그리스도교 사회에서는 아무것도 믿지 않는 것을 가르치고 있다. 어린이는 예리하기 때문에 그것을 꿰뚫어보고, 그것들을 믿지 않을 뿐만 아니라 오히려 가르치는 사람들까지 신용하지 않는다.

1월 11일

겸허함이 없는 자기완성은 불가능하다. "내가 이렇게 훌륭한데 더 이상 무엇이 완성되어야 한다는 건가."

높아질수록 더욱 겸손하라. 많은 사람들이 높은 지위와 명예 속에 있지만 인생의 수수께끼는 낮은 곳에 있는 사람들에게만 계시된다. 너무 어려운 것, 자신의 역량 이상의 것을 구해서는 안 된다. 그러나 자기에게 주어진 사명을 진지하게 고찰하라. 자기에게 필요하지 않은 것에 호기심을 가지지 말라. 지금도 그대 앞에는 그대가 이해할 수 있는 이상의 것이 펼쳐져 있다. 많은 사람들이 남에게 보여주기 위한 의견으로 스스로를 속이고 있다. 그러므로 있지도 않은 지식을 자랑하지 마라.

전도서

예수께서는 그들을 가까이 불러 놓고 "너희도 알다시피 세상에서는 통치자들이 백성을 강제로 지배하고 높은 사람들이 백성을 권력으로 내리누른다. 그러나 너희는 그래서는 안 된다. 너희 사이에서 높은 사람이 되고자 하는 사람은 남을 섬기는 사람이 되어야 하고 으뜸이 되고자 하는 사람은 종이 되어야 한다. 사실은 사람의 아들도 섬김을 받으러 온 것이 아니라 섬기러 왔고 많은 사람을 위하여 목숨을 바쳐 몸값을 치르러 온 것이다” 하셨다.

마태복음 제20장 25~28절

4

모욕을 당하고도 보복하지 않고 평온하게 그것을 참아 넘길 수 있는 사람은 인생의 위대한 승리자이다.

제네비오 란

5

어떤 사람은 너를 비난하고 어떤 사람은 너를 칭찬한다. 너를 비난하는 사람들을 가까이 하고 너를 칭찬하는 사람들을 멀리할지어다.

탈무드

6

자기에게 합당한 자리보다 낮은 자리에 앉으라. 아래로 내려가라는 말을 듣느니보다 위로 올라가라는 말을 듣는 것이 나으니라. 스스로를 높이는 자는 신에 의해 낮춰지지만 스스로를 낮추는 자는 신이 그를 높여주리라.

탈무드

7

한 순간 한 순간, 자신의 내부에 있는 모든 지배욕을 없애기에 힘써라. 영예와 칭찬을 찾지 말라. 그러한 것들에는 모두 너의 영혼을 파멸시킬 위험성이 있다. 정신 차려서, 나에게는 남에게 없는 미덕이 있다는 자기도취를 경계하라.

성현의 사상

8

현자는 자기 자신에 대해서는 엄격하지만 남들한테는 아무것도 요구하지 않는다. 그는 언제나 자신의 처지에 만족하며, 자신의 운명에 대해 하늘을 원망하거나 남들을 비난하지 않는다. 그러므로 그는 낮은 자리에 있으면서 운명에 순종한다. 이에 반하여 어리석은 자는 지상의 행복을 찾으려다 종종 위험에 빠진다. 활이 과녁을 맞히지 못하면 궁수는 자신을 탓하지 남을 탓하지 않

는다. 현자도 그처럼 처신한다.　　　　　　　　　　　　　　　공자

9

너희 중에 으뜸가는 사람은 너희를 섬기는 사람이 되어야 한다. 누구든지 자기를 높이는 사람은 낮아지고 자기를 낮추는 사람은 높아진다.

　　　　　　　　　　　　　　　　　　　마태복음 제23장 11~12절

10

자신이 저지른 나쁜 짓을 모두 떠올려보라. 그것은 다음에 나쁜 짓을 하지 않도록 도와줄 것이다. 만일 자신이 한 좋은 일을 떠올리면, 그것은 다음에 착한 일을 하는 것을 방해하게 될 것이다.

1월 12일

1

남을 대신하여, 그들의 신과 우주에 대한 관계를 결정할 권리를 넘보는 사람들이 있다. 한편으로는 그러한 권리를 남에게 양보하고 그들이 말하는 것을 그대로 맹신하는 수많은 사람들이 있다. 그 양쪽 다 잘못에 빠져 있는 것이다.

2

모든 종교상의 문제가 이미 해결되어 교리가 확립되어 있다고 믿고, 이내 그 같은 문제의 해결과 교리의 확립을, 뒤를 잇는 사람들의 손에 모두 일임하는 사람들이 있다.

남이 자기의 전매특허로 생각하고 있는 일에 대해 무슨 고민을 할 필요가 있겠는가? 그 사람들은 밤낮으로 즐겁게 지내며 취생몽사하는 일생을 보내면 되는 것이다. 그 같은 어리석은 자기만족의 결과가 수많은 사람들의 남의 말을 이해하려고 하는 노력의 결여로 나타나고 있다. 맹목적인 신앙에 의해 만들어진 무쇠 멍에의 흔적이 노예의 증거로서 오래오래 우리의 목에 남게 되지 않을지 나는 두렵다.　　　　　　　　　　　　　　　　　　　밀턴

3

사람이 자기의 도덕적 자주성을 포기한 그때부터, 자기의 의무를 내면의 목소리에 의해서가 아니라, 일정한 계급 또는 당파의 견해에 좇아 결정하기 시작한 그때부터, 자신이 몇천만 명 가운데 단 한 사람에 지나지 않는다는 것을 핑계로, 자기 의무를 돌아보지 않게 된 그 순간부터, 그는 자신의 도덕적 힘을 잃고 신만이 할 수 있는 일을 인간에게서 구하여, 어리석고 경솔한 인간의 지식을 신의 권좌에 앉힌다.   채닝

4

우리는 처음에는 할머니로부터, 그 다음에는 선생님들로부터, 더욱 성장한 다음에는 길에서 만나는 여러 훌륭한 사람들로부터 배우는 확고부동한 진리를 앵무새처럼 되풀이하는 어린애와 같다. 우리는 그들로부터 들은 말을 외우려고 필사적으로 노력한다. 그러나 우리가 일단 그 스승들이 서 있던 단계에 이르러, 그들이 한 말들의 의미를 이해하게 되는 순간, 그때 느끼는 환멸이 너무 강렬하여 그들한테서 들은 말들을 모두 잊어버리고 싶어지는 것이다.

에머슨

5

"거짓 예언자들을 조심하여라. 그들은 양의 탈을 쓰고 너희에게 나타나지마는 속에는 사나운 이리가 들어 있다. 너희는 행위를 보고 그들을 알게 될 것이다. 가시나무에서 어떻게 포도를 딸 수 있으며 엉겅퀴에서 어떻게 무화과를 딸 수 있겠느냐? 이와 같이 좋은 나무는 좋은 열매를 맺고 나쁜 나무는 나쁜 열매를 맺게 마련이다. 좋은 나무가 나쁜 열매를 맺을 수 없고 나쁜 나무가 좋은 열매를 맺을 수 없다. 좋은 열매를 맺지 못하는 나무는 모두 찍혀 불에 던져지는 것이다. 그러므로 너희는 그 행위를 보아 그들이 어떤 사람인지 알게 된다."   마태복음 제7장 15~20절

6

우리는 과거의 성현들로부터 전해져온 가르침을 맘껏 이용할 수 있지만, 자신의 이성으로 그 가르침을 검토하여 취할 것은 취하고 버릴 것은 버려야

한다.

7

우리는 한 사람 한 사람이 스스로, 자신과 세계 및 신과의 관계를 수립하지
않으면 안 된다.

1월 13일

1

신앙이란 인생의 의미를 이해하는 일이며 그 이해에서 생기는 의무를 인식
하는 일이다.

2

선한 인간이란 누구를 말하는 것일까? 오직 신앙을 가진 사람만이 선한 사
람이다. 그렇다면 신앙은 무엇일까? 그것은 자신의 의지와 양심, 즉 보편적 이
성의 조화이다.   중국 불교

3

신앙은 사람을 선하게 하는 일만 하는 것이 아니다. 선한 사람의 신앙은 그
자신을 모든 것이 편안하고 기쁨으로 가득한 경지로 높여주기도 한다.   레싱

4

없어서는 안 되는 오직 하나의 것, 그것은 모든 것을 신에게 맡기는 일이다.
자신을 바로잡고, 세상과의 인연과 운명으로부터의 해방은 신에게 맡겨라. 소
멸이든 불멸이든 무슨 상관인가? 언젠가 오지 않으면 안 될 것이 올 것이다.
그리고 그 올 것은 반드시 선(善)이리라. 인생을 살아가는 데는 선에 대한 신
앙 외에는 아무것도 필요치 않다.   아미엘

5

두 가지의 평화가 있다. 하나는 소극적인 평화로, 소란과 번거로움이 없는
상태를 말한다. 이를테면 전쟁 뒤, 태풍 뒤의 고요함이다. 그러나 이 최초의 소

극적 평화는 그 서곡에 지나지 않는, 또 하나의 더욱 완벽한 평화가 있다. 그것은 모든 것을 이해하는 정신적 평화로, '신의 나라는 너희들의 마음속에 있다'고 하는 것이 그 진정한 이름이다. 신앙이 우리에게 주는 평화는 이런 종류의 마음의 평화에 속한다. 그것은 하느님, 그리고 세계와의 의식적인 합일(合一)이고, 사랑에 의한 만물과의 결합이며, 모든 청정무구한 것에 대한 애정이고, 사리사욕을 버리는 일이며, 만유의 마음, 만유의 삶에 참여하는 일이고, 자신의 의지와 무한한 본원의 완전한 조화이다. 그 속에 비로소 인간의 참된 평화와 행복이 있는 것이다.　　　　　　　　　　　　　　　　　　　채닝

6

　사람들은 말한다. 인류 최후의 날, 심판이 열리고, 선하신 하느님도 대노할 것이라고. 그러나 선한 신에게서는 선 이외에는 아무것도 나올 수 없다. 두려워하지 말라. 최후의 날은 기쁨으로 충만될 것이다. 이 세상에 어떠한 신앙들이 있을지라도 진실한 신앙은 오직 하나, 하느님은 사랑이라는 신앙이 있을 뿐이다. 사랑에는 선 이외의 아무 것도 있을 수 없다.　　　　　페르시아의 잠언

7

　우리는 죽은 뒤 어떻게 되는가? 하고 묻는 사람들이 있다. 이 물음에 대하여는 다음과 같이 대답하여야 한다. "만일 당신이 입에 붙은 말이 아니고 진심으로 '아버지의 뜻이 하늘에서와 같이 땅에서도 이루어지게 하소서', 즉 '아버지의 뜻이 이 세상의 일시적 삶에서 이루어지듯이 영원한 삶에서도 이루어지게 하소서'라고 기도드린다면, 굳이 죽은 뒤의 일을 걱정할 필요가 없지 않은가? 다만 유구무한한 존재자를 찬양하며 그의 뜻에 모든 것을 맡기면 된다. 당신은 그 본질이 사랑임을 알고 있을 것이다. 그렇다면 어찌 두려워해야 한다는 말인가? 그리스도는 죽음에 임하여 말했다. '아버지시여! 당신의 손에 내 영혼을 맡기겠나이다' 하고. 이 말을 그저 입으로만이 아니라 전심전령을 다해 말할 수 있다면, 그에게는 더 이상 아무것도 필요하지 않다." 만일 내 영혼이 아버지 품으로 돌아간다면, 이제는 행복한 일들만 생길 것이다.

8

참된 신앙을 가지려면 자신의 내부에서 그것을 기르지 않으면 안 된다. 그리고 그것을 기르려면 신앙에 합당한 행위를 하지 않으면 안 된다. 신앙에 합당한 행위의 본질은 빛나는 공명과 업적에 있는 것이 아니라, 남의 눈에 띄지도 않을 만큼 사소하지만, 오로지 하느님을 위해 하는 행위 속에 있다. "모든 존재는 홀로 죽어간다"고 파스칼은 말했다. 그와 마찬가지로 참되게 사는 것은 오직, 사람들 앞에서가 아니라 하느님 앞에서 홀로 사는 것이다.

9

신앙 없이 정신의 평화를 찾을 수 있다고 생각해서는 안 된다.

1월 14일

1

사람이 자신 속에서 사랑해도 좋은 자는, 만인 속에 존재하는 유일자뿐이다. 만인 속에 존재하는 유일자를 사랑한다는 것은 곧 하느님을 사랑하는 것이다.

2

"선생님, 율법에서 어느 계명이 가장 큰 계명입니까?" 하고 물었다. 예수께서 이렇게 대답하셨다. "네 마음을 다하고 목숨을 다하고 뜻을 다하여 주님이신 너희 하느님을 사랑하라.' 이것이 가장 크고 첫째가는 계명이고, '네 이웃을 사랑하라'는 둘째 계명도 이에 못지 않게 중요하다. 이 두 계명이 모든 율법과 예언서의 골자이다."

마태복음 제22장 36~40절

3

사람들이 사는 것은 그들이 자기와 자기 몸에 대해 배려하기 때문이 아니라, 사람들의 마음속에 사랑이 있기 때문이다. 신은 사람들이 뿔뿔이 흩어져 살기를 바라지 않은 듯 그들 한 사람 한 사람에게 무엇이 필요한지 계시하지 않고, 오히려 사람들이 합일하여 살기를 바라고, 그들에게 자신을 위해서도 다른 모든 사람들을 위해서도 필요한 것이 무엇인지를 계시하고 있는 것 같다.

사람들은 모두 스스로 자신을 돌봄으로써 살고 있는 것처럼 생각하고 있지만, 실은 오로지 사랑에 의해서 살고 있는 것이다. 만일 사람들 속에 사랑이 없다면, 단 한 명의 어린아이도 자라지 않을 것이고, 단 한 명의 인간도 살아남지 못할 것이다.

4

　사람들은 사랑에 의해 살고 있다. 그러나 자기애(自己愛)는 죽음의 시작이고, 신과 인류에 대한 사랑은 삶의 시작이다.

5

　하느님은 사랑이시다. 사랑 안에 있는 사람은 하느님 안에 있고, 하느님 또한 그 사람 안에 있다. 아직까지 하느님을 본 사람은 아무도 없다. 그러나 우리가 서로 사랑한다면 하느님은 우리 안에 있고 그 완전한 사랑도 우리 안에 있을 것이다. 하느님을 사랑한다고 하면서 자기의 형제를 미워하는 사람이 있다면 그는 거짓말쟁이다. 실제로 눈에 보이는 형제를 사랑하지 않는 자가 어떻게 눈에 보이지도 않는 하느님을 사랑할 수 있겠는가? 형제들이여! 서로 사랑하자. 사랑하는 사람은 하느님으로부터 나며 하느님을 알고 있다. 하느님은 사랑이므로. 사랑 속에 있는 사람은 하느님 안에 있고, 하느님도 그 안에 있다.

요한I서 제4장

6

　자기 형제를 용서할 수 없는 사람은 자기 형제를 사랑하고 있지 않는 것이다. 참된 사랑은 무한하다. 참된 사랑이라면 아무리 큰 모욕이라도 용서 못할 것이 없다.

7

　마음에 드는 사람만 사랑하는 것은 진정한 사랑이라고 할 수 없다. 진정한 사랑이란, 상대 속에 있는, 자기 속에 있는 것과 동일한 신을 사랑하는 경우에만 말할 수 있다. 그러한 진정한 사랑을 통해 우리는 그저 제 형제뿐만 아니라, 또 우리를 사랑하는 사람뿐만 아니라, 불쾌하고 악한 사람들, 우리를 미워하는 사람들까지 사랑할 수 있다. 그러한 사람들을 사랑하려면, 그 상대방 역시 우리가 우리 자신을 사랑하고 있는 것처럼 자기 자신을 사랑하고 있다는 것, 우리 안에 신이 있듯이 그들 안에도 신이 있다는 것을 잊지 말아야 한다. 그것만 기억한다면 상대방을 어떤 태도로 대해야 할지 알 수 있게 된다. 또 그것만 알면 그들을 사랑할 수 있고, 만약 그렇게 사랑할 수 있다면, 그것은 우리를 사랑하는 사람을 사랑하는 것보다 훨씬 더 큰 기쁨을 우리에게 안겨줄 것이다.

8

사랑이 우리 생활의 본원(本源)은 아니다. 사랑은 결과이지 원인이 아닌 것이다. 사랑의 원인은 자신의 내부에 있는 신적(神的) 또는 영적인 본원에 대한 자각이다. 그 자각이 사랑을 요구하고 사랑을 낳는다.

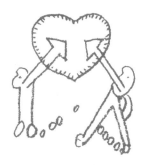

이레째 읽을거리

회개한 죄인

'예수님! 예수님께서 왕이 되어 오실 때에 저를 꼭 기억하여 주십시오!' 하니, 예수께서는 '오늘 네가 정녕 나와 함께 낙원에 들어가게 될 것이다' 하고 대답하셨다.

루가복음 제23장 42~43절

어떤 사람이 70년 동안 이승에서 살았는데, 그동안 온갖 죄를 다 저지르며 살았다. 그러다가 병에 걸렸지만 그는 끝내 회개하려 하지 않았다. 마침내 죽음이 찾아와 막 숨을 거두기 직전에, 그는 울면서 말했다. "주여! 십자가 위의 도둑에게 하신 것처럼 저를 용서해 주옵소서!" 그러고는 이내 숨을 거두었다.

이 죄인의 영혼은 하느님을 그리워하고 하느님의 자비를 믿으며 천국의 문에 당도했다. 죄인은 천국의 문을 두드리며 안에 들어가게 해달라고 부탁했다. 그러자, 문 안에서 어떤 목소리가 들려왔다.

"천국의 문을 두드리는 자가 누구인고? 이 사람은 살아생전에 어떤 일을 했는고?"

그때 한 고발자의 목소리가 거기에 대답하여, 그가 저지른 온갖 죄를 낱낱이 늘어놓으며, 선행은 한 가지도 말하지 않았다. 그러자 문 안의 목소리가 대답했다.

"그런 죄인은 천국에 들어올 수 없느니라. 썩 물러가거라."

그래서 죽은 자가 말했다.

"당신의 목소리는 들리는데 얼굴은 보이지 않고 이름도 모르나이다."

그러자 그 목소리가 대답했다.

"나는 사도 베드로이니라."

죄인은 다시 말했다.

"불쌍히 여겨주소서, 사도 베드로님. 인간은 나약한 존재이며 하느님은 자비로우시지 않습니까? 당신은 그리스도의 제자가 아니시던가요? 당신은 주님의 입에서 직접 가르침을 들었고, 주님 평생을 통해 보여주신 모범을 보지 않으셨습니까? 주님께서 괴로움과 슬픔에 잠겨, 당신에게 잠들지 말고 기도해달라고 세 차례나 부탁하셨는데, 당신은 수마를 이기지 못하고 잠들어버렸고, 주님께서는 세 번이나 당신이 자고 있는 모습을 보셨습니다. 그때를 떠올려보십시오.

그리고 또, 당신이 주님을 향해, 죽는 한이 있어도 주님을 버리지 않겠다고 그처럼 굳게 맹세하고도 주님이 가야파의 집으로 끌려가실 때 그를 세 번이나 부정한 것을 떠올려 주십시오. 저도 그와 마찬가지입니다.

그리고 또, 첫닭이 울기 시작하자 당신이 밖으로 나가 슬프게 우신 것을 떠올려 보십시오. 저도 역시 그와 마찬가지입니다. 사정이 이러한데 저를 안에 들여보내주지 않으실 이유가 없지 않습니까?"

그러자 천국의 문 안에서 들려오던 목소리는 잠잠해졌다. 죄인은 한참 뒤 다시 천국의 문을 두드리며 안에 들어가게 해달라고 간청했다. 이번에는 문 안에서 아까와는 다른 목소리가 물었다.

"저건 누군고? 저 사람은 아래세상에서 어떻게 살았는고?"

고발자의 목소리가 이에 대답하여, 다시 죄인의 온갖 죄를 늘어놓고, 선행은 전혀 말하지 않았다. 문 안의 목소리가 대답했다.

"여기서 썩 물러가지 못하겠느냐! 그런 죄인은 우리와 함께 천국에서 살 수 없느니라."

죄인은 말했다.

"당신의 목소리는 들리지만 얼굴은 보이지 않고 이름도 모르나이다."

그러자 목소리가 대답했다.

"나는 제왕이자 예언자인 다윗이니라."

죄인은 그래도 포기하지 않고 천국의 문에서 물러가지 않고 말하기 시작했다.

"저를 불쌍히 여겨 주십시오, 다윗 대왕님. 인간의 나약함과 하느님의 자비를 생각해주십시오. 하느님은 당신을 사랑하시어 사람들의 왕이 되게 하셨습니다. 당신은 왕국과 명예와 부(富)와 처자, 모든 것을 가지셨습니다. 그런데 당신은 지붕 위에서 가난한 자의 아내를 보고 정욕에 눈이 멀어 우리아의 아내를 빼앗고, 암몬인의 칼로 그를 죽이셨습니다. 당신은 부유하면서도 가난한 자의 손에서 마지막 양을 빼앗고 그 남자를 죽여 버렸습니다. 나도 당신과 다를 바가 없습니다.

그리고 또 당신이 회개하여, '나는 내 죄를 안다. 내 죄는 항상 내 앞에 있다' 고 슬퍼하신 것을 생각해 보십시오. 저도 그것과 같습니다. 저를 천국에 들여놓지 못할 까닭은 없다고 생각합니다."

또 문 안의 목소리는 잠잠해졌다. 죄인은 한참 서 있다가 또다시 문을 두드리며 천국에 들여보내 달라고 간청하였다. 그러자 문 뒤에서 세 번째의 목소리가 들려왔다.

"저 사람은 누군고? 저 아래세상에서 어떤 일을 하였는고?"

고발자의 목소리가 거기에 답하여, 세 번째로 그가 저지른 온갖 죄를 하나하나 들춰내고 역시 선행은 하나도 얘기하지 않았다.

그러자 문 안에서 목소리가 말했다.

"여기서 당장 물러가거라. 죄인은 천국에 들어올 수 없느니라."

죄인은 말했다.

"당신의 목소리는 들리지만 얼굴은 보이지 않고 이름도 모르나이다."

목소리가 대답했다.

"나는 그리스도의 제자이자 예언자인 요한이다."

그 말을 듣고 죄인은 기뻐하며 말했다.

"이젠 정말 저를 천국에 들여보내지 않을 수 없게 되셨군요. 베드로님과 다윗 대왕님은 인간의 나약함과 하느님의 자비를 알고 계시므로 저를 들여보내 주실 겁니다. 그리고 당신에게는 많은 사랑이 있기 때문에 저를 들여보내 주시겠지요. 예언자 요한님, 자신의 책 속에서 '신은 사랑이며 사랑하지 않는 사람은 하느님을 모르는 사람'이라고 쓰신 것은 당신이 아니었던가요? 늘그막에 이르러 사람들을 향해 오로지, "형제들이여, 서로 사랑하라!"고 되풀이하여 말씀하신 것도 당신이 아니었던가요? 그런 당신이 이제 어떻게 저를 미워하고 쫓아내겠습니까? 당신은 자신이 한 말을 부정하거나, 저에게 사랑을 베푸시어 천국에 들여보내 주시거나, 둘 중의 하나를 선택해야 할 것입니다."

그러자 천국의 문이 열렸고, 요한은 이 회개한 죄인을 끌어안고 천국으로 맞이하였다.

레프 톨스토이

1월 15일

1

그리스도교의 가장 근본적인 의의는 인간, 즉 신의 아들과 아버지인 하느님의 직접적인 교류를 수립하는 데 있다.

2

그리스도에게 가장 중요하고 본질적인 점이 무엇이냐고 묻는다면, 나는 그가 인간 영혼의 위대함을 확신하고 있었던 것이라고 대답하겠다. 그는 인간 속에서 신의 그림자를 보았기 때문에, 어떠한 상황, 어떠한 성격의 인간이든 그들 모두를 사랑했다. 예수는 인간의 겉모습을 꿰뚫어 그 마음 속을 들여다보았다. 육체는 그의 앞에서는 사라져버렸다. 그는 부자의 아름다운 옷과 가난한 자의 누더기를 뚫고 그 안에 있는 인간의 영혼을 마주 보았다. 그리고 그는 무지의 어둠과 죄의 얼룩 한가운데서 무한하게 발달할 수 있는 힘과 완성의 싹을, 불멸의 영적 본성을 보았다. 그는 타락의 극에 달한 인간의 내부에도 빛의 천사로 바뀔 수 있는 본질을 보았다. 뿐만 아니라 그는, 그러한 자신의 내부에도, 누구의 손에나 닿는 것 외에 특별한 것은 아무것도 없다는 것을 느끼고 있었다. 　　　　　　　　　　　　　　　　　　　　　　　　　　　　　　채닝

3

각 개인의 경우와 마찬가지로 민중 전체에 있어서도, 온갖 편견으로부터 벗어나는 것이 당장 도덕적 장애의 감소로 연결되지는 않는다. 단지 야만적인 지배 체계가 좀 더 고도한 지배 체계로 바뀔 뿐이다. 수많은 가련한 사람들은 그때 지금까지 자기를 지탱해 주었던 것을 잃게 된다. 그러나 그것은 전혀 나쁜 일도 위험한 일도 아니다. 다만 성장일 뿐이다. 갓난아기도 언젠가는 홀로 걷지 않으면 안 된다. 지금까지 습관이 되어왔던 미신을 잃은 사람은, 처음에는 자신이 버림 받은 것처럼, 또는 집 없는 아이가 된 것처럼 느낀다. 그러나 그런 외적인 지주를 잃으면 그를 자기 자신의 내면으로 들어가게 하여, 그것에 의해 그를 더욱 강하게 만든다. 그는 자신이 신과 마주하고 있는 것을 느낀다. 그는 책 속에서가 아니라 자신의 영혼 속에서 가르침의 의미를 읽으며, 그의 가슴 속의 예배당은 하늘까지 닿는 커다란 성소가 된다. 　　　　　　　　에머슨

4

신의 인식에는 지적인 것과 신앙에 바탕을 둔 도덕적인 것이 있다. 지적 인식은 허약하여 위험한 오류에 빠지기 쉽다. 한편 도덕적 인식은 도덕적인 행위를 요구하는 자질만을 신에게 돌리려 한다. 그와 같은 신앙이야말로 자연인

동시에 자연을 뛰어넘는 것이다.　　　　　　　　　　　　　　칸트

5

단순히 도덕적인 생활만을 찾을 것이 아니라, 도덕을 초월하는 것을 추구하라.
　　　　　　　　　　　　　　　　　　　　　　　　　　　　　소로

6

너희와 신, 즉 너희 속에 살고 있는 영혼과 너희 사이에 있는 모든 것을 두려워하라.

1월 16일

1

나쁜 사회제도의 가장 큰 원인은 그릇된 신앙이다.

2

인간의 삶의 의미는 자기 속의 불합리한 것을 합리적인 것으로 이끌어 가는 데 있다. 그것을 위해서는 다음의 두 가지가 필요하다.

첫째, 생활의 불합리를 있는 그대로 바라보고 그것을 외면하지 말 것.

둘째, 다가올 미래 사회의 합리성에 대해 지극히 순수한 이념을 가질 것.

사회제도의 불합리와 거기서 생길 수밖에 없는 비참함을 생각할 때, 자연히 그것에 대한 혐오감을 느끼는 반면, 합리적인 생활의 가능성을 뚜렷이 의식할 때는, 자연히 그것을 향해 정진하지 않을 수 없게 된다. 따라서 불합리에서 생기는 병폐를 숨기지 말고 합리적인 생활의 행복을 사람들에게 분명하게 보여주는 것이, 모든 인류의 스승이 해야 할 임무이다.

그러나 그 모세의 자리에는 언제나 악한 행위 때문에 밝은 데로 나오지 못하는 사람들이 앉아 있다. 그러므로 항상 자기 자신을 이 세상의 스승이라고 자칭하는 사람들은 현재의 사회악과 다가올 미래사회의 합리성을 밝히려고 애쓰지 않을 뿐만 아니라, 오히려 그 반대로, 현재의 생활의 불합리를 감추고 다가올 미래사회의 합리성에 대한 신앙의 싹을 도려내려고 기를 쓴다. 또 그러한 목적으로 경찰, 군대, 형법, 감옥, 고아원, 양로원, 요양원, 유곽, 정신병원,

병원, 보험회사 등을 비롯하여, 강제로 징수한 세금으로 설립된 모든 의무교육 기관과 소년원, 그 밖의 온갖 기관이 존재하며 활동하고 있는 것이다.

이 기관들은 모두 그저 사회악을 은폐할 뿐만 아니라 필연적으로 새로운 악을 재생산하며, 제거해야 할 악을 오히려 눈덩이처럼 불어나게 하고 있다. 만일 이러한 사회악을 은폐하기 위해 악을 더욱 증대시키기만 하는 모든 부문에 투입되는 노력의 천분의 일을, 그 은폐된 악과의 싸움에 투입한다면, 밝은 곳으로 끌려나온 그 악들은 금세 소멸할 것이다.

3

우리는 현대 사회의 여러 가지 사상(事象)에 대해 신중한 주의를 기울여야 한다. 항상 낡은 사고방식에서 벗어나 새로운 것을 받아들임으로써 자신의 의견을 바꿀 수 있는 마음 자세를 가져야 한다. 또 선입견을 버리고 완전히 백지 상태에서 사물을 판단해야 한다. 바람의 방향도 살피지 않고 언제나 똑같이 돛을 올리는 사공은 절대로 목적한 항구에 다다르지 못할 것이다.   헨리 조지

4

노동자와 자본가가 자신들의 관계를 개선하고 싶다면, "눈에는 눈, 이에는 이"라는 모세의 옛 율법을 버리고 사랑의 율법을 실천하지 않으면 안 된다. 다시 말해 남에게 대접 받고 싶은 만큼 남을 대접하지 않으면 안 된다. 류시 말로리

5

사람들이 지금의 모습을 바꾸지 않는 한, 어떠한 폭력적 강제에 의한 개혁도 악을 바로잡을 수 없다. 악을 바로잡는 것은, 우리의 생활형태의 변화가 아니라 오로지 선과 도덕의 보급 확대에서만 기대할 수 있다.

6

그리스도의 가르침을 있는 그대로 솔직하게 받아들인다면, 우리 모두가, 그리고 또 한 사람 한 사람이 빠져 있는 무서운 기만이 이내 밝혀질 것이다.

7

사이비 신앙의 요구에 복종하는 것, 거기에 인간을 불행하게 하는 가장 큰 원인이 있다.

1월 17일

1

자신의 내적인 사명을 수행하며 영혼을 위해 사는 것이야말로, 가장 효과적인 형태로 사회생활의 개선에 봉사하는 길이다.

2

사람들을, 그 내적 생활에서 해방되어 있는 것 이상으로 외적 생활에서 해방시킬 수는 없다.

게르첸

3

공상가는 종종 정확하게 미래사회를 예측하지만, 그것을 기다리려 하지 않는다. 그는 자신의 힘으로 그것을 앞당기려고 한다. 자연에 있어서도 천년이 필요한 것을, 자신이 살아 있는 동안 성취되는 것을 보고 싶어 한다.　　레싱

4

무엇 때문에 너희는 그 불우한 처지에 있으면서 헛되이 스스로를 괴롭히고 있는가? 너희는 선을 바라고 있으면서도 그것을 어떻게 달성해야 하는지 모르고 있다. 생명을 줄 수 있는 자만이 그것을 누릴 수 있음을 알아야 한다. 하느님 없이는 아무것도 성취할 수 없을 것이다.

너희는 그 고뇌의 자리에 앉아 헛되이 몸부림치면서 도대체 무엇을 발견했는가? 너희는 몇몇 폭군들을 파멸시켰지만, 곧 전보다 훨씬 더 악랄한 폭군이 나타났다. 너희는 노예제도를 타도했으나 곧 새로운 피의 제도, 더욱 새로운 노예제도가 너희에게 주어졌다.

하느님과 너희 사이에 막아서서 그 그림자로 너희들로부터 하느님의 모습을 가리는 자들을 믿어서는 안 된다. 그런 자들에게는 반드시 사악한 의도가 있다. 왜냐하면 사람들을 합일시키는 사랑이 오직 하느님으로부터 나오는 것과

같이, 사람들을 해방시키는 힘도 오로지 하느님으로부터 나오기 때문이다. 자신의 생각과 충동만으로 움직이는 사람이 너희를 위해 무엇을 해줄 수 있겠는가? 설혹 그 의도가 선하고, 오로지 선을 원하고 있다 하더라도 그는 율법 대신 자신의 의도를, 그리고 법칙 대신 자신의 사상을 강요할 것이다. 그것은 모든 폭군들이 쓰는 수법이다.

하나의 폭정을 다른 폭정으로 대치하기 위해 앞의 것을 멸하는 것은 무의미한 일이다. 지배자가 누가 되느냐에 자유가 있는 것이 아니라, 오직 하느님만이 지배자로 있을 때 자유가 있다. 하느님이 지배하지 않는 곳은 인간이 지배한다. 하느님의 나라는 정의와 인애(仁愛)가 지배하는 나라이며, 그 기초는 그리스도가 정한 계율에 대한 신앙, 즉 인애와 정의의 법칙에 대한 신앙이다. 정의의 법칙은 만인은 아버지인 하느님 앞에, 그리고 유일한 스승인 그리스도 앞에 평등하다고 가르친다. 또 인애의 법칙은 오직 한 분의 아버지의 아들로서, 그리고 오직 한 분의 스승의 제자로서 서로를 사랑하고 도울 것을 가르친다.

만일 사람들이 너희에게 "우리 이전에는 정의가 무엇인지 아는 사람이 아무도 없었다. 정의는 우리로부터 처음 시작된다. 우리를 믿으라. 우리는 너희에게 너희가 만족할 수 있는 정의를 세워줄 것이다"라고 말한다면 그것은 너희를 속이고 있는 것이며, 설사 진심으로 너희에게 자유를 약속했다 하더라도, 그것은 그들이 스스로 자신을 속이고 있는 것일 뿐이다. 왜냐하면 그들은 너희가 그들을 주인으로 인정하기를 바라고 있으며, 그렇게 되면 너희의 자유는 그 새 주인에게 복종하는 것을 의미할 뿐이기 때문이다. 그러므로 너희는 그들에게 우리의 주인은 하느님뿐이고, 다른 주인은 필요치 않다고 대답해야 한다. 그러면 하느님은 기꺼이 너희에게 자유를 허락할 것이다.　　　　　라므네

5

물이 한 사이펀에서 다른 사이펀으로, 양쪽의 용량이 똑같아질 때까지 흘러 들어가듯, 인간의 지혜도 그것이 가득 차 있는 사람한테서 전혀 가지고 있지 않은 사람에게 흘러 들어갈 수 있는 것이면 얼마나 좋을까? 그러나 슬프게도 남의 지혜를 받아들이기 위해서는 무엇보다 먼저 스스로 노력하지 않으면 안 된다.

만일 남에게 선을 가르칠 수 있는데도 그것을 실천하지 않는다면, 너희는 가장 소중한 형제를 잃게 될 것이다.   중국 격언

자신의 영혼을 더욱 개선하고 완성시키면서 평생의 일에 힘써라. 오직 그럼 으로써만 가장 효과적인 형태로 사회 전반의 개선에 공헌할 수 있다는 것을 믿어라.

1월 18일

1

지혜로운 사람은 자기 인생의 사명을 알고 있는 사람을 가리킨다.

2

학자란 책을 읽어 많은 것을 알고 있는 사람을 말한다. 교양인이란 그 시대 에 가장 널리 보급되어 있는 지식과 풍속, 관습을 완전히 터득한 사람을 말한 다. 현자란 인생의 의미를 이해하고 있는 사람을 말한다.

3

천지창조 이래 항상, 많은 민족 속에서 사람에게 가장 필요한 학문을 이룩 한 스승들이 나타났다. 이 학문은 언제나 한 사람 한 사람의, 그리고 만인의 사명이, 또 그 진정한 행복이 어디에 있는지를 가르쳤다. 이 학문에 의해 비로 소 우리는 그 밖의 모든 지식의 의의를 판단할 수 있다.

학문의 대상은 무한하다. 때문에 모든 사람의 사명과 행복이 어디에 있는가 하는 지식이 없으면, 이 무한한 대상 가운데서 선택하는 것이 불가능해진다. 따라서 그러한 지식이 없으면, 그 밖의 모든 지식과 예술도, 오늘날의 그리스 도교 사회에서 그러하듯이, 유해무익한 놀이가 되고 만다.

4

현대인들이 모든 시대의 성현들의 의식에 반하여 어리석은 생활을 하고 있

는 것에 대한 유일한 변명은, 그들은 천체의 위치라든가, 수백만 년 전의 지구의 상태, 생물의 기원 같은, 지난 시대에는 배우지 않았던 온갖 어려운 지식을 배운다는 점이다.

그러나 그들은 모든 사람에게 필요한 오직 하나의 것, 인생에는 어떤 의의가 있는가, 인생을 어떻게 살아야 하는가, 이 문제에 대해 옛 성현들은 어떻게 생각하고 어떻게 결론을 내렸는가 하는 것은 배우려 하지 않는다. 현대의 젊은 세대는 그것을 배우지 않을 뿐만 아니라 도리어 하느님의 율법이라는 이름 아래, 교사 자신조차 믿지 않는 분명한 엉터리를 배우고 있다. 이것은 현대 생활이라는 건물의 토대에 돌이 아니라 풍선을 쌓는 것과 같다. 그런 건물이 어찌 무너지지 않을 수 있겠는가?

5

오늘날 가장 눈에 띄는 현상은, 필요 없는 지식을 산처럼 채워 넣고 자신을 학자나 교양인, 현자라고 생각하고 있는 사람들이, 자기 인생의 의의도 모르면서 오히려 그 모르는 것을 자랑하는, 깊은 미망의 구렁 속에 빠져 있다는 것이다. 그러나 화학 분자식도 모르고 라듐의 시차(視差)와 그 성질도 모르는 무지한 문맹자 가운데, 인생의 의의를 알고 있는 몇 안 되는 지혜로운 사람을 찾을 수 있다. 그들은 자신의 지혜를 자랑하지도 내세우지도 않으며, 다만 끝없는 자만에 의해 더욱 미망의 구렁에 빠져드는 사이비 지성인을 연민의 시선으로 바라보고 있을 뿐이다.

6

우리에게 진정으로 필요한 유일한 학문은 '인간은 어떻게 살아야 하는가'에 대한 학문이다. 그리고 그것은 모든 사람의 손에 닿는 학문이다.

1월 19일

1

일반사회의 생활은 각 개개인의 자기희생에 의해서만 개선될 수 있다.

2

'한 마리의 제비가 봄을 부르는 것은 아니다'라는 말이 있다. 그러나 아무리 한 마리의 제비로는 봄을 부르지 못한다 하더라도, 이미 봄을 느끼고 있는 첫 번째 제비가 날지 않고 마냥 기다리고만 있을 수는 없는 일이다. 만약 그처럼 온갖 꽃봉오리와 풀이 그저 기다리고만 있을 뿐이라면 봄은 결코 오지 않을 것이다. 그와 마찬가지로 우리도 하느님의 왕국을 세우기 위해 자기가 첫 번째 제비인지 아니면 천 번째 제비인지 생각할 필요는 없다.

3

하늘과 땅은 영원하다. 그것이 영원한 것은 하늘과 땅이 자신을 위해 존재하기 시작한 것이 아니기 때문이다. 그러므로 그 존재는 영원한 것이다. 그와 마찬가지로 성인도 자기로부터 벗어남으로써 영원해진다. 그는 영원해짐으로써 비할 데 없이 강력해지고 자기에게 필요한 모든 것을 성취한다.   노자

4

개인의 생활이든, 사회 전반의 생활이든, 법칙은 오직 하나, 그 생활을 개선하고 싶으면 그것을 버릴 각오를 하지 않으면 안 된다.

5

일찍이 이 세상에 일어났던 그 어떤 선과 악의 투쟁보다 더 큰 투쟁이 시작될 전조를 수많은 백성들이 기다리고 있는 오늘날, 세계의 모든 장소에서 이미 희미한 천둥소리가 들려오며 하느님의 군대와 사탄의 군대가 최후의 결전을 벌일 때가 다가오고, 자유냐 예속이냐 하는 인류 미래의 운명이 거기에 걸려 있는 오늘날, 이같이 중대한 시점에 우리는 무엇보다 먼저 하느님 군대의 병사로서 사명을 다하기 위해, 또 사람들을 구하기 위해 스스로 가난한 생활을 한 하느님 군대의 지휘관의 본보기를 따라야 한다는 것을 잊어서는 안 된다. 즉 모든 것을 버리고, 자기 머리를 누일 만한 자리도 없이, 죽은 사람으로 하여금 죽은 사람을 장례하도록 맡기고, 오늘은 여기 내일은 저기, 모든 위험한 장소, 모든 싸움의 장소로 언제라도 달려갈 수 있도록, 굳은 결심으로 안일을 경계할 것을 잊어서는 안 된다. 죽은 사람이란, 변천하는 것에 대한 번민에

빠지고 물욕의 포로가 되어, 자기 속에 해방을 구하는 영혼이 있다는 것도 모르고, 산다는 것은 곧 싸우는 것이요, 결국은 죽는 것이며, 오직 그것을 통해서만 위대한 자유가 성취된다는 것을 모르는 사람들을 말한다.   라므네

6

인간의 완성은 그가 자아로부터 얼마나 해방되었는가 하는 정도에 의하여 가늠할 수 있다. 우리가 자아에서 해방되면 해방될수록 인간으로서의 완성도도 커진다.

7

희생을 치르지 않고 삶을 개선하려는 것은 헛된 것이다. 그러한 시도는 다만 개선의 가능성을 멀어지게 할 뿐이다.

1월 20일

1

죽음과 탄생은 두 개의 경계선이다. 이 경계선 너머에는 똑같은 그 무엇이 있다.

2

죽은 뒤에 영혼은 어떻게 될까 하고 생각한다면 태어나기 전의 영혼은 어떠했을까 하는 것도 생각하지 않을 수 없다. 만일 그대가 어딘가로 간다면 당신은 틀림없이 어딘가에서 나온 것이다. 인간의 일생도 마찬가지다. 그대가 이 세상에 온 것은, 어딘가에서 온 것이다. 만일 그대가 죽은 뒤에도 산다고 하면 태어나기 전에도 살았던 것이다.

3

우리는 죽은 뒤에 어디로 가게 될까? 원래 왔던 곳으로 돌아간다. 원래 왔던 곳에는 우리가 '나'라고 부르는 것은 존재하지 않는다. 따라서 우리는, 그때 어디에 있었는지, 그곳에 얼마나 오래 있었는지, 그곳에는 무엇이 있었는지 하는 것을 하나도 기억하지 못하는 것이다. 만약 우리가 죽은 뒤에 원래 왔던 곳

으로 돌아가게 된다면, 죽음 이후의 세계에도 우리가 '나'라고 부르는 것은 존재하지 않을 것이다. 그러므로 우리는 우리가 죽은 뒤에 자신들의 생활이 어떻게 될지 전혀 알 수 없다. 오직 한 가지 확실하게 말할 수 있는 것은 태어나기 전의 우리에게 악이 존재하지 않았던 것처럼 죽은 뒤에도 악이 존재할 리 없다는 것이다.

4

사람이 선한 생활을 할 때, 우리는 오늘, 바로 지금이 행복이며 이 생활 뒤에는 어떻게 될지 생각하지 않는다. 만약 죽음을 생각하더라도 현재의 삶이 좋은 것으로 미루어 죽은 뒤에도 역시 좋으리라고 믿을 것이다. 하느님은 선하며 우리를 위해 최선을 다해 왔고, 앞으로도 최선을 다해줄 거라고 믿는 것이, 천국의 모든 기쁨을 믿는 것보다 훨씬 견실하고 마음에 평화를 준다.

5

우리가 태어날 때 우리의 영혼은 육체라는 관 속에 들어간다. 그러나 이 관, 즉 우리의 육체는 서서히 허물어지는 반면 우리의 영혼은 점점 더 자유로워진다. 그리하여 육체가 죽었을 때 영혼은 완전히 자유로워지는 것이다.

헤라클레이토스

6

이 세상의 삶 뒤에 어떻게 될 것인지에 대해 천착할 필요는 없다. 다만 현재의 삶 속에서 우리가 자신의 이성과 심정에 의해 알고 있는, 우리를 이 세상에 보낸 분의 의지를 실천하기 위해 노력하면 된다.

1월 21일

1

어떤 사람 속의 이성이 점점 강해져 번뇌가 점점 사라질수록, 그 사람 속의 하느님과 이웃에 대한 사랑이라는 영혼의 생활이 해방된다. 의식적으로 그 해방에 협력하는 사람은 행복하다.

2

만약 어떤 사람이 자기 집에 지붕을 이고 창문을 다는 대신, 비바람이 칠 때마다 바깥으로 뛰어나가 바람이 몰아치고 비가 퍼붓는 속에 서서, 비구름을 향하여 너는 오른쪽으로 가라, 너는 왼쪽으로 가라고 호령하고 있는 것을 본다면, 우리는 틀림없이 그를 미친 사람이라고 할 것이다. 그러나 사람들이 악을 행하는 것을 보고 화를 내고 그를 욕하면서도, 자기 안의 악을 없애려는 노력을 전혀 하지 않는다면, 즉 지붕을 이고 창문을 다는 것은 우리도 할 수 있는 일이지만, 세상의 악을 뿌리 뽑기란 비구름에 명령하는 것과 마찬가지로 어려운 일이다. 사람들이 남을 가르치는 대신 비록 가끔이라도 자기 자신을 가르치려고 노력한다면, 세상의 악은 점차 줄어들고 사람들의 생활은 보다 좋아질 것이다.

3

실수와 착오가 일어나도 실망하지 말라. 자기의 실수를 깨닫는 것처럼 공부가 되는 것은 없다. 그것은 자기를 교육하는 가장 좋은 방법의 하나이다.

칼라일

4

자기와 상관없는 일로 마음을 괴롭히지 말라. 자기와 상관없는 일에 참견하지 말라. 그럴 바엔 자기 자신을 바로잡아 자기완성을 향하는 길을 서두르는 것이 좋다.

성현의 사상

5

우리의 생활은 바로 우리 조상들의 생활이 인류에게 유산인 것처럼, 우리 자신에게 도덕적인 유산이다. 우리가 행한 위대한 행위는 그 뒤의 우리의 모든 삶의 지표가 될 것이다.

조지 엘리엇

6

작고 사소한 악이라고, 이 정도는 괜찮다고 생각해서는 안 된다. "이번에는 했지만 앞으로는 하지 않겠다." 이것은 거짓말이다. 한번 저지른 죄를 다시 되풀이하지 않기란 여간 어려운 일이 아니다. 선한 일의 경우에도 "별로 어려운 일 아니다. 이 정도야 식은 죽 먹기이며 마음만 먹으면 언제든지 할 수 있다"고 말해서는 안 된다. 그런 것은 생각해서도 안 되고 말해서도 안 된다. 아무리 작은 일이라도 선하게 살아가는 데 힘이 된다. 나쁜 일이 반드시 그 의지를 꺾는 것처럼.

7

오래된 사과나무에서 무르익은 사과가 어린 사과나무 옆에 떨어졌다. 어린 사과나무는 무르익은 사과에게 말을 건넸다.

"안녕하세요, 사과님, 당신도 하루 빨리 썩어서 나처럼 싹을 틔워 나무로 자랐으면 좋겠군요."

그러자 익은 사과가 말했다.

"이 바보야. 썩는 게 좋으면 너나 썩으렴. 그래, 네 눈에는 내가 얼마나 빨갛고 곱고 단단하고 싱싱한지 뵈지도 않는다는 거니? 난 썩기 싫어. 즐겁게 살고 싶어."

"하지만 당신의 그 젊고 싱싱한 몸은 잠시 빌려 입는 옷에 불과해요. 거기에는 생명이 없어요. 당신은 아직 모르고 있지만, 생명은 오직 당신 안에 있는 씨 속에 있어요."

"씨는 무슨 씨가 있다는 거야, 바보같이!" 무르익은 사과는 그렇게 말하고 입을 다물어버렸다.

자기의 내부에 영적인 생명이 깃들어 있음을 의식하지 못하고, 그저 동물적인 생활을 하고 있는 사람도 이 무르익은 사과와 같다. 그러나 원하든 원하지 않든, 그 사람도 사과와 마찬가지로 나이와 함께 시들어, 자신의 생명이라고 생각했던 육체가 쇠약해지면, 진실이 쉬지 않고 성장하는 씨앗과 같은 참된 생명의 존재가 더욱 더 확실해지는 것을 느낄 수 있을 것이다. 그러므로 아예 처음부터, 언젠가는 사멸해버리는 생명이 아니라, 쉬지 않고 성장하며 소멸하는 일이 없는 생명에 의지하여 사는 편이 더 낫지 않을까?

8

우리는 세상에서 가장 중요한 일은 뭔가 눈에 보이는 일, 이를테면 집을 짓고 밭을 갈고 가축을 치고 과일을 거둬들이는 그런 일이라고 생각하며, 자신의 영혼 같은 눈에 보이지 않는 것의 중요성을 간과하는 경향이 있다. 그런데 사실은 영혼을 생각하는 것, 즉 매일 조금씩이나마 선량한 사람이 되어가는 것이 진정 중요한 일이고, 그 밖의 눈에 보이는 모든 일들은, 그 영혼을 생각하고 있을 때 비로소 우리에게 유익함을 가져다준다는 사실을 잊지 말아야 한다.

이레째 읽을거리

자기완성

인간은 하느님의 완전성에 도달할 수는 없지만, 그래도 쉬지 않고 조금씩 거기에 다가가려고 노력하지 않으면 안 된다. 그것이 천지창조 이후 인류에게 주어진 길이다. 그러나 거기에 이르는 길은 그야말로 가시밭길이어서, 그 앞에는 온갖 난관이 기다리고 있다. 하지만 역경을 극복한 후 우리가 누릴 수 있는 참된 행복을 생각할 때 그것은 위안의 길과 기쁨의 길이 될 수 있다. 또한 이로써 우리는 지상에서 인류애의 세계, 평화와 사랑으로 가득한 하느님의 나라를 건설할 수 있는 것이다. 그때에야 비로소 궁극적인 위대한 합일(合一)이 찾아온다. 그러나 합일이란 각 개인의 생명과 만인의 생명의 합류이므로, 그 합일의 실현을 위해서는 그것이 요구하는 범위 내의 자기희생―분열과 고립을 가져오는 모든 것을 자주적으로 거부하는 것―이 필요하다.

모든 복음서가 가르치고 있는 것도 바로 그것이다. 그것은 모두 사랑의 가르침이며 하느님 및 하느님의 모든 피조물을 포용하는 보편적인 가르침이다. 모든 신의 피조물 속에서, 만물은 무엇보다 그 방향을 향해 움직인다. 먼저 자기를 사랑하는 마음으로부터는 오만과 탐욕, 음욕, 질투, 분노, 원한 등이 생기고, 하느님에게 바탕을 둔 모든 사람의 일체감으로부터는 온유와 자기희생, 그리고 내면의 평화, 즉 지상의 고통을 무엇으로도 파괴할 수 없는 최고의 행복으로 승화시키는 순수한 기쁨이 태어난다.

그러나 잊지 말아야 할 것은, 너희가 이 길을 나아가면 나아갈수록 과거의 왕에게 추종하는 무리의 방해가 더욱 거세질 거라는 사실이다. 그들은 너희를 증오하고 박해할 것이다. 즉 너희가 주위에 뿌리는 선의 싹을 도려내기 위해 너희를 법정에 세우고 감옥에 집어넣으며 필사적으로 자신들이 섬기는 악을 계속 행사하려 할 것이다. 이 성스러운 싸움에서 지지 않도록 부디 용맹심을 발휘해주기 바란다. 이 싸움을 후대에 물려줄 최대의 유산으로 남겨두어야 할 것이다. 싸움 뒤에는 휴식이 올 것이다. 그리고 이 싸움은 '하느님은 승리하셨다. 하느님의 왕국이 지상에 건설되어, 하느님의 자녀들에게 조국이 주어졌다'고 얘기할 그 날까지 계속되리라.   라므네

'너 자신을 사랑하듯이 네 이웃을 사랑하라'는 도덕률은, 성서에서 이야기된 것처럼(역주—마태복음 제24장 35절에 '천지는 없어지겠으나 내 말은 없어지지 아니하리라'라고 되어 있다), 그것이 실천되지 않은 채 버려지는 일은 결코 없을 것이다. 그것은 중력의 법칙이나 화학상의 화합의 법칙, 그리고 그 밖의 모든 물리학의 법칙과 마찬가지로 필연적인 것이다. 옛날에는 물리학상의 법칙이 불안정해서 모든 자연현상에 공통으로 적용되지 않았지만, 연구에 연구를 거듭하여 마침내 필연적인 법칙에 도달했다. 도덕률의 경우도 마찬가지다. 우리가 도덕률을 키우고 있는 것이다(역주—모세의 율법보다 더욱 고도의 율법을 예수가 가르쳤고, 그것이 사람들의 마음에 정착해갔다). 지혜로운 이들에게 이 세상에서 가장 중요한 목적은 이 세상의 모든 존재의 합일이다. 처음에는 일정한 사람들만이 서서히 이성의 법칙을 받아들여, 인생의 행복은 각자가 자신만의 행복을 지향하는 것이 아니라, 만인의 행복을 지향함으로써 달성된다는 것을 깨닫지만, 이윽고 다른 사람들도 모두 서서히 그것을 깨달아가거나 싫어도 깨닫지 않을 수 없게 될 것이다.

1월 22일

1

살인은 어떤 이유에서도 정당화될 수 없다. 그것이 모든 종교상의 가르침과 사람들의 양심으로 표현된 하느님의 법칙에 대한 지극히 난폭하고 명명백백한 침범인 것은 움직일 수 없는 사실이다.

2

그리스도는 어디에 있는가? 그의 가르침은 어디에 있는가? 모든 그리스도교 나라 가운데 그의 가르침이 존재하는 곳은 도대체 어디란 말인가? 그것은 교회와 같은 시설물 속에 있는 것이 아니다. 불공평으로 가득 찬 법률 속에도 있지 않다. 이기주의에 침해당한 전통과 관습 속에도 역시 있지 않다. 그럼 그리스도의 가르침은 어디에 있다는 것인가? 그것은 인간의 깊은 내면에 준비되고 있는 미래 속에 있고, 세상 구석구석의 모든 사람들을 뒤흔들고 있는 움직임 속에 있으며, 정결한 영혼과 올바른 마음의 정진 속에 있다. 그것은 또 모든 사람들의 의식 속에 있다. 왜냐하면, 오늘날의 체제는 자비와 우애를 부정하는 악이요, 카인의 후예의 유산이며, 하느님의 영광 앞에서 언젠가는 물러나야 할 망령과 같은 것이므로, 결코 오래 가지 않는다는 것을 누구나 알고 있기 때문이다.

라므네

3

병역(兵役)이란 무엇인가. 바로 다음과 같은 것이다. 젊은이가 신체적으로 성장하여 부모를 도울 수 있게 되면, 곧바로 그를 신검장(身檢場)으로 끌고 가서 옷을 벗기고 신체검사를 한 다음, 십자가와 성서에 손을 얹고, 상관의 명령에 절대복종할 것, 명령을 받으면 누구든지 살해할 것을 맹세하게 한다. 그가 그 이성과 양심에 반하고, 성서 속의 그리스도의 계율에도 반하는 명령에 복종하여 맹세를 하면, 그에게 당장 군복을 입히고 총을 주어, 사격 훈련을 시킨 다음, 형제를 죽이라고 싸움터로 내보낸다. 그가 죽여야 할 사람들은 그에게 아무런 나쁜 짓도 한 적이 없을 뿐만 아니라 그들을 본 적조차 없지만, 성서에 대고 맹세했다는 이유만으로 그들에게 총을 쏘고 칼로 찌른다. 실은 바로 그 성서 속에서, 절대로 맹세해서는 안 되며, 형제를 죽이는 것은 물론 형제들에게 화를 내어서도 안 된다고 가르치고 있는데도 말이다.

4

대체로 군대 복무는, 입대한 자들을 완전한 무위의 상태, 바꿔 말하면 정당하고 유익한 노동을 하지 못하게 하여 그들을 인간의 보편적인 의무에서 해방시키는 대신, 연대의 명예나 군복의 명예, 군기의 명예 같은 조작물을 안겨주고, 나아가 타인에 대한 무제한의 권력을 부여하는가 하면, 그와는 반대로 상관에 대한 노예적인 굴종을 강요함으로써 그들을 크게 타락시키고 있다.

그중에서도 특히 군인을 타락시키는 것은 그들의 안일하고 방종한 생활이다. 군인이 아닌 일반사람이 그런 생활을 한다면, 그는 스스로 부끄러워하지 않을 수 없을 것이다. 그런데 군인은 그것을 당연한 것으로 생각하고 그 생활을 과시하며 자랑까지 하고 있다. 특히 전시 중에는 더욱 그러하다. "우리는 전쟁에서 언제든지 목숨을 바칠 각오가 되어 있다. 그렇기 때문에 이러한 느긋하고 즐거운 생활이 허락될 뿐만 아니라, 그것은 오히려 우리에게 꼭 필요한 것이다. 그러므로 우리는 이렇게 살고 있다."

5

사람이 사람을 죽이는 것은 용서받을 수 없는 일이다. 만일 사람을 죽인다면 그는 범죄자이며 살인자이다. 두 사람, 열 사람, 백 사람이 사람을 죽여도 그들 역시 살인자이다. 그러나 한 국가, 한 민족인 경우, 사람을 아무리 많이 죽여도 살인이 아닐 뿐만 아니라, 오히려 훌륭한 공이 된다. 되도록 많은 사람을 징집하여 몇만 명을 살육하면 그건 이미 죄가 되지 않는다. 그런데 이를 위해서는 도대체 얼마나 많은 사람이 필요한 것일까? 그것이 문제다. 한 사람의 인간에게는 도둑질도 강도질도 허용되지 않지만, 국민 전체라면 허용된다. 그렇다면 그것을 위해서는 얼마나 많은 사람이 필요할 것일까? 어째서 한 사람, 열 사람, 백 사람은 하느님의 율법을 어겨서는 안 되는데, 수많은 사람들이 그러면 괜찮단 말인가.

아딘 발루

6

한 사람 한 사람의 육체 속에는 누구나 똑같은 신적 본원(本源)이 깃들어 있다. 그러므로 한 개인이든 인간의 집단이든, 그 신적 본원과 육체의 결합체를, 즉 사람의 목숨을 파괴할 권리는 없다.

1월 23일

1

모든 죄 가운데 오직 하나, 이웃에게 분노하는 죄는, 인간 최대의 행복인 사랑의 행복을 정면으로 배반한다. 그러므로 인간에게서 인생 최대의 행복을 이보다 더 확실하게 빼앗는 것은 없다.

2

로마의 철학자 세네카는 분노를 억제하는 가장 좋은 방법은, 분노가 치밀어 오르는 것을 느끼면 아무 것도 하지 말고 가만히 있는 것, 걷지도 말고 움직이지도 말고 말도 하지 않는 것이라고 말했다. 또한 몸과 혀를 다스리지 못하면 분노는 점점 더 커질 것이라고 했다.

세네카는 또 화내는 버릇을 없애려면 다른 사람들이 화를 낼 때의 모습을 잘 살펴보는 것도 좋다고 말했다. 그 사람이 화를 내고 있을 때의 모습, 즉 마치 술 취한 사람이나 짐승처럼 붉어진 얼굴, 증오에 찬 추한 표정으로 불쾌한 목소리를 꽥꽥 지르며 더러운 말을 뱉어 내는 모습을 보고, 나는 저런 추태를 부리지 않아야겠다고 생각하라고 했다.

3

사람들이 종종 분노에 사로잡혀 그것을 억제하지 못하는 것은, 분노 속에 일종의 남자다움이 있다고 착각하기 때문이다. 나는 결코 용서하지 않겠다, 단단히 혼내 주겠다, 등등. 그러나 그것은 착각이다. 분노의 발작에 지지 않기 위해서는, 분노 속에는 좋은 것이란 아무 것도 없고 또 있을 수도 없다는 것, 분노는 나약함의 증거이지 힘의 증거가 아니라는 것을 인식하지 않으면 안 된다. 화를 내고 서로 멱살잡이를 하거나, 아이나 여자 같은 약자를 때리는 사람은, 강한 것이 아니라 스스로 자신의 나약함을 폭로하고 있는 것이다.

4

분노가 다른 사람에게 아무리 해를 끼친다 해도, 그것은 누구보다 분노하고 있는 본인에게 더 해롭다. 분노는 반드시 그것을 불러일으킨 상대의 행위 이상으로 유해하다.

5

우리는 욕심 많고 인색한 사람이 왜 모두에게 미움을 받는지 잘 알고 있다. 그는 부자가 되기 위해 남의 재산까지 탐을 낸다. 따라서 그 사람은 자신의 이익을 위해 남을 해치고 있는 것이다. 그런데 사악한 인간은 자기에게 아무런 이익이 없는데도 남을 해친다. 게다가 남에게 해를 줄 뿐만 아니라 자기 자신까지 해친다.

소크라테스

6

한없는 증오심을 품고 있는 사람, 마치 덩굴나무처럼 그 증오심에 감겨버린 사람은 이윽고 가장 흉악한 적이 그를 밀어뜨리려고 하는 곳으로 스스로 걸어 들어가게 될 것이다.

부처의 금언

네 원수는 악으로써 너에게 복수할 것이고, 너를 미워하는 자는 너에게 끔찍한 보복을 할 것이다. 그러나 네 마음속의 분노는, 그것과 비교할 수 없을 만큼 큰 악을 너에게 가져다준다. 그러나 너의 아버지와 어머니, 친척과 이웃도, 남의 죄를 용서하고 잊어버리는 네 마음보다 더 큰 선을 가져다주지는 못할 것이다.

부처의 금언

8

어떠한 경우에도, 사람들에 대한 자신의 분노를 정당하다고 생각해서는 안 된다. 그리고 어떤 사람일지라도 그가 인간이 아니라거나 쓸모없는 사람이라고 생각하거나 말해서는 안 된다.

9

우리가 화를 내는 것은 무엇 때문에 그런 화나는 일이 일어났는지 그 원인을 모르기 때문이다. 만일 그 원인을 알면, 우리는 결과가 아니라 그 원인에 대해 화를 낼 것이기 때문이다. 그러나 온갖 현상의 외적 원인은 매우 먼 곳에 있어서 그것을 발견할 수는 없지만, 그 내적 원인은 언제나 우리 자신에게 있다. 무엇 때문에 우리는 그처럼 남을 비난하기를 좋아하고, 이렇게 심술궂고, 이렇게 함부로 비난하고 있는 것일까. 그것은 남을 비난함으로써 자신의 책임을 면하고 싶어서다. 우리는 자신에게 곤란한 일이 생기면, 이것은 자기가 잘못한 것이 아니라 남이 잘못했기 때문이라고 믿고 싶어한다.

10

사람들이 서로 증오하면서 말다툼을 하고 있으면, 아이는 누가 옳고 누가 그른지도 모른 채, 진심으로 양쪽을 비난하면서 슬픈 듯이 두 사람한테서 돌아서버린다. 두 사람 중 어느 누구보다 그 아이가 언제나 옳다.

1월 24일

1

인류가 어디로 갈 것인지 아는 사람은 아무도 없다. 최고의 예지는 네가 어

디로 가야 하는지를 아는 것이다. 그것은 네가 아는 바이니, 곧 최고의 자기완
성을 향해 걸어가야 한다.

2

생명으로 인도하는 길은 좁고, 그곳으로 들어가는 자는 적다. 왜냐 하면 대
부분의 사람들은 모두 넓은 길로 들어가기 때문이다. 진정한 길은 좁아서 한
사람씩밖에 들어갈 수 없다. 거기에 들어가려면 군중과 함께 걸어갈 것이 아
니라 부처나 공자, 소크라테스, 그리스도 같은 고독한 사람의 뒤를 따라야 한
다. 그들이야말로 자기 자신을 위해, 또 우리 모두를 위해 차례차례 똑같이 좁
은 길을 개척한 사람들이다.   류시 말로리

3

사람은 오직 다음과 같은 세 종류로 나눠진다. 하나는 하느님을 찾아내 그
를 섬기는 사람들이며, 그들은 지혜롭고 행복하다. 또 하나는 하느님을 찾지도
않고 찾을 생각도 없는 사람들이며, 그들은 어리석고 불행하다. 나머지는 아직
하느님을 찾아내지는 못했지만 그를 찾으려고 노력하는 사람들로, 이들은 지
혜롭지만 아직 불행하다.   파스칼

4

진리의 탐구가 시작되는 곳, 그곳에서는 반드시 생명이 시작된다. 그러나 진
리의 탐구가 중단되면, 그 즉시 생명도 중단된다.   존 러스킨

5

모든 것을 신적(神的)인 완전성이라는 이념에 비추어 바라보며, 자신의 모든
생활을 그 완전성을 향한 정진에 바친 자들이 있다. 소크라테스와 에픽테토
스, 마르쿠스 아우렐리우스 같은 고대의 성현들이 그들인데, 그들이 인생을 바
라보는 눈이 위대한 것은 바로 그 점에 있다. 그런데 그리스도교 가운데 이들
성현의 예지를 비방하고 인정하지 않으려는 자들이 있다. 그러나 지상에서의
하느님 나라를 목표로 하는 예지가, 하느님의 나라는 무덤 저편에서만 가능하
다고 하는 가르침보다 한결 더 높은 곳에 있다. 거짓된 가르침의 특징은 인생

을 저세상까지 연장하여 선을 행하는 사람보다 자신의 가르침을 믿는 사람을
더 높이 평가하는 것이다.   아미엘에 의함

6

참된 지혜를 찾고 있는 사람은 현명한 사람이다. 그러나 만일 그것을 찾아
냈다고 생각한다면 그는 어리석은 사람이다.   페르시아의 잠언

7

중요한 것은 우리가 현재 차지하고 있는 자리가 아니라, 우리가 나아가고 있
는 방향이다.   홀름스

8

너를 둘러싸고 있는 사람들과 공통된 목적이 아니라, 세상 모든 사람들의
사명과 동일한, 네 인생의 사명이 네 행위를 규정해야 한다.

1월 25일

1

누구에게나 반드시 필요한 지식이 있다. 그러한 지식을 자기 것으로 하지 않
는 한 다른 모든 지식은 오히려 유해하다.

2

소크라테스는 언제나 자신의 제자들에게 어떤 학문이든 그것을 올바르게
배우기 위해서는 일정한 한도를 지키고 그것을 넘지 않도록 해야 한다고 가르
쳤다. 이를테면 기하학의 경우에 대해 그는 이렇게 말했다. "토지를 사고팔고,
유산으로 나눠주거나 농부들에게 경작할 넓이를 각각 지정할 수 있도록 토지
를 정확하게 측량할 수 있으면 된다. 그 정도면 그리 어렵지 않아서 조금만 노
력하면 어떤 측량도 할 수 있다. 지구 전체를 측량하는 것도 어렵지 않을 것
이다."
그러나 그 자신은 그것을 연구하고 있었으면서도, 기하학의 고등이론에 지
나치게 몰두하는 것은 권장하지 않았다. 그런 것들은 크게 유용한 것도 아닌

데 그것을 위해 자신의 시간을 소비하느라, 다른 더 유익한 학문을 소홀히 하게 된다고 경고했다.

또 천문학의 경우에도, 그는 하늘을 보고 밤의 시간과 월일(月日)을 알고 계절을 알아, 길을 잃지 않고, 바다에서 항로를 잘 잡고, 정확한 시간에 야경꾼을 교대시킬 수 있을 정도의 지식이면 바람직하다고 했다. "그런 학문은 무척 쉬워서 어떤 사냥꾼, 항해자도, 요컨대 조금만 공부하면 누구나 배울 수 있다"고 했다. 그러나 온갖 천체가 그리는 궤도를 연구하고, 항성과 행성의 크기를 계산하고, 지구와의 거리며 그 운행과 변화에 대해 너무 깊이 파고드는 것은, 아무런 득이 없다 하여 엄하게 이를 경계했다.

그가 그런 학문을 낮게 평가한 것은 그가 그것에 대해 잘 몰라서가 아니라 (실제로 그는 그 학문을 잘 알고 있었다), 그런 종류의 학문에 너무 열중하면 인간으로서 가장 중요한 도덕적 자기완성에 써야 할 시간과 정력을 잃게 될 것을 염려했기 때문이다.

3

단순히 지식을 수집하고 다니는 학자는 불쌍한 사람이다. 끝없는 지식욕에 쫓겨 스스로를 높이는 철학자들 또한 불쌍한 사람이다. 이 나쁜 부자들은, 옆에서 라자로가 계속 배고픔을 호소하고 있을 때, 날마다 그 지적 유희에 시간 가는 줄을 모른다. 그들은 모두 헛된 지식으로 배가 터질 지경이 되어 있다. 그들의 쓸모없는 지식은 한 사람 한 사람의 내면적 완성이나 사회의 향상과 진보에 아무런 도움이 되지 않는다. 　　　　　　　　　　　　　　페늘롱

4

네 눈길을 기만의 세계에서 돌려라. 그리고 오관의 유혹을 물리쳐라. 오관은 너를 기만할 것이다. 오히려 너 자신 속에서, 자아를 망각한 너 자신 속에서 영원한 인간을 찾아라. 　　　　　　　　　　　　　　부처의 금언

5

경험적 과학이 그 자체만을 위해 연구되고, 지도원리로서의 철학적 사상이 결여되어 있다면, 그것은 마치 눈이 없는 얼굴과 같다. 그것은 중간 정도의 재

능을 가지고 있고, 그런 세세한 연구에는 오히려 방해가 되는 최고의 자질이 결여된 사람들에게 어울리는 학문이다. 그러한 중간 정도의 재능을 가진 사람들은, 자기의 모든 정력과 모든 능력을 오직 하나의 한정된 학문 분야에 집중하므로, 그 분야에서는 최대한의 업적을 올리지만, 그 대신 다른 분야에 대해서는 전혀 모르게 된다. 말하자면 그들은 시계공장의 노동자처럼 한 사람은 톱니바퀴, 한 사람은 태엽, 또 한 사람은 사슬만 만들고 있는 것과 같은 이치이다.

쇼펜하우어

6

무익한 지식을 많이 배우기보다는 조금이나마 인생의 법칙을 배우는 것이 더 중요하다. 인생의 법칙은 너를 악으로부터 보호해 주고 선으로 이끌어 줄 것이다. 그와 반대로 무익한 지식은 다만 너를 자만심에 빠지게 하여 진정 필요한 인생의 법칙을 깨닫지 못하도록 방해할 뿐이다.

7

무지를 두려워하지 말고 거짓 지식을 두려워하라. 진실이 아닌 것을 진실이라고 생각할 바에는 차라리 아무것도 모르는 편이 더 낫다. 하늘은 고체이며 그 위에 하느님이 앉아 있다고 생각하기보다는, 차라리 하늘에 대해 아무것도 모르는 편이 더 낫다. 그러나 또 우리가 하늘이라고 부르고 있는 것을 무한한 공간이라고 하는 것도 그리 적절한 말은 아니다. 하늘을 무한한 공간이라고 하는 것도 고체라고 하는 것과 마찬가지로 진실과 거리가 멀다.

1월 26일

1

부자는 아무래도 무자비해지지 않을 수 없다. 만약 그가 인간다운 자비심을 발휘하기 시작한다면 그는 이내 가난해질 것이다.

2

우리가 식탁에 둘러앉아 즐거운 얘기를 나누면서 배불리 먹고 있을 때, 길 가는 사람이 울고 있는 것을 보고도 아무렇지도 않고 더 나아가 그들에게 화를 내고 사기꾼이라고 욕까지 한다면, 그것은 정말 부당한 일이 아니겠는가? 빵 한 조각 때문에 남에게 사기를 치는 사람이 어디 있겠는가? 설령 그 사람이 정말 그랬다 하더라도, 너는 그를 가엾게 여기고 더욱 더 그 사람을 가난에서 구해주어야 한다. 만일 네가 끝까지 자선을 베풀고 싶은 마음이 없다면, 적어도 그들에게 모욕만은 주지 말아야 한다.

요한

3

먼저 약탈을 중지하고, 그 뒤에 자선을 베풀어라. 부정한 돈에서 손을 뗀 뒤, 그 손을 이웃을 위해 내밀어야 한다. 만일 우리가 제 손으로 어떤 사람의 옷을 벗겨, 같은 손으로 다른 사람에게 입힌다면, 우리의 자선행위가 곧 범죄행위에 대한 방아쇠가 되는 셈이다. 그 같은 자선은 아예 하지 않는 편이 낫다.

요한

4

부자가 자선행위를 할 때만큼 그의 잔인함이 잘 드러날 때는 없다.

5

부잣집에는 세 사람 앞에 열다섯 칸의 방이 있지만, 가난한 사람이 몸을 녹일 수 있도록 방을 내주지는 않는다. 농부의 집에는 7평방아르신(역주—1아르신은 71.12센티미터. 러시아의 길이 단위)의 방에 일곱 사람이 살고 있어도 낯선 나그네를 기꺼이 재워준다.

6

우리는 여러 가지 대상을 불완전하기 때문에 사랑한다. 그 불완전성은 노력이 인생의 법칙이 되고 자비가 인간 심판의 법칙이 되게 하기 위해 하느님이 정하신 것이다.

존 러스킨

7

예지의 첫 번째 원칙이 자기 자신을 아는 것에 있는 것처럼(실은 이것이 무엇보다 어려운 일이지만), 자선의 첫 번째 원칙은 적은 것으로 만족하는 데 있다(이것도 참으로 어려운 일이다). 그것처럼 만족할 줄 알고 평화를 사랑하는 사람만이, 남에 대한 자선에서도 강한 힘을 발휘한다.　　　　　　　존 러스킨

8

누구든지 세상의 재물을 가지고 있으면서 자기의 형제가 궁핍한 것을 보고도 마음의 문을 닫고 그를 동정하지 않는다면 어떻게 그에게 하느님을 사랑하는 마음이 있다고 하겠습니까? 사랑하는 자녀들이여, 우리는 말로나 혀 끝으로 사랑하지 말고 행동으로 진실하게 사랑합시다.　　　요한I서 제3장 17~18절

9

말과 입이 아니라 행위와 진실로 사랑하기 위해서는, 그리스도가 말한 것처럼 부자는 구걸하는 자에게 베풀어야 한다. 그러나 만일 구걸하는 자 모두에게 베푼다면 그 사람은 아무리 많은 재물을 가지고 있어도 금세 가난해질 것이다. 그렇게 가난해져야 비로소 그는, 그리스도가 부유한 젊은이에게 명령한 것을 실천한 것이 된다.

1월 27일

1

다른 사람들에 대한 사랑이야말로, 우리를 이웃과, 또 하느님과 하나가 될 수 있게 함으로써, 그 무엇으로도 빼앗을 수 없는 진정한 내면적인 행복을 가져다준다.

2

본인 외의 그 누구도 인간의 정신적인 성장을 방해할 수 없다. 육체의 쇠약이나 지력의 감퇴도 정신적 성장에 대한 장애가 될 수 없다. 왜냐하면 정신적 성장은 오로지 사랑의 증대 속에 있고, 그 증대를 방해할 수 있는 것은 아무것도 없기 때문이다.　　　　　　　　　　　　　　　　류시 말로리

3

현자는 자신의 이익을 위해 사랑하는 것이 아니라, 사랑 그 자체에서 행복을 발견하기 때문에 사랑하는 것이다.　　　　　　　　　　　　파스칼

4

지나간 일을 후회하지 마라. 후회한들 무슨 소용인가? 허위는 회개하라고 말한다. 그러나 진실은 오직 사랑하라고 말한다. 모든 추억을 멀리 하라. 지나간 일에 대해 얘기하지 말라. 오로지 사랑의 빛 속에서 살며 그 밖의 모든 것은 지나가버리는 대로 내버려두어라.　　　　　　　　　페르시아의 금언

5

사람들이 중국의 현자에게 물었다. "지혜는 무엇입니까?" 현자가 말했다. "그것은 사람을 아는 것입니다." 사람들은 또 물었다. "그럼 인(仁)이란 무엇입니까?" 그러자 현자가 대답했다. "그것은 사람을 사랑하는 것입니다."

6

인간은 여간해서는 행복에 도달하기 어렵다. 왜냐하면 현세의 행복에 대한 갈망은 높으면 높을수록 실현 가능성이 적어지기 때문이다. 의무의 이행 또한 행복을 가져다주지는 못한다. 그것은 마음의 평화는 줄지언정 행복을 주지는 않기 때문이다. 오직 신성한 사랑과 하느님과의 합일만이 우리에게 진정한 행복을 준다. 왜냐하면 만약 자기희생이 기쁨으로 바뀌면, 즉 끊임없이 솟아나는 불멸의 기쁨으로 바뀌면, 우리의 영혼에는 영원한 행복이 보장될 것이기 때문이다.　　　　　　　　　　　　　　　　　　　　아미엘

7

네가 여태까지 사랑하지 않았던 사람, 오히려 비난했던 사람, 나에게 악한 짓을 한 사람을 사랑하도록 노력하라. 만일 네가 그리할 수 있게 된다면 너는 지금까지 전혀 몰랐던 멋진 기쁨의 감정을 경험하게 될 것이다. 너는 곧 그 사람 속에서도, 네 속에 살고 있는 하느님을 만날 수 있을 것이다. 그러면 어둠 뒤에 빛이 더욱 밝듯이 네가 증오에서 해방되면 네 속에 하느님의 사랑의 빛

이 더욱 강하고 더욱 찬란하게 빛날 것이다.

8

나는 내 속에 서서히 이 세계를 바꿀 수 있는 힘이 깃들어 있음을 느낀다. 그 힘은 찌르지도 밀지도 않지만, 나는 그것이 내 의지와는 상관없이 조금씩 나를 끌어당기고 있음을 느낀다. 그리고 내가 무의식 속에 다른 사람들을 끌어당기듯, 무언가가 나를 끌어당기고 있음을 느낀다. 내가 그들을 끌어당기면 그들은 나를 끌어당긴다. 그리하여 우리는 새로운 합일을 향한 열망을 느낀다. 나는 내 속에 있는 그 힘한테 묻는다. "너는 누구냐?" 그러면 그 힘은 대답한다. "나는 사랑이요, 하늘을 지배하는 자이며, 지상을 지배하고 싶어 하는 자이다. 나는 우주의 모든 힘 가운데서도 가장 강한 것, 지상에 미래의 세계를 건설하기 위해 찾아왔다."

크로스비

9

어머니가 목숨을 걸고 자신의 자식, 단 하나뿐인 사랑하는 자식을 키우며 지켜가듯이, 우리 안에 있는 모든 생명에 대한 우애의 정을 키우고 지켜가야 한다.

메타스타

10

사랑이 우리에게 주는 용기와 평화와 희열의 감정은 너무 커서, 그 내면적 사랑의 기쁨을 알게 된 사람은 세속적인 사랑이 주는 세속적인 행복 같은 건 대수롭지 않은 것으로 여기게 된다.

1월 28일

1

만약 우리가, 우리가 따라야 할 법칙, 우리에게 자유를 주는 법칙을 알고 싶으면, 우리는 육체의 생활에서 영혼의 생활로 옮겨가지 않으면 안 된다.

2

"나는 너희에 대해서 할 말도 많고 판단할 것도 많지만 나를 보내신 분은 참되시기에 나도 그분에게서 들은 것을 그대로 이 세상에서 말할 뿐이다." 그러나 그들은 예수께서 아버지를 가리켜 말씀하신 줄을 깨닫지 못했다. 그래서 예수께서는 "너희가 사람의 아들을 높이 들어 올린 뒤에야 내가 누구라는 것을 알게 될 것이다. 또 내가 아무것도 내 마음대로 하지 않고 아버지께서 가르쳐 주신 것만 말하고 있다는 것도 알게 될 것이다."   요한복음 제8장 26~28절

3

자기의 자아 속이 아니라 각자의 마음속에 살고 있는 하느님의 영혼 속에서 자신의 생명을 인정하는 것을, 그리스도는 사람의 아들을 높이 들어 올린 것이라고 말했다.

4

그리스도는 진정한 예언자였다. 그는 영혼의 신비를 보았다. 그리고 인간의 위대함을 보았다. 그는 우리들 속에도 그 위대함이 똑같이 살고 있음을 믿었다. 그는 인간의 육체에 살고 있는 하느님을 보았다. 그리하여 위대한 기쁨을 느끼면서 그는 말했다. "나는 하느님의 아들이다. 하느님이 나를 통해 행하시고 나를 통해 말씀하신다. 그것을 보고 싶으면, 내가 생각하고 느끼고 있는 것과 같은 것을 네가 생각하고 느낄 때 너 자신을 들여다보라." 사람들의 마음에 살고 있는 하느님의 법칙을 인식한 그리스도는 다른 어떠한 법칙에도 이 법칙을 종속시키지 않았다. 그는 이 법칙이 바로 하느님 자체라고 인정했다.

에머슨

5

"나와 하느님은 하나이다!" 하고 예수는 말했다. "그러나 만약 너희가 내 육체를 하느님으로 생각한다면 그것은 잘못이다. 또, 다른 모든 존재에서 독립한 나의 비육체적인 존재를 하느님으로 생각한다면 그것 또한 잘못이다. 너희가 너희 자신 속에서 진정한 나를, 참으로 하느님과 하나이며 모든 사람 속에서도 동일한 나를 이해했을 때, 비로소 너희는 옳은 것이다. 그런 나를 이해하려면, 자기 안에 있는 사람의 아들을 높이 올리지 않으면 안 된다. 그렇게 하면 너희는, 자신과 다른 사람들 사이에 아무런 구별이 없다는 것을 깨달을 것

이다."

우리에게는 자신들이 하나하나 별개의 존재로 보이지만, 그것은 마치 모든 사과꽃이 저마다 자기는 하나의 독립된 존재라고 생각해도, 사실은 한 그루의 사과나무에 핀 꽃이며, 모두 하나의 씨에서 태어난 것과 같은 것이다.

표도르 스트라호프

6

우리는 이 세상의 짧은 생애 동안 영원한 생명의 법칙을 좇아 살아야 한다.

소로

7

"인간의 정신은 그 본성으로 보아 그리스도교적이다." 사람들은 그리스도교를 자기도 모르는 사이에 까맣게 잊고 살다가 갑자기 생각났다는 식으로 받아들이고 있다. 그리스도교는 인간을 합리적인 법칙에 따르는 즐거운 세상을 널리 둘러볼 수 있는 높은 곳으로 이끈다. 그리스도교의 진리를 깨달은 사람은, 마치 그때까지 캄캄하고 답답한 탑 속에 갇혀 있던 사람이 탑 위의 높은 전망대에 올라가, 지금까지 보지 못한 아름다운 세상을 보았을 때 경험하는 것과 같은 감정을 느끼게 될 것이다.

8

인간이 만든 법에 복종해야 한다는 의식은 우리를 노예로 만들지만, 하느님의 법칙에 복종해야 한다는 의식은 우리를 자유롭게 한다.

이레째 읽을거리
그리스도교의 본질

　사람들은 아주 먼 옛날부터 언제나, 자기 존재의 비참함, 허망함, 무의미함을 느끼고, 거기에서 구원을 얻기 위해 신들을 믿으려 했다. 그 신들이 인간을 현세의 모든 불행에서 벗어나게 해주고, 현세에서 얻고자 했지만 얻지 못한 행복을 내세에서 누릴 수 있게 해주기를 기대한 것이다. 그래서 먼 옛날부터 여러 나라에 많은 선지자가 나타나, 인간을 구원하는 신은 어떤 것이며, 그 신들을 기쁘게 하여 현세 또는 내세에서 보상을 받으려면 어떻게 해야 하는지를 가르쳐 왔다.

　그런데 어떤 종교에서는 신은 태양이나 온갖 동물의 모양을 하고 있다고 가르치고, 또 어떤 종교는 신은 하늘과 땅이라고 가르치고, 또 다른 종교는 유일신이 세상을 창조하여, 만민 가운데 마음에 드는 민족을 선민으로 삼았다고 주장하고, 또 어떤 종교는 신에도 여러 종류가 있으며, 인간이 하는 일에 직접 관여한다고 가르치고, 또 다른 종교는 신은 인간의 형상을 하고 지상에 내려왔다고 가르친다. 그 선지자들은 하나같이 진실과 거짓을 혼동하면서 사람들에게 이런 것은 나쁘니까 하지 말라, 이런 것은 좋은 것이므로 해야 한다고 말할 뿐만 아니라, 성스러운 행사와 제물과 기도를 요구하고, 그런 것들이 무엇보다 이 세상과 저 세상에서의 모든 사람의 행복을 보장한다고 말했다.

　그러나 그러한 가르침들은, 차츰 사람들의 정신적 요구를 만족시킬 수 없게 되었다.

　첫째로, 사람들은 자신들이 추구하는 현세의 행복은, 신이나 신들의 요구를 실천해도 얻을 수 없다는 것을 알았다.

　두 번째로, 문명의 보급과 함께 종교인들이 신과 내세와 내세의 보상에 대해 하는 말이, 새로운 세계관과 일치하지 않기 때문에 점점 그 믿음을 잃어가게 되었다.

　이를테면 옛날 사람들은, 하느님이 6천 년 전에 세상을 창조했고, 지구가 우주의 중심이며, 지구 밑에는 지옥이 있고, 하느님이 지상에 내려왔다가 다시 하늘로 올라갔다는 등등의 말을 태연하게, 아무런 의심 없이 믿었는지 몰라도, 지금은 그런 말을 믿을 사람이 어디 있겠는가? 왜냐하면 사람들은 세상이

6천 년 전이 아니라 수백만 년, 수천만 년 전부터 존재하고 있었다는 것을 알고 있고, 지구는 우주의 중심이 아니라 다른 천체에 비하면 지극히 작은 행성에 불과하다는 것, 지구는 구체이기 때문에 그 밑에 지옥이 있을 수 없다는 것을 알고 있으며, 나아가서는, 원래 하늘 같은 건 실재하지 않고 아치 같은 하늘의 모양만 있을 뿐이므로 하늘로 올라가거나 할 수 있는 게 아니라는 것을 알고 있기 때문이다.

세 번째로, 이것이 가장 중요한 것인데, 사람들의 세계적인 교류가 빈번해짐에 따라 여러 나라에 여러 종교의 스승들이 있고, 그들이 각각의 가르침을 설교하며 자기네 것만이 진정한 종교이고 다른 것은 모두 거짓이라고 말한다는 것을 알게 되었기 때문이다. 그것을 안 사람들은 자연히, 그러한 가르침들 가운데 어느 것 하나 다른 것보다 진실한 것이 없으며, 따라서 그중의 어느 하나도 완전한 진리로 받아들일 수는 없다는 결론에 도달했다. 이 세상에서는 행복을 달성하기 어렵다는 것과, 인류 문명의 보급과 사람들의 세계적 교류의 결과, 여러 나라에 여러 가지 가르침이 있다는 것을 알게 됨으로써, 사람들은 그 가르침들을 점차 믿지 않게 된 것이다.

그런데 한편으로는, 인생의 의의를 밝히고 행복에 대한 소망과 인생의 모순을 해결하고자 하는 욕구가 있으면서도, 반면에 인간이 벗어날 수 없는 불행과 죽음의 의식이 더욱 또렷해지는 딜레마가 갈수록 깊어지고 있었다. 인간은 행복을 원하고 그 속에서 자신의 삶의 의의를 인정하고 있지만, 결국 오래 살면 갈수록 행복이 자신에게 불가능하다는 것을 알게 된다. 그는 살아가기를 바라고 생명이 영원히 지속되기를 원하지만, 자신은, 그리고 자신을 에워싸고 있는 모든 생명은, 언젠가는 별수 없이 죽어서 사라질 거라는 것을 안다.

그에게는 또 이성이라는 것이 있어서, 인생의 합리적인 설명을 원하고 있지만, 자신의 인생에 대해서건 남의 인생에 대해서건 아무런 합리적 설명도 얻지 못한다. 옛날에는 자신의 삶의 행복과 영원한 생명에 대한 욕망, 죽음과 고통을 피할 수 없다고 하는 서로 모순 대립되는 의식은, 솔로몬이나 부처, 소크라테스, 노자 같은 뛰어난 사람들에게만 있었지만, 요즘에는 모든 사람이 그것을 의식하게 되었고, 따라서 그 모순의 해결은 그 어느 때보다 더욱 더 필요한 것이 되었다. 그처럼 행복과 불멸의 삶을 바라는 마음과, 그것이 불가능하다는 의식 사이의 모순을 해결하는 것은, 이제 인류에게 피할 수 없는 과제가 되었다.

바로 그때, 그 해결을 제시한 것이 진정한 의미의 그리스도교였다. 고대의 가르침은 조물주, 만물의 지배자, 구세주로서 하느님의 존재를 가르침으로써 인생의 모순을 숨기려고 애썼다. 그런데 그리스도교는 오히려 반대로, 사람들에게 그 모순을 있는 그대로 보여주었다. 그 모순의 필연성을 보여주고, 모순에 대한 인식을 토대로 그 해결법을 이끌어낸 것이다.

그 모순이란 다음과 같다. 인간은 실제로 동물이어서, 육체 안에서 살고 있는 동안에는 어디까지나 동물로 산다. 그런가 하면 참으로 정신적인 존재로서, 모든 동물적인 욕망을 부정한다. 인간은 처음에는 자신이 살고 있다는 것도 모르고 살고 있는데, 말하자면 그 자신이 살고 있는 것이 아니라, 그를 통해 우리가 아는 만물 속에 살고 있는 힘이 살고 있는 것이다. 인간이 진정 스스로 살기 시작하는 것은, 그가 자신이 살고 있다는 것을 아는 순간부터이다. 자신이 살고 있음을 아는 것은, 자신이 행복을 원하고 있고 다른 사람들도 그것을 원하고 있음을 알 때이다. 그것을 앎으로써 그의 내부에서 이성이 눈을 뜬다.

그런데, 자신이 살고 있고 행복을 원하고 있으며, 또 다른 사람들도 그것을 원하고 있다는 것을 안 인간은, 이번에는 어쩔 수 없이 그가 자기 한 사람을 위해 원하는 행복은 도저히 이루어질 수 없으며, 그러한 희망과는 반대로, 그 앞에는 피할 길 없는 고통과 죽음이 기다리고 있고, 자기 외의 모든 사람에게도 그것이 기다리고 있다는 것을 깨닫게 된다. 때문에 그 모순 앞에서, 그는 자신의 인생이 합리적인 의미를 가질 수 있는 해결책을 찾는다. 그리하여 그는 자신의 인생이 이성이 눈뜨기 전의 상태 그대로 계속 동물적으로 살거나, 아니면 완전히 정신적으로 살거나, 양자택일을 하지 않을 수 없다. 그러나 인간은 완전한 짐승도 될 수 없고 완전한 천사도 될 수 없다.

그때 그리스도교가 그 모순의 해결자로 등장하는 것이다. 그리스도교는 인간에게 사람은 짐승도 천사도 아닌, 짐승에서 태어나려고 하는 천사, 즉 동물에서 태어나려 하는 정신적인 존재라고 말한다. 즉 현세의 생활은 바로 그러한 영혼에 의한 탄생 과정에 지나지 않는다.

인간이 합리적 의식에 눈뜨자마자 이 의식은 그를 향해, 자신은 행복을 원한다고 말한다. 그런데 그의 합리적 의식은 개인적 자아로서 그 안에서 눈뜬 것이므로, 그는 그 행복의 희구를 그의 개인적인 자아에 대한 것으로 생각한다. 그러나 그에게, 그 자신의 행복을 원하는 자아로서의 그를 나타낸 합리적 의식은, 동시에 그에게 자아라는 것이 그가 생각하고 있는 의미에서의 행복이나 영원한 생명에 합당하지 않다는 것을 알려준다. 즉 그는, 자아로서의 자신은 행복도 영원한 생명도 가질 수 없다는 것을 알게 되는 것이다.

그렇다면 도대체 무엇이 진정한 생명을 가질 수 있는 것일까? 그것은 그 자신도 그를 에워싸고 있는 사람들도 가지고 있지 않으며, 오직 행복을 원하는 자만이 가지고 있다는 것을 안다.

그것을 인식한 인간은, 다른 것에서 고립된, 언젠가 죽는 육체적인 존재가 자기라는 생각을 버리고, 그의 합리적 의식이 그에게 보여준, 다른 존재와 분리할 수 없는 정신적인, 따라서 영원불멸의 존재를 자기라고 생각하게 된다.

이러한 것을, 인간 안에 새로운 정신적인 존재가 탄생했다고 일컫는다. 합리적 의식에 의해 인간에게 계시된 것은 행복에의 희구, 즉 전에도 그의 인생의 목적이었던 것과 같지만, 다만 그 차이는 전에는 그 행복에의 희구가 개인적 자아로서의, 하나의 육체적인 존재로서의 그 자신을 향한 맹목적인 것이었으나, 지금은 그 희구가 스스로 탄생하여, 단순한 자아가 아니라 살아있는 모든 것을 향하게 되었다는 점이다.

이성이 태어난 초기, 인간은 그가 자신 속에서 느끼는 행복에의 희구는 오직 그 희구를 품고 있는 육체에 관한 것으로 생각한다. 그러나 이성이 더욱 또렷해지고 더욱 확고부동한 것이 될수록, 진정한 존재, 곧 그가 자기를 의식하는 인간으로서의 진정한 '나'는 결코 참된 생명을 가질 수 없는 육체가 아니라, 실은 행복의 희구 자체, 바꿔 말하면, 살아있는 모든 것에 대한 행복의 희구임이 분명해진다. 이것이야말로 또한 살아있는 모든 것에 생명을 주는 자이며, 곧 우리가 하느님이라고 일컫고 있는 그것이다. 따라서 그 의식에 의해 인간에게 계시되는 것, 그 안에 탄생한 것, 그것이 만물에 생명을 주는 신인 것이다.

이전의 가르침에 의하면 인간이 하느님을 알기 위해서는 다른 사람이 그에게 하느님에 대해 얘기하는 것, 즉 하느님이 세상과 인간을 창조한 뒤 사람들에게 모습을 드러냈다고 하는 얘기를 믿지 않으면 안 되었다. 그러나 그리스도교에 의하면 인간은 자기 내부의 의식에 의해, 직접 하느님을 인식한다. 자기 속에 있는 의식은 인간에게, 자기 생명의 본질은 살아있는 모든 것에 대한 행복의 희구이며, 말로는 설명할 수도 표현할 수도 없지만 인간에게 가장 친근하고 이해하기 쉬운 것임을 말해준다.

행복을 추구하는 마음이 맨 처음 인간에게 생긴 것은, 한낱 동물적인 존재로서의 자신의 생명 속에서였지만, 다음에는 자기가 사랑하는 사람들의 생명 속에 나타났고, 그 뒤 그의 내부에 합리적인 의식이 생기자, 그것은 살아있는 모든 것에 대한 행복의 희구가 되어 나타났다.

살아있는 모든 것에 대한 '행복의 희구'야말로 모든 생명의 시작이고 사랑이며, 성서에서 하느님은 사랑이라고 말한 것과 같이 곧 하느님 그 자체이다.

레프 톨스토이

1월 29일

1

예지를 단지 특별한 사람에게만 주어진 축복으로 생각해서는 안 된다. 예지는 모든 사람에게 없어서는 안 되는 것이며, 그렇기 때문에 모든 사람의 속성이기도 하다. 예지는 자신의 사명과 그 사명을 수행하는 방법을 아는 것이다.

2

세 개의 길을 통해 우리는 예지에 도달할 수 있다. 첫 번째는 사색의 길로, 이것은 가장 고상한 길이다. 두 번째는 모방의 길이며, 이것은 가장 쉬운 길이다. 그리고 세 번째는 경험의 길인데 이것이 가장 힘든 길이다.　　　공자

3

인간의 가치는 그가 소유한 진리에 있지 않고, 그 진리를 얻기 위해 그가 기울인 피땀 어린 노력에 있다.　　　레싱

4

인생은 학교이며, 거기서의 실패는 성공보다 훌륭한 스승이다.

술레이만 그라나드스키

5

자기 자신을 알고 싶거든 남과 남의 행위를 관찰하라. 남을 알고 싶으면 자신의 마음속을 들여다보라.　　　실러

6

사물을 이해한다는 것은 처음에는 그 속에 있다가 나중에 거기서 나오는 일이다. 따라서 먼저 포로가 된 뒤에 석방되어야 하며, 매료당했다가 환멸을 느껴야 하며, 열중했다가 그 열기가 식어야 한다. 지금 매료당해 있는 사람도, 한번도 매료당한 적이 없는 사람도, 둘 다 사물을 이해할 수 없다. 우리는 먼저 믿은 뒤에 비판의 메스를 가한 사람만이 그것을 충분히 이해할 수 있다. 사물을 이해하려면 자유로워야 하지만, 그 전에 먼저 포로가 되지 않으면 안 된

다.　　　　　　　　　　　　　　　　　　　　　　　　　　아미엘

7

우리의 내부에서 또는 배후에서 우리를 투과하여 빛이 비칠 때 우리는 자신이 무와 같은 존재이며 그 빛이 모든 것임을 안다. 우리가 보통 인간이라고 부르는, 먹고 마시고 앉고 셈을 하는 존재는, 진정한 의미에서의 인간을 우리에게 보여주지 않고 오히려 그 거짓 모습을 보여준다. 참된 인간은 그 사람 속에 사는 영혼이다. 그 사람이 행위에 의해 그 영혼을 드러낸다면 우리는 그 앞에 고개를 숙일 것이다. 성스러운 옛 말씀에 "하느님은 소리 없이 찾아온다"고 했다. 즉 그것은 우리와 만물의 본원 사이에는 장벽이 없다는 것, 결과인 인간과 원인인 하느님 사이에 벽이 없다는 뜻이다.　　　　　　　　에머슨

8

영혼은 그 자체가 자신의 재판관이며 또 도피처이기도 하다. 너의 내부에 눈뜬 영혼을, 최고의 내적 재판관을 모욕하지 말지어다.　　　　　　마누

9

예지가 발현될 수 없는 상황이란 없으며 그런 무의미한 일은 있을 수 없다.

1월 30일

1

땅은 사유의 대상이 되어서는 안 된다.

2

어디 출신이냐는 질문을 받았을 때, 소크라테스는 '나는 세계시민'이라고 대답했다. 그는 자신을 세계의 주민이며 세계의 시민이라고 생각한 것이다.
　　　　　　　　　　　　　　　　　　　　　　　　　　키케로

3

우리가 살고 있는 모든 땅이 지주들의 사유재산이고 그들이 지상권을 가지

고 있다면, 땅을 소유하지 않은 사람은 모두, 거기에 대한 아무런 권리가 없게 된다. 땅을 소유하지 않은 사람은 땅 주인의 승낙을 얻어야만 지상에서 살 수 있는 셈이다. 그들은 두 다리로 땅을 딛고 서 있을 권리까지 땅 주인의 승낙이 있어야만 얻을 수 있다. 그러므로 만약 땅 주인들이 그들에게 다리를 둘 장소를 주지 않으면, 그들은 지구 밖으로 쫓겨나야 할 것이다.　　　　　허버트 스펜서

4

땅의 사유는 노예의 사유와 마찬가지로 노동에 의해 만든 물건을 사유하는 것과는 본질적으로 다르다. 어떤 사람이 한 사람으로부터, 또는 많은 사람으로부터, 돈이나 물건, 가축 같은 것을 약탈할 경우, 그 사람이 떠나면 동시에 그 약탈은 끝난다. 물론 시간의 흐름이 그 사람의 범죄행위를 좋은 행위로 만들지는 못하지만, 결국 범죄의 결과를 소멸시킬 수는 있다. 그 범죄행위는 거기에 관련된 사람들과 함께 즉시 과거 속으로 사라지는 것이다. 그러나 만약 사람들한테서 땅을 빼앗는다면 그 약탈행위는 영원히 지속된다. 그것은 차례차례 죽고 태어나고 다시 죽고 태어나는 사람들에게 해마다 그리고 날마다 계속되는 약탈행위가 될 것이다.　　　　　헨리 조지

5

우리가 어떤 섬에서 제 손으로 일하며 살고 있는데, 그곳에 난파선에서 살아남은 선원이 해안으로 올라온다고 치자. 그 경우, 그에게 어떤 권리가 있을까? 그는 이렇게 말할 수 있을까? 나도 인간이다, 나에게도 땅을 일궈 먹고 살 권리가 있다. 나도 너희와 마찬가지로 땅의 일부를 차지하여 당당하게 일하며 살아갈 수 있다고.　　　　　라벨레

6

땅이 누군가의 사유재산일 수 있다는 해괴하기 짝이 없는 사고방식이야말로, 우리의 가장 큰 불행의 원인이다. 그것은 노예제도를 주장하는 것과 마찬가지로 부정하고 잔인한 말이다.　　　　　뉴먼

7

만일 땅에 대한 권리를 가지지 않은 사람이 한 사람이라도 있다면, 나와 당신, 그리고 또 모든 사람들의 땅에 대한 권리는 불법이다.　　　　　에머슨

8

땅은 우리 모두의 어머니이다. 땅은 우리를 먹여주고 우리에게 누울 자리를 주며 우리를 기쁘게 하고 따뜻하게 감싸준다. 이 세상에 태어난 순간부터 어머니 같은 대지의 품안에서 영원한 잠에 들 때까지, 땅은 끊임없이 그 자비로운 날개로 우리를 보호해 준다. 그런데 보라, 그럼에도 불구하고 사람들은 땅을 사고파는 것에 대해 얘기하며, 또 실제로 오늘날, 땅은 시장에 진열되어 값이 매겨져서 이른바 매각의 대상이 되고 있다. 그러나 조물주의 손에 만들어진 땅을 사고판다는 것은 지극히 야만적인 행위라고 하지 않을 수 없다. 땅은 오직 전능한 신과 그 위에서 일하고 있는, 또는 앞으로 일하게 될 모든 사람의 아들에게 속해 있다. 땅은 특정한 세대의 소유물이 아니며, 그 위에서 일하는 과거, 현재, 미래에 걸친 모든 세대의 소유물인 것이다.　　　　　칼라일

9

어느 누구도 땅을 소유할 권리를 가져서는 안 된다.

1월 31일

1

다른 사람들의 비판을 허용하지 않고, 너희는 그저 잠자코 믿기만 하면 된다는 식으로 종교상의 율법을 조작하는 사람들이 있다. 세상에 이보다 더 오만불손한 행위가 있을까? 그런 율법이 사람들에게 무슨 소용이 있으랴!

2

만약 그것이 진실이라면, 부자든 가난뱅이든 남자든 여자든 어린아이든 모두 그것을 믿으면 된다. 만약 그것이 진실이 아니라면, 부자든 가난뱅이든 일반민중이든 여자든 어린아이든 믿어서는 안 된다. 진실은 지붕 위에서 소리 높이 외쳐 퍼뜨려야 한다. 어떤 종류의 일은 모든 사람에게 밝히는 것은 위험

하다고 속삭이는 소리가 계속 들려온다. 우리는 그것이 진실이 아님을 알고 있지만 일반민중에게는 큰 도움을 주며, 그들의 신앙을 동요시키면 큰 폐해가 생길 것이라고 하면서. 그러나 가령 그것이 개개인이 아니라 일반대중을 속이기 위한 것일지라도 그릇된 길은 어디까지나 그릇된 길이다. 그러므로 우리는 단지 하나의 내적인 동인(動因)만을 인정해주자. 그것이 우리를 어디로 데리고 가든, 오로지 우리가 알고 있는 진리에 따라 나아가는 것이다.　　　클리포드

3

일반대중이 무지몽매한 까닭은 대개 다음과 같은 사정에서이다. 즉 자신들은 문명의 빛의 혜택을 입으면서 그 빛을 당연히 사용할 곳에, 이를테면 무지의 어둠에서 벗어나려는 사람들을 돕기 위해 사용하지 않고, 도리어 그들을 어둠 속에 가두어놓기 위해 사용하는 잔인한 사람들이 여태껏 있었고 지금도 여전히 있기 때문이다.

4

참으로 어이없게도, 어느 시대에나 자신들의 추행을 종교와 도덕과 조국에 봉사한 것이라고 속이는 사기꾼들이 있다.　　　하이네

5

율법학자들을 조심하여라. 그들은 기다란 예복을 걸치고 나다니기를 좋아하고 장터에서 인사받는 것을 즐기며 회당에서는 높은 자리를 찾고 잔치에 가면 윗자리에 앉으려 한다. 그리고 과부들의 가산을 등쳐 먹으면서도 기도만은 남에게 보이려고 오래 한다. 이런 사람들이야말로 그만큼 더 엄한 벌을 받을 것이다.　　　루가복음 제20장 46~47절

6

그러나 너희는 스승 소리를 듣지 말아라. 너희의 스승은 오직 한 분뿐이고 너희는 모두 형제들이다. 또 이 세상 누구를 보고도 아버지라 부르지 말아라. 너희의 아버지는 하늘에 계신 아버지 한 분뿐이시다. 또 너희는 지도자라는 말도 듣지 말아라. 너희의 지도자는 그리스도 한 분뿐이시다.

7

그리스도의 가르침의 본질은 그의 계명을 실천하는 데 있다. 하늘나라에는 "주여! 주여!" 하고 외치는 자가 들어가는 것이 아니라, 아버지의 뜻을 행하는 사람이 들어간다.

8

그리스도는 사람들에게 하느님과 사람 사이에 중개자는 필요하지 않다고 가르쳤다. 그는 모든 사람이 하느님의 아들이라고 가르쳤다. 아버지와 아들 사이에 무슨 중개자가 필요하겠는가?

2월

2월 1일

1

어떠한 이치도 정신적인 것을 물질적인 것에 귀속시킬 수는 없으며, 정신의 탄생을 물질로 설명할 수도 없다.

2

인간은 자기의 육체와 정신을 자기라고 생각한다. 그러나 인간은 언제나, 특히 젊었을 때는 육체에만 관심을 둔다. 그러나 인간에게 가장 중요한 것은 육체가 아니라 정신이다. 그러므로 우리가 가장 배려해야 할 것은 육체가 아니라 정신이 아니면 안 된다. 이 같은 사고방식을 길러 네 생명이 정신 속에 있다는 것을 자주 상기하여, 세상의 모든 더러움을 멀리하고, 육체가 정신을 지배하지 않도록 유의하며 오히려 정신이 육체를 지배하게 해야 한다. 그러면 너는 네 사명을 다하고 기쁨이 충만한 인생을 보낼 수 있을 것이다.

마르쿠스 아우렐리우스

3

영혼이 실재한다는 것을 믿느냐 안 믿느냐, 모든 것은 거기에 달려 있다. 사람들은 정신적인 의미에서 산 사람과 죽은 사람, 즉 믿는 사람과 믿지 않는 사람으로 나눌 수 있다. 믿지 않는 사람은 말한다. "영혼 같은 게 어디 있어? 여길 봐, 난 지금 이렇게 배불리 먹고 만족하고 있어. 이게 바로 나야!"하고. 그리하여 그는 겉모습에만 정신이 팔려 육체에 속하는 나쁜 행위에 빠져 남을 속이며, 아랫사람에게는 거만하게 굴고, 윗사람에게는 비굴하게 머리를 조아리며, 자유와 정의와 사랑 같은 정신적인 것의 필요성을 전혀 느끼지 않는다.

그러한 사람은 언제나 이성의 빛으로부터 몸을 피한다. 왜냐하면 그는 죽은 사람으로, 빛은 오직 살아 있는 사람에게만 생명을 주며, 반대로 죽은 사람이 빛을 받으면 마르고 썩기만 하기 때문이다.

영적 생명에 대한 믿음은 사람들의 사고방식을 다르게 변화시킨다. 영적 생명을 믿는 사람은 자신의 내부에 주의를 돌려 자신의 감정과 사상을 점검하려고 애쓰며, 자신의 생활을 고결한 영적 요구에 합당하도록, 즉 자유롭고 올바르고 사랑으로 충만되도록 노력하고, 실천을 통해 자신의 생활을 선의 여러 목적에 가장 합당한 사상과 감정으로 채우려고 노력한다. 그러한 사람은 진실을 찾아 빛을 향해 손을 뻗는다. 왜냐하면 영적 생활은, 눈에 보이는 외계의 생활이 태양의 빛이 없이는 불가능한 것처럼, 이성의 빛이 없이는 절대로 불가능하기 때문이다.

세상에는 완전한 암흑 속에서 살고 있는 사람도 없고, 완전한 빛 속에서 살고 있는 사람도 없다. 모두들 저마다의 기로에 서서 어느 쪽으로든 나아갈 힘을 가지고 있기 때문에, 어떤 사람은 저쪽으로 어떤 사람은 이쪽으로 나아간다. 영적 생명의 실재를 믿는 사람, 그리고 이성의 빛 속에서 사는 사람은 모두 하느님 나라에 살며 영원한 생명을 누릴 것이다.　　　　　　　　　　부카

4

학자와 철학자는 멋대로 그 숙명론과 역사적 필연론을 전개하도록 하라. 세상이 우연의 연속에 의해 성립된다고 생각하게 두라. 그러나 나는 그들의 그런 주장에도 불구하고, 자신에게 유일한 근원을 인정하지 않을 수 없는 하나의 섭리가 존재한다는 것을 느낀다. 그것은 마치 그들이 나에게 '일리아드'는 우연히 늘어선 활자의 집합으로 성립되었다고 말하는 것이나 같다. 그것에 대해 나는 주저 없이 그런 것은 거짓이라고 말할 것이다. 나로서는 그것을 믿을 수 없다는 것 말고, 그것을 믿지 않는 이유가 하나도 없다 하더라도.

"그런 것들은 모두 미신이다"라고 학자들은 말한다. "어쩌면 미신일지도 모른다."라고 나는 대답하리라. "그러나 너희의 그러한 애매한 판단이 그보다 훨씬 설득력 있는 미신에 대해 어떻게 대응할 수 있단 말이냐? 정신과 육체의 이원론은 있을 수 없다"고 너희는 말한다. 그러면 나는 "내 사상과 나무 사이에는 아무런 공통점이 없다"고 대답하리라. 무엇보다 우스운 것은, 그들이 서로 그 궤변을 늘어놓다가, 급기야 인간이 아니라 돌 속에 영혼이 있다고 말할지도 모

른다는 것이다.　　　　　　　　　　　　　　　　　　　　　　　　　　루소

5

나는 '개'가 선택하고 기억하고 사랑하고 두려워하고 상상하고 생각할 수 있는지 없는지 알지 못한다. 그러므로 만일 사람들이 나에게 '개' 안에 있는 것은 욕망도 아니고 감정도 아니며, 다만 물질 분자의 온갖 조합으로 구성된 유기체 조직의 자연적이고 필연적인 움직임에 불과하다고 말한다면, 어쩌면 그 의견에 찬성할지도 모른다. 그러나 나는 사색하며, 내가 사색한다는 것을 알고 있다. 도대체 사색하는 것과 온갖 물질분자의 결합체, 즉 길이, 넓이, 깊이의 삼차원을 가지고 온갖 형태로 공간을 차지하는 물체 사이에 어떤 공통점이 있는 것일까?　　　　　　　　　　　　　　　　　　　　　　　　라브뤼예르

6

만약 모든 것이 물질에 지나지 않는다면, 내 안의 사상도, 다른 모든 사람들의 그것도, 물질 분자가 결합한 결과에 지나지 않는다고 한다면, 도대체 누가 이 세상에 물질 외의 존재에 대한 관념을 만들어낸 것일까? 어떻게 물질이, 그 물질을 부정하고, 자신의 존재 밖으로 배제하려는 것의 원인이 될 수 있을까? 어떻게 물질이 인간 내부의 사상이 될 수 있을까? 어떻게 그 사람에 대해, 자신은 물질이 아니라는 확신을 줄 수 있을까?　　　　　　　　　　　라브뤼예르

7

형이상학은 실제로 존재하고 있다. 학문으로서는 아닐지라도 인간의 자연적인 성향으로서 존재한다. 왜냐하면 인간의 이성은 단순히 해박한 지식을 자랑하기 위한 허영심뿐만 아니라, 이성 자신의 요구에 떠밀려 좋든 싫든 전진을 계속한 끝에, 결국 이성의 어떠한 경험적 영위도 그 영위에서 도출된 어떠한 이론도 대답할 수 없는 문제에 도달하기 때문이다. 그리하여 사변(思辨)으로까지 확대된 이성을 갖춘 모든 사람에게는 항상 무언가의 형태로 형이상학이 있었으며 앞으로도 있을 것이다.　　　　　　　　　　　　　　　　　칸트

정신적인 것과 물질적인 것의 차이는, 지극히 단순한 어린아이부터 지극히 심오한 학자에 이르기까지 누구나 명백히 알 수 있다. 따라서 정신적인 것과 물질적인 것에 대한 천착과 논쟁은 무익하다. 그러한 것은 아무것도 설명해주지 않을 뿐만 아니라, 오히려 의심할 여지없이 명백한 것을 애매한 것으로 만들 뿐이다.

2월 2일

1

죽음을 완전히 잊은 생활과 시시각각 다가오고 있는 죽음을 의식하는 생활 사이에는 하늘과 땅의 차이가 있다.

2

우리의 삶이 육체적 분야에서 정신적 분야로 이행하면 할수록 죽음은 점점 두렵지 않게 된다. 완전히 정신적인 생활을 하고 있는 사람에게는 죽음의 공포 따위는 있을 수 없다.

3

만약 네가 자신의 껍데기인 육체를 버려야 할 때, 즉 죽음이 언제 찾아올지 모른다는 것을 깊이 생각하고 명심하라. 그러면 공정함을 지키고 정의롭게 사는 것이 더 쉬워지고, 자신의 운명을 받아들이는 것도 훨씬 쉬워질 것이다. 그러므로 너는 언제 어느 때나 모든 행위에 있어서 정의에 벗어나지 않도록, 언제 어느 때나 너에게 다가올 운명을 조용히 받아들이도록 노력하라.

그렇게 살면 너는 세상 사람들의 어떠한 험담과 비방과 유혹도 태연한 태도로 대할 수 있고, 그들에 대해서는 생각도 하지 않게 될 것이다. 그리고 또, 너에게 닥칠지도 모르는 온갖 불행도 하찮은 것으로 여겨지게 될 것이다. 왜냐하면 그러한 삶에서는 너의 모든 소망은 하느님의 뜻을 실천하려는 오직 하나의 소망으로 융합되고 통일되기 때문이다. 하느님의 뜻을 실천하는 일은 너에게 언제나 가능하다.

마르쿠스 아우렐리우스

4

죽음에 대해 자주 생각하고, 당장 오늘 밤에라도 죽을 수 있다는 생각으로 살아라. 어떻게 해야 할지 도무지 알 수 없다가도 당장 오늘 밤에 죽을지도 모른다고 생각하면, 이내 고민이 사라질 것이다. 그리고 무엇이 너의 의무이고 무엇이 너의 개인적 욕망인지도 분명해질 것이다.

5

나는 내 정원을 사랑하고 독서를 사랑하고 아이들을 사랑한다. 그러나 죽는다면 그런 것들은 모두 사라진다. 그래서 나는 죽고 싶지 않고 죽음이 두렵다. 어쩌면 내 인생은 그 같은 일시적인 세속적 욕망과 그 충족으로 이루어져 있는지도 모른다. 만약 그렇다면 나는 그 같은 욕망의 만족을 중단시키는 죽음을 두려워하지 않을 수 없다.

그러나 만약 내 안에서 그러한 욕망과 그 만족이 다른 욕망으로 바뀐다면—하느님의 뜻을 수행하며, 지금 있는 그대로의 자신은 물론 미래의 자신까지 완전히 하느님에게 맡기고 싶다는 욕망으로 바뀐다면, 내 의지가 하느님의 의지로 바뀌는 정도에 따라서 죽음이 두렵지 않게 될 뿐만 아니라, 그 존재 자체가 희박해질 것이다. 또 나의 개인적인 행복에 대한 욕망이 완전히 하느님의 뜻을 실천하고 싶다는 욕망으로 바뀐다면, 나에게는 삶 이외의 어떠한 것도 존재하지 않게 될 것이다. 세속적이고 일시적인 행복을 영원불멸의 행복으로 바꾸어간다는 것, 그것이 삶의 길이며, 우리는 그 길을 걸어가야 한다. 어떻게 그 길을 갈 것인가? 그것은 우리 모두가 이미 마음으로 알고 있다.

6

죽음을 떠올린다는 것은 곧, 죽음을 생각지 않고 살고 있다는 것이다. 죽음을 떠올리는 것이 아니라, 그것이 시시각각 다가오고 있다는 것을 항상 의식하면서, 조용히, 기쁘게 살아가야 한다.

2월 3일

1

영혼에 있어서의 선은 육체에 있어서의 건강과 마찬가지이다. 그것이 진실로 몸에 배어 있을 때 선은 눈에 띄지 않는다.

2

진실로 선한 사람은 자기가 선하다고 생각하지 않는다. 그러므로 진정 선한 사람인 것이다. 스스로 선하다고 믿는 사람은 절대로 자신의 선행을 잊지 않는다. 그러므로 그들은 진짜 선한 사람이라 할 수 없다. 진정한 선행은 자기주장을 하지 않고 자기 이름도 알리지 않는다. 반면 거짓된 선행은 자기를 주장하고 자기 이름을 알린다. 진정 착한 마음은 스스로 자기 자신을 깨닫지 못하며 이름을 알리려고도 하지 않는다. 거짓된 착한 마음은 자기를 주장하며 자기 이름을 알린다. 진정한 공정함은 필요한 경우에만 얼굴을 내놓지만 함부로 나서지 않는다. 거짓된 공정함은 늘 참견하고 나서기를 좋아한다. 진정한 예의는 필요할 때는 나타나지만 특별히 자기를 나타내 보이려고 하지는 않는다. 거짓된 예의는 늘 자기를 과시하고, 거기에 응하는 사람이 아무도 없으면 폭력을 써서라도 자신의 규칙을 지키게 한다. 바른 도리가 쇠퇴하고 인의가 사라지면 예의가 나타난다.

그 예의의 법칙은 정의의 모조품이며 모든 무질서의 시초에 불과하다. 노자

3

진정으로 선한 사람은 끝까지 저 똑바른 길을 걸어가려고 애쓴다. 길을 반쯤 가다가 기운을 잃어버리는 것, 그것을 우리는 두려워해야 한다. 중국 금언

4

인간의 선덕에는 보석과 같은 성질이 없으면 안 된다. 보석은 무슨 일이 일어나더라도 여전히 아름답게 빛나는 법이다. 마르쿠스 아우렐리우스

5

남몰래 선행을 하고 사람들에게 알려지지 않도록 하라. 그때 비로소 너는 선행을 하는 진정한 기쁨을 알게 될 것이다. 사람들의 칭찬이 아니라, 선한 생활을 하고 있다는 의식 자체가 선한 생활에 대한 최고의 보상이다.

6

인간은 자기가 남에게 행복을 준 만큼 자신의 행복을 증대시킨다.   벤담

7

우리가 서로 서로의 생명 속에 살면서 행복하게 지내는 것, 그것이 하느님
의 뜻이다.   존 러스킨

8

식물의 행복은 빛에 있다. 그러므로 어떤 것에도 가려지지 않은 식물은 자
기가 어느 쪽으로 뻗어나가야 하는지, 이 빛은 좋은 빛인지, 더 나은 빛을 기
다려야 하는 건 아닌지 묻는 일 없이, 이 세상의 유일한 그 빛을 향해 뻗어나
간다. 이와 마찬가지로 자기만의 행복에서 벗어난 사람은 자기가 누구를 사랑
해야 할 것인지, 즉 자기가 지금 사랑하고 있는 사람을 사랑해야 할 것인지, 아
니면 지금 가능한 것보다 더 나은 사랑은 없는지 궁리하는 일 없이, 자신의 손
에 닿는, 그리고 바로 눈앞에 있는 사랑에 당장 뛰어든다.

9

자신의 벗을 위해 영혼을 바치는 것, 그 이상의 사랑은 없다. 사랑은 자기희
생을 동반해야 비로소 사랑이다. 사람이 자기 자신을 잊고, 자기가 사랑하는
사람의 생명 속에 살 때 비로소 그 사랑은 진실한 사랑이며, 그러한 사랑 가
운데서만 우리는 행복하고, 또한 사랑의 대가를 얻는다. 사람들 가운데 그러
한 사랑이 존재함으로써 비로소 세계는 존립할 수 있다.

10

선량함이 습관이 되어 버린 상태보다 자기 생활과 다른 사람들의 생활을
아름답게 꾸며주는 것은 없다.

2월 4일

1

진리 속에 있을 때에만 인간은 자유롭다. 진리는 이성에 의해서만 드러난다.

2

이성적인 존재의 특질은 자유로운 자로서 자신의 운명에 따르는 것이며, 동물들에게 특유한 운명과의 추한 싸움이 아니라는 것을 잊어서는 안 된다.

마르쿠스 아우렐리우스

3

눈을 뜨면 세상을 볼 수 있음에도 한번도 눈을 떠보려 하지 않는다면 참으로 비참한 일일 것이다. 그와 마찬가지로 모든 고난을 조용히 이겨낼 수 있는 이성이 주어져 있는 데도 그것을 모르고 있다면 더욱 더 비참한 일이 아닐 수 없다. 만약 사람이 이성에 따라 살아간다면 그는 모든 고난을 쉽게 견뎌낼 수 있을 것이다. 왜냐하면 이성이 그에게, 모든 고난은 언젠가는 사라지며, 때로는 선으로 바뀌기도 한다는 것을 알려주기 때문이다. 그러나 사람들은 불행을 직시하려 하지 않고 오히려 눈을 돌리려고 한다. 그렇게 하기보다는 하느님이 우리에게 우리의 의사와는 상관없이 우리 몸에 내려지는 일들을 조용히 견딜 수 있는 능력을 준 것을 기뻐하고, 그가 우리의 영혼을, 우리가 자유로워지는 것, 즉 우리 이성에 따르게 한 것을 감사하는 편이 좋지 않을까? 하느님은 우리의 영혼을, 우리의 부모에게도 형제들에게도 재물에도 우리의 육체에도, 그리고 죽음에도 예속시키지 않았다. 하느님은 그것을 우리에게 속하는 것, 즉 우리의 이성에 따르게 한 것이다.

에픽테토스

4

한길에다 호두나 과자를 뿌려 보아라. 그러면 금세 아이들이 달려와 그것을 주우려고 서로 다투기 시작할 것이다. 어른들은 그런 것 때문에 싸우지는 않는다. 그리고 빈 호두 껍데기였다면 아이들도 주우려 하지 않을 것이다. 이성적인 사람에게 부와 명예, 명성 같은 것은 바로 어린아이들의 사탕이나 빈 호두 껍데기 같은 것이다. 어린아이들은 그런 것들을 줍도록 내버려 두어라. 서로 싸우도록 내버려 두어라. 이와 마찬가지로 어리석은 사람으로 하여금 부자와 권력자, 또는 그들의 심부름꾼의 손에 입맞추도록 내버려 두어라. 이성적인 사람에게는 그런 것들은 모두 빈 호두 껍데기에 지나지 않는다. 만일 우연히 이성적인 사람의 손에 호두가 굴러들어온다면 어찌 그리고 그것을 먹지 못하겠는가. 그러나 그러한 쓸데없는 것들 때문에 그것을 주우려고 허리를 구부리거나, 그것 때문에 싸우고 남을 밀어서 넘어뜨리거나 자기가 자빠지는 것은 어리석은 짓이다.

에픽테토스

5

우리는 이성의 요구에서 멀어지면 그만큼 자유를 잃고, 자신의 욕망과 다른 사람들에게 얽매이게 된다. 진정한 자유와 해방은 오직 이성에 의해서만 성취된다.

이레째 읽을거리

이성

이 세상의 무슨 일에 있어서나, 어떤 새로운 방법과 새로운 특권, 새로운 우월성은, 그 이면에 나름대로 불리한 점이 있게 마련이다. 이성도 인간에게, 동물에게는 없는 위대한 특권을 부여하는 반면 그 나름의 불리한 점을 가져와서, 동물은 절대로 빠지지 않는 유혹의 길을 터놓는다. 그 길을 통과함으로써 동물에게는 결코 주어지지 않은 새로운 종류의 동기가 그의 의지를 지배하게 된다.

그 동기는 추상적 동기, 즉 자신의 직접적인 체험에서는 여간해서 생기지 않고, 때때로 언어와 타인의 범례, 암시, 문학 등에서 생기는 단순한 관념이다. 이성의 가능성과 동시에 인간에게는 미망의 가능성도 시작된다. 그리고 모든 미망은 얼마 안 가 해악을 가져오고, 미망이 크면 클수록 그 해악도 더 커진다. 개인적인 미망의 경우도 언젠가는 반드시 벌을 받게 되며 그것도 자주 비싼 대가를 치르지만, 대집단의 경우, 이를테면 여러 민족이 미망에 빠지는 경우에도 역시 마찬가지이다. 그러므로 모든 미망을 인류의 적으로 삼아 언제 어떠한 경우에도 그것을 추적하고 근절하지 않으면 안 된다는 것, 그리고 무해한 미망이라는 것은 있을 수 없으며, 하물며 유익한 미망은 더욱 있을 수 없다는 것은 아무리 명심해도 지나치지 않을 것이다. 의식이 있는 사람은 반드시 그런 미망과 싸우지 않으면 안 된다. 가령 전 인류가 마치 종기를 절개하는 환자처럼 큰 소리로 비명을 지르더라도 그렇게 하지 않으면 안 된다.

일반 대중에게는 그들이 나름대로 받는 여러 가지 훈련이 그 교육을 대신하고 있다. 그것은 범례와 습관, 그리고 일정한 관념을, 그것에 대항할 만한 사고 경험도 판단력도 없는 극히 어린 시절부터 철저하게 주입함으로써 이루어지고 있다. 이렇게 심어진 관념이 이윽고 튼튼하게 뿌리를 내리면, 마치 태어나면서부터 그랬던 것처럼 어떠한 다른 가르침도 받아들이지 않게 된다. 심지어는 철학자들까지 그것을 태어나면서 가지고 있는 것으로 생각한다.

이렇게 하여, 사람들에게 올바르고 합리적인 관념이든 지극히 어리석은 관념이든 뭐든지 감쪽같이 주입시켜 버린다. 이를테면 어떤 우상이든 그것에 접근할 때마다 무서워서 몸을 벌벌 떨고, 그 이름을 부를 때마다 몸은 물론이고 마음까지 코가 땅에 닿도록 엎드리며, 단순한 말, 단순한 이름을 위해, 또 지극히 기묘한 하찮은 것을 지키기 위해, 자신의 생명과 재산을 기꺼이 바치고, 어떤 것을 제멋대로 최고의 명예로 생각하거나 최대의 치욕으로 생각해서 그것에 따라 어떤 사람을 진심으로 존경하거나 경멸하며, 힌두스탄에서처럼 모든 육식을 금하거나 아비시니아에서처럼 살아 있는 짐승의 살을 저며 아직도 따뜻한 피를 흘리며 꿈틀거리는 것을 먹어치우고, 뉴질랜드에서처럼 사람을 잡아먹고, 자기 자식을 몰로크의 제물로 바치고, 자기가 자기를 거세(去勢)하고, 죽은 사람을 태우고 있는 장작불 속에 자진해서 뛰어들고, 요컨대 뭐든지 자유자재로 가르칠 수 있다.

이리하여 예전의 십자군과 온갖 광신도의 광신행위가 등장하고, 거기서 킬리에스트와 홀르이스트, 이단에 대한 박해, 종교 재판에 의한 화형(火刑)이 생겨나고, 그 밖에 인류의 오랜 미망의 역사 속에서 발견되는 온갖 일들이 일어난 것이다.

이와 같은 미망과 편견은 실천적으로는 비극이며 이론적으로는 희극이다. 설사 처음에는 단 세 사람에게 주입된 어떠한 황당무계한 사상일지라도 나중에는 전 국민적 신념이 될 수도 있다. 이러한 것이 우리 속에 이성이 존재하는 것과 관련하여 생기는 불리한 측면이다.　　　　　　　　　　　쇼펜하우어

진리의 탐구와 인식에 관한 사람들의 미망과 불일치는, 다름 아닌 그들의 이성에 대한 불신에서 비롯하는 것이다. 그 불신의 결과로서 사람들의 생활은 습관이나 전설, 유행, 미신, 편견, 폭력, 대체로 이성 이외의 것들에 이끌려 흘러가고, 한편 이성은 이성대로 홀로 존재하게 된다.

그래서 이성의 기관인 사고력이 무언가에 적용되는 경우에도, 그것이 진리의 탐구와 보급을 위해 적용되지 않고, 습관과 전설, 유행, 미신, 편견 등을 무턱대고 변호하고 지지하기 위해 적용되는 사태가 종종 발생한다.

유일한 진리의 인식이라는 것에 관한 사람들의 미망과 불일치는, 사람들의 이성이 단 하나가 아니거나 사람들에게 유일한 진리를 보여줄 수 없기 때문이 아니라, 사람들이 이성을 믿지 않기 때문에 생긴다. 만약 사람들이 자신의 이성을 믿는다면, 그들은 자신의 이성이 가리키는 것과 다른 사람의 이성이 가리키는 것을 비교 검토할 방법을 발견할 것이다. 그리고 그러한 비교 검토의

방법을 발견한다면, 설사 이성의 능력, 즉 사고력의 정도에 따라 이성이 사람들에게 다양한 것을 보여준다 하더라도, 원래 이성 자체는 하나임을 확신할 것이다.

이성의 경우도 시각의 경우와 마찬가지다. 시각의 기관인 눈이 사람들에게 각각 다양한 넓이의 시계를 보여주는 것은 시각의 법칙에 통일성이 없어서가 아니라 각자의 시력과 시점(視點 ; 직접적인 의미의)의 차이 때문인 것처럼, 이성의 기관인 사고력이 사람들에게 각각 다른 지적 및 도덕적 시야를 보여주는 것도, 사색의 법칙에 통일성이 없어서가 아니라 각자의 지적인 시력 또는 시점(비유적인 의미의)의 차이 때문이다.

그리고 자연계를 육안으로 볼 때 한 사람 한 사람의 시점의 일면성이, 하나의 공통된, 이를테면 최고의 시점(직접적인 의미의)으로 통일됨으로써 정정(訂正)되고, 나아가서 시력의 문제에서는 안경이나 쌍안경, 망원경, 광학기구의 사용에 의하여 그 능력이 평균화되는 것과 똑같이, 도덕적, 정신적 시야의 경우에도 개개인의 시점의 일면성은 그들 시점을 똑같이 만인 공통의 최고 시점으로 통일함으로써 정정되며, 지적 시력의 차이는 사회적 계몽의 힘에 의해 감소해가는 것이다. 그리고 그 경우 계몽의 힘을 최대로 발휘하는 것은 최고의 예지자들의 입에서 나오는 말이다.

지혜로운 사람은 모든 사람들이 창세(創世) 이후 그들에게 주어진 본래의 사상과 감정을 스스로 생산하도록 도와주고 있다. 지혜로운 사람의 역할은 바로 망원경의 역할이며, 장님에게 시력을 주지는 못하지만 눈이 나쁜 사람의 시력을 증대시킨다. 소크라테스는 현자를, 여자에게 아기를 주지는 못하지만 여자가 스스로 자신의 아기를 낳는 것을 돕는 산파에 비유했다.

그러나 유일한 진리의 인식에 있어서 사람들이 일치하지 않는 이유는, 시점의 차이와 사색력의 정도의 차이에만 있는 것은 아니다. 그 같은 불일치의 원인은 나아가 사람들의 자존심 속에도 숨어 있어서, 속으로는 상대방의 논리가 옳다는 것을 느끼면서도, 그 자존심 때문에 한 번 뱉어낸 자신의 의견을 끝까지 고집하는 경우가 종종 있다.
표도르 스트라호프

2월 5일

1

인간 한 사람 한 사람의 생활과 인간사회의 생활 속에서 일어나는 일은 모두 사상 속에 그 단서를 찾을 수 있다. 따라서 사람들의 몸에 일어나는 모든 일들에 대한 설명은 그 이전에 일어난 일 속에서 찾을 것이 아니라, 그 이전에 가졌던 사상 속에서 찾아야 한다.

2

무엇을 생각하지 않아도 되는지를 아는 것은, 무엇을 생각하지 않으면 안 되는지를 아는 일보다 더 중요하다.

3

우리의 생활은 우리 사상의 결과이다. 그것은 우리의 사상에서 나온다. 만일 사람이 나쁜 사상에 의해 말하거나 행동한다면, 그것은 마치 달구지를 끄는 바퀴가 그것을 끄는 소의 발뒤꿈치를 쫓는 것과 같다. 우리의 생활은 우리 사상의 결과이다. 그것은 우리의 마음속에서 태어나고 우리의 사상에 의하여 키워진다. 만일 사람이 선량한 사상에 의하여 말하거나 행동한다면 그림자가 따라다니듯 기쁨이 그를 따라다닐 것이다.

부처의 금언

4

인간은 자기 집이 아름다워졌다고 해서 달라지는 것이 아니다. 사람의 행복은 더 많은 만족과 더 많은 물질적인 풍요가 주어진다고 해서 커지는 것이 아니다. 결국 영혼이 자신이 사는 육체를 창조한다. 다시 말하면 사상만이 자신에게 딱 맞는 집을 지을 수 있다.

주세페 마치니

5

우리의 습관이 된 사상은 우리의 머리 속에서 우리가 접촉하는 모든 것에 그 사상 특유의 색깔을 부여한다. 때문에 그 사상이 그릇된 것이라면 그것은 가장 숭고한 진리조차 왜곡시킨다. 습관적인 사상에 의해 형성된 분위기는 우리가 살고 있는 집보다 뿌리가 깊다. 그것은 바로, 달팽이가 어디에 가든 지고

다니는 껍데기와 같은 것이다.   류시 말로리

6

우리의 좋은 생각은 우리를 천국으로 인도하고 나쁜 생각은 지옥으로 인도하나, 그것은 하늘이나 땅속에서가 아니라 이 세상에서 사는 동안 이루어진다.
                                                              류시 말로리

7

생각은 자유로운 것처럼 보이지만 인간의 내부에는 생각을 지배하는, 생각보다 강한 무언가가 있다.

8

자신 또는 자신 속에 고정된 생활의 흐름을 바꾸려면, 생활 자체와 싸우는 것이 아니라 그 생활을 낳고 있는 사상과 싸우지 않으면 안 된다.

2월 6일

1

우리를 가장 강하게 붙들고 놓지 않는 욕망, 그것은 육체적 욕망이다. 그 육욕은 결코 완전한 만족을 주지 않으며, 만족을 주면 줄수록 더욱 더 커진다.

2

노예가 어떤 생활을 원하는지 물어보라. 무엇보다 먼저 그는 노예의 신분에서 해방시켜 주기를 원한다. 그는 그렇지 않고는 자기가 결코 자유롭지도 행복하지도 않다고 생각한다. 그는 이렇게 말한다. 만일 나를 자유롭게 해방시켜 주기만 하면 나는 당장 행복해질 것이다. 나는 내 주인을 섬기고 비위를 맞추도록 강요받지 않게 될 것이고, 누구와도 대등하게 말을 할 수 있게 될 것이며, 또 누구에게도 묻지 않고 마음 내키는 대로 어디든 자유로이 갈 수 있게 될 것이라고.

그러나 해방되는 순간부터 그는 당장 밥을 먹기 위해 누군가 아첨해야 할 대상을 찾아다닐 것이다. 주인은 더 이상 먹여 주지 않기 때문이다. 그것을 위

해 그는 어떠한 비천한 짓이라도 서슴지 않을 마음의 준비가 되어, 또다시 전보다 훨씬 더 괴로운 노예의 상태로 전락할 것이다. 그리고 특별히 힘든 일을 당하게 되면, 그는 예전에 노예였던 것을 떠올리며 이렇게 말한다.

"그 주인을 섬기고 있었을 때도 그리 나쁘지는 않았어. 때가 되면 나에게 옷을 입혀주고 신을 신겨주고 먹을 것을 주었지. 그리고 내가 병에 걸렸을 때는 나를 돌봐주었어. 게다가 일도 그리 힘들지 않았어. 그것에 비하면 지금은 얼마나 불행한지! 전에는 내 주인이 한 사람밖에 없었는데 지금은 도대체 몇 사람인 거야! 풍족한 생활을 하려면 얼마나 많은 사람의 비위를 맞춰야 한다는 말인가!"

풍족한 생활을 하기 위해 그는 모든 어려움을 참는다. 그러나 원했던 것을 얻는 동시에 온갖 불쾌한 걱정거리로 옴짝달싹할 수 없게 된 것을 안다. 그러나 그는 달리 좋은 생각이 떠오르지 않는다. 그는 생각한다. 내가 만일 훌륭한 군지휘관이 된다면 나의 모든 불행은 사라질 것이다, 그리고 모든 사람들로부터 칭송을 받게 될 것이다! 그리하여 그는 군대에 들어가 전쟁터에 나간다. 그는 마치 죄수처럼 모든 고난과 역경을 딛고, 그래도 두 번 세 번 전쟁터에 자원해서 나간다. 그리하여 그의 생활은 점점 더 나빠지기만 한다.

만약 그가 자신의 온갖 고통과 불행에서 벗어나고 싶다면 아예 생각을 바꾸어야 할 것이다. 그리고 인생의 진정한 행복이 무엇인지 깨닫지 않으면 안 된다. 진정한 행복이란 삶의 한 걸음 한 걸음마다 모든 사람의 마음속에 새겨져 있는 정의와 선의 법칙에 따라 사는 일이다. 오직 그렇게 함으로써 비로소 인간은, 진정한 자유와 모든 사람의 마음이 원하고 있는 진정한 행복을 얻을 수 있는 것이다.

에픽테토스

3

더러운 육체적 욕망, 독으로 가득 찬 그 욕망에 사로잡힌 사람에게는 온갖 고뇌가 뿌리 없는 덩굴풀처럼 달라붙는다. 그 욕망을 이겨낸 사람은 마치 연꽃잎에서 빗방울이 굴러 떨어지듯이 모든 고뇌가 사라진다.　　　부처의 금언

4

우리는 좋지 않은 일 때문에 욕망하고 동요하고 고민한다. 참으로 선한 것

은, 그러한 우리의 욕망과는 관계가 없을 뿐 아니라 오히려 그 반대편에 있으며, 또한 그것은 종종 좋지 않은 일들로 인한 동요와 고뇌를 맛본 뒤 비로소 얻을 수 있다.

5

사람들은 흔히 자신의 욕망을 다스리는 힘보다 자신의 욕망의 힘 자체를 더 자랑한다. 얼마나 해괴한 미망인가!

6

지금은 혐오까지는 하지 않을지언정 전혀 관심을 느끼지 않는 많은 일들이, 지난날에는 얼마나 간절하게 원했던 일인지 생각해보라. 지금 너를 혼란시키고 있는 욕망도 그와 마찬가지이다. 또 네가 여태까지 자신의 욕망을 만족시키려고 애쓰다가 얼마나 많은 것을 잃었는지를 상기해보라. 현재도 마찬가지이다. 네 욕망을 달래고 가라앉혀라. 그것이 가장 유익한 일이고, 또 언제라도 가능한 일이다.

2월 7일

1

자기완성은 내면적인 일이기도 하고 외면적인 일이기도 하다. 우리는 사람들과의 교류가 없이는, 또 그들과 서로 주고받는 영향이 없이는 진정한 자기완성을 이룰 수 없다.

2

세 가지 유혹이 사람들을 괴롭힌다. 육욕과 교만과 물욕이다. 그것에서 사람들의 모든 고통이 시작된다. 육욕과 교만과 물욕이 없다면 사람들은 모두 행복해질 것이다. 어떻게 해야 이 같은 무서운 질병에서 벗어날 수 있을까? 그러한 것들에서 벗어난다는 것은 지극히 어려운 일이다. 무엇보다 먼저 그 질병의 뿌리가 우리의 본성 속에 도사리고 있기 때문이다.

단 한 가지, 그러한 것들에서 벗어날 수 있는 방법이 여기에 있다. 그것은 바로 각자가 자기 자신에게 영향을 주는 것이다. 사람들은 흔히 법이니 정부니

하는 것이 도와줄 거라고 생각하기 쉽지만 그런 일은 결코 없다. 왜냐하면 법률을 기초하고 민중을 지배하는 사람들도 우리와 마찬가지로 육욕과 교만과 물욕의 유혹에 괴로워하고 있는 사람들이기 때문이다. 그러므로 법이나 정치가들에게 기대를 걸 수는 없다. 따라서 자기의 행복을 위해 우리가 할 수 있는 유일한 것은, 자기 속의 육욕과 교만과 물욕을 없애는 일이다. 우리들 각자가 자기 개선을 시작하지 않는 한 어떠한 개혁도 불가능하다.　　　라므네

3

인내를 배우는 데는 음악을 배울 때와 마찬가지로 연습이 필요하다. 그런데 우리는 선생이 오자마자, 바꿔 말하면 인내를 배울 기회가 찾아오자마자 그 수업에서 얼른 달아날 생각부터 한다.　　　존 러스킨

4

"하늘에 계신 아버지가 완전하듯이 너희도 완전히 되라"라고 성서에 씌어 있다. 이것은 그리스도가 인간에게 하느님과 똑같이 되라고 명령한 것이 아니라, 모든 사람들이 하느님의 완전성에 조금이라도 다가서도록 노력해야 한다는 뜻이다.

5

불순물이 전혀 없는 완전성, 그것이 곧 하느님이며, 하느님에게 다가가는 것, 그것이 곧 인생이다. 자기완성을 향해 줄곧 정진하고 있는 사람, 그 사람은 총명한 사람이며 선과 악을 분별할 줄 아는 사람이다. 만약 어떤 사람이 선이 선인 줄 알고 악이 악인 줄 알 때, 그 사람은 굳게 선을 지키고 악에서 멀어질 것이다.　　　공자

6

나는 아무리 배움이 적을지라도 이성의 길을 더듬어 나아갈 수 있다. 내가 두려워해야 할 것은 오직, 그렇지도 않은데 깨달은 척하는 것이다. 최고의 지혜는 지극히 단순하다. 그러나 사람들이 그것을 이해하지 못하고 있는 것은, 그들이 자신들이 알지도 못하는 것을 알고 있다고 생각하기 때문이다.　노자

참으로 기묘한 일이 아닌가! 우리는 외부로부터의 악에는, 즉 남이 나에게 가하는 악, 도저히 제거할 수 없는 악에는 분개하면서도, 언제나 자신의 지배 하에 있는 자기 자신의 악과는 전혀 싸우려 들지 않으니.

마르쿠스 아우렐리우스

만일 현재, 부자에 대한 공격과 현 사회체제를 개혁하여 부를 공평하게 나눌 수 있는 방법을 발견하려는 노력에 소비되는 시간과 에너지가, 고스란히 자기완성을 위해 소비된다면, 우리가 그렇게도 고대하는 국가적, 사회적, 도덕적 생활의 개선은 신속하게 실현될 것이다. 인류가 올바르게 사고하는 것을 배우면 우리의 세상은 지금의 불행한 상태와는 완전히 반대로 행복한 것이 되리라. 그러나 보통사람들은 그들에게 자유를 주는 진리를 깨달으려 하지 않는다. 왜냐하면 그것이 그들에게 익숙한 국가적, 종교적 미망에 어긋나기 때문이다.

류시 말로리

오로지 자신의 육체적 생활을 위해 쏟아 붓는 노력만큼 자신에게나 남에게 유해한 것은 없고, 자기 영혼의 개선을 위해 쏟아 붓는 노력만큼 자신에게도 남에게도 유익한 것은 없다.

2월 8일

사람들은 어째서 서로 비난하기를 좋아할까? 모든 사람이 남을 비난할 때 자기는 그런 식으로 비난 받을 짓은 하지 않는다고 생각하기 때문이다. 그래서 너나 할 것 없이 남의 험담을 듣는 것이 즐거운 것이다.

무릇 비난은 부당한 비난뿐만 아니라 정당한 비난까지, 한꺼번에 세 사람을 해친다. 첫째로 비난을 받는 당사자에게, 그리고 비난의 말을 듣는 제삼자에게, 그리고 무엇보다도 비난의 말을 하는 그 사람에게. "남의 잘못을 숨겨 주어라, 하느님은 너의 두 가지 죄를 용서할 것이다"라는 속담이 있는데 참으로 맞는 말이다.

3

남에 대한 험담은 모두가 즐겨 듣는 법인데, 그래서 상대방에게 그런 즐거움을 주고 싶은 유혹에 맞서 싸우는 것, 즉 남의 험담을 하지 않는 것은 대단히 어려운 일이다.

4

두 사람이 싸울 때에는 언제나 두 사람 모두에게 잘못이 있다. 그러므로 두 사람 중 어느 한 사람이 자기 잘못을 인정할 때 비로소 싸움을 그칠 수 있다.

5

비판을 받지 아니하려거든 비판하지 말라. 너희의 비판하는 그 비판으로 너희가 비판을 받을 것이요, 너희의 헤아리는 그 헤아림으로 너희가 헤아림을 받을 것이다. 어찌하여 형제의 눈 속에 있는 티는 보고 네 눈 속에 있는 들보는 깨닫지 못하느냐? 보라, 제 눈 속에 있는 들보도 보지 못하면서 어찌하여 형제에게 네 눈의 티를 빼내어 주겠다고 하겠느냐 "이 위선자야! 먼저 네 눈 속에서 들보를 빼내어라. 그래야 눈이 잘 보여 형제의 눈 속에서 티를 빼낼 수 있지 않겠느냐?
마태복음 제7장 1~5절

6

끊임없이 자신을 돌아보라. 그리고 남을 비난하기 전에 자기 자신부터 바로잡을 것을 생각하라.
성현의 사상

7

경솔한 칭찬이나 경솔한 비난은 많은 해악을 가져오지만, 무엇보다 경솔한 비난이 가장 큰 해악을 낳는다.
존 러스킨

남을 비난하는 것을 그만 두어라. 그러면 너는 술꾼이 술을 끊었을 때 같은, 또는 담배를 피우는 사람이 담배를 끊었을 때 같은 기분이 되면서 마음이 한층 가벼워질 것이다.

2월 9일

1

전쟁에 의해 생기는 물질적 손해가 아무리 크다 해도, 선악에 관한 왜곡된 관념이 단순하고 생각하는 일이 적은 근로 대중의 정신에 미치는 해악에 비하면 아무 것도 아니다.

2

전쟁이 낳는 모든 나쁜 관념, 즉 국가간의 증오, 무공에 대한 동경, 승리 또는 복수에 대한 갈망 등은, 국민의 양심을 짓밟아 인간 상호의 선의를 '애국심'이라는 이름의 비열하고 무분별한 자애심으로 바꾸고, 자유에 대한 사랑을 허물어뜨리며, 단순히 남의 목을 베려고 하는 야만적인 욕망에서, 또는 남이 내목을 노리지 않을까 하는 두려움에서 사람들로 하여금 지배 계급의 발아래 스스로 몸을 던지게 만든다. 전쟁에 의해 부추겨진 나쁜 관념이 사람들의 종교적 감정을 완전히 왜곡시켜, 그리스도교의 스승으로 일컬어지는 사람들이 그리스도의 이름으로 살인과 약탈을 위한 무기를 축복하고, 대지가 손발이 잘린 시체로 뒤덮여 죄 없는 백성들 가슴을 슬픔이 가득 메울 때, 평화의 하느님을 향해 승리의 감사를 바치는 실정이다.

헨리 조지

3

어린이와 어린이가 만날 때, 그들은 기쁨에 찬 얼굴로 서로 웃으며 호의를 나타내는데, 아직 변질되거나 타락하지 않은 어른의 경우도 그와 마찬가지다. 그러나 한 국가의 일원이 되면 아직 한번도 본 적이 없는 이방인을 증오하며, 그들에게 고난과 죽음을 안겨주려고 마음먹게 된다. 사람들 속에 이 같은 증오심을 조장하여 그런 잔학 행위로 몰아가는 사람들의 죄가 어찌 무겁지 않을 것인가!

가장 훌륭한 무기는 동시에 가장 혐오해야 할 무기이다. 그러므로 지혜로운 사람은 그런 것에 의지하지 않는다. 그는 무엇보다 평화와 안정을 존중한다. 그는 정복하더라도 무기는 사용하지 않는다.　　　　　　　　　　　노자

"분할하여 통치하라." 이 말 속에 모든 지배자들의 교활함이 표현되어 있다. 민족적 적개심과 국민과 국민 사이의 증오, 그리고 지역적인 편견을 부채질함으로써만, 또 한 국민을 다른 국민과 대립하게 함으로써만, 귀족제와 독재제가 구축되고 유지될 수 있다. 따라서 사람들을 자유롭게 해방시키고자 하는 사람은, 그들로 하여금 증오의 감정을 초월하도록 이끌어야 한다. 그렇지 않고서는 결코 목적을 달성할 수 없을 것이다.　　　　　　　　　　　헨리 조지

전쟁이라는 것은, 가장 비열하고 죄 많은 자들이 권력과 명예를 장악하는 상태이다.

2월 10일

자기 자신을 스스로 높이 평가하면 할수록 그가 선 자리는 불안해지고, 반대로 자신을 낮추면 낮출수록 그가 선 자리는 더욱 견고해진다.

강해지려면 물과 같이 되어야 한다. 가로막는 것이 없으면 물은 흐르고, 둑이 있으면 물은 멈춘다. 그러다가 둑이 터지면 다시 흐르기 시작한다. 네모난 그릇에 담으면 네모가 되고 둥근 그릇에 담으면 둥글게 된다. 그처럼 유연하고 막힘이 없는 대응력 때문에 물은 무엇보다 필요하고 강한 것이다.　　　노자

3

겸손이란 자신을 죄인으로 인정하고 자신의 선행을 자랑하지 않는 것이다.

4

사람은 내면을 깊이 성찰하면 할수록 자기 자신이 하찮은 인간임을 깨닫게 된다. 그것이 예지에 이르는 첫걸음이다. 현명해지기 위해서는 먼저 겸허해지자. 자신의 약점을 알자. 그러면 그것이 우리에게 힘을 줄 것이다.　　　채닝

5

물이 높은 곳에 머물지 않고 항상 낮은 곳으로 흐르듯, 선덕 또한 자신을 높이는 사람들에게 머물지 않고 오직 겸허한 사람들에게만 머문다.　　　탈무드

6

어진 사람은 선을 행하는 데 있어서, 이를 행할 힘이 부족한 것을 한탄할지 언정, 남이 자신을 알아주지 않거나 잘못된 비판을 하는 것을 한탄하지 않는다.　　　중국 금언

7

사람들은 보통, 자신의 결점에는 주의를 기울이지 않지만, 자신의 이웃한테서 보는 악보다 더 나쁜 악이 자기 속에 있음을 모르는 사람은 아무도 없다.

　　　월즐리

8

선량하고 총명한 사람의 첫 번째 특징은, 자신은 아는 것이 조금밖에 없으며 자신보다 훨씬 지혜로운 사람들이 많다고 생각하고, 언제나 남을 가르치기보다 남에게서 듣고 배우기를 원한다는 것이다. 남을 가르치려 하거나 남을 지배하려 하는 사람은 결코 잘 가르칠 수도 잘 지배할 수도 없다.　　　존 러스킨

9

누구보다도 자기 자신을 잘 알고 있는 사람은, 누구보다 자기 자신을 존경하는 일이 적다.

자신의 힘을 알려고 애써라. 자신의 힘을 안다면 그것을 과소평가 할지언정 결코 과대평가하지는 않는다.

2월 11일

1

좋은 인생은 그것이 인생의 법칙, 바꿔 말하면 하느님의 섭리를 얼마나 실천하고 있는지에 따라 판단해야 한다.

2

죽음과 고통의 형태로 나타나는 악이 인간에게 보이는 것은, 그가 자신의 육체적, 동물적 존재의 법칙을 자기 인생의 법칙으로 받아들였을 때뿐이다. 그 경우에만 그는 인간이면서도 동물적 단계에 떨어져, 죽음과 고통이 허깨비처럼 사방에서 그를 위협하며 그의 눈앞에 열린 유일한 삶의 길, 즉 사랑이라는 형태로 표현된 하느님의 법칙의 실천으로 그를 몰아세운다. 죽음과 고통은 이 법칙에 대한 배반을 의미할 뿐이다. 철저하게 하느님의 법칙에 따라 사는 사람에게는 죽음도 고통도 존재하지 않는다.

3

건강, 희열, 애착의 대상, 생생한 감정, 기억력, 일에 대한 능력, 이 모든 것들이 우리를 저버리고, 태양마저 차갑게 식어 인생이 그 모든 매력을 잃었다고 느껴질 때, 우리는 어떻게 해야 할 것인가? 모든 희망이 사라졌을 때 어떻게 해야 할 것인가? 자신의 마음을 굳게 닫아버려야 할 것인가, 아니면 돌처럼 굳어져 버려야 할 것인가? 대답은 언제나 단 하나이다. 자신의 의지를 하느님의 의지에 합류시키는 일이다. 마음이 평화롭고 자신이 처한 상황에 편안함을 느낀다면 무엇이 어떻게 되든 무슨 상관이랴! 너는 마땅히 그러해야 할 모습의 너이면 된다. 나머지는 모두 하느님의 몫이다. 만약 하느님의 사랑이라는 것이 없고 있는 것은 오로지 만유의 법칙뿐이라 해도, 역시 인간으로서의 의무야말로 모든 비밀을 푸는 열쇠이다.

아미엘

4

의무의 수행과 개인적 향락 사이에는 아무런 공통점도 없다. 의무에는 그 자신의 독특한 법칙과 심판이 있으며, 만약 우리가 의무와 개인적 향락을 뒤섞어 그 속에서 살려고 한다면 의무와 향락은 그 자리에서 저절로 분리되어버릴 것이다.　　　　　　　　　　　　　　　　　　　　　　　　　칸트

5

우리는 하느님의 법칙을 예부터 있어온 여러 종교의 가르침에서 알 수 있고, 또 온갖 욕망과 기만에 차 있는 사상으로 정신이 흐려지지 않은 한, 자기의 의식으로도 알 수 있으며, 나아가서는 그 법칙을 인생에 적용함으로써도 알 수 있다. 우리에게 흔들림 없는 행복을 주는 모든 법칙의 요구는 진실의 요구이다.

부처

2400여 년 전 인도에 '수도다나'라는 왕이 살고 있었다. 그에게는 친자매 사이인 두 아내가 있었는데, 둘 다 아이를 낳지 못했다. 왕이 그것을 몹시 슬퍼하며 거의 포기하고 있었을 때, 뜻밖에 언니인 마야 부인(摩耶夫人)한테서 아들이 태어났다. 덩실덩실 춤을 추며 기뻐한 왕은, 아들을 기쁘게 하고 즐겁게 하기 위해서라면, 그리고 모든 학문을 가르치기 위해서라면 아무것도 아까워하지 않았다.

싯다르타(아들의 이름)는 총명하고 예쁘고 착한 아이였다. 싯다르타가 열아홉 살이 되었을 때 왕은 그를 그의 사촌누이와 혼인시키고, 젊은 내외를 아름다운 정원과 숲이 있는 화려한 궁전에서 살게 하였다. 그 궁전과 정원에는 인간이 바랄 수 있는 한의 모든 것들이 다 갖춰져 있었다. 수도다나 왕은 사랑하는 아들이 늘 행복하고 즐겁게 살 수 있도록, 아들의 시종과 종들에게 엄명을 내려, 그의 기분을 절대로 거스르는 일이 없도록 할 뿐만 아니라, 젊은 후계자를 슬퍼하게 하거나 우울하게 만들 만한 것은 모조리 숨기게 했다. 싯다르타는 자신의 궁전에서 한 발짝도 밖에 나가지 않았고, 궁전 안에서도 깨진 것, 불결한 것, 낡은 것은 아무것도 보지 못했다. 수도다나의 신하들은 모든 부정한 것을 멀리하고, 나무와 수풀의 마른 잎까지 떼어 내며 보기에 불쾌한 것은 모조리 치우기에 바빴다. 그리하여 젊은 싯다르타는 자신의 주위에서 언제나 싱싱하고, 건강하고, 아름답고, 즐거운 것만 보며 살았다.

그는 결혼한 뒤 1년 남짓을 그렇게 지냈다. 그러던 어느 날, 정원에서 마차를 타고 달리다가, 싯다르타는 문득 다른 사람들은 어떻게 살고 있는지 궁금해서 궁전 밖으로 나가 보고 싶어졌다. 그는 마부 찬나에게 자기를 성밖으로 안내하라고 명령했다. 궁전 밖으로 나가자, 눈에 보이는 모든 것, 거리와 집들, 다양한 옷을 입은 사람들의 모습, 상점, 거기에 진열된 상품, 그 모든 것들이 한결같이 신기하고 흥미로워서 싯다르타의 마음을 즐겁게 해주었다.

그러다가 우연히 어느 큰길에서 여태 한 번도 본 적 없는 이상한 사람을 보았다. 그 이상한 사람은 어느 집 벽 앞에 쭈그리고 앉아 가련한 목소리로 신음하고 있었다. 찌푸린 얼굴은 창백하고 온몸은 덜덜 떨고 있었다.

"저 사람은 도대체 왜 저러는 것이냐?"

싯다르타는 마부 찬나에게 물었다.

"아마 병을 앓고 있나봅니다." 찬나가 대답했다.

"병을 앓는다는 게 무슨 말이지?"

"사람의 몸이 아픈 것을 말합니다."

"그래서 저 사람이 괴로워하고 있는 것이냐?"

"그러하옵니다."

"어쩌다가 저렇게 됐지?"

"병에 걸렸기 때문입니다."

"누구나 다 저렇게 병에 걸릴 수 있는 거냐?"

"그러하옵니다."

싯다르타는 더 이상 묻지 않았다. 잠시 뒤, 이번에는 늙은 거지가 싯다르타가 타고 있는 마차 쪽으로 다가왔다. 허리가 굽고 핏발 선 두 눈에 눈물이 글썽한 늙은이는, 덜덜 떨리는 두 다리로 간신히 다가와 이 빠진 입을 우물거리며 동냥을 하는 것이었다.

"저 사람도 병에 걸렸느냐?" 싯다르타가 물었다.

"아닙니다, 저 사람은 늙은이입니다." 찬나가 대답했다.

"늙은이란 건 무슨 말이냐?"

"나이를 먹은 사람을 가리키는 말입니다."

"어째서 나이를 먹지?"

"오래 살았기 때문입니다."

"모든 사람이 다 나이를 먹는 건가? 오래 산 사람은 다 저렇게 되는 것이냐?"

"누구나 다 저렇게 됩니다."

"그러면 나도 오래 살게 되면 저렇게 된단 말이냐?"

"예, 누구나 다 저렇게 됩니다."

"마차를 돌려라!" 싯다르타가 명령했다.

찬나는 말을 채찍질했다. 하지만 고을 어귀에서 인파 때문에 길이 막히고 말았다. 그들은 들것에다 무엇인가 사람 형상을 한 것을 나르고 있었다.

"저건 무엇이냐?" 싯다르타가 물었다.

"저것은 죽은 사람입니다."

"죽는다는 건 무슨 말이냐?"

"죽는다는 것은 목숨이 끝나버렸다는 뜻입니다."

싯다르타는 마차에서 내려 송장을 나르고 있는 사람들에게 다가갔다. 죽은 사람은 유리알 같은 두 눈을 뜬 채 이를 드러내고 손발이 굳어져서, 죽은 사람 특유의 부동자세로 누워 있었다.

"저 사람은 어쩌다가 저렇게 되었느냐?"

"죽음이 찾아왔기 때문입니다. 사람은 누구나 저렇게 죽습니다."

"누구나 다 죽는다고?"

싯다르타는 그렇게 되풀이하면서 마차로 돌아와, 궁전에 도착할 때까지 고개를 들지 않았다.

그날 싯다르타는 온종일 정원 한구석에 앉아, 자신이 본 것에 대해 골똘히 생각했다.

'모든 사람이 병들고, 늙고, 죽는다고 한다. 왜 사람들은 자기가 언제 병에 걸릴지도 모르고, 시시각각 나이를 먹고 추해지며, 체력이 없어진다는 것을 알면서도, 또 언제 죽을지 모르지만 반드시 죽는다는 사실을 알면서도 저렇게 태연하게 살 수 있을까? 반드시 죽는다는 것을 알면서도, 어떻게 무언가를 기뻐하고 무언가를 할 수 있단 말인가? 어떻게 살아갈 수 있는 것일까? 아니야, 이대로 있어서는 안 돼.' 싯다르타는 그렇게 자기 자신에게 말했다.

'그러한 것에서 벗어날 길을 찾아야겠다. 나는 그것을 찾아내리라. 그리고 그 해답을 찾아내면 그것을 모든 사람들에게 전하리라. 하지만 그 해답을 찾자면 온통 나의 사색을 방해하는 것으로 가득한 이 궁궐에서 먼저 떠나야 한다. 아내와 부모를 버리고 은자와 현자들을 찾아가서, 그들이 이 모든 문제에 대해 어떻게 생각하고 있는지 물어봐야 한다.'

이렇게 마음먹은 싯다르타는 이튿날 밤에 자기의 마부 찬나를 불러, 말에다 안장을 얹고 궁전 문을 열어 놓으라고 일렀다. 궁전을 떠나기 전에 그는 아내의 침실로 갔다. 그녀는 잠들어 있었다. 그는 아내를 깨우지 않고 마음속으로 그녀에게 작별인사를 한 뒤, 자고 있는 하인들이 깨지 않도록 조용한 걸음으로, 다시는 돌아오지 않을 결심과 함께 영원히 궁전을 나가, 말 등에 올라타 홀로 고향을 떠났다.

말의 다리가 견딜 수 있는 데까지 오자 그는 말을 놓아 주고, 길을 가다 만난 중과 옷을 바꿔 입고 머리를 깎았다. 그리고 사람은 왜 늙고 병들고 죽어야 하는가, 또 어떻게 해야 그러한 것들에서 벗어날 수 있는가 하는, 자신이 아직 모르고 있는 문제에 대해 물어보기 위해, 브라만의 위대한 은자들을 찾아갔다.

한 브라만이 그를 맞아 그에게 브라만의 가르침을 전했다. 그 가르침의 요지는 인간의 영혼은 한 존재에서 다른 존재로 윤회한다는 것, 인간은 전생에서는 모두 동물이었다는 것, 그리고 죽은 뒤에는 이 세상에서의 삶에 따라 더욱 고등한 존재로 다시 태어나거나, 더 하등한 존재로 태어난다는 것이었다. 싯다르타는 이 가르침을 이해했지만 그것을 받아들일 수는 없었다.

그는 브라만들이 있는 곳에서 반년쯤 지내다가, 그들을 떠나 고명한 수도승들이 살고 있는 밀림으로 들어가서, 그들과 함께 노동과 수도 속에서 여섯 해의 세월을 보냈다. 그 노동과 수도가 너무 지극하여 세상에 그에 관한 평판이 알려지자 그의 주위에 제자들이 모여들었고, 모든 사람들이 그를 칭찬하게 되었다. 그러나 이러한 은자들의 가르침 속에서도 그는 자기가 찾고 있는 해답을 찾지 못하자, 그의 마음에 유혹이 일어나, 불현듯 자신이 버리고 온 것을 아깝게 여기는 마음이 생겨서 아버지와 아내에게 돌아가고 싶어졌다.

하지만 그는 궁전으로 돌아가지 않고, 자신의 숭배자와 제자들 곁을 떠나 자기를 아는 사람이 아무도 없는 곳으로 가서, 여전히 어떻게 하면 질병과 노쇠와 죽음에서 벗어날 수 있는지 생각했다.

그는 오랫동안 괴로워하며 생각했다. 그러던 어느 날 나무 밑에 앉아 그 문제들에 대해서 생각하고 있을 때, 갑자기 그의 앞에 그가 찾고 있던 것, 즉 고통과 노쇠와 죽음에서 벗어날 수 있는 구원의 길이 열렸다. 그 구원의 길은 네 가지 진리로 이루어져 있었다.

첫 번째 진리는 이 세상의 모든 사람은 고통에 시달리고 있다는 것, 두 번째 진리는 그 고통의 원인은 욕망에 있다는 것, 세 번째 진리는 고통에서 벗어나려면 그 욕망을 없애야 한다는 것, 네 번째 진리는 욕망을 없애기 위해서는 다음의 네 단계가 필요하다는 것이었다. 그 네 단계 가운데 첫 번째 단계는 마음의 각성이고, 두 번째 단계는 사상의 정화이며, 세 번째 단계는 악의와 분노로부터 해방되는 것이고, 네 번째 단계는 사람뿐만 아니라 무릇 생명이 있는 모든 것에 대한 자애를 마음에 불러일으키는 일이다. 자신의 헛된 육체적 욕망을 억누르기 위해서는 무엇보다도 모든 나쁜 생각으로부터 마음을 정화하지 않으면 안 된다. 진정한 해방은 오직 사랑 속에만 있다. 오직 육체적 욕망을 사랑으로 바꾼 사람만이 무명(無明)과 번뇌의 사슬을 끊고 고통과 죽음에서 벗어날 수 있다.

이러한 진리를 깨달은 싯다르타는 황야를 떠나 단식과 고행을 그만두고, 세상으로 나가 자신이 깨달은 진리를 사람들에게 설법하기 시작했다. 최초의 제자들은 그를 떠났지만, 이윽고 그의 가르침을 이해하고 그에게 다시 돌아왔다. 그리하여 브라만들의 온갖 박해에도 불구하고 그의 가르침은 점점 널리 퍼져 갔다. 싯다르타는 자신의 가르침을 "열 가지 계율"로 설법했다.

① 살생하지 말라, 살아있는 모든 생명을 존중하라.

② 훔치지 말고 빼앗지 말라, 남들로부터 그들의 노동의 대가를 가로채지 말라.

③ 생각이나 행위나 항상 정결하라.

④ 거짓말을 하지 말라. 필요할 때 두려워하지 말되 사랑을 가지고 진실을 말하라.

⑤ 남의 험담을 하거나, 들은 험담을 옮기지 말라.

⑥ 맹세하지 말라.

⑦ 쓸데없는 말에 시간을 허비하지 말고 필요한 말만 하라, 그렇지 않으면 입을 다물어라.

⑧ 탐하지 말라, 질투하지 말라, 이웃의 행복을 기뻐하라.

⑨ 원망과 증오로부터 마음을 정화하라, 누구도 미워하지 말고 모든 중생을 사랑하라.

⑩ 진리를 터득하려고 노력하라.

싯다르타는 60년을 하루같이 이곳저곳으로 옮겨 다니면서 자신의 가르침을 설법했다. 만년에는 몸이 완전히 노쇠했지만 그래도 싯다르타는 행각을 계속하며 설법을 멈추지 않았다. 그러던 어느 날, 문득 그는 죽음이 다가왔음을 느끼고 걸음을 멈추더니 말했다. "물을 다오." 제자들은 그에게 물을 떠다 바쳤다. 그 물을 몇 모금 마신 뒤 그 자리에 잠시 앉아 있다가, 그는 다시 길을 나섰다.

그러나 그는 하라네아바타 강가에서 다시 걸음을 멈추고, 나무 밑에 앉아 제자들에게 말했다. "마침내 죽음이 찾아왔다. 내가 죽은 뒤에도 내가 너희들에게 말한 것을 잊지 말도록 해라." 그의 수제자 아난다가 그 말을 듣고 참지 못하여, 한쪽으로 물러가 울음을 터뜨렸다. 싯다르타는 그를 불러서 말했다. "아난다여! 울음을 그치고 슬픔을 거두어라. 우리 모두 언젠가는 우리에게 소중한 모든 것들과 작별하지 않으면 안 된다. 이 세상에 영원불멸한 것이 무엇이 있다는 것이냐."

그는 다른 제자들을 향해 말했다. "부디 내가 너희에게 가르친 대로 살아야 하느니라. 너희를 속박하는 육체적 욕망의 그물에서 벗어나도록 하라. 내가 너희에게 가리켜준 길을 걸어가라. 무릇 육체에 속한 자는 반드시 멸망하며, 진리만이 영원불멸하다는 것을 한시도 잊어서는 안 된다. 부디 진리 속에서 구원을 찾을지어다."

이것이 그가 남기고 간 마지막 말이었다.   레프 톨스토이 다시 씀

2월 12일

1

죽음이 우리 한 사람 한 사람을 기다리고 있다는 사실만큼 확실한 것은 없는데도, 우리는 마치 죽음이 절대로 찾아오지 않을 것처럼 살고 있다.

2

인간의 생명이 과연 죽음과 동시에 끝나는가 하는 것은 가장 중요한 문제로서, 아무래도 이 문제에 대해 생각지 않을 수가 없다. 우리가 불멸을 믿느냐 믿지 않느냐에 따라, 우리의 행위는 이성적인 것이 되기도 하고 무의미한 것이 되기도 한다. 그러므로 우리는 무엇보다 먼저 '인간은 육체의 죽음과 함께 완전히 사라지는가, 또는 완전히 사라지지는 않는 것인가, 만약 완전히 사라지는 것이 아니라면, 우리 속의 무엇이 불멸하는 것인가?'하는 문제를 해결하지 않으면 안 된다. 그리고 우리 속에 멸하는 것과 멸하지 않는 것이 있다는 것을 알면, 멸하는 것보다 멸하지 않는 것에 대해 더 많이 배려해야 한다는 것은 자명한 이치이다. 그런데 사람들은 흔히 그것과 정반대되는 일을 하고 있다.

파스칼

3

만일 이 세상에서의 온갖 고통이 선을 낳지 않는다면, 세상은 두려움 그 자체일 것이다. 그것은 정신적, 육체적으로 사람들을 괴롭히기 위해 만들어진 사악한 시설일 뿐이다. 만약 그렇다면 이 세상은 말할 수 없이 부도덕한 것이라고 해야 마땅하다. 왜냐하면 그것은 미래의 선을 위해서가 아니라 아무런 목적도 없이 악을 행하기 때문이다. 그것은 마치 일부러 사람들을 괴롭히기 위해 그들을 유혹하는 것과 같다. 우리가 태어난 순간부터 괴롭히며, 모든 행복의 잔에 쓰디쓴 것을 타고, 항상 죽음으로 우리를 위협한다. 따라서 하느님과 영생이 없다면, 사람들이 삶에 대해 나타내는 혐오의 감정은 당연하다고 할 수 있다. 그들의 그 혐오의 감정은, 현존하는 질서보다 오히려 무질서에 의해, 즉 무서운 도덕적 혼란에 의해 유발된 것이기 때문이다. 그러나 만약 우리 위에 하느님이 있고, 우리 앞에 영원불멸이 있다면 모든 것은 순식간에 변한다. 우리는 악 속에서 선을 보고 어둠 속에서 빛을 보게 된다. 그리고 희망이 절망을 몰아내게 될 것이다.

이 두 가지 명제 가운데 어느 쪽이 더 옳은 것일까? 도덕적 존재인 인간이, 자신들 앞에 그 모순을 해결해줄 방법이 제시되어 있음에도 불구하고, 현존하는 세계 질서를 피치 못해 저주하지 않을 수 없다고 한다면 말이 되겠는가? 만약 하느님과 내세가 없다면 그들은 이 세상을, 그리고 자신이 태어난 날을 저주해야 할 것이다. 그러나 반대로 그 두 가지가 존재한다면, 인생은 저절로 행복해질 것이고 세상은 도덕적 완성의 장, 행복과 신성이 무한하게 펼쳐진 낙원이 될 것이다.　　　　　　　　　　　　　　　　　　　　　　에라스무스

4

자신의 생명을 깊이 의식하면 할수록 죽음에 의한 멸망을 믿지 않게 된다.

5

우리는 흔히 자신이 죽어서 저세상으로 가는 광경을 상상해보려고 하는데, 그것은 하느님을 상상하는 것이 불가능한 것처럼 전적으로 불가능한 일이다. 우리가 할 수 있는 것은 다만, 하느님에게서 나오는 모든 것들이 그러하듯 죽음 또한 선(善)임을 믿는 것뿐이다.

6

사람들 속에서 느끼고, 이해하고, 살고, 그리고 존재하는 그 본원이 어떠한 것이든, 그것은 신성한 것, 따라서 영원불멸한 것이 틀림없다.　　　키케로

7

불멸을 믿지 않는 사람은, 진지하게 죽음에 대해 생각해본 적이 한번도 없는 사람이다.

2월 13일

1

종교란 모든 사람이 쉽게 이해할 수 있는 철학이다.

2

사람은 선한 생활에 의해서만 하느님을 기쁘게 해드릴 수 있다. 그러므로 바르고 깨끗하고 선량하고 겸허한 생활 이외의 그 무엇으로 하느님을 기쁘게 하려고 생각하는 것은 모두 기만이요, 하느님에 대한 거짓 봉사이다.　　칸트

3

그리스도교의 특징은 도덕적으로 좋은 것과 나쁜 것을, 하늘과 땅이 아니라 천국과 지옥처럼 구별하여 생각하는 점에 있다. 영겁의 고통이 따르는 지옥의 표상(表象)은 우리를 두려움에 떨게 한다. 그러나 원래의 의미에서 그 표상은 옳다고 말하지 않을 수 없다. 그것은 우리에게 선과 악이, 다시 말하면 빛의 나라와 어둠의 나라가 나란히 서 있고, 그 사이를 오가는 계단이 있는 것처럼 상상하는 것을 막아주는 역할을 한다. 그러한 표상 방식은 선과 악이 측량할 수 없는 심연에 의해 서로 분리되어 있다는 것을 나타내고 있다.　　칸트

4

추상적인 것에 대한 생각에서는, 대개 최초의, 가장 오래된 생각이 옳다. 왜냐하면 건전하고 인간적인 예지가 직접 그 속에 반영되어 있기 때문이다. 세상의 기원, 즉 하느님이 존재한다는 생각도 그와 같다.　　레싱

5

종교란 단순한 형태로 마음에 호소하는 예지이다. 예지란 이성에 의해 인정된 종교이다.

6

사람들이 종교라고 일컫는 것에서 그들의 교육관과 정치 형태, 경제 기구, 그리고 모든 예술활동이 태어난다.　　주세페 마치니

7

종교를 가지지 않는 사람, 다시 말하면 세상과 아무런 관계도 가지지 않은 사람은, 심장이 없는 사람과 마찬가지로 존재할 수 없다. 자신에게 심장이 있

다는 것을 모르는 사람이 있을 수는 있다. 그러나 심장이 없이는 어떤 사람도 살 수 없듯 종교가 없어도 살 수 없다.

8

선한 생활의 법칙(살생하지 말라, 노하지 말라, 간음하지 말라, 악으로 악을 갚지 말라, 등등)은, 그것이 하느님의 계율이기 때문에 진리이며, 그래서 우리도 그것을 지켜야 한다고 생각해서는 안 된다. 우리가 그 법칙들을 자신의 내면적인 의무로 느끼기 때문에, 그것을 하느님의 계율이라고 생각해야 하는 것이다.
칸트

9

'앞으로 무슨 일이 일어날지, 무엇이 우리를 기다리고 있을지 모르면서 어떻게 살아갈 수 있는가?' 무엇이 우리를 기다리고 있는지 모를 때 비로소 진정한 삶이 시작된다. 그때 비로소 우리는 진실하게 살며 하느님의 뜻을 실천한다. 미래의 일은 하느님이 주관하신다. 진실한 생활만이 하느님과 하느님의 법칙에 대한 신앙의 증거이다. 거기에 비로소 자유가 있고 생명이 있다고 해야 할 것이다.

10

종교는 철학적인 사색에 빛을 줄 수 있고, 철학적인 사색은 종교적인 진리를 뒷받침할 수 있다. 그러므로 현재 살아 있는 사람이든 이미 죽은 사람이든, 진정으로 종교적인 사람, 진정으로 철학적인 사람들과 교류하는 것이 좋다.

2월 14일

1

인간의 내부에는 하느님의 영혼이 살고 있다.

2

"정말 잘 들어 두어라. 누구든지 새로 나지 아니하면 아무도 하느님의 나라를 볼 수 없다."
요한복음 제3장 3절

3

이성은 선한 사람만이 밝힐 수 있으며, 이성이 밝아질 때에 비로소 선한 사람이 될 수 있다. 선한 생활에는 이성의 빛이 필요하고, 이성의 빛을 비추기 위해서는 선한 생활이 필요하다. 이 둘은 서로를 돕는다. 그러므로 이성이 선한 생활을 돕지 않는다면 그것은 진정한 이성이 아니다. 그와 마찬가지로 선한 생활이 이성을 돕지 않는다면 그것은 선한 생활이 아니다.　　　　중국 금언

4

한 상인이 왕의 딸과 결혼하여, 그녀를 위해 대궐 같은 집을 지어 주고 값진 옷을 사들이고 많은 하인까지 딸려 주어 그녀의 환심을 사려고 열심히 노력했다. 그러나 그녀는 곧 싫증을 내며 자기가 왕족 출신이라는 것만 줄곧 생각했다. 인간에게 깃드는 영혼도 그와 마찬가지이다. 지상의 온갖 쾌락으로 그것을 감싸더라도 영혼은 언제나 자신의 집, 자신이 태어난 본원, 즉 하느님을 그리워한다.　　　　탈무드

5

선이 무엇인지 모르더라도 사람들은 언제나 자신의 내부에 그것을 가지고 있다.　　　　공자

6

옛날 로마에 세네카라는 철학자가 살고 있었다. 그는 그리스도도, 그의 가르침도 몰랐지만 인생을 그리스도와 마찬가지로 이해하고 있었다. 그는 한 친구에게 다음과 같은 편지를 썼다.

"친애하는 류칠리여(그것이 벗의 이름이었다), 자네가 자신의 힘으로 아름답고 선한 마음을 유지하려고 애쓰고 있는 것은 좋은 일이라고 생각하네. 누구든지 언제나 그런 식으로 자기 자신을 가다듬을 수가 있네. 그러기 위해 하늘을 향해 두 팔을 벌리거나 우리가 하는 말이 더 잘 들리도록, 좀더 신에게 가까이 다가갈 수 있도록, 신전 문지기에게 사정할 필요는 없어. 신은 언제나 자네 가까이, 아니, 자네의 내면에 있다네. 친애하는 류칠리여, 나는 분명히 말하네만, 우리의 내면에 모든 선한 자와 악한 자의 증인이며 감시자인 성령이 살

고 있네. 그리고 그 성령은 우리가 그것을 대하는 태도에 따라 우리에게 다양하게 대응하지. '모든 선한 사람들의 내부에는 신이 살고 있는 걸세.' 자네 눈에 사람의 영혼이 보이지 않듯이 신의 모습도 보이지 않지만, 신의 창조물 속에서 자네는 신을 볼 수 있다네. 그와 마찬가지로 자네는, 완전성을 지향하는 영원한 정진이라는 형태로 나타나는 영혼의 신성한 힘을 인정하지 않을 수 없을 걸세."

7

우리 한 사람 한 사람의 내부에는 하느님이 살고 있다. 그것을 자각하는 것만큼, 우리를 악에서 멀리 해주고 선행을 하도록 도와주는 것은 없다.

2월 15일

1

천성적인 소박함과 예지에서 오는 소박함이 있다. 그리고 그 둘 다 사랑과 존경을 불러일으킨다.

2

인생의 문제는 대부분 대수방정식과 같다. 즉 가장 간단한 형태로 바꿈으로써 풀리는 것이다.

3

진실한 말은 언제나 꾸밈이 없고 단순하다.   마르실리우스

4

가장 위대한 진리는 가장 간결하다.

5

소박함에는 언제나 매력이 있다. 어린아이와 동물이 지닌 매력도 바로 소박함에 있다.

6

자연은 사람들이 자기네들끼리 조작한 차별이라는 것을 모른다. 자연은 신분이나 부에 관계없이 모든 사람들에게 정신적인 자질을 부여한다. 자연스럽고 선량한 감정은 오히려 서민들 가운데서 더욱 많이 볼 수 있다.　　　레싱

7

사람들이 교활하고 화려한 미사여구를 늘어놓는 것은, 우리를 속이거나 잘난척하기 위함이다. 그런 사람들을 믿어서는 안 되며 흉내를 내서도 안 된다.

8

좋은 말은 언제나 간결하고 누구나 알기 쉬우며 논리적이다.

9

솔직함이란 인간으로서 자신의 존엄성을 의식하는 것이다.　　　부아스트

10

솔직함은 언제나 고상한 감정에서 생긴다.　　　달랑베르

11

언어는 사람들 사이의 거리를 좁혀준다. 그러므로 모든 사람들이 너를 이해할 수 있도록, 그리고 네가 이야기하는 것이 모두 진실이 되도록 말하는 데 힘써야 한다.

12

꾸민 듯한 태도나 유별난 행동, 특별히 사람의 눈길을 끄는 행동은 절대 삼가는 것이 좋다. 솔직함만큼 사람들 사이의 거리를 좁혀주는 것은 없다.

2월 16일

1

사람은 아직 젊고 사려가 깊지 못할 때일수록 자신의 생명의 근원이 육체

에 있다고 믿기 쉽다. 그러나 나이를 먹고 예지가 깊어짐에 따라, 자신과 온 세상의 생명의 근원이 정신 속에 있음을 알게 된다.

2

우리의 진정한 생활은 현재 이 세상에서 보내고 있는 피상적이고 육체적인 생활뿐만 아니라, 그것과 함께 내적인 생활, 곧 정신적인 생활이 있다는 것을 가능한 한 자주 떠올리도록 하라. 우리의 눈에 보이는 우리의 육체적인 생활, 그것은 건물을 짓기 위한 비계와 같은 것이다. 비계 그 자체가 필요한 것은 건물을 짓는 동안뿐이다. 건축이 끝나면 용도가 다하여 제거되어버린다. 우리의 육체적인 생활도 그와 같다. 육체는 정신적인 생활의 집을 짓기 위해서만 필요할 따름이며, 그 집이 다 지어지고 나면 육체는 폐기되는 것이다. 건물은 이제 겨우 토대 위로 올라왔을까 말까 한데, 쇠로 야무지게 조여진 비계만 거창하고 높다랗게 눈에 들어올 때, 우리에게는 중요한 것은 다름 아닌 그 비계이고 건물이 아닌 것처럼 여겨진다. 우리가 자신의 모든 생활을 육체 속에서 볼 때도 역시 그와 같다. 비계가 건물을 짓기 위해서만 필요한 것처럼, 우리의 육체 또한 정신적 생활을 키우기 위해서만 필요하다는 것을 스스로에게, 또 이웃에게 얘기해주어야 한다.

3

하늘과 땅을 보고 생각하라. 산도, 강도, 온갖 형태의 생명도, 자연이 만들어낸 것도, 모두 덧없이 지나가 버린다. 바로 제행무상(諸行無常)이다. 네가 그것을 이해하기만 하면 당장 한 줄기의 빛이 나타나, 상주불변(常住不變)하는 것의 존재를 인식하게 될 것이다. 부처의 잠언

4

우리는 건물과 산, 천체의 거대함에 경탄하여, 저것은 몇백 만 피트나 될까, 몇백 만 푸드(옛 소련의 무게의 단위)나 될까 하며 떠든다. 그러나 그처럼 크게 보이는 것들도 그것을 인식하는 자에 비하면 무(無)와도 같다. 노자의 말처럼 세상에서 가장 강력한 것은 눈에 보이지 않고 귀에 들리지 않으며 손으로 만질 수 없는 존재이다.

5

죽는 것은 네 자신이 아니라 네 육체이며, 사는 것은 네 육체가 아니라 육체 속의 정신이라는 것을 기억하라. 네 육체가 네 정신으로 하여금 네 생활과 전 세계의 생활을 이해하게 하는 것이 아니라, 네 속에 살고 있는 정신이 육체를 움직이고, 느끼고, 생각하고, 예견하고, 네 육체와 네 행위를 지배하며 길을 인도한다. 눈에 보이지 않는 힘이 네 육체를 다스리듯 우주 전체를 다스리는 눈에 보이지 않는 힘이 존재하는 것이다.

키케로

6

유형의 것만을 진정으로 존재하는 것으로 인식하는 감성의 기만에서 해방되어야, 우리는 비로소 자신의 진정한 사명을 깨닫고 실천할 수 있다.

2월 17일

1

세상 사람들은 모두 자연의 은혜를 누릴 평등한 권리와 평등한 인권을 가지고 있다.

2

우리는 그리스도교가 너무 왜곡돼 있고, 그 본래의 가르침이 사람들의 생활 속에서 너무 적게 실현되고 있는 것에, 아니 전혀 실현되지 않고 있는 것에 놀라지만, 사람들의 진정한 평등을 요구하는 가르침이요, 모든 사람은 하느님의 아들, 전 인류는 형제, 그리고 모든 사람의 생명은 똑같이 신성불가침하다고 하는 그리스도교의 가르침이 과연 잘못된 것이라고 할 수 있을까? 진정한 평등은 신분 제도와 칭호와 특권의 폐지를 요구할 뿐만 아니라, 불평등을 낳는 최대의 무기인 폭력의 근절을 요구한다. 평등은 사람들이 생각하고 있듯이 사회적인 수단에 의해서는 실현될 수 없으며, 하느님과 사람들에 대한 사랑에 의해서만 실현되는 것이다. 하느님과 사람들에 대한 사랑은 정치적 수단에 의해서가 아니라 참된 종교적인 가르침에 의해서만 이루어진다. 사람들이 사형과 사형의 위협, 폭력에 의해 자유와 평등과 사랑을 가져올 수 있다고 하는 터무니없는 미망에 빠졌다고 해서, 그것이 그들이 지향한 것이 잘못되었다는 증거는 되지 않으며, 다만 그들이 자유와 평등, 사랑을 실현하고자 하여 선택했던 길이 잘못되었음을 나타낼 뿐이다.

3

남들보다 강하고 영리한 사람들이 반드시 있기 마련이므로, 평등 같은 건 어차피 불가능하다고 말하는 사람들이 있다. 그러나 어떤 사람들이 다른 사람들보다 더 강하고 영리하다는 바로 그 이유 때문에, 사람들의 평등한 권리가 더욱 필요하다고 리히텐베르크는 말했다. 현재 약자에 대한 강자의 박해가 그처럼 무서운 것은, 지식과 체력의 불평등 외에 권리의 불평등까지 존재하기 때문이다.

4

그리스도교도로 자칭하는 사람들 중에서 볼 수 있는 차별의식, 특히 잔인하기 이를 데 없는 불평등한 사회제도 아래 전개되고 있는, 평등에 대한 기만에 찬 설교에 전율을 느끼고 싶다면, 제 살을 깎아 먹듯 바보처럼 자신들에게는 전혀 필요도 없는 일에 평생 혹사당하는 사람들과, 무위도식하며 온갖 쾌락에 빠져 사는 사람들로 나뉘어 있는, 이른바 여러 그리스도교국의 민중의 생활을 한번 들여다보는 것만으로도 충분하다.

5

어린이만큼 그 생활 속에서 참된 평등을 실현하고 있는 자는 없을 것이다. 그런데 어린이들에게 이 세상에는 황제니 귀족이니 부자니 명사니 하는 존경하지 않으면 안 되는 사람들과 노비나 노동자, 거지 같은 무시해도 좋은 사람들이 있다고 가르침으로써 어린이들의 신성한 감정을 파괴하는 어른들의 죄가 얼마나 깊은지 생각해보라! "나를 믿는 이 보잘 것 없는 사람들 가운데 누구 하나라도 죄짓게 하는 사람은……."

마태복음 제18장 6절

6

그리스도는 사람들에게 그들이 항상 알고 있는 것을 가르쳤다. 즉 사람들은 모두 평등하다는 것, 그리고 그것은 모든 사람의 가슴 속에 똑같이 하느님의 영혼이 살고 있기 때문이라고 가르쳤다. 그러나 사람들은 먼 옛날부터 왕후와 귀족, 부자, 노동자, 거지 등으로 나뉘어 있고, 모두가 원래 평등하다는 것을 알면서도 마치 그것을 모르는 것처럼 살고 있어서, 현실적으로 평등이란 있을 수 없는 일이 되었다.

그런 것은 믿지 않는 것이 좋다. 그리고 어린 아이들한테서 배워라. 그들처럼 사랑과 자비로 모든 사람을 대하며 차별 없이 행동하라. 어떤 사람들에게 "너"라고 말했다면 다른 사람들에게도 "너"라고 하고, 또 "당신"이라고 말했다면 다른 사람들에게도 "당신"이라고 하라. 스스로 자신을 높이는 사람을 만나더라도 다른 사람들 이상으로 존경할 필요는 없다. 또 만약, 모두가 어떤 사람들을 멸시하는 것을 보거든, 그런 나쁜 본을 따르지 않도록 그들을 특별히 존경하도록 노력하라.

2월 18일

1

우리 모두의 자아는 그 내부에 깃들어 있는 신성을 가리는 덮개이다. 우리가 자아에서 벗어나면 벗어날수록 우리 안의 신성은 더욱 더 뚜렷이 나타난다.

2

오로지 하느님만을 사랑하고 오로지 자신의 자아를 미워해야 한다. 파스칼

3

아버지께서는 내가 목숨을 바치기 때문에 나를 사랑하신다. 그러나 결국 나는 다시 그 목숨을 얻게 될 것이다. 누가 나에게 목숨을 빼앗아 가는 것이 아니라 내가 스스로 바치는 것이다. 나에게는 목숨을 바칠 권리도 있고 다시 얻을 권리도 있다. 이것이 바로 내 아버지에게서 내가 받은 명령이다.

요한복음 제10장 제17~18절

4

우리는 자신에 대해 고민하고 자신에게 얽매이는 일이 많으면 많을수록, 그

리고 자신의 생명을 지키려고 몸부림치면 칠수록, 더욱 더 나약해지고 더욱 더 자유로부터 멀어지게 된다. 그런데 반대로 자신에 대해 고민하고 집착하거나, 자신의 생명에 대한 애착이 적으면 적을수록, 더욱 더 강해지고 더욱 더 자유로워진다.

5

만약 욕심과 집착을 버리고 무슨 일을 도모한다면, 모든 일이 쉽게 풀릴 것이다.

6

진리를 가르치는 말은, 그것이 자신의 자아를 버린 사람의 입에서 나왔을 경우에만 믿을 만한 가치가 있다.　　　　　　　　　　　　　　탈무드

7

제 목숨을 살리려는 사람은 잃을 것이며, 나 때문에 또 복음 때문에 제 목숨을 잃는 사람은 살릴 것이다.　　　　　　　　　　마르코복음 제8장 35절

8

자기 속에서 잠시 머무르는 것, 자신의 명성과 육체 속에서 자신의 모습을 보지 않는 자야말로 인생의 진리를 아는 사람이다.　　　　　　부처의 금언

9

우리 자신에게 적어도 잠시나마 그 생활을 체험해보고자 하는 용기가 우러나지 않는 한, 무조건적으로 자기를 포기한 생활의 결과를 평가할 재료도 없고, 그것을 비판할 권리는 더더욱 없다. 그러나 총명한 사람, 정직한 사람이라면, 자기를 잊고 자아를 버린 한 순간이 자신의 정신과 육체에 미친 바람직한 영향을 감히 부정하지 않을 것이다.　　　　　　　　　　　　존 러스킨

10

이야기 도중에 자기를 의식하면 이야기의 흐름을 놓쳐버린다. 자기를 완전

히 잊고 자기를 떠났을 때 비로소 우리는 유익한 대화를 나눌 수 있고, 그들에게 봉사하고, 그들에게 영향을 줄 수 있다.

이레째 읽을거리

자기희생

가장 강인한 사람도 의기소침해질 때가 있다. 선(善)을 보고 그것에 매진하며 그것을 실현하고자 하지만, 모든 노력이 허망하게 느껴지고, 그것을 위해 스스로를 희생시킨 바로 그 상대로부터 버림받은 것처럼 느껴진다. 증오와 비방과 박해가 닥친다. 바로 그러한 때 마음속에서 이런 외침이 터져 나온다.

"아버지시여, 나를 이런 상황에서 벗어나게 해주시옵소서!"

…… 그리스도가 경험한 것이 바로 그것이다. 자신을 이해해주지 않는 세상과 제자들 속에서, 거칠고 냉담한 군중과 자신을 적대시하는 잔인하고 냉혹한 사람들 속에서, 모진 매를 맞고 피땀 흘리며 가시관을 쓰고 사형장으로 끌려가면서 오직 홀로 자신의 사명의 첫 번째 결실인 죽음을 예견한 그리스도는, "나의 하느님, 나의 하느님, 어찌하여 나를 버리셨나이까?"라고 부르짖었으나, 이내 다시 십자가에 의한 죽음에 순명하면서 이렇게 덧붙였다. "아버지, 제 영혼을 아버지 손에 맡깁니다."

그렇다, 바로 그것을 위해, 즉 고통스러워하고 죽기 위해, 그리고 그 고통과 죽음으로 세상을 이겨내기 위해 그는 이 세상에 태어난 것이다. 그것은 그의 사명을 계승하려는 사람들에게 영원한 불멸의 본보기이다! 그리스도는 그들에게 그 사명은 자기희생을 통해서만 열매를 맺을 수 있다는 것, 또 열매는 씨앗을 뿌린 사람만이 거둬들이는 것이 아니라는 것, "만약 죽지 않는다면 혼자그대로 남지만, 그렇지 않고 죽으면 땅에 떨어진 한 톨의 씨앗처럼 싹을 틔워 수많은 열매를 맺으리라"고 가르쳤다.

자신의 말이 거부당하고 반응이 보이지 않아, 나아가서는 그 말에서 태어나야 할 미래가, 악마의 아들들이 진리 자체를 묻어버리려 하는 무덤 속에, 너희들과 함께 내던져질 것 같은 느낌이 들어, 너희의 마음이 동요할 때, 바로 그러한 때 오히려 반대로 '이제부터 인생에 있어서의 사명이 시작되는 것이다. 이때를 위해 나는 이 세상에 태어난 것이다'라고 생각하라.

그리스도의 제자들이여, 너희는 그 스승보다 뛰어나지 않다. 너희는 그를 따라 그가 너희를 위해 개척한 길을 나아가, 의무 자체를 위해 의무를 수행하지 않으면 안 된다. 그리고 이 지상에서 아무것도 구하지 말고 무엇 하나 기대하지도 말며, 디딤처럼 "우리도 그와 함께 나아가 그와 함께 죽자"고 말하지 않으면 안 된다. 타는 듯한 태양 아래, 얼어붙는 진눈깨비 속에서도 쉬지 않고 씨를 뿌리자. 재판정에서도, 감옥에서도, 그리고 형장에서도 가는 곳마다 씨를 뿌리자. 그러면 거둬들일 때가 반드시 오리라.　　　　　　　　라므네

　　말로만 아니라 진정으로 타인을 사랑하려고 생각한다면, 역시 말로만이 아니라 실제로 자기 자신을 사랑하는 것을 그만두지 않으면 안 된다. 그런데 흔히 우리는 남을 사랑하고 있다고 생각하며 자신은 물론 남에게도 그것을 믿게 하려고 한다. 그러나 남을 사랑하는 것은 그저 말뿐이고 실제로는 자기 자신을 사랑하고 있는 것이다. 남에게 먹을 것을 주고 잠자리를 제공하는 것은 잊어버리지만, 자기 자신에 대해서는 절대로 잊지 않는다. 그러므로 남을 실천적으로 사랑하기 위해서는, 남에 대해서 종종 잊어버리듯이 자기 자신에게 먹을 것을 주고 잠자리를 제공하는 것을 잊어버리지 않으면 안 된다. 희생이 크면 클수록 사랑도 크고, 사랑이 크면 클수록 그 사람의 행위는 많은 결실을 맺으며, 다른 사람들에게도 크게 이로움을 준다.
　　인간의 삶에는 두 가지의 극한이 있다. 하나는 남을 위해 자신의 생명을 버리는 것이고, 또 하나는 자신의 삶을 전혀 바꾸지 않고 살아가는 것이다. 모든 사람은 이 두 가지 극한의 중간에서 살고 있다. 전자는 모든 것을 버리고 그리스도의 뒤를 따르는 제자에 비유할 만한 삶을 살고 있고, 후자는 삶을 바꾸라는 말을 들으면 이내 돌아서서 가버리는 부자 청년과 같은 삶을 살고 있다. 이 양극 사이에 생활의 일부분만 바꾼 자카이 같은 사람들이 있다.
　　적어도 자카이가 되기 위해서라도, 우리는 전자의 삶을 향해 끊임없이 정진하지 않으면 안 된다.　　　　　　　　레프 톨스토이

자유인

　　네플류도프는 물살이 센 넓은 강을 바라보며 뱃전에 서 있었다. 시내 쪽에서 아호트니키 성당의 대종(大鐘)의 울림과 그 구리의 금속적인 여운이 수면 위로 들려왔다. 네플류도프 옆에 서 있던 마부와 뱃사람들이 차례차례 모자를 벗어들고 성호를 그었다. 난간에 가장 가까이 서 있던 더벅머리 자그마한

늙은이는(처음에 네플류도프는 그 노인이 있는 것도 보지 못했지만), 성호는 긋지 않고 고개를 든 채 네플류도프를 가만히 응시하고 있었다. 그 늙은이는 누더기 같은 외투에 나사 잠방이를 입은 데다 다 헤진 곳에 헝겊을 댄 가죽신을 신고 있었다. 어깨에는 작은 봇짐을 지고 머리에는 닳아빠진 높은 모자를 쓰고 있었다.

"영감은 왜 기도를 드리지 않는 거요?" 네플류도프의 마부가 모자를 쓰면서 말했다. "세례를 받지 않은 건가?"

"누구에게 기도를 드리란 말인가?"

늙은이가 도전하는 듯 단호한 기색으로 한 마디 한 마디를 빠르게 발음하면서 말했다.

"누구에게는 누구야, 하느님 말이지."

마부가 조롱하듯이 말했다.

"어디 그럼 가르쳐줘 보게, 그 하느님이라는 게 어디에 있는지."

늙은이의 표정에는 어딘지 모르게 진지하고 엄격한 데가 있어서 마부는 만만찮은 작자에게 걸려들었구나 생각하며 약간 당황했으나, 그런 내색은 하지 않고 많은 사람들이 듣고 있는 데서 말문이 막혀 창피를 당하지 않으려고 애쓰면서 얼른 대꾸했다.

"어디라니? 뻔하잖아, 하늘에 있지."

"그럼 자넨 거기에 가 봤나?"

"가보든 안 가보든, 하느님께 기도를 드려야 한다는 것쯤은 누구나 다 알고 있는 거 아니오?"

"하느님을 본 사람은 아무도 없어. 아버지의 품안에 있는 하느님의 독생자만이 하느님을 나타내 보여주었지."

눈살을 찌푸리면서 역시 빠른 말투로 늙은이가 말했다.

"영감은 틀림없이 사교도인 모양이군. 구멍교도 말이야. 구멍이라도 믿는 거겠지."

마부는 채찍 손잡이를 허리춤에다 꽂고 옆의 말 봇줄을 바로잡으면서 말했다.

누군가가 웃음을 터뜨렸다.

"영감, 당신 신앙은 도대체 어떤 거요?"

나룻배의 뱃전에 달구지와 함께 서 있던 한 중년 사내가 물었다.

"나에게는 신앙 같은 건 없어. 나 외에는 아무도 믿지 않으니까."

늙은이는 여전히 단호하고 빠른 말투로 대답했다.

"어떻게 자기 자신을 믿을 수 있습니까?" 네플류도프가 이야기에 끼어들면서 물었다. "자기 자신도 잘못하는 수가 있는 법인데."

"아니야, 그렇지 않아요." 늙은이는 고개를 저으면서 확신하는 투로 대답했다.

"그렇다면 세상에는 어째서 여러 가지 신앙들이 있나요?"

네플류도프가 다시 물었다.

"사람들이 남은 믿으면서 자기 자신은 믿지 않기 때문에 여러 가지 신앙이 생긴 거지. 나 역시 남만 믿다가 밀림 속에 들어간 것처럼 길을 잃고 헤매고 말았네. 완전히 길을 잃어 도저히 빠져나갈 수 없을 만큼 말이야. 구교도도 그렇고 신교도도 그렇고, 제칠일 안식일교도도, 홀르이스트 교도도, 사제파 교도도, 무사제파 교도도, 아프스트리야크 교도도, 몰로칸 교도도, 거세파(去勢派) 교도(모두 러시아에 있었던 교파로 정교회로부터 이단시되었음—역주)도 모두 자기네 신앙만 찬양하지만, 어느 것이나 다 눈먼 강아지처럼 이리저리 헤매며 기어 다니고 있을 뿐이라네. 신앙은 많지만 영혼은 하나일세. 그 영혼은 자네 속에도 내 속에도 저 사람 속에도 있네. 그러니까 각자가 자신의 영혼을 믿기만 하면 모든 사람이 하나가 될 거라는 거지."

늙은이는 큰소리로 말하면서 많은 사람들이 자신의 말을 들어 주기를 바라는 듯 계속 주위를 둘러보았다.

"그럼 영감님은 오래전부터 그런 신앙을 가지고 있었습니까?"

네플류도프가 물었다.

"나 말인가? 그야 물론. 그래서 벌써 이십삼 년째 박해를 받고 있다네."

"박해를 받다니요?"

"그리스도가 박해를 받았던 것처럼 나도 박해를 받고 있네. 나를 붙잡아서는 재판소다, 수도원이다 하며, 말하자면 학자들과 바리새인들 사이로 끌고 다니는 거지. 정신병원에도 수용된 적이 있었네. 그렇지만 그들은 나를 어떻게 못해, 난 자유로우니까. "네 이름이 뭐냐?고 그들이 묻지. 내가 이름 같은 걸 가지고 있다고 좋아하는 줄 알아. 하지만 난 이름 따위는 아무 필요 없네. 난 모든 것과 인연을 끊었어. 난 이름도, 집도, 조국도 없고, 아무것도 없어. 난 다만 나 자신일 뿐이네. 그래도 뭐라고 부르냐고 묻는다면 인간이라고 부를 뿐이지. "나이는 몇이지?" 난 나이 따위는 세어본 일도 없고, 또 셀 수도 없어. 난언제나 있었고 앞으로도 언제나 있을 거니까. '네 부모는 누구냐'고 묻는다면나에게는 하느님과 대지 외에는 아버지도 어머니도 없네. 하느님이 아버지이고대지가 어머니지. "황제를 인정하느냐? 인정 안하고 어쩔 건데? 황제는 황제스스로 황제이고 나는 나 스스로 황제지." "당신하고는 도통 얘기가 통하지 않아."그러면 나도 이렇게 대답하지. "내 쪽에서 얘기하자고 부탁한 적 없어." 말하자면 이런 게 박해인 거지."

"영감님은 지금부터 어디로 가실 겁니까?" 네플류도프가 물었다.

"하느님에게 맡기는 수밖에. 일이 있으면 일하고, 없으면 구걸이라도 하는거지."

늙은이는, 나룻배가 강기슭에 거의 다 온 걸 보고 이렇게 말을 맺은 뒤, 의기양양하게 자기의 말을 듣고 있던 사람들을 둘러보았다.

나룻배가 강기슭에 닿았다. 네플류도프가 지갑을 꺼내 늙은이에게 돈을 주려 하자 늙은이는 거절했다.

"난 그런 건 받지 않네. 빵이라면 몰라도."

"아, 실례했습니다."

"사과할 건 없소. 당신은 나에게 나쁜 짓을 한 게 아니오. 또 나에게 나쁜 짓을 할 수도 없고." 늙은이는 내려놓았던 봇짐을 어깨에 짊어졌다. 그 사이 역마차도 강둑에 올려져 말이 연결되었다.

"나리도 참! 저런 인간하고 말을 섞으시다니."

네플류도프가 건장한 사공에게 배삯을 치루고 마차에 올랐을 때, 마부가그에게 말했다.

"저 사람은 아무 짝에도 쓸모없는 부랑자일 뿐입니다요."

레프 톨스토이 《부활》에서

2월 19일

1

일하지 않아도 먹고 살 수 있다고 하여 일을 하지 않는 것은 죄악이다.

노동만큼 인간을 고상하게 만들어주는 것은 없다. 사람은 노동하지 않고는 인간적 존엄성을 유지할 수 없다. 무위도식하는 사람들이 겉치레에 그토록 애쓰는 것도 그것 때문이다. 그들은 그렇게 꾸미지 않으면 사람들로부터 경멸당한다는 것을 알고 있다.

땀 흘려 일하며 자신이 먹을 빵을 제 손으로 얻으려 하지 않는 사람들 속에, 진정한 종교적 이해와 순수한 도덕성이 존재하는 것은 물리적으로 불가능하다.   존 러스킨

어느 누구도 살아가는 데 있어서 남에게 없는 특권이나 우선권을 가지고 있지 않고, 또 가져서도 안 된다는 것과, 한편 의무에는 한계가 없으며, 인간으로서 가장 중요한 의무는 자신과 타인의 생활을 위해 자연과의 싸움에 참여하는 것임을 깨닫기 위해서는, 그 진리를 전적으로 받아들이고 지난날의 나태한 생활을 전적으로 뉘우쳐야 한다.

지극히 확실하고 순수한 기쁨의 하나는 노동 뒤의 휴식이다.   칸트

부자든 가난한 자든, 강자든 약자든, 무릇 노동하지 않는 자는 모두 쓸모없는 사람이라 해야 마땅할 것이다. 사람은 누구나 기술을 배우거나 순수한 육체노동에 종사하지 않으면 안 된다. 노동을 함으로써 비로소 우리는 최상의 순수한 희열을 알 수 있다. 그것은 노동 뒤의 휴식이며, 노동이 고되면 고될수록 휴식의 기쁨도 커진다.   루소

쉬지 말고 일하라. 노동을 불행으로 생각하지 말고, 또 그것으로 사람들의

칭찬을 바라지 말라. 　　　　　　　　　　　　　　마르쿠스 아우렐리우스

8

가장 탁월한 재능도 무위도식하면 사장된다. 　　　　　　　　　　　몽테뉴

9

공정함이란 자신이 남에게 주는 것보다 더 많은 것을 남에게서 받지 않는 것이다. 그러나 자신의 노동과 자신이 이용하는 남의 노동을 저울질한다는 것은 불가능하다. 뿐만 아니라 우리는 언제 어느 때 스스로 일할 능력을 잃어 남의 노동력을 가로채야 하게 될지 모르는 일이다. 그러므로 되도록 공정함을 잃지 않기 위해, 자기가 취하는 것보다 많은 것을 남에게 주도록 노력해야 한다.

2월 20일

1

인류는 끊임없이 진보한다. 그 진보는 신앙의 영역에서도 없으면 안 되는 것이다.

2

사람들의 생활양식은 그들의 신앙에 달려 있다. 신앙은 시대와 함께 갈수록 단순하고 명료하며 이해하기 쉬워져서 진정한 지식과 일치하게 된다. 그리고 신앙의 단순함과 명료함에 비례해 신앙은 더욱 더 많은 사람들을 화합시킨다.

3

지금 우리에게 계시된 신앙의 이해 단계에 머물러 있어야 한다고 생각하는 사람이 있다면, 그는 진리에서 아주 멀리 떨어져 있는 거라고 해야 할 것이다. 우리가 받은 빛은 그것을 그저 바라만 보라고 우리에게 주어진 것이 아니라, 그 빛에 의해 우리 안에 숨겨져 있는 새로운 진리를 볼 수 있도록 주어진 것이다. 　　　　　　　　　　　　　　　　　　　　　　　　　　　　밀턴

이 세상의 권력자들이 권력의 힘을 빌려 폭력적으로 억누르려 하고 있음에
도 불구하고, 그리스도의 정신은 곳곳에서 뚜렷하게 나타나고 있다.

과연 복음서의 정신이 민중 속에 침투해 있지 않은 것일까? 그들은 그 빛을
보지 못하고 있는 것일까? 권리와 의무에 대한 관념이 모든 사람들에게 더욱
더 명확해지지 않은 것일까? 더욱 공평한 법률을 요구하는 목소리, 공정한 평
등 의식에 기초한, 약자를 보호하는 체제를 요구하는 목소리가 사방에서 들려
오지 않는 것일까? 강압에 의해 갈라진 사람들 사이에 놓여 있는 지금까지의
적대관계가 사라지지 않은 것일까? 과연 세상의 모든 사람들은 서로를 형제로
느끼지 않는 것일까?

이 세상의 압제자들은 이미, 내부의 목소리가 그들에게 머지않은 종말을 예
언하는 것을 들은 것처럼 두려움에 떨고 있다. 그들은 공포로 가득 찬 환영에
겁을 먹고, 민중을 매어 놓았던 쇠사슬, 그리스도가 그것을 풀기 위해 왔고 또
머지않아 산산조각이 날 쇠사슬을, 떨리는 손으로 움켜쥐고 있다. 불길한 땅울
림이 그들의 꿈을 어지럽힌다. 어딘가 은밀한 장소에서 어떤 일이 벌어지고 있
지만 어떤 힘으로도 그것을 저지할 수 없으며, 그 일이 시시각각 진행되고 있
다는 사실이, 그들을 형용하기 어려운 공포 속에 빠뜨린다. 그것은 바로 뻗어
가는 사랑의 활동이다. 그 사랑의 활동은 이 세상의 죄악을 뿌리 뽑고, 시들
어가는 생명에 활력을 주며, 슬퍼하는 자를 위로하고, 묶인 자의 쇠사슬을 끊
어, 그 내적 법칙이 이미 폭력이 아니라 인간 상호간의 사랑인 새로운 생활의
길을 사람들에게 열어줄 것이다.   라므네

인류가 진보하는 것은 바로 신앙이 진보하기 때문이다. 신앙이 진보한다는
것은 새로운 종교적 진리를 발견하거나, 인간의 세계와 이 세계의 창조자에 대
한 새로운 관계를 탐구하는(새로운 것은 아무것도 없다) 것이 아니라, 종교적
이해와 결부된 모든 필요 없는 것들을 버리는 일이다. 새로운 종교적 진리라는
것은 없다. 유사 이래 모든 현자의 세계 및 세계의 창조자에 대한 관계는, 오늘
날의 그것과 완전히 같았다. 종교가 진보하는 것은 뭔가 새로운 것이 발견되는
것이 아니라, 오로지 이미 발견되고 표현된 것을 정화하는 데 있다.

6

신앙이란 어떤 시대, 어떤 사회에서 가장 뛰어난 선각자들에 의해 도달된, 인생에 대한 가장 높은 이해의 지표이며, 그 사회의 나머지 사람들도 언젠가 틀림없이 불가항력적으로 그것에 접근해가게 된다.

7

진정한 진보, 즉 종교적 진보와 기술적, 과학적, 예술적 진보를 혼동해서는 안 된다. 기술적, 과학적, 예술적 업적은 현대에서 볼 수 있듯 종교적 퇴폐 속에서도 매우 위대할 수 있다.

하느님을 섬기려거든 무엇보다 먼저 온갖 미신과의 싸움과 종교적 의식의 해명, 정화를 목적으로 하는 종교적 진보의 투사가 되지 않으면 안 된다.

2월 21일

1

사람이 사람을 먹는 시대가 있었다. 이윽고 사람을 먹는 습관은 사라졌지만, 동물은 지금도 계속 먹고 있다. 그러나 이제 사람들이 이 무서운 육식의 습관도 멀리할 날이 가까이 다가오고 있다.

2

어린이 보호와 동물 애호를 주장하는 여러 단체들이, 육식이야말로 대부분 그들이 형벌로서 방지하고자 하는 잔학행위임에도 불구하고, 채식에 대해 전혀 관심이 없는 것은 얼마나 해괴한 일인가. 사랑의 실천은 형법상의 책임에 대한 공포보다 훨씬 더 강력하게 잔학 행위를 방지할 수 있다. 분노에 사로잡혀 사람을 괴롭히고 죽이는 잔학성과 그 살코기를 먹으려는 목적으로 동물을 괴롭히고 죽이는 잔학성 사이에 도대체 어떤 차이가 있단 말인가? 동물을 죽이고 먹는 일이야말로 사람들 속의 잔인성을 불타게 하는 가장 큰 원인인 것을.

류시 말로리

3

흡연과 음주와 육식은 가장 저주받아야 할 세 가지 습관이다. 이 무서운 세

가지 습관에서 최대의 불행과 최대의 빈곤이 태어난다. 이 세 가지 습관에 빠지는 것과 동시에 사람들은 동물에 가까워져서, 인간다운 모습과 인간으로서의 가장 큰 행복인 맑은 이성과 선한 마음을 잃게 된다.　　　　　　힐스

4

동물에 대한 인간의 행위에는 아무런 도덕적 의미가 없다는 생각, 더욱 일반적으로 말해 인간은 동물에 대해 아무런 의무가 없다는 생각 속에는 참으로 무서운 잔인성과 야만성이 도사리고 있다.　　　　　　쇼펜하우어

5

한 여행자가 아프리카 식인종에게 다가가니, 마침 그들은 살코기 같은 것을 맛있게 먹고 있는 중이었다. 여행자는 그들에게 무엇을 먹고 있느냐고 물었다. 그러자 그들은 사람 고기라고 대답했다.

"어떻게 그런 것을 먹을 수 있느냐?"고 여행자는 소리쳤다.

"왜 못 먹어? 소금만 치면 아주 맛있지."

아프리카 식인종이 대답했다.

그들은 사람 고기를 먹는 것이 완전히 습관이 되어 있어서, 여행자가 무엇 때문에 그렇게 놀라 소리치는지 전혀 이해할 수 없었던 것이다.

육식을 하는 사람들 또한, 돼지나 양이나 소의 살코기를 단지 소금을 치면 맛이 있다는 이유만으로 맛있게 먹는 것에 대해 채식주의자들이 느끼는 불쾌한 느낌을 이해하지 못한다.　　　　　　류시 말로리

6

인간이 동물을 잡아먹는 것은, 동물은 인간의 먹거리를 위해 하느님이 만든 것이므로 동물을 죽이는 것에 아무런 잘못이 없다고 생각하는 데 가장 큰 원인이 있다. 그러나 그것은 옳지 않다. 설사 세상의 모든 책 속에 동물을 죽이는 것이 죄악이 아니라고 씌어 있다 할지라도, 우리의 마음속에 그 어떤 책에 씌어 있는 것보다 훨씬 더 명확하게, 동물도 인간과 마찬가지로 불쌍히 여겨야 한다고 씌어 있으며, 우리는 자신의 양심을 죽이지 않는 한 그것을 다 알고 있다.

7

너희가 육식을 끊으면 사람들이 모두 몰려와 너희를 공격하고 비난하고 비웃을지도 모르지만, 결코 거기에 동요해서는 안 된다. 육식이 해도 괜찮은 일이라면, 육식주의자도 굳이 채식주의자를 공격하지 않을 것이다. 그들이 신경을 곤두세우고 있는 것은, 이미 오늘날에는 그들도 그 죄를 의식하고 있으면서도, 아직 그 습관에서 벗어나지 못하고 있기 때문이다.

2월 22일

1

하느님에 대해 어떤 말을 들어도, 또 하느님에 대해 어떤 말을 해도, 우리의 마음은 결코 채워지지 않는다. 우리가 하느님에 대해 이해할 수는 있지만 표현할 수는 없는 것, 그것이 바로 모든 사람에게 필요한 것이며, 그것만이 모든 사람에게 생명을 주는 것이다. 실레지우스

2

진정한 길은 흔히 길이라고 불리고 있는 그런 길이 아니다. 진정한 이름은 흔히 그 이름으로 불리고 있는 그런 이름이 아니다. 노자

3

자신의 내부에 만물을 포용하는 것, 그것 없이는 하늘도 땅도 있을 수 없는 존재가 있다. 이 존재는 평안하고 형태를 갖추고 있지 않다. 그 작용을 가리켜 이성이라 부르고 사랑이라 부르지만, 그 존재 자체는 이름을 가지고 있지 않다. 그것은 가장 높고 먼 존재인 동시에 가장 가까운 존재이다. 노자

4

신, 그것은 우리에게 정의를 요구하는 무한한 존재를 뜻한다. 매슈 아놀드

5

신, 그것은 우리가 우리 자신을 그 일부로서 의식하는 모든 것을 뜻한다.

6

신이 어디에 있느냐고 묻는 것은 어리석다. 신은 삼라만상 속에, 모든 사람의 마음속에 있다. 신앙은 수없이 많지만 신은 단 하나이다. 만일 사람으로서 자기 자신을 알지 못한다면 어떻게 신을 알 수 있으랴.　　　　　인도 금언

7

전에는 내가 이 세상에 존재하지 않았고 현재의 내가 죽는 것도 나 자신의 의지와 상관없이 일어나는 것처럼, 나의 출생도 내 의지와는 아무 상관없이 일어났다. 따라서 나는 처음부터, 나 이전에 존재했고 내 뒤에도 존재하며 나보다 강력한 누군가의 힘에 의해 존재하기 시작했고, 또 계속 존재하고 있는 것이다. 그런데 사람들은 나에게 하느님이라는 건 존재하지 않는다고 말하고 있다.　　　　　라브뤼에르

8

태어나면서부터 불투명한 유리창이 있는 방에 갇힌 사람이 태양을 불투명한 유리라고 하듯이, 즉 햇빛을 투과시키는 유일한 물체의 이름을 태양 자체에 붙이듯이, 복음서 또한 하느님을 가리켜, 하늘로부터의 계시를 전하는 최고의 인간적 감정, 또는 최고의 인간적 자질의 이름으로 일컫는다. 즉 하느님을 사랑이라 부르고 예지(로고스)라고 부르는 것이다.

그리고 방에 갇혀 있던 사람이 거기서 나와, 비로소 태양 자체와 그 빛을 받고 있는 불투명한 유리를 구별할 수 있는 것처럼, 인간의 영혼에도 그 사람의 육체 또는 물질의 속박에서 해방된 정도에 따라 하느님의 본성과 직접적으로 하나가 될 수 있는 가능성이 더욱 커진다.

그러나 무엇보다 자신의 예지를 높이 평가하는 사람들은 하느님을 예지와 동일시하여 예지라고 부를 것이고, 또 사랑의 감정을 무엇보다 높이 평가하는 사람들은 하느님과 사랑을 동일시하여 사랑이라고 부를 것이다.

그리고 마지막으로, 아직 자신의 예지도 자신의 사랑의 감정도 믿지 못하고 특정한 인물의 권위를 절대적으로 맹신하는 사람들은, 그 특정한 인물을 하느님과 동일시할 것이다.　　　　　표도르 스트라호프

태양의 강렬한 빛에 네 눈이 먼다 해도, 태양이 존재하지 않는다고 말하지는 않을 것이다. 그와 같이, 하느님을 이해하려고 열심히 노력하다가 네 이성이 혼란을 일으키거나 사라지더라도, 그것 때문에 하느님이 존재하지 않는다고 말해서는 안 된다.

실레지우스

2월 23일

1

지금의 사회 체제는 양심의 요구에도 이성의 요구에도 부응하지 않는다.

2

대부분의 기업인들은 이 세상에 가장 바람직한 사회 체제는, 수많은 무질서한 대중이 서로 가능한 한 상대가 가진 것을 빼앗고, 노약자까지 혹사시키며, 하찮은 달콤한 유혹으로 노동력을 그러모아 쓸모도 없는 물건을 생산하고는 이용가치가 사라지면 굶어죽든 말든 해고해도 되는, 그런 체제로 생각하고 있다.

존 러스킨

3

호밀밭에 내려앉은 백 마리의 비둘기 떼를 상상해 보라. 그들 중 아흔아홉 마리가 자신이 쪼아 먹을 수 있는 데까지 쪼아 먹는 게 아니라 꼭 필요한 만큼만 쪼아 먹고, 자신의 힘으로 가능한 한 많은 낱알을 모아, 자신들을 위해서는 껍질 외에 아무 것도 남기지 않은 채, 그 호밀더미를 자기네 무리 중에서 가장 연약하고 하잘 것 없는 한 마리의 비둘기에게 주는 광경을 상상해 보라. 그 아흔아홉 마리가 한 마리의 형제 주위에 둘러앉아, 한 마리 비둘기가 배불리 먹고 나서 호밀을 온통 흩뜨려놓고 있을 때, 다른 비둘기들보다 대담하고 훨씬 배가 고픈 한 비둘기가 그 호밀 속의 단 한 알에 부리를 대는 것을 보고, 다른 비둘기가 모두 그 비둘기에게 달려들어 갈기갈기 찢어버리는 그림을 상상해 보라.

만약 그런 광경을 본다면, 그것은 우리 사회에서 관행적으로 늘 일어나고 있는 광경의 복제그림으로 생각해도 무방하다.

페일리

사람들이 서로 지혜를 다투고 서로 함정을 만들며 속이고 배신하는 광경을 보고 어찌 한탄하지 않을 수 있겠는가! 선과 악의 기준이 무시되고 있는, 아니 그보다 오히려 깡그리 잊혀지고 있는 것을 어찌 눈물 없이 바라볼 수 있겠는가!

페오그니스트

흙과 햇빛, 동식물계, 광석층, 그 밖에 우리가 막 이용하기 시작한 모든 자연의 힘 속에는 무진장한 부(富)가 있어서, 웬만한 이성을 갖춘 사람들이라면 그것으로 모든 물질적 요구를 충족시킬 수 있다. 자연 속에는 빈곤을 초래할 원인이 없다. 불구자와 노약자가 가난에 빠질 이유도 없다. 왜냐하면 인간은 본질적으로 사회적인 동물이므로 사람들이 만성적인 가난으로 짐승처럼 타락하지 않는 한, 가정적인 애정과 사회의 동정이 스스로 자신을 부양할 힘이 없는 사람들을 위해 꼭 필요한 것을 완전히 조달할 것이기 때문이다.

헨리 조지

사회생활의 개선을 위해 꼭 필요한 것은, 사회의 특정 계층에 있는 일부 사람뿐만 아니라 그 사회를 구성하고 있는 모든 사람들의 예지와 사랑이 그 일에 결집될 수 있도록 하는 것이다. 우리가 그 일을 정치가에게만 맡겨두어서는 좋은 결과를 얻을 수 없다. 대중이 스스로 생각하지 않으면 안 된다. 왜냐하면 실제로 일하는 것은 대중이기 때문이다.

헨리 조지

현대 문명이 우리에게 제아무리 견고하게 보일지라도 거기에는 이미 파괴력이 작용하고 있다. 황야나 숲 속이 아니라 바로 도시의 뒷골목과 중심가에, 흉노족과 반달인이 고대 문명에 대해 자행했던 것과 똑같은 짓을 현대 문명시대에 아무 거리낌 없이 자행하고 있는 야만인들이 있다.

헨리 조지

사회개혁은 민중에 의해, 그리고 민중을 위해 이루어지지 않으면 안 된다.

개혁이 지금처럼 일부 계급에 장악된 독점적 사업인 한, 그것은 하나의 악을 다른 악으로 대치하는 작용만 할 뿐, 민중은 그것에 의해 결코 구제되지 않는다.

마치니

9

인간은 이성적인 존재이다. 그런데 사회생활을 하는 데 있어서는 왜 이성이 아니라 폭력을 사용하는 것일까?

2월 24일

1

진리가 상대방의 귀에 들리도록 하려면 그것을 선의를 가지고 이야기할 필요가 있다. 아무리 이치에 맞는 옳은 말이라도 화를 내면서 말하면 상대방에게 전달되지 않는다. 그러므로 만약 네가 누군가에게 어떤 말을 했는데 그것이 받아들여지지 않을 때는, 그것은 둘 중의 하나, 네가 진리라고 생각한 것이 실은 진리가 아니거나, 네가 그것을 선의로 전달한 것이 아니며, 그것도 아니면 진리도 아니고 선의도 결여되어 있었던 거라고 생각하라.

2

진리를 전달하는 유일한 방법은 사랑으로 얘기하는 것이다. 사랑하는 사람의 말만이 사람들의 귀에 들리게 마련이다.

소로

3

진리를 말하는 것도, 바느질을 잘하고 능숙하게 풀을 베고 글씨를 아름답게 쓰는 것과 이치는 똑같다. 그것은 바느질을 많이 하고 풀을 많이 베고 글씨를 많이 써본 사람에게만 가능하다. 아무리 애써도, 수없이 해보지 않은 일은 잘 되지 않는다. 그러므로 진실을 말하고 싶으면 그 일에 익숙해지지 않으면 안 된다. 그리고 그 일에 익숙해지려면 아무리 사소한 일에 대해서라도, 오로지 진실만을 말하도록 해야 한다.

4

우리는 남들 앞에서 자기 자신을 위장하는 것이 완전히 습관이 되어버려서, 종종 자기 자신에게조차 자신을 위장하기 쉽다.　　　　　　　　　라 로슈푸코

5

실질적으로는 자신의 내부에 뿌리내린 사상에만 진리와 생명이 있고, 진정한 의미에서 우리가 이해할 수 있는 것은 오직 그것뿐이다. 책에서 읽은 남의 사상은, 이를테면 남의 밥상 위의 먹다 남은 찌꺼기이며 이방인에게서 빌린 옷과 같다.　　　　　　　　　　　　　　　　　　　　　　　쇼펜하우어

6

만일 사람이 진리를 보고 두려워하며 그것을 인정하지 않고, 자신이 지금까지 진리라고 생각해온 것이 허위였다는 의식을 애써 무시한다면, 그는 자기가 해야 할 일을 영원히 모르게 될 것이다.

7

진리를 위해 진리를 사랑하는 현자들은 진리를 자신의 소유물로 생각하지 않는다. 그들은 어디서 진리와 만나더라도 감사하게 그것을 받아들이며, 그것에 누군가의 이름이 적힌 딱지를 붙이려 하지 않는다. 왜냐하면 그러한 진리는 오랜 옛날부터 이미 그들의 내부에 있었기 때문이다.　　　　　　　에머슨

8

진리가 인간에게 악의를 불어넣고 교만한 마음을 불어넣을 리가 없다. 진리의 발로는 언제나 온화하고 겸허하며 순수하다.

2월 25일

1

기도한다는 것은 영원하고 무한한 존재인 하느님의 법칙을 인정하고 그것을 상기하며, 그 법칙에 자신의 과거와 미래의 행위를 적용하여 생각하는 일이다. 되도록 자주 기도하는 것이 좋다.

2

기도를 시작하기에 앞서서 먼저 자신이 그 시간 동안 온전하게 정신을 집중할 수 있는지 스스로 시험해보라. 만약 그것이 되지 않을 때는 기도하지 말라.

습관적으로 기도하는 것은 진실한 기도라고 할 수 없다.　　　　　탈무드

3

우리의 약점과 싸우는 수단인 기도를 어찌 자신으로부터 빼앗아야 한단 말인가? 신에게 다가가기 위한 모든 정신적인 노력은 우리를 아집으로부터 해방시켜 준다. 신에게 도움을 구할 때, 우리는 그것을 자기 자신 속에서 발견하는 것을 배운다. 신이 우리를 변화시키는 것이 아니라 우리가 신에게 한 발짝 한 발짝 다가가면서 스스로를 변화시키는 것이다. 우리가 신에게 간절하게 바라는 모든 것은 우리 스스로 자신에게 주는 것이다.　　　　　루소

4

기도할 때에도 위선자들처럼 하지 말아라. 그들은 남에게 보이려고 회당이나 한길 모퉁이에 서서 기도하기를 좋아한다. 나는 분명히 말한다. 그들은 이미 받을 상을 다 받았다. 너는 기도할 때에 골방에 들어가 문을 닫고 보이지 않는 네 아버지께 기도하여라. 그러면 숨은 일도 보시는 네 아버지께서 다 들어주실 것이다. 너희는 기도할 때에 이방인들처럼 같은 말을 되풀이하지 말아라. 말을 많이 해야만 하느님께서 들어 주시는 줄 안다. 그러니 그들을 본받지 말아라. 너희의 아버지께서는 구하기도 전에 벌써 너희에게 필요한 것을 알고 계신다.　　　　　마태복음 제6장 5~8절

5

기도는 오랜 옛날부터 인간에게 필요한 것으로 인정되어 왔다. 옛날 사람들에게 있어서 기도(지금도 대부분의 사람들에게 그렇지만)는 일정한 상황과 일정한 장소에서 일정한 동작과 언어로 하느님 또는 여러 신들에게 말을 걸어 그 자비와 은혜를 청하는 것을 뜻했다.

그리스도교의 가르침은 그러한 기도에는 관여하지 않는다. 기도란 이 세상에서의 불행에서 벗어나고 개인적인 이익을 얻는 수단으로서가 아니라, 죄악과

의 싸움에서 인간을 강하게 만들어주는 수단으로서 꼭 필요한 것이라고 가르치고 있다.

6

기도란 세속적인 것과 자신의 오관을 어지럽히는 모든 것에서 떠나(그 점에 있어서, 이슬람교도가 회당에 들어가거나 기도할 때 손가락으로 눈과 귀를 가리는 것은 의미 있는 일이다) 자기 내부에 신적 본원을 일깨우는 일이다. 이것을 위한 최선의 방법은 그리스도가 가르친 대로 하는 것이다. 즉 혼자 방에 들어가 문을 닫고 기도하는 것, 말하자면 혼자서 기도하는 것, 그곳이 방안이든 들판 한가운데든 완전히 혼자가 되어 기도하는 것이다. 바꿔 말하면, 기도란 모든 세속적인 것, 외면적인 것을 떠나 자기 속에 자기 영혼의 신적인 부분을 일깨워, 그 속에 몰입하고, 그것을 통해 그것이 그 일부분에 불과한 전체, 즉 하느님과의 교류에 들어가 자신을 하느님의 종으로 인식하며, 세속적이고 외적인 조건의 요구에 따르지 않고 오히려 영적인 부분의 요구에 따라, 자신의 영혼과 자신의 행동과 자신의 소망을 점검하는 일이다.

그러한 기도는 노래와 그림과 조명과 설교를 곁들인 세속의 일반적인 기도가 자아내는 공허한 감동과 흥분과는 달리, 영혼의 구원이고 단련이며 향상이다. 그것은 참회이고 과거의 모든 행위의 검증이며 앞으로의 행동에 대한 지침이다.

7

자신의 기도방법을 새롭게 하는 것, 즉 하느님에 대한 자신의 관계의 표현을 새롭게 바꾸는 것은 좋은 일이다. 인간은 끊임없이 성장하고 변화한다. 그러므로 그의 하느님에 대한 관계도 변화하고 또 분명해진다. 따라서 기도도 성장하고 변화하지 않으면 안 되는 것이다.

이레째 읽을거리

천사 가브리엘

어느 날 천사 가브리엘은 하늘나라에서 들려오는 하느님의 목소리를 들었다. 하느님은 누군가를 축복하고 있었다.

'틀림없이 그 사람은 지상에 있는 하느님의 중요한 종이 틀림없다. 아마 성스러운 은자나 현자의 한 사람일 것이다.'

그렇게 생각한 천사는 그 사람을 찾아보려고 지상으로 내려갔다. 그러나 천상에서도 지상에서도 그를 찾을 수가 없었다. 그래서 그는 하느님에게 돌아가 말했다.

"오, 주여! 부디 저에게 당신이 사랑하고 계시는 그 사람이 있는 곳을 가르쳐 주십시오."

하느님이 대답했다.

"마을로 가거라. 그러면 그곳의 작은 예배당의 불빛이 보일 것이다."

천사가 그 예배당으로 내려가자, 한 남자가 그곳에서 우상을 앞에 놓고 절을 하고 있었다. 천사는 하느님에게 다시 돌아가 말했다.

"주여, 당신은 정말로 저 우상 숭배자를 사랑하는 마음으로 보고 계시는 것입니까?"

하느님은 말했다.

"나는 그가 나를 올바르게 이해하고 있지 않은 것은 중요하게 생각지 않는다. 나를 정확하게 이해하는 것은 어떤 인간에게도 불가능한 일이다. 내가 누구인지 진정으로 이해할 수 없다는 점에서는 모든 인간 가운데 가장 위대한 성인도 저 사람과 전혀 다를 바가 없다. 나는 인간의 지혜가 아니라 마음을 중시한다. 저 남자의 마음은 나를 구하고 있다. 그렇기 때문에 그는 나와 가까운 곳에 있느니라."

페르시아의 종교서 《아타르》에서

기도

"너희의 아버지께서는 구하기도 전에 벌써 너희에게 필요한 것을 알고 계신다."(마태복음 제6장 8절)

"아니야, 아니야, 안 돼요! 그럴 리가 없어요……/선생님! 도저히 방법이 없는 건가요? 왜 두 분 다 잠자코 있는 거예요?"

젊은 어머니는 자신의 하나밖에 없는 세 살 난 아들이 뇌수종에 걸려 죽어 가고 있는 방에서 결연한 걸음으로 걸어 나오며 그렇게 말했다.

낮은 목소리로 얘기를 주고받던 그녀의 남편과 의사는 입을 다물어 버렸다. 남편은 멈칫멈칫 아내에게 다가가 아내의 헝클어진 머리에 가만히 손을 얹고 무거운 한숨을 내쉬었다. 의사는 고개를 숙이고 서 있었다. 입을 꼭 다문 채 미동도 하지 않는 그 자세가 아이의 병세가 절망적이라는 것을 말해주고 있었다.

"어쩔 수 없는 일이오! 체념해야겠소, 여보……"

남편이 말했다.

"싫어요! 그런 말은 하지 말아요, 제발!" 그녀는 화난 것처럼 비난하는 듯한 목소리로 외치고는 홱 돌아서서 아이 방을 향해 다시 걸어갔다.

남편은 아내를 만류했다.

"카차! 가지 않는 게 좋아……"

그녀는 대답하지 않고 피곤에 지친 커다란 눈으로 그를 바라보더니, 그대로 아이 방으로 들어갔다.

아이는 머리 밑에 하얀 베개가 받쳐진 채 유모의 팔에 안겨 있었다. 눈은 뜨고 있지만 아무것도 보지 못하고 있었다. 앙다문 작은 입에서 거품이 흘러나와 있었다. 유모는 화난 듯 엄숙한 표정으로 아이의 얼굴에서 시선을 피해 어딘가를 응시하며, 어머니가 들어와도 꼼짝도 하지 않았다. 어머니가 그녀에게 다가가 아이를 받아 안으려 하자 유모는 조용히 말했다. "아기가 죽을 것 같아요!" 그러고는 어머니에게서 살짝 몸을 피했다. 하지만 어머니는 상관하지 않고 재빠르고 익숙한 손놀림으로 아이를 자신의 품에 안았다. 아이의 긴 곱슬머리가 뒤엉켜 있었다. 그녀는 그것을 쓸어 올리며 아기의 얼굴을 지그시 들여다보았다.

"아니야, 절대로 안 돼." 그녀는 그렇게 중얼거리고는, 재빠르면서도 조심스런 동작으로 아기를 유모에게 돌려주고 방에서 나갔다.

아이가 발병한 지 벌써 일주일이 지나 있었다. 병을 앓는 동안 어머니는 하루에도 몇 번씩 절망과 희망 사이를 오락가락했다. 그동안 그녀는 하루에 겨우 한 시간 반 정도밖에 자지 못했다. 그리고 하루에도 몇 번씩 자기의 침실에 들어가, 황금으로 장식된 커다란 구세주의 성상 앞에 서서 아들을 살려달라고 하느님에게 기도를 올렸다. 검은 얼굴의 구세주상은 그 작고 검은 손에 금박으로 장식된 책을 들고 있었는데, 그 책에는 흑금(黑金)으로 상감처리한 글씨로 "고생하며 무거운 짐을 지고 허덕이는 사람은 다 나에게로 오너라. 내가 편히 쉬게 하리라"(마태복음 제11장 28절) 라고 새겨져 있었다.

그녀는 그 성상 앞에 서서 자신의 온 영혼을 기울여 기도를 올렸다. 기도를 드리는 동안에도 마음속에서는, 결국 자신에게는 산을 움직일 힘이 없다는 것, 하느님은 그녀가 원하는 대로가 아니라 하느님 자신이 원하는 대로 이루실 거라는 것을 느끼고 있었지만, 그래도 그녀는 정해진 기도문과 자신이 그때그때 지은 문구를 힘주어 소리 내어 외곤 했다.

그리고 지금, 아들이 죽었다는 것을 또렷이 깨달았을 때, 그녀는 머릿속에서 마치 무언가가 툭 끊어져서, 그것이 빙글빙글 돌기 시작하는 것 같은 이상한 기분이 들어, 자신의 침실에 들어가서도 거기가 어딘지 모르는 것처럼 놀란 눈으로 가구와 세간들을 둘러보았다. 그런 다음 침대 위에 개켜져 있는 남편의 실내복 위에 머리를 얹고는 그대로 의식을 잃고 말았다.

그러자 꿈속에 코스차가 나타났다. 건강하고 밝은 표정을 한 코스차는 풍성한 곱슬머리와 하얗고 가느다란 목을 드러내고 팔걸이의자에 앉아, 장딴지가 통통한 두 다리를 까불거리면서 입술을 삐죽이 내밀고, 사내아이의 인형을, 마분지로 만든 다리가 하나 없고 등에 구멍이 난 말 등에 태우려고 열심이었다.

'저 아이가 살아 있다면 얼마나 좋을까!' 하고 그녀는 생각했다. '저 아이가 죽다니 정말 잔인한 일이야. 도대체 왜! 내가 그토록 기도를 드렸는데도 하느님은 그 아이를 죽게 내버려 두신 걸까? 도대체 하느님은 무슨 생각으로 그렇게 하신 걸까? 그 아이가 누군가에게 장애물이라도 될 거라고 생각하신 걸까? 하느님도 그 아이야말로 내 목숨이고, 그 아이 없이는 내가 살아갈 수 없다는 것을 잘 알고 계실 텐데! 가엾게도 그 죄 없는 귀여운 아기에게 느닷없이 병을 주고 괴롭히더니 내 생활을 엉망으로 만들고는, 내가 그토록 열심히 기도를 드렸는데도 그 아이의 눈을 감기우고, 온몸을 쭉 뻗어 싸늘하게 식어버리게 하는 것으로 응하시다니!'

그녀는 계속 꿈을 꾸었다. 코스차가 걸어가고 있다. 저렇게 작은 몸으로, 저렇게 높은 문을 향해, 작은 손을 흔들면서 마치 어른처럼 걸어가고 있다. 그리고 이쪽을 보며 방긋 웃는다……. '귀여운 내 아기! 이렇게 귀여운 아기를 하느님은 그토록 괴롭히다가 끝내 생명을 거둬가고 마시다니! 하느님이 이렇게까지 끔찍한 짓을 하신다면 기도는 무엇 때문에 한단 말인가!'

그러자 갑자기 유모를 도와 아기를 봐주는 어린 하녀 마트료샤가 뭔가 이상한 말을 하기 시작한다. 어머니는 그것이 마트료샤라는 것은 알고 있지만 마트료샤인 동시에 천사로 보이기도 한다. '그렇지만 이 아이가 천사라면 어째서 등에 날개가 없을까?' 하고 어머니는 생각한다. 그러나 그녀는 누구였는지 확실하게 기억이 나지는 않지만 어쨌든 믿을 만한 어떤 사람이 그녀에게 요즈음은 흔히 날개 없는 천사도 있다고 말하던 것을 떠올린다. 그 천사 마트료샤가 말한다.

"마님, 그런 식으로 하느님에게 불평하시면 안 돼요. 하느님이라고 모든 인간의 부탁을 다 들어줄 수는 없잖아요. 세상 사람들은 곧잘 한 사람에게 좋으면 다른 사람에게는 나쁜 것을 부탁하거든요. 지금도 그래요. 러시아의 방방곡곡에서 사람들이 기도를 드리고 있는데, 그게 도대체 어떤 사람들의 기도인지 아세요? 가장 훌륭한 주교와 사제들이 대성당과 교회에서 고마우신 성자의 유골을 앞에 놓고, 제발 일본군을 이기게 해달라고 기도하고 있는 거예요. 그런데 그게 과연 선한 일일까요? 그런 것을 비는 것은 소용이 없는 일인 데다 하느님도 일일이 다 들어주실 수가 없어요. 일본 사람들도 역시 자신들이 이기게 해달라고 빌고 있을 테니까요. 하느님은 한 분뿐인데 도대체 어떻게 해야 하겠어요? 하느님은 도대체 어떻게 해야 할까요, 마님!"

"그래, 네 말이 맞다. 그건 옛날부터 말해오던 얘기야. 볼테르도 그런 말을 했지. 그건 누구나 다 알고 있고, 누구나 다 얘기하고 있는 말이야. 하지만 내가 말하는 것은 그런 얘기가 아니란다. 어째서 하느님은, 내가 나쁜 것을 원하는 게 아니라 그저 내 소중한 아들이 죽지 않도록 해달라고 간청했을 뿐인데, 어째서 그 소원을 들어주지 않으시는 거냐고 말하고 있는 거야. 난 그 애 없이는 살아갈 수가 없는걸." 하고 그녀는 대답한다. 그리고 그녀는 아들이 그 포동포동한 두 손으로 자신의 목을 껴안는 듯한 느낌과 함께, 아들의 따뜻한 체온을 온몸으로 느꼈다. '아, 다행이야! 거봐, 코스차는 죽지 않았어' 하고 그녀는 생각한다.

"그뿐만이 아니에요, 마님." 하고 마트료샤는 늘 그렇듯이 막무가내로 주장한다. "그뿐만이 아니라구요. 하느님은 때로는 단 한 사람의 소원도 들어주실 수 없는 경우가 있어요. 우리는 그것을 다 알고 있죠. 나도 자주 그걸 전하기 때문에 다 알고 있는걸요." 하고 천사 마트료샤는 어제 마님이 자기를 나리한테 심부름을 보냈을 때, 유모에게 "나리께서 집에 계시다는 걸 알고 있어요. 들어오시는 걸 봤으니까요." 하고 말했을 때와 똑같은 말투로 말한다.

"전 그 훌륭한 분(대개는 젊은이였지만)이, 제발 나쁜 짓을 저지르지 않도록, 향락에 빠지지 않도록 저에게 힘을 주십시오. 부디 몸에서 가시를 제거하듯 악을 제거해 주십시오. 하고 당신에게 간원했다는 것을 몇 번이나 하느님께 전달했는지 몰라요."

'아니 그런데, 마트료샤가 정말 말을 잘하는구나' 하고 마님은 생각했다.

"그렇지만 하느님도 도와줄 수가 없어요. 모든 인간은 스스로 노력하지 않으면 안 돼요. 스스로 노력해야만 비로소 정말로 몸에 배이거든요. 마님도 저에게 '검은 암탉 이야기'라는 책을 읽으라고 하셨잖아요? 그 책에 검은 암탉 한 마리가 자기를 죽을 고비에서 살려준 한 소년에게, 보답으로 마법의 삼씨를 한 알 주었는데, 그 삼씨가 바지 주머니에 들어 있는 동안은 공부를 하지 않아도 모든 과목을 다 암기할 수 있기 때문에 그 소년은 공부를 전혀 하지 않게 되어, 기억력이 없어져 버렸다는 얘기가 있어요. 하느님도 인간들에게서 악을 제거하지는 못해요. 또 그런 것을 비는 것은 잘못된 것이고, 모든 인간은 자신의 죄를 스스로 제거하고, 씻어내고, 뿌리를 뽑지 않으면 안 돼요."

'이 아이는 대체 어디서 이런 말을 다 배웠을까?' 하고 생각하면서 마님은 말한다.

"하지만 마트료샤, 넌 아직 내 질문에 대답하지 않았잖아."

"잠깐만 기다리세요, 다 말씀드릴 테니까요. 예를 들면 이런 기도를 전해드린 일도 있었어요. 어느 한 집안이 아무 죄도 없이 파산해, 모두 울면서 지금까지 살아왔던 훌륭한 저택에서 초라한 셋집으로 이사하여, 심지어는 차도 마시지 못하게 되자, 하느님께 제발 좀 도와달라고 간청하고 있다고요. 그렇지만 하느님으로서는 그 사람들의 소원을 들어줄 수가 없었어요. 왜냐하면 그 셋방살이가 오히려 그 사람들에게는 좋은 것이기 때문이었어요. 그 사람들은 모르고 있었지만, 하느님은 그 사람들이 지금까지처럼 사치스러운 생활을 계속하다가는 언젠가는 엉망으로 타락하리라는 것을 알고 있었던 거예요."

마님은 생각한다.

'그건 맞는 말이야. 하지만 이 아이는 어째서 하느님에 대해 이렇게 버릇없게 말을 하는 것일까? 엉망으로라니…… 정말 좋지 않은 말이야. 언젠가 기회가 있으면 주의를 주어야겠어……'

"그렇지만 난 그런 말을 하고 있는 게 아니야" 하고 어머니는 다시 말한다. "난 도대체, 무엇 때문에, 하느님이 나의 소중한 아들을 빼앗아 가셨는지 묻고 있는 거야."

그러자 어머니의 눈앞에 건강한 코스차의 모습이 떠오르고, 방울을 울리는 것처럼 사랑스러운, 코스차 특유의 천진난만한 웃음소리가 들려온다. "어째서 내 아들을 빼앗아 갔느냔 말이야. 만일 하느님이 그렇게 하신 거라면 그 하느님은 잔인한 하느님, 나쁜 하느님이야. 그런 하느님은 필요 없어, 얼굴도 보고 싶지 않아."

그런데 이게 어찌된 일인가, 마트료샤는 이제 전혀 마트료샤가 아닌 뭔가 전혀 다른 신비롭고 눈부신 존재가 되어, 이제는 입으로가 아니라 뭔가 독특한 방법으로 직접 어머니의 마음을 향해 말하는 것이 아닌가!

"너, 눈이 어두운 오만불손한 여자여! 너는 지금, 일주일 전의 팔다리를 힘차게 움직이며 순진하고 귀여운 목소리로 똑똑하게 말을 하는 코스차의 모습을 보고 있다. 하지만 그 아이는 언제나 그런 모습이었을까? 아니다, 너는 그 아이가 '엄마' '아빠'라는 말을 할 수 있게 되고 사람을 알아보게 된 것을 기뻐했던 때가 있지 않느냐? 더 거슬러 올라가면, 너는 그 아이가 처음 두 발로 서서 비틀거리면서 그 말랑말랑한 발을 움직여 의자 쪽으로 걸어가는 것을 보고 기뻐 어쩔 줄 몰라 하지 않았느냐? 또 그 아이가 동물의 새끼처럼 방안을 기어다니는 것을 보고, 다 같이 기뻐하지 않았느냐? 더욱 거슬러 올라가면, 사람의 얼굴을 처음 알아보게 되고, 머리가 나지 않아 정수리의 숨구멍이 팔딱팔딱 뛰는 것이 보이는 머리를 꼿꼿하게 가눌 줄 아는 것을 보고 기뻐했으며, 그전에는 젖꼭지를 이가 없는 잇몸으로 물 줄 알게 되었다고 크게 기뻐하지 않았느냐? 또 그 전에는 아직 탯줄도 자르지 않은 새빨간 살덩어리 같은 그 아이가 응애 응애 하고 우는 것을 보며 기뻐한 적도 있지 않느냐? 그리고 그 1

년 전 아이가 아직 태어나지도 않았을 때, 그 아이는 도대체 어디에 있었다고 생각하느냐? 너희는 모두 너희가 언제나 그대로 있고, 너희 자신도 너희가 사랑하는 사람도 언제나 지금과 같은 모습 그대로 머물러 있다는 착각에 빠져 있다. 그러나 너희는 한 순간도 가만히 머물러 있지 않고 끊임없이 죽음을 향해, 조만간 너희 모두가 맞이하게 될 죽음을 향해 강물처럼 흐르고 돌처럼 떨어지고 있는 것이다. 너는 어째서, 그 아이가 무(無)에서 태어나 현재의 모습이 되었고, 또 잠시도 그대로 머물지 않고, 영원히 죽었을 때의 모습 그대로 있을 리 없다는 것을 알려고 하지 않느냐? 어느 날 무에서 태어나 젖먹이가 되고 젖먹이에서 어린애가 되면, 다음에는 학교에 가게 되고, 소년이 되고, 청년, 성인, 장년, 마지막에는 노인이 된다. 너는 만약 그 아이가 살아 있었다면 장차 어떻게 되었을지 알지 못한다. 그러나 나는 알고 있다."

그러자 어머니의 꿈속에, 조명이 환히 켜진 레스토랑의 한 별실이 나타난다. 언젠가 한번 남편이 그녀를 그런 레스토랑에 데리고 간 적이 있었다. 저녁식사 때 먹던 음식이 그대로 남아 있는 테이블에, 피부가 늘어지고 주름이 쭈글쭈글한 인상 나쁜 한 노인이, 콧수염을 위로 말아 올리고, 나이에 걸맞지 않게 젊은 옷차림을 하고 앉아 있다. 노인이 푹신한 소파에 깊숙이 몸을 파묻고 앉아 술기가 오른 몽롱한 눈으로, 하얗고 굵은 목을 드러낸 짙은 화장을 한 창녀들을 탐욕스럽게 쳐다본다. 그가 혀 꼬부라진 상스러운 농담을 던질 때마다, 그의 못된 친구들이 와아 하고 웃음을 터뜨리자 그는 크게 만족한 듯한 표정을 지어 보였다.

"아니야, 아니야, 저건 내 아이가 아니야. 우리 코스차가 아니야!" 어머니는 그 불쾌한 노인을 공포의 눈길로 바라보며 소리친다. 그 노인의 눈길이며 입매가 왠지 모르게 코스차를 연상시키는 것이 어머니를 두렵게 한다. '아, 꿈이어서 다행이야.' 하고 그녀는 생각한다. '진짜 코스차는 바로 이 아이야.' 그녀에게 피부가 뽀얗고 가슴이 통통한 코스차가, 욕조 속에 알몸으로 앉아 깔깔거리면서 두 다리를 까불거리고 있는 모습이 보인다. 그리고 그 아이가 갑자기 그녀의 팔꿈치까지 소매를 걷어 올린 팔을 붙잡고 입을 맞추고 또 맞추고, 그러다가 흥에 겨워서 손을 깨무는 것이 느껴진다.

"바로 이것이 코스차야. 저런 끔찍한 늙은이가 코스차라니 말도 안 돼." 그녀는 중얼거린다. 그러자 자신의 그 말에 문득 잠이 깨어, 더 이상 깨어날 수 없는 현실 세계로 돌아온 자신을 공포와 함께 의식한다.

그녀는 아이 방으로 갔다. 유모가 벌써 코스차의 몸을 씻기고 수의를 입힌 뒤였다. 밀랍같이 하얗고 뽀족한 코, 콧구멍 옆에 조그만 보조개가 있는 코스차는 이마 위로 머리가 말끔하게 빗겨져 높은 테이블 위에 눕혀져 있었다. 주위에는 촛불이 켜져 있고 머리맡의 조그만 탁자 위에는 흰색, 연보라색, 분홍색의 히아신스가 장식되어 있다. 유모는 의자에서 일어나 눈썹을 치켜 올리고 입술을 내밀며 반듯하게 누워 돌처럼 움직이지 않는 귀여운 코스차의 얼굴을 꼼짝도 하지 않고 들여다보고 있다. 어머니가 들어간 문의 맞은편 문에서 마트료샤가 그 소박하고 선량한 얼굴에 울어서 퉁퉁 부은 눈을 하고 들어왔다.

'나보고는 슬퍼해선 안 된다고 해놓고 저는 울었구나.' 하고 어머니는 속으로 생각하면서 죽은 아이 쪽으로 시선을 옮긴다. 코스차의 죽은 얼굴이 꿈에서 보았던 그 노인의 얼굴과 어찌나 닮았던지 그녀는 한순간 깜짝 놀라 얼굴을 돌렸지만, 이내 그런 생각은 떨쳐버리고 자신의 따뜻한 입술로 이미 싸늘해진 밀랍 같은 코스차의 이마에 키스하고, 이어서 가슴 위에 모아진, 싸늘하게 식은 작은 손에 키스한다. 갑자기 히아신스 꽃내음이 코에 전해오면서, 그것이 뭔가 새롭게, 이제 코스차는 죽었다는 것, 다시는 돌아올 수 없다는 것을 상기시켰다. 기어이 그녀는 울음을 터뜨리며 다시 한 번 아기의 이마에 입을 맞춘 뒤 하염없이 눈물을 흘렸다. 그녀는 울었다. 하지만 그것은 절망한 자의 눈물이 아니라, 운명에 대해 복종하는 경건한 눈물이었다. 괴롭기는 하지만 그녀는 이제 운명에 대해 화를 내지 않고 또 한탄하지도 않고, 사람의 몸에 일어나는 일은 마땅히 일어나야 하기에 일어나는 것이며, 그래서 좋은 일이라는 것을 깨달았다.

"마님, 이제 그만 우세요" 하고 유모가 말하며 어린 유해 옆으로 다가가 접은 손수건으로 코스차의 밀랍인형 같은 이마 위에 떨어진 어머니의 눈물을 닦는다. "눈물을 흘리시면 도련님의 영혼이 괴로워하게 돼요. 도련님은 이제 천국에 있어요. 죄 없는 작은 천사가 되었으니까요. 살아 있었다면 어떤 사람이 되었을지 알 수 없는 일이잖아요."

"그래, 맞아, 하지만 그래도 슬퍼서 말이야, 하도 슬퍼서!"

하고 어머니는 말했다.

레프 톨스토이

2월 26일

1

오랜 대화 뒤에는 대체 어떤 이야기가 오갔는지 상기해 보라. 그러면 그 대화의 대부분이, 아니 때로는 전부가 참으로 공허하고 쓸데없고 종종 사악했다는 것을 깨닫고 전율하게 될 것이다.

2

어리석은 사람은 침묵하는 것이 가장 낫다. 그러나 그 사실을 알고 있다면 이미 그는 어리석은 사람이 아니다.   사디

3

네가 말을 할 때에는 그 말이 침묵보다 나은 것이어야 한다. 아라비아의 속담

4

말하지 않은 것을 후회하는 일이 한 번이라면, 침묵을 지키지 못한 것을 후회하는 일은 백 번이나 될 것이다.

5

선량한 사람은 말다툼을 그리 좋아하지 않고, 말다툼을 좋아하는 사람들은 그리 선량하지 않다.

참으로 현명한 사람은 박식하지 않으며, 이른바 박식한 사람은 참으로 현명한 사람이 아니다. 진실한 말은 종종 귀에 거슬리고, 귀에 듣기 좋은 말은 종종 진실하지 않다.   노자

6

육체노동은 하찮은 잡담에 빠지지 않게 해주는 것만으로도 유익하다.

7

현명해지고 싶으면 현명한 질문을 하고, 주의 깊게 들으며, 차분하게 대답하고, 그리고 할 말이 없을 때는 잠자코 있는 것이 좋다.   라파테르

8

사람들이 오랫동안 논쟁하고 있을 경우, 그것은 그들이 논쟁의 쟁점을 그들 자신도 잘 모르고 있다는 증거이다.　　　　　　　　　　　　　　　볼테르

9

사람들은 뭔가 새롭고 자극적인 이야기를 하고 싶어 하는 허영심 때문에, 얼마나 하찮은 말을 많이 하는지 모른다.　　　　　　　　　　　　　　볼테르

10

벙어리의 혀는 거짓말쟁이의 혀보다 낫다.　　　　　　　　　　　터키 속담

11

말을 시작하기 전에 생각할 시간이 있으면, 이런 말을 할 가치가 정말 있는지, 말을 할 필요가 있는지, 이런 말을 하여 누군가에게 상처를 주지는 않을지 잘 생각해 보라.

2월 27일

1

자선은 그것이 자기희생에 의한 것일 때 비로소 진정한 자선이다.

2

당신들의 재물은 썩었고 그 많은 옷가지들은 좀먹어 버렸습니다. 당신들의 금과 은은 녹이 슬었고 그 녹은 장차 당신들을 고발할 증거가 되며 불과 같이 당신들의 살을 삼켜 버릴 것입니다. 당신들은 이와 같은 말세에도 재물을 쌓았습니다.　　　　　　　　　　　　　　　　　　　　야고보서 제5장 3절

3

금전은 그 자체에도, 그것을 소유하는 것에도 뭔가 부도덕한 것이 있다.

4

하느님의 은총을 원한다면 그것에 합당한 행위를 보여라. 그러나 어쩌면 오늘도 그 부자 청년처럼, "나는 모든 것을 지켰습니다. 훔치지도 않고 살생도 하지 않고 간음도 하지 않았습니다."라고 말하는 자가 있을지도 모른다. 그러나 그리스도는 그 청년에게 "그것만으로는 부족하다. 그것 말고도 더 할 일이 있다."고 말했다. 그렇다면 그것은 도대체 무엇일까? "예수께서는 '네가 완전한 사람이 되려거든 하늘에서 보화를 얻게 될 것이다. 그러니 내가 시키는 대로 하고 나서 나를 따라 오너라' 하셨다."(마태복음 제19장 21절) 그리스도를 따른다는 것은 그의 행위를 모방하는 것이다. 그럼 그 행위는 어떠한 행위일까? 이웃에 대한 사랑이다. 만약 그 청년이 넘쳐나는 부를 소유하고 있으면서도 자신의 재산을 가난한 사람들에게 나누어주지 않는다면, 어떻게 그가 이웃을 사랑하고 있다고 말할 수 있으랴? 만일 그 사랑이 입으로만 하는 말이 아니라 정말 진실한 것이라면, 그것은 행위로 나타날 것이다. 부자가 진정으로 사랑을 실천하는 것은 자신의 부를 거부하는 것과 같다.　　　　　이오안 즐라토우스트

5

자비로운 사람은 부자가 될 수 없고, 부자는 자비로울 수 없다.　　만주 속담

6

부자들은 가난한 사람에게 자선을 베풀 때, 더 가난한 사람들로부터 빼앗은 것을 베풀고 있다는 것을 알려고 하지 않는다.

7

부유한 사람들이 가난한 사람들에게 아무리 자선을 베풀어도, 그들이 여전히 부를 옹호하고 사치에 빠져 있는 한, 세상을 해롭게 할 뿐이다. 그들은 자신들이 부를 숭배하며 사치스러운 생활을 하고, 가난하고 비참한 생활을 경멸하고 있는 것 자체가, 가난한 사람들을 유혹하고, 가난한 사람들에게 이 세상의 유일한 행복은 부이며 무엇보다 먼저 부를 획득해야 한다는 기분을 부추긴다는 것을 미처 생각하지 못하고 있다.　　　　　채닝

8

예수께서는 제자들에게 이렇게 말씀하셨다. "나는 분명히 말한다. 부자는 하늘 나라에 들어가기가 어렵다. 거듭 말하지만 부자가 하느님 나라에 들어가는 것보다는 낙타가 바늘귀로 빠져 나가는 것이 더 쉬울 것이다."

마태복음 제19장 23~24절

9

부(富)로 선을 행할 수는 없다. 부자가 선을 행하려면 무엇보다 먼저 부를 버리지 않으면 안 된다.

2월 28일

1

예술은 사람들을 합일시키는 수단 가운데 하나이다.

2

모든 예술도, 사람들을 합일시키는 유일한 것인, 모든 사람에게 보편적인 도덕적 이념이 없다면, 사람들이 자기 스스로에 대한 불만을 달래기 위해 자꾸만 의지하게 되는 심심파적에 지나지 않는다. 그리고 그것에 의해 사람들은 더욱 더 자신을 무익한 존재, 끊임없는 불만으로 괴로워하는 존재로 만든다.

칸트

3

예술이 완전히 사라진다는 것은 상상할 수 있는 일이지만, 부를 숭배하고 가난을 우롱하면서 살아갈 수 있다는 것은 상상도 할 수 없는 일이다.

모리스

4

예술은 사람들의 마음 속에 있는 것을 고취하기 위한 가장 강력한 수단이다. 그러나 나쁜 일을 고취할 수도 있고(나쁜 일 쪽이 훨씬 더 고취하기 쉽다) 좋은 일을 고취할 수도 있기 때문에, 예술이라는 고취 수단에 대해서는 다른 어떠한 고취 수단의 경우보다 세심한 주의가 필요하다.

5

종교적 가르침에 신비적인 요소가 적으면 적을수록 그것은 높은 가르침이며, 그 반대 또한 진실이다.

6

예술과 학문의 가치는 만인을 위하여 사심 없이 봉사하는 데 있다.

존 러스킨

7

예술가는 덕망 높은 제사장이거나, 또는 잘하든 못하든 어쨌든 광대이거나, 그 둘 중의 하나이다. 주세페 마치니

8

예술은 그 목적이 도덕적 완성일 경우에 비로소 그 설 자리를 얻는다. 예술의 임무는 사랑으로써 가르치는 것이다. 예술이 사람들이 진리를 발견하는 데 도움이 되지 않고, 단지 재미있는 심심파적에 지나지 않는다면, 그것은 수치스런 일이지 결코 고상한 일이 아니다. 존 러스킨

9

부자들에게 즐거움을 제공하는 것이 목적인 현대의 예술은 창녀와 닮은 정도가 아니라 바로 창녀 그 자체이다.

10

예술에 대한 논의만큼 공허한 것은 없다. 예술을 이해하는 사람은 누구나 예술이 자신의 혀로 이야기하는 것, 따라서 언어로 예술을 이야기하는 것은 아무 의미가 없다는 것을 알고 있다. 예술을 이해하지 못하고 또 느끼지 못하는 사람들이 오히려 예술에 대해서 이러쿵저러쿵하는 경우가 많다.

2월 29일

1

길을 걸어갈 때는 자기가 어디로 가고 있는지를 알아야 한다. 도덕적으로 선한 생활을 하는 데도 역시 마찬가지로, 내 생활과 모든 사람의 생활이 우리를 어디로 이끌고 가고 있는지 알아야 한다.

2

완전성은 신의 본성이며, 완전성을 바라는 것은 인간의 본성이다.　　괴테

3

인생은 일하지 않고 즐기기 위해 주어져 있는 것이 아니다. 인생은 투쟁이며 전진이다. 악에 대한 선의 투쟁, 부정 불의에 대한 정의의 투쟁, 압제에 대한 자유의 투쟁, 사리사욕에 대한 박애의 투쟁이다. 인생은 우리의 머리와 가슴에 여명의 빛을 던지는 이념의 실현을 향한 우리 한 사람 한 사람의 전진이다.

주세페 마치니

4

우리 모두는 자신들이 사실은 더 좋은 삶을 살 수 있는데도 잘못된 생활을 하고 있다는 것을 알고 있다. 더 나은 삶을 살 수 있을 것이고 또 그렇게 하지 않으면 안 된다는 생각을 결코 잊어서는 안 된다. 그런데 그것을 잊지 않는 것은, 현재의 삶을 비판하기 위해서일 뿐만 아니라 더 좋은 삶을 열어가기 위해서이기도 한다. 그래서 우리는 현재의 삶에 비해 더 나은 삶을 살 수 있다는 것을 믿으면서, 또 실제로 우리의 삶이 더 나아질 수 있도록 살아가지 않으면 안 된다.

5

'인간은 약한 존재여서 어차피 성인이 될 수 없으므로 노력해도 소용없다. 다른 사람들처럼 살면 된다'고 사람들은 흔히 말한다. 그러나 그것은 크게 잘못된 생각이다. 더 나은 생활을 하려고 노력하는 것은, 성인이 되기 위해서가 아니라 전보다 조금이라도 나은 생활을 하기 위해서이다. 그것이야말로 모든

사람에게 가장 중요한 일이며, 그것이야말로 우리 한 사람 한 사람에게 그리고 전 인류에게 가장 큰 행복이다.

6

이념은 우리의 마음속에 있고, 이념의 실현을 방해하는 여러 가지 요인도 우리의 마음속에 있다. 우리가 지금 처해 있는 상황은 그것을 통해 우리가 이념을 실현해야 하는 재료에 지나지 않는다. 칼라일

7

완전성이란 그것의 실현을 이념으로 생각할 수 있을 때만, 무한한 미래에 실현될 수 있다고 생각할 때만, 따라서 그 실현을 향한 노력이 무한하게 계속될 때만 참으로 그 이름에 보답한다.

8

우리가 의식하는 선은 우리의 내부에서도 또 온 세상 속에서도 반드시 실현될 것임을 기대하고 또 믿어야 하며, 그것이 바로 그 실현을 가능하게 하는 조건이다. 그것을 믿지 않고 앞으로도 계속 지금과 같은 나쁜 생활을 하며, 다른 사람들도 모두 지금처럼 잘못된 생활을 할 것이라고 생각하는 것이야말로 선의 실현에 다가가는 것을 방해하는 가장 큰 장애물이다.

3월

3월 1일

1

죽음에 대한 두려움은 이성적인 존재에게는 어울리지 않는다. 사람이 죽음을 두려워할 때, 그는 자신의 죄를 의식하고 있는 것이다.

2

동물은 피할 수 없는 죽음을 예견하지 못하기 때문에 죽음의 공포를 모른다. 그러나 인간은 자주 죽음을 두려워한다. 과연 인간이 자신이 언젠가는 죽는다는 사실을 알고 있는 이성을 갖추고 있다는 사실이, 다른 짐승과 견주어 인간을 더 비참하게 만들 리가 있을까? 만일 인간이 자신의 이성을 죽음을 예견하는 데만 사용하고 자신의 생활을 개선하는 데는 사용하지 않는다면 그럴지도 모른다. 인간은 정신적으로 성장하면 성장할수록, 그에게는 죽음의 공포가 적어진다. 나아가 오로지 정신적인 삶을 산다면 죽음은 전혀 두렵지 않게 된다. 그러한 인간에게 죽음은 육체로부터의 정신의 해방에 불과하다. 그는 자신의 삶의 근거가 결코 소멸하지 않는다는 것을 알고 있다.

3

죽음을 두려워하는 사람은 진정으로 살고 있지 않는 자이다.　　　　제이메

4

우리는 죽음으로써 새로운 상태로 이행하는 것이 아니라, 태어나기 전에 '있었던' 상태로 돌아갈 뿐이라는 생각처럼 우리의 생명의 불멸성과 영원성을 믿게 해주는 것은 없다. 또 그 생각처럼 차분하게 죽음을 맞이할 수 있는 힘을 주는 것은 없다. 아니, '있었던' 상태라는 말도 정확한 표현이 아니며, 지금 우

리가 이곳에 이렇게 있는 것과 마찬가지로 자연스러운 상태로 돌아간다고 해야 할 것이다.

5

죽음은 육체에 있어서 가장 큰 최후의 변화이다. 우리는 모두 자신들의 육체의 변화를 여태까지 경험해 왔고 지금도 계속 경험하고 있다. 우리는 처음엔 알몸의 살덩어리였지만 곧 젖먹이가 되어, 머리카락이 자라고 이가 나고, 이윽고 젖니가 빠지고 새 이가 난다. 그리고 언젠가는 백발이 되고 대머리가 된다. 그러한 모든 변화를 우리는 두려워하지 않는다. 그런데 어째서 이 마지막 변화만은 두려워하는 것일까? 그것은 그 마지막 변화 뒤에 무슨 일이 일어났는지 아무도 말해준 사람이 없기 때문이다. 그러나 누군가가 우리 곁을 떠나 어디론가 가버린 뒤 그 길로 소식을 끊는다면, 우리는 그가 없어졌다고 하지 않고 그저 소식을 모른다고만 말하지 않는가? 죽음의 경우도 그것과 같다. 우리가 죽은 뒤에 어떻게 될 것인지, 태어나기 전에는 어땠는지 하는 것을 모르는 것은, 그런 것은 특별히 알 필요가 없기 때문에 알려져 있지 않아서이다. 오직 한 가지 우리가 알고 있는 것은, 우리의 생명은 육체의 변화 속에 있는 것이 아니라 육체에 깃들어 있는 것 속에 있다는 사실이다. 그런데 그 육체 속에 살고 있는 것은 정신적인 존재이며, 그 정신적 존재에게는 본디 시간이 존재하지 않기 때문에 처음도 없고 끝도 없는 것이다.

6

소크라테스는 만약 죽음이 우리가 잠들어 생명의 의식을 완전히 잃을 때와 같은 상태라면, 그 상태 속에는 특별히 무서운 것이 아무것도 없다는 것을 우리는 알고 있다고 말했다. 만약 죽음이라는 것이 많은 사람들이 생각하고 있듯 더 나은 삶으로의 이행이라면 죽음은 악이 아니라 선일 것이다.

7

죽음은 내일이 오는 것보다, 낮 뒤에 밤이 오고, 여름 뒤에 겨울이 오는 것보다 더욱 확실하게 찾아온다. 그런데 왜 우리는 내일과 밤과 겨울에 대해서는 준비하면서 죽음에 대해서는 준비를 하지 않을까? 우리는 죽음에 대한 준비를 해야 한다. 그 죽음에 대한 준비는 오직 한 가지, 선한 생활이 있을 뿐이다. 생활이 선하면 선한 만큼 죽음의 공포는 줄어들고 가벼워진다. 따라서 성자에게는 죽음은 존재하지 않는다.

3월 2일

1

자신의 의지를 하느님의 의지와 하나가 되게 할수록 그 사람의 행위는 견실해진다.

2

우리는 자신이 무엇 때문에 살고 있고 또 전 인류의 삶을 위해 어떤 일을 하고 있는지 알지 못하고, 알 수도 없지만, 만약 우리가 우리를 이 세상에 보내신 하느님의 뜻을 실천한다면, 우리는 마땅히 해야 할 일을 하고 있는 것이며, 그것은 우리에게 있어서 좋은 일이라는 것을 알고 있다. 달구지를 끄는 말은 자신이 어디로 무엇 때문에, 무엇을 싣고 가고 있는지 모른다. 그러나 말이 얌전하고 온순하게 짐을 끌고 간다면 그 말은 자기가 주인을 위해서 일을 하고 있다는 것, 그리고 그것은 자기를 위해서도 좋은 일이라는 것을 알 수 있을 것이다. 인간의 경우도 마찬가지다. '내 멍에는 편하고 내 짐은 가볍다'라고 그리스도도 말했다. 만약 우리가 하느님이 우리에게 바라는 것만 행한다면 그것은 우리에게 가벼운 것이고 또 우리를 행복하게 하는 것이다.

3

하느님의 의지를 자신의 의지처럼 실천하라. 그러면 하느님은 너의 의지를 자신의 의지처럼 이루어줄 것이다. 하느님이 원하는 것을 이루기 위해 자신이 원하는 것을 희생하라. 그러면 하느님은 다른 사람들이 네가 원하는 것을 이루게 하기 위해, 자신이 원하는 것을 희생하도록 만들어 줄 것이다.   탈무드

4

언제나 하느님의 뜻에 좇아 행동하고 모든 일에서 하느님에게 순종하는 사람의 내부에는 얼마나 커다란 힘이 들어 있는 것일까! 마르쿠스 아우렐리우스

5

거리에 강도들이 출몰할 때, 나그네는 혼자서 길을 떠나지 않는다. 그는 누군가 호위가 딸린 사람이 지나가기를 기다렸다가 그 사람과 합류하고 나서야 비로소 강도들을 두려워하지 않게 된다.

현명한 사람은 자신의 인생행로에 있어서도 그와 같이 행동한다. 그는 자기 자신에게 이렇게 말한다.

"인생에는 온갖 재앙이 있다. 어디서 그 재앙에 대한 보호자를 찾으며 어떻게 그러한 재앙으로부터 자신을 지킬 것인가? 위험에 빠지지 않고 인생행로를 걸어가기 위해서는 어떠한 길동무를 기다려야 할 것인가? 누구의 뒤를 따라가야 할 것인가? 이 사람의 뒤를 따라가야 할 것인가, 아니면 저 사람의 뒤를 따라가야 할 것인가? 부자의 뒤를 따라가야 할 것인가, 혹은 권력자의 뒤를 따라가야 할 것인가? 그렇지 않으면 차라리 정치가의 뒤를 따라가야 할 것인가? 또 그들은 과연 나를 지켜줄 수 있을까? 그들도 역시 약탈을 당하고 살해를 당하고 있지 않은가? 또 다른 사람들과 마찬가지로 그들도 재난을 당하고 있지 않은가? 뿐만 아니라 어쩌면 나의 길동무가 나에게 달려들어 약탈을 할지도 모른다. 나를 보호해주고 동시에 나를 습격하지 않을 그런 강하고 충실한 길동무를 어디서 발견할 수 있을까?"

그 같은 충실한 길동무는 오직 하나뿐이다. 그것은 하느님이다. 재앙에 빠지지 않으려면 하느님의 뒤를 따라가야 한다. 이 하느님의 뒤를 따라간다는 것은 어떤 의미일까? 그것은 하느님이 바라는 것을 바라고 하느님이 바라지 않는 것은 나도 바라지 않음을 의미한다. 그럼 어떻게 하면 그럴 수 있을까? 그것은 하느님의 계명을 이해하고 그것에 따름으로써 가능하다.　　에픽테토스

6

노동자는 자신의 처지를 이해했을 때 비로소 자신의 일을 잘 할 수 있다. 그리스도의 가르침이 진정으로 우리에게 다가오는 것은, 우리의 생명은 우리 자신의 소유물이 아니라 우리에게 생명을 준 자의 소유물이며, 그 생명의 목적은 인간이 아니라 생명을 준 자의 의지 속에 있다는 것을 깨달음으로써 비로소 가능하며, 따라서 우리는 그 의지를 알고 그것을 실천하지 않으면 안된다.

7

너는 아무것도 원하지 않는다고 말한다. 그러나 그것으로 된다고 생각해서는 안 된다. 하느님이 원하는 것을 원하는 것, 필요한 것은 그것이다.　아미엘

8

네가 어떠한 처지에 있더라도 그것 때문에 인간으로서 사명을 완수할 수 없다고 생각해서는 안 된다. 우리는 이 세상의 어떠한 곳에 있든, 인간으로서의 사명에도, 무한한 존재자에게도 똑같이 가까운 곳에 있다.　아미엘

9

선한 삶의 길은 좁다. 그러나 그 길을 식별하는 것은 쉬운 일이다. 우리는 그 것을 수렁 위에 걸친 널빤지처럼 쉽게 알아볼 수 있다. 그리고 이쪽이나 저쪽 으로 발을 헛딛는 날에는 암흑과 악의 수렁 속에 빠지고 만다. 지혜로운 사람 은 수렁 속에 빠져도 이내 다시 널빤지 위로 올라오지만 어리석은 사람은 수 렁 속으로 더욱 깊이 빠져 들어가 거기서 헤어나기가 더욱 어려워진다.

3월 3일

1

선한 일에 대해서 그 위에 또 어떠한 보답을 바란다는 말인가? 보답은 이미 인간이 선한 일을 행하면서 경험하는 그 기쁨 속에서 얻어지고 있다. 그 외의 모든 보답은 이 같은 기쁨을 말살하는 것이다.

2

남에게 선을 행하는 자는 무엇보다 자기 자신에게 선을 행하는 것이다. 이 는 그것에 대하여 보답이 있다는 의미가 아니라, 선을 행했다는 의식이 벌써 스스로에게 커다란 기쁨을 안겨 준다는 의미이다.　세네카

3

성스러운 생활을 하고 있는 사람이 하느님에게 다음과 같이 기도했다.
'하느님이시여! 부디 악인을 불쌍히 여기시옵소서. 당신은 선인에게는 이미

자비를 베푸셨나이다. 선인은 선인이라는 것만으로도 이미 행복하니까요.'

사디

4

선을 행하고 보답을 요구하는 것은 그 선의 작용과 힘을 죽이는 것이 된다.

성현의 사상

5

남이 우리들에게 베푼 친절은 종종 흔적도 남지 않고 사라지지만, 우리가 남에게 베푼 친절은 흔적을 남기지 않는 일이 절대로 없다.   성현의 사상

6

오른손이 하는 일을 왼손이 모르게 하라.   마태복음 제6장 3절

7

어떤 사람들은 누군가에게 좋은 일을 하면 그것에 대한 보답이나 감사의 말을 기대한다. 또 어떤 사람들은 비록 보답과 감사의 말을 기다리지는 않더라도, 그래도 역시 자신이 한 것을 잊지 않고 자신이 선을 베푼 상대를 자신에게 빚을 진 것으로 생각한다. 그러나 무릇 선행은, 그것이 남을 위해서가 아니라 자기 자신을 위해 행해졌을 때, 그리고 그것을 행한 사람이 보답을 요구하지 않고, 과일 나무가 열매를 맺어 모두가 그것을 먹어주는 것만으로 충분히 만족하듯이 선을 행했을 때 비로소 참된 선이 된다.   마르쿠스 아우렐리우스

8

만일 너희가, 상대가 감사하는 마음으로 이익을 줄 것을 계산해서 사람들에게 선한 일을 한다면, 너희는 너희의 선에 대해 아무 보답도 받지 못할 것이다. 그러나 너희가 아무런 계산을 하지 않고 사람들에게 선을 베푼다면, 너희는 사람들로부터 감사도 받고 이익도 얻을 것이다. 모든 일이 이와 같다.

"자기 목숨을 얻으려는 사람은 잃을 것이며, 나를 위하여 자기 목숨을 잃는 사람은 얻을 것이다."(마태복음 제10장 39절)

존 러스킨

모든 선행을 위해 노력하고 온갖 악행을 피하라. 하나의 선행은 많은 선행을 부르고 하나의 악행은 다른 많은 악행을 부른다. 선행의 대가는 선행이고 악행의 대가는 악행이다.   벤차사이

선을 행하는 것은 기쁜 일이다. 자기가 행한 선을 아무도 모른다면 그 기쁨은 더욱 더 커진다.

이레째 읽을거리

가난한 사람들

　어부의 오두막 안 난로 옆에서 어부의 아내 잔나가 낡은 돛을 손질하고 있다. 바깥에는 바람이 횡횡 울부짖고 있고, 해안에는 파도가 밀려와 물보라를 일으키고 있다. 바다는 거칠고 바깥은 캄캄하고 춥지만, 어부의 오두막 안은 훈훈하고 아늑하다. 바닥은 깨끗이 비질이 되어 있고, 난로에는 아직도 불이 타오르고 있으며, 선반 위에는 깨끗하게 닦은 접시가 반짝이고 있다. 하얀 커튼이 쳐진 침대에는 포효하는 듯한 바다의 울음 소리 속에서 어린 다섯 아이들이 새근새근 잠자고 있다. 어부인 남편은 아침부터 거룻배를 타고 바다에 나가 아직 돌아오지 않고 있다. 바다의 노호와 바람 소리를 듣고 있는 동안 어부의 아내는 마음이 불안해진다.

　낡은 나무시계가 목이 쉰 듯한 소리로 열 시를 치고 열한 시를 친다. ⋯⋯남편은 그래도 돌아오지 않는다. 잔나는 생각에 잠긴다. 남편은 몸을 돌보지 않고 추위와 폭풍 속에서 고기를 잡고 있고, 자신은 이렇게 아침부터 밤까지 일거리를 붙들고 앉아 있다. 그런데 어떠한가? 살림은 겨우 끼니를 때울 정도밖에 되지 않는다. 아이들은 사시사철 신발도 없이 맨발로 뛰어다니고, 흰 밀가루 빵은커녕 호밀빵을 먹는 것만으로도 감사해야 할 지경이다. 반찬이라고 해야 사시사철 생선이 고작.

　'그래도 그나마 다행이지, 아이들이라도 건강하니까. 불평해야 소용없는 일이고.' 잔나는 그렇게 고쳐 생각하며 휘몰아치는 비바람 소리에 다시 귀를 기울인다.

　"그이는 지금 어디에 있을까? 하느님, 그이를 지켜 주시옵소서, 구원해 주시옵소서, 자비를 내려 주시옵소서!" 그녀는 성호를 긋는다.

　아직 잠자리에 들기에는 이른 시간이다. 잔나는 일어나서 두꺼운 머릿수건을 머리에 쓴 뒤, 칸델라에 불을 밝혀 들고 밖으로 나갔다. 바다가 좀 잔잔해지지 않았나, 날이 새지 않았나, 등대의 불빛이 켜져 있나, 그리고 남편의 거룻배가 보이지 않는지 살펴볼 양으로. 하지만 바다 위에는 아무것도 보이지 않았다. 바람이 그녀의 머리에서 수건을 앗아가고 무언가 바람에 날아와서 옆집 문에 부딪혔다. 그제야 잔나는 저녁나절에 몸져누워 있는 옆집 여자를 한번 들여다봐야겠다고 마음먹었던 일이 머리에 떠올랐다. '그 여자를 돌봐줄 사람이라고는 아무도 없는데.' 잔나는 그렇게 생각하며 문을 두드렸다. 귀를 기울여도 대답이 없다.

잔나는 문지방 옆에 서서 생각한다. '과부살이를 하는 게 무척 안됐어. 자식이 둘뿐이니 많은 건 아니지만, 혼자 살림을 꾸려나가야 하니 말이야. 설상가상으로 저렇게 병까지 걸려서! 과부란 정말 가엾어. 문병이라도 해야지.'

잔나는 두 번 세 번 문을 두드렸다. 역시 아무 대답이 없다.

"이봐요, 아주머니!" 잔나는 소리쳤다.

'혹시 무슨 일이 있는 게 아닐까?' 그녀는 그렇게 생각하며 문을 밀었다.

오두막 안은 축축하고 썰렁했다. 잔나는 병자가 어디에 누워 있는지 보려고 칸델라를 치켜들었다. 맨 먼저 그녀의 눈에 들어온 것은 문 바로 맞은편의 침대로, 그 침대에는 옆집 과부가 등을 이쪽으로 돌리고 마치 죽은 사람처럼 꼼짝도 하지 않고 누워 있었다. 잔나는 칸델라를 더 가까이 가지고 갔다. 역시 그랬다. 똑바로 천장을 향해 흙빛이 되어 싸늘하게 식어 있는 얼굴에는 평화로운 죽음의 표정이 떠올라 있었다. 뭔가를 붙잡으려는 듯이 뻗어 있는 죽은 여자의 창백한 손은 침대 위에서 축 늘어져 있었다. 그리고 죽은 어머니 바로 옆에 곱슬머리에 뺨이 통통한 두 어린 아이가, 몸을 오그린 채 금발머리를 서로 맞대고 잠들어 있었다.

보아하니 어머니는 죽기 바로 직전에 한 아이의 발을 낡은 머릿수건으로 감싸고, 자신의 옷을 덮어준 것 같았다. 어린 것들의 숨결은 고르고 조용했다. 아마 완전히 단잠에 빠져 있는 모양이었다.

잔나는 두 아이가 잠들어 있는 요람을 가만히 내려, 자신의 머릿수건으로 싸서 집으로 데리고 왔다. 그녀의 심장은 종소리처럼 울리고 있었고, 스스로도 자기가 왜 그런 짓을 했는지 몰랐지만, 도저히 그렇게 하지 않을 수가 없었다는 것은 알았다.

집으로 돌아오자 그녀는 아직 자고 있는 두 어린 것들을 자기 아이들과 함께 침대 위에 나란히 눕혔다. 그리고 얼른 커튼을 쳤다. 그녀는 흥분하여 얼굴이 새파랗게 질려 있었다. 마치 양심의 가책이라도 느끼는 듯이. 그녀는 혼잣말을 한다. '그이가 뭐라고 할까? 말도 안 돼, 우리 집에도 아이가 다섯이나 되는데. 그 아이들을 거두는 데만도 그이의 뼛골이 빠질 지경이야. 응? 그

이가 돌아온 걸까? 아니야, 아직 오지 않았어. 정말 어쩌자고 데려오고 만 걸까? 그이는 틀림없이 나를 때리고 말 거야! 하지만 난 맞아도 싸. 아, 돌아왔나봐!……아, 아니야, 아니었어!……휴, 가슴이 철렁했네!'

문이 삐걱거리며, 누군가가 들어오는 것 같은 기척이 났다. 잔나는 부르르 몸을 떨며 의자에서 일어났다.

'아니야, 역시 아무도 오지 않았어! 아, 하느님! 어쩌다 이런 짓을 저질러버렸을까? ……그이의 얼굴을 어떻게 쳐다본담.' 잔나는 깊은 생각에 잠겨 오랫동안 침대 옆에 묵묵히 앉아 있었다.

비가 멎고 동이 텄지만 바람은 여전히 울부짖고 바다는 미친 듯이 날뛰고 있었다.

갑자기 문이 벌컥 열리며 한 줄기의 차갑고 축축한 바닷바람이 방안으로 흘러들어 오더니, 키가 훤칠하고 햇볕에 잘 그을린 어부가 물에 젖어 너덜너덜한 그물을 질질 끌면서 방안에 들어섰다.

"나 돌아왔어, 잔나!"

"아, 돌아오셨군요!" 잔나는 그렇게 말하고는, 남편의 얼굴을 똑바로 쳐다볼 용기가 없어서 가만히 서 있었다.

"아! 정말 끔찍한 밤이었어. 무서운 날씨야!"

"네, 정말 지독한 날씨였어요! 그래, 고기는 얼마나 잡았어요?"

"말도 마, 형편없었어! 한 마리라도 걸려들어야 말이지. 그물만 찢어 먹었다니까. 정말 두 손 두 발 다 들었어, 하여튼 간밤의 그 날씨! 그런 날씨는 머리털나고 처음이었어. 그 판국에 고기는 무슨 고기! 살아서 돌아온 것만도 다행이지……. 그래, 내가 없는 동안 당신은 뭐했어?"

어부는 그물을 방 안으로 끌고 들어와서 난롯가에 앉았다.

"나 말이에요?" 잔나의 얼굴이 새파래졌다. "나야 뭐, 앉아서 바느질을 하고 있었죠. 바람이 하도 끔찍하고 무서워서 당신이 얼마나 걱정됐는지 몰라요."

남편은 중얼거리듯이 말했다.

"응, 그래? 완전히 미친 듯한 날씨였으니까! 어휴!"

잠시 침묵이 흘렀다.

이윽고 잔나가 입을 열었다.

"저어, 여보, 옆집의 시몬이 죽었어요."

"뭐? 정말이야?"

"확실히는 모르겠지만, 아마 어제 죽은 것 같아요. 얼마나 괴로웠을까! 어린 것들을 두고 갈 걸 생각하고 얼마나 마음이 아팠을까! 그 어린 것들만 남겨두고……. 하나는 아직 말도 제대로 못하고 또 하나는 이제 겨우 엉금엉금 기기 시작했는데."

잔나는 입을 다물었다. 어부는 미간을 찌푸렸다. 그 얼굴에 가라앉은, 침울한 표정이 떠올랐다.

그는 뒷덜미를 긁적거리면서 말했다. "거참, 큰일이군! 하는 수 없지. 우리가 맡는 수밖에. 눈을 떠 보니 죽은 어머니 옆이라는 건 너무 불쌍한 일이야. 뭐……어떻게든 꾸려나갈 수 있을 거야! 어서 가서 아이들을 데려와!"

하지만 잔나는 자리에서 일어서려 하지 않았다.

"왜 그래, 당신? 싫은 거야? 이봐, 왜 그래, 잔나?"

"벌써 집에 데려다 놨어요."

그렇게 말하며 잔나는 침대의 커튼을 열었다.

빅토르 위고 원작, 톨스토이 다시 씀

3월 4일

1

식탐(食貪)은 가장 일반적인 죄악이다. 우리들이 그것을 느끼지 못하는 것은 거의 모든 사람이 그 죄악에 빠져 있기 때문이다.

2

남에 대한 죄악과 자기 자신에 대한 죄악이 있다. 남에 대한 죄악은 우리가 다른 사람의 내부에 있는 신의 영혼을 존경하지 않는 데서 생긴다. 자기 자신에 대한 죄악은 자기 자신의 내부에 있는 신의 영혼을 존경하지 않는 데서 생긴다. 그리고 자기 자신에 대한 죄악 중에서 가장 일반적인 죄악이 바로 식탐이다.

3

만일 먹이를 탐하는 마음이 없다면 한 마리의 새도 그물에 걸리지 않을 것이다. 사람들도 이와 마찬가지로 먹을 것의 유혹에 의해 포로의 몸이 된다. 식욕의 노예는 언제나 노예이다. 자유로워지려면 무엇보다 먼저 식욕에서 벗어나야 한다. 그러므로 굶주림을 면하기 위해 먹을 일이지 식욕을 채우기 위해 먹지는 말도록 하라.　　　　　　　　　　　　　　　　　　사디

4

포식하는 사람은 게으름과 싸우는 것이 힘들지만, 일 없이 그저 포식만 일삼는 사람에게는 성욕과 싸우는 것이 훨씬 더 어려운 일이다. 그러므로 어떠한 가르침에 있어서도 절제를 향한 첫걸음은 포식의 욕망과의 싸움, 즉 단식에서 시작된다.

5

우리는 모두 야수를 길들이는 사육사와 흡사하다. 그리고 야수란 한 사람 한 사람 속에 있는 욕정이다. 야수들의 엄니와 발톱을 뽑고 재갈을 물려 서서히 길들여, 비록 짖기는 하더라도 온순한 가축으로, 인간의 심부름꾼으로 만드는 것, 여기에 자기 교육의 과제가 있다.　　　　　　　　　　　　아미엘

6

하느님은 인간들에게 먹을 것을 보내고 악마는 요리사를 보냈다.

7

철학자 소크라테스는 모든 여분의 것, 즉 굶주림을 면하기 위해서가 아니라 식도락을 위해서 먹는 것을 스스로 자제하고, 제자들에게도 그렇게 하도록 설득했다. 그는 지나치게 먹고 마시는 것은 육체와 정신에 큰 해가 된다고 말하며, 절대로 포식하지 말고 조금 모자라는 듯할 때 식탁을 떠나라고 충고했다. 그는 자기의 제자들에게 자주 지혜로운 오디세우스(《오디세이아》중의 인물)에 대한 이야기를 들려주었다. 즉 마녀 키르케도 오디세우스가 음식을 탐하지 않아서 그에게 마법을 걸 수 없었는데, 그의 동료들은 맛있는 음식에 달려들자마자 모두 돼지로 변해버렸다는 것이다.

8

도덕적인 노동 때문에 육체가 괴로워하는 것은 나쁜 일이 아니지만, 인간에게 가장 중요한 정신이 육체 때문에 괴로워하는 것은 부끄러운 일이다.

탈무드

9

네 입을 조심하라. 병은 입으로 들어간다. 조금 모자라는 듯한 느낌이 들 때 식탁에서 일어서는 것이 좋다.

10

음식을 절제하지 못하는 것이 죄악으로 인식되지 않는 것은, 그것이 다른 사람들에게 눈에 띄는 해를 주지 않기 때문이다. 그러나 인간으로서의 자기 존엄이라는 의식에 반(反)하는 죄악이 있는데, 음식을 절제하지 못하는 것이 그 하나이다.

3월 5일

1

사람은 스스로 자신의 몸을 들어올릴 수 없듯 스스로 칭찬함으로써 평판을 높일 수는 없다. 오히려 스스로 자신을 칭찬하면 칭찬할수록 사람들의 평가는 내려가는 법이다.

2

사람들 앞에서 스스로 자신을 칭찬해도 안 되고 자신을 깎아내려서도 안 된다. 자신을 칭찬하면 사람들은 너를 믿지 않을 것이다. 또 자기를 깎아내리면 그들은 너를 네가 말하는 것보다 훨씬 더 형편없이 생각할 것이다. 그러므로 가장 좋은 것은 자신에 대해 아무 말도 하지 않는 것이다.

3

자기를 온화하다고 말하는 사람은 사실은 온화하지 않다. 자기는 아무 것도 모른다고 말하는 사람은 사실은 현명한 사람이다. 자기는 학식이 있다고 하는 사람은 허풍쟁이이다. 침묵하고 있는 사람은 가장 현명하고 가장 뛰어난 사람이다.

바마나 푸라나

4

페르시아 사람 사디는 언젠가 아버지 옆에서, 집안 식구들이 깊이 잠들어 있는 동안 밤새도록 자지 않고 코란을 읽었을 때의 일을 이야기한 적이 있다. "한밤중이 되어, 나는 코란에서 눈을 떼고 아버지에게 말했다. '아무도 기도를 드리고 있는 사람이 없고 코란에 귀를 기울이는 사람도 없습니다. 모두 죽은 것처럼 깊이 잠들어 있습니다.' 그러자 아버지가 말했다. '너도 어서 가서 자도록 해라. 남에 대해 이러쿵저러쿵 할 바에는.'"

5

스스로 자신을 칭찬하는 자에게는 자기 외에는 아무것도 보지 못한다. 자기밖에 보이지 않는 사람은 차라리 장님이 되는 것이 낫다.

사디

남들한테서 좋은 말을 듣고 싶거든 스스로 자신의 좋은 점을 늘어놓지 말라.
파스칼

사상과 그 표현, 즉 언어는 매우 중요한 것이다. 그러나 자신의 행위를 합리화하기 위해 사상과 언어를 가지고 노는 것은 좋지 않다.

남이 자신에 대해 하는 얘기에 귀를 기울이는 사람에게는 결코 마음이 평화로울 때가 없을 것이다

아첨꾼이 아첨을 하는 것은, 자기 자신을 낮게 보고 상대도 낮게 보기 때문이다.
라브뤼에르

좋은 평판을 얻고 싶거나 나쁜 평판을 면하고 싶거든, 스스로 자신을 추켜세우지 않는 건 물론이고 남에게도 자신을 추켜세우지 못하게 해야 한다.

3월 6일

하느님에 대한 사랑은 자기 자신에 대한 사랑, 즉 사랑에 대한 사랑이다. 이 사랑이야말로 최상의 행복이다. 그러한 사랑은 어떠한 존재도 예외 없이 사랑할 것을 요구한다. 비록 한 사람이라도 사랑하지 않는다면 너는 하느님에 대한 사랑과, 사랑의 행복을 잃게 될 것이다.

그들 중 한 율법교사가 예수의 속을 떠보려고 "선생님, 율법서에서 어느 계명이 가장 큰 계명입니까?" 하고 물었다. 예수께서 이렇게 대답하셨다. "네 마

음을 다하고 목숨을 다하고 뜻을 다하여 주님이신 너의 하느님을 사랑하라'
이것이 가장 크고 첫째가는 계명이고, '네 이웃을 네 몸같이 사랑하라'는 둘째
계명도 이에 못지않게 중요하다. 이 두 계명이 모든 율법과 예언서의 골자이
다."

마태복음 제22장 35~40절

3

　불행한 정신적 고뇌는 모두 어디에서 오는 것일까? 그것은 모두 끝없는 변
화 때문에 영원한 소유를 허락하지 않는 사물에 대한 우리의 집착 탓이다. 실
제로 사람들이 무서워하고 괴로워하는 것은 오로지 자신들이 애착을 갖고 있
는 사물 때문이며, 분개하고 시기하고 악의를 갖는 것도 오로지 인간으로서는
완전히 지배할 수 없는 사물에 대한 애착 때문이다.

　오직 영원하고 무한한 것에 대한 사랑만이 우리의 마음에 순수한 기쁨을
준다. 바로 이러한 행복을 향해 우리는 젖 먹던 힘을 다해 노력하지 않으면 안
된다.

　그러므로 인간의 최고의 행복은 하느님을 인식하는 것에 달려 있을 뿐만
아니라, 완전히 그 속에 포함되어 있다고 할 수 있다. 그것은 인간의 완전성이,
그가 다른 무엇보다 사랑하는 것의 완전성의 정도에 따라 커지고, 그 반대 또
한 참이라는 사실에 비추어 봐도 명백하다. 그러므로 인간은 가장 높은 완전
성을 구비한 존재, 즉 하느님을 사랑하면 사랑할수록, 그리고 그 사랑에 자신
을 맡기면 맡길수록 완전성에 다가가서, 최고의 행복을 얻을 수 있다는 사실
이 확실해진다. 따라서 우리의 최고의 행복과 그 행복의 기초는 오로지 하느님
에 대한 인식 사랑 속에 있는 것이다.

　이 사실을 한번 인정하면, 인간이 그것을 목표로 삼아 노력해야 할 궁극적
인 목적을 이루는 수단이 하느님의 모든 계명임을 인정할 수 있고, 또 인정하
지 않을 수 없게 된다. 왜냐하면 그러한 계명에 의해 살아야 하는 것은, 하느
님이 우리의 마음속에 존재하고 있는 한, 하느님 자신이 우리에게 명령하는 것
이기 때문이다. 따라서 이 목적으로 이끄는 행동의 지침은 하느님의 계명 또
는 하느님의 율법이라고 불러도 무방할 것이다. 하느님의 율법은 모두 다음과
같은 최고의 계명 속에 포함되어 있다. 즉 '최고의 행복으로 하느님을 사랑하
라, 다시 말해 하느님의 벌이 두려워서가 아니라, 또 하느님 이외의 자들에 대

한 사랑에서가 아니라, 하느님에 대한 온전한 사랑이야말로 우리의 모든 행위가 지향해야 할 궁극의 목적이기 때문에 하느님을 사랑하라'는 계명이다.

육체에 사로잡혀 있는 사람은 그것을 이해하지 못한다. 그에게는 그러한 하느님의 법칙이 공허한 것으로 여겨진다. 신에 대해 불완전한 관념밖에 가지고 있지 않은 데다, 그에게 제시된 행복 속에서는 감각적인 것, 쾌감을 주는 것, 향락의 원천인 육체를 만족시키는 것은 아무것도 발견할 수 없기 때문이다. 그에게 제시된 행복은, 오로지 추상적인 사색과 이성 속에만 들어 있을 뿐이니 그럴 수밖에 없다. 그러나 인간의 내부에 이성보다 높은 것은 없고 청정한 마음보다 완전한 것은 없다는 것을 이해할 수 있는 사람들은 틀림없이 그렇게 생각하지 않을 것이다.

만약 우리가 이 하느님의 율법의 본질을 주의 깊게 생각해본다면, 우리는 첫째, 이 율법이 전 세계적인 율법, 즉 모든 사람의 본성에서 나온 것이기 때문에 모든 사람에게 보편적인 율법이라는 것을 깨닫게 되고, 두 번째로, 그 율법은 오로지 인간의 본성에서 나온 것이어서, 우리는 그것을 고독 속에 살고 있는 사람의 마음속에서도, 세상 사람들과 함께 섞여서 사는 사람의 마음속에서도 똑같이 발견할 수 있기 때문에, 그것은 결코 어떤 역사적인 이야기에 의해 확인될 필요가 없다는 것을 알 수 있게 된다. 세 번째로 알 수 있는 것은, 우리는 이 '하느님에 대한 사랑'이라는 하느님의 율법은 원래 우리에게 어떠한 거추장스런 예배 의식, 즉 본질적으로는 아무래도 상관없는 일이지만 모든 사람들이 전승을 통해 인정하고 있을 뿐인 의례적인 어떠한 행사도 요구하지 않는다는 사실이다. 왜냐하면 우리 안에 있는 본연적인 이성의 빛은, 우리가 그 자체가 선이며, 참된 행복을 달성하는 수단임을 똑똑히 이해하고 상상할 수 없는 것은 우리에게 결코 요구하지 않기 때문이다. 그리고 끝으로 우리는, 율법을 지킨 대가는 율법 그 자체라는 것, 즉 하느님을 아는 것, 하느님에 대한 자유롭고 변치 않는 사랑이라는 것을 발견하게 될 것이다. 이 하느님의 율법을 배반하는 자에 대한 형벌은, 이러한 행복의 상실, 즉 육체와 끊임없이 변하고 끊임없이 방황하는 마음의 노예가 되는 것이다.　　　　　　　스피노자

4

하느님에 대한 사랑이 없는 인류애는 뿌리가 없는 초목과 같다. 하느님에 대

한 사랑이 없는 인간애는, 우리를 사랑하는 사람, 우리의 마음에 드는 사람, 아름답고 즐거운 사람에 대한 사랑에 지나지 않는다. 그런 사랑은 자주 증오로 바뀐다. 하느님을 사랑하기 때문에 이웃을 사랑하는 경우 우리는, 우리를 사랑하지 않는 사람도, 우리에게 불쾌감을 주는 사람도, 육체적으로 불구여서 추한 사람도 한결같이 사랑하게 된다. 이러한 사랑이야말로 건전한 사랑이며, 그런 사랑은 결코 약해지지 않을 뿐만 아니라, 갈수록 더욱 더 견고해져서 그것을 경험하는 자에게 더욱 더 큰 행복을 안겨준다.

5

사람들은 흔히, "하느님을 사랑한다는 것이 어떤 것을 말하는 건지 모르겠다."고 말한다. 그러나 무언가를, 또 누군가를 사랑한다는 것이 어떤 것인지 이해할 수 있는 사람은 도대체 누구일까? 그것은 그 무엇 또는 누군가를 사랑하고 있는 당사자뿐이다.

예를 들어 어떤 사람이 '예술과 학문을 사랑한다는 것이 어떤 것인지 모른다.'고 하더라도, 그가 만약 예술과 학문 그 자체가 무엇인지 모른다면, 어떻게 그것을 설명할 수 있겠는가?

그와 마찬가지로, 어떤 사람이 하느님이 무엇인지 모를 뿐만 아니라, 오히려 그 모른다는 것을 자랑하고 있을 경우, 그에게 하느님을 사랑한다는 것이 어떤 것인지를 어떻게 설명할 수 있으랴.

6

우리가 사랑할 수 있는 것은 인격체(人格體)뿐이다. 나는 하느님이 인격체가 아니라는 것을 알고 있다. 그래서 하느님을 사랑할 수가 없지만, 나 자신이 인격체이기 때문에 역시 하느님을 사랑하지 않을 수 없다.

7

하느님을 두려워하지 않으면 안 된다고들 말한다. 하지만 그것은 옳지 않다. 하느님은 사랑해야 하는 것이다. 그러나 자신이 두려워하고 있는 자를 어떻게 사랑할 수 있으랴. 뿐만 아니라 하느님을 본디 사랑이라고 하는데 어떻게 하느님을 두려워할 수 있단 말인가? 신은 두려워해야 하는 게 아니라 사랑해야 한다. 만약 우리가 하느님을 두려워하지 않고 사랑하게 된다면, 우리는 이 세상의 어떠한 것도 두려워할 것이 없을 것이다.

3월 7일

1

노동, 즉 자신의 힘을 사용하는 것은 인생의 필수조건이다. 인간은 자신에게 필요한 것을 남을 시켜 하게 할 수는 있지만, 노동에 대한 육체적인 요구에서 벗어날 수는 없다. 그러므로 만일 자신에게 필요한 훌륭한 일을 하지 않는다면, 대신 불필요하고 어리석은 일을 하게 될 것이다.

2

인간도 모든 동물과 마찬가지로, 굶주림과 추위로 인해 죽지 않기 위해서는 일을 하지 않으면 안 되게 되어 있다. 그리고 먹기 위해, 또 비와 이슬을 피하기 위해 하는 노동은, 모든 동물과 마찬가지로 인간에게도 고통이 아니라 기쁨이다. 그러나 인간사회는, 어떤 사람들은 스스로를 위해 자신은 아무 일도 하지 않고 남을 시켜 일하게 하며, 정작 자신은 무엇을 해야 좋을지 몰라 시간을 때우기 위해 온갖 어리석은 짓과 추악한 짓을 궁리하고 있는 한편, 어떤 사람들은 가혹한 노동을 강요당하며, 그것도 자신들을 위한 것이 아니라 남을 위해 억지로 해야 하는 노동이기 때문에, 마지못해 하고 있다.

그것은 전자에게도 후자에게도 좋지 않은 일이다. 즉 일을 하지 않는 사람들은 무위도식하는 생활에 의해 자신들의 영혼을 파멸시킨다는 점에서 불행하고, 후자는 가혹한 노동에 의해 육체를 소모시킨다는 점에서 좋지 않다. 그러나 뭐니 뭐니 해도 역시 일하는 사람이 일하지 않는 사람보다 낫다. 영혼은 육체보다 존엄하기 때문이다.

3

만일 노동 그 자체가 너희에게 있어 일차적인 것이고, 그 대가는 이차적인 것이라면 노동과 그 창조자인 하느님이 너희의 주인이 될 것이다. 그러나 만약 노동이 너희에게 있어 이차적인 것이고 그 대가가 일차적인 것이라면, 너희는 대가와 그 창조자인 악마의 노예가 될 것이다. 게다가 그 악마야말로 가장 비열한 악마이다.   존 러스킨

4

악마는 사람들을 낚아 올리기 위해 온갖 미끼를 낚싯바늘에 매단다. 그러나 일하지 않고 놀고 먹는 사람에게는 어떠한 미끼도 필요하지 않다. 그는 비어 있는 낚싯바늘에도 달려들기 때문이다.

5

유럽인들은 중국인들에게 기계공업을 자랑한다. "기계공업은 인간을 노동에서 해방시킨다."고. 그러나, "노동은 기쁨이다. 노동으로부터의 해방은 커다란 불행이 될 것이다."하고 중국인은 대답한다.

6

모든 육체노동은 인간을 고결하게 한다. 어린이에게 일하는 즐거움을 가르치지 않는 것은 그를 미래의 약탈자로 만들 준비를 하는 것과 같다.   탈무드

7

자신의 육체를 단련하지 않고는 동물이 살아갈 수 없듯, 인간도 또한 마찬가지이다.

그러나 그 단련이 우리에게 만족과 기쁨을 주기 위해서는 무엇보다 타인에 대한 봉사를 위한 단련이어야 한다. 그것이 육체를 사용하는 가장 좋은 방법이라고 할 수 있다.

3월 8일

1

기도는 자신과 무한한 존재, 즉 하느님과의 관계를 새롭게 상기하는 일이다.

2

나날의 생활은 우리를 혼란시키고, 긴장시키며, 우리의 생각을 산만하게 만든다. 그렇기 때문에 기도는 영혼을 위해서 지극히 유익하다. 기도는 말하자면

강장제로서, 우리에게 평화와 용기를 되돌려 준다. 기도는 우리에게 자신의 죄를 상기시키고 모든 사람을 용서해야 할 우리의 의무를 상기시킨다. 기도는 우리에게 이렇게 말한다. '너는 사랑받고 있다. 너도 사랑하라. 너는 남으로부터 받았다. 너도 남에게 주어라. 너는 필경 죽지 않으면 안 된다. 그러므로 네가 해야 할 일을 하라. 관용으로 분노를 이기고 선으로 악을 극복하라. 너에 대해 사람들이 잘못된 판단을 내린다 한들 무슨 상관있으랴. 너는 그들에게 아첨할 필요도 없고 그들에게 떠받들릴 필요도 없다. 네가 마땅히 해야 할 일을 하고, 그 결과는 될 대로 되게 내버려 두어라. 너의 증인은 너의 양심이며, 너의 내부에서 속삭이는 하느님이다. 이러한 것을 새롭게 깊이 생각하는 것, 그것이 바로 기도이다.'

아미엘

3

우리가 하느님에게 기도하며 자신의 소망을 말하는 것은, 하느님의 의지를 바꾸고자 하는 것이 아니라, 하느님에게 고함으로써 하느님을 인정하고 하느님의 권능을 인정함으로써 우리의 영혼이 정화되고 높아지기 때문임을 잊어서는 안 된다.

탈무드

4

내가 하나의 인격체인 것처럼 하느님을 향해 기도하는 것은, 하느님이 인격체이기 때문이 아니라(그렇기는커녕 나는 하느님이 인격체가 아니라는 것을 확실하게 알고 있다. 왜냐하면 인격체는 유한하지만 하느님은 무한한 존재이기 때문이다) 나 자신이 하나의 인격체이기 때문이다.

즉, 내가 푸른색 안경을 끼고 있는 것과 같다. 그러면 나에게는 모든 것이 파랗게 보인다. 이 세상이 파란 색이 아니라는 것은 알고 있지만, 그래도 모든 것이 파랗게 보이는 것이다.

5

기도, 그것은 자신과 만물의 본원 사이의 관계를 정립하는 것이고, 우리와 동일한 아버지의 아들인 사람들과의 관계와 그들에 대한 의무의 정립이며, 자신의 지난 행위를 돌이켜보며 앞으로 지난날의 잘못을 되풀이하지 않기 위해

자신의 어두운 과거를 반성하는 일이다.   탈무드

6

매일 같은 시간에 기도를 하는 것은 좋은 일이다. 그러나 정신을 집중시킬 수 없을 때는 차라리 기도를 하지 않는 것이 더 낫다. 입으로만 기도의 말을 되뇌이는 것은 좋지 않다.

7

아무도 없는 곳에서 혼자 기도하는 것은 바람직하고 중요한 일이지만, 네가 번잡한 세상 속에서 흥분하고 열광하고 초조해 있을 때 기도하는 것이 무엇보다 중요하다. 그러한 때 자신의 영혼을 생각하고 하느님을 생각하는 것, 그것이 바로 가장 중요하고 가장 바람직한 기도이다.

8

하느님을 따르지 않고 기도로 하느님을 기쁘게 할 수 있다고 생각해서는 안 된다. 기도란 네가 누구인지, 네 인생에서 해야 할 일이 무엇인지를 너 자신에게 들려주는 행위이다.

3월 9일

1

전쟁과 그리스도교는 양립할 수 없다.

2

어떤 사람이 어떤 나쁜 일에 대해, 나는 그것이 나쁜 일이라는 것을 알고 있지만, 그래도 그 일을 하지 않을 수 없다고 말한다면, 만약 그런 말을 한다면, 결국 그는 아무리 잔인한 행위도 해치울 수 있으며, 그래도 괜찮다고 생각할 뿐만 아니라 오히려 그 잔인한 행위를 자랑하게 될 것이다. 그런 잔인한 행위의 하나가 바로 전쟁이다.

3

무장된 세계와 전쟁, 이 두 가지가 언젠가는 없어진다 하더라도, 그것은 결코 통치자들이나 이 세상의 권력자들에 의해서는 아닐 것이다. 전쟁은 그들에게 너무나도 큰 이익을 주기 때문이다. 전쟁은, 전쟁으로 인해 가장 괴로운 사람들이 자신들의 운명은 자신들에게 달려 있음을 깨닫고, 전쟁의 비극에서 벗어나기 위한 가장 간단하고 자연스러운 방법에 호소함으로써, 즉 그들을 전쟁터로 내모는 자, 그들을 병사로 만들려고 하는 자의 명령에 복종하기를 그만둘 때, 비로소 사라질 것이다.   하르두엔

4

우리의 신앙을 이해하지 못하고, 우리의 손에 무기를 쥐어주며, '공공의 복지'라는 이름 아래 사람을 죽이게 하려는 자들에게 우리는 이렇게 대답할 수 있다. 너희의 우상과 너희의 성전에 봉사하는 사제들은 그들이 너희의 신들의 제단에 공물을 바칠 때, 그것을 피와 살인에 의해 더럽혀지지 않은 깨끗한 손으로 바칠 수 있도록, 항상 손을 깨끗이 씻도록 주의하고 있지 않느냐? 그러므로 너희들도 어떤 전쟁이 일어나도 그들을 군대에 넣지는 않는다. 만약 그 관습이 합리적인 것이라면, 우리 그리스도교도가 자신들의 손을 모든 더러움에서 지키려 하는 것이 훨씬 더 합리적이지 않을까?

만약 우리가 우리의 충고에 의해 세계의 모든 민족이 서로 손을 잡고 평화의 조건을 지키도록 한다면, 우리는 권력자들에게 그들의 병사보다 훨씬 유익한 존재가 될 것이다. 만일 우리가 그 충고와 아울러, 사람들에게 온갖 번뇌로부터의 해탈을 가르치는 사색과 수련까지 시킬 수 있다면, 우리는 진정으로 공공의 복지를 목적으로 하는 일에 참여하는 것이 된다. 우리는 권력자의 행복을 위해 누구보다 치열하게 싸우고 있다. 우리는 그의 군기 밑에서 일할 생각은 없으며 그가 그것을 강요한다 해도 따르지 않지만, 선한 일을 함으로써 그를 위해 싸우고 있는 것이다.   오리게네스(185~254, 문필가)

5

예수는 새로운 사회의 기초를 닦았다. 그가 출현하기 전에는 민중은 가축떼가 그 주인들의 소유물이었듯이, 한 사람 또는 수많은 주인에게 예속되어 있

었다. 왕후와 권력자들은 오만하고 탐욕스럽게 민중을 폭압으로 다스렸다. 예수는 그러한 왜곡된 사회에 종지부를 찍고, 꺾여 있던 민중의 고개를 처들게 하고 노예들을 해방했다. 그는 민중에게 인간은 하느님 앞에 평등하기 때문에 모두 자유로운 존재이며, 원래부터 어느 누구도 자신의 형제 위에 권력을 휘두를 수 있는 자격이 없다는 것, 평등과 자유는 하느님이 인류에게 준 신성불가침한 율법이라는 것, 진정한 권위는 권리가 아니라 사회생활에 있어서 오히려 의무이자 봉사이며, 공공의 복지를 위해 자발적으로 받아들인 일종의 노예상태가 아니면 안 된다는 것을 가르쳤다. 예수가 기초를 세운 사회는 그러한 사회였다. 그러나 우리는 그러한 사회를 실제로 이 세상에서 목격하고 있는 것일까? 그러한 가르침이 정말로 지상을 지배하고 있는 것일까? 현대 사회에서 민중을 지배하는 통치자들은 봉사자인가, 주인인가? 19세기나 되는 세월을 거치는 동안 사람들은 부모한테서 자식에게, 자식한테서 손자에게 그리스도의 가르침을 전하며 그를 믿는다고 말하고 있지만, 과연 세상에 어떤 변화가 일어났단 말인가? 민중은 폭정에 허덕이면서 자신들에게 약속된 자유와 해방을 헛되이 고대하고 있지만, 그것이 이루어지지 않고 있는 것은, 그리스도의 말이 옳지 않았거나 현실적이지 못했기 때문이 아니라, 민중이 그리스도의 가르침을 실현하는 것은 그들 자신의 노력과 강인한 의지에 의해 이루어져야 한다는 것을 깨닫지 못하고, 완전히 노예근성에 빠져버려서 그들에게 승리를 주는 단한 가지를 게을리한, 즉 진리를 위해서라면 죽을 수도 있다는 각오를 게을리했기 때문이다. 그러나 언젠가 그들도 눈을 뜰 것이다. 그들 속에서 무언가가 태동하고 있다. "구원의 날이 가까웠다!"고 하는 소리가 그들에게 들려오고 있다.

라므네

6

인간은 누구나, 특히 그리스도교도는 더더욱, 직접적인 행동을 통해서든 재물을 통해서든 언론을 통해서든, 전쟁과 그 준비에 참여해서는 안 된다.

3월 10일

1

삶의 근원은 삼라만상에 있어서 동일하다.

2

생명이 있는 것은 모두 고통을 두려워한다. 생명이 있는 것은 모두 죽음을 두려워한다. 살아 있는 모든 것 속에 너 자신이 깃들어 살고 있음을 알라. 그들을 죽이거나, 괴롭혀서 죽음에 이르게 하지 말라.

무릇 생명이 있는 모든 것은 네가 원하는 것과 똑같은 것을 원하고 있다. 무릇 생명이 있는 모든 것은 자신의 목숨을 소중히 한다. 살아 있는 모든 것 속에 너 자신이 깃들어 살고 있음을 알라.　　　　　　　　　　　부처의 잠언

3

네가 보는 모든 것, 신적인 것과 인간적인 것을 갖춘 모든 것들은 모두 한 몸이다. 우리는 하나의 거대한 몸뚱이의 손과 발에 불과하다. 자연은 우리를 같은 재료로, 같은 목적을 위해 이 세상에 내보냄으로써, 우리를 형제로 만들었다. 자연은 우리 속에 서로를 사랑하는 마음을 불어넣고, 우리를 사교적이고 우호적으로 만들었다. 또한 자연은 우리에게 정의와 의무감에 대한 지표를 주었다. 자연의 법칙에 의하면 죽이는 것은 죽임을 당하는 것보다 나쁜 일이며, 자연이 명하는 바에 의하면 우리의 손은 언제나 남을 돕기 위해 내밀어져 있지 않으면 안 된다. 우리는 하나가 되기 위해 태어났다. 우리의 하나됨은 수많은 돌로 지은 돔과 같은 것이다. 만약 하나하나의 돌이 서로에게 기대지 않는다면 돔은 이내 허물어지고 말 것이다.　　　　　　　　　　　세네카

4

우리는 이웃에 대한 봉사 속에서만 행복을 발견할 수 있다. 그리고 그 봉사에 의해 인간은 비로소 전 세계의 생명의 근원과 하나가 될 수 있다.

5

나는 인간과의 일체감을 똑똑히 의식하고 똑똑히 느낀다. 또 그러한 일체감을(비록 미약하기는 하지만) 동물에게서도 느낀다. 곤충이나 식물의 경우는 그 일체감은 미약해지고, 미시적인 존재와 인간의 감각을 넘어선 초대형 존재에 이르러서는 그 일체감은 완전히 사라져버린다. 그러나 나에게 그 일체성을 느끼는 감각기관이 없다고 해서, 그것이 일체성이 존재하지 않는다는 증거는

되지 않는다.

6

삶의 길은 단 하나이며, 우리는 모두 언젠가 거기서 만나게 된다. 우리에게는 그 길을 아는 힘이 분명히 주어져 있는 데다, 그 길이 넓고 눈에 잘 띄어서, 아무래도 그 길을 보지 못하고 지나칠 수가 없게 되어 있다. 그 길 끝에 하느님이 있어 우리를 손짓하고 있는데, 그 길을 가지 않고 죽음의 길을 걸어가는 사람들을 볼 때, 우리의 마음은 안타깝기 그지없다.

삶의 길은 넓다. 그러나 많은 사람들이 그것을 모르고 죽음의 길을 걷고 있다.

고골리

7

생명이 있는 모든 것과의 유대를 느끼는 데 방해가 되는 모든 것을 너 자신으로부터 제거하라.

이레째 읽을거리

(1) 합일

'각 개인은 모두 남과는 별개의 존재이다. 참된 내 존재는 오직 나 자신 속에 있을 뿐이고, 그 밖의 모든 것은 내가 아니며 나와는 아무 관계가 없다.' 바로 이것이 살과 뼈가 그 진실성을 증명하는 인식이요, 모든 욕심의 밑바탕에 도사리고 있는 것이며, 바로 그 인식에서 사랑에 반하는 부정한 또는 악의적인 행위가 실제로 모습을 드러내게 된다.

'나의 진정한 내면적 존재는 나의 자의식 속에서 나에게 직접 계시되는 것과 마찬가지로, 직접적으로 살아있는 모든 것 속에 내재되어 있다.' 산스크리트 속에 tat-twamasi, 즉 '모든 생명 있는 것, 그것은 너다'라는 불변의 명제로 표현되어 있는 이 인식은, 남에 대한 사려라는 형태를 취하고 있으며, 그렇기 때문에 모든 진실한 선행, 바꿔 말하면 개인적 욕심을 떠난 선행은 바로 거기서 시작되고 있고, 거기서 개개의 선행이 실제로 모습을 드러내게 되는 것이다. 우리가 사랑과 용서와 선행을 사람들에게 호소하는 것도, 결국은 그런 인식이 사람들에게 있다는 전제에서 비롯된다. 왜냐하면 그러한 종류의 호소는, 우리는 모두 결국 같은 존재라는 생각으로 돌아가기를 바라는 호소이기 때문이다. 이와 반대로 욕심과 질투, 박해, 냉담, 복수, 원한, 잔인 등은 모두 최초의 인식에 기초하고 있고, 그것에 의해 지탱되고 있다. 우리가 남의 고결한 행위를 듣거나 실제로 목격했을 때, 나아가서는 스스로 고결한 행위를 했을 때 느끼는 감동과 기쁨은, 그 행위가 우리에게 온갖 종류의 수많은 자아 속에 그 일체성이 숨어 있고, 실제로 그 일체성이 행위가 되어 밖으로 나타난 것이므로, 그것은 우리에게 이해할 수 있는 현실적 존재라는 확신을 준다는 점에 가장 깊이 뿌리내리고 있다.

이러한 두 가지 인식은 모두 단순히 개개의 행위에서 그 모습을 보여줄 뿐만 아니라, 사람들의 모든 의식 속, 정신 상태 속에서도 모습을 보여준다. 선한 성격을 가진 사람의 경우와 악한 성격을 가진 사람의 경우는, 그 의식이 완전히 다르다. 악한 성격의 사람은 도처에서 자기와 자기 이외의 모든 사람 사이에 두터운 장벽을 느낀다. 세계는 그에게 있어서 내가 아니며, 세계에 대한 그의 관계는 처음부터 적의로 가득 차 있다. 그러므로 그의 근본적인 정신 상태는 언제나 원한, 시기, 질투, 적의이다. 한편 선한 성격의 사람은 자기 자신 속에서만 살고 있는 것이 아니라, 그가 결국 자기와 동일한 존재로 의식하는 이웃 속에서도 살고 있다. 그에게 있어서 남은 내가 아닌 자가 아니라, '역시 틀림없는 나'인 것이다. 그러므로 그는 모든 사람에게 언제나 우호적이다. 그는 모든 존재와 자기가 같은 생명임을 느끼고 그들의 행불행에 직접적인 관심을 가지며, 그들에게도 그런 관심이 있다는 것을 굳게 믿는다. 그리하여 그의 마음에는 평화와, 그의 옆에 있으면 누구나 즐거워지는 믿음직하고 조용하고 충만한 정신 상태가 튼튼하게 뿌리를 내리고 있다.　　　　　　　쇼펜하우어

(2) 항해

나는 함부르크에서 런던으로 가는 배를 타고 있었다. 승객은 둘뿐이었다. 나와 조그마한 원숭이 한 마리였다. 비단원숭이 종류의 작은 암컷인 그 원숭이는, 함부르크의 한 상인이 영국의 친구에게 보내는 선물이었다.

원숭이는 갑판 위의 벤치에 가느다란 쇠사슬로 매어져 있었는데, 계속 몸부림을 치면서 새 같은 목소리로 애처롭게 울고 있었다.

내가 그 옆을 지나갈 때마다 녀석은 그 검고 차가운 손을 내 쪽으로 뻗으며, 슬픈 듯한, 거의 사람과 똑같은 눈으로 나를 쳐다보았다. 내가 그 손을 잡아주자 녀석은 울고 몸부림치는 것을 뚝 그쳤다.

바다는 잔잔하고 고요했다. 수면은 움직이지 않는 납빛 테이블보처럼 사방에 펼쳐져 있었다.

배꼬리에서는 작은 방울이 원숭이 울음소리 못지않게 애처로운 소리를 끊임없이 울리고 있었다.

이따금 바다표범이 불쑥 물위에 떠올랐다가 다시 날렵하게 곤두박질치며 물속으로 사라지고 나면, 수면 위에 잔잔한 물결이 일 뿐이었다.

말수가 적은 선장은 햇볕에 그을린 침울한 얼굴로 짤막한 파이프에 담배를 피우며, 이따금 화난 것처럼 잔잔한 수면에 침을 뱉었다.

내가 뭘 물어도 그는 더듬더듬 뭔가를 무뚝뚝하게 중얼거릴 뿐이었다. 하는 수 없이 나는 내 유일한 동행인 원숭이를 상대할 수밖에 없었다.

나는 녀석의 옆에 가서 앉았다. 녀석은 우는 것을 그만두고 또다시 나에게

손을 내밀었다.

　가만히 고여 있는 것 같은 안개가 졸음을 부르는 듯한 습기로 우리를 감싸고 있었다. 우리는 똑같이 멍하니 생각에 잠겨, 마치 피를 나눈 형제처럼 서로에게 몸을 기댔다.

　실제로 지금 나는 이 글을 쓰면서 빙그레 미소 짓고 있지만, 그때의 내 가슴속에는 좀 더 다른 감정이 일고 있었다.

　'우리는 모두 한 어머니의 자식'이라는 기분이었다. 나에게는 그 가련한 짐승이 나를 깊이 신뢰하는 듯 얌전해져서, 마치 피붙이처럼 나에게 몸을 기대오는 것이 무척 기뻤던 것이다.

투르게네프

3월 11일

1

음식물이 우리의 생활에 없어서는 안 되는 조건인 것과 마찬가지로, 결혼 또한 인류의 생활에 없어서는 안 되는 필수 조건이다. 그리고 음식물의 남용이 개인의 건강을 해치듯, 결혼의 남용 또한 개인과 인류에게 커다란 해악을 낳는다.

2

2세를 낳는 것을 전제로 한 결합이야말로 진정 올바른 결혼이다. 온갖 의식이나 신고서, 약속 등이 결혼을 성립시키는 것이 아니며, 그런 것은 대부분의 경우, 그 이전의 모든 결합은 결혼이 아니었다고 인정하기 위한 것이다.

3

너는 너의 남편 또는 아내에 대한 책임을 소홀히 할 수는 있다. 그 책임이 너에게 주는 슬픔에서 벗어나기 위해 떠날 수는 있다. 그러나 그때 너는 무엇을 발견하게 될까?

역시 똑같은 슬픔, 그러나 책임을 다했다는 의식이 따르지 않는 슬픔이다.

조지 엘리엇

4

결혼이란 두 남녀 사이에서만 아이를 가지겠다는 약속이다. 이 약속을 어기는 것은 기만이자 배신이요, 죄악이다.

5

두 사람의 영혼이 자신들은 온갖 고생, 온갖 슬픔에도 서로 의지하고, 온갖 고뇌에 있어서도 서로 도우며, 이 세상에서 마지막으로 작별하는 그 표현할 길 없는 침묵의 순간에도 서로 굳게 하나로 맺어지기 위해 영원히 결합되어 있다고 느끼는 건, 얼마나 위대한 일인가!

조지 엘리엇

6

서로 사랑하는 부부가 자신들의 목표를 자기완성에 두고, 그 달성을 위해 경고와 충고와 솔선수범으로서 서로 돕는다면, 두 사람은 큰 행복을 얻을 수 있을 것이다.

7

바리사이파 사람들이 와서 예수의 속을 떠보려고 "무엇이든지 이유가 닿기만 하면 남편이 아내를 버려도 좋습니까?" 하고 물었다. 그러자 예수께서는 "처음부터 창조주께서 사람을 남자와 여자로 만드셨다는 것과 또 '그러므로 남자는 부모를 떠나 제 아내와 합하여 한 몸을 이루리라'고 하신 말씀을 아직 읽어 보지 못하였느냐? 따라서 그들은 이제 둘이 아니라 한 몸이다. 그러니 하느님께서 짝지어 주신 것을 사람이 갈라 놓아서는 안 된다" 하고 대답하셨다.

마태복음 제19장 3~6절

8

아내를 버리고 다른 여자와 결혼하는 사람은 간음을 행하는 것이며 버림받은 여자와 결혼하는 사람도 간음을 행하는 것이다.　　　루가복음 제16장 18절

9

인류의 존속을 위한 남녀의 결합은 각 개인에게도 전인류에 있어서도 지극히 중요한 일이므로, 이것을 생각나는 대로 함부로 행하거나 기분에 좇아 행해서는 안 되며, 우리보다 먼저 이 세상에 살았던 현자와 성인들이 깊이 생각하고 결정한 대로 행하여야 한다.

3월 12일

1

인간이 하는 일—그것은 우리의 삶의 방식이다. 그 일이 선이든 악이든 우리의 운명을 결정한다. 거기에 우리네 인생의 법칙이 있다. 그러므로 인간에게 가장 중요한 것은 '내가 현재 무엇을 하고 있느냐' 하는 것이다.

인도의 아그니 푸라나

2

페르시아에 이런 우화가 있다.

어떤 사람이 죽어서 그 영혼이 하늘에 오르자, 문득 그 앞에 온몸이 고름투성이인 추악하고 더러워 소름이 끼치는 여자가 나타났다. "너는 왜 이런 곳에서 헤매고 있느냐? 그처럼 흉칙하고 더럽고 끔찍한 몰골로! 너는 도대체 누구냐?" 하고 영혼이 말했다.

그러자 그 무서운 여자가 대답했다. "나는 너의 행위이다."

3

선을 행하고, 자비롭고, 온화하고 겸손하며, 좋은 말을 하고, 남에게 선을 바라고, 깨끗한 마음을 지니고, 항상 배우며, 항상 진실을 말하고, 분노를 억제하고, 만족을 알고 인내심이 강하며, 사람들에게 친절하고, 웃어른을 공경하고, 부모와 스승을 존경하는 사람, 이들은 모두 선인들의 벗이요, 악인들의 적이다.

거짓을 말하고, 훔치고, 음란한 눈으로 여자를 바라보고, 남을 속이고 욕하고, 이웃에게 악을 바라고, 오만하고 게으르며, 사람을 중상하고, 인색하고, 무례하며, 파렴치하고, 화를 잘 내고, 남의 것을 가로채며, 복수심이 강하고, 고집이 세고, 질투심이 강하며, 이웃에게 나쁜 짓을 하고, 미신에 빠지는 사람, 이들은 모두 악인의 벗이요, 선인의 적이다.　　　　　　페르시아의 교리문답서

4

중요한 것은 선한 생활에 대한 탁상공론이 아니라, 실제로 선을 행하는 것이다.　　　　　　　　　　　　　　　　　　　　　　　　탈무드

5

지금 당장 할 수 있는 선행은 절대로 뒤로 미루지 말라. 왜냐하면 죽음은 네가 마땅히 해야 할 일을 다 했는지 여부와 상관없이 불쑥 찾아온다. 죽음은 어느 누구도, 또 그 어떤 것도 기다려주지 않는다. 죽음에는 적도 없고 아군도 없다.　　　　　　　　　　　　　　　　　　　　　인도의 아그니 푸라나

6

네가 이 세상에 태어났을 때 너는 울고 네 주위의 사람들은 모두 기뻐했다. 네가 이 세상을 떠날 때는 모든 사람들이 울고 너 혼자 웃도록 하라.

인도의 잠언

7

네가 자신이 알고 있는 진리를 실천했을 때 비로소 새로운 진리가 나타날 것이다.

류시 말로리

8

과거의 행위가 그 사람의 삶에 아무리 큰 영향을 미친다 해도, 인간은 역시 자신의 정신력으로 그 삶을 바꿀 수 있다.

3월 13일

1

예지의 조건은 도덕적 순결이다. 그리고 그 예지의 결과는 정신적 평화이다.

2

선한 사람은 자신에게 무슨 일이 일어나는가보다, 자기가 마땅히 해야 할 일을 하는 것에 더 마음을 쓴다. 그는 말한다. 마땅히 해야 할 일을 하는 것은 내 일이고, 내 몸에 무슨 일이 일어날 것인가는 하느님의 일이다. 나에게 무슨 일이 일어나더라도 내가 마땅히 할 일을 하는 것을 방해하는 것은 아무것도 없다고.

3

자기가 하고 싶은 일만 하는 습관이 몸에 배인 사람은, 무슨 일을 하든 이내 싫증을 낼 것이다.

4

우리는 자신이 육체적으로 누구보다도 약하다고 느낄 때도, 정신적으로는

누구보다 강해질 수 있다.　　　　　　　　　　　　　　　　　류시 말로리

5

예지의 가장 좋은 증거는 변함없이 선한 정신 상태이다.　　　　몽테뉴

6

너의 정신을 살찌우는 일만 하라. 바로 그런 행위에 의해서 너는 무엇보다 사회에 유익할 수 있다.

7

뭔가 슬프고 괴로운 일이 일어났을 때는, 먼저, 더 나쁜 일이 일어날 수 있었으며, 실제로 다른 사람에게 그런 일이 일어나고 있다고 생각하는 것이 좋다. 두 번째로, 전에도 꼭 지금처럼 여러 가지 사건과 사정 때문에 슬퍼하고 괴로워했지만, 지금은 그 일을 돌이켜봤을 때 아무렇지도 않고 태연할 수 있다는 것을 생각하라. 세 번째로 가장 중요한 것은, 지금 너를 슬프게 하고 괴롭히고 있는 일은 하나의 시련에 지나지 않으며, 그 시련을 발판으로 정신력을 더욱 강화할 수 있다고 생각하라.

8

사람의 정신은 때로 지극히 완전에 가까운 상태에 있으며, 또 때로는 지극히 타락한 상태에 있다. 좋은 시간을 소중히 간직하고 나쁜 시간은 버리는 것이 좋다. 그러면 너는 더욱 더 좋은 시간을 보내는 일이 많아지고 나쁜 시간을 보내는 일은 줄어들게 될 것이다.　　　　　　　　　　　　　　　베이컨

9

자신을 현자로 생각하지 않는 사람만이 현자가 될 수 있다. 그리고, 자기 눈 앞에 언제나 하느님의 완전성을 보고 있는 사람만이 자기 자신을 현자로 생각하지 않는 법이다.

잃어야 할 것이 아무것도 없는 사람이 가장 부자이다.　　　　중국 속담

예지는 무한하다. 예지를 향해 나아가면 나아갈수록 그것은 더욱 더 필요해 진다. 인간에게는 무한한 발전이 가능하다.

3월 14일

1

사랑은 사람들을 하나가 되게 한다. 그리고 모든 사람에게 유일하고 보편적 인 이성이 그것을 최종적으로 뒷받침해준다.

2

인간은 생각한다, 생각하도록 만들어져 있다. 그런데 그 생각은 합리적이어 야 하는 것이 분명하다. 합리적으로 생각하는 사람은 무엇보다 먼저 자신이 어떤 목적을 위해 살아야 하는지를 생각한다. 그리고 자신의 영혼에 대해, 하 느님에 대해 생각한다. 그런데 대부분의 세상 사람들은 무엇을 생각하고 있는 지 한번 살펴보라. 그저 닥치는 대로 잡다한 생각을 하지만, 자신의 영혼과 하 느님에 대한 생각만은 하려들지 않는다. 그들은 춤에 대해, 음악에 대해, 노래 에 대해 생각하고, 건축에 대해, 부에 대해, 권력에 대해 생각한다. 그러면서 부 자와 권력자들을 부러워한다. 그러나 대체 인간이라는 것이 어떤 것인지에 대 해서는 전혀 생각하지 않는 것이다.　　　　파스칼

3

인간의 중요한 의무 중의 하나는, 우리가 원래 하늘로부터 받은 이성의 빛 을 최대한 빛나게 하는 데에 있다.　　　　중국 지혜

4

모든 사람들이 인정하고 있고 또 인정하지 않을 수 없는 것, 오직 그것만이 참된 이성의 빛이다.

5

진정한 인간이 되고자 하는 사람은 세상에 아부하는 태도를 버리지 않으면 안 된다. 진정한 삶을 살고 싶은 사람은 세상에서 선으로 인정하는 것에 이끌리지 말고, 진정한 선이란 무엇인가, 그것은 어디에 있는가 하는 것을 깊이 생각하지 않으면 안 된다. 자율적인 정신적 탐구욕보다 존엄하고 생산적인 것은 없다. 무엇보다 먼저, 인생의 모든 일에 대해 그러한 태도를 갖고, 그런 다음에 직면하는 모든 문제를 스스로 해결해야 한다. 　　　　　　　　　에머슨

6

우리가 진리의 힘을 의심하며, 사람들의 사상을 밝히는 것을 허용하거나 금지한다면, 그것은 진리를 모욕하는 것이 된다. 그보다도 진리와 허위를 대결하게 하라. 진리는 자유롭고 공평한 싸움에서는 절대로 지지 않는다. 진리는 허위를 논파함으로써 어떤 금지령보다 철저하게 허위를 뿌리 뽑을 것이다. 밀턴

7

이른바 현대의 그리스도교 교회는 공허하고 취약한 지반 위에 세워져 있다. 거기에 매달리는 사람들은 끊임없이 위험에 처하여, 언제나 무언가를 두려워하고 있다. 교회에 대하여 그 기초를 흔들어 놓는 강렬한 의혹이 제기되면, 교회 대표자들은 대뜸 번개와 천둥처럼 번쩍거리고 으르렁거리면서 소란을 피운다. 그 의혹이 근거가 있는 의혹일수록 소동은 더욱 요란해진다.

과연 사람들은 산이 무너지지나 않을까 하고 걱정할 것인가? 그러나 지금까지의 교회의 가르침은 언제 어느 때 무너질지 알 수 없다. '어쩌면 옳을지도 모르고 또 어쩌면 그렇지 않을지도 모른다.' 이것이 바로 교회에 매달리는 사람들이 말할 수 있는 전부이다. 그럼에도 그들은 종교의 기초를 교회에 두고 있다. 권위가 진리로 인정되고 맹목적인 신앙이 종교의 본질이 되었다. 　파커

8

어느 누구도 이성의 판단을 뒤엎을 수 없다. 우리가 안다는 것은 이성을 통해서 아는 것이다. 그러므로 이성에 따를 필요는 없다고 하는 사람들의 말을 믿어서는 안 된다. 그런 말을 하는 사람들은 캄캄한 어둠 속에서 우리를 인도

하는 오직 하나의 등불을 *끄*는 것이 낫다고 권하는 사람들과 똑같다.

3월 15일

1

불쾌감을 주는 사람, 자신에게 적의를 품는 사람을 사랑하는 자만이 진정한 사랑을 안다. 사랑의 진실성을 증명하는 것은 적에 대한 사랑이다.

2

우리를 사랑하는 사람, 우리에게 즐거움을 주는 사람을 사랑하는 것은, 인간의 애정으로도 가능하다. 그러나 적을 사랑하는 것은 하느님의 사랑에 의해서만 가능하다. 인간의 사랑으로 사랑하면 사랑에서 증오로 변하는 경우가 있다. 그러나 하느님의 사랑은 변하는 일이 없다. 그 어떤 것도 그것을 막을 수는 없다. 하느님의 사랑이야말로 영혼의 본질이다.

3

너희가 만일 자기한테 잘해 주는 사람에게만 잘해 준다면 칭찬받을 것이 무엇이겠느냐? 죄인들도 그만큼은 한다. 너희가 만일 되받을 가망이 있는 사람에게만 꾸어 준다면 칭찬받을 것이 무엇이겠느냐? 죄인들도 고스란히 되받을 것을 알면서 서로 꾸어 준다. 그러나 너희는 원수를 사랑하고 남에게 좋은 일을 해 주어라. 그리고 되받을 생각을 말고 꾸어 주어라. 그러면 너희가 받을 상이 클 것이며 너희는 지극히 높으신 분의 자녀가 될 것이다. 그분은 은혜를 모르는 자들과 악한 자들에게도 인자하시다. 그러니 너희의 아버지께서 자비로우신 것같이 너희도 자비로운 사람이 되어라.   루가복음 제6장 33~36절

4

너희의 적을 사랑하라. 그러면 너희에게 적이 사라지게 될 것이다.

열두제자의 가르침

5

'네 이웃을 사랑하고 원수를 미워하여라'고 하신 말씀을 너희는 들었다(레

위기 제19장 제17~18절 참조). 그러나 나는 이렇게 말한다. 원수를 사랑하고 너희를 박해하는 사람들을 위하여 기도하여라. 그래야만 너희는 하늘에 계신 아버지의 아들이 될 것이다. 아버지께서는 악한 사람에게나 선한 사람에게나 똑같이 햇빛을 주시고 옳은 사람에게나 옳지 못한 사람에게나 똑같이 비를 내려 주신다.   마태복음 제5장 43~45절

6

사람의 마음을 아는 하느님은 만인에게 평등하게 사랑을 베풀며 차별하는 일이 없는데, 사람의 마음속에서 무슨 일이 벌어지고 있는지 모르는 우리가, 어찌 단순한 겉모습만으로 사람들을 차별해, 어떤 사람은 사랑하고, 어떤 사람은 사랑하지 않을 수 있단 말인가!

7

어떤 사람을 다른 사람 이상으로 소중히 하고 싶어 하는 잘못된 사랑, 즉 번뇌의 사랑은 진정한 사랑을 접목해 열매를 맺게 하기 위한 야생의 바탕나무에 지나지 않는다. 그러나 그 야생나무 자체는 사과나무가 아니라, 사과를 맺을 수 없거나 맺더라도 맛있는 사과가 아니라 쓴 맛의 사과이듯, 괴로운 사랑은 사람들에게 선을 가져다주지 않거나 더 큰 악을 가져다 줄 뿐이다.

8

사랑의 싹은 매우 연약해 살짝 건드리기만 해도 말라 죽기 일쑤지만, 일단 자라고 나면 대단히 강인해진다. 사람들이 그것을 만지작거릴수록 오히려 더 망치는 법이다. 싹이 트는 데 필요한 것은 오직 한 가지, 그것이 무럭무럭 자랄 수 있게 하는 이성의 햇빛을 가리지 않는 것이다.

9

인간 가운데 가장 완성된 사람은, 모든 이웃을 사랑하여 선인이든 악인이든 가리지 않고 그들에게 선을 행하는 사람이다.   마호메트

타락한 사람에게도 온유하게 대해야 한다. 날카로운 칼날도 부드러운 비단을 자르지 못한다. 부드러운 말과 부드러운 태도로 대하면 한 오라기의 머리카락으로도 코끼리를 끌 수 있다.　　　　　　　　　　　　　　사디

너에게 모욕을 준 사람에 대해 나쁜 감정을 느낄 때마다, 모든 사람이 똑같이 하느님의 아들이며, 그가 아무리 불쾌하게 느껴질지라도, 그를 네 형제로서 너와 같은 하느님의 아들로서 사랑하지 않으면 안 된다는 것을 떠올리도록 하라.

3월 16일

1

현대과학의 가장 큰 해악은, 어차피 '모든 것'을 연구하지는 못하고 종교의 도움 없이는 '무엇을 연구해야 할지'도 모르는 채 올바르지 않은 생활을 보내고 있는 과학자가, 자신에게 '좋고 필요한 것'만 연구하고 있다는 점이다.

그들에게 가장 '좋은' 것은 공허한 지식욕의 만족이고, 그들에게 가장 '필요한' 것은 그들에게 유리한 현재의 체제이다.

2

박물학 연구는 독일에서 광기에 도달했다. 하느님에게는 곤충도 인간도 똑같은 존재일지 모르지만, 우리 인간의 이성에 있어서는 그렇지 않다. 우리 인간에게는 새와 나비에 대해 생각하기 전에 먼저 해결해야 할 일이 얼마나 많은가! 자신의 마음을 연구하라. 자신의 지능으로 판단에 신중을 기하고, 마음으로 평화를 사랑하라. 인간을 알려고 노력하고 이웃의 행복을 위해 당당하게 진실을 말할 수 있는 용기를 지녀라. 그 밖에 다른 적당한 수단이 없다면 수학으로 두뇌를 연마하라. 그러나 곤충을 분류하는 따위는 그만두는 것이 좋다. 그러한 피상적인 지식은 전혀 도움이 되지 않으며, 정밀한 연구에 들어가면 끝이 없다.

'그러나 하느님은 태양에 있어서와 마찬가지로 곤충에 있어서도 무한하다'

고 너는 말할 것이다. 나도 기꺼이 그것을 인정한다. 하느님은 지금까지 아무도 그 천태만상을 밝히지 못한 바닷가의 모래알보다 무한 광대하여 헤아릴 수 없는 존재이다. 그러므로 만일 네가 그 모래알 속에서 진주를 캔다는 특별한 사명이 자신에게 있다고 생각하지 않는다면, 집에 남아서 자신의 밭을 일구는 것이 좋다. 밭은 네가 정성껏 일궈주기를 기다리고 있다. 네 두뇌의 용량에 한계가 있다는 것을 잊어서는 안 된다. 나비에 대한 연구를 그만둔다면, 너를 감동시키는 성현의 사상을 받아들일 수 있는 여유가 생길 것이다.   리히텐베르크

3

많은 것을 아는 것이 예지는 아니다. 우리는 모든 것을 다 알 수는 없다. 예지는 될 수 있는 대로 많은 것을 아는 것이 아니라, 어떠한 것이 가장 필요한 지식이고 어떠한 것이 덜 중요한 지식이며 그리고 또 어떠한 것이 더욱 덜 중요한 지식인가를 아는 것이다. 인간에게 필요한 지식 가운데 가장 중요한 것은 어떻게 해야 잘 살 수 있는가, 즉 어떻게 해야 악을 적게 행하고 선을 많이 행하며 살 수 있는가 하는 것에 대한 지식이다. 그런데 현대인들은 필요 없는 온갖 학문은 연구하면서, 정작 자신에게 가장 중요한 유일한 것만은 배우려 하지 않는다.

4

인간으로서 무엇이 가장 큰 불손일까? 우리 인간이 모르는 것은 하느님도 모른다고 생각하는 것이다.   캘빈

5

지식이 적은 사람은 말이 많다. 지식이 풍부한 사람은 대개 침묵하고 있다. 그것은 흔히 지식이 적은 사람은 자기가 아는 것을 모두 중요하게 생각하여 그것을 모든 사람들에게 얘기하고 싶어하는 한편, 많은 것을 아는 사람은 자기가 알고 있는 것 외에도 알아야 할 것들이 많다는 것을 알고, 남이 물을 때만 얘기할 뿐 묻지 않으면 아무 말도 하지 않는 것이다.   루소

6

진정한 학자는 이성의 요구를 이해하면 그것을 실현하려고 노력한다. 평범한 학자는 이성의 요구를 들으면 때로는 실현하려고 노력하기도 하고 때로는 실현하려 하지 않는 애매한 태도를 취한다. 어리석은 학자는 이성의 요구를 들으면 그것을 비웃는다. 어리석은 사람이 비웃지 않는다면 그것은 이성이라고 할 수 없다.

노자

7

만약 어떤 사람이 애초에 어떤 질문을 해야 하는지 알고 있다면, 그것만으로도 이미 그 사람이 현명한 사람이라는 틀림없는 증거가 된다. 왜냐하면 질문 자체가 어리석고 무익한 대답을 요구한다면, 그것은 그 질문을 한 사람 자신의 수치일 뿐만 아니라, 질문을 받은 상대도 자칫 어리석은 대답을 하게 되기 때문이다. 그 결과, 옛말에도 있듯이 한 사람이 숫양의 젖을 짜면 또 한 사람이 그것을 받으려고 체를 갖다대는 것과 같은 우스꽝스러운 장면이 연출되는 것이다.

칸트

8

만약 모든 지식이 진실한 것이라면 어떤 지식도 다 유익할 것이다. 그러나 사람들의 잘못된 생각이 지식이라는 이름을 쓰고 있으므로, 자신이 얻고자 하는 지식을 선택할 때는 아무리 신중을 기해도 지나친 일이 아니다.

3월 17일

1

세상의 나쁜 것으로부터 오는 해악에서 구원받는 길은 오직 하나, 사람들 사이에 진정한 신앙을 전하는 것이다.

2

인류 사회의 진보와 향상을 위한 진지한 첫걸음마다, 거기에는 반드시 그 주된 원인으로서 신앙의 역할이 있었다. 그러므로 신앙에 기초하지 않은 모든 가르침은 사회의 개선에 언제나 무력했고, 앞으로도 그럴 것이다. 그 가르침이 훌륭한 방식을 만들어내는 것은 가능할지 모르지만, 그러한 방식에는 프로메테우스가 하늘에서 훔친 불꽃은 결코 존재하지 않는다.   마치니

3

'너희는 먼저 하느님의 나라와 하느님께서 의롭게 여기시는 것을 구하여라! 그러면 이 모든 것도 곁들여 받게 될 것이다.'(마태복음 제6장 33절).

자연스럽고 건강한 사회 기구를 위한 첫걸음은 언제나, 모든 사람들의 물질계에 대한 당연하고 평등하며 빼앗을 수 없는 권리를 보장하는 것 속에 있다. 물론 그것이 전부라는 얘기는 아니지만, 그럼으로써 그 밖의 모든 것이 한결 수월해진다. 그 보장이 없는 한 다른 모든 것은 아무런 이익도 가져다주지 않을 것이다.   헨리 조지

4

사회는 공통의 신앙과, 공통의 목적이 없이는 존재할 수 없다. 사회적인 활동은 종교에 의해서 성립된 원칙을 실생활에 적용하는 것이다.   마치니

5

그리스도의 사도들은 모두 마음을 합치고 영혼을 합쳐 생활하였다. 만일 그들의 생각이 서로 어긋났더라면 그리스도교 신앙에 대해 알 수 있는 자는 아무도 없었을 것이다. 오늘날에도 이교도가 그리스도교를 받아들이지 않는 것은 그리스도교도들의 일치와 사랑을 보지 못하기 때문이다. 선행만큼 사람들을 설득하는 것은 없고, 악행만큼 사람들의 반발을 사는 것도 없다. 사람들이 그리스도교를 외면하는 까닭은 원수를 사랑하라고 배운 사람이 폭리를 취하고 착취하고 전쟁을 일으키고 적개심을 부채질하며 사람들을 마치 짐승처럼 다루는 것을 보고, 그리스도교의 사랑의 가르침이라는 것을 믿을 마음이 들지 않기 때문이다. 그리스도교도가 죽음을 두려워하는 것을 본다면 아무도 영생을 믿지 않을 것이다. 사람들이 그리스도교를 인정하지 않는 것은 우리 그리스도교도들의 책임이다. 어쩌면 "옛 성인들한테서 배우라"고 말하는 사람이 있을지도 모른다. 그러나 사람들은 선덕이 있는 사람들을 바로 눈앞에서 보고 싶어 한다. 실천을 통해 우리에게 신앙을 보여 달라고 하는데, 바로 그러

한 실천이 빠져 있는 것이다. 뿐만 아니라 사람들은 우리가 짐승보다 더 잔인하게 이웃을 학살하는 것을 목격한다. 바로 그런 것이 사람들로 하여금 그리스도교에서 멀어지게 하고 있다. 우리는 입으로는 그리스도교를 믿는다고 말하면서, 실은 사람들을 그리스도교로부터 쫓아내고 있을 뿐이다.

이오안 즐라토우스트

6

그리스도교는 만약 그것이 진지하게 받아들여지기만 한다면, 모든 낡은 것을 부수고 새로운 무한한 지평선을 여는, 다이너마이트처럼 강력한 작용을 할 것이다.

7

만일 네가 현재의 잘못된 사회 체제를 개혁하고자 한다면, 그것을 위한 방법은 오직 한 가지뿐이라는 것을 알아야 한다. 즉 모든 사람들이 더욱 선량해지는 것이 그것인데, 이를 위해 네가 할 수 있는 단 한 가지는 네 자신부터 더욱 선량해지는 일이다.

이레째 읽을거리

폭력으로 악에 대항하지 말라

'눈은 눈으로, 이는 이로'라고 하신 말씀을 너희는 들었다. 그러나 나는 이렇게 말한다. 앙갚음하지 말아라(마태복음 제5장 38~39절).

그리스도는 악에 대항하지 말라고 가르쳤다. 이 가르침이 진실한 까닭은, 그것이 악을 당하는 사람의 마음에서도 악을 행하는 사람의 마음에서도 그 악을 뿌리째 제거하기 때문이다. 이 가르침은, 세상의 악을 키우기만 할 뿐 결코 멸하지 않는 행위를 하지 말라고 한 것이다. 한 사람이 다른 사람을 공격하여 해를 가하면, 해를 가한 사람은 당한 사람의 마음속에 모든 악의 근원인 증오심을 불어넣게 된다. 그러한 나쁜 감정을 없애기 위해서는 어떻게 해야 할까? 이쪽에서도 상대에게 해를 가하여 똑같이 나쁜 감정을 불어넣어야만 할까? 즉 악을 되풀이하는 짓을 해야만 할까? 그러한 행위는 악을 쫓아내는 게 아니라 오히려 그것을 더욱 부채질할 뿐이다. 사탄은 사탄에 의해서는 쫓아낼 수 없고, 허위는 허위에 의해 교정되지 않으며, 악은 악에 의해 극복되지 않는다.

그러므로 악으로써 악을 갚지 않는 것이 악을 극복하는 유일한 수단이다. 그것은 악을 행하는 자의 마음에서도 악을 당하는 자의 마음에서도 나쁜 감정을 제거한다.

"그야 백번 옳은 가르침은 과연 실천할 수 있는 일일까?" 하고 사람들은 말할 것이다. 그렇다, 그것은 하느님의 법칙으로 정해진 모든 선과 마찬가지로 실천 가능하다. 선은 어떠한 경우에도 자기희생과 고난을 겪지 않고서는, 더욱 극단적인 경우에는 자신의 생명마저 희생하지 않고는 실천할 수 없다. 자신의 생명을 하느님의 의지를 실천하는 것보다 더 중히 여기는 사람은 이미 참된 생명에 있어서는 죽은 사람이나 다름없다. 그런 사람은 제 한 목숨을 구하려다가 오히려 그것을 잃게 된다. 뿐만 아니라 악에 대해 저항하지 않는 것이 한 사람의 생명 또는 한 사람의 실질적인 삶의 행복을 희생시킨다면, 악에 대한 저항은 천의 희생을 치르게 한다.

따라서 무저항은 지키고 저항은 파괴한다.

정의롭게 행동하는 것이 부정하게 행동하는 것보다, 악을 견디는 것이 폭력으로 그것에 저항하는 것보다 훨씬 안전하다. 현재의 생활에 대한 관계에서도 마찬가지이다. 모든 사람이 악으로써 악에 대항하지 않는다면 당장 행복한 사회가 출현할 것이다.

'그러나 겨우 소수의 사람들만이 그렇게 행동한다면 그들은 어떻게 될 것인가? 단 한 사람이 그렇게 행동하고 다른 사람들은 모두 그를 처형하는 것에 찬성할 경우에도, 그 사람으로서는 자신의 적을 위해 기도하면서 죽는 것이, 악에 희생된 사람들의 피로 물든 왕관을 쓴 제왕이 되기보다 훨씬 낫지 않을까?'

그러나 악으로써 악에 대항하지 않으려고 굳게 결심한 사람이 단 한 사람이든 천 사람이든, 그리고 또 그들이 문명화된 사회에 살고 있든 야만적인 사회에 살고 있든, 그들은 폭력에 의지하는 사람들에 비하면 훨씬 더 폭력을 당하는 일이 적다. 강도, 살인자, 사기꾼들은 무기로 대항하는 자들보다는 그 사람들의 안전을 훨씬 더 보장해줄 것이다. 칼을 든 자는 칼로 멸망한다. 평화를 구하고, 우애를 중히 여기며, 사람에게 위해를 가하는 일이 없이, 사람들의 악을 잊고 이를 용서하는 사람들은, 대부분의 경우 평화를 즐기며 만약 죽는다 하더라도 하느님의 축복을 받으면서 죽을 것이다.

그리하여 모든 사람이 무저항의 계명을 지킨다면, 모든 부정행위와 악덕행위가 사라질 것은 틀림없는 이치이다. 만약 그런 사람들이 대다수라면 그들은 결코 악으로써 악에 대항하지 않고, 어떠한 폭력도 행사하지 않고, 자신들에게 악을 행하는 사람들까지 사랑과 우호의 정신이 지배하게 만들 것이다. 또 그런 사람들이 아직은 드물지만 언젠가 많아지면, 그 도덕적 영향에 의해 모든 잔혹한 형벌이 사회에서 자취를 감추고, 폭력과 불화와 반목이 평화와 사랑으로 변할 것이다.

또 만약 그런 사람들이 극소수에 지나지 않는다 하더라도, 그들은 사회로부터 따돌림 당하는 것을 제외하면 나쁜 일은 거의 겪지 않을 것이고, 한편 사회는 스스로 그것을 느끼지 못하는 사이에, 또 그것에 감사하는 일도 없이, 절로 현명해지고 절로 선량해진다.

그리고 최악의 경우, 그 소수 가운데의 몇몇 사람이 박해를 받고 죽임을 당한다 하더라도, 진리를 위해 목숨을 버린 그들은, 그 희생의 고귀한 피에 의해 이미 거룩한 그 가르침을 몸소 남기게 될 것이다.

(원주—아딘 발루. 미국의 종교 지도자의 한 사람. 1890년 8월 사망. 50년 동안 주로 폭력으로 악에 저항하지 않는다는 문제에 대한 저서를 계속 발표했다. 명료하고 아름다운 문체의 그 저서 속에서 그 문제를 모든 측면에서 검토하고 있다. 그러한 그의 대표적 저서 가운데 하나가 《무저항주의 문답》이다.)

3월 18일

1

남에 대한 평가는 언제나 정확하지 않다. 왜냐하면 그 사람의 내부에서 일어난, 그리고 일어나고 있는 일은 아무도 알 수 없기 때문이다.

2

우리는 자주 남을 평가하며, 어떤 사람은 착한 사람이라 하고 어떤 사람은 나쁜 사람이라 하며, 또 어떤 사람은 어리석은 사람, 어떤 사람은 현명한 사람이라고 부른다. 그러나 사실은 그렇게 불러서는 안 된다. 인간은 강물처럼 쉬지 않고 흘러가고 있다. 내일의 그는 이미 오늘의 그가 아니다. 어리석었던 사람이 현명해지고 나쁜 사람이 착한 사람이 되며, 또 그 반대인 경우도 있다. 그러므로 인간을 심판할 수는 없다. 심판한 순간 그 사람은 이미 변해 있을 테니까.

3

만약 네가 항상 진실만을 얘기하고 거짓을 거부하며, 의심스러운 것만 의심하고 선과 이로움만 원할 정도로 행복한 사람이라면, 너는 악하거나 어리석은 사람한테도 화를 내지 않을 것이다.

"그런데 그들은 도둑이고 사기꾼이란 말이오!" 하고 너는 말한다. 한데 도둑이니 사기꾼이라는 건 도대체 무엇이란 말인가? 죄악과 미망에 빠진 사람들이 아닌가. 그러한 사람에게는 화를 낼 게 아니라 동정심을 가져야 한다. 만약 가능하다면, 그 사람에게 현재와 같은 생활을 하는 건 그 사람 자신을 위해 좋지 않다는 것을 일깨워주는 것이 좋다. 그러면 그는 악을 행하는 것을 그만둘 것이다. 그래도 그것을 깨닫지 못한다면, 그가 어리석은 생활을 계속하는 것에 놀랄 필요도 없다.

"하지만 그런 사람들을 벌하는 것이 정말 안 되는 일인가?" 하고 사람들은 말한다. 그런 말을 하기보다는 차라리, 이 사람은 세상에서 가장 중요한 곳에서 길을 잃고 헤매고 있다, 육체적으로는 장님이 아니지만 정신적으로는 장님인 것이다, 라고 생각하면 된다. 그렇게 자신에게 말하는 순간, 너는 자신이 그에 대해 무자비했다는 것을 깨닫게 될 것이다. 눈병을 앓아 시력을 잃을 사람을 그것 때문에 처벌해야 한다고 생각하는 사람은 아무도 없을 것이다. 그런데 어째서 눈보다 더 중요한, 인간으로서 가장 큰 행복, 즉 지혜롭게 사는 능력을 잃은 사람을 벌하려 하는가? 그러한 사람들에 대해서는 화를 낼 일이 아니라 오히려 가엾게 여겨야 한다.

그런 사람들을 가여워하고 그들의 잘못된 생각에 대해 화내지 않도록 노력하라. 너 자신이 얼마나 자주 미망에 빠져 죄를 범했는지를 떠올리고, 마음속에 증오와 잔인한 마음이 도사리고 있다는 것에 대해 너 자신을 꾸짖어라

.

에픽테토스

4

만약 네가 자신의 단점을 알고 그것을 고치려고 노력한다면, 남을 비난한다든가 하는 생각은 전혀 머리에 떠오르지 않을 것이고 또 그럴 겨를도 없을 것이다.

5

입장을 바꿔 생각해 보지도 않고 그를 이러쿵저러쿵 비난해서는 안 된다.

탈무드

6

남의 잘못은 용서하고 자신에게는 아무것도 용서하지 말라

.

푸블리우스 시루스

7

나는 악을 행하는 것을 원하지 않지만, 만약 행하는 경우에는 그것을 도저히 자제하지 못했기 때문이라는 것을 잘 알고 있다. 다른 사람들도 역시 자제하지 못하기 때문에 악을 저지르는 것이다. 그런데 어떻게 그들을 나쁘게 생각하거나 비난할 수 있을까!

3월 19일

1

가난한 사람들의 노동에 의해 편한 생활을 누리며 사는 부자들이, 자신들을 그 가난한 사람들의 은인으로 생각하는 세상은, 잘못되어도 한참 잘못되었다고 할 수 있다.

2

돌이 물병 위에 떨어지면 물병이 깨진다. 물병이 돌 위에 떨어져도 물병이 깨진다. 어쨌거나 깨지는 것은 물병이다.

탈무드

3

부자가 가난한 사람에게 자선을 베풀 수 있는 것은, 정부가 소수의 사람들에게 특혜를 베풀어 부의 불평등을 낳고, 그것을 정당화하기 위해 자선적 행위가 필요하기 때문이다. 그러한 세상 구조 속에서 부자는 가난한 사람을 알량하게 도와주고 큰 은혜라도 베푼 것처럼 으스대지만, 과연 그것이 정말로 '자선'이라고 할 수 있을까?

칸트

4

부자의 만족은 가난한 사람들의 눈물을 통해 얻어진다.

5

우리는 아무리 직접적으로 남의 황금을 빼앗고 땅을 강탈하지는 않더라도, 역시 온갖 부정한 수단을 다 동원하여 감쪽같이 교묘한 약탈행위를 하고 있는 것이다. 이를테면 물건을 사고 팔 때 최대한 흥정을 해서 될 수 있는 한 싸게 사서 비싸게 팔려고 하는데, 과연 그게 도둑질이 아니라고 할 수 있을까? 야만적인 약탈행위라고 할 수 없는 것일까? 나는 결코 집과 노예를 훔친 것이 아니라고 말하지 말라. 부정과 불의는 도둑맞은 물건의 가격에 따라서가 아니라, 훔친 자의 의도에 따라 결정되는 것이다. 규모가 크든 작든 어디까지나 정의는 정의이고 부정은 부정이다. 나는 남의 지갑을 털어 돈을 훔치는 자와 마찬가지로, 시장에서 물건을 살 때 턱없이 싼값에 사는 자도 도둑이라고 부른다. 벽을 부수고 남의 집에서 물건을 훔쳐가는 자만이 약탈자가 아니라 부정한 방법으로 이웃에게서 뭔가를 가로채는 자 또한 약탈자이다.

이오안 줄라토우스트

6

"가난한 자에게서 재물을 빼앗지 말라. 왜냐하면 그는 가난한 자이기 때문이니라." 하고 솔로몬은 말했다. 그러나 가난하기 때문에 당하는 약탈은 극히 일상적으로 일어나고 있다. 부자는 언제나 그들의 가난을 이용해 어쩔 수 없이 자기를 위해 일하게 만들거나 그들이 파는 물건을 아주 헐값으로 사기도 한다.

이와 정반대의 약탈, 즉 상대방이 부자이기 때문에 큰길가에서 행해지고 있는 약탈 행위는 그에 비하면 훨씬 드물다. 왜냐하면 가난한 자를 약탈하는 것은 아무런 위험이 없는 반면, 부자를 약탈하는 것은 크게 위험하기 때문이다.

존 러스킨

7

부가 노동의 집적이라는 말은 참으로 맞는 말이다. 그런데 한 사람이 노동하면 다른 사람은 그 땀의 대가를 긁어모으는 것이 세상의 관행이다. 그리고 학자들은 그것을 '분업'이라 부르고 있다.

영국 금언

8

올바른 부는 모두가 만족하는 사회에만 존재할 수 있다. 우리의 이 사회처럼 한 사람의 부자에 대해 몇백 명의 가난한 사람들이 있는 사회에서는, 부는 정의에 어긋나는 것이다.

3월 20일

1

신의 의지를 실천하기 위해 사는 사람은 사람들의 평판에 따라 울고 웃지 않는다.

2

우리 모두는 우리 마음속에서 무슨 일이 일어나고 있는지 볼 수 있다.

세네카

3

대낮같이 떳떳하게 살아라.

오귀스트 콩트

4

나쁜 일을 숨기는 것은 좋지 않지만 공공연하게 나쁜 짓을 저지르고 그것을 과시하는 것은 더욱 좋지 않다.

5

남에게 부끄러워하는 것은 좋은 감정이다. 그러나 자기 자신에게 부끄러워하는 것은 더욱 더 좋은 감정이다.

6

그 사람이 무엇을 부끄러워하고 무엇을 부끄러워하지 않는가 하는 것만큼 그 사람의 인격을 정확하게 나타내는 것은 없다.

7

질문을 받으면 아무것도 숨기지 말라. 그러나 그럴 필요가 없는 경우에는 자신의 나쁜 일에 대해서는 얘기하지 않는 것이 좋다.

8

사람들이 신을 두려워하는 마음이 사람을 두려워하는 마음보다 강하다면 얼마나 좋을까. 인간은 사람들 앞에서는 자신의 잘못을 숨길 수 있지만 신 앞에서는 절대로 숨길 수 없다. 그러므로 나쁜 짓을 하지 말아야 한다.

9

사람들에게는 숨길 수 있지만 신에게는 숨길 수 없다.

10

사람들이 기를 쓰고 숨기려 하는 것은 대부분의 경우 나쁜 일이다.

11

자신의 선행은 숨기는 것이 좋다.

12

감추어 둔 것은 나타나게 마련이고, 비밀은 알려져서 세상에 드러나게 마련이다.
루가복음 제8장 17절

13

아무것도 감출 필요가 없는 삶, 그와 동시에 자기가 한 일을 사람들 앞에 특별히 자랑하지 않는 삶을 살아라.

3월 21일

1

우리가 알고 있는 삶은 현재 이 세상에서의 삶뿐이다. 따라서 만약 우리의 삶에 의미가 있다면 그것은 바로 이 세상의 삶 속에 있어야 한다.

2

사람들 속에서 세속적인 목적을 위해서 사는 자에게도, 혼자서 정신적인 목적을 위해 사는 자에게도 마음의 평화는 없다. 사람들 속에서 신에 대한 봉사를 위해 사는 자만이 마음의 평화를 얻을 수 있다.

3

살기 힘들다 해서 죽기를 바라서는 안 된다. 도덕적인 사람은 자신에게 지워진 무거운 짐을 벗기 위해 자신의 사명을 오로지 실천한다. 자신의 사명을 다했을 때 비로소 그 짐에서 해방될 수 있다.
에머슨

현재의 삶만이 진정한 삶이다. 과거는 이미 없고 미래는 아직 오지 않았다. 현재의 순간만이 존재할 뿐이다. 그러므로 현재의 이 순간을 잘 사는 것, 오직 그것에만 온 정신을 쏟아 노력하라. 내세를 위해 현세를 살아야 한다고 가르치는 사람이 있어도 믿어서는 안 된다. 우리가 알고 있는 삶, 실제로 살고 있는 삶은 현재의 이 삶뿐이다. 따라서 현재의 이 삶을, 이 삶의 한 순간 한 순간을 가능한 한 잘 사는 것에 온 힘을 기울여야 한다.

인생은 고뇌도 아니고 쾌락도 아니다. 그것은 우리가 끝까지 성실하게 수행해야 할 사명이다.

토크빌

너는 아무리 노력해도 마음먹은 대로 잘 되지가 않아, 뭔가 다른 생활이라면 더 쉽게 할 수 있을 텐데 하며 괴로워한다. 그러나 그 생활 속에서, 네가 현재 놓여 있는 조건 속에서, 너는 언제나 자신이 해야 할 일을 할 수 있다는 진리를 알아야 한다.

칼라일

우리가 봉사해야 할 곳은 현재 이 세상이다. 그러므로 우리는 이 세상에서 봉사하는 데 온힘을 기울이지 않으면 안 된다.

3월 22일

설령 진실이 우리의 잘못을 들춰낸다 하더라도 역시 진실을 감추기보다는 떳떳하게 인정하는 것이 낫다. 우리의 삶은 바뀔 수 있지만 진실은 언제까지나 진실로 남아, 우리의 잘못을 결국 들춰내고야 말 것이다.

우리는 언제나 모든 사람들이 나를 보고 있다는 마음가짐으로 살아야 한다. 우리의 마음속 가장 내밀한 곳에도 누군가의 눈길이 닿고 있는 것처럼 생각해야 한다. 무엇 때문에 사람들에게 뭔가를 숨길 필요가 있을까? 어차피 신의 눈으로부터는 무엇 하나 숨길 수가 없다. 결국 신의 가르침과 인간의 가르침은 모두 하나의 진리에 이른다. 그것은 우리는 모두 하나의 위대한 몸뚱이의 손이고 발이라는 사실이다. 자연은 우리 모두를 한 가족으로 결합시켰다. 우리는 모두 서로 관계를 맺고, 서로 도우면서 살도록 창조되어 있다.   세네카

3

그리스도교가 가르치는 것은 인간은 평등하며, 신은 아버지이고, 우리 인간은 모두 형제라는 것이다. 그 가르침은 문명사회를 지배하고 있던 무서운 폭력적 체제에 타격을 가했다. 노예들의 쇠사슬을 끊고 또 소수의 사람들이 대중의 노동 위에 거만하게 앉아 온갖 사치에 빠지고, 노동계급으로부터 그 땀의 결정을 빼앗는 부조리의 사슬도 끊었다. 초기 그리스도교가 박해를 받았던 것은 바로 그 때문이었다. 또 그 가르침을 박해하는 것이 불가능하다는 것을 알았을 때, 지배 계급이 일단 그것을 받아들인 뒤 그 뼈대를 제거해버린 것도 바로 그 때문이다. 그리하여 그리스도교는 겉으로는 번성하였으나 초기 그리스도교와 같은 진정한 그리스도교가 아니라 부자들의 꼭두각시로 전락하고만 것이다.   헨리 조지

4

네 형제가 굶어죽어 가는데, 너는 너무 잘 먹어 병에 걸릴 지경이다. 형제가 알몸으로 돌아다니고 있을 때, 너는 많은 옷을 감당하지 못해 어떻게 보관해야 벌레가 슬지 않을까 궁리하느라 여념이 없다. 남는 옷은 차라리 가난한 사람들에게 입혀주는 것이 훨씬 더 좋지 않을까? 그러면 그 옷도 제 구실을 하게 될 것이고, 너도 쓸데없는 걱정을 하지 않아도 된다. 그러므로 옷을 좀벌레에게 먹히고 싶지 않으면 가난한 사람들에게 나눠주어라. 그들이 벌레와 먼지를 잘 털어줄 것이다. 부에 중독된 사람들은 내 말에 대해 귀를 막을지도 모르지만, 그 대신 가난한 사람들이 내 말을 알아들을 것이다. 가난한 사람들이 알아봤자 뭐하느냐, 그들은 돈도 없고 옷도 없는데, 하고 너는 말할지 모른다. 그러나 그들에게도 빵과 물은 있고, 병자를 문병할 수 있는 다리도 있으며, 불

행한 사람을 위로할 수 있는 혀와 말도 있고, 나그네를 반겨주는 집과 지붕도 있다.   이오안 즐라토우스트

5

오늘날의 모든 선인들의 착오는, 그들이 악인들에게 손을 정중히 내밀어 그들의 악행을 지지할 뿐만 아니라, 그것을 도와주기까지 하면서 그 악의 결과로부터는 달아나려 하는 데 있다.

아침에는 자비심이 솟아 몰락한 몇몇 가족에게 구원의 손길을 내밀면서, 저녁이 되면 그들을 몰락의 구렁텅이로 밀어 넣은 장본인들과 함께 식사를 하고, 수천 명의 사람들을 거리에 나앉게 만든 돈 많은 투기업자를 흉내내려 한다. 그리하여 그들은 불과 몇 시간 안에 몇십 년이 걸려도 복구할 수 없는 많은 것들을 파괴한다. 그들은 곧, 모든 것을 파괴해버리는 군대가 휩쓸고 지나간 뒤에 굶주리고 있는 사람들에게 먹을 것을 주는 한편, 군대의 수를 더욱 늘리고 행군의 속도를 더욱 높이려는 사람들과 다를 바가 없다.   존 러스킨

6

너희는 이웃을 구덩이 속에 밀어 넣은 뒤, 네 이웃에게 신이 내려준 그 처지에 만족해야 한다고 말한다. 현대의 그리스도교는 모두 그런 식이다. "우리가 그를 밀어 넣은 것이 아니다"라고 그들은 말한다. 물론 우리는 아침마다 자기 자신을 향해 오늘 하루, 나에게 유리한 일이 아니라 인간으로서 마땅히 해야 할 일을 하고 싶다고 말하지 않는 한, 자신들이 도대체 무엇을 하고 있는지, 또 무엇을 하고 있지 않은지 전혀 깨닫지 못할 것이다.   존 러스킨

7

설사 진실이 우리에게 무엇을 해야 하는지 알려주지 않을 때가 있더라도, 우리가 무엇을 해서는 안 되는지는 항상 알려줄 것이다.

3월 23일

1

땅은 공기나 태양과 마찬가지로 만인의 소유이며, 결코 개인의 사유물이 아

니다.

2

우리는 모두 이 세상의 나그네이다. 동서남북 어디로 가든 발길 닿는 곳마다 반드시 "이곳은 내 땅이다"라고 말하며 너를 내쫓는 사람을 만날 것이다. 결국 우리는 이 세상의 모든 곳을 돌아다닌 끝에, 전 세계 어디에도 우리의 아내가 자식을 낳을 수 있는 한 조각의 땅과, 우리가 걸음을 멈추고 경작할 수 있는 한 뙈기의 땅, 우리의 아이들이 우리의 뼈를 묻을 수 있는 한 뼘의 땅도 없다는 것을 깨닫고 돌아오게 될 것이다.　　　　　　　　　　　　라프네

3

곳곳마다 누군가가 사유지로 차지하고 있는 땅에 어떤 사람을 내려놓고, 너는 자유로운 인간이다, 마음껏 일하여 스스로 번 것을 마음대로 사용해도 좋다고 말하는 것은, 그 사람을 대서양 한가운데 내던지고 너는 마음대로 헤엄쳐서 해안으로 갈 수 있다고 말하는 것 못지않게 악랄한 행위이다.　헨리 조지

4

땅을 소유하는 권리는 세상 과반수의 사람들한테서 자연의 상속권을 빼앗는 것이다.　　　　　　　　　　　　　　　　　　　　　　토머스 페인

5

백 명의 사람들을 외딴섬에 이주시키고, 그중 한 사람을 나머지 아흔아홉 명에 대한 독재자로 앉히는 것은, 섬 전체의 땅을 그 한 사람이 소유하게 하는 것과 다를 바가 없다.　　　　　　　　　　　　　　　　　헨리 조지

6

영국에는 현재의 인구보다 열 배나 많은 사람들을 먹여 살릴 수 있는 땅이 있음에도 불구하고, 수많은 사람들이 자신의 형제인 동포들에게 구걸을 하거나 가혹한 날품팔이를 강요당하면서 도둑질을 하지 않으면 굶어 죽거나 지상에서 살 가치가 없는 인간으로서 교수형에 처해지고 있으니, 과연 이것이 노예

제도가 아니고 무엇이란 말인가!   제럴드 위스탠리

7

토지 사유권은 굶주림과 헐벗음, 노동의 허비, 남의 노동에 의한 결실의 약탈, 가옥의 파괴, 빈곤, 질병, 가족의 죽음, 가난한 사람들이 인간으로서 가장 절실하고 당연한 생활의 권리의식에 눈떴을 때 그들의 마음속에 일어나는 절망감, 자포자기 등등을 의미한다. 그것은 모두 토지 사유권의 산물이다.

카디널 매닝

8

자신과 가족을 부양하는 데 필요한 것보다 많은 땅을 소유한 사람은, 일반 민중의 고통의 원인이 되고 있는 인고와 결핍과 타락에 참여하는 자일 뿐만 아니라 그 책임자이기도 하다.

3월 24일

1

신의 계율을 실천하는 자만이 신 자체도 인식할 수 있다. 그리고 신의 계율을 바르게 실천하면 할수록 더욱 명료하고 더욱 가깝게 신을 인식할 수 있다.

2

예수께서는 이렇게 말씀하셨다. "내 말을 믿어라. 사람들이 아버지께 예배를 드릴 때에 '이 산이다' 또는 '예루살렘이다' 하고 굳이 장소를 가리지 않아도 될 때가 올 것이다. 아버지께서는 이렇게 예배하는 사람들을 찾고 계신다. 하느님은 영적인 분이시다. 그러므로 예배하는 사람들은 영적으로 참되게 하느님께 예배드려야 한다."

요한복음 제4장 21, 24절

3

아무리 신을 믿고 있어도, 가끔 그 존재를 의심하는 순간에 부딪히지 않는 사람은 아무도 없을 것이다. 그러나 그러한 의심의 순간은 나쁜 것이 아니며, 오히려 우리를 신에 대한 한층 더 높은 차원의 이해로 이끌어준다.

우리가 지금까지 알고 있던 신은 완전히 진부해져버려서, 이젠 신을 믿고 있다고 말할 수 없게 되어버렸다. 우리가 진정으로 신을 믿는 것은 신이 우리에게 새로운 모습으로 나타날 때뿐이며, 신은 우리가 온 마음으로 구하면 그 새로운 모습을 우리에게 계시한다. 그리고 그 모습은 무한하다.

4

모세가 하느님에게 물었다.

"오, 주여! 저는 어디서 당신을 찾으리이까?"

하느님은 대답했다.

"네가 나를 찾을 때 너는 이미 나를 찾았느니라."

5

"어떻게 신이 존재한다는 것을 알고 있습니까?" 하고 묻자 현자는 대답했다.

"해를 보는데 과연 등불이 필요할까?"

신이 도대체 무엇인지 표현할 수 있는 인간의 언어는 없다. 그러나 그러한 언어가 없더라도 우리는 신이 존재한다는 것을 이미 알고 있다. 아라비아 잠언

6

신을 알고 있는 사람에는 두 종류가 있다. 영리하거나 어리석은 것과는 상관없이 마음이 가난한 사람과 진정으로 현명한 사람들이다. 오만한 사람과 어설프게 현명한 사람들만이 신을 모른다.   파스칼

7

어떤 사물이든 가까이 가보면 잘 알 수 있듯, 신을 아는 것도 신에게 가까이 갔을 때뿐이다. 신에게 가까이 다가가는 것은 오직 선행에 의해서만, 즉 신의 율법을 실천하는 것에 의해서만 가능하다. 그리고 신을 잘 알면 알수록 우리는 더욱 더 기꺼이 그 율법을 실천한다. 또 그 율법을 훌륭하게 실천하면 할수록 신을 더 잘 알게 된다. 참으로 이 둘은 서로를 돕고 있다.

8

유대인은 신의 이름을 부르는 것을 죄악으로 생각한다. 그들이 그렇게 생각하는 것은 당연하다. 신은 곧 영혼이기 때문이다. 모든 이름은 육체적인 것이지 영적인 것이 아니다.

수라트의 찻집

인도의 도시 수라트에 한 찻집이 있었다. 거기에는 여러 나라에서 온 여행객과 외국인들이 모여 서로 담소를 나누곤 했다.

한번은 거기에 페르시아의 한 신학자가 찾아왔다. 그는 평생을 바쳐 신의 본성에 대해 연구하면서 그것에 대한 책을 읽고 쓰기도 했다. 너무 오랫동안 신에 대해 생각하며 읽고 쓰는 사이에 정신이 이상해져서, 머릿속에서는 모든 것이 뒤죽박죽이 되고 말았다. 그리하여 그는 마침내 신을 믿는 것을 그만두어 버렸다.

그 사실을 안 황제는 그를 페르시아 왕국에서 추방했다.

이렇게 한평생을 우주의 기원인 신에 대해 연구하면서 머리가 이상해져버린 신학자는, 자신이 이성을 잃었다는 것을 깨닫지 못하고 이 세상을 지배하는 최고의 이성이란 건 존재하지 않는다고 생각하게 되었다.

이 신학자에게는 어디를 가나 그를 따라다니는 아프리카인 노예가 있었다. 신학자가 찻집에 들어서자 아프리카인은 문밖의 마당에 남아 양지 쪽 돌 위에 걸터앉았다. 그리고 자신에게 달라붙는 파리를 쫓고 있었다. 신학자는 찻집의 소파 위에 비스듬히 누워 아편차를 한 잔 주문했다. 아편차를 한 잔 들이키고 나자, 그것이 뇌수에 작용하기 시작한 그는 노예에게 말했다.

"어이, 이 더러운 노예놈아. 너는 신이 있다고 생각하느냐, 아니면 없다고 생각하느냐? 어디 한 번 말해봐."

"그야 물론 있습죠!" 하고 노예는 말하며, 당장 허리춤에서 조그만 나무 조각상을 꺼냈다. "보십시오, 이것이 신입니다. 제가 이 세상에 태어난 날부터 저를 지켜 주고 있는 신입죠. 이 신은 우리나라에서 모든 사람이 숭배하고 있는 신성한 나무의 가지로 만든 것입니다요."

이 신학자와 노예가 주고받는 이야기를 듣고 있던 사람들은 깜짝 놀랐다.

주인의 물음에도 놀랐지만 더욱 놀라운 것은 노예의 대답이었다.

노예의 말을 듣고 있던 한 바라문이 그에게 말했다.

"이런 불쌍한 놈이 있나! 그래, 신이 인간의 허리춤에 있다고 생각하는 바보가 어디 있단 말이냐! 신은 오직 한 분 브라마님밖에 없어. 이 브라마님은 이 세상을 다 합친 것보다 위대하시다. 왜냐하면 그분이 이 세상을 만드셨기 때문이야! 브라마님이야말로 오직 한 분뿐인 위대한 신이시다. 이 신을 위해 갠지스 강 언덕 위에 사원들이 지어졌고, 그 유일한 승려인 바라문들이 그 속에서 오로지 그 신만을 섬기고 있지. 이 승려들만이 진실한 신을 알고 있어. 벌써 2천 년의 세월이 지나는 동안 이 세상에 수많은 변화가 일어났지만 승려들은 옛날과 조금도 달라지지 않았어. 그것은 유일한 신인 브라마님이 그들을 지켜주시기 때문이지."

바라문은 모든 사람을 설득하기 위해 이렇게 말했다. 그러나 거기에 있던 한 유대인 고리대금업자가 그를 반박했다.

"그렇지 않아요. 진정한 신의 사원은 이 인도에는 없습니다! 신은 바라문들을 지켜주지 않습니다! 진정한 신은 바라문들의 신이 아니라 아브라함, 이삭, 그리고 야곱의 신입니다. 그리고 진정한 신은 오직 하나밖에 없는 자신의 이스라엘 백성만을 지켜주십니다. 신은 천지를 창조한 이래 이스라엘 백성만을 사랑해왔고 지금도 사랑하고 있으니까요. 지금 우리 민족이 지구상에 뿔뿔이 흩어져 있는 것은 다만 시련일 뿐입니다. 신은 약속했던 것처럼 언젠가 다시 자신의 백성을 예루살렘에 모아, 옛날 같은 기적을 일으켜 예루살렘의 성전을 재건하고, 이스라엘을 세상의 모든 민족의 지배자로 군림하게 만들 겁니다."

유대인은 이렇게 말한 뒤 울음을 터뜨렸다. 그는 말을 더 계속하고 싶은 눈치였으나 옆에 있던 이탈리아인이 그를 가로막았다.

"그런 거짓말이 어디 있소!" 하고 이탈리아인은 유대인에게 말했다. "당신은 신에게 불공평을 강요하고 있어요. 신이 어느 한 백성을 다른 백성들보다 더 많이 사랑할 리가 없습니다. 오히려 그 반대로, 설사 전에는 이스라엘을 지켜주었다 하더라도, 그 이스라엘 민족에게 노한 신은 노여움의 표시로 이스라엘 민족의 독립을 빼앗고, 이스라엘 백성을 전 세계에 흩어지게 한 지 벌써 1800년이나 지났지만, 그 신앙은 퍼지기는 고사하고 겨우 여기저기서 명맥이나 유지하고 있지 않소? 신은 어떠한 백성도 편애하지 않고 구원을 원하는 모든 사람을 유일한 로마 가톨릭 교회의 품 안에서 구제하고 계십니다. 로마 가톨릭 외에는 구원은 어디에도 없어요."

그러자 옆에 있던 신교의 목사가 새파랗게 질린 얼굴로 가톨릭 신부를 향해 말했다.

"구원은 오직 당신네 종파 속에서만 가능하다는 말을 어떻게 할 수 있단 말입니까? 분명히 말하지만, 성서에서 말했듯 오직 예수의 율법에 좇아 정신과 진리 속에서 신을 섬기는 자만이 구원받는다는 것을 아십시오."

그때 옆에 앉아 엄숙한 얼굴로 파이프 담배를 뻐끔뻐끔 피우고 있던, 수라트 세관에서 근무하는 한 터키인이 두 그리스도교도에게 얼굴을 돌렸다.

"당신네가 아직도 로마 교회의 신앙을 믿고 있다니, 개가 웃을 일이군요. 당신네의 신앙은 벌써 한 6백 년 전에 마호메트의 진정한 신앙으로 바뀌었어요. 그리고 당신들도 알다시피 마호메트의 진정한 신앙은 유럽에서는 물론 아시아, 심지어는 문명한 중국에까지 퍼져가고 있습니다. 당신들도 유대인은 신에게 버림을 받았다는 것, 그 증거로 유대인들은 가는 곳마다 멸시당하며 그들의 신앙을 전혀 전파하지 못하고 있다는 것을 인정하고 있지 않습니까? 이슬람 신앙의 진실성을 인정해야 합니다. 이슬람교는 지금 융성의 절정에 있고, 갈수록 퍼져 가고 있으니까요. 신의 마지막 예언자인 마호메트의 가르침을 믿는 자만이 구원을 받을 수 있습니다. 그것도 오마르파가 아니면 안 되며 알리파는 안 됩니다. 알리파는 신앙이 없기 때문입니다."

그 말을 듣고, 알리의 종파에 속해 있는 페르시아 신학자가 반박하려고 했다. 그러나 이때 찻집 안에 있던 여러 다른 신앙과 종파에 속해 있는 모든 외국인들 사이에 일제히 논쟁이 벌어지기 시작했다. 거기에는 아비시니아의 그리스도교도, 인도의 라마승, 심지어는 배화교도까지 있었다.

모든 사람들은 신의 본성과 신을 어떻게 믿어야 하는지를 두고 말다툼을 벌였다. 각자가 자신의 민족만이 진정한 신을 알고, 신을 어떻게 숭배해야 하는지 알고 있다고 주장했다.

모두들 침을 튀기며 말다툼을 하고 소리를 질러댔다. 오직 한 사람 공자의 가르침을 실천하는 중국인만은 찻집 한쪽 구석에 앉아 이 말다툼에 끼어들지 않고 있었다. 그는 차를 마시면서 아무 말 없이 모든 사람들의 말에 귀를 기울이고 있었다.

터키인이 한창 말다툼을 하다 그를 알아보고 그에게 말했다.

"나를 좀 응원해 주시구려, 중국양반. 잠자코 있지 말고 뭐든 나한테 유리한 말을 해줄 수 없겠소? 나는 당신네 중국에 요즈음 온갖 신앙이 있다는 것을 알고 있어요. 당신네 나라의 상인들이 몇 번인가 나에게 얘기해준 적이 있지요. 당신네 중국인들은 모든 신앙 가운데 이슬람교를 가장 좋은 신앙으로 생각하고 기꺼이 받아들이고 있다고 말이오. 내 말의 증인이 되어 주시오. 그리고 진정한 신과 그 예언자에 대한 당신의 생각을 말씀해주지 않겠소?"

"그래, 맞아, 어디 당신 생각을 한번 말해 보구려." 하고 다른 사람들도 말했다.

공자의 가르침을 실천하는 그 중국인은 두 눈을 지그시 감고 잠시 무언가 생각하더니, 눈을 뜨고 자기 옷의 널따란 소맷부리에서 두 손을 꺼내 가슴 위에 포개고, 조용하고 침착한 목소리로 말문을 열었다.

"여러분, 나는 신앙 문제에서 사람들의 고집만큼 모두의 일치를 방해하고 있는 것은 없다고 생각합니다. 당신들이 내 말에 귀를 기울여 주신다면 그것을 예를 들어 설명하지요. 나는 세계를 일주하는 영국 여객선을 타고 중국에서 이 수라트에 왔습니다. 도중에 물을 얻기 위해 수마트라 섬의 동쪽 해안에 정박했지요. 한낮에 우리는 섬에 내려 주민들의 마을에서 그리 멀지 않은 바닷가 야자나무 그늘에 앉아 있었습니다. 제각각 다른 나라에서 온 사람들이었어요.

우리가 앉아 있는 동안 한 장님이 다가왔습니다.

나중에 안 일입니다만, 그 사람은 태양이 무엇인지 알고 싶어서 너무 오랫동안 열심히 태양을 쳐다보다가 눈이 멀었다고 했습니다. 그는 태양빛을 조금이라도 가지고 싶어서 오랫동안 온갖 학문을 열심히 연구했습니다. 그는 태양빛을 붙들어 병 속에 채워 넣고 싶었습니다.

그래서 열심히 태양을 바라보았지만 결국 아무것도 얻지 못하고 태양빛에 의해 마침내 눈이 멀게 되고 만 겁니다.

그때 그는 자기 자신에게 말했습니다.

"태양빛은 액체가 아니다. 만일 그게 액체라면 병에 흘려 넣을 수 있을 것이고 바람이 불면 물처럼 흔들릴 것이다. 태양의 빛은 불도 아니다. 만일 그게 불이라면 물 속에서 꺼질 테니까. 그렇다고 빛은 영혼도 아니다. 왜냐하면 눈에 보이기 때문이다. 또 움직이지 않으니 고체도 아니다. 태양빛이 액체도 불도 영혼도 고체도 아니라면 결국 태양빛은 무(無)다."

그는 이렇게 생각했습니다. 그러고도 여전히 태양을 바라보며 줄곧 그것에 대해 생각했기 때문에 시력과 함께 이성까지 잃어버리고 만 거지요.

그가 완전히 장님이 되었을 때는 이미 태양은 없는 것이라고 믿게 되었습니다.

이 장님과 함께 그의 노예도 있었습니다. 그는 자기 주인을 야자나무 그늘에 앉힌 뒤, 떨어져 있는 야자열매를 주워 그것으로 등불을 만들기 시작했습니다. 야자의 섬유를 비벼 심지를 만들고 야자열매의 기름을 짜서 껍질 속에 그것을 담고 그 속에 심지를 넣더군요.

노예가 등불을 만들고 있는 동안 장님은 한숨을 쉬면서 그에게 말했습니다.

"나는 너에게 태양이란 건 없다고 말했는데 내 말이 맞았지? 봐라, 이렇게 캄캄하지 않느냐? 그런데도 사람들은 태양이 이러니저러니 하고 있으니, 도대체 태양이 무엇이기에?"

"저는 모릅니다, 태양이 무엇인지. 저하고는 아무 상관도 없는 일이니까요. 하지만 빛에 대해서는 알고 있습죠. 자, 이제 등불을 다 만들었어요. 이것이 있으면 밤에도 볼 수 있으니 나리도 잘 모실 수 있고, 또 제 방의 물건도 뭐든지 찾을 수 있지요." 노예는 야자 껍질을 집어 들고 말했습니다. "저에게는 바로 이것이 태양입죠."

그 자리에 목발을 짚은 한 절름발이가 앉아 있다가, 노예의 이 말을 듣고 웃음을 터뜨렸습니다. 그는 장님에게 말했습니다.

"당신은 보아하니 태어나면서부터 장님인가 보구려, 태양이 무엇인지 모르는 걸 보니. 내가 가르쳐 드리죠. 그건 태양은 불덩어리입니다. 그리고 그 덩어리는 아침마다 바다에서 솟아 저녁마다 우리 섬의 산속으로 지지요. 그것은 누구나가 다 보고 있는 일이고, 당신도 앞을 볼 수만 있다면 그걸 알 수 있을 텐데 말이에요."

그러자 이번에는 옆에 있던 한 고기잡이가 이 말을 듣고 절름발이에게 말했습니다.

"그러고 보니 당신은 당신네의 이 섬 밖으로는 어디에도 나가본 적이 없는 모양이군. 당신이 만일 절름발이가 아니어서 바다에 나갈 수 있다면, 당신은 해가 이 섬의 산속으로 지는 것이 아니라, 바다에서 솟아오른 것처럼 저녁에도 또한 바다 속으로 진다는 것을 알 텐데. 나는 자신 있게 말할 수 있소. 날마다 그것을 내 눈으로 보고 있으니까."

한 인도인이 이 말을 듣고 있었습니다.

"무슨 그런 당치도 않은 말을 하시오! 그래, 불덩어리가 물 속에 떨어지는 데도 꺼지지 않는다는 게 말이 되는 소리요? 태양은 불덩어리가 아니라 신입니다. 바로 '제바'라고 하는 신이지요. 이 신은 '메루바'라고 하는 황금의 산 주위를 마차를 타고 돌아다니고 있어요.

이따금 '라구'라고도 하고 '케투'라고도 하는 나쁜 뱀이 이 제바님에게 달려들어 삼켜버리기도 하는데, 이때 세상이 캄캄해지는 거요. 그러나 우리나라의 제사장들이 기도를 드리면 신은 다시 뱀의 배 속에서 나옵니다. 자기네 섬 밖으로 한 번도 나가본 일이 없는 당신네 같은 무식한 사람들만이, 태양은 오직 자기네 섬만 비추고 있다고 생각하는 겁니다."

그때 한 이집트인 배 주인이 입을 열었습니다.

"아니오, 그건 잘못 생각한 겁니다. 태양은 신도 아니고, 인도와 그 황금의 산 둘레를 돌아다니고 있는 것도 아닙니다. 나는 흑해와 아라비아 연안에도 여러 번 항해해 보았고 마다가스카르와 필리핀 군도에도 가본 적이 있소만, 태양은 모든 곳을 비추고 있습니다. 태양은 한 곳만 빙빙 돌고 있는 것이 아니라 일본 연안에서도 떠오르고 있어요. 그래서 그 나라를 일본, 즉 그들의 말로 '해가 떠오르는 나라'라고 부르고 있는 겁니다. 일본에서 떠오른 태양은 저 멀리 훨씬 서쪽의 영국의 섬들 너머로 지고 있습니다. 나는 그것을 잘 알고 있어요. 왜냐하면 나 자신도 직접 보았고 나의 할아버지한테서도 많이 들었기 때문이오. 나의 할아버지는 바다 끝까지 항해하고 돌아다니신 분이니까."

그는 더 얘기하고 싶은 모양이었으나 우리가 타고 있던 배의 영국인 선원이 그의 말을 가로막았습니다.

"영국만큼 태양의 움직임을 잘 알 수 있는 곳은 없을 겁니다" 하고 그는 말했습니다. "우리 영국인들은 다 알고 있는데, 태양은 어디에서도 떠오르지 않고 어디로도 지지 않습니다. 그것은 끊임없이 지구의 둘레를 돌고 있어요. 우리는 그것을 잘 알고 있습니다. 왜냐하면 방금 우리는 지구를 한 바퀴 돌고 왔지만, 어디에서도 태양과 부딪힌 일이 없기 때문입니다. 태양은 여기서와 마찬가지로 어디서도 아침에 나타났다가 저녁에는 사라지는 겁니다."

영국인은 막대기를 주워 모래 위에 원을 그리고 태양이 지구 둘레의 하늘을 어떻게 돌고 있는지 설명하기 시작했습니다. 그러나 그는 생각대로 잘 설명할 수가 없어서 자기 배의 키잡이를 가리키며 말하는 것이었습니다.

"사실은 저 사람이 나보다 배운 것이 많으니까 더 잘 설명해줄 겁니다."

그 키잡이는 지혜로운 사람이어서 질문을 받을 때까지 잠자코 이야기를 듣고 있습니다. 그러나 모든 사람의 얼굴이 그를 향하자 그는 입을 열었습니다.

"여러분은 모두 서로가 서로를 속이고 있고 자기 자신도 속이고 있습니다. 태양이 지구 둘레를 돌고 있는 것이 아니라 지구가 태양의 둘레를 돌고 있고, 지구 자체도 스물네 시간에 한 바퀴씩 돌면서 일본과 필리핀군도, 우리가 지금 앉아 있는 이 수마트라와 아프리카, 유럽, 아시아, 또 그 밖의 모든 나라의 땅을 태양 쪽으로 향하게 하고 있어요. 태양은 그저 하나의 산, 하나의 섬, 하나의 바다, 심지어 지구만을 위해 비추고 있는 것이 아니며, 지구와 같은 다른 많은 별들을 위해서도 비추고 있습니다. 만일 자기의 발밑이 아니라 하늘을 우러러보고, 태양이 자기 한 사람이나 자기 나라만을 위해 비추고 있다는 생각을 그만둔다면, 그것을 잘 알게 될 것입니다."

이렇게 배를 타고 온 세상을 수없이 돌아다니며 하늘을 많이 올려다본 지혜로운 키잡이가 말했습니다.

"그렇습니다, 신앙 문제에서 빚어지는 사람들의 미망과 분열은 모두 아집에서 비롯되는 것입니다.

태양의 이야기는 또한 신의 이야기이기도 합니다. 사람들 아집 때문에 자기만의 신이나 최소한 자기 나라만의 신을 가지고 싶어 하는 겁니다. 모든 국민은 자기들만의 신전 속에 전 세계를 포용할 수 없는 절대적인 신이라는 존재를 가두어두려 하고 있습니다.

이 같은 신전을, 모든 사람을 그 속에서 하나의 가르침, 하나의 신앙으로 결합시키기 위해 신 자신이 세운 신전과 견줄 수 있을까요?

모든 인간의 신전은 이러한 신전, 즉 신의 세계의 모형으로서 만들어져 있는 것에 지나지 않습니다. 모든 신전 안에는 세례반이 있고 궁륭과 등불과 성상과 고문서가 있으며, 경전과 공물과 제단과 신관이 있습니다. 그런데 도대체 어떤 신전에, 바다 같은 세례반, 하늘 같은 궁륭, 태양과 달과 별 같은 등불, 서로 사랑하고 도우며 사는 인간 같은 살아있는 성상이 모셔져 있다는 말입니까? 도대체 어디에, 인간의 행복을 위해 신이 가는 곳마다 뿌린 은총만큼 신의 선성을 이해하기 쉬운 문서가 있단 말입니까? 도대체 어디에, 우리들 각자의 마음속에 새겨져 있는 경전만큼 이해하기 쉬운 경전이 있을까요? 도대체 어디에, 사랑이 풍부한 인간이 자신의 이웃을 위해 행하는 자기희생만큼 고귀한 공물이 있겠습니까? 도대체 어디에, 신이 직접 공물을 받는 선량한 인간의 마음보다 더 좋은 제단이 있을 수 있겠습니까?

신을 깊이 이해하면 이해할수록 우리는 더욱 더 신을 잘 알게 됩니다. 그리고 신을 잘 알게 될수록 더욱 더 신에게 가까이 다가가게 되어, 신의 선한 의지와 자비와 인간에 대한 사랑을 본받게 될 것입니다.

그러므로 이 세상을 가득 채우고 있는 태양의 빛을 본 사람이라도, 자신의 우상 속에서 한 줄기의 빛만을 보고 있는 어리석은 사람을 비난하고 경멸해서는 안 된다고 생각합니다. 그리고 눈이 멀어 전혀 빛을 보지 못하는 자도 경멸해서는 안 될 것입니다."

공자의 가르침을 실천하는 중국인이 말을 마치자, 찻집 안에 있던 사람들은 모두 입을 다물고 말았다. 그리고 누구의 신앙이 더 나은지 더 이상 다투지 않았다.

베르나르댕 드 상피에르—레프 톨스토이 다시 씀

3월 25일

1

동병상련이라는 말이 있다. 사람은 서로 돕지 않고는 살 수 없다. 그것은 상호적인 것이어야 함에도 불구하고, 우리의 삶은 매우 복잡다단하여 어떤 사람들은 남을 돕고 어떤 사람들은 남의 도움만 받고 있다.

2

누구나 남의 노동을 이용하고 있기 때문에, 남의 노동을 도둑질하지 않으려면 자신이 남들한테서 받은 것만큼 그들에게 자신의 노동을 제공하여야 한다.

그러나 자기가 얼마나 받고 얼마나 주고 있는지 계산하는 것은 불가능하므로, 도둑이 되지 않으려면 남의 노력을 될 수 있는 대로 적게 받고, 자신의 노력은 될 수 있는 대로 많이 주도록 애써야 한다.

3

무엇을 얻고 무엇을 사용하든 그것은 인간의 땀의 결정이며, 그것을 허비하거나 파괴하고 망가뜨리는 것은, 남의 땀의 결정을 파괴하고 인간의 생명을 허비하고 있는 것이나 다름없다는 것을 잊어서는 안 된다.

4

너와 네가 손에 넣은 물건 사이에 어떤 중개인이 있다 할지라도, 그것은 네형제의 손에 의해 만들어진 것으로서 그 노력에 경의를 표하지 않으면 안 된다. 그 경의는 네가 형제들의 노력의 산물을 귀하게 다루고, 그들에게 자신의 노력을 바치는 것을 통해서만 표할 수 있다. 　　　　　　　　　　　　존 러스킨

5

부자들은, 물건을 사는 행위 속에 들어 있는 남의 노동과의 관계 외에, 노동자와 하인에 대한 직접적인 관계를 가지고 있다. 하인에 대한 우리의 태도만큼, 우리가 그리스도교를 무시하고 있음을 잘 보여주는 것은 없다. 하인들은 우리를 대신해서 지극히 불결하고 불쾌하며 무의미하기까지 한 일을 하면서, 우리에 대한 봉사에 자신들의 모든 시간을 바치고 있는데, 우리는 대부분 약

속된 급료를 주기만 하면 그들과의 셈은 끝난 것이라고 생각한다. 그러나 그들도 우리의 형제가 아닌가? 그러므로 만약 지금의 사회구조 속에서 그들이 돈 때문에 우리에게 봉사하지 않을 수 없는 거라면, 하다못해 그들과의 사이에 인간적인 관계를 쌓도록 노력해야 한다.

그들이 우리에게 봉사한다면, 어째서 그들과 함께 같은 것을 먹어서는 안 된단 말인가? 어째서 그들과 함께 쉬면서 즐겁게 놀고 공부해서는 안 된단 말인가?

6

너의 모든 재능과 지식을 남을 돕는 수단으로 생각하라.

7

강하거나 현명한 사람에게 힘과 지혜가 주어져 있는 것은, 약자를 박해하기 위해서가 아니라 그들을 돕고 그들을 보호해주기 위한 것이다.　　존 러스킨

8

사람들이 서로 돕고 사는 것을 동병상련으로만 여겨서는 안 된다. 자신의 형제로부터 도움을 받은 사람은, 그것을 물질로 갚아야 함은 물론이고, 존경과 감사로도 보답해야 한다.

3월 26일

1

모든 사람들의 생활에서 가장 중요한 변화는 그들의 신앙의 변화이다.

2

예수는 자신의 죽음이 가까워졌을 때 주로 두 가지 문제에 대해 깊이 생각했다. 자신의 이름이 악용될 위험성과, 심각하고 파괴적인 사회적 대변동 뒤에 올 자신의 율법의 확립에 대한 것이었다. 그리스도는 죽기 전에 자신의 제자들과 모든 사람들에게 자신이 죽은 뒤에 사이비 그리스도와 사이비 예언자들이 나타날 텐데, 그들이 아무리 세상 사람들을 놀라게 하더라도 절대로 속아서는

안 된다고 말했다. 그는 또 그들이 매우 강력하다는 것, 그 강력함이 세상 사람들을 유혹할 것임을 깨달았다.

그는 또 어떻게 하면 그들의 가르침이 허위라는 것을 알 수 있는지에 대해서도 말했다. 우리가 좋은 나무와 나쁜 나무를 그 열매로 판단하는 것과 마찬가지로, 만약 이 세상의 모든 세속적인 것을 멀리하지 않고, 자기 부정의 정신도 없으며, 모든 차별을 넘어선, 만인에 대한 자비와 사랑이 없다면, 어떠한 경우에도 진정한 그리스도교는 없고 사이비 그리스도와 사이비 예언자들만이 있을 것이다, 그리스도도 그러한 가짜들이 많이 나타날 것이라고 말했다. 그리고 하늘에 계시는 아버지만이 아는 그날 그때가 도래할 때까지는 그러한 무리가 차례차례 나타날 것이라고 했다.

그러나 언젠가는 그때가 도래한다. 세상이 크게 흔들릴 때, 사람들이 서로 싸우고 권력자와 강자가 쓰러지고 사회적 대혼란이 일어날 때가 도래한다. 그때가 바로 낡은 세계의 종말이자 새로운 세계의 탄생이며, 신의 나라의 도래라고 그리스도는 말했다. 그리고 이 새로운 세계의 도래는 멀지 않았으며, 그것은 낡은 세계, 사이비 그리스도, 사이비 예언자들이 사라지고 있음이 이미 확실하니, 모든 사람은 기쁜 마음으로 고개를 들고 신의 나라의 도래를 맞이할 준비를 하고 있기 때문이라는 것이다.   라므네

3

옛날에 민중이 불행했을 때 예언자들은 그들에게 말했다. "너희는 신을 잊고 신의 길에서 벗어났다. 그렇지 않았다면 불행이 너희를 덮치지 않았을 것이다. 너희는 영원한 율법을 좇아 생활하지 않았고 허위와 기만의 율법에 따르며 진실을 인정하려 들지 않았다. 그리하여 마침내 자연의 인내력도 한계에 이른 것이다."

이것은 아직 소박하고 타락하지 않은 사람들은 충분히 이해할 수 있는 말이다. 그러나 요즈음, 자연을 수천 년 전에 발명된 태엽시계 비슷한 고물로 생각하는 사람들이 나타났다. 그 시계는 지금도 여전히 째깍거리면서 가지만 아무 짝에도 쓸모가 없다는 것이다. 그렇게 생각하는 사람들에게는 어떠한 충고와 비난도 무용지물이다. 그러나 다행히 모든 사람이 다 그런 것은 아니어서, 만약 자신의 생활이 나쁘다면 그 죄는 오직 자기 자신에게 있다는 것을 아는

사람들도 있다.   칼라일

4

　벼랑 끝에 서 있는 주정꾼이, 위험하다고 그를 제지하려는 사람들을 향해 낄낄 웃으면서 횡설수설하는 것처럼, 온갖 부정한 욕망에 취한 현대사회는 다가올 비참한 운명에서 자신을 구하고자 하는 예언자들을 비웃고 있다. 옛날과 마찬가지로 오늘날에도 예언자는, "예루살렘이여, 예루살렘이여, 예언자를 죽이고 너에게 보내진 자를 돌로 쳐 죽이려는 예루살렘이여! 나는 이미 여러 차례 어미닭이 병아리를 날개 밑에 품듯 너희들을 품고자 했건만, 너희는 번번이 그것을 거절하였노라." 하고 말하지 않으면 안 되리라.　　　　류시 말로리

5

　인류는 영원히 배우는 인간과 같다. 개개의 인간은 죽어가지만 그들이 지금까지 사색을 거쳐 도달한 진리와 그들이 토로한 진실은 그들과 함께 사라지지 않는다. 인류는 그 모든 것을 간직하고 있으며, 한 사람 한 사람이 죽은 자의 무덤에서 조상들이 획득한 것을 꺼내어 이용할 수 있다. 우리 개개인은 우리 이전에 살았던 인류가 쌓아온 신앙의 세계 속에 살아가는 것이며, 또 우리 개개인은 무의식 속에 우리 뒤의 인류의 삶을 위해 다소나마 가치 있는 것을 남긴다. 인류의 교육은, 그 옆을 지나가는 사람이 누구나 돌을 하나씩 쌓아올리는 그 동양의 돌탑처럼 완성되어 간다. 이 세상에 잠시 머물다 가는 우리는, 다른 세상에서 자신들의 교육을 완성시키기 위해 부름을 받고 이 세상을 떠나지만, 인류의 교육은 비록 느리기는 해도 부단히 진행되고 있는 것이다.

마치니

6

　신앙은 어느 시대에나 같은 것이라고 생각하는 것은 큰 잘못이다. 오래 살면 살수록 사람들의 신앙은 더욱 이해하기 쉽고 간결하고 견고한 것이 된다.
　신앙이 이해하기 쉽고 간결하고 견고하면 할수록, 사람들의 생활은 더욱 평화롭고 당당한 것이 된다.
　어떠한 시대에도 동일한 신앙으로 충분하므로 그것을 바꾸지 않아도 된다

고 생각하는 것은, 우리가 어렸을 때 어머니한테서 들은 옛날이야기를 사실로 믿고 영원히 그것을 믿어야 한다고 생각하는 것과 같다.

3월 27일

1

신을 믿으면 믿을수록 사람을 두려워하지 않게 된다.

2

설사 네가 바라는 모든 선을 충분히 실천하지 못했다 하더라도 낙담하거나 실망해서는 안 된다. 만약 높은 데서 떨어졌다면 다시 올라가기 위해 노력하라. 인생의 시련을 조용히 극복하며, 지혜롭게 맨 처음 섰던 자리로 돌아가야 한다. 　　　　　　　　　　　　　　　　　　　　　　　마르쿠스 아우렐리우스

3

사람을 두려워하는 자는 신을 두려워하지 않고 신을 두려워하는 자는 사람을 두려워하지 않는다.

4

그 생애가 끊임없는 승리의 연속인 사람, 무한한 것과 진실한 것을 위해 세상 사람들의 칭찬 속에서가 아니라 일 속에서 자신의 의지처를 발견하는 사람, 세상의 눈에 띄지 않고 눈에 띄려고 생각도 하지 않는 사람, 그런 사람을 존경하라. 그런 사람은 자기가 그것으로 말미암아 괴로워하리라는 것을 알고 있으면서도 세상 사람들의 욕을 먹는 선행을 선택하고, 진리를 선택한 것이다. 가장 높은 선은 언제나 세상의 법칙에 반(反)한다. 　　　　　　　　　　에머슨

5

모든 위대한 진리는 인류의 의식 속으로 들어가기 위해 반드시 세 단계를 거치지 않으면 안 된다. 첫 번째 단계는 "이런 것은 얘기할 가치도 없을 만큼 어리석은 것이다." 두 번째 단계는 "이것은 부도덕하고 종교에 반한다." 그리고 세 번째 단계는 "이런 것은 이미 오래전부터 다 알고 있는 사실이다."

6

진리를 위해서라면 아무것도 두려워하지 않으며, 언제라도 자신의 목숨을 기꺼이 내던질 각오가 되어 있는 사람은, 모든 사람들이 두려워하는 사람, 다른 사람들의 생명을 자기의 권력의 손아귀에 쥐고 있는 사람보다 훨씬 강한 사람이다.

7

세상 사람들이 손가락질하는 사람들 가운데서 훌륭한 인물을 찾아라.

8

네가 마땅히 해야 할 일이라고 생각하는 일을 주저 없이 행하라. 그리고 그것에 대해서 어떠한 명예도 기대하지 말라. 어리석은 인간은 이성적인 행위에 대한 비판자라는 것을 기억하라.

9

사람들의 지배에서 벗어나고 싶으면 신의 지배하에 들어가라. 네가 신의 지배하에 있음을 의식한다면 사람들은 너에게 어떠한 짓도 할 수 없을 것이다.

3월 28일

1

예지는 고독 속의 정신적인 활동과, 사람들 틈에서 자기 자신을 의식함으로써 획득할 수 있다.

2

남의 말에 귀를 기울이고 신중하라. 그러나 말은 적게 하라.

묻는 사람이 없거든 절대로 입을 열지 말라. 그러나 질문을 받거든 이내 짧게 대답하고, 모를 때는 부끄러워하지 말고 모른다고 말하라.

논쟁을 위한 논쟁을 하지 말라.

과장하지 말라.

높은 자리를 찾지 말고 그런 자리를 권하거든 받아들이지 말라.

아무래도 상관없는 일, 즉 자신의 의무에 반하는 일이 아니라면 네가 같이 살고 있는 이웃의 습관과 희망에 따르도록 하라.

네 의무도 아니며 이웃에게 도움이 되지도 않는 일에는 구태여 나설 필요가 없다. 그러한 습관은 우상이 되기 쉽다. 우리는 모두 자신 속의 우상을 파괴하지 않으면 안 된다.　　　　　　　　　　　　　　　　　　　　수피

3

남의 눈을 통해서만 제 흠집을 볼 수 있다.　　　　　　　　　　중국 속담

4

우리는 모두 타인 속에 자기의 죄악과 단점과 여러 가지 나쁜 습관을 똑똑히 비추는 거울을 가지고 있다. 그럼에도 불구하고 우리의 대부분은 이 경우 거울 속에 보이는 것이 자기 자신이 아니라 다른 개라고 생각하고 거울을 향해 짖어대는 개처럼 행동하고 있다.　　　　　　　　　　　쇼펜하우어

5

"너 자신을 알라"는 것은 근본적인 원리이다.

그러나 과연 우리는 자기 자신을 바라봄으로써 자기 자신을 알 수 있다고 생각하는가? 그렇지 않다. 타인을 바라봄으로써 비로소 자기 자신을 알 수 있는 것이다. 나의 힘을 타인의 힘과 견주어보며 나의 이익을 양보하도록 노력하라. 자신을 늘 부족한 존재로 생각하고 타인의 존엄성 앞에 머리를 숙여라.　　　　　　　　　　　　　　　　　　　　　　　　존 러스킨

6

만일 세 사람이 모인다면 나는 반드시 거기서 두 스승을 발견한다. 선인을 보면 그를 본받으려고 노력하고, 악인을 보면 나 자신을 바로잡으려고 노력한다.　　　　　　　　　　　　　　　　　　　　　　　중국 금언

7

나는 내 스승들한테서 많은 것을 배웠다. 내 벗들한테서는 더 많은 것을 배

웠다. 그러나 내 제자들한테서 무엇보다 많은 것을 배웠다.　　　　탈무드

8

성인을 보면 자신도 그런 사람이 되겠다고 생각하고, 악인을 보면 스스로
자신을 되돌아보라.　　　　중국 금언

9

"인간의 내부에 있는 악마를 치려다가 그의 내부에 있는 신을 다치게 하지
않도록 조심하라." 이것은 곧 다른 사람을 비판할 때 그의 내부에 신의 영혼이
살고 있음을 잊지 말라는 뜻이다.

10

'죄와는 싸우되 죄인을 미워하지는 말라.' 사람 속의 악은 미워하되 그 사람
자체는 사랑하라.

11

말로써가 아닌 실천하는 참사랑은 어리석을 수 없을 뿐만 아니라, 오직 그러
한 사랑만이 진정한 통찰력과 예지를 준다.

12

사람들과 함께 있을 때는 네가 고독할 때 배운 것을 잊지 말라. 고독 속에
있을 때는 사람들과 사귐으로써 배운 것을 깊이 생각하라.

3월 29일

1

만약 네가 진심으로 정욕을 극복하고자 하는데도 불구하고 때때로 정욕에
지배당할 때가 있더라도, 너에게는 정욕을 이겨낼 힘이 없다고 생각해서는 안
된다. 그것은 다만 순간적일뿐이다. 마부가 단번에 말을 세우지 못하더라도 고
삐를 내던지지 않고 계속 잡아당기면 말은 언젠가는 서게 되어 있다. 우리도
또한 그와 마찬가지다. 단번에 억누르지 못했더라도 끝까지 싸워야 한다. 그러

면 틀림없이 정욕이 아니라 네 쪽이 이길 것이다.

2

이성이 감성을 지배할 수 있는 능력이 바로 절제이다. 이것에 대해서 교회의 한 성직자는 그것은 선 자체는 아니지만 선의 위대한 사업이라고 말했다. 존슨

3

탐욕과 망상과 사치와 분노를 다스리는 방법을 배워라.

4

자기 자신을 이기는 자는 싸움터에서 백만 군대에 이기는 자보다 위대한 승리자이다. 모든 타인을 이기는 것보다 자신을 이기는 것이 훨씬 낫다.

싸움터에서 남을 이긴다 해도 언젠가는 질 수도 있다. 그러나 자기 자신을 이기고 자기 자신을 다스리는 자는 영원히 승리자로 남을 것이다.   법구경

5

남을 자기 자신처럼 존경하고, 자기 자신을 이기며, 내가 원하는 것을 남에게 베푸는 것이야말로 인애의 가르침이라고 할 수 있다. 이보다 더 높은 가르침은 없다.
공자

6

젊은이여! 유흥이나 사치 등의 온갖 욕망의 만족을 멀리하라. 설사 온갖 욕망을 완전히 물리치겠다는 생각이 아니더라도, 뒤로 미루면 미룰수록 커지는 즐거움을 간직하기 위해서라도 그렇게 하는 것이 좋다. 그러한 관능의 향락을 절제하고 미룸으로써, 네 즐거움은 더욱 더 풍부해진다. 즐거움이 수중에 있다는 의식은 그 향락에 의해 채워진 감정보다 훨씬 풍요로운 결실을 거둘 수 있다. 왜냐하면 즐거움은 욕망의 만족과 함께 당장 사라져버리기 때문이다. 칸트

7

사람의 마음속에 사는 정욕은 처음에는 거미줄 같지만, 나중에는 굵은 동

아줄처럼 돼 버린다.

정욕은 처음에는 남과 같다가, 다음에는 손님처럼 되고, 마지막에는 그 집의 주인이 되어버린다.

탈무드

8

방종은 자살의 시작이다. 이것은 집 밑을 흐르며 얼마 안 가 집의 토대를 무너뜨리는 눈에 보이지 않는 수맥과 같다.

블래키

9

자신을 이기는 자야말로 진정한 강자이다.

동양 금언

10

나의 간절한 소망은 절대로 화를 내지 않는 것, 언제나 진실을 말하고 그 진실을 사랑으로써 누구도 상처받지 않도록 말하는 것, 성미가 급한 사람을 인내심으로 대하는 것, 정욕에 사로잡힌 사람들 속에서 정욕으로부터 자유로운 것, 이것이 바로 나의 간절한 소망이다.

법구경

11

절제에 이르는 길은 멀고 험하지만, 한 걸음 한 걸음 그것을 향해 꾸준히 걸어갈 수는 있다. 모든 인간의 삶은 정욕의 강화가 아니라 그 약화를 향해 나아가고 있다.

시간이 그러한 절제와 노력에 큰 힘이 되어줄 것이다.

3월 30일

1

진정한 선은 미덕이며 기쁨일 뿐만 아니라 폭력보다 강력한 무기이다.

2

죄 많고 거짓에 차 있으며, 특히 우리에게 나쁜 짓을 하는 사람을 친절하게 대하는 건 확실히 어려운 일이지만, 그런 사람에 대해서도, 아니 바로 그런 사람에 대해서야말로, 그를 위해서나 자신을 위해서나 친절하게 대할 필요가 있다.

3

그 때에 베드로가 예수께 와서 '주님, 제 형제가 저에게 잘못을 저지르면 몇 번이나 용서해 주어야 합니까? 일곱 번이면 되겠습니까?' 하고 묻자 예수께서는 이렇게 대답하셨다. '일곱 번뿐 아니라 일곱 번씩 일흔 번이라도 용서하여라.'

마태복음 제18장 21~22절

4

만약 네가 세상 사람들이 행복을 위해 어떻게 살아야 하는지 알고 있고, 또 그들에게 선을 원한다면, 너는 사람들에게 그들이 너를 믿고 이해하도록 그 사실을 얘기할 것이다. 그들이 너를 믿고 또 이해하게 하려면 너는 가능한 한 네 생각을 차분하게 그리고 친절하게 전달하도록 애써야 한다.

그런데 우리는 얼마나 자주 그것과 정반대의 일을 하고 있는 것인가! 우리는 우리와 의견이 같거나 거의 비슷한 사람과는 잘 얘기할 줄 알지만, 상대방이 우리가 인정하는 진리를 믿지 않거나 이해하지 못하고, 아무리 설명해도 우리의 의견에 동의하지 않고 부득부득 고집을 부리거나 우리의 말을 왜곡할 때, 우리는 쉽게 평정을 잃고 분노를 느낀다. 그리고 화를 내며 상대에게 불쾌한 말을 하고, 이렇게 아둔하고 고집불통인 사람과는 얘기해봤자 헛수고라 생각하고 입을 다물어 버린다.

상대에게 진실을 말할 때 가장 중요한 것은, 절대로 화를 내지 않고 모욕적인 말은 한 마디도 해서는 안 된다는 것이다.

에픽테토스

5

만약 네가 누군가의 잘못을 알아챘다면, 그것을 따뜻하게 감싸주고 그가 잘못하고 있는 점을 조용히 지적해주어라. 만약 그가 네 충고를 듣지 않는다면, 너 자신을 나무라거나 차라리 아무도 나무라지 말고 끝까지 너그러운 태도로 대해야 한다.

마르쿠스 아우렐리우스

6

만약 네가 누구하고 사이가 나빠져 그가 너에게 불만을 품고 있다면, 또 네가 옳은데 그가 동조하지 않는다면, 그것은 그에게 잘못이 있는 것이 아니라 틀림없이 그와 얘기할 때의 네 태도가 나빴기 때문이라고 생각하라.

3월 31일

1

뉘우친다는 것은 자신의 잘못과 자신의 단점을 모두 인정한다는 것을 의미한다. 회개는 자기 내부의 모든 악을 질책하는 일이고, 영혼을 정화하는 일이며, 영혼이 선을 받아들이기 위한 준비이다.

2

아무리 선한 사람이라도 자신의 잘못을 인정하지 않고 항상 자기 자신을 정당화하려고 애쓴다면, 그는 이내 선인에서 악인으로 전락할 것이다.

3

자신에게 무엇인가 버려야 할 점이 있지 않은지 스스로 빨리 돌아보도록 하라.

4

자신의 잘못을 깨닫는 것처럼 마음을 유연하게 해주는 것은 없고, 언제나 자기가 옳다고 생각하는 것처럼 마음을 완고하게 만드는 것도 없다.   탈무드

5

만약 마음속으로는 자신이 신에 대해 죄가 있음을 느끼면서도, 남에 대해서나 자기 자신에 대해 그것을 인정하지 않는 사람은, 언제나 남을, 특히 자기가 죄를 짓고 있는 상대방을 나쁘게 말하고 싶어 하는 법이다.

6

선인이란 자신의 잘못을 기억하고 자신의 선행은 잊는 사람이며, 악인이란

그와 반대로 자신의 선행은 기억하지만 자신의 잘못을 잊는 사람을 말한다.

자신을 용서하지 말라, 그러면 남을 쉽게 용서하게 될 것이다.　　　　탈무드

7

자신의 지난 악행을 선행으로 덮는 자는, 구름 사이로 숨는 달처럼 어둠의 세계를 비추어낸다.　　　　부처의 금언

8

아직 힘이 있을 때 죄를 뉘우치는 것이 좋다.

뉘우친다는 것은 곧 자신의 영혼을 정화하고 선한 생활을 준비함을 의미한다. 그러므로 인간으로서 생명력이 남아있을 때 뉘우치는 것이 좋다. 등잔불이 꺼지기 전에 기름을 부어야 하는 것처럼.　　　　탈무드

9

무한한 세계 속에 자신은 유한한 존재라는 의식, 그리고 자신이 할 수 있었고 또 마땅히 했어야 하는 모든 일을 하지 않았다는 죄의식은, 인간이 인간인 한 언제나 있었고 앞으로도 있을 것이다.

코르네이 바실리예프

1

코르네이 바실리예프가 마지막으로 마을에 돌아왔을 때 그는 꼭 쉰 네 살이었다. 숱 많은 곱슬머리에는 아직 새치 한 오라기 없었고 광대뼈 언저리에 흰 털이 조금 희끗거릴 뿐이었다. 얼굴은 반지르르하니 혈색이 돌고 목덜미는 실팍했다. 그의 강인한 몸은 풍족한 도시생활로 기름기가 올라 있었다.

그는 20년 전 병역을 마치고 돈을 좀 모아 돌아왔다. 처음에는 조그만 가게를 냈다가 나중에 가게를 거두고 가축 장사를 하게 되어, 체르카시에 가서 '상품'(가축)을 구입해 모스크바에 가서 팔았다.

가야 마을에 있는 생철로 지붕을 인 그의 돌집에는 늙은 어머니와 아내와 아들과 딸, 벙어리에 고아인 열다섯 살 난 조카, 그리고 하인이 하나 있었다. 코르네이는 두 번째 장가를 들었다. 전처는 몸이 약해 병치레만 하다가 자식도 낳지 못하고 죽어서, 상당히 나이가 들어 이웃 마을의 가난한 과부의 딸인 튼튼하고 아리따운 처녀를 두 번째 아내로 맞이한 것이다. 아이들은 이 두 번째 아내에게서 태어난 자식들이었다.

코르네이는 최근에 사들인 '상품'을 모스크바에서 팔아 톡톡히 재미를 보았기 때문에 한 3천 루블가량의 목돈을 모아두고 있었다. 코르네이는 마을 사람한테서 마을에서 그리 멀지 않은 곳의 한 영락한 지주가 숲을 헐값에 내놓았다는 얘기를 듣고, 목재장사에 한번 손을 대볼까 하고 생각했다. 그쪽 장삿속을 그도 모르는 바가 아니어서, 군대에 들어가기 전 목재장사꾼 밑에서 견습점원으로 일한 적이 있었던 것이다.

가야 마을에서 가장 가까운 철도역에서 코르네이는 같은 마을 사람인 애꾸눈 쿠지마를 만났다. 쿠지마는 기차가 올 때마다 손님을 받으려고, 가야에서 비리비리한 두 필의 조랑말이 끄는 썰매를 몰고 나왔다. 쿠지마는 가난해서 부자를 싫어했지만, 유달리 돈 많은 코르네이를 더 싫어하여 코르네이를 코르니시카(코르네이의 비칭)로 부르고 있었다.

반코트 위에 털가죽 외투를 받쳐 입은 코르네이는, 여행용 가방을 들고 정거장 출구로 나와 걸음을 멈춘 뒤, 배를 쑥 내밀고 심호흡을 하며 사방을 둘러보았다. 아침이었다. 조용하고 흐린 날씨에 약간 서늘한 기운이 느껴졌다.

"아직 손님을 못 찾았소, 쿠지마 아저씨? 그렇다면 나나 태워다 주지 그래요, 어때요?"

그가 말했다.

"어쩐다, 1루블은 내야 하는데……."

"70코페이카면 충분하지 뭘 그래요."

"그렇게 돈이 많으면서 아, 그래 이런 가난뱅이한테 30코페이카를 아낄 셈인가?"

"좋아요, 까짓 것!" 코르네이는 조그만 썰매 속에 가방과 보따리를 집어넣고 뒷자리에 널찍하게 자리잡고 앉았다.

쿠지마는 마부석에 그대로 앉아 있었다.

"자, 이제 됐어요, 출발해요."

썰매는 정거장의 저지에서 반반한 길로 빠져나왔다.

"그런데 영감님 마을은, 우리 마을 말고 영감님 마을 말이오, 요즘 경기가 어때요?" 코르네이가 물었다.

"형편없지, 뭐."

"그래, 우리 어머니는 잘 계시겠지요?"

"물론 잘 계시지. 바로 며칠 전에도 교회에서 뵀는걸. 노인네도 건강하시고 젊은 마님도 아직 건장하시고. 다들 여전하지. 참, 이번에 하인을 새로 들였다던데."

그렇게 말하면서 쿠지마는 웃었는데, 코르네이에게는 그 웃음이 이상야릇하게 느껴졌다.

"어떤 머슴? 표트르는 어쩌고!"

"표트르가 병에 걸려서 카멘카에서 예프스치그네이 벨르이를 데려왔어. 그러니까 친정 마을에서 데려온 거지."

"그래요?"

코르네이가 마르파와의 혼담을 추진하고 있을 때부터 예프스치그네이가 이렇다느니 저렇다느니 하는 소문이 아낙네들의 입살에 오르내리고 있었다.

쿠지마가 다시 입을 열었다.

"정말이지, 코르네이 바실리이치. 요즘 아낙네들의 입김이 얼마나 세어졌는데!"

"누가 아니랍니까!" 코르네이는 중얼거리듯이 말하고 일부러 화제를 돌리려고 "그런데 영감님 말도 어지간히 늙었군요? 하고 덧붙였다.

"나도 늙었으니 피장파장이지, 뭐." 쿠지마는 다리가 굽은 말에게 채찍을 휘두르면서 말했다.

도중에 주막이 있었다. 코르네이는 마차를 세우게 해 집 안으로 들어갔다. 쿠지마는 말을 비어 있는 말구유에 넣으면서, 코르네이를 쳐다보지는 않았지만 속으로는 은근히 그가 자기를 불러주기를 기다리며 봇줄을 손보고 있었다.

"들어와요, 쿠지마 아저씨. 한잔 합시다." 코르네이가 현관에 나와서 말했다.

"어, 고맙네." 쿠지마는 그리 서두르지 않는 시늉을 하면서 대답했다.

코르네이는 보드카를 한 병 주문해 쿠지마에게 권했다. 쿠지마는 아침부터 아무것도 먹지 않았기 때문에 이내 취기가 돌았다. 그러더니 코르네이 옆에 바짝 다가앉아 그에게 마을의 풍문을 소곤소곤 들려주기 시작했다. 그의 아내인 마르파가 옛날 애인을 하인으로 들여 같이 살고 있다는 것이었다.

"나하고는 상관없는 일이지만 자네가 안됐다는 생각이 들어서 말이야. 세상의 웃음거리가 되는 줄도 모르고 죄의식도 없는 모양이야. '어디 두고 보자, 곧 진짜 남편이 돌아오면 어떻게 하나' 다들 그러고 있지, 뭐. 코르네이 바실리예비치!"

쿠지마가 거나하게 취해서 말했다.

코르네이는 잠자코 쿠지마가 말하고 있는 것을 듣고 있었지만, 그의 짙은 눈썹은 차츰차츰 내려가더니 석탄처럼 반짝이고 있는 검은 눈 위로 처졌다.

"이제 말에게 물을 먹여야 할 때가 되지 않았소?" 그는 병이 거의 비었을 때 비로소 입을 열었다. "자, 그럼 갑시다."

그는 주인과 계산을 마치고 한길로 나왔다.

그는 땅거미가 져서야 집에 도착했다. 맨 먼저 그를 맞이한 것은 바로 그 예프스치그네이였다. 코르네이는 그와 인사를 나누었다. 눈썹도 속눈썹도 새하얀 비쩍 마른 예프스치그네이의 얼굴을 보고, 코르네이는 '설마 이 남자가' 하는 듯이 고개를 저었다. '저 늙어빠진 영감탱이가 거짓말을 했군.' 그는 쿠지마가 하던 말을 떠올렸다. '하지만 아직은 모를 일이야. 아무튼 알아나 보자.'

쿠지마는 말 옆에 서서 곁눈으로 예프스치그네이를 눈짓하고 있었다.

"그러니까 자네가 우리 집에서 살고 있단 말이지?" 코르네이가 물었다.

"예, 어디서든 일을 해야 해서요." 예프스치그네이가 대답했다.

"방의 페치카에 불은 지폈나?"

"그럼요, 마트베브나님이 거기에 계신데요."

코르네이는 정면 계단으로 올라갔다. 마르파가 목소리를 듣고 현관으로 쫓아 나왔다. 그리고 남편을 보자 얼굴이 새빨개지며 당황한 듯 유달리 애교스럽게 말했다.

"어머님도 저도 목이 빠지게 기다리고 있었어요." 코르네이를 뒤따라 그녀도 방으로 들어왔다.

"그래, 나 없는 동안 어떻게들 지냈지?"

"여전하죠, 뭐." 그녀는 치마를 잡아당기며 젖을 달라고 조르는 두 살 난 딸을 안아 올려 큰 걸음걸이로 성큼성큼 현관으로 나갔다.

코르네이와 영락없이 닮은 새까만 눈의 어머니가, 펠트 슬리퍼를 신은 발을 가까스로 끌면서 방으로 들어왔다.

"잘 돌아왔다." 그녀는 떨리는 머리를 흔들면서 말했다.

코르네이는 무슨 일로 돌아온 건지 어머니에게 얘기하고, 쿠지마가 생각나서 그에게 돈을 주려고 나갔다. 그가 현관문을 열자, 문 바로 옆에 마르파와 예프스치그네이가 서 있는 것이 보였다. 둘은 바싹 붙어 서서 무엇인가 얘기를 주고받고 있었다. 코르네이를 보자 예프스치그네이는 후닥닥 마당으로 뛰어내려가 버리고, 마르파는 사모바르가 있는 곳으로 가서 연통을 바로잡았다.

코르네이는 묵묵히 허리를 구부리고 있는 그녀 옆을 지나가 보따리를 집어 들자, 쿠지마에게 차를 마시고 가라고 말했다. 차를 들기 전에 코르네이는 모스크바에서 가지고 온 선물을 집안 식구들에게 나누어 주었다. 어머니에게는 실크 스카프, 페지카에게는 그림책, 벙어리 조카에게는 조끼, 아내에게는 옥양목 프린트 옷감 한 감이었다.

차를 마시는 동안 코르네이는 찡그린 얼굴로 묵묵히 앉아 있었다. 기뻐서 어쩔 줄 몰라 하고 있는 벙어리 조카를 쳐다보며 억지로 미소를 한번 지었을 뿐이었다. 그는 조끼를 선물 받은 것이 하도 기뻐서 그것을 개켰다 폈다 입었다 하다가, 코르네이를 향해 제 손에 쪽! 입을 맞추어보이며 싱글벙글 웃었다.

차를 마시고 저녁식사가 끝나자 코르네이는 이내 마르파와 어린 딸과 함께 자는 침실로 갔다. 마르파는 설거지를 하느라고 남아 있었다. 코르네이는 혼자 탁자 앞에 앉아 턱을 괴고 기다리고 있었다. 아내에 대한 증오가 어지럽게 그의 마음속에서 끓어오르기 시작했다. 그는 벽에서 주판을 내리고 호주머니에서 수첩을 꺼내 마음을 가라앉힐 양으로 계산을 시작했다.

그는 계산을 하면서도 연신 문을 쳐다보며 식당에서 나는 소리에 가만히 귀를 기울였다.

몇 차례 그는 식당 문이 열리며 누군가가 현관으로 나가는 발소리를 들었지만, 마르파가 내는 소리는 아니었다. 마침내 그녀의 발소리가 들리고 문이 열리더니 빨간 플라토크를 쓴 아름답고 혈색 좋은 그녀가 딸을 안고 들어왔다.

"먼 길 오느라 힘들었죠?" 그녀는 그의 어두운 안색을 알아채지 못한 듯 환히 웃으면서 말했다.

코르네이는 그녀를 쳐다보고는, 아무 말도 하지 않고 다시 계산을 시작했다. 그러나 실은 이미 아무것도 계산할 것이 없었다.

"벌써 밤이 깊었어요." 그녀는 딸을 내려놓고 칸막이 뒤로 갔다.

그는 그녀가 잠자리를 보며 딸을 재우고 있는 소리에 귀를 기울였다.

"세상의 웃음거리가 되는 줄도 모르고."

그는 쿠지마의 말을 떠올렸다.

'어디 두고 보자.' 그는 숨이 막히는 심정으로 그렇게 생각하자, 천천히 일어나 몽당연필을 조끼 호주머니에 집어넣고 주판을 못에 건 뒤 침실문 쪽으로 다가갔다. 그녀는 성상(聖像)을 향해 서서 기도를 드리고 있었다. 그는 잠시 서서 기다렸다. 그녀는 오랫동안 성호를 긋고 고개를 숙인 뒤 속삭이듯 기도의 말을 외고 또 외웠다. 그에게는 그녀가 진작 기도의 말을 다 외고 나서도 일부러 몇 번이나 그것을 되풀이하고 있는 것 같았다. 드디어 그녀는 마지막으로 무릎을 꿇고 절한 뒤, 일어서서 입속으로 중얼중얼 기도의 말을 하고 남편을 향해 돌아섰다.

"아가쉬카는 이제 잠들었어요." 그녀는 딸을 가리키며 생긋 웃으면서 삐걱거리는 침대 위에 걸터앉았다.

"예프스치그네이는 언제부터 와 있소?"

코르네이가 문으로 들어서면서 물었다.

그녀는 차분한 동작으로 숱이 많은 머리 한 쪽을 어깨에서 가슴팍에 늘어뜨리고 손가락을 잽싸게 놀려 풀기 시작했다. 그녀는 남편의 얼굴을 똑바로 바라보았다. 그녀의 눈이 웃고 있었다.

"예프스치그네이 말이에요? 글쎄요, 한 2, 3주일쯤 됐을걸요."

"당신 그놈하고 좋아지내고 있지?"

코르네이가 다짜고짜 물었다.

그녀는 손에서 머리채를 놓았다가, 곧 다시 그 빳빳하고 숱 많은 머리채를 잡아 새로 땋기 시작했다.

"무슨 밑도 끝도 없는 말이에요? 내가 예프스치그네이하고 좋아지내다뇨?" 그녀는 '예프스치그네이'라는 이름에 유달리 힘을 주어 말했다. "그런 터무니없는 말이 어디 있담! 누가 당신에게 그런 말을 했어요?"

"말해봐! 사실이야, 아니야?" 코르네이는 호주머니 속에서 커다란 주먹을 불끈 쥐며 말했다.

"그런 쓸데없는 소릴랑 하지 마세요. 그보다 어서 구두나 벗는 게 어때요?"

"어서 대답하지 못해!" 그가 연거푸 말했다.

"기가 막혀! 내가 예프스치그네이를 좋아한다구요? 도대체 누가 그 따위 거짓말을 했냐구요!"

"아까 그놈하고 현관에서 무슨 말을 했지?"

"하긴 무슨 말을 해요? 통에 테를 메워야 한다고 말했어요. 어쩌자고 그런 이상한 말을 하시는 거예요?"

"말해, 사실대로 말하라구! 죽여 버릴 테니까, 이 더러운 년!"

그가 아내의 머리채를 덥석 움켜잡자, 그녀는 남편의 손에서 머리채를 떼려고 하면서 아픔으로 얼굴을 찡그렸다.

"당신은 툭하면 사람을 패려고 한다니까! 그래, 당신이 나한테 뭘 잘해 준게 있어서 그래요? 이렇게 살다간 나도 무슨 짓을 할지 몰라요."

"뭘 어떻게 할 건데?" 그는 아내를 몰아붙이면서 말했다.

"어쩌자고 머리채를 잡아당겨요? 어머나, 이 머리카락 빠진 것 좀 봐. 왜 이렇게 지긋지긋하게 구는지 모르겠어. 도대체 내가……."

그녀가 미처 말을 끝내기도 전에 그는 그녀의 팔을 잡고 침대에서 확 끌어내려, 머리며 옆구리며 가슴을 마구 때리기 시작했다. 그가 때리면 때릴수록 그의 가슴속의 증오는 더욱 더 불타올랐다. 그녀는 고함을 지르며 달아나려고 몸부림쳤지만 남편은 그녀를 놓아주지 않았다. 딸이 잠에서 깨어 어머니에게 매달렸다.

"엄마!" 딸이 울며 소리쳤다.

코르네이는 딸의 팔을 움켜잡아 제 어머니한테서 떼어놓더니, 새끼고양이처럼 한쪽 구석에다 내동댕이쳤다. 딸은 외마디 소리를 지르고는 한참동안 아무 소리도 내지 못했다.

"이 악마가 애기를 죽이려고 해!" 마르파는 소리치며 일어나서 딸 쪽으로 가려고 했다.

그러나 그가 다시 그녀를 붙잡아 명치를 후려쳤기 때문에, 그녀는 벌렁 나자빠져서 역시 소리를 뚝 그쳤다. 딸아이가 불에 덴 것처럼 날카롭게 울기 시작했다.

노모가 머릿수건도 쓰지 않고 백발을 풀어헤친 채 고개를 덜덜 떨며 비틀비틀 방안으로 들어와서, 코르네이와 마르파는 쳐다보지도 않고, 소리치며 우는 손녀에게 다가가서 번쩍 안아 올렸다.

코르네이는 괴로운 숨을 토하며, 마치 금방 잠에서 깨어나 자기가 지금 어디에 누구와 같이 있는지도 모르는 양 주위를 둘러보며 멍하니 서 있었다.

마르파는 고개를 들고 신음하면서 피투성이가 된 얼굴을 옷소매로 닦았다.

"이 악마! 그래! 난 예프스치그네이하고 정을 통하고 있고 전에도 그랬어! 자, 어디 한번 죽여 봐! 아가쉬카도 당신 딸이 아니야, 그 사람 딸이야!" 그녀는 재빠르게 내뱉듯이 말하고는, 또 맞을 줄 알고 팔꿈치로 얼굴을 가렸다.

그러나 코르네이는 뭐가 뭔지 아직도 모르겠다는 듯이, 그저 한숨만 토하며 두리번거릴 뿐이었다.

"이 아이를 좀 보렴, 팔을 다 부러뜨리다니!" 노모는 아직도 큰소리로 울고 있는 손녀의 팔이 빠져서 덜렁거리는 것을 그에게 들이밀면서 말했다. 코르네이는 홱 돌아서서 묵묵히 현관 계단 쪽으로 걸어갔다.

바깥은 여전히 꽁꽁 얼어붙어 있는 음산한 날씨였다. 눈송이가 화끈화끈 달아오른 볼이며 이마 위에 떨어졌다. 그는 계단에 앉아 난간 위의 눈을 쓸어 한 줌 입 안에 털어 넣었다. 문 뒤에서는 마르파의 신음소리와 딸아이가 애처롭게 우는 소리가 들려 왔다. 이윽고 현관문이 열리더니 노모가 딸을 안고 거실에서 나와, 현관을 지나서 식당 쪽으로 가는 소리가 들렸다. 그는 일어서서 거실로 들어갔다. 심지를 줄인 램프가 탁자 위에서 가물거리고 있었다. 칸막이 뒤에서는 그가 들어옴과 동시에 더 커진 마르파의 신음소리가 들리고 있었다. 그는 말없이 옷을 걸쳐 입고 소파 밑에서 트렁크를 꺼내, 그 속에 자기의 물건들을 주섬주섬 챙겨 넣고 끈으로 잡아맸다.

"왜, 왜! 내가 도대체 무슨 짓을 했다고!" 마르파가 애처로운 목소리로 말하기 시작했다. 코르네이는 대꾸도 하지 않고 트렁크를 들고 문으로 갔다. "이 나쁜 놈! 악마! 어디 두고 봐, 천벌을 받게 될 테니까!" 그녀는 이번에는 전혀 딴 목소리로 앙칼지게 퍼부었다.

코르네이는 여전히 대답하지 않고, 벽이 흔들릴 정도로 힘껏 발로 차서 문을 닫았다.

식당으로 들어가면서 코르네이는 벙어리 조카를 깨워 썰매를 준비하라고 일렀다. 벙어리 조카는 얼른 잠이 깨지 않아 어리둥절한 듯 주위를 둘러보면서 두 손으로 머리를 긁었다. 그러다가 코르네이의 말을 겨우 이해한 듯, 서둘러 일어나 펠트 장화를 신고 누더기 반코트를 걸쳤다. 그리고 등불을 들고 마당으로 나갔다.

코르네이가 벙어리 조카와 함께 조그만 썰매를 몰고 대문을 나와 간밤에 쿠지마와 함께 돌아왔던 그 길을 되돌아갔을 때는 벌써 날이 훤히 새고 있었다.

발차 5분 전에 그는 정거장에 닿았다. 벙어리 조카는 그가 표를 사서 트렁크를 들고 기차에 올라타는 모습을 지켜보고 있었다. 그리고 기차가 보이지 않을 때쯤 그에게 고개를 끄덕여 인사를 했다.

마르파는 얼굴에 입은 상처 외에 갈빗대가 두 대 부러지고 머리가 깨졌다. 그러나 젊고 건강한 그녀는 반년도 못가서 완전히 회복하여 상처 하나 남지 않았다. 그러나 딸은 영원히 반병신이 되고 말았다. 팔뼈가 두 군데나 부러져 팔이 굽어버린 것이다.

코르네이가 떠나버린 뒤로 그의 소식을 아는 사람은 아무도 없었다. 그가 살았는지 죽었는지조차도.

2

그로부터 17년이 흘렀다. 늦은 가을날이었다. 해가 짧아져서 저녁 4시인데도 벌써 주위가 어둑어둑했다. 안드레예바 마을의 가축들이 마을로 돌아가고 있었다. 계약기간이 끝난 목동들은 일을 마치고 단식재(斷食齊)가 시작되기 전에 떠나 버렸기 때문에, 지금은 아낙네며 어린애들이 가축을 몰고 있었다.

가축 떼는 귀리를 베어낸 밭을 지나, 먼지가 풀썩풀썩한 발굽자국과 수레바퀴 자국으로 푹푹 패인 검은 흙길로 나오자, 끊임없이 울음소리를 내며 마을 쪽으로 가고 있었다. 가축 떼 앞의 길을 비바람에 바래어 검은색이 되어버린 외투를 입고 커다란 모자를 쓰고 구부정한 등에 가죽자루를 진, 키 큰 늙은이가 걷고 있었다. 허연 턱수염에 곱슬곱슬한 머리털도 새하얀데 짙은 눈썹만이 까맣다. 그는 축축하게 젖고 다 해진 소(小) 러시아풍 장화를 질질 끌면서 한 발짝 한 발짝 떡갈나무 지팡이에 의지해 걷고 있었다. 가축 떼가 따라붙자 그는 지팡이에 기대어 걸음을 멈췄다. 무명베로 머리를 싸고 치맛자락을 걷어붙인 채, 남자 장화를 신고 가축 떼를 몰고 있던 한 젊은 여자가, 빠른 걸음으로 무리에서 뒤처지는 양이며 돼지를 부지런히 몰면서 길 이쪽저쪽으로 뛰어다니고 있었다. 늙은이의 옆에 오자 그녀는 걸음을 멈추고 그를 이리저리 쳐다보았다.

"안녕하세요, 할아버지?" 그녀가 낭랑하면서도 부드러운 목소리로 말을 걸었다.

"아, 안녕하시오." 늙은이도 대답했다.

"오늘 밤, 이 마을에 묵으실 거예요?"

"글쎄요, 피곤하긴 한데." 늙은이는 쉰 목소리로 말했다.

"그런데 할아버지, 순경한테는 찾아가지 마세요." 새색시가 친절하게 말했다. "저희 집으로 오세요, 끝에서 세 번째 집이에요. 저희 시어머님은 언제나 나그네들을 재워주세요."

"세 번째 집이라, 그러면 지노베예프 씨네 말이오?" 늙은이는 뭔가 생각나는 게 있는 듯이 눈썹을 꿈틀거리며 말했다.

"아니, 저희 집을 아세요?"

"아, 옛날에 들른 적이 있어요."

"아, 페주시카! 뭘 멍하니 그러고 있어? 저 절름발이가 저렇게 뒤처졌잖아!" 그녀는 가축 떼 뒤에 처진 다리가 하나 없는 양을 가리키면서 소리쳤다. 그리고 오른손으로 삭정이를 휘두르며 이상하게 굽은 왼손으로 머리 위의 무명베를 누르더니, 뒤처진 절름발이 까만 양을 뒤쫓아 도로 뛰어갔다.

이 늙은이는 코르네이였고 젊은 새색시는 17년 전에 그가 팔을 부러뜨린 바로 그 아가쉬카였다. 그녀는 가야에서 4베르스타 떨어진 안드레예바 마을의 부잣집으로 시집온 것이었다.

3

건강하고 돈 많고 자존심이 강했던 코르네이 바실리예프도 지금은 완전히 몰락하여, 몸에 걸치고 있는 다 해진 옷과 병적 증명서와 봇짐 속의 속옷 두 벌 외에는 아무것도 없는 늙은 거지 신세가 되어 있었다. 이 같은 변화는 모두 조금씩 일어난 것이었기 때문에, 그 자신도 그것이 언제 시작되어 언제 이렇게 되어버렸는지 아마 말할 수 없었을 것이다. 오직 한 가지 그가 알고 있는 것이 있다면, 다시 말해 굳게 믿고 있는 것이 있다면, 그것은 자신이 불행한 책임이 아내의 부정에 있다는 것이었다. 그는 옛날 일을 생각하면 뭔가 이상야릇하고 가슴이 아픈 느낌이 들었다. 그리고 그 일을 생각할 때마다, 자기가 지난 17년 동안 겪은 모든 불행의 원인인 아내에 대한 증오가 끓어올랐다.

그는 아내를 때린 날 밤 숲을 판다는 지주한테 갔다. 하지만 숲을 사지 못했다. 벌써 팔려 버린 뒤였다. 그래서 빈손으로 모스크바로 돌아가 거기서 술을 마시기 시작했다. 그는 전에도 술을 마시기는 했지만 이번에는 두 주일 동안 내리 취해 있었다. 그리고 가까스로 정신이 들자, 남쪽 지방으로 가축을 사러 떠났다. 거기서 그는 물건을 잘못 사서 큰 손해를 보았다. 그는 다시 갔지만 두 번째 물건도 실패했다. 그리하여 1년이 지나는 동안 그가 가지고 있던 3천 루블은 25루블밖에 남지 않게 되어, 이제 고용살이를 하지 않으면 안 되게 되었다. 전에도 술을 마셨지만 그때부터는 더욱 자주 마시게 되었다.

처음 1년 동안은 가축상의 점원으로 들어가 지냈으나, 장삿길에 술을 마셔 취하는 바람에 주인에게 해고당하고 말았다. 다음에는 친지의 주선으로 술집에 들어갔지만 거기서도 오래 있지 못했다. 계산을 잘못해 큰 손해를 끼친 후 쫓겨났던 것이다. 그렇다고 집으로 돌아가는 것은 창피하기도 하고 아직 원망하는 마음도 있었다. '내가 없어도 그것들은 잘 살고 있어. 어쩌면 아들도 내 자식이 아닐지 몰라.' 그는 생각했다.

모든 일이 뜻대로 되어주지가 않았다. 이제 술이 없이는 하루도 살아갈 수 없었다. 남의 집 점원으로도 들어가지 못하게 되어 목동으로 들어갔지만, 나중에는 그곳에도 오래 붙어있지 못하게 되었다.

하는 일마다 안 되면 안 될수록 그는 더욱 더 아내를 미워하며 그녀에 대한 원한은 깊어만 갔다.

마지막으로 그는 어떤 집의 목동으로 들어갔다. 그런데 운이 나쁘게도 가축이 병이 들고 말았다. 코르네이에게 책임이 있는 것이 아니었는데도, 주인은 화를 내며 점원과 그를 내쫓았다. 이제 어디에도 일할 곳이 없었다. 코르네이는 방랑의 길을 떠나기로 마음먹었다. 그는 장화와 가죽바랑을 장만해 차와 설탕과 8루블의 돈을 지니고 키예프로 갔다. 하지만 키예프는 그의 마음에 들지 않아서, 그는 카프카스 지방의 노브이 아흔으로 갔다. 그런데 그 노브이 아흔에 당도하기도 전에 그는 열병에 걸리고 말았다. 그리고 갑자기 몸이 쇠약해졌다. 돈은 1루블 70코페이카밖에 남지 않은 데다 아는 사람이라곤 한 사람도 없었다. 그래서 그는 고향집의 아들한테 가기로 결심했던 것이다. '아마 그 여편네도 지금쯤은 죽었겠지. 그렇지 않고 아직 살아있다면 죽기 전에 내가 그 여편네 때문에 어떤 고생을 겪어야 했는지 얘기라도 해야겠어.' 이렇게 생각하고 고향으로 돌아온 것이다.

열병은 하루가 멀다 하고 그를 괴롭혔다. 그는 날이 갈수록 쇠약해져서 하루에 10베르스타나 15베르스타 이상은 걸을 수 없게 되었다. 아직 집까지 2백 베르스타나 남은 곳에서 돈이 한 푼도 없이 떨어지고 말았다. 하는 수 없이 구걸을 하면서 순경이 주선해주는 데서 묵곤 했다. '자, 네 년이 나를 어떻게 만들어 놓았는지 똑똑히 보여주마!' 하고 그는 아내를 생각할 때마다 버릇처럼 힘없는 늙은 손으로 불끈 주먹을 쥐었다. 그러나 때릴 상대도 없고 그 주먹에도 이제 힘이 없었다.

두 주일 걸려 그는 그 2백 베르스타의 길을 걸었다. 그리하여 병들어 쇠잔한 몸을 이끌고 집에서 4베르스타 떨어진 데까지 왔다. 그리고 그곳에서 자기가 팔을 부러뜨린 아가쉬카를 만난 것인데, 아버지도 딸을 알아보지 못하고, 딸도 아버지를 알아보지 못한 것이다.

4

그는 아가쉬카가 하라는 대로 했다. 지노베예프의 집에 가서 하룻밤 묵어가게 해달라고 청했고, 그들은 허락했다.

방에 들어서면서 그는 언제나 하듯이 성상을 향해 성호를 긋고 주인과 인사를 나누었다.

"얼마나 추우실까, 영감님! 이리 오세요, 이 페치카 옆으로 오세요." 탁자 위를 치우고 있던 주름살투성이의 활달한 노파가 말했다.

젊은 농부인 아가쉬카의 남편은 탁자 옆의 긴 의자에 앉아 램프를 손질하고 있었다.

"가뜩이나 젖기까지 하셨군요, 영감님! 자, 어려워하지 마시고 어서 옷을 말리세요!"

젊은 농부의 말대로 코르네이는 윗도리와 장화를 벗고 감발을 페치카 앞에 넌 뒤 페치카 위로 기어 올라갔다.

그때 주전자를 든 아가쉬카가 방에 들어왔다. 그녀는 벌써 가축 떼를 몰아넣고 그 뒤치다꺼리를 다 마치고 온 것이었다.

"낯선 영감님이 한 분 오지 않았어요? 우리 집에 오시라고 일러놨는데요." 그녀가 물었다.

"저기 계셔." 그녀의 남편이 털북숭이의 뼈만 앙상한 두 다리를 문지르면서 코르네이가 앉아 있는 페치카 위를 가리키며 말했다.

그들은 코르네이를 차 마시는 자리에 불렀다. 그는 페치카에서 내려와 의자 끝에 가서 앉았다. 그에게 찻잔과 설탕이 주어졌다.

이야기는 날씨며 가을걷이로 옮겨갔다. 보리농사가 시원치 않다, 땅임자네 보리는 들판에 쌓아둔 채 싹이 나기 시작했다, 나르려고 하면 비가 내리곤 했다. 농부네 것은 다 날라 들였지만 땅임자네 것은 다 썩어버렸다. 게다가 들쥐들이 그 속에다 새끼를 치고 있다는 것이었다.

코르네이는 도중에 보리가리가 잔뜩 널려 있는 들판을 보았다고 말했다. 새색시는 누르스름해진 다섯 잔째의 엷은 차를 따라 그에게 권했다.

"사양 마시고 한잔 더 드세요, 할아버지." 사양하는 그에게 새색시가 말했다.

"팔은 어쩌다 그렇게 됐소, 색시?" 그는 가득 찬 찻잔을 그녀에게서 조심스럽게 받아들고 눈썹을 꿈틀거리면서 물었다.

"아주 어렸을 적에 부러진 거예요. 이 애의 아버지가 이 애를 죽이려다가 이렇게 되었답니다." 수다스러운 시어머니가 말했다.

"그건 또 왜요?" 코르네이가 물으며 새색시의 얼굴을 쳐다보았다. 그러자 그의 기억 속에서 갑자기 파란 눈의 예프스치그네이 벨르이가 되살아났다. 찻잔을 들고 있던 손이 떨려 그는 찻잔을 탁자까지 가져가기도 전에 차를 반이나 엎질러 버렸다.

"이 아이의 아버지는 코르네이 바실리예프라고 하는 가야 마을 사람이었는데, 돈이 많았다우. 그런데 어쩌다 마누라한테 화가 나서 두들겨 패고는 이 아이까지 이렇게 병신을 만들어 버린 거예요."

코르네이는 검은 눈썹을 쉴 새 없이 꿈틀거리면서 말없이 아가쉬카와 그녀의 남편을 번갈아가며 쳐다보고 있었다.

"무엇 때문에 화가 났는데요?" 그가 설탕을 깨물면서 물었다.

"그걸 누가 알겠어요. 우리 여자들 사이에는 곧잘 뜬소문이 나기 마련이잖아요, 뭐 하인 때문에 이러쿵저러쿵 하면서 말이에요. 그 하인이란 사람은 좋은 사람이었는데 우리 마을 출신이었지요. 그 집에서 벌써 죽어버렸지만."

"죽었어요?" 코르네이는 되물으면서 기침을 했다.

"죽은 지 오래 됐어요. 그 집에서 며느리를 데려온 거죠. 잘살았어요. 마을에서 첫손가락에 꼽혔으니까, 주인이 살아 계실 동안은."

"그래, 그 아버지는 지금 어떻게 됐습니까?"

"보나마나 죽었겠죠. 그 뒤로 온데간데없이 사라졌으니까요. 벌써 십 오 년이나 지났는걸요."

"더 될 거예요, 제가 막 젖을 뗐을 때라고 어머니가 말했어요."

"그래서 색시, 아버지를 원망하지는 않소, 팔을 그렇게⋯⋯." 코르네이는 그렇게 말하다가 갑자기 목이 메기 시작했다.

"어디 남인가요? 제 아버지인걸요. 자, 더 드세요, 속이 훈훈하게. 더 따라 드릴까요?"

코르네이는 대답도 하지 않고 흐느껴 울었다.

"왜 그러세요, 할아버지?"

"아무것도 아니오, 난 이만 자러 가겠소!"

코르네이는 떨리는 손으로 기둥과 발판을 붙잡고, 길고 앙상한 다리를 끌면서 페치카 위로 기어 올라갔다.

"별난 사람이야!" 할머니는 아들에게 늙은이 쪽을 눈짓하면서 말했다.

이튿날 코르네이는 누구보다 일찍 일어났다. 그는 페치카에서 기어 내려와 바싹 마른 발싸개를 비벼 부드럽게 했다. 그리고 간신히 딱딱한 장화를 신고 바랑을 어깨에 짊어졌다.

"아니, 할아버지, 아침밥이나 드시고 가시잖고!" 할머니가 말했다.

"고맙지만 가 봐야겠습니다."

"그럼, 어젯저녁에 먹다 남은 과자라도 가지고 가세요. 바랑 속에다 넣어드릴 테니."

코르네이는 고맙다는 인사를 하고 작별했다.

"돌아가실 때 또 들르시구려. 그럼 잘 가시우."

바깥에는 모든 것을 뒤덮을 듯이 짙은 가을 안개가 자욱이 끼어 있었다. 그러나 코르네이는 길을 훤히 알고 있었다. 어떤 내리막이나 오르막길, 하나하나의 덤불, 길가의 버드나무 가로수까지 모두 기억하고 있었다. 비록 17년 동안 어떤 것은 베어져 나가 묵은 등걸에서 새순이 자라기도 하고, 또 어떤 것은 어린 나무가 고목이 되어 있기도 했지만, 가야 마을은 예나 조금도 다름이 없었다. 그저 마을 가에 전에는 없었던 새집이 몇 채 들어서 있을 뿐이었다. 그리고 목조집은 벽돌집이 되어 있었다. 그의 돌집은 그저 조금 헐었을 뿐 옛날 그대로였다. 생철지붕은 오랫동안 칠을 하지 않은 데다 한쪽 모퉁이의 벽돌이 헐려 있고 계단은 기울어져 있었다.

자신의 옛집으로 다가갔을 때, 삐거덕거리는 대문에서 망아지를 거느린 암말이 얼룩털의 늙은 악대말과 세살박이 말과 함께 나왔다. 얼룩털의 늙은 말은 코르네이가 집을 나가기 1년 전에 시장에서 사 왔던 암말과 영락없이 닮아 있었다.

'아마 그때 그것의 배속에 들어 있었던 그놈이겠지. 저 처진 엉덩이 하며 넓은 가슴패기, 털북숭이 다리, 모든 것이 똑같아.' 그는 생각했다.

말들은 새 신을 신은 검은 눈의 아이가 물을 먹이러 몰고 가는 참이었다.

'저건 틀림없이 페지카의 아들, 내 손주놈이야, 검은 눈이 영락없는 걸 보니.'

아이는 낯선 늙은이를 바라보다가 먼지 속을 뛰어다니기 시작하는 망아지 뒤를 쫓아 뛰어갔다. 아이의 뒤를 따라 옛날에 기르던 볼초크와 닮은 검은 개가 달려갔다.

'저건 볼초크인가?' 그는 한 순간 생각했지만, 그렇다면 그 개는 벌써 스무 살일 거라는 생각이 떠올랐다.

그는 현관 계단으로 다가가 옛날에 그가 앉아 난간의 눈을 쓸어 집어삼켰던 계단을 간신히 올라가 현관문을 열었다.

"누군데 남의 집에 함부로 들어오는 거예요?" 여자의 목소리가 안에서 들려왔다. 그는 그 목소리를 알아들었다.

잠시 뒤 삐쩍 마르고 힘줄이 툭툭 불거진 주름투성이의 할머니가 된 그녀가 문에서 얼굴을 내밀었다. 코르네이는 자기를 배신했던 그 젊고 아름다운 마르파를 상상하고 있었다. 그는 그녀를 증오하며 실컷 욕해 줄 생각이었는데, 그의 앞에 나타난 것은 생각지도 않던 한 노파였다.

"동냥을 하려면 창문 밑에서 하면 될 텐데." 그녀는 귀청을 찌르는 듯 날카로운 목소리로 말했다.

"거지가 아니오." 코르네이가 말했다.

"그럼, 도대체 무슨 일로 왔어요, 무슨 볼일로?"

그녀의 몸이 갑자기 굳어졌다. 코르네이는 그녀의 표정으로 그녀가 자기를 알아본 것이라고 생각했다.

"당신 같은 사람, 이제 지긋지긋해. 어서 가. 썩 꺼져버려!"

코르네이는 벽에 등을 기대고 지팡이에 의지한 채 그녀를 찬찬히 바라보았다. 그리고 놀랍게도 자신의 마음속에 그토록 오랜 세월 동안 품어왔던 그녀에 대한 증오가 싹 사라지고, 별안간 심약한 감상이 가슴이 차오르는 것을 느꼈다.

"마르파! 우린 이제 얼마 살지 못해."

"저리 가, 가버리라니까!" 그녀는 빠른 말로 표독스럽게 소리쳤다.

"할 말은 그것뿐이오."

"무슨 할 말이 있다고! 가요, 가! 썩 꺼져버려! 당신처럼 고약한 비렁뱅이는 꼴도 보기 싫으니까."

그녀는 총총걸음으로 집 안으로 들어가서 문을 쾅 닫아버렸다.

"뭘 그렇게 야단이세요?" 젊은 남자의 목소리가 들리더니 허리춤에 도끼를 꽂은 거무튀튀한 농부가 문에서 나왔는데, 40년 전의 코르네이를 쏙 빼닮아 있었다. 그저 몸피가 조금 작고 말랐을 뿐, 반짝반짝 빛나고 있는 검은 눈은 정말 똑같았다.

그는 바로 그 17년 전에 그가 그림책을 사주었던 페지카였다. 그가 거지를 동정하지 않는 어머니를 나무라고 있었다. 그와 함께 역시 마찬가지로 허리춤에 도끼를 꽂은 벙어리 조카도 나왔다. 이제는 의젓한 어른이 되어 제법 듬성듬성 난 턱수염까지 기르고, 긴 목에 또렷하고 날카로운 눈매, 얼굴에는 주름살이 잡힌 건장한 사내였다. 두 농부는 막 아침 식사를 마치고 숲으로 가려던 참이었다.

"조금만 기다리세요, 할아버지." 하고 페지카는 말한 뒤, 벙어리 조카에게 먼저 늙은이를 가리킨 다음 거실을 가리키더니 손으로 빵을 써는 시늉을 해 보였다.

페지카는 한길로 나가고 벙어리 조카는 집 안으로 다시 들어갔다. 코르네이는 내내 고개를 푹 숙이고 벽에 기댄 채 지팡이를 의지하고 서 있었다. 그는 완전히 마음이 약해져서 복받쳐 오르는 오열을 꾹 참고 있었다. 벙어리 조카는 집 안에서 방금 구워 향기로운 커다란 흑빵을 들고 나와 성호를 긋고 코르네이에게 건넸다. 코르네이가 빵을 받아들고 역시 마찬가지로 성호를 그었을 때, 벙어리는 집 문을 향해 두 손으로 얼굴을 쓸어내리면서 침을 뱉는 시늉을 했다. 그는 그렇게 해서 숙모에 대한 불만을 표현한 것이었다. 그러더니 갑자기 그는 넋을 잃고 입을 벌린 채, 마치 알아보기라도 한 듯이 코르네이를 유심히 쳐다보았다. 코르네이는 더 이상 눈물을 억제할 수가 없었다. 그는 외투자락으로 눈이며 코며 허연 턱수염을 닦으면서 얼굴을 돌리고 현관계단으로 나갔다. 그는 어떤 독특한 감동과 기쁨과 함께, 자신의 아들과 세상 모든 사람들에 대한 겸양과 비하의 감정을 느끼고 있었는데, 그 감정이 달콤하고도 씁쓸하게 그의 마음을 자극했다.

마르파는 창문으로 바라보면서 늙은이가 집모퉁이로 자취를 감춘 것을 보고서야 안도한 듯이 한숨을 지었다.

마르파는 늙은이가 떠나버린 것을 확인한 뒤 베틀에 앉아 베를 짜기 시작했다. 그녀는 열 번도 더 북을 내동댕이치려고 했지만 손이 도저히 움직이지 않았다. 그녀는 일손을 멈추고 금방 만난 코르네이—그녀는 그 노인이 그라는 것을 알고 있었다—가 자기를 그렇게 두들겨 패기는 했지만 그래도 전에는 자기를 사랑해주었던 바로 그 사람에 대해 생각하며 회상하기 시작했다. 그녀는 방금 자기가 한 짓이 두려워졌다. 자신이 취한 태도는 잘못되어 있었다고 그녀는 생각했다. 그렇다면 도대체 그를 어떻게 대했어야 했단 말인가? 그는 자기가 코르네이라는 것도, 집에 돌아왔다는 것도 말하지 않았는데!

그녀는 다시 북을 들고 해가 질 때까지 계속 베를 짰다.

6

코르네이는 저녁에야 겨우 안드레예바 마을에 도착해 다시 지노베예프의 집을 찾아갔다. 그들은 전날과 마찬가지로 그를 흔쾌히 맞이했다.

"아니, 할아버지, 떠나지 않으셨어요?"

"가지 못했소. 워낙 몸이 쇠약해져서요. 가다가 도로 돌아왔지요. 하룻밤 더 재워 주시겠습니까?"

"재워드리다 뿐이겠어요? 어서 올라오셔서 몸부터 말리세요."

코르네이는 밤새도록 열병에 시달리다가 새벽녘에야 겨우 잠이 들었다. 눈을 떴을 때 집안사람들은 모두 일터로 나가고 집안에는 아가쉬카 혼자 남아 있었다.

그는 패치카 위에 노파가 깔아 준 마른 외투 위에 누워 있었다. 아가쉬카는 페치카에서 빵을 꺼내고 있었다.

"색시, 이쪽으로 잠시 와주겠소." 그가 힘없는 목소리로 그녀를 불렀다.

"잠깐만 계세요, 할아버지. 뭐 마실 것이라도 드릴까요, 크바스가 어때요?" 그녀는 빵을 뒤집어 놓으면서 말했다.

그는 대답하지 않았다.

그녀는 빵을 다 뒤집어 놓고 나서 크바스 한 잔을 들고 그에게 다가왔다. 그는 그녀 쪽을 쳐다보지도 않고 크바스를 마시려고도 하지 않았다. 그리고 반듯이 누워서 꼼짝도 하지 않고 이렇게 말하기 시작했다.

"가샤." 그가 나직한 목소리로 말했다. "드디어 마지막이 온 것 같구나. 난 이제 죽는다. 부디 나를 용서해다오."

"그게 무슨 말씀이세요? 할아버지는 저에게 하나도 나쁜 짓을 하지 않으신 걸요."

그는 잠시 잠자코 있었다.

"그리고 한 가지 부탁이 있는데, 부디 어머니에게 가서 말해다오. 그 떠돌이 영감이, 그 어제의 그 떠돌이 영감이 부디, 그…….”

그는 훌쩍거리기 시작했다.

“그럼, 저희 집에도 가셨어요?”

“그래, 말 좀 전해다오. 어제 그 떠돌이 영감이, 그 떠돌이 영감이” 또다시 그는 목이 메어 말을 잊지 못하다가 마지막 안간힘을 짜내 말을 마쳤다. “용서를 빌러 찾아온 거라고.” 이렇게 말하고 그는 자기 가슴을 더듬었다.

“전해드릴게요, 할아버지, 전해드리겠어요. 그런데 뭘 찾으세요?”

늙은이는 아무 대답도 하지 않고 얼굴을 잔뜩 찡그린 채 앙상한 털북숭이 손으로 품안에서 종이 한 장을 꺼내 그녀에게 건넸다.

“누가 묻거든 이것을 주어라, 내 병적증명서다. 아, 이제야 간신히 마음 놓고 죽을 수 있게 됐구나.”

노인의 얼굴에 범접할 수 없는 표정이 떠올랐다. 눈썹은 치켜 올라가고 눈은 천장을 응시한 채 이내 그는 미동도 하지 않았다.

“촛불을!” 그는 입술을 움직이지 않고 말했다.

아가쉬카는 즉시 깨닫고 성상에서 반쯤 타다 남은 양초를 가져와서 불을 켜 그에게 건넸다. 그는 그것을 마디가 굵은 손가락으로 잡았다.

아가쉬카가 그의 병적증명서를 궤 속에 넣어 두러 나갔다가 다시 그의 옆으로 왔을 때, 촛불은 그의 손에서 떨어져 있었고, 두 눈은 이미 아무것도 보지 않고 있었으며, 가슴의 숨결도 멎어 있었다. 아가쉬카는 성호를 긋고 촛불을 끈 뒤, 깨끗한 수건을 가져와서 그의 얼굴에 덮어주었다.

그날 밤 마르파는 한숨도 자지 못하고 내내 남편을 생각하고 있었다. 날이 새기가 바쁘게 그녀는 겉옷을 걸치고 플라토크를 쓰자, 어제의 늙은이를 찾아 나섰다. 이내 그녀는 그 늙은이가 안드레예바 마을에 있다는 것을 알았다. 마르파는 울타리에서 지팡이로 쓸 작대기를 뽑아들고 안드레예바 마을로 갔다. 걸음을 재촉하면 재촉할수록 점점 두려워지기 시작했다.

‘그 사람과 화해하자, 그리고 집으로 데리고 돌아와 서로 죄를 씻자. 하다못해 그이를 제 집의 아들 앞에서나마 죽게 해주어야지’ 하고 그녀는 생각하고 있었다.

마르파가 딸네 집으로 다가가기 시작했을 때 많은 사람들이 모여 있는 것이 보였다. 어떤 사람들은 현관에 또 어떤 사람들은 창문 밑에 서 있었다. 이 사람들은 모두, 40년 전에 이 근방에서 떵떵거리며 살았던 이름난 부자 코르네이 바실리예프 바로 그 사람이 거지가 다된 떠돌이 신세로 딸네 집에서 죽었다는 것을 알고 모여든 것이었다. 아낙네들은 서로 소곤거리며 한숨짓고 있었다.

마르파가 집 안으로 들어가려고 하자 사람들은 그녀에게 길을 비켜 주었다. 그녀는 성상 밑에, 씻겨서 염포(殮布)를 씌워 놓은 주검을 보았다. 글을 읽을 줄 아는 필립 코노느이치가 사제를 대신하여, 목청을 길게 뽑아 슬라브어로 시편을 읽고 있었다.

이제는 용서할 수도 용서를 빌 수도 없었다. 코르네이의 엄숙하고 평화로운 죽은 얼굴에서는, 과연 그가 모든 것을 용서한 것인지, 아니면 아직도 화를 내고 있는 것인지는 알 수 없었다.

4월

4월 1일

1

학문의 종류는 무수히 많다. 그 어떤 학문에도 끝이 없으니, 아무리 깊이 파고들어도 다 파헤칠 수가 없다. 그러므로 학문에서 가장 중요한 것은, 어떤 것이 가장 중요하며 어떤 것이 다음으로 중요한지, 나아가서 어떤 것이 그보다 덜 중요하고, 어떤 것이 가장 덜 중요한지를 아는 것이다. 왜냐하면, 어차피 모든 것을 다 배울 수는 없는 이상, 가장 중요한 것부터 배워야 하기 때문이다.

2

오늘날에는 배워야 할 것이 너무 많다. 머지않아 그 학문들 중에서 가장 유익한 것의 극히 일부분조차 진정한 내 것으로 하기에는, 우리의 능력은 너무도 부족하고 우리의 인생 또한 너무도 짧은 것이 되고 말 것이다. 헤아릴 수 없이 많은 학문이 우리를 위해 기다리고 있지만, 기껏 그것을 받아들여도 결국 그 중의 대부분은 무용지물로 버려지고 만다. 따라서 그런 무용지물은 처음부터 아예 구하지 않는 편이 나을 때도 많다.   칸트

3

오늘날처럼 지나치게 새로운 읽을거리가 넘치고, 우리가 채 소화할 수 없는 정보들이 앞 다투어 경쟁하는 세상에서는, 보통 우리의 기억력이 우리의 감정과 기호의 주인이 되어버린다. 그래서 우리는 종종, 우리의 감정에 그 원초적인 순수함을 되찾아주고, 남의 사상과 견해의 쓰레기더미에서 '자신'을 발견하기 위해, 스스로 느끼고 말하기 위해, 나아가서 언젠가 '진정한 자기 자신'이 되기 위해, 많은 정신적 노력이 필요하게 된다.   리히텐베르크

4

페르시아의 현자는 이렇게 말했다.

"젊었을 때 나는 나 자신에게 말한 적이 있다. 모든 학문을 다 배우고 싶다고. 그래서 마침내 모르는 것이 거의 없게 되었지만, 이제 늙어버린 지금, 내가 지금까지 안 것을 되돌아보니, 내 인생은 이미 다 지나가버렸는데 나는 알고 있는 것이 아무것도 없었다."

5

하늘과 땅의 모든 것을 알려고 하는 생각은 버리는 것이 좋다. 하늘의 뜻에 대해서든, 존재의 모든 법칙에 대해서든, 결국 우리가 알 수 있는 것은 아주 조금밖에 없다. 하지만 그 적은 것으로도 우리는 충분하다. 그 이상 알려고 애쓰는 것은 좋은 일이 아니다. 우리가 겸허하게 살아가는 데 실제로 필요한 범위, 또는 우리가 이루어야 할 사명, 바꿔 말하면 자기 자신과 자신의 사상과 언어, 행동에 있어서 필요한 범위를 벗어나 더 많은 것을 알려고 하는 것은, 오히려 미망을 불러오기만 할 뿐, 아는 것이 많아질수록 슬픔도 커진다는 것을 깨달아야 한다.

존 러스킨

6

천문학자들의 관측과 계산은 놀랄 만큼 많은 것을 우리에게 가르쳐주었다. 그러나 그들의 연구에서 가장 중대한 성과는, 아마 우리가 알 수 없는 무한한 것의 존재를 우리에게 알려준 것이 아닐까 한다. 그것이 없었더라면, 인간의 이성이 그 무한한 미지의 세계를 상상하는 일은 결코 없었을 것이다. 그리고 그 세계를 사색함으로써 비로소, 우리의 이성이 활동하는 궁극적인 목적에 커다란 변화를 가져다줄 수 있다.

칸트

7

"이 땅에는 온갖 풀들이 자라고 있다. 우리는 그것을 볼 수 있지만, 달에서는 보이지 않는다. 그 풀 속에는 실처럼 생긴 것이 있고 그 속에 아주 작은 생물이 있다. 그러나 그것 외에는 아무것도 없다." 이 무슨 주제넘은 말인가! "복잡한 물체는 여러 가지 원소로 구성되어 있고, 그 원소는 더 이상 분해되지 않는다." 이 무슨 주제넘은 말인가!

파스칼

8

모르는 것을 두려워하지 말라, 오히려 거짓된 지식을 두려워하라. 이 세상의 모든 악은 그것에서 시작되느니.

9

지식은 무한하다. 많은 것을 아는 사람이 조금밖에 모르는 사람보다 우월하다 하지만, 그 차이는 극히 미미하다.

4월 2일

1

진정한 삶이란 더 나은 사람이 되기 위해 정신력으로 육체를 극복하고 신에게 가까이 다가가는 것이다. 그러나 그것은 저절로 되지는 않는다. 그러기 위해서는 노력이 필요하고, 그 노력은 우리에게 큰 기쁨을 준다.

2

습관은 좋은 것이 아니다. 아무리 좋은 습관이라도 그렇다. 좋은 행위도 습관이 되어버리면 이미 덕행이라고 할 수 없다. 오로지 노력으로 얻어지는 것만이 덕이다.

칸트

3

네가 무거운 짐을 지고 있는 그곳에 너의 행복이 있다는 것을 알라. 그 무거운 짐에서 너의 이성적인 생활에 필요한 것을 섭취하라. 위장이 음식물에서 몸에 필요한 것을 섭취하듯, 또 무엇을 던져 넣으면 불길이 더욱 더 타오르듯.

마르쿠스 아우렐리우스

4

자신의 십자가를 멀리하면 할수록 그것은 더욱 더 괴로운 짐이 된다

아미엘

5

항상 행동을 조심하고 작은 일도 중히 여겨라. 공자

6

눈에 띄지 않는 일상의 의무를 겸허한 마음과 높은 도덕심으로 쉬지 않고 실천하면, 그 사람의 성격을 공고히 하여, 어지러운 세상 속에 있든, 단두대 위에 있든, 의연하고 꿋꿋하게 살아갈 수 있는 힘을 줄 것이다. 에머슨

7

성장은 서서히 진행되는 과정이지 폭발하듯 갑자기 일어나는 현상이 아니다. 하나의 학문 전체를 한 순간의 폭발적인 사색으로 알 수 있는 게 아니듯, 순간적인 회개를 통해 죄를 극복하는 것은 불가능하다. 내적 완성의 진정한 수단은 총명한 판단력에 의한 부단하고 끈기 있는 노력뿐이다. 채닝

8

정신적인 노력과 인생을 아는 기쁨은 육체노동과 휴식의 기쁨처럼 서로 번갈아 찾아드는 것이다. 육체적인 노동 없이 휴식의 기쁨은 없고, 정신적인 노력 없이 인생을 아는 기쁨은 없다.

4월 3일

1

죽는다는 것은 다음의 두 가지 가운데 하나이다. 즉, 내가 다른 존재로 바뀌거나, 내가 개체로서 존재하는 것을 그만두고 신과 합류하거나. 그 어느 쪽이든 행복하지 않은가.

2

만약 인생이 꿈이고 죽음이 꿈에서 깨어나는 거라고 한다면, 내가 나를 모든 사람들로부터 독립된 개체로 보는 것도 꿈이 아닐까? 쇼펜하우어

3

죽음이란, 우리가 그것을 통해 표상으로서의 이 세계를 인식하고 있던 육체가 멸망하는 것이다. 즉 우리가 그것을 통해 사물을 보고 있던 유리가 깨지는 것이다. 그 유리가 다른 무엇으로 바뀌는 것인지, 아니면 유리창 너머로 보고 있던 우리가 만유와 하나가 되는 것인지, 우리로서는 알 수 없다.

4

인생에는 일정한 한계가 없으면 안 된다. 바로 과수원과 밭에서 나는 작물처럼, 또 일 년의 사계절처럼. 모든 것은 태어나고, 성장하고, 이윽고 사라져버린다. 현자는 우주만물이 한시도 같은 모습으로 머무르지 않는 그 이치에 기꺼이 순종한다. 키케로

5

나, 이 우주에서 오직 하나뿐인 나는 죽은 뒤에도 존재하는가 하는 물음, 이 물음에 대한 해답은 오직 하나뿐이다. 즉, 만약 죽은 뒤에도 개체로서의 삶이 지속되는 것이 좋다면 그렇게 될 것이고, 그렇지 않다면 존재하지 않을 것이라는 것이 그 해답이다.

내가 신에 대해 알고 있는 한, 나는 신이 이루시는 일은 우리에게 항상 최선이라는 것을 믿지 않을 수 없다. 에머슨

6

죽음은 참으로 쉽게 우리를, 모든 고난과 불행에서 벗어날 수 있게 하므로, 영생을 믿지 않는 사람은 그것을 원하지 않으면 안 될 것이다. 또 영생을 믿고 새로운 삶을 기대하는 사람은, 더 더욱 믿지 않으면 안 된다. 만약 이 양쪽이 모두 그것을 바라지 않는다면, 그것은 사람들이 죽음의 순간을 괴로워하기 때문일 뿐이다. 고통이 사람들로 하여금 죽음을 피하게 하고 있다.

7

어느 누구도 죽음이 무엇인지, 나쁜 것인지 아니면 좋은 것인지 아무도 모른다. 그런데도 모든 사람이 그것이 나쁘다는 것을 확실하게 알고 있는 것처럼

싫어하고 두려워한다. 플라톤

8

천둥소리가 들릴 때는 이미 방전된 뒤이므로 생명의 위험이 없다는 걸 알면서도, 우리는 그것을 무서워한다. 죽음에 대해서도 마찬가지다. 육체의 죽음은 육체를 멸하는 것일 뿐, 정신을 멸하는 것은 아니라는 것을 알면서도, 역시 우리는 죽음을 두려워하지 않을 수 없다. 그러나 진정 지혜로운 자는 자신 속의 그 공포감을 극복하고, 생명은 육체에 있는 것이 아니라 정신에 있다는 것을 안다. 이에 반해 어리석은 자는, 죽음과 함께 모든 것이 끝난다고 여기고, 결코 생명의 위험이 없는데도 천둥이 무서워 달아나 숨는 사람처럼, 죽음을 두려워하며 죽음에서 달아나려고 한다.

9

죽음을 두려워하지도 않고 또 그것을 원하지도 않는 삶을 살아야 한다.

4월 4일

1

인생은 끝없는 기쁨이어야 하며, 또 기쁨일 수 있다.

2

이 세상의 삶은 결코 눈물의 골짜기도 아니고, 시련의 장소도 아니며, 우리가 더 이상 좋은 것은 상상할 수 없을 정도로 멋진 것이다. 이 세상을 살아가는 기쁨은, 그것이 우리에게 주어진 뜻에 따라 살아갈 수 있다면 무한하게 큰 것이 될 수 있다.

3

남에 대한 악의는 자신을 불행하게 하고 상대방의 삶도 불행하게 만든다. 반대로 사람들에 대한 선의는 바퀴에 치는 기름과 같아서, 그 사람의 삶은 물론 남의 삶까지 밝고 유쾌하게 만든다.

4

세상 사람들은 대부분 지금까지의 만족과 기쁨을 잃어버리면 탄식하고 슬퍼한다. 그러나 기쁠 때는 순수하게 기뻐하되, 기쁨의 원인이 사라질 때도 슬퍼하지 않는 사람이야말로 진정으로 현명한 사람이다.　　　　　　파스칼

5

한번 실천해 보라. 아마 자신의 운명에 만족하는 사람처럼, 사랑과 선행을 통해 내적 평안을 얻은 사람처럼 살아갈 수 있을 것이다.

마르쿠스 아우렐리우스

6

늘 쾌활함을 유지하는 비결은 사소한 일에 얽매이지 않으면서 운명이 가져다주는 사소한 기쁨에 감사를 잊지 않는 것이다.　　　　　　스마일스

7

만족을 찾아 헤매지 말라. 그보다는 항상 모든 것 속에서 만족을 발견하려는 마음자세가 중요하다. 너의 일이 바쁘더라도 마음이 자유롭다면, 아무리 하찮은 일이라도 너에게 만족을 줄 것이고, 네가 듣는 모든 이야기 속에서 흥미롭고 즐거운 것을 발견하게 될 것이다. 그러나 만약 네가 인생의 목적을 만족에 둔다면, 아무리 재미있는 장면을 만나도 결코 진심으로 웃을 수 없게 될 것이다.　　　　　　존 러스킨

8

진정한 현자는 언제나 쾌활하다.

9

기쁘게 사는 데 가장 중요한 것은, 인생은 기쁨을 위해 주어진 것이라고 믿는 것이다. 만약 기쁨이 끝났다면 자기가 어디가 잘못되었는지 반성해 보아야 한다.

4월 5일

1

죄를 짓지 않고서는 노동의 의무를 피할 수 없다. 즉 폭력을 행사하고 폭력에 참여하거나, 폭력에 아부하고 폭력에 추종하지 않고서는 불가능한 일이다.

2

비열한 자에게 아부할 바에는 차라리 목숨을 버리는 것이 낫다. 부자에게 빌붙어 호강할 바에는 가난뱅이에게 아부하는 것이 낫다. 부잣집 문 앞에 서서 애원하지 않는 것, 그것이 바로 최상의 생활이다.　　　　　인도 경전

3

빵을 얻기 위해 인간으로서의 지조를 잃을 바에는 굶어죽는 것이 낫다.
　　　　　소로

4

두 형제가 있었다. 한 사람은 궁전에서 왕을 섬기고, 한 사람은 땀 흘려 일하며 살고 있었다. 하루는 잘사는 형이 못사는 동생에게 말했다.

"너는 왜 왕을 섬기지 않느냐? 그러면 힘들게 일하지 않아도 될 텐데."

그러자 못사는 동생이 말했다.

"어째서 형님은 비굴한 노예의 신세에서 벗어나기 위해 노력하지 않으십니까? 예로부터 현자들이 말했습니다. '황금의 띠를 두르고 남의 종이 되기보다는 자신의 노동으로 얻은 빵을 편안한 마음으로 먹는 것이 낫고, 자기가 노예라는 표시로 가슴 위에 두 손을 포개고 있기보다는 그 손으로 석회나 진흙을 이기는 것이 나으며, 노예처럼 허리를 굽실거리기보다는 한 조각의 빵으로 만족하는 것이 낫다'고."　　　　　사디

5

왕이 내려준 옷이 아무리 아름다워도 자신의 거친 베옷이 낫다. 부자들의 음식이 제아무리 맛있어도 자기 집 식탁 위의 빵 한 조각이 더 낫다.　　사디

6

사람들에게 먹을 것을 구걸할 바에는, 새끼줄을 들고 숲으로 땔나무를 하러 가서, 그 땔나무 한 단을 팔아먹을 것으로 바꾸는 것이 훨씬 낫다. 먹을 것을 구걸해서 얻지 못할 때는 부끄럽고 화가 날 것이고, 또 얻으면 얻는 대로 더욱 나쁘다. 왜냐하면 준 사람에게 빚을 지게 되기 때문이다.　　　마호메트

7

땅을 갈지 않는 자에게 땅이 말한다.

'너는 그 오른손과 왼손을 사용하여 나를 갈지 않는 벌로서, 영원히 뭇 거지들과 함께 남의 집 문전에 서서, 영원히 부자들이 먹다 남긴 찌꺼기를 얻어 먹게 될 것이다.'　　　조로아스터

8

땀 흘려 일하는 생활이 게으른 생활보다 고귀하다는 것을 확신하고, 스스로 그 믿음에 따라 살며, 또 그렇게 사는 사람들을 높이 평가하는 사람들에게, 산다는 것은 참으로 즐거운 것이다.

9

일하기 싫으면 폭력을 휘두르거나 동정을 구걸하면 된다.

4월 6일

1

사람들은 정말 많은 일을 매우 중요하다고 여기면서 살고 있지만, 원래 그들에게 사명이 주어진 유일한 일, 다른 모든 일을 그 안에 포함하는 일만은 하려 하지 않는다. 즉 자신의 영혼을 개선하고, 영혼의 신적 본원을 일깨우는 일을 하지 않는 것이다. 그 일이 인간의 사명인 것은, 그것이야말로 인간이 그것을 달성하는 데 아무런 장애도 만나지 않는 유일한 목적이라는 사실에 비추어 봐도 명백하다.

사람들은 젊었을 때는, 우리가 자신과 남에게 바라는 선덕을 행할 수 있고, 인간의 사명은 끊임없는 자기완성이며, 심지어 모든 인류의 모든 죄악과 불행을 제거하는 것까지 가능하다고 확신한다. 이러한 젊은이의 공상을 가볍게 여겨서는 안 된다. 오히려 그런 공상 속에, 세속의 때가 묻어 오랫동안 인간 본연의 삶과 거리가 먼 삶을 살아온 노인들이, 남에게 아무것도 원하지 말고 아무 것도 구하지 말며 그저 있는 그대로 살라고 충고하는 말보다 훨씬 더 많은 진리가 들어 있다. 젊었을 때의 공상이 잘못된 것은, 젊은이들이 자기완성과 자기 영혼의 완성을 남에게 강요하는 것, 장차 일어날 일을 지금 당장 눈앞에 보고 싶어 한다는 것뿐이다.

3

나날이 더 나은 인간이 되려고 노력하는 삶보다 좋은 삶은 없으며, 실제로 자신이 더 나은 인간이 되어가고 있다는 것을 느끼는 것보다 큰 기쁨은 없다고 나는 생각한다. 그것이 바로 내가 오늘까지 끊임없이 경험해온 행복이며, 내 양심이 나에게 그것이야말로 진정한 행복임을 말해주고 있다.　소크라테스

자신의 단점을 지적해주는 사람들에게 감사하라. 우리의 단점은 너무 많아서 지적받는다고 금방 고칠 수 있는 것은 아니지만, 그 단점을 확실히 알면 그 것이 우리의 마음에 자극이 되어 양심이 나태한 잠에 빠져 있는 것을 허락하지 않으므로, 자세를 바로잡고 그 단점들에서 벗어나려고 노력하게 되는 것이 다.　파스칼

우리의 의식상태는 외부로부터의 어떤 비판보다 우리에게 큰 의미를 가진다. 왜냐하면 우리는 항상 자신의 의식 속에서 살기 때문이다. 우리의 행복과 불행은 우리에 대한 다른 사람들의 태도가 아니라, 우리 자신의 태도에 달려 있다. 그래서 자기 자신과 자신의 영혼을 향상시키기 위해 노력해야 한다. 그럼으로써 우리는 자신을 위해서도 남을 위해서도 최선을 다하게 된다.

6

최상의 행복은 한 해를 마칠 때 처음보다 자신이 더욱 나아졌음을 느끼는 것이다.　　　　　　　　　　　　　　　　　　　　　　소로

7

'하늘에 계신 너희의 아버지처럼 완전하여라.'(마태복음 참조)라고 한 것은, 너희 내부에 있는 신적 본원을 일깨우는 데 노력하라는 뜻이다.

8

번잡한 세상 속에 살면서 삶의 완성을 바라는 것은 불가능하다. 그렇다고 또 끊임없이 고독 속에 살면서 이것을 바라는 것은 더더욱 가능성이 적다. 완성을 위한 가장 좋은 조건은, 고독 속에서 자신의 세계관을 정립하고, 그런 다음 세상 속에 살면서 그것을 실천하는 것이다.

4월 7일

1

악을 선으로 갚는 것은 악을 악으로 갚는 것보다 훨씬 자연스럽고 훨씬 간단하며 또 훨씬 합리적이다.

2

해골산이라는 곳에 이르러 사람들은 거기에서 예수를 십자가에 못박았고 죄수 두 사람도 십자가형에 처하여 좌우편에 한 사람씩 세워 놓았다. 이에 예수께서는 '아버지, 저 사람들을 용서하여 주십시오! 그들은 자기가 하는 일을 모르고 있습니다' 하고 기원하셨다.　　　　　　　　루가복음 제23장 33~34절

3

사람들은 지칠 줄 모르고 자신의 행복을 추구한다. 그러나 인간의 손에 닿는 가장 큰 행복은 자신의 높은 본성에 따라 행동하는 것이며, 네 영혼의 고

상한 신적 본성은 너에게, 너의 가장 큰 행복을 위해 지칠 줄 모르고 남에게
선을 베풀라고 명령하고 있다.   마르쿠스 아우렐리우스

4

선으로 악을 갚으라.   탈무드

5

자신의 적에게 무엇으로 복수할 것인가? 그에게 될 수 있는 대로 많은 선을
행하도록 힘써라.   에픽테토스

6

온유함으로 분노를, 선으로 악을, 인자함으로 욕심을, 진실로 거짓을 정복하
라.   법구경

7

이웃과 사귈 때, 그들에게 현재 상태에 걸맞은 태도로 대하는 것은 그들을
더 나쁘게 할 따름이다. 그들을 실제보다 뛰어난 사람으로 대함으로써 우리는
그들을 보다 나은 인물로 만들 수 있다.   괴테

8

악에 대해 선으로 보답하라. 그러면 너는 그가 악에서 얻는 모든 기쁨을 빼
앗아버리게 될 것이다.

9

네 마음에 가르쳐라. 그러나 네 마음한테 배우지 말라.   부처의 잠언

10

선으로 악을 갚아본 기쁨을 경험한 사람은, 다시는 그 기쁨을 맛볼 기회를
놓치려하지 않을 것이다.

선(善)

자연계의 초목이나 동물에는 선도 없고 악도 없다. 또 살아만 있고 사색을 하지 않는 인간의 육체도 이와 마찬가지다. 선과 악의 구별이 인간의 마음속에 싹트는 것은, 인식하고 이해하는 능력에 의해 시작된다. 인간의 마음속에는 이미 어릴 때부터 악과의 끊임없는 싸움이 벌어지고 있다. 그 악과의 투쟁 장소로서 인간에게 가장 어울리고 효과적인 곳은 바로 그곳, 즉 자신의 마음속이다. 이 영역 밖에서의 악과의 투쟁은 인간의 본성에 부적당하고 아무런 성과도 가져올 수 없다. 악으로서 악에 대항하지 말라는 그리스도의 가르침은 바로 그것을 말하고 있다. 그 가르침은 악과의 투쟁 장소를 명료하고 정확하게 지정하고 있다. 그 장소란 다름 아닌 자기 자신의 내부인 것이다.

현명한 사람은 누구나 강제의 한계를 자기의 육체 안에 두고 있다. 왜냐하면 정신으로 자기의 육체를 다스리는 것, 바로 거기에 정신의 작용이 있고 정신의 가치가 있기 때문이다. 타인의 경우에도 그에게는 그 사람 나름대로 주인이 있기 때문에, 타인에 대한 폭력은 결코 정당화될 수 없다. 그것은 불필요한 폭력이다. 악으로 악에 맞서지 말라는 가르침은 바로 이것, 즉 타인에게 가해지는 폭력이 불필요함을 일깨우는 것을 목적으로 한다.

인간은 자신의 의지로 스스로를 다스릴 수 없다거나, 이 세상에서의 삶을 위해 그에게 요구되고 있는 것이 무엇인지 모른다고 누가 감히 주장할 수 있을까? 그것을 주장하는 것은 곧 신이 인간에게 부여한 삶의 자유, 자기 자신을 살리거나 죽이는 자유, 이성적 존재로서 사는 자유, 즉 인간 자체를 부정하는 것이다. 인간의 의지가 때로 그 존재의 틀을 일탈할 수는 있어도, 도대체 누가 그 일탈이 반드시 필요한 것이라고 주장할 수 있단 말인가? 그 같은 것을 주장하는 것은 곧 신의 의지만으로는 부족하다고 말하는 것과 같다. 곧 신을 부정하는 것과 같은 것이다. 이 세상의 악은 분명히 사람들이 자신의 의지를 자신의 영역 밖으로 넘어서게 하는, 즉 자신의 의지를 신의 의지의 자리에 놓는 데 있다. 그것은 신을 두려워하지 않는 행위라는 것을, '악으로서 악에 맞서지 말라'는 가르침이 명시하고 있는 것이다.

성공은 모든 것을 정당화한다. 이기면 충신이요, 지면 역적인 것이다. 그것이 육체의 세계, 동물의 세계, 이교도의 세계에서의 진리라는 말에 대한 해석이다. 그것은 하나의 공허한 울림에 지나지 않는다. "진리가 무엇이냐? 좋다, 그렇다면 그 진리와 함께 너를 십자가에 매달아 주마!" 하고 빌라도는 말했다. 그러나 그리스도는 진리를 보고 있었다. 바로 그것과 정반대의 위치에서 진리를 보고 있었다. 그에게는 지는 것이 이기는 것이었다. 만일 네가 다른 사람과의 싸움에서 폭력으로 이긴다면, 절대적으로 네가 잘못된 것이며 진리는 네 쪽에 있지 않음을 알아야 한다. 진리는 억압당한 자에게 있으며, 억압당한 자 속에 신이 존재한다. 즉 억압당한 자는 몸으로 신의 영광을, 태초의 근원적 이성의 영광을 보여주고 있는 것이다. 그것이 이 지상에서 인간이 놓인 입장이며, 얼핏 비참해 보이는 그 처지에서 유일하게 나아갈 수 있는 길은, 악으로 악에 맞서지 말 것, 남과 싸우지 말 것, 남과 싸우기에 앞서 항상 질 것을 각오하고 있을 것, 항상 신의 힘에 복종할 것, 즉 올바른 종교, 올바른 인생관에 의해 환히 비쳐지고 높여진 길이다.

무저항은 모든 싸움을 끝냄으로써 평화를 향한 더욱 확실한 길을 열고, 투쟁과는 다른 정신적 상호작용을, 이미 투쟁의 경우와는 다른 힘을 보여줄 것이다. 이 세상에서의 인간의 사명 또한, 복음서 속의 예수가 악마의 유혹을 받은 이야기와 니고데모와의 대화 속에 나타나 있듯, 원래 신이 부여한, 인간으로서 사물을 생각하고 인간으로서 이해하는 능력을 일깨우며, 또 무엇보다 그러한 지혜를 높이는 것—바로 그러한 이성적 의식, 즉 사람의 아들, 인간 속의 신의 아들을 해방하고 높이는 것이다. 그러므로 악에 맞서지 않는다는 것은 곧 이 신의 아들을 각성시켜 부활시키는 것이며, 그리스도를 부활시키는 것이다. 거꾸로 이것에 맞선다는 것은, 그를 박해하고 십자가에 못 박는 것이다. 인간은 이성적 존재이다. 이성적 존재의 특질은 이성의 승리, 이성의 지배에 있다. 그것을 위해서는 무엇보다 먼저 탐욕과 번뇌를 다스리는 것이 필요하다. 한 개인의 삶으로도 여러 민족의 사회적 삶으로도, 탐욕과 번뇌, 교만, 재판, 권력, 폭력의 터전 위에 이성의 나라를 세울 수는 없다. 악에 대한 무저항의 계율에 의해 비로소 우리의 삶 속에 그 예지의 원리가 실현되는 것이다.

사물을 생각하고 이해하는 능력은 신에 의해 모든 사람의 마음에 주어져 있다. 복음서도 무엇보다 가장 그 능력을 존중하라고 가르치고 있다. '자기 형제에게 성을 내는 사람은 누구나 재판을 받아야 하며, 자기 형제더러 미친놈이라고 하는 사람은 불붙는 지옥에 던져질 것이다.

(마태복음 제5장 22절)

.

　　오직 인간의 영혼만이 사물을 생각하고 이해하는 능력 속에서 일치와 사랑을 발견한다. 인간의 영혼 밖의 세계에서는 모든 존재는 세상의 어떤 것보다 자기를 더 사랑한다. 악에 대한 무저항의 가르침은, 악과의 진정한 투쟁의 방식을 사람들에게 가르침으로써, 영혼 밖에 있는 분열과 미움의 세계와 영혼의 내부에 있는 합일과 사랑의 세계 사이의 영원한 모순과 대립의 문제를 해결하고 있다. 따라서 예수가 나타나엘에게 감동을 담아, "정말 잘 들어 두어라. 너희는 하늘이 열려 있는 것과 하느님의 천사들이 하늘과 사람의 아들 사이를 오르내리는 것을 보게 될 것이다"(요한복음 제1장 51절) 하고 말씀하신 것처럼, 사람들을 유일한 신의 나라에서 한데 모이게 할 것이다.　　　　　　부카

4월 8일

1

사람들은 살인이라는 범죄행위를 '전쟁'이라고 부르기만 하면, 살인이 살인이 아니게 되고, 범죄가 범죄가 아니게 된다고 생각하고 있다.

2

여러 가지 방법으로 그리스도를 부정할 수 있다. 첫째, 처음부터 신을 모독하고 그리스도의 권위를 조롱할 수 있다. 그러나 그 방법은 그리 위험하지 않다. 종교는 사람들에게 너무나 소중하여, 비웃음만으로 그것을 사람들의 마음에서 빼앗아갈 수는 없기 때문이다. 그러나 또 하나의 방법이 있다. 그것은 그리스도를 주(主)라고 부르면서 그의 계율을 실천하지 않는 것, 다시 말하면, 그의 말을 빌려 인간의 자유로운 사상을 억압하고, 그의 이름을 빌려 사람들의 무지와 미망과 죄악을 옹호하고 미화하는 것이다. 이 두 번째 방법이 특히 위험하다.

테오도르 파커

3

이방인에 대한 전쟁은 신성하다는 말은 거짓이다. 대지가 피를 원하고 있다고 하는 말도 말짱한 거짓이다. 대지는 하늘을 향해 하천에 댈 물을 구하고, 하늘의 구름에서 맑은 이슬을 내려줄 것을 구하지, 피를 구하는 것이 아니다. 전쟁은 신에 의해, 심지어는 거기에 참여하는 사람들에 의해서도 저주받고 있는 행위이다.

알프렛 드 비니

4

너희가 악해서 너희와 하느님 사이가 갈라진 것이다. 너희가 잘못해서 하느님의 얼굴을 가리워 너희 청을 들으실 수 없게 된 것이다. 너희 손바닥은 사람 죽인 피로 부정해졌고 손가락은 살인죄로 피투성이가 되었구나. 너희 입술은 거짓이나 지껄이고 너희 혀는 음모나 꾸민다. 모두들 하나같이 부당한 송사를 일으키고 없는 일을 꾸며 내어 고소하는구나. 터무니없는 것을 믿고 사실 무근한 소리를 지껄인다. 그 밴 것이 음모인데 잔악 말고 무엇을 낳으랴? 독사의 알이나 품어 까려는 것들, 거미줄이나 치려는 것들, 그 알을 하나만 먹어도 사람은 죽고, 눌러 터뜨리면 독사가 나온다. 그들이 치는 거미줄로는 옷도 만들지 못하고 천을 짜서 몸을 두르지도 못한다. 그들이 한다는 짓은 잔학뿐이요 손으로 한다는 짓은 횡포뿐이다. 그들의 발은 나쁜 짓이나 하러 뛰어 다니고 죄없는 사람의 피나 흘리러 달린다. 잔악한 계책을 꾸며 닥치는 대로 빼앗아 먹고 짓부수는 것들, 평화의 길은 아랑곳도 없는데 그 지나간 자리에 어찌 정의가 있으랴? 그들이 구불구불 뚫어 놓은 뒷골목을 가면서, 평화를 맛볼 사람이 있으랴? 그리하여 공평은 우리에게서 멀어만 가고 정의는 우리에게 떨어져만 간다. 빛을 기다렸는데 도리어 어둠이 오고 환하기를 고대하였는데 앞길은 깜깜하기만 하다. 우리는 담을 더듬는 소경처럼 되었고 갈 길을 몰라 허둥대는 맹인이 되었다. 한낮인데 황혼무렵인 듯 발을 헛딛기만 하는 모양이 몸은 피둥피둥한데도 죽은 것이나 다름없구나.　　　　　　이사야서 제59장 2~10절

5

이 땅에는 기막힌 일, 놀라 기절할 일뿐이다. 예언자들은 나의 말인 양 거짓말을 전하고, 사제들은 제멋대로 가르치는데, 내 백성은 도리어 그것이 좋다고 하니, 그러다가 끝나는 날이 오면 어떻게 하려느냐.　　　예레미야 제5장 30~31절

6

또 세상은 무법 천지가 되어 사람들의 마음속에서 따뜻한 사랑을 찾아볼 수 없게 될 것이다.　　　　　　　　　　　　　　　마태복음 24장 12절

7

"내가 매일 너희와 함께 성전에 있을 때에는 잡지 않더니 이제는 너희의 때가 되었고 암흑이 판을 치는 때가 왔구나" 하셨다.　　　루가복음 제22장 53절

8

전쟁이란 모든 사람들과 모든 백성들이 그 뒤에 숨어서, 세계가 도저히 감당할 수 없는 온갖 잔인무도함를 드러내는 휘장 같은 것이다.　　　　스프링필드

9

하느님께서 민족 사이의 분쟁을 판가름해 주시고 강대국 사이의 시비를 가려 주시리라. 그리 되면 나라마다 칼을 쳐서 보습을 만들고 창을 쳐서 낫을 만들리라. 나라와 나라가 사이에 칼을 빼어 드는 일이 없어 다시는 군사를 훈련하지 아니하리라. 사람마다 제가 가꾼 포도나무 그늘, 무화과나무 아래 편히 앉아 쉬리라. 만군의 야훼께서 친히 하신 말씀이다.   미가 제4장 3~4절

10

살인은 누가 그것을 허용하든 또 아무리 변명하든 역시 죄악이다. 따라서 실제로 사람을 죽이는 자나 그것을 준비하는 자나 모두 죄인이며, 그들을 대할 때 필요한 것은 존경과 격려와 칭찬이 아니라 연민과 교화와 설득이다.

4월 9일

1

선에 대한 사랑과 불멸에 대한 신앙은 불가분의 관계이다.

2

내세(來世)가 존재한다는 것을 '알고 있다'고 말할 수 있는 사람은 아무도 없다. 우리가 내세를 믿는 근거는 이론적인 것이 아니라 도덕적인 것이다. 그러므로 나는 신의 존재와 나의 불멸이 의심할 나위 없는 진실이라고 단언할 수는 없지만, 다만 나는 신이 존재한다는 것과 내가 불멸한다는 것을 도덕적으로 믿어 의심치 않는다고 말해야 할 것이다. 그것은 곧 신과 내세에 대한 믿음이 나에게서 결코 떼어놓을 수 없을 만큼 내 본성과 굳게 맺어져 있음을 뜻한다.
                                                                                        칸트

3

우리의 삶이 정신적이면 정신적일수록 우리는 더욱 더 불멸을 믿게 된다. 우리의 본성이 동물과 같은 성질에서 멀어짐에 따라 불멸에 대한 의심은 서서히 사라진다. 미래를 가리는 휘장이 걷히고 어둠이 사라져, 우리는 이 세상에 있으면서도 자신의 불멸을 느끼게 되는 것이다.
                                                                                        마르티노

내가 지금까지 보아온 것, 알고 있는 것의 전부는, 내가 아직 본 일이 없는 것, 모르는 것을 믿으라고 나에게 가르친다. 우리를 위해서 신이 미래에 준비해 둔 것은, 그것이 무엇이든, 우리가 이 세상에서 지금 알고 있는 신의 행위처럼 위대하고 축복에 찬 것임이 틀림없다. 우리의 미래는 우리가 이 세상에서 상상할 수 있는 한, 가장 높고 거룩한 것임이 틀림없다.　　　　　　　　에머슨

5

죽음은 조금도 무서운 것이 아니다. 우리가 이 세상에 살면서 영원한 율법을 일탈하는 정도에 정비례하여 무서운 것으로 보일 뿐이다.

6

이 세상에서의 우리의 입장은, 학자가 자신의 학문에 대해 얘기하고 있는 방에 들어간 어린아이와 같다. 어린아이는 그 얘기의 시작을 듣지 못했고 또 얘기가 끝날 때까지 기다리지도 못하고 나간다. 그는 무엇인가 듣기는 듣지만 들은 것을 이해하지는 못한다. 신의 위대한 말은 우리가 공부를 시작한 것보다 몇십 세기나 전에 시작되었고, 우리가 죽은 뒤에도 여전히 계속될 것이다. 우리는 신의 말의 극히 일부를 들을 뿐이며, 게다가 자기가 들은 것의 대부분을 이해하지 못한다. 그러나 비록 조금이지만, 또 지극히 막연하지만, 어쨌든 우리는 무엇이 위대한 것이고 무엇이 존엄한 것인지는 이해할 수 있다.

　　　　　　　　　　　　　　　　　　　　　데이비드 토머스

7

진정으로 신을 사랑하는 자는, 신의 사랑을 얻기 위해 안달하지 않는다. 그런 사람은 자신이 신을 사랑하는 것만으로 충분하다.　　　　　스피노자

8

전 존재를 기울여 선(善), 즉 신을 사랑하는 사람은 자신의 불멸을 의심할 수 없다.

4월 10일

1

사람들의 내부에 있는 신적 본원의 해방은, 필연적으로 현 체제의 개혁과 새로운 체제의 수립으로 우리를 이끈다.

2

오래 살면 살수록 내 앞에는 할 일이 더욱 더 많아진다. 우리는 중대한 시기에 살고 있다. 일찍이 사람들 앞에 이처럼 해야 할 일이 많았던 적은 없었다. 현대는 좋은 의미에서의 혁명의 시대, 물질적인 의미가 아닌 정신적인 의미에서의 혁명의 시대이다. 숭고한 사회체제의 이념, 숭고한 인간성의 이념이 창조되고 있다. 우리는 수확을 거두지 못하고 이 세상을 떠나지만, 믿음을 가지고 씨를 뿌리는 것은 크나큰 행복이라고 하지 않을 수 없다.　　　　　채닝

3

원망과 분노 때로는 비탄으로 시끄러운, 현재의 그리스도교에 대한 심각한 불만의 소리에 귀를 기울여 보라. 모든 사람이 신의 나라를 갈망하고 있다. 그리고 그것은 점점 다가오고 있다.

더욱 순수한 그리스도교가 느리기는 하지만, 소위 '그리스도교'라는 같은 이름으로 불리고 있는 종교의 자리를 대신해가고 있다.　　　　　채닝

4

자연계의 건조상태가 상반되는 두 가지 원인, 곧 겨울의 혹독한 추위가 여름의 혹독한 더위에서 생기듯, 인간의 과단성 또한 정반대의 두 가지 원인에서 비롯된다. 즉 순수하게 이단적인 인생관과 순수하게 그리스도교적인 인생관이 그것이다.

봄, 즉 겨울에서 여름으로 넘어가는 시기에 습도가 가장 높듯, 우리의 내부에도 이단적 신앙에서 그리스도교로 옮아갈 때 과단성이 가장 적어져서, 무엇을 어떻게 해야 할지 몰라 회의에 빠지기 쉽다.

봄을 반기지 않거나 이교에서 그리스도교로 옮아가는 것을 기뻐하지 않는 것은, 그러한 계절과 그러한 이행이 무엇에 의해 일어나는지 이해하지 못하는

사람들뿐이다. 자연계의 봄철의 습기와 인간 내부의 회의와 망설임은 각각 자연과 인간의 과도기 상태, 다시 말해 전자는 자연계가 순환하는 상태이며, 후자는 인생관이 더욱 성숙해지고 있는 상태라는 것을 이해하는 사람들은, 그 습기와 회의를 탄식하지 않는다. 뿐만 아니라, 전자는 자연계에 여름철이 다가오는 징후로, 후자는 인류에게 신의 나라가 다가오고 있는 징후로 받아들이고 이를 함께 기뻐한다.   표도르 스트라호프

5

모든 사람은 한 형제라는 종교적 인식이 널리 퍼져 있는 현대에, 진정한 학문은 이 인식을 실생활에 적용하는 방법을 가르쳐주어야 하고, 예술은 또 이 인식을 사람들의 감정 속에 불러일으켜야 한다.

6

목적지가 멀면 멀수록 더욱 더 전진해야 한다. 서두르지 말고 쉬지도 말고 전진하라.   마치니

7

나는 내 눈앞에서 예속과 정치적 속박에 간힌 민중이 누더기를 걸치고 굶주림에 지쳐, 부자들이 호사스러운 술자리에서 모욕적으로 던져주는 음식 찌꺼기를 줍는 민중을 보고, 또 야수 같은 증오와 야만적인 기쁨에 취해 무서운 반역의 충동에 몸을 던지는 그들을 본다. 그리고 그러한 때 그 같은 야수로 둔갑한 사람들의 이마에도 신의 손가락 자국이 새겨져 있는 것을 보고 그들에게도 우리와 공통된 사명이 있다는 것을 떠올린다. 그런 다음 미래 쪽으로 눈길을 돌리면 평등과 박애라는 공통된 연대감으로 맺어진, 신앙을 함께 하는 형제로서의 민중이 그 위용을 드러내고 있는 광경이 마음속에 떠오른다. 그것은 사치에 의해 타락하지 않고, 가난에 의해 야수화하지도 않고, 인간의 존엄성에 눈뜬 미래의 민중이다. 그리하여 나는, 현재를 생각하면 괴로움에 몸부림치고, 미래를 생각하면 기쁨에 가슴이 설렌다.   마치니

"너희는 걱정하지 말라, 하느님을 믿고 또 나를 믿어라"(요한복음 제14장 1절)는 것은, 그리스도가 우리에게 계시한 '너희의 내부에 있는 신성을 믿으라'는 뜻이다. 이 자신의 내부에 있는 신성은 자각되지 않을 수 없고, 따라서 실현되지 않을 수 없다.

4월 11일

1

정신적인 세계에는 육체적인 세계보다 모든 것이 훨씬 더 긴밀하게 이어져 있다. 모든 기만은 반드시 또 다른 기만을 부르고, 모든 잔학행위 또한 또 다른 잔학행위를 부른다.

2

가벼운 계율을 어긴 사람은 결국 중대한 계율도 어기게 된다. 만약 그가 '너 자신처럼 네 이웃을 사랑하라'는 계율을 어긴다면, 그 결과 복수하지 말라, 악의를 품지 말라, 네 형제를 미워하지 말라고 하는 계율도 어기고 마침내 피를 흘리게 될 것이다.

탈무드

3

사람들은 흔히 단순한 건망증으로 인해 자신의 양심이 결백함을 자랑한다.

조니자드 라페스키

4

작은 악에 대해 이 정도쯤이야 하고 소홀하게 생각해서는 안 된다. 조그만 물방울이 모여 항아리 하나를 채운다. 어리석은 자는 조금씩 악을 저지르다가 마침내 온몸이 악으로 가득 차버린다.

선에 대해서도 어차피 나는 할 수 없는 일이라고 미리 포기해서는 안 된다. 한 방울 한 방울의 물이 그릇을 가득 채우듯, 선을 향해 꾸준히 나아가는 사람 또한 조금씩 선을 쌓아가다가 마침내 온몸이 선으로 가득 찬 사람이 될 것이다.

부처의 잠언

5

우리의 내부에는, 다른 근원적인 죄악에 의해 지탱되고 있어서, 마치 나무기둥을 쓰러뜨리면 그 가지도 함께 쓰러지듯, 그 근원적인 죄악의 뿌리가 제거되면 같이 제거되는 죄악이 있다.　　　　　　　　　　　　　　　　파스칼

6

하나의 죄를 뿌리 뽑으면 열의 죄가 사라지리라.　　　　　　　　　　로드

7

양심은 우리가 나아가야 할 길을 가르쳐주는 나침반이다. 사람들은 이 길을 벗어났을 때, 양심이 가리키는 대로 생활을 바꾸거나 양심이 가리키는 것을 보지 않거나, 둘 중의 하나를 선택한다. 전자의 경우는 단 한 가지 방법밖에 없다. 자신의 내부에 있는 빛을 확대하여 그 빛이 비추는 것에 주의를 집중하는 것이다. 그러나 후자의 경우, 즉 양심이 가리키는 것을 보지 않는 데는 외적인 방법과 내적인 방법 두 가지가 있다. 외적인 방법은 양심의 가리킴에서 주의를 딴 데로 돌릴 수 있는 여러 가지 일에 몰두하는 것이고, 내적인 방법은 양심 자체를 흐리게 하는 것이다. 무엇보다 그것을 두려워해야 한다. 선의 길에서 한 발짝이라도 벗어나는 날에는 미처 정신을 차릴 겨를도 없이 이내 악의 구렁텅이에 빠지고 말 테니까.

8

악의 싹을 감시하라. 악이 싹트는 것을 알리는 영혼의 목소리가 있어, 그것이 싹트자마자 우리는 왠지 모르게 초조하고 부끄러워질 것이다. 그 목소리를 믿어라. 그리고 걸음을 멈추고 찾아보면 틀림없이 기만이 싹트고 있는 것을 발견할 것이다.

4월 12일

1

자신의 내면으로 깊이 들어가면, 우리는 거기서 초인간적인 무언가를 의식하게 된다.

2

우리가 존재하고 있는 이상 신도 역시 존재한다. 그것을 신이라 부르건 뭐라 부르건, 어쨌든 우리 안에 우리가 창조한 것이 아니라 우리에게 주어진 생명이 있다는 것은 의심할 나위가 없다. 그 생명의 원천을 신이라 부르건 뭐라 부르건 그것은 하나도 중요하지 않다.

마치니

3

우리는 공상 속에서 온갖 환영을 만들어내며 그것을 두려워한다. 그러나 그 것은 괜찮다고 할 수 있다. 왜냐하면 그것은 어디까지나 공상이니까. 그러나 이지(理智)가 날조한 생각에 굴복하고 그것을 두려워하는 것은 허용되지 않는 다. 왜냐하면 이지는 기만당해서는 안 되기 때문이다. 그런데 '크기'에 대한 미 신은 공간의 개념을 낳는 이지의 기만이다. 창조된 것은 창조자보다 클 수 없 다. 아들은 아버지보다 크지 않다. 여기에 수정이 필요하다. 이지는 그 자신에 대한 잘못된 개념을 그에게 주는 공간의 미신에서 빠져나오지 않으면 안 된다. 그러나 이 해방은 우리가 공간 속에서 이지를 보는 대신 이지 속에서 공간을 보는 것을 배울 때 비로소 가능하다. 그렇다면 그것을 어떻게 배워야 할까? 공 간을 본래의 성질로 되돌리는 것에 의해서이다. 공간은 원래 이지의 활동 조건 에 지나지 않는다.

그러므로 신은 꼭 무한대의 공간을 차지하고 있지 않아도 어디에나 두루 존 재한다고 말할 수 있으며, 공간적 크기의 척도로 가늠할 수 있는 것이 아니다.

우리의 의식 속의 세계는 공간을 가지지 않지만, 세계에 대해서 논할 경우, 무한한 공간을 생각하지 않으면 안 된다.

시간과 수(數)도 마찬가지로 의식에 있어서는 필요하지 않으며, 다만 이지 속에 그것이 있을 따름이다. 그러므로 인간은 아무리 거대한 공간과 무한한 시간, 그리고 무한대의 수와 비교해도 결코 작지 않으며, 오히려 크다고 해야 할 것이다.

아미엘

4

숲 속에 서서, 내 눈을 피해 전나무의 뾰족한 잎 속에 몸을 숨기려고 다급 하게 땅 위를 기어가는 딱정벌레를 바라보면서 스스로 묻는다. 어째서 이 딱

정벌레는 이렇게도 겁을 먹고 나에게서 숨으려고 하는 것일까. 어쩌면 내가 그 녀석의 은인이 되어 그들의 무리에게 무척 기쁜 소식을 전해줄지도 모르는데. 그럴 때, 나는 나도 모르게 내 위에, 즉 이 딱정벌레나 다름없는 인간 위에 서 있는 위대한 은인을 생각하지 않을 수가 없다.　　　　　　　　　소로

5

신을 찾지 않는 자에게 신은 존재하지 않는다. 신을 찾기 시작하는 동시에 신은 네 안에 있고, 너는 신 안에 있다.

6

신을 찾는 것은 그물로 물을 뜨는 것과 같다. 뜨고 있는 동안은 물은 그물 속에 있지만, 떠냈을 때에는 아무것도 들어 있지 않다.

사색과 행위를 통해 신을 찾고 있는 동안, 신은 너의 내부에 있다. 그러나 신을 찾아냈다고 생각하고 안심한 순간 너는 신을 잃어버릴 것이다.

표도르 스트라호프

7

이 세계와 우리의 삶 뒤에 왜 이 세계가 존재하며, 그 속에서 우리가 왜 부글거리는 물거품처럼 솟아올랐다 부서졌다 사라지는지 알고 있는 누군가가 존재한다는 것은 의심할 여지없는 진리이다. 어떻게 그것을 인정하지 않을 수 있는지 참으로 놀라울 따름이다.

8

모든 것이 조용히 신에 대해 이야기하고 있는 이 위대한 만물의 합일 속에서 믿지 않는 자는 오직 영원한 침묵만을 볼 뿐이다.　　　　　　루소

9

설사 신을 의식하지 못하더라도, 그것으로 신은 존재하지 않는다고 결론을 내릴 권리는 없다.

4월 13일

1

우리 생명의 영적, 신적 본원을 우리는, 한편으로는 이성으로 인정하고 다른 한편으로는 사랑으로 인정한다.

2

현자에게는 다음과 같은 세 가지 특징이 있다. 첫째, 남에게 하라고 권하는 것은 스스로도 실천한다. 둘째, 정의에 어긋나는 행동은 절대로 하지 않는다. 셋째, 주위 사람들의 약점을 참을성 있게 견뎌낸다.

3

위대한 사상은 마음에서 나온다.

보브나르그

4

우리의 도덕적 감정과 지적 능력은 서로 굳게 얽혀 있으므로, 어느 한쪽에 손을 대면 반드시 다른 한쪽도 건드리지 않을 수 없다. 위대한 지성도 도덕적 감정이 따르지 않으면 커다란 불행의 원인이 된다.

존 러스킨

5

뭐든지 연구해도 좋다. 그러나 이성에 합치되는 것만 믿어라.

6

이성과 지적인 능력은 전혀 다른 성질의 것이다. 세상에는 많은 지적 능력을 가졌으면서도 이성이 결핍된 사람들이 많이 있다. 지적 능력은 살아가는 데 필요한 세속적인 조건을 이해하고 헤아리는 능력이지만, 이성은 우리의 영혼에 자신의 세계와 신의 관계를 스스로 계시하는 능력이다. 이성과 지적 능력은 같지 않을 뿐만 아니라 정반대의 것이다. 이성은 지적 능력으로 인해 인간이 빠지는 유혹과 기만에서 인간을 해방한다. 그것이 이성의 가장 중요한 작용이다. 이성은 유혹을 이기고 인간의 영혼의 본성인 사랑을 해방하여, 그 발현을 가능하게 한다.

7

사람들은 종종 이성과 양심을 구별하여, 선한 일은 깊은 사고력보다 중요하다고 말한다. 그러나 원래 분리할 수 없는 영혼의 힘을 억지로 구별하는 것은, 우리의 본성을 불구로 만드는 짓이다. 선행에서 사상을 제거하면 도대체 무엇이 남을까? 사고력이 결여되면 우리가 양심이라고 일컫는 것도 망상과 과장과 악을 인정하는 것으로 변질되고 만다. 실제로 세상에서 가장 잔인한 일이 양심이라는 이름으로 수없이 자행되어 왔다. 사람들은 양심의 명령이라는 핑계로 서로를 미워하며 죽여 온 것이다.　　　　　　　　　　　　　　　　　채닝

8

이성적인 사람은 절대로 악인이 될 수 없다. 선인은 언제나 이성적이다. 이성의 작용으로 자기 내부의 선을 키우고, 사랑을 키움으로써 이성을 증대시키지 않으면 안 된다.

4월 14일

1

부유한 지배계급과 가난한 피지배계급으로 나눠져 있는 세상이란 처음부터 잘못된 거라고 할 수밖에 없다.

2

우리는 황금 만능주의의 결과 기괴한 귀결에 도달했음을 인정하지 않을 수 없다. 우리는 공동사회에서 살고 있다고 말하면서, 공공연히 완전한 분열과 극단적인 소외를 불러일으키고 있다. 우리의 생활은 서로 돕는 정경이 아니라, 공정한 경쟁이니 하는 미명 아래 지극히 가혹한 전쟁의 법칙으로 뒤덮인 생존경쟁의 아수라장을 드러내고 있다. 우리는 모든 인간관계가 금전지불 관계로 귀착하는 것이 아님을 완전히 잊고 있다.

부유한 기업인은 말한다. "노동자가 굶어 죽거나 말거나 나하고 무슨 관계가 있단 말이냐? 나는 그들을 시장에서 떳떳하게 고용하여, 약속한 대로 임금을 마지막 한 푼까지 계산해 주었다. 그 이상 나더러 어떡하라는 말이냐?"

황금만능주의는 참으로 슬픈 신앙이다. 카인도 제 욕심 때문에 아우 아벨

을 죽이고 "네 아우 아벨이 어디 있느냐?"고 야훼께서 물었을 때, "제가 아우를 지키는 사람입니까?" 하고 잡아떼며 모른다고 대답했다. 공장주도 또한 이렇게 말한다. "내가 형제인 노동자에게 약속한 임금을 다 치르지 않았다는 말이냐?"

칼라일

3

인간은 땅 위에서 땅에 의해서만 살 수 있는 존재이므로, 어떤 사람이 사는 땅을 다른 사람이 빼앗는 것은, 그 사람의 피와 살을 다른 사람의 소유로 하는 것과 같이 그를 완전히 노예로 만들어버린다. 그리고 결국, 사회가 일정한 발전단계에 도달하면, 땅의 약탈에서 생기는 노예 제도는 주인과 노예의 관계가 덜 직접적이고 덜 노골적일 뿐, 사람들의 육체를 재산으로 삼는 노예 제도보다 더욱 잔인하고 더욱 사람을 타락시키게 만든다.

헨리 조지

4

지금 우리는 우리의 조상들은 상상도 하지 못했던, 행복을 위한 수많은 수단과 온갖 편리한 물건 속에 파묻혀 있다. 그러나 우리는 과연 행복한가? 설령 소수의 사람들이 많은 행복을 누리고 있다 치더라도, 대다수의 사람들은 그만큼 더 불행해지지 않았는가! 부유한 몇 사람을 위해 우리는 대다수 사람들을 불행하게 만들거나 불행하다고 느끼게 하고 있다. 남의 행복을 희생시켜 얻어지는 행복이라는 것이 과연 떳떳할 수 있을까?

루소

5

내가 물에 빠져 죽어가는 사람을 구해주기 전에 그 사람으로부터 재산을 모두 주겠다는 약속을 받았다고 치자. 그때는 분명히 거래가 성립된다. 그 사람은 재산보다 목숨이 소중했기 때문이다. 그러나 이것은 말도 안 되는 약속이다. 그런데 실제로 수많은 사람들이 보잘 것 없는 재산밖에 가지지 않았기 때문에, 그 약간의 재산마저 빼앗기고, 그 결과 그들의 노동, 즉 그들의 유일한 재산에 대해 간신히 목숨을 부지할 정도로만 대가를 받고 있다.

솔터

백만장자 뒤에는 반드시 거지가 있다.　　　　　　　　　　헨리 조지

한쪽에는 무지와 가난과 예속과 타락이 있고, 한쪽에는 문화와 부와 권력이 있어서, 서로 존경하고 사랑하는 것을 방해하고 있는 세상에서는, 그리스도교적 사해동포의 삶이란 허구에 불과하다.　　　　　　　　　　마치니

포악한 주인이 되는 것은 순종적인 노예가 되는 것보다 나쁘다. 가난을 괴로워하지 말고 오히려 부귀를 괴로워하라.

만일 네가 일도 하지 않고 수입을 얻는다면 그것은 틀림없이 누군가 다른 사람이 일을 하고 그 대가를 받지 못한 것이다.　　　　　　　　마이모니드

채소장수

채소장수 제롬 크랑크빌은 손수레를 끌며 "양배추, 당근, 순무 사려!" 하고 외치면서 마을을 돌아다녔다. 또 부추를 가지고 있을 때는 "싱싱한 아스파라가스 있어요!" 하고 외쳤다. 부추는 가난한 사람들에게는 아스파라가스 대신이었기 때문이다.

그러던 어느 날, 10월 20일 오후, 몽마르트르 거리를 내려가는데, 마담 바야르라고 하는 구둣가게 마누라가 가게에서 뛰어나오더니 수레 옆으로 다가왔다. 그리고 멸시하는 듯한 표정으로 부추를 한 단 집어 들며 말했다.

"부추가 별로 좋은데, 한 단에 얼마유?"

"15수(프랑스의 동전, 20분의 1프랑)예요, 아주머니. 이보다 좋은 부추는 구경 못하실 걸요."

"이 따위 부추가 한 단에 15수나 한다고?"

그녀는 그렇게 말하더니 얼굴을 찌푸리며 부추를 손수레 속에 던져 버렸다.

이때 64번이라는 번호를 단 순경이 다가와서 크랑크빌에게 말했다.

"어이, 비켜요, 비켜!"

크랑크빌은 벌써 만 50년 동안, 아침부터 저녁까지 손수레를 끌고 돌아다니고 있었다. 그는 순경의 명령이 지극히 당연하고 정당하다고 생각했다. 그래서 그는 이 명령을 지킬 양으로 구둣가게 마누라에게 빨리 마음에 드는 것을 고르라고 말했다.

"다시 한 번 처음부터 골라봐야겠어요."

구둣가게 마누라는 통명스럽게 말했다.

여자는 다시 부춧단을 모두 뒤져서 그중 가장 싱싱해 보이는 단을 고르더니 그것을 가슴에 안았다.

"14수에 줘요. 그거면 충분하지 뭘. 금방 가게에 가서 가지고 올게, 지금은 가진 게 없으니까."

이렇게 말하더니 여자는 부추를 안고, 방금 어린애를 안은 여자 손님이 들어간 가게로 돌아갔다.

그러자 64번 순경이 다시 크랑크빌에게 말했다.

"어서 가지 못해?"

"돈을 기다리고 있는 중이라서……." 하고 크랑크빌이 대답했다.

"누가 아니랬어? 어서 가기나 하란 말이야!" 순경이 엄격하게 말했다.

그러는 사이 구둣가게 마누라는 자기 가게에서 태어난 지 1년 반쯤 된 아기 발에 맞는 하늘색 구두를 고르고 있었다. 여자 손님은 몹시 서두르고 있었기 때문에, 새파란 부추 다발은 탁자 위에 느긋하게 누워 있었다.

50년이란 세월을 손수레를 끌며 마을 여기저기를 돌아다녔던 크랑크빌은 권력에 복종할 줄 알고 있었다. 그러나 이때의 그는 권리와 의무 사이에 낀 난처한 입장에 처해 있었다. 그는 법에 대해 무지하여, 아무리 개인의 권리를 행사하기 위해서라 해도 사회적 의무를 지켜야한다는 것을 이해하지 못했다. 그는 14수라는 돈을 받아야 하는 자신의 권리에 지나치게 집착해서, 손수레를 끌고 가야 한다는 의무를 소홀히 했다. 그는 그 자리에서 움직이지 않았다.

64번 순경은 한번 더, 화내지 않고 침착한 목소리로 그에게 빨리 가라고 명령했다.

"빨리 가라고 말하고 있는 게 들리지 않나?"

그러나 크랑크빌로서는 그 자리를 떠날 수 없는 너무나 중요한 이유가 있었다. 그래서 그는 그 이유를 솔직하게 있는 그대로 얘기했다.

"아니, 이보시우, 순경 양반! 돈을 기다리고 있다고 말씀드렸잖아요?"

그러자 순경이 말했다.

"아하, 그렇다면 '공무집행 방해죄'로 끌려가고 싶다는 얘긴가? 진작 그렇게 말할 것이지."

이 말을 듣고 크랑크빌은 천천히 어깨를 움츠리며 우울한 눈빛으로 순경을 쳐다보더니, 그 시선을 하늘 쪽으로 향했다. 그 눈은 이렇게 말하고 있었다.

'내가 범법자인지 아닌지는 하느님이 알고 있다.'

그러나 아마 그 눈길이 의미하는 것을 이해하지 못했거나, 그래도 사정을 봐줄 수는 없다고 생각한 것인지, 순경은 다시 한번 엄격하고 거친 목소리로 자기가 하는 말을 알아들었느냐고 그에게 물었다.

그때 마침 몽마르트르 거리에는 마차가 유난히 많이 몰려들고 있었다. 삯마차, 무개마차, 달구지, 승합마차, 손수레들이 염주알 꿰어놓은 듯이 늘어서 있었다. 사방에서 고함소리와 욕설이 튀어나왔다.

마부들은 넌더리가 난다는 듯이 가게 점원들과 상스러운 욕을 주고받았다. 승합마차의 마부들은 크랑크빌을 이 교통 혼잡의 주범으로 생각하고 그를 '지겨운 부추'라고 욕해댔다.

그러는 동안 호기심에 끌린 구경꾼들이 모여들어 이 말다툼에 귀를 기울이고 있었다. 그러자 순경은 구경꾼들이 자기를 보고 있다는 것을 의식하고 오로지 자기의 권력을 보여주는 것만 생각했다.

"좋아." 순경은 호주머니에서 지저분한 수첩과 몽당연필을 꺼냈다.

크랑크빌은 눈에 보이지 않는 내면의 어떤 힘에 이끌려 여전히 고집을 부리고 있었다. 게다가 지금은 그 역시 앞으로도 뒤로도 꼼짝할 수 없는 상태에 있었다. 그의 손수레 바퀴가 우유 가게 수레의 바퀴와 함께 뒤엉켜버렸던 것이다.

그래서 그는 에라 모르겠다 하고 머리털을 쥐어뜯으면서 소리를 질렀다.

"돈을 기다리고 있다고 말하고 있잖아! 이건 또 무슨 놈의 날벼락이람! 원 이렇게까지 재수가 사나워서야! 오, 이 일을 어쩐다지!"

반항보다는 자포자기에서 나온 말이었음에도 불구하고 64번 순경은, 채소장수의 이 같은 말은 자신을 모욕한 것이라고 생각했다. 그러자 모든 모욕의 말을, 전통적인 습관에 의해 파리에서는 거의 의례적인 말이 되어버린 '망할 놈의 암소야!'(파리의 도둑들 사이의 은어로 순경을 암소라고 부르고 있었다)라는 말과 동의어로 생각하고 있던 그에게는, 그 죄인의 말이 완전히 그 모욕적인 말로 들리고 만 것이다.

"뭐라고! 나에게 '망할 놈의 암소야!'라고 말했겠다. 좋아, 날 따라와."

채소장수는 극도의 놀라움과 절망에 어리둥절한 눈으로 64번 순경을 쳐다보더니, 푸른 허드레옷 위에 팔짱을 낀 채 큰소리로 외쳤다.

"내가 '망할 놈의 암소야!'라고 말했다고? 내가? 나 원 참!"

이 느닷없는 사건을 가게 점원들과 골목 개구쟁이들은 웃음소리로 화답했다. 그것은 구경거리에 대한 모든 군중의 비열하고 잔인한 호기심을 만족시켰다. 그러나 이때 구경꾼들을 헤치고, 높다란 모자를 쓰고 온통 검은 옷을 입은 한 노인이 나섰다. 그는 순경에게 다가가 나직하고 점잖은, 그러나 단호한 목소리로 말했다.

"당신은 잘못 알고 있소. 이 사람은 당신을 모욕한 게 아니오."

"남의 일에 참견할 것 없습니다."

순경은 상대방이 좋은 옷을 입고 있는 것을 보고 위협적인 말투만은 자제했다.

노인은 매우 차분하고 겸손한 태도로 자신의 의견을 되풀이해서 말했다. 그러자 순경은 노인에게, 그렇다면 서장에게 가서 그렇게 설명하라고 말했다.

그때 크랑크빌이 다시 소리쳤다.

"그러니까 내가 '할 놈의 암소야!'라고 말했다고? 어이구, 나 참!"

그가 한창 그 이상한 말을 하고 있을 때, 구둣가게 마누라인 마담 바야르가 손에 돈을 들고 가게에서 나왔다. 이때 순경은 이미 채소장수의 멱살을 움켜잡고 있었다. 그래서 마담 바야르는 경찰에게 끌려가는 인간에게 돈을 치러주고 말고 할 것도 없다고 생각하고, 그 14수의 돈을 앞치마 주머니 속에 도로 집어넣어 버렸다.

크랑크빌은 느닷없이 손수레를 빼앗기고 경찰서에 끌려가는 신세가 되고 말았다. 발밑에는 파멸의 구렁텅이가 입을 쩍 벌리고 있는 데다 해까지 뉘엇뉘엇 지고 있다는 것을 안 그는 자기도 모르게 소리를 질렀다.

"에라 모르겠다! 어디 마음대로 해봐!"

낯선 노인은 경찰서장 앞에서 한길에서 마차의 정체로 발이 묶여 우연히 이 사건의 목격자가 되었노라고 설명했다. 그리고 순경은 절대로 모욕당한 것이 아니며, 순경이 그저 잘못 들었을 뿐이라고 주장했다. 노인은 암브로아즈 팔레 병원의 원장이자 레종 도뇌르 훈장 수여자인 다비드 마티에라고 자신의 신분을 밝혔다.

그러나 크랑크빌은 여전히 풀려나지 못한 채 경찰서 안에서 하룻밤을 보냈다. 이튿날 아침 마차에 실려 그는 미결수 감옥으로 보내졌다.

감옥은 그에게는 특별히 끔찍한 곳도 괴로운 곳도 아니었다. 그에게는 오히려 없어서는 안 될 곳처럼 여겨졌다. 감옥 속에서 그가 가장 놀란 것은 벽과 마루가 깨끗하다는 것이었다.

그는 말했다.

"이런 곳치고는 무척 깨끗하군. 정말 마룻바닥에 앉아서 밥을 먹어도 되겠어."

혼자 남자, 그는 자신의 걸상을 조금 움직여보려고 했으나 그것은 벽에 단단히 고정되어 있었다. 늙은 채소장수는 깜짝 놀라며 큰소리로 말했다.

"어허! 그것 참 시설이 아주 잘 돼 있군 그래! 정말 생각지도 못했어!"

그는 의자에 앉아 경탄하면서 주위에 있는 것들을 하나하나 손으로 만져 보았다. 정적과 고독이 그를 괴롭혔다. 지루했다. 그는 불안한 마음으로 양배추며, 당근, 미나리, 상추 등이 가득 실린 자신의 손수레를 생각하고 있었다. 그는 쓸쓸하게 자신에게 물었다. '그자들은 내 손수레를 어디에다 치워 놓았을까?'

사흘째 되는 날 그에게 레메를이라고 하는 법조계에서 가장 젊은 변호사가 찾아왔다.

크랑크빌은 그에게 사건을 이야기하려고 했지만 말주변이 없는 그에게는 쉬운 일이 아니었다. 변호사가 그를 잘 이끌어주었으면 어떻게 해결되었을지도 모르지만, 그의 변호사는 늙은 채소장수가 하는 모든 말에 미심쩍다는 듯 고개를 설레설레 저으면서 혼자 중얼거렸다. "아, 예! 하지만 조서에 그런 말은 하나도 적혀 있지 않은데요."

이윽고 지친 듯한 얼굴로 금발 콧수염을 배배꼬면서 변호사가 말했다.

"있는 그대로 모두 자백하는 게 당신을 위해서도 좋을 겁니다. 내 생각에 영감님처럼 모든 걸 부인하는 건 오히려 불리해요."

이렇게 된 이상 크랑크빌도 자기가 무엇을 시인해야 하는지만 알았더라면 이내 그렇게 했을는지 모른다.

브리시 재판장은 크랑크빌의 신문에 꼭 6분을 소비했다. 이 신문은 만일 피고가 자신에게 제기된 질문에 대해 제대로 대답했더라면 조금 더 좋은 결과를 가져올 수 있었을지도 몰랐다. 그러나 크랑크빌은 논리적으로 말하는 데 익숙하지 못했다. 뿐만 아니라 이런 높은 양반들 앞에서는 공포와 존경심이 그의 입을 꽉 틀어막아 버리는 것이었다. 그리하여 그가 침묵을 고수하는 바람에 재판장 자신이 답변까지 떠맡는 결과를 가져왔다. 그와 같은 답변은 피고의 유죄를 확정짓는 것이었다. 마지막에 가서 재판장은 이렇게 결론을 내렸다.

"그러니까 결국 피고는 '망할 놈의 암소야!'라고 말한 것을 시인하는 거군!"

그때 비로소 피고 크랑크빌의 목구멍에서 고철이 부딪히는 소리 또는 유리가 깨지는 소리를 연상케 하는 목소리가 튀어나왔다.

"순경 나리가 '망할 놈의 암소야!'라고 말했기 때문에 저도 '망할 놈의 암소야!'라고 말한 겁니다요. 그러니까 그때 처음으로 나도 '망할 놈의 암소야!'라고 말한 거지요."

그는 이 느닷없는 고발에 놀라고 하도 어이가 없어서, 하지도 않았는데 했다고 하는 그 말을 자기도 모르게 앵무새처럼 따라했을 뿐임을 말하려 했던 것이다.

그런데 브리시 재판장은 그렇게 받아들이지 않았다.

"그럼 피고는 경관이 먼저 그런 말을 입에 담았다고 주장하는 건가?"

크랑크빌은 아무 대답도 하지 않았다. 그 부분을 설명하는 것이 그에게는 너무나 힘겨운 일이었다.

"피고는 항변하지 않는군. 당연히 그럴 테지." 재판장이 말했다.

그는 증인을 부를 것을 명령했다.

바스티앙 마트로리는 이름의 64번 순경은 진실을, 오직 진실만을 말하겠다고 선서했다. 그리고 다음과 같이 진술했다.

"10월 20일 오후 1시에 직무 수행 중 본관은 몽마르트르 거리에서 채소장수로 보이는 한 인물을 보았습니다. 그런데 이 사람의 손수레가 328번지 소재 가옥 앞에 불법 주차하고 있어서 그 지점이 교통체증의 원인이 되고 있었습니다. 그래서 본관은 그에게 세 차례나 통행 명령을 내렸지만 그는 끝까지 제 명령에 복종하기를 거부했습니다. 그래서 제가 시말서를 꾸미겠다고 경고하자 그는 나에게 '이 망할 놈의 암소야!' 하고 소리쳤습니다. 그래서 본관은 심한 모욕을 느꼈던 것입니다."

이 간결한 해명은 재판관들에게 상당히 좋은 인상을 주었다. 한편 변호인 측 증인으로서 구둣가게 마누라인 바야르 부인과, 암브로아즈 팔레 병원 원장이자 레종 도뇌르 훈장 수여자인 다비드 마티에가 출두했다. 바야르 부인은 자기는 아무것도 보지도 못하고 듣지도 못했다고 말했다. 마티에 박사는 그때 채소장수에게 통행을 명령하고 있는 순경을 둘러싸고 있던 군중 속에 끼어 있었다고 말했다. 그의 진술은 기묘한 결과를 낳았다.

"나는 이 사건의 목격자올시다. 그리고 나는 순경에게 당신이 잘못 알고 있는 거라고 말해주었습니다. 그를 모욕한 사람은 아무도 없었습니다. 그래서 나는 일부러 그에게 다가가서 그 사실을 일깨워 주었습니다. 그런데도 경관은 채 소장수를 체포하고 나에게도 서장한테 동행하자고 해서 이렇게 오게 된 것입니다. 거기에 대해서는 서장님에게도 이미 얘기했습니다."

증인의 진술이 끝나자 재판장이 말했다.

"앉아도 좋습니다. 수위, 마트로 순경을 다시 불러오게."

"마트로 순경, 자네가 피고를 체포했을 때 여기 계신 마티에 박사라는 분이 자네가 오해하고 있다는 것을 일깨워 주지 않았나?"

"이분은 저를 모욕했습니다, 재판장님."

"무슨 말을 했는데?

"'망할 놈의 암소야!'라고 말했습니다."

웅성거리는 소리와 함께 웃음소리가 법정 안을 가득 메웠다.

"퇴정해도 좋아." 재판장은 당황한 투로 말했다. 그리고 그는 방청자들에게 만일 지금과 같은 무례한 태도가 다시 되풀이될 경우에는 전원 방청을 금지하겠다고 경고했다. 그러는 사이에도 변호인 측은 의기양양했다. 사람들은 모두 크랑크빌이 무죄가 될 것으로 생각하고 있었다.

법정이 다시 조용해지자 레메를이 일어섰다. 그는 자신의 변론을 먼저 경찰관에 대한 찬사로부터 시작했다. "그들은 쥐꼬리만한 봉급을 받고, 피로와 끊임없는 위험에 몸을 맡기며, 날마다 영웅적인 임무를 수행하고 있는 우리 사회의 겸허한 공복들입니다. 모두 군인 출신인 그들은 지금도 여전히 병사인 것입니다. 병사! 이 한 마디로 이미 모든 것을 얘기하고도 남음이 있습니다." 그리고 레메를은 군인의 미덕에 대한 고매한 사상을 늘어놓기 시작했다. 그 말에 의하면 그 자신도 '그가 일찍이 복무하는 영광을 가졌던 프랑스 군대를 모함하는 것을 용서하지 않는' 사람들 가운데 한 사람이었다.

재판장은 고개를 끄덕여보였다.

레메를은 실제로 민병 중위였다. 또 동시에 비엘 오드리에트구(區) 국민당 후보자였다.

변호사는 계속했다.

"그렇기 때문에 말할 것도 없이 저는 파리 시민의 평화를 수호하기 위해 이들이 밤낮으로 보여주는 겸허하고 고귀한 봉사에 대해 잘 알고 있습니다. 따라서 저는 피고 크랑크빌이 이 같은 군인 출신을 모욕한 것을 알았더라면, 여러분, 저는 절대로 그의 변호를 맡지 않았을 겁니다. 피고는 '이 망할 놈의 암소!'라고 말했다는 혐의로 고발되어 있습니다. 이 말의 의미를 모르는 사람은 아무도 없을 것입니다. '은어사전'을 찾아보면 여러분은 틀림없이 거기서 '암소—게으름뱅이, 빈둥거리는 자, 암소처럼 누워 있기만 하고 일하려 하지 않는 사람. 또는 경찰에 매수된 자, 경찰 스파이' 등이라는 의미의 말을 읽게 될 것입니다. 이 '망할 놈의 암소!'라는 말은 어떤 특정인들의 사회에서 자주 사용되고 있습니다. 그러나 요컨대 문제는 크랑크빌이 어떤 식으로 이 말을 입에 담게 됐는가 하는 데 있습니다. 아니, 과연 그런 말을 정말 입에 담았을까요? 여러분, 이 같은 의문을 품게 되는 것을 용서하십시오. 결코 마트로 순경에게 어떤 악의가 있었다고는 생각하지 않습니다. 그러나 그는 우리가 이미 알고 있듯이 힘든 임무를 수행하고 있습니다. 그리고 때로는 노역에 지쳐 고달플 때도 있습니다. 따라서 그러한 경우에는 쉽게 어떤 환청을 들을 수도 있다는 것은 쉽게 상상할 수 있는 일입니다. 여러분, 실제로 그가 여러분 앞에서 사회적 명사인 다비드 마티에 박사, 레종 도뇌르 훈장 수여자이자 암브로아즈 팔레 병원의 원장이고 과학계의 대표적 인물인 마티에 박사까지 그에게 '망할 놈의 암소야!'라고 소리쳤다고 말한 이상, 우리는 마트로 순경을 정신병 환자, 또는 그 표현이 여러분에게 너무 과격하게 들린다면 피해망상증 환자로 인정하지 않을 수 없습니다.

그리고 이 경우 설사 크랑크빌이 정말로 '망할 놈의 암소야!'라고 외쳤다한들 그의 입에서 나온 말이 과연 범죄적 성질을 띠고 있는 것일까요? 크랑크빌은 술과 여자로 몸을 망친 채소장수의 사생아입니다. 다시 말해 그는 유전적인 알코올 중독자로 태어난 존재입니다. 지난 60년 동안의 가난 때문에 찌들어버린 이 가련한 모습을 보신다면, 여러분도 반드시 그가 책임을 물어 처벌할 만한 존재가 아니라는 것을 인정하실 것입니다."

레메를은 자리에 앉았다. 그러자 브리시 재판장이 입안으로 중얼거리는 듯한 목소리로 판결문을 읽었다. 제롬 크랑크빌을 2주일간의 금고형과 50프랑의 벌금형에 처한다는 내용이었다. 법정은 마트로 순경의 증언을 신뢰한 것이다.

재판소 건물의 어두운 복도로 끌려갈 때 늙은 채소장수 크랑크빌은 누구에게든 위안을 받고 싶은 심정이었다. 그는 자기를 호송하고 있는 간수 쪽으로 몸을 돌려 세 차례나 그를 불렀다.

"나리! 나리! 아, 나리!" 늙은 채소장수는 한숨을 쉬었다. "정말이지 2주일 전까지는 이런 일이 일어날 줄은 꿈에도 생각지 못했는데."

그리고 그는 다음과 같이 자신의 생각을 말했다.

"그 양반들은 말이 너무 빨라요. 말들은 잘하는데 너무 빨리 씨부렁거려서 도무지 무슨 얘긴지 알아들을 수가 있어야지, 원! 나리는 어떻게 생각하시우, 그 양반들 말이 빠르지 않수?"

그러나 호송병은 대답은커녕 쳐다보지도 않고 그저 묵묵히 걷기만 했다. 크랑크빌은 그에게 다시 물었다.

"왜 대답을 안 해주시는 거유?"

그래도 호송병은 침묵만 지켰다. 슬그머니 화가 난 늙은 채소장수는 그의 부아를 질렀다.

"개하고도 이야기를 하지 않습니까! 왜 아무 말도 하지 않는 겁니까요? 혹시 한번도 입을 벌려본 적이 없는 게 아니우? 입안이 썩어버려도 상관없다는 건가?"

다시 감옥에 들어간 크랑크빌은 멍하니 벽에 고정된 걸상에 걸터앉았다. 그는 재판관들이 잘못했다는 것을 알지 못했다. 법정은 그 장엄한 형식으로 그들의 약점을 은폐했다. 그래서 그는 자기가 옳고 자기가 이해할 수 없는 돼먹지 않은 소리를 늘어놓았던 그들 높은 양반들이 잘못되었다는 것을 믿기가 어려웠다. 그런 엄숙한 의식 속에 뭔가 결점이 있으리라고는 상상도 할 수 없었다. 교회에도 엘리제궁에도 가본 적이 없는, 그는 평생 동안 재판소보다 더 훌륭한 곳은 본 경험이 없었다. 자기가 '망할 놈의 암소야!'라는 말을 하지 않았다는 것은 잘 알고 있었다. 그런데도 그런 불경한 말을 입에 담았다는 죄로 2주일의 금고형을 당하고 보니, 그의 뇌리에는 모든 것이 일종의 장엄한 신비, 경건한 신자들이 무슨 뜻인지도 모르고 무조건 따라하는 교리 같은 것, 요컨대 장엄한 동시에 무서운 수수께끼로 찬 계시로 느껴졌다.

이 가련한 늙은이는 마치 교리 문답서를 배우고 있는 어린아이가 이브의 죄를 자신의 죄로 생각하듯, 자신도 어떤 신비로운 작용에 의해 그 64번 경관을 모욕하는 죄를 범한 게 틀림없다고 생각했다. 아무튼 자기를 감방에 가두면서 "너는 망할 놈의 암소야! 라고 말했어"라고 했으니! 그렇다면 틀림없이 자기도 실제로 뭔가 신비에 찬, 뭐가 뭔지 전혀 알 수 없는 방법으로 그 말을 외친 것이리라. 그는 어느새 초자연의 세계에 이끌려서 재판이라는 것이 그의 눈에 일종의 운명적인 계시처럼 여겨졌다.

자신의 죄에 대해 명확한 관념을 가질 수 없었던 그에게는 형벌에 대한 관념은 그 이상으로 알쏭달쏭한 것이었다. 그에게 내려진 판결은 엄숙하기 그지없는 중대한 의식이요 화려한 행사여서, 애초에 이해하거나 이러니저러니 비판할 수도 없고, 또 기뻐하거나 슬퍼할 수도 없는 것으로 여겨졌던 것이다.

감옥에서 나오자 크랑크빌은 다시 전처럼 손수레를 끌며 몽마르트르 거리를 "양배추, 당근, 부추 사려!" 하고 외치면서 돌아다녔다. 그는 자기가 감옥에 들어간 것을 자랑하지도 않았고 그렇다고 부끄러워하지도 않았다. 또 그것으로 인한 괴로운 기억도 남아 있지 않았다. 그의 뇌리에는 그것은 일종의 연극이나 여행, 또는 꿈 같은 인상을 남기고 있을 뿐이었다. 한 노파가 손수레에 다가와 상추를 고르면서 물었다.

"크랑크빌 영감, 무슨 일이라도 있었수? 꼬박 3주일이나 통 얼굴을 보지 못했으니 말이우. 병이라도 앓은 건가, 안색이 좋지 않구려."

"그동안 호강 좀 하느라구요, 아주머니." 늙은 채소장수가 말했다.

그의 생활에는 아무것도 변한 데가 없었지만, 그날은 평소보다 더 자주 술집에 드나들었다. 어쩐지 그날은 축제일 같은 기분이 들고, 또 자신이 무척 좋은 사람들과 알게 된 것 같은 기분이 들었기 때문이다. 그는 약간 들뜬 기분으로 자기의 셋방으로 돌아왔다. 그리고 침대에 누워 구석방의 밤장수가 빌려준 자루를 이불 대신 덮고 생각했다. '감옥도 그리 나쁘기만 한 곳도 아니야. 사람에게 필요한 것치고 없는 게 없으니까. ……아무리 그래도 역시 내 집보다는 못하지만.'

그런데 늙은이의 행복은 오래 가지 않았다. 얼마 안 가 그는 단골 아낙들이 이상한 눈길로 자신을 쳐다보기 시작한 것을 알아챘다.

"상추가 아주 좋아요, 캉트로 아주머니!"

"됐어요, 아무것도 필요 없어요."

"왜 필요 없어요? 공기만 마시고 사는 것도 아닐 테고!"

그러나 빵집의 마담 캉트로는 한 마디도 대꾸하지 않고 새침한 얼굴로 자신의 커다란 가게로 들어가 버렸다. 지금까지 채소며 꽃으로 가득 찬 그의 손수레를 이제나저제나 기다려주었던 여기저기 가게의 안주인과 하녀들이 지금은 그를 보면 얼굴을 돌렸다. 이번 사건이 일어났던 그 구둣방 앞에 왔을 때 그는 큰소리로 외쳤다.

"바야르 아주머니, 바야르 아주머니, 나에게 15수 외상값이 있습니다."

그러나 계산대 앞에 앉아 있던 마담 바야르는 쳐다보지도 않았다.

몽마르트르의 모든 사람이 크랑크빌이 감옥에서 나왔다는 것을 알고 있었다. 이제 아무도 그를 아는 척하지 않게 되었다. 그가 감옥에 갔다 왔다는 소문은 몽마르트르 변두리는 물론 리세의 번화가에까지 퍼졌다. 거기서 점심때쯤 그는 큰 단골 고객인 마담 로르를 보았다. 그녀는 마르탱이라는 소년의 손수레 위에 몸을 구부리고 큼직한 양배추를 만지작거리고 있었다.

그것을 보자 크랑크빌은 부아가 났다. 그는 자신의 손수레로 마르탱 소년의 손수레를 밀치면서 서운한 듯이 마담 로르에게 말했다.

"아주머니까지 저를 저버리시다니, 이거 너무 하시는군요."

그러나 마담 로르는 화난 듯한 얼굴로 아무 대꾸도 하지 않았다.

늙은 채소장수는 심한 모욕을 느끼고 있는 대로 소리를 질렀다.

"에이, 빌어먹을 여편네 같으니!"

마담 로르는 들고 있던 양배추를 떨어뜨리고 소리쳤다.

"저리 썩 꺼져, 이 영감탱이! 감옥에서 나온 주제에 행패까지 부려?"

크랑크빌은 평상시였으면 마담 로르의 행동에 대해 절대로 그렇게 욕하고 덤비지는 않았을 것이다. 그러나 이때 그는 완전히 이성을 잃고 있었다. 그래서 그는 세 차례나 마담 로르에게 빌어먹을 여편네, 못돼먹은 년, 갈보라고 욕을 해댔다. 그리하여 이 한바탕 난리 때문에 크랑크빌은 결정적으로 몽마르트르 교외와 리시 거리 전체 사람들의 눈밖에 나고 말았다.

늙은 채소장수는 이렇게 혼자 중얼거리면서 떠났다.

"저런 갈보를 봤나! 저런 갈보는 보다보다 처음일세."

그보다 더욱 나쁜 것은 그를 마치 무뢰한처럼 대하는 사람이 그녀뿐만이 아니라는 사실이었다. 이제 아무도 그를 아는 척하려고 하지 않았다.

그리하여 그의 성격은 비뚤어지기 시작했다. 마담 로르와 말다툼을 하고 난 뒤부터 그는 아무하고나 걸핏하면 싸우려 들었다. 조그만 일을 가지고도 오랜 단골손님에게 욕지거리를 퍼부어 댔다. 그들이 오래 물건을 고르기라도 하면 대놓고 잔소리꾼이니 게으름뱅이니 하고 욕을 했다. 선술집에서도 노상 사람들과 말다툼을 했다. 그의 친구인 밤장수까지 그에게 정나미가 떨어져 '크랑크빌 영감은 진짜 개망나니가 돼버렸다'고 단언했다. 그것은 부정할 수 없는 일이었다. 정말 그는 툭하면 시비를 걸고 싸우려드는 고약한 사람이 되어 있었다. 교육을 받지 못한 사람들의 세계에서 살고 있는 그로서는 말할 것도 없이 대학의 사회과학 교수처럼 현재의 사회제도의 결함과 그 개선책에 대해 자신의 생각을 피력하는 것은 어려운 일이었다. 또 그 생각 자체도 그의 머릿속에 무질서하게 뒤엉켜 있는 치졸한 것이었다.

불행은 그를 '부정한 사람'으로 만들어버렸다. 그는 이제 자신에게 한 번도 해롭게 한 적이 없는 사람들과 때로는 자기보다 약한 사람들에게까지 행패를 부리게 된 것이다. 그래서 한번은, 얌전한 선술집 아들 알퐁소가 감옥에서 재미가 좋았느냐고 물었다고 사정없이 따귀를 올려붙였다.

"요 못된 코흘리개 녀석! 네 애비야말로 감옥에 들어가 앉아 있는 게 어울릴 게다, 이런 독약을 팔아서 배를 살찌우는 것보다는."

결국 그는 정신적으로 완전히 망가지고 말았다. 그렇게 되면 인간은 다시 일어나지 못하는 법이다. 지나가는 사람들은 모두 그에게 발길질을 했다.

가난이, 그야말로 최악의 가난이 찾아왔다. 옛날에는 하루에 15프랑이나 벌어 호주머니를 두둑이 채워서 몽마르트르에서 돌아온 적도 있는 이 늙은 채소장수는, 지금은 단돈 1수도 없는 신세가 되어 있었다. 겨울이 닥쳤다. 셋방에서 쫓겨난 그는 지금은 어느 헛간의 달구지 밑에서 잔다. 꼬박 한 달 동안 장마가 져서 하수가 넘치고 헛간에 물이 들었다.

쥐와 거미와 들고양이들이 득실거리는 곳, 더러운 물에 잠긴 손수레 속에 웅크리고 앉아, 늙은이는 어둠 속에서 생각에 잠기는 것이었다. 하루 종일 아무것도 먹지 못한 데다 몸을 덮을 자루마저 없는 신세가 된 늙은이는, 정부가 자기에게 살 집과 먹을 것을 주었던 옛날을 회상했다. 그는 굶주림에도 추위에도 시달리지 않는 죄수들의 처지가 부러웠다. 그러자 문득 다음과 같은 생각이 그의 머리를 스치고 지나갔다.

"그래, 맞아! 그 방법이 있었지!" 그는 일어나서 거리로 나왔다. 밤 11시가 지나 있었다. 어둡고 축축한 밤이었다. 어떤 비보다 차갑게 몸에 스며드는 이슬비가 내리고 있었다. 드문드문 오가는 행인들은 모두 처마 밑을 따라 걷고 있었다.

크랑크빌은 성(聖) 에브스타피 성당 옆을 지나 몽마르트르 거리로 꺾어들었다. 거리는 텅 비어 있었다. 질서의 감시자는 교회 입구께의 가스등 불빛 밑에 혼자 서 있었다. 등불 주위에서는 이슬비가 내리는 것이 잘 보였다. 경관은 모자를 쓰고 부동자세로 서 있었다. 어둠보다 불빛이 좋은 건지 아니면 걷다가 지쳤는지, 그는 마치 친구 옆에 있는 것처럼 가로등 밑에 꼼짝도 않고 서 있다. 이 가물거리는 등불만이 인적 없는 밤의 유일한 얘기상대였다. 그의 미동도 하지 않는 모습은 거의 사람 같지가 않았다. 비에 젖어 호수의 표면 같은 거리에 비친 그의 장화 그림자가 길게 뻗어, 멀리서 보면 물에서 상반신을 내밀고 있는 거대한 양서류 같았다. 그러나 옆에서 보면 모자를 쓴 그 모습은 수도사 같기도 하고 군인 같기도 했다. 모자 때문에 더욱 더 커 보이는 그의 얼굴은 조용하고 슬픈 듯했다. 그의 짧고 숱 많은 콧수염은 벌써 희끗희끗 세어가고 있다. 40살이 넘은 늙은 중사였다.

크랑크빌은 그에게 조용히 다가가서 떨리는 목소리로 이렇게 말했다.

"이 망할 놈의 암소야!"

그런 다음 그는 그 신성한 말의 효과를 기다리고 있었다. 그러나 아무런 효과도 없었다. 경관은 그 헐렁한 망토 밑으로 팔짱을 낀 채 묵묵히 부동자세로 서 있었다. 어둠 속에서 빛나는 그 커다랗게 열린 눈이 슬픈 듯, 조금은 경멸하는 듯 늙은이의 얼굴을 말없이 응시하고 있었다. 크랑크빌은 잠시 당혹스러웠지만 다시 용기를 내어 중얼거리듯이 말했다.

"나는 당신한테 '이 망할 놈의 암소야!'라고 말했소!"

오랜 침묵이 흘렀다. 그동안 이슬비는 여전히 내리고 주위를 깊은 어둠이 지배하고 있었다. 마침내 경관이 입을 열었다.

"그런 말은 하면 안돼……. 진심으로 충고하겠는데, 그런 말은 하는 게 아니야. 당신만한 나이가 되면 조금은 생각이 있어야 하지 않겠어? 자, 자, 어서 갈 길이나 가시오."

"왜 나를 체포하지 않는 거유?" 하고 크랑크빌이 물었다.

경관은 그 젖은 모자를 쓴 머리를 내저었다.

"무례한 말을 했다고 일일이 다 잡아들이다간 그 많은 일을 언제 다하나, 또 그런 짓을 해서 무엇하게!"

크랑크빌은 이 씨알도 먹히지 않는 태도에 맥이 빠져서, 어찌할 바를 모르고 커다란 물웅덩이 한 복판에 오랫동안 묵묵히 서 있었다. 그러나 그 자리를 떠나기 전에 그는 어쨌든 자신의 심정을 설명해 보려고 했다.

"내가 '이 망할 놈의 암소야!'라고 말한 것은 당신한테 하는 말이 아니었소. 또 다른 누구에게 말한 것도 아니라오. 실은 어떤 목적이 있어서 그런 말을 한 거요."

"목적이 있든 없든 그런 말은 절대로 하는 게 아니오. 적지 않은 수고를 하면서 자신의 의무를 수행하고 있는 사람한테 쓸데없는 말로 모욕을 줘서는 안 돼요. ······자, 어서 가던 길이나 가시오."

크랑크빌은 고개를 푹 숙이고 팔을 흔들면서 비가 내리는 밤의 어둠 속으로 사라져 갔다.

아나톨 프랑스

4월 15일

1

우리는 우리의 행위에 대한 결과를 절대로 다 알 수 없다. 왜냐하면 무한한 세계에서 우리의 행위의 결과는 무한하기 때문이다.

2

우리의 행위 자체는 우리에게 속해 있지만 그 행위의 결과는 이미 하늘에 속한 것이다.　　　　　　　　　　　　　　　　　프란체스코

3

우리는 날품팔이꾼이다. 하루하루 열심히 일해서 그날의 품삯을 받도록 하라.　　　　　　　　　　　　　　　　　　　　　　탈무드

4

신이라는 존재에 대한 비밀을 캐려는 인간의 노력은 모두 헛된 것이다. 인간이 해야 할 일은 오직 신의 법칙을 지키는 것뿐이다.　　　　탈무드

5

의무를 다하라. 그러나 그 결과는 너에게 그 의무를 지운 자에게 맡겨라. 탈무드

6

우리의 행위에 대한 결과는 다른 사람이 평가한다. 오로지 지금 이 순간 네 마음을 깨끗하고 바르게 유지하기만 하면 된다.　　　　　　존 러스킨

7

성인은 내적인 것에 전념하고 외적인 것을 돌아보지 않는다. 그들은 외적인 것을 무시하고 오직 내적인 것만 선택한다.　　　　　　　　노자

8

우리가 추구하는 목표가 높으면 높을수록, 또 우리가 노력한 결과를 보고 싶어하는 마음이 적으면 적을수록, 성공할 확률도 더욱 높아진다. 이것이 인간의 행위에 따르는 결정적인 조건의 하나이다.　　　　　　　　　존 러스킨

9

인간의 행위 가운데, 자신에게도 남에게도 가장 중요하고 가장 필요한 것은, 당사자가 살아있는 동안 그 결과를 볼 수 없는 일이다.

10

인간의 행위 가운데, 결과가 천천히 나타나는 것일수록 더 훌륭하고 더 가치가 높으며 더 위대한 일이다.　　　　　　　　　　　　　　　존 러스킨

11

결과를 염두에 두지 않고 오로지 신의 뜻만을 따르는 행위야말로 인간이 할 수 있는 최선의 행위이다.

12

이 세상에는 광산에서 사용하는 화약처럼 거대한 악과 부정이 쌓여 있다. 우리가 그 갱도에 새로운 악과 부정의 화약을 장치하더라도, 얼핏 그것이 인간사회의 일반적인 평화와 균형을 파괴하지는 않는 것처럼 보인다. 그러나 악과 허위가 아니라 선과 진실의 화약을 장치하면, 그 선과 진실이 도화선이 되어 악과 허위의 화약을 터뜨리고, 그러면 숨어 있던 악과 허위가 사람들 눈에 똑똑히 드러나게 될 것이다.

갱도 속에서의 폭발을 피하고 싶어서 선을 행하지 않고, 여전히 세상에 군림하는 악을 지지하는 것은, 곧 그 폭발만이 악을 완화하고, 그것을 증대시키는 것이 아니라 오히려 감소시킨다는 것을 이해하지 못하기 때문이다.

자신의 가르침은 이 세상에 평화를 가져다주는 것이 아니라 칼과, 땅의 분할을 가져다주는 것임을 스스로 인정한 그리스도는, 결국 선과 빛의 명백한 승리로 돌리기 위해, 자신이 폭로하는 악을 두려워하지 않고 선과 악, 빛과 어

둠의 당당한 대결을 기쁘게 여겼던 것이다.　　　　표도르 스트라호프

13

인간이 자신이 한 행위의 결과를 보는 것은 쉬운 일이 아니다. 결과를 확인할 수 있는 가능성이 적으면 적을수록 그 행위는 중요한 행위이다. 우리는 신의 사업을 행하면서 인간의 대가를 바라고 있다.

14

만일 네가 자신이 일한 결과를 직접 볼 수 있다면, 네가 한 것은 결국 하찮은 일이었다는 것을 알라.

4월 16일

1

자기 속에도 타인 속에도 인간으로서의 존엄성이 있다는 것을 인정하는 것과, 한 인간이 다른 인간에게 예속되거나 한 인간이 다른 인간을 특별히 비호하고 은혜를 베푸는 것은 절대로 양립할 수 없다.

2

모든 인간은 자기 자신에 대한 존경을 요구할 수 있다. 그와 동시에 자신도 이웃을 존경해야 할 의무가 있다. 어떠한 사람도 수단이나 목적이 될 수 없다. 바로 거기에 인간적 존엄성이 존재한다. 그가 어떠한 대가를 대신해서도 자기 자신을 팔아넘겨서는 안 되는 것처럼(그것은 그의 인간적 존엄성에 어긋난다), 만인에 대한 평등한 존경이라는 도덕적 의무를 결코 면할 수는 없다. 바꿔 말하면 그는 만인 속의 인간적 존엄성을 실제로 인정하고, 만인에 대해 그 존엄성에 대한 경의를 표시하는 데 인색해서는 안 된다.　　　　칸트

3

노동자들의 복지문제에 대해 권력자들은 마치 자신들이 그들의 보호자라도 되는 양 거만하게 말한다. 노동의 존엄성을 인식하고 있는 사람들에게 그 거만한 말투는 노골적으로 드러내는 모욕보다 더욱 모욕적이다. 노동자를 지

극히 동정하는 듯한 그들의 말속에서, 원래 노동자에게 가난은 피할 수 없는 것이고, 자신들이 따뜻한 도움의 손길을 내밀지 않으면 반드시 가난하고 비참한 상태에 빠지게 된다는 생각을 엿볼 수 있다. 지주와 자본가에게 보호가 필요하다고 생각하는 사람은 아무도 없다. 그들은 모든 걸 스스로 할 줄 알지만, 가난한 노동자들만은 보호해주어야 한다고 권력자들은 말하고 있다. 헨리 조지

4

일반민중에 대한 보호는 어느 시대에나 폭력에 대한 구실이었고, 전제군주제와 귀족제도, 그 밖의 온갖 특권의 정당화에 대한 구실이었다. 그러나 세계의 역사에서 군주제하에서든 공화제하에서든, 노동 계급에 대한 보호가 곧 그들을 박해하는 것을 의미하지 않았던 예가 단 한번이라도 있었던가? 권력을 장악하는 사람들이 노동자들을 보호하는 것은 고작해야 인간이 가축을 보호하는 것과 같다. 인간은 나중에 그 힘과 살코기를 이용하기 위해 가축을 보호할 뿐이다.

헨리 조지

5

지극히 사소한 일이 인간의 성격형성에 영향을 미친다.

6

그런 사소한 일은 아무래도 상관없다고 말하지 말라. 진정으로 도덕적인 사람은 아무리 사소한 일이라도 그 의미를 놓치지 않는다.

7

모든 사람들의 발아래 머리를 조아리는 습관을 가진 신앙인들이 있다. 그들은 모든 사람 속에 신의 영혼이 살고 있기 때문에 그렇게 하는 것이라고 말한다. 정말 기묘한 습관이기는 하지만 그 밑바탕에는 깊은 진실이 들어 있다.

8

사람들은 소심하여, 늘 자신을 비하하기만 한다. 그리고 '나는 존재한다, 고

로 나는 생각한다'고 말할 용기조차 없다.   에머슨

9

우리가 남에게 봉사하는 것은, 상대에게 복종하는 것도 아니요, 상대를 비호하거나 상대에게 은혜를 베푸는 것도 아니며, 자신의 의무, 즉 인간에 대한 의무가 아니라 신에 대한 의무를 실천하는 것임을 알아야 한다.

4월 17일

1

그리스도교는 인간의 내부에 깃들어 있는 신성에 대한 가르침이다.

2

그리스도교의 가르침은 지극히 간단하다. 인간에 대한 사랑의 가르침, 신에 대한 사랑의 가르침이다. '하늘에 계신 너희의 아버지처럼 완전하라, 신 속에서 살 지어다', 즉 최선의 일을 최선의 방법으로 최선의 목적을 위해 이루라(마태복음 참조)는 것이 그 가르침이다.

이러한 모든 것은 지극히 간단해서 어린아이라도 이해할 수 있다. 그것은 참으로 훌륭한 가르침이며 가장 위대하고 지혜로운 사람이라 해도 그보다 더 아름다운 것은 생각해내지 못할 것이다.   파커

3

모세에서 예수에 이르는 동안, 개개인과 여러 민족 사이에는 지적, 종교적으로 위대한 발전이 이루어졌다. 예수에서 현대에 이르는 동안, 그 발전은 개개인 사이에서나 여러 민족 사이에서 더욱 분명해졌다. 낡은 생각은 버려지고 새로운 진리가 인류의 인식 속에 싹텄다. 개개의 인간은 인류 그 자체보다 위대할 수 없다. 설사 어느 위대한 인물이 인류보다 앞서 나아가, 사람들이 그를 이해하지 못하는 일이 있다 해도, 언젠가는 사람들이 그를 따라 잡고 그를 훨씬 앞질러 가서, 이번에는 거꾸로 이전의 그 위대한 인물이 서 있던 곳에 머물러 있는 사람들은 그들을 이해할 수 없게 될 때가 온다. 바로 그때 새로운 위대한 인물이 필요해지며, 그런 인물이 출현하여 새로운 길을 개척하게 된다.   파커

4

자신의 생명의 의의를 명확하게 이해하지 않고서는, 다시 말해 신앙이라는 것을 가지지 않고서는, 우리는 언제 어느 때 지금의 생활을 포기하고, 지금까지 저주했던 생활로 돌아가게 될 위험에 빠질지 모른다.

5

인간은 자신의 삶의 목적 자체를 정확히 이해할 수는 없다. 다만 목적이 있는 방향만 알 수 있을 뿐이다.

6

모든 종교상 가르침의 본질은 사랑이다. 특히 사랑에 대한 그리스도의 가르침의 특징은, 그것을 어기면 모든 사랑의 가능성이 무너지는, 중대한 사랑의 조건을 명백히 정하고 있는 데 있다.

그 조건은 바로 '악으로 폭력에 맞서지 말라'는 것이다.

7

그리스도교적 사랑은 자신과 만인 속에서, 아니 인간뿐만 아니라 모든 만물 속에서 동일한 신적 본원을 의식하는 데서 나온다.

8

평화롭고 강한 사람이 되고 싶으면 자신의 마음에 신앙을 확립하라.

4월 18일

1

중요한 것은 지식의 양이 아니라 질이다. 굉장히 많은 것을 알고 있으면서도 가장 필요한 것은 모르고 있는 사람이 있다.

2

모른다는 것은 그리 부끄러운 일도 아니고 나쁜 일도 아니다. 아무도 모든 것을 다 알 수는 없다. 모르는 것을 아는 척하는 것이야말로 부끄러운 일, 잘못된 일이다.

3

우리 인간에게는 세상에서 일어나고 있는 모든 일을 알고 모든 것을 이해할
수 있는 힘이 없다. 따라서 여러 가지 일에 대한 우리의 판단이 정확하다고 할
수는 없다. 인간의 무지에는 두 종류가 있다. 하나는 태어나면서부터의 순수하
고 자연스러운 무지이며, 또 하나는 이른바 진정한 현자만이 도달하는 무지이
다. 모든 학문을 다 배우고 동서고금의 모든 지식을 섭렵한 사람들은, 그 모든
지식들을 다 합쳐도 지극히 보잘 것 없으며, 그것으로 신의 세계를 진정으로
이해하는 것은 불가능하다는 것을 알고, 결국 학자들도 본질적으로는 학문을
배우지 않은 보통 사람과 마찬가지로, 실은 아무것도 모른다는 것을 확신하게
될 것이다.

그런 한편, 세상에는 이것저것을 조금씩 공부하여 온갖 학문을 거죽만 핥
고도 대단한 학자인 양 함부로 떠들고 다니는 사람들이 있다. 이런 사람들은
인간 본래의 무지에서는 벗어났을지 모르지만, 모든 지식이 불완전하고 보잘
것 없음을 깨달은 학자의 진정한 예지에는 도달하지 못한다. 이렇게 스스로
지식인임을 내세우는 자들이 바로 세상을 어지럽히고 있는 자들이다. 그들은
모든 것에 대해 자신만만하게 경솔한 판단을 내리며 끊임없이 실수만 저지른
다. 또 교묘하게 사람들을 현혹시켜 종종 그들을 존경하는 사람들이 나타나지
만, 일반 민중은 그들의 허황됨을 알고 경멸한다. 그리고 그것에 대한 보복으
로 그 지식인들은 일반 민중을 무지몽매한 무리라며 경멸하는 것이다. 파스칼

4

만일 일부 사람들에게만 먹을 것을 생산하는 것이 허용되고 다른 사람들에
게는 그것이 금지되어 있거나 생산할 수 없는 상태에 놓인다면, 생산된 그 음
식은 결코 좋은 음식이 아닐 것이다. 그런데 이와 똑같은 일이 특정 계급에 독
점된 학문과 예술분야에서도 일어나고 있다. 다만 거기에 차이가 있다고 한다
면, 육체적인 양식의 경우는 자연에서 크게 벗어날 수 없지만 정신적인 양식
의 경우에는 아주 중대한 일탈이 일어날 수 있다는 것이다.

5

예지는 인간에게 영원한 목표이며, 우리는 모든 자유로운 시간을 그 달성에 바쳐야 한다. 우리가 아무리 많은 문제를 해결하는 데 성공한다 해도, 우리는 여전히 검토하고 해결해야 할 수많은 문제 앞에서 신음하지 않으면 안 되는 운명에 놓여 있다. 이러한 문제들은 우리의 지성을 충분히 발휘하기 위해 머릿속에서 쓸모없는 모든 것을 제거하지 않으면 안 될 정도로 광범하고 다양하다. 이를테면 우리가 평생 언어 문제에만 매달려 있어도 되는 것일까? 그런데 세상에는 종종 인생에 대해서보다 대화에 대해서 더 많이 사색하는 학자가 있다. 학문에 대한 지나친 천착이 얼마나 큰 해악을 낳는지, 그리고 진리에 있어서 그것이 얼마나 위험한 것인지 우리는 깨달아야 한다. 　　　　　세네카

6

지식인들의 논리 정연해 보이는 말들은, 때때로 어떻게도 받아들일 수 있는 애매한 의미를 언어에 부여함으로써, 해결하기 곤란한 모든 문제를 회피하려는 일반적인 합의에 불과할 때가 있다. 그것은 '모른다'고 하는 매우 편리하고 솔직한 말이 학문의 세계에서는 그리 환영받지 못하고 있기 때문이다.　 칸트

7

진리를 흠잡을 데 없이 원고지에 적고, 그것을 사람들의 머리에 전하기 위해서는 수많은 장애를 극복하지 않으면 안 된다. 거짓말쟁이들은 진리의 가장 힘없는 적이다. 가장 위험한 진리의 적은 첫째로, 술에 거나하게 취한 사람처럼 잔뜩 흥이 나서 온갖 얘기를 늘어놓으며 모든 일에 끼어드는 저술가이고, 다음은 인간의 온갖 행위에서 그 사람에 대해 꼬치꼬치 캐내고자 하는 이른바 인간학의 전문가로 자처하는 인물이며, 마지막으로 단순한 모든 것을 맹신하고 열다섯 살 전에 배운 것을 조금도 재검토하지 않고, 스스로 약간의 이론을 내세울 때도 스스로 검토한 적이 없는 기초 위에 그것을 세우려하는 선량하고 경건한 사람이다. 이러한 사람들이야말로 가장 위험한 진리의 적이다.

리히텐베르크

모든 학문들이 그렇지만, 약간의 백안시도 허용하려 들지 않는 그 학문의 열렬한 옹호자들은 대개 최근에 그 분야에 뛰어들어 마음속에 남몰래 그 약점을 의식하고 있는 사람들이다. 　　　　　　　　　　　　리히텐베르크

이른바 문화란 진정한 문명보다 오히려 야만을 위장하기 위해 둘러친 합판과도 같은 것이다. 　　　　　　　　　　　　류시 말로리

아무것도 창조하지 않는 학자는 비를 내리지 않는 구름과 같다. 동양의 금언

가장 나쁜 것은 깊이 고찰된 사상에만 어울리는 언어를 사용해, 함부로 자신의 사상을 얘기하려는 저술가들이다. 만일 그들이 그런 짓을 하지 않고 자기 사상을 거기에 어울리는 적당한 언어로 표현한다면, 그들은 틀림없이 그들 나름대로 학문 전체의 발전에 기여할 수 있고 세상의 주목도 받게 될 것이다. 　　　　　　　　　　　　리히텐베르크

진정한 지식과 학문에 있어서 가장 나쁜 것은, 애매한 관념과 애매한 언어를 사용하는 것이다. 실제로 사이비 학자들은 애매한 관념을 설명하기 위해 애매하고 공허하고 날조된 언어를 사용하고 있다.

4월 19일

고뇌의 고귀함을 모르는 사람은 아직 이성적 생활, 즉 참된 인생을 시작하지 않은 사람이다.

2

인류의 위대한 사업은 모두 고뇌를 통해 이루어진다.

그리스도는 자신도 그것을 각오하지 않으면 안 된다는 것을 알고 있었다. 그리고 그는 모든 것을 예견하고 있었다. 그의 권능을 파괴하기 위해 찾아온 사람들의 증오, 그들의 음모와 폭력, 또 그가 병을 낫게 해준 사람들, 또는 낡은 사회의 황야에서 천국의 양식이라 해야 할 하느님의 말씀을 전해준 사람들의 배신, 나아가서는 십자가와 죽음, 죽음보다 훨씬 고통스러운 제자들의 이반 등등, 이 모든 것을 예견하고 있었다. 그 생각들은 결코 그의 마음을 떠나지 않았지만, 그래도 그는 한 순간도 망설이지 않았다. 설사 그의 육체는 '이 잔'을 밀쳐내려 해도 더욱 강력한 신의 의지가 주저 없이 그것을 받아들이게 했다. 그것이 바로 그리스도가 그의 사업을 이어받으려 하는 모든 사람들에게, 다시 말하면 그 자신처럼 사람들을 구원하고 미망과 악의 무거운 짐에서 해방하는 사명을 띠고 태어난 모든 사람들에게 보여준 모범, 사람들이 영원히 기억해야 할 규범이다. 만약 사람들이 그리스도가 이끄는 목적에 도달하고 싶다면, 그들도 똑같은 길을 가지 않으면 안 된다. 그처럼 괴로운 대가를 치러야만 비로소, 사람들은 다른 사람들에게 봉사할 수 있다. 너희는 세상 사람들이 모두 진정한 형제가 되기를 바라고, 그들을 인류 본래의 보편적 법칙으로 불러내어 모든 억압, 모든 불법, 모든 위선에 맞서 싸운다. 너희는 지상에 정의와 도덕과 진실과 사랑의 나라를 건설하려 한다. 그렇다면 너희와 정반대 쪽에 서서 권력을 이룬 사람들이 어찌 너희에게 맞서 일어나지 않을 리 있겠는가! 어떻게 제대로 싸워보지도 않고, 너희가 그 신전을 파괴하고, 그런 인간의 손에 의한 신전과는 다른, 하느님 자신이 주춧돌을 놓은 영원불멸의 신전을 세우도록 내버려둘 수 있겠는가?

만약 너희가 언젠가 경솔하게도 그런 기대를 품은 적이 있다고 해도, 지금 당장 그 기대를 버리지 않으면 안 된다. 너희는 '실패의 쓴 잔'을 마지막 한 방울까지 마시게 될 것이다. 너희는 도둑처럼 붙잡혀 너희에게 죄를 씌우기 위한 거짓 증인 앞에 서게 되리라. 그리하여 너희가 자신에 대해 증언할 때 '그는 신을 모독했다!'고 하는 외침이 들려올 것이다. 그러면 재판관들은 그는 사형에 처해야 마땅하다고 말할 것이다. 만약 그런 일이 일어나거든 너희는 기뻐하라. 그것이야말로 너희가 진정으로 하느님이 보낸 자라는 결정적인 증거이므로

3

밤의 어둠 속에 별이 보이듯, 고뇌 속에서만 인생의 의미가 보이는 법이다.

소로

4

고뇌 없이 정신적 성장은 있을 수 없고 삶의 발전도 불가능하다. 인간의 죽음에 늘 고통이 따르는 것도 그 때문이다. 또 신은 불행에 허덕이는 사람을 사랑한다고 말하는 것도 그 때문이다.

5

질병, 수족을 잃는 것, 끔찍한 환멸, 재산의 상실, 벗과의 이별이니 하는 이러한 모든 것은 처음에는 돌이킬 수 없는 불행처럼 여겨진다. 그러나 세월과 함께 그러한 상실 속에 숨어 있는 강인한 치유력이 힘을 발휘하기 시작한다.

에머슨

6

인생의 진리는 사람들이 원시적이고 무의식적인 삶에서 이성적이고 의식적인 삶으로 이행하기 위한 문이라는 점에 참된 이의가 있다. 설사 고뇌는 어디까지나 고뇌이고 죽음은 어디까지나 죽음이라 하더라도, 이성적인 의식에 눈뜬 사람은 그것을, 모든 사람의 삶, 전 세계의 삶에 있어서, 또 신성하고 영원한 생명에 있어서의 행복으로 받아들인다.

부카

7

운명이라는 것 자체가 실제로 어떠한 것인가 하는 것보다도, 인간이 그 운명을 어떻게 받아들이는가 하는 것이 더 중요하다.

홈볼트

8

작은 고통은 우리를 화나게 하지만, 커다란 고통은 우리를 자기 자신으로 되돌아가게 한다. 금이 간 종은 탁한 소리를 내지만, 그것을 아예 두 동강내버리면 다시 맑은 소리를 낸다.   장 폴 리히테르

9

종교의 힘과 은혜는 종교가 인간에게 그 존재의 의의와 궁극의 사명을 밝혀주는 데 있다. 만약 우리가 종교에서 나오는 도덕 원리를 모두 포기한다면(현재의 과학시대, 지적 자유의 시대에 사는 우리가 실제로 하고 있듯이), 도대체 우리는 무엇 때문에 이 세상에 태어났는지, 또 이 세상에서 무엇을 해야 하는지 알 수 있는 아무런 단서도 얻지 못하게 되리라.

운명의 비밀이 그 다양하고 엄격한 문제로 사방에서 우리를 둘러싸고 있다. 고통과 공포에 찬 인생의 무의미를 맛보지 않으려면 아무것도 생각하지 않는 수밖에 없다. 육체의 고통, 도덕상의 악, 영혼의 아픔, 악인은 번영하고 선인은 불행한 것 등은 모두, 세계의 내면적 질서를 이해할 수만 있다면, 결국 거기에 하늘의 섭리가 있다는 것을 알 수만 있다면, 쉽게 견딜 수 있을 것이다. 믿음이 있는 자는 자신이 입은 상처조차 기뻐한다. 그는 자신이 부정과 폭력을 당해도 말없이 참아낸다. 어떠한 죄악도, 심지어는 범죄마저도 그의 희망을 빼앗아가지는 못한다. 그러나 모든 신앙을 잃은 사람에게 악과 고뇌는 그 의미를 잃고, 인생은 그저 혐오스러운 유희로밖에 보이지 않게 될 것이다

아나톨 프랑스

10

정신으로 사는 사람은 그가 겪는 모든 고뇌가, 그를 자신이 원하는 완성을 향한 목표지점으로 다가가게 하고 있음을 느낀다. 그런 사람에게는 고뇌도 그 쓴맛을 잃고 달콤한 행복이 된다.

4월 20일

1

동물적 생활을 보내는 사람들에게 온갖 육욕의 만족이 행복인 것처럼, 자신의 영성(靈性)을 의식하고 있는 사람에게 자기 부정은 바로 행복이다.

2

남에게 선을 행하는 사람은 선인이다. 만약 그가 선을 행하는 것으로 말미암아 고통을 받는다면 그는 더욱 더 선인이다. 나아가서 그가 선을 행한 상대때문에 고통을 받는다면 그는 최고의 선에 도달한 것이며, 그 선을 더욱 강화할 수 있는 것은 오직 그가 그것을 계속함으로써 받는 고뇌의 증대뿐이다. 또만약 그가 그것 때문에 죽는다면 그것이야말로 인간으로서 최고의 완성에 도달한 것이 된다.   라 브뤼에르

3

아버지나 어머니를 나보다 더 사랑하는 사람은 내 사람이 될 자격이 없고아들이나 딸을 나보다 더 사랑하는 사람도 내 사람이 될 자격이 없다. 또 자기 십자가를 지고 나를 따라 오지 않는 사람도 내 사람이 될 자격이 없다. 자기 목숨을 얻으려는 사람은 잃을 것이며 나를 위하여 자기 목숨을 잃는 사람은 얻을 것이다.   마태복음 제10장 37~39절

4

개인적 욕심을 버리고 남을 위해 일하는 것, 즉 영원한 신을 위해 일하는 것처럼 큰 행복은 없다. 사람들이 현재 자신의 개인적 욕망을 위해 살고 있듯이모든 사람의 이익을 위해 산다면, 그들은 거기서 평화와 행복을 배우고, 그들앞에 지금은 그들의 눈에 보이지 않는 신의 예지의 무한한 세계가 펼쳐질 것이다.   류시 말로리

5

그리고 제자들에게 이렇게 말씀하셨다. "나를 따르려는 사람은 누구든지 자기를 버리고 제 십자가를 지고 따라야 한다. 제 목숨을 살리려고 하는 사람은잃을 것이며 나를 위하여 제 목숨을 잃는 사람은 얻을 것이다. 사람이 온 세상을 얻는다 해도 제 목숨을 잃으면 무슨 소용이 있겠느냐? 사람의 목숨을무엇과 바꾸겠느냐?"   마태복음 제16장 24~26절

6

촛불이 초를 녹이듯, 선한 일을 하면 자아의식이 사라진다.

집이 완성되면 비계를 제거하듯 죽음은 인간의 육체를 제거한다. 그리고 제 집을 지은 사람은 비계가 제거되는 것을 기뻐한다. 즉 육체의 죽음을 기뻐하는 것이다.

7

우리 마음속의 태양에도 반드시 흑점이 있다. 그것은 우리의 자아가 드리우는 그림자이다.   칼라일

8

아집은 영혼의 감옥이다. 감옥이 우리의 육체의 자유를 빼앗는 것처럼 아집은 반드시 우리의 행복을 빼앗는다.   류시 말로리

9

남을 위해 사는 것이 비로소 진정으로 자기 자신을 위해서 사는 것이다. 얼핏 이상하게 들릴지도 모르지만 실천해 보라, 그러면 사실이라는 것을 알게 될 것이다.

10

인간이 영적인 삶을 살고 있다면, 세속적인 행복을 거부하는 것은 특별한 자랑거리가 되지 않는다. 그로서는 거부하지 않을 수가 없는 것이다. 그렇게 함으로써 자신의 처지를 나쁘게 하는 것이 아니라 오히려 개선하고 있다.

4월 21일

1

우리의 그리스도교적 세계가 직면해 있는 사회체제의 개혁의 골자는, 사랑으로 폭력을 대신하는 것, 폭력과 그 폭력의 공포를 바탕으로 한 것이 아니라 사랑을 바탕으로 한 삶이 가능하며, 그래서 더욱 즐겁고 더욱 축복받고 있음을 인정하는 데 있다.

2

그들 자신이 스스로를 가엾게 여기고 있는 것, 즉 재산, 가족, 아름다움, 건강, 세속적 명예를 상실한 것에 대해 그들을 동정하는 것이 아니라, 그들이 진정으로 가엾은 상태, 즉 도덕과 예지의 순수함과 좋은 습관을 잃은 것에 대해 동정하는 방법을 배우는 것은 쉬운 일이 아니다. 그런데 이런 인간관계는 그들에 대한 자신의 의무를 실천하는 데 꼭 필요하다.

3

"서로 사랑하여라. 이것이 너희에게 주는 나의 계명이다. 세상이 너희를 미워하거든 너희보다도 나를 먼저 미워했다는 것을 알아 두어라. 너희가 만일 세상에 속한 사람이라면 세상은 너희를 한집안 식구로 여겨 사랑할 것이다. 그러나 너희는 세상에 속하지 않았을 뿐더러 오히려 내가 세상에서 가려낸 사람들이기 때문에 세상이 너희를 미워하는 것이다."　　요한복음 제15장 17~19절

4

사람들은 흔히 사랑 없이 남을 대해도 괜찮은 경우가 있다고 생각하지만 그런 경우는 절대로 없다. 사물을 대하는 데는 사랑이 없어도 무방하다. 즉 사랑 없이 나무를 베고 벽돌을 만들고 쇠붙이를 쳐도 괜찮다. 그러나 사람을 대하는 데는 사랑이 없으면 안 된다. 그것은 함부로 꿀벌을 다뤄서는 안 되는 것과 마찬가지이다. 벌의 성질에서 보아 만약 그것을 함부로 다룬다면 벌도 다치고 인간도 다친다. 인간의 경우도 마찬가지이다.

이것은 인간들의 서로에 대한 애정이야말로 인생의 근본 법칙인 이상 지극히 당연한 일이다. 분명히 인간은 일할 생각만 있으면 일할 수 있지만, 사랑의 실천은 아무리 노력해도 안 되는 경우가 있다. 그러나 그렇다고 해서 사랑 없이 사람들을 대해도 괜찮다는 결론을 내려서는 안 된다. 남에게 무엇인가를 요구할 때는 더욱 그러하다. 사람들에 대해 사랑을 느끼지 않을 때에는 가만히 앉아 자기 자신을 되돌아보거나, 무엇이든 하고 싶은 일을 해도 되지만, 적어도 사람만은 상대하지 않는 것이 좋다. 배가 고플 때는 음식을 먹어야 유익한 것처럼, 사람을 대하는 데도 오직 사랑이 뒤따라야 유익한 인간관계가 이루어진다. 한번 사랑 없이 사람을 대하기 시작하면 결국 사람들에 대한 잔인

함과 냉혹함에 한계가 없어지고, 너 자신의 고통에도 한계가 사라질 것이다.

5

그리스도의 가장 중요한 계율인 '원수를 사랑하라'가 실제로 지켜지는 것을 보기 전에는, 나는 절대로 그리스도교도라고 자처하는 자들을 진정한 그리스도교도로 인정할 수 없다.　　　　　　　　　　　　　　　　　　레싱

6

우리가 원하지 않는 것, 즉 온갖 종류의 폭력과 강제, 형벌, 심지어는 사형이라는 살인행위가 사라지기 전에는, 사랑의 가르침은 단순한 구호에 불과하다.

7

아무리 최고의 행복을 이루기 위해서라 해도, 아무리 작은 악도 결코 행해서는 안 된다.　　　　　　　　　　　　　　　　　　　　　　파스칼

8

일찍이 세상에서 일어났던 가장 파괴적인 잘못은 정치학을 도덕학의 범주에서 분리한 일이다.　　　　　　　　　　　　　　　　　　　　셸리

9

세상과 타협하기 위해 끝없이 현재의 생활을 지속하는 삶을 살아서는 안 된다. 그런 삶을 살면, 너는 사랑의 나라를 멀리하는 것이 된다. 사랑의 나라를 가까이 불러올 수 있는 삶을 살아라. 그런데 그처럼 살기 위해서는 자신의 생활을 폭력이 아니라 사랑 위에 쌓아야 한다.

이레째 읽을거리

편지에서

인간에게는 그가 태어나기 전부터 존재했고 죽은 뒤에도 존재하는 세계가 있고, 우리는 그 세계가 영원하며, 그 영원한 세계에 사는 것이 바람직하다는 것을 알고 있습니다. 한 번 이 세상에 삶을 받은 이상, 우리 인간들은 자신을 둘러싸고, 자극하고, 또한 자신을 비웃거나 파멸시키려 하는 이 세상 속에서 자기 나름의 역할을 원할 것입니다. 그는 자신의 삶이 시작된 것을 알고, 그것이 끝나는 것을 원치 않습니다. 그는 큰 소리로 호소하거나 조그만 목소리로 절대적인 믿음과 평화의 경지를 간절히 원하지만, 그 경지에 도달하는 것은 좀처럼 불가능한 일입니다. 왜냐하면 인간의 에너지를 가장 강하게 지배하는 것의 정체를 알지 못하기 때문입니다. 인간이 자신에 대해 확실하게 알고 있는 것은 결국 자신의 운명이 언젠가 끝나고 죽음을 맞이하게 된다는 것뿐입니다. 그러나 그는 그러한 경지에 도달하지 못한 채 뭔가 완전성에 대한 충동을 느끼고, 오만과 호기심과 증오심 속에서 일시적으로 완전성에 대한 회의와 부정에 빠지더라도 언젠가는 반드시 희망으로 되돌아옵니다. 인간은 희망 없이는 살아갈 수 없기 때문입니다.

따라서 인간의 완전성을 향한 노력은 때때로 안개가 낄 경우는 있지만 완전히 사라지는 일은 결코 없습니다. 달을 가리는 구름처럼, 그의 마음을 안개가 가리는 일은 있어도, 달은 그 운행을 멈추지 않고 홀연히 구름 속을 빠져나와 원래의 밝은 모습을 보여줍니다. 이러한 인간의 내부에 있는, 완전성에 대한 그칠 줄 모르는 갈망이야말로, 인간들이 이성을 떠나 지극한 신뢰와 기쁨으로 모든 종교에 몰입하는 까닭을 말해주고 있습니다. 그리고 '무한한 것'을 약속하는 그 종교들은, 그에게 알맞은 '무한한 것'을 제공하고, 그를 완전성을 위해서도 언제나 필요한 일정한 틀 속에 가두는 것입니다.

그러나 이미 오래전부터 인류 역사의 각 단계에서, 새로운 사람들이 차례차례 나타나(특히 지난 백 년 동안은 더욱 그렇지만), 이성과 학문과 관찰이라는 이름 아래 전부터 절대적인 진리로 여겨져 왔던 것을 부정하고, 그것들을 상대적인 것이라고 선언하며, 그 절대적인 진리를 내용으로 하는 가르침을 파괴하려 하고 있습니다.

그러나 설사 그것이 무엇이든, 세계를 창조한 힘(나로서는 세계가 스스로 자신을 창조했다고는 도저히 생각할 수 없으므로)은 우리를 언제든 필요할 때 꺼내 쓰려고만 할 뿐, 왜 우리를 창조했는지, 우리를 도대체 어디로 데려가려 하는지에 대해 알 권리를 우리에게 주지 않습니다. 우리가 아무리 미루어 짐작하며 간구해도, 그 힘은 자신의 의도와 비밀을 결코 밝히려 들지 않습니다. 솔직히 말하면, 그래서 인류도 그 비밀을 캐내는 것을 아무래도 단념한 것처럼 보입니다. 인류는 종교에 물어보았지만 종교는 여러 갈래로 분열된 채 아무것도 가르쳐주지 않았습니다. 다음에는 철학에 매달려보았지만, 이 역시 각 학파가 서로 분열 대립하고 있어, 종교 이상으로 아무것도 설명해주지 않았습니다. 그리하여 인류는 마침내, 오로지 자신의 단순한 본능과 상식에 의지해, 무엇을 위해 어떻게 살아야 하는지도 모르는 채 이 세상에 살면서, 어떻게든 이 지구상에서 주어진 모든 방법을 동원해 행복해지기 위해 노력하고 있는 것입니다.

세상에는 인생의 모든 고난에 대한 대응책으로서 노동을 권장하는 사람들이 있습니다. 노동은 분명히 좋은 약이라고 할 수 있으며, 그것을 이용하는 것도 나쁘지 않습니다. 그러나 그것만으로는 지금까지도 충분하지 않았고, 앞으로도 그럴 것입니다. 근육을 움직이고 머리를 사용하며 아무리 일을 해도, 역시 먹을 것을 구하거나 재산을 이루고, 명예를 획득하는 것만이 인간의 유일한 관심사는 아닐 것입니다. 그러한 목적밖에 가지지 않은 사람들은, 그 목적을 이루었을 때 뭔가가 부족하다는 것을 느낍니다. 요컨대, 사람이 무엇을 생산하고 무엇을 말하고, 또 남에게서 무슨 말을 듣든, 그는 단순히 음식으로 살찌우는 육체와, 교육하고 발달시켜야 하는 지능만으로 구성된 존재가 아니며, 그것 말고도 영혼이라는 것이 있어서, 이 영혼이 부단히 활동하고 끊임없이 발전하면서 빛과 진리를 향해 나아가는 것입니다. 그리고 그것은 모든 빛을 받아들이고 모든 진리를 깨달을 때까지 인간을 계속 괴롭힐 것입니다.

아마 지금처럼 영혼이 우리 인간에게 강력한 힘을 행사하는 시대는 없을 것입니다. 그것은 전 세계가 호흡하고 있는 공기 속에 충만해 있습니다. 제각기 인간사회의 새로운 탄생을 염원하고 있던 사람들이, 점차 서로를 찾아 헤매며 접근하고 단결하여 하나의 집단, 즉 중심을 형성하고, 그 중심을 향해 세계 곳곳에서 마치 종달새가 거울을 향해 날아들듯 다른 영혼들도 모여듭니다. 그래서 그 영혼들은 장차 사람들이 힘을 모아, 최근까지 자의반 타의반으로 적대관계에 있던 세계 각 민족의 화합과 올바른 진보를 위해 단결하게 할 것입니다. 이 새로운 영혼을, 나는 자칫 그것을 부정하기 쉬운 오늘의 현실 속에서 무엇보다 깊이 인식하고 있습니다.

많은 나라들이 서로 군사력을 키우고 권력자들이 서로를 위협하는 모습, 또 특정민족을 박해하는 움직임의 부활, 같은 국민들 사이의 적대관계 등은 확실히 나쁜 현상이기는 하지만, 반드시 나쁘기만 한 조짐은 아닙니다. 그것은 마땅히 사라져야 할 것의 마지막 발악이기 때문입니다. 이러한 병적 현상은 바로, 살아남아야 할 존재가 죽음의 굴레에서 벗어나려고 몸부림치는 역동적인 노력일 뿐입니다.

지난날의 어리석음을 이용해온 사람들, 그리고 가능하면 앞으로도 영원히 이용하고 싶어하는 사람들은, 모든 개혁을 방해할 목적으로 한데 뭉칩니다. 그 결과 이러한 군사력 증강과 위협행위, 박해가 등장한 것인데, 잘 관찰해보면 그것들은 모두 피상적인 것에 불과하다는 것을 알 수 있습니다. 말하자면 그것은 종이호랑이 같은 것입니다.

그 속에 이제 영혼은 존재하지 않습니다. 그것은 이미 다른 장소로 옮겨가버리고 말았습니다. 매일같이 살육전쟁을 훈련하고 있는 수백만의 사람들도 이제 자신이 싸워야 할 상대를 미워하고 있지 않으며, 그들의 지휘관들도 누구 한 사람 감히 선전포고를 하려 들지 않습니다. 아래에서 들려오는 원망의 목소리, 연쇄적으로 퍼지는 증오의 목소리에 대해, 벌써 위에서는 그 정당성을 인정하고 진심어린 동정으로 응답하기 시작했습니다.

앞으로 인간적으로 서로 이해하는 세상이 반드시 찾아올 것입니다. 그것은 우리가 생각하고 있는 것보다 훨씬 빨리 찾아올지도 모르고, 언젠가 내가 이 세상을 떠나 지평선에서 떠오르는 빛을 볼 수 없게 된 뒤에 찾아올지도 모릅니다. 그러나 나는, 현대사회는 이제 '서로 사랑하라'는 말을, 그것을 말한 자가 신이든 인간이든 상관없이 실현시켜야 할 때가 왔다고 생각합니다.

요즘 세계 각지에서 볼 수 있는, 자애로운 소박한 사람들만을 대상으로 하고 있는 정신운동도, 언젠가는 무조건적으로 전 인류에게 퍼져갈 것입니다. 어쩌면 성미가 급한 사람들은 미친 듯 서로 사랑하자고 격정적으로 외칠지도 모릅니다. 그러나 처음부터 모든 것이 잘 되기를 바랄 수는 없습니다. 때로는 오해도 있을 것이고 피를 흘리는 비극적인 일이 발생할지도 모릅니다. 우리는 종종, 우리에게 사랑을 가르쳐야 할 사명을 지닌 사람들에 의해 서로를 미워하도록 교육받고 길들여졌기 때문입니다. 그러나 세상 모든 사람들의 이 위대한 꿈은 반드시 성취되어야 하는 것이기에, 나는 우리 모두가 그 성취를 간절하게 원할 때가 곧 찾아오리라는 것을 믿어 의심치 않습니다.　　알렉상드르 뒤마

4월 22일

1

자신을 아는 것은 신을 아는 것이다.

2

예수께서 큰 소리로 이렇게 말씀하였다. "나를 믿는 사람은 나뿐 아니라 나를 보내신 분까지 믿는 것이고 나를 보는 사람은 나를 보내신 분도 보는 것이다. 나는 빛으로서 이 세상에 왔다. 그러므로 누구든지 나를 믿는 사람은 어둠 속에서 살지 않을 것이다. 어떤 사람이 내 말을 듣고 지키지 않는다 하더라도 나는 그를 단죄하지 않을 것이다. 나는 이 세상을 단죄하러 온 것이 아니라 구원하러 왔기 때문이다. 그러나 나를 배척하고 내 말을 받아 들이지 않는 사람을 단죄하는 것이 따로 있다. 내가 한 바로 그 말이 세상 끝날에 그를 단죄할 것이다. 나는 내 마음대로 말하지 않고 나를 보내신 아버지께서 무엇을 어떻게 말하라고 친히 명령하시는 대로 말하였다. 나는 그 명령이 영원한 생명을 준다는 것을 안다. 그래서 나는 무엇이나 아버지께서 나에게 일러 주신 대로 말하는 것뿐이다."

요한복음 제12장 44절—50절

3

어떤 것은 좋아하고 어떤 것은 싫어하는 사람의 근본적인 성질은, 시간적, 공간적 조건에서 생기는 것은 아니라, 반대로 그가 어떤 것은 좋아하고 어떤 것은 싫어하는 일정한 성질을 태어나면서부터 가지고 있기 때문에, 시간적, 공간적 조건이 그에게 작용하기도 하고 때로는 작용하지 않기도 하는 것이다. 시간, 공간적으로 완전히 같은 조건 속에서 태어나 자란 사람들이 그 내면적 자아에 있어서 종종 매우 날카로운 대립을 보여주는 것도 바로 그 때문이다.

4

영혼의 순결 없이 어떻게 신에게 예배를 드릴 수 있겠는가? 어떻게 예배드리러 가겠노라고 말할 수 있겠는가? 악을 행하는 자가 어떻게 신에게 예배를 드릴 수 있다는 것인가?

거룩한 것은 숲에도 있지 않고, 하늘에도 있지 않으며, 땅에도 있지 않고, 성스럽다고 하는 강물 속에도 있지 않다. 자신의 육체를 깨끗이 하라. 그러면 너는 그것을 볼 수 있으리라. 너의 육체를 신의 전당으로 삼아, 그릇된 생각을 버리고 마음의 눈으로 신을 바라보라. 우리가 신을 알 때 동시에 우리 자신도 아는 것이다. 스스로 경험하지 않고 다만 씌어진 글을 읽는 것만으로는 우리의 두려움을 극복할 수 없다. 그것은 바로 그림으로 그린 불이 어둠을 몰아낼 수 없는 것과 마찬가지이다. 네가 무엇을 믿고 어떤 기도를 하든, 네 속에 진실이 없다면 행복의 길에 이르지 못할 것이다. 진리를 아는 자는 새롭게 태어난다.

참된 행복의 원천은 마음속에 있다. 그것을 다른 데서 찾는 자는 어리석은 자이다. 그는 마치 제 품안에 안고 있는 어린 양을 두리번거리며 찾고 있는 목동과 같다. 너희는 무엇 때문에 돌을 모아 거대한 신전을 짓고 있느냐? 신은 언제나 너희 가슴속에 살고 있는데, 어찌 그처럼 자신을 괴롭히고 있느냐?

생명이 없는 집안의 우상보다 마당의 개가 더 낫다. 그리고 수많은 신들보다 세상에서 유일한 위대한 신이 더 낫다.

새벽별처럼 모든 사람의 마음속에 살고 있는 빛, 늘 머물며 사라지지 않는 그 빛이야 말로 우리의 정신적 고향이다. 　　　　　　　　　　　　　바마나 푸라나

5

자기 자신을 모르는 사람에게 자신을 떠나 신을 따르라고 외치는 것은 우스꽝스러운 일이다. 자기 자신을 알고 있는 사람에게 그렇게 말해야 마땅하다. 　　　　　　　　　　　　　파스칼

6

인간은 자신의 자아를, 예속적이고 불안정하며 고통스러운 세계에서 자유롭고 흔들리지 않는 기쁨의 세계로, 즉 자신의 정신적 본원에 눈뜨는 세계로 이끌 수 있다.

4월 23일

1

진정으로 선한 것은 언제나 소박하다. 소박하다는 것은 참으로 매력적이고도 유익한데도, 소박한 사람이 이렇게 적다는 것은 놀라운 일이다.

바다 저편에서 행복을 찾지 말라. 필요한 것은 쉽게, 필요하지 않은 것은 어렵게 만드신 신에게 감사하라.　　　　　　　　　　　　　그리고리 스코로보다

참으로 좋은 것은 언제나 값싸고, 해로운 것은 언제나 비싸다.　　　　소로

이른바 진보라는 것은 언제나 우리에게 무언가를 주는 대신 반드시 무언가를 빼앗아간다. 이를테면 새로운 발명은 사회를 풍요롭게 하는 반면, 우리 내면의 타고난 특질을 손상시킨다. 문명인은 마차를 소유하는 대신 자신의 다리를 못 쓰게 된다. 그에게는 멋진 스위스제 시계가 있지만 태양을 보고 때를 알지 못한다. 그는 달력을 사지만, 그 속에 필요한 것이 다 적혀 있다는 것을 믿고, 하늘에 있는 별 하나도 구별할 줄 모르고 봄이 오는 절기도 모르게 된다.

참으로 현명한 사람은 필요 없는 것은 모두 버리고, 결국 자신에게 꼭 필요한 것으로 돌아간다.　　　　　　　　　　　　　　　　　　　　　에머슨

우리가 쓰는 돈의 대부분은 남을 흉내내는 데 쓰인다.　　　　　　에머슨

언어와 절제와 노력으로 네 이웃을 위해 봉사하라. 사랑의 사업을 하라. 행여 나쁜 말을 입에 담지 말고 나쁜 행위를 피하며, 필요하면 용기를 내고 잘못된 수치심을 극복하며, 해야 할 말을 하고 좋은 일, 사랑이 넘치는 일을 한다. 이러한 것들은 모두 사소한 일이요, 눈에 띄지 않는 일이지만, 이처럼 조그마한 씨알에서 온 세상을 그 가지로 가득 덮는 사랑의 거목이 자라난다.

굳이 위대한 일을 찾을 것까지는 없다. 현재 네가 처해 있는 입장에서 너에게 요구되는 것을, 가능한 한 열심히, 그리스도교도답게, 성심성의껏 하기만 하

면, 너는 최선을 다해 살고 있는 것이며, 따라서 특별히 위대한 일을 찾을 필요가 없는 것이다.

8

모든 위대한 것은 순수하고 신중하며 단순 소박한 상태 속에서 이루어진다. 밭을 갈고, 집을 짓고, 가축을 치는 것, 심지어는 사색하는 것까지도 천둥과 번갯불 밑에서는 불가능하다. 위대하고 진실한 것은 언제나 소박하고 겸허하다.

9

소박하게 보이려고 애쓰는 사람일수록 사실은 소박하지 않다. 겉으로만 소박한 것은 가장 나쁜 위장술이다.

4월 24일

1

투쟁에 있어서의 참된 용자는 신이 자신의 동맹자라는 것을 알고 있는 자이다.

2

그날이 오면 너희가 나에게 물을 것이 하나도 없을 것이다. 정말 잘 들어 두어라. 너희가 내 이름으로 아버지께서 구하는 것이면 무엇이든지 주실 것이다.

요한복음 제16장 23절

3

죽음에 이를 때까지 진리를 위해서 싸워라. 그러면 하느님 또한 너를 위해서 싸울 것이다.

시라흐의 아들 예수

4

대부분의 사람들을 움직이는 동기와 원인을 거부하고, 자기 자신을 믿으려고 결심한 자는 행복하다. 일반사회와 관습과 법규를 대신하여, 오로지 자신

의 내적 신념만이 강한 힘을 지니기 위해서는, 그의 영혼이 지극히 고결하고
의지가 강하며, 사물을 보는 눈이 맑아야 한다. ───에머슨

5

무슨 일이 있어도 용기를 잃어서는 안 된다. 원래 인간으로서 네가 감당하
지 못할 정도로 나쁜 일은 절대 일어날 리 없으니까.

6

모든 것이 불안정하고 애매하며 덧없이 지나가지만, 오직 선한 마음만은 확
실하여 어떠한 폭력에 의해서도 파괴되지 않는다. ───키케로

7

자아를 부정하는 사람은 그 무엇보다 강하다. 왜냐하면 자아는 우리의 내
부에서 신을 가리고 있기 때문이다. 자아를 부정하는 순간부터 우리의 내부
에서 행동하는 것은 이미 우리가 아니라 신이다.

8

한 번은 로마의 여왕이 자신의 보석을 잃어버렸다. 온 나라 안에 다음과 같
은 방이 붙었다.

'30일 안에 보석을 찾아 돌려주는 사람은 후한 상을 받을 것이다. 그러나
만약 30일이 지나서 돌려주는 사람이 있으면 사형에 처하리라.'

유대의 랍비 사무엘이 이내 잃어버린 보석을 찾았으나 그것을 30일이 지나
서야 돌려주었다. "너는 외국에 가 있었느냐?" 여왕이 그에게 물었다.

"아닙니다. 저는 집에 있었습니다." 그가 대답했다.

"그렇다면 아마 온 나라에 어떤 방이 붙었는지 모르고 있었던 모양이구나."

"아닙니다. 알고 있었습니다."

"그럼 어째서 30일이 지나기 전에 가져오지 않았느냐? 30일이 지나면 사형
에 처한다고 하지 않았느냐?"

"제가 폐하께서 잃어버리신 물건을 돌려드리는 것은, 처형이 두려워서가 아
니라, 신이 두려워서임을 보여 드리려 한 것입니다."

9

네가 섬기고 있는 신의 사업이 완성되기를 기다리지 말라. 그러나 너의 노력은 하나도 헛되지 않고 그 사업의 추진력이 되고 있음을 알라.

4월 25일

1

인간은 자기 자신을 육체적 존재로도 영적 존재로도 인식할 수 있다. 자기 자신을 육체적 존재로 인식하면 인간은 자유로울 수 없다. 그러나 영적 존재에게는 자유롭지 못하다는 것은 전혀 문제가 되지 않는다.

2

정말 잘 들어 두어라. 내 말을 듣고 나를 보내신 분을 믿는 사람은 영원한 생명을 얻을 것이다. 그 사람은 심판을 받지 않을 뿐만 아니라 이미 죽음의 세계에서 벗어나 생명의 세계로 들어섰다. 정말 잘 들어두어라. 때가 오면 죽은 이들이 하느님의 아들의 음성을 들을 것이며 그 음성을 들은 이들은 살아날 터인데 바로 지금이 그때이다. 아버지께서 생명의 근원이신 것처럼 아들도 생명의 근원이 되게 하셨다.
요한복음 제5장 24~26절

3

'신에 대한 사랑'이란 자기 존재에 최고의 창조력을 불어넣기 위한 정진과 노력이 아니고 무엇이겠는가. 신의 창조력은 모든 것에 잠재하고 있다. 그러나 세상에서 그것이 가장 많이 나타나는 것은 인간이다. 그 힘이 작용하려면 인간이 먼저 그것을 인식해야 한다.

자신이 최선의 것을 창조할 수 있다는 것을 인식하지 못하면, 인간은 반드시 최악의 것을 창조하게 될 것이다.
세계의 선진사상

4

나는 끊임없이 자기 자신을 성찰해야 함을 알고 있으며, 하늘은 모든 것을 알고 있고, 그 법칙은 불변이라는 것을 알고 있다. 나는 또 하늘은 모든 것을 보고 모든 것 속으로 들어가 모든 것 속에 존재하고 있음을 알고 있다. 태양이

어두운 방을 비추듯 하늘은 모든 사람의 마음속을 투시한다. 우리는 잘 조율된 두 악기가 화음을 내듯 하늘의 빛을 세상에 비추는 데 노력해야 한다.

중국 고문헌

5

사람의 본성은 원래 곧은 것이다. 이 원래의 곧음을 사는 동안 잃어버리게 되면 그는 결코 행복할 수 없다.

중국 금언

6

영혼의 본질에 대해 생각할 때, 마치 다른 나라에 살듯 육체라는 껍데기 속에 살고 있는 영혼이란 도대체 무엇인지 생각하는 것이, 육체를 떠나 스스로를 그 일부로 느끼는 것, 즉 신과 융합한 영혼을 생각하는 것보다 훨씬 더 어렵다.

키케로

7

"무슨 일에서든 그것이 신의 뜻임을 알았을 때, 나는 내 의지를 버리고 신이 원하는 것만 행하리라"고 진심으로 네가 말할 때, 비로소 너는 완전히 자유로운 존재가 된다.

에픽테토스

8

인간은 자신의 삶을 육체적 존재에서 영적 존재로 이행시키는 정도에 따라 자유를 누릴 수 있다.

4월 26일

1

신을 의식하는 것은 간단해서 누구나 할 수 있다. 그러나 신을 배워서 아는 것은 누구에게도 불가능하다.

2

현명하고 겸손한 사람은, 아무리 뛰어난 지성이라 해도 인간의 지성에는 한계가 있다는 것을 느끼고, 그 한계를 벗어나려하지 않는다. 자신의 영혼과 자신을 창조한 자에 대한 개념도, 결국 순수한 영혼만이 볼 수 있는 것처럼 똑똑히 파악할 수 없다는 것을 알고, 그 한계 안에서 찾으려 한다. 그는 그 개념 앞에서 걸음을 멈추고, 자신이 참으로 높은 존재와 마주하고 있다는 것을 의식하는 것으로 만족하며, 그 속을 들여다보려 하지 않는다. 철학은 그 한계 안에서만 유익하고 필요하다고 할 수 있다. 그 한계를 넘어서는 것은 인간의 본성에 어긋나는 공허한 관념이며, 현명한 사람은 그것을 피하고 일반민중들은 애초부터 거리가 먼 것이다.

세계의 모든 사람들이 신이 있음을 알고 신을 숭배한다. 비록 여러 민족이 저마다 자기 식으로 신에게 옷을 입히고 있지만, 그 옷 속에는 언제나 같은 신이 있는 것이다. 일반인에 비해 더욱 높은 가르침을 추구하는 소수의 선택받은 사람들은, 일반 사람들의 건전하고 상식적인 논거에 만족하지 않고 더욱 추상적인 신을 찾으려 한다. 나는 그들을 비난하고 싶지 않다. 그러나 그 소수가 자신들이 신을 보지 못했다 해서, 자기네가 온 인류의 대표자라도 된 듯 신은 인간에게는 보이지 않는 존재라고 주장한다면, 그건 잘못된 것이다. 나도 사람들이 때때로 교묘한 말에 속아 신은 존재하지 않는다고 일시적으로 믿기도 한다는 것은 인정한다. 그러나 그것은 결코 오래가지 않는다. 인간은 어떤 형태로든 절대적으로 신을 필요로 한다. 설사 신이 자연의 법칙에 반해서 더욱 확실하게 우리 앞에 모습을 보여준다 해도, 무신론자들은 여전히 신을 부정하기 위해 온갖 새로운 궤변을 늘어놓을 것이다. 지성은 항상 감정이 요구하는 것에 굴복하기 때문이다.   루소

3

나에게 있어, 세상에서 가장 확고한 것은, 지금 이순간의 나 자신에 대한 인식이다.

4

신을 믿는 것은 인간에게 있어서 두 발로 걷는 것과 마찬가지로 자연스러운 일이다. 이 신앙은 어떤 사람들에게는 변형되어 있을지도 모르고, 또 어떤 사람들에게는 완전히 사라져버렸을 수도 있지만, 일반적으로 그것은 틀림없이

존재하고 있고, 이성적인 생활을 위해 꼭 필요한 것이다.　　　　리히텐베르크

5

　신은 존재한다고 하는 명제도, 존재하지 않는다고 하는 명제도, 육체에 영혼이 있다고 하는 명제도, 없다고 하는 명제도, 세계는 창조되었다는 명제도, 창조되지 않았다는 명제도, 모두 인간의 지혜로는 알 수 없는 일이다.　　파스칼

6

종교는 신에게 속하고 신학은 인간에게 속한다.　　　　　　　　데세르니

7

　자신의 내면에 있는 신을 의식하면서 신과 함께 신 안에서 살라. 그리고 말로서 신을 정의하려고 들지 말라.

4월 27일

1

　나쁜 감정이 일어나면 사람들을 비난하고 싶어지는 법이지만, 또 사람들을 비난하면 그들에 대한 나쁜 감정이 일어나는 경우도 매우 많다. 그리고 비난의 정도가 크면 클수록 나쁜 감정도 커진다.

2

　"남을 판단하지 말아라. 그러면 너희도 판단받지 않을 것이다. 남을 판단하는 대로 너희도 저울질을 당할 것이다. 어찌하여 너는 형제의 눈속에 있는 티는 보면서 제 눈 속에 들어 있는 들보는 깨닫지 못하느냐? 속에 있는 들보도 보지 못하면서 어떻게 형제에게 '네 눈의 티를 빼내 주겠다'고 하겠느냐? 이 위선자야! 먼저 네 눈에서 들보를 빼내어라. 그래야 눈이 잘 보여 형제의 눈에서 티를 빼낼 수 있지 않겠느냐?"　　　　　　　　　마태복음 제7장 1~5절

3

　가장 일반적이고 널리 퍼져 있는 미신의 하나는 인간은 저마다 정해진 본

성을 가지고 있어서 착한 사람, 나쁜 사람, 현명한 사람, 어리석은 사람, 열정적인 사람, 냉철한 사람 등이 있다는 미신이다. 그러나 인간은 그런 것이 아니다.

우리는 어떤 사람에 대해 그 사람은 나쁜 사람일 때보다 좋은 사람일 때가 더 많고, 어리석을 때보다 현명할 때가 더 많으며, 냉정할 때보다 정열적인 때가 많다거나 그 반대로도 말할 수는 있지만, 만약 어떤 사람은 언제나 선량하고 현명한데 다른 사람은 언제나 사악하고 어리석다고 말한다면 그건 잘못된 것이다. 그런데 우리는 언제나 그처럼 사람들을 구별하고 있다. 이것은 옳은 일이 아니다.

4

너는 이웃의 약점을 보고 있지만, 그의 선한 행위 하나가 너의 한평생보다 더욱 신을 기쁘게 하고 있다는 것을 모른다. 네 이웃이 불행히도 죄에 빠졌을 때, 너는 그가 그 전에 흘린 눈물도 모르고 그 뒤의 참회도 모르며, 그의 슬픔과 상심의 목격자인 신은 그를 용서했는데도 너는 여전히 그를 비난하고 있다.

성현의 사상

5

만일 두 사람 사이에 미워하는 마음이 있다면 그것은 양쪽에 다 허물이 있는 것이다. 어떠한 수를 곱하더라도 영은 영원히 영이다. 만일 미움이 생겼다면 그 미움은 양쪽에 다 있었던 것이다.

6

사람들 사이에 싸움이 벌어진다면, 정도의 차이는 있지만 어쨌든 양쪽에 다 잘못이 있다. 만약 당사자 가운데 한쪽의 행동이 완전무결하다면, 한없이 매끄러운 표면, 이를테면 거울 표면으로는 성냥에 불을 붙일 수 없는 것과 마찬가지로 절대로 싸움이 일어날 리 없다.

7

인간은 항상 자신이 최선으로 생각하는 행동을 한다는 것을 늘 기억하라. 만약 그 행동이 진정으로 그에게 최선의 것이라면, 그는 옳은 것이다. 또 만약 그게 아니라면 그는 그만큼 불행하다. 왜냐하면 모든 미망에는 반드시 고뇌가 따르기 때문이다.

만약 네가 이와 같은 사실을 늘 잊지 않고 있으면, 너는 누구에게도 화내지 않고, 분개하지 않고, 아무도 비난하거나 공격하지 않으며, 누구도 미워하지 않을 것이다.　　　　　　　　　　　　　　　　　　　　　　　에픽테토스

8

친한 사람과 함께 살 때, 한 사람이 남을 흉보기 시작하면 즉시 서로 말리자는 약속을 해두는 것이 좋다.

4월 28일

1

의심할 여지없는 행복의 조건은 바로 노동이다. 그 첫째는, 자기가 좋아하는 자유로운 노동이며, 두 번째는 식욕을 돋우고 깊고 조용한 잠을 자게 해주는 육체노동이다.

2

이 세상의 번뇌가 없는 낙원의 생활이나 우리가 동경해 마지않는 호화 생활이 매력적인 것은 틀림없지만, 양쪽 다 어리석고 부자연스럽다. 왜냐하면 쾌락만 있는 곳에는 결코 진정한 쾌락은 있을 수 없기 때문이다. 어쩌다가 일하는 틈틈이 찾아오는 짧은 휴식만이 진정으로 즐겁고 또 유익하다.　　　　칸트

3

육체노동은 지적인 활동을 불가능하게 하는 것이 아니다. 오히려 지적인 활동의 질을 향상시킬 뿐만 아니라, 그것을 자극하고 촉진하기도 한다.

4

육체노동은 모든 사람에게 의무이자 행복이다. 지적인 활동과 상상력의 활동은 둘 다 특수한 활동으로, 그 천직이 주어진 자에게만 의무이고 행복이다. 그것이 그 사람의 천직인지 아닌지는, 학자이든 예술가이든 거기에 몸을 바치

기 위해 자신의 평화와 안녕을 얼마나 희생하는지에 따라 인정할 수 있다.

5

영원한 게으름은 지옥의 고통으로 생각해야 하거늘, 사람들은 반대로 천국의 기쁨으로 생각하고 있다. 　　　　　　　　　　　　　　　　　　　　몽테뉴

6

가장 평범한 노동에 있어서도, 인간의 영혼은 그가 일을 시작하자마자 차분히 가라앉는다. 의혹, 비애, 상심, 분노, 절망…… 가난한 자도 남들처럼 이런 모든 악령에게 시달린다. 그러나 그가 모든 것을 떨치고 일을 시작하는 순간 모든 악령은 감히 그에게 다가가지 못하고 그저 멀리서 투덜거릴 뿐이다. 그는 그때 비로소 진정한 인간이 된 것이다. 　　　　　　　　　　　　　　　칼라일

7

노동은, 그게 없으면 고통을 불러오는 인간 본연의 욕구이기는 하지만 결코 덕행은 아니다. 노동을 덕행으로 끌어올리는 것은 인간이 섭취하는 영양분을 그럴듯한 선덕인 양 여기는 것처럼 가소로운 짓이라 하지 않을 수 없다.

8

유쾌해지고 싶거든 지칠 때까지 일하라. 그러나 과로는 피하는 것이 좋다. 유쾌한 기분은 언제나 게으름에 의해 손상을 입지만, 때로는 과로 때문에 깨지기도 한다.

달걀만한 씨앗

어느 날 골짜기에서 어린애들이 한가운데 줄무늬가 있고 크기가 달걀만한 곡물 비슷한 것을 발견했다. 마침 지나가던 사람이 그것을 보고 5코페이카에 사서 도시로 가지고 와 귀한 물건이라며 황제에게 팔았다.

황제는 현자들을 불러 모아 그들에게 이것이 무슨 물건인지, 달걀인지 아니면 씨앗인지 알아보라고 일렀다. 현인들은 아무리 생각해봐도 그것이 무엇인지 도저히 알 길이 없었다. 그 물건은 창문 위에 놓여 있었는데 암탉 한 마리가 날아 들어와 쪼기 시작해서 그만 구멍을 내고 말았다. 그래서 사람들은 그것이 씨앗이라는 것을 알았다. 현인들은 궁궐에 들어와 황제에게 아뢰었다.

"이것은 호밀인 줄 아뢰오."

황제는 깜짝 놀라 현자들에게 이 호밀이 언제 어디서 생겼는지 알아보라고 명을 내렸다. 현자들은 요모조모 생각하며 온갖 책을 뒤져 보았지만 아무것도 알아내지 못했다. 그래서 다시 황제 앞에 나아가 아뢰었다.

"도저히 알 수가 없사옵니다. 소신들의 책에는 이것에 관해서 아무것도 씌어 있지 않사옵니다. 그러니 늙은 농부들 가운데 언제 어디에 이런 씨앗을 뿌렸다는 얘기를 들은 적이 있는 사람이 없는지 물어보는 것이 좋을 듯합니다."

그래서 황제는 사자를 보내 늙은 농부를 한 사람 데리고 오게 했다. 사자는 나이 많은 늙은이를 찾아 황제에게 데리고 갔다. 그 농부는 벌써 이도 다 빠지고 얼굴도 푸르죽죽해져서 두 개의 지팡이에 몸을 의지해 간신히 들어섰다.

황제는 그에게 씨앗을 보여주자, 이미 눈이 먼 늙은이는 그것을 이리 저리 뜯어보고 손으로 더듬었다.

황제가 그에게 물었다. "노인이여, 이런 씨앗이 어디서 생겼는지 모르겠는가? 그대의 밭에 이런 곡식을 심은 적은 없는가? 아니면 농사를 짓던 시절에 어디서 이런 씨앗을 산 적이 없는가?"

늙은이는 귀가 멀어 겨우겨우 알아듣고 황제의 질문의 뜻을 이해했다. 그리고 다음과 같이 대답했다. "소인은 밭에다 이런 곡식을 심어본 적도 없고 거두어들인 적도 없으며 산 적도 없사옵니다. 소인이 곡식을 샀을 시절에는 씨앗은 모두 이보다 낱알이 더 잘았습죠, 지금도 그렇지만 말씀이에요. 그런데 저어,"

하고 그는 덧붙였다. "소인의 아비에게 한번 물어 보아야겠습니다. 어쩌면 제 아비는 어디서 이런 씨앗이 생겼는지 들었을지도 모르니까요."

황제는 이 노인의 아버지한테 사람을 보내 데리고 오게 했다. 그리하여 노인의 아버지도 황제 앞에 오게 되었다. 이 늙은 노인은 지팡이를 한 자루 짚고 왔다. 황제는 그에게 씨앗을 보여주었다. 늙은이는 아직 시력이 그런대로 좋아 잘 볼 수 있었다.

"노인이여, 이런 씨앗이 어디서 생겼는지 그대는 알고 있는가? 그대 밭에 이런 곡식을 심거나 또 그대가 농사를 짓던 시절에 어디서 이런 씨앗을 산 적이 없는가?"

늙은이는 귀가 다소 멀기는 했지만 아들보다 더 잘 알아들었다.

"예. 소인은 밭에 이런 씨앗을 뿌린 적도 없고 거두어들인 적도 없사옵니다. 또 산 적도 전혀 없습니다. 왜냐하면 소인들의 시절에는 아직 돈이라는 게 없었기 때문입니다. 모든 사람이 자기 곡식을 먹고 모자랄 때는 서로 바꿔 먹었습니다. 소인은 어디서 이런 씨앗이 생겼는지 모르옵니다. 소인네 시절의 씨앗은 요새 것보다 더 굵고 소출이 많긴 했습죠. 허나 이런 것은 본 적이 없사옵니다. 이건 소인이 제 아비한테서 들은 얘기옵니다만, 그 시절에는 소인 시절 것에 대면 한결 소출도 많고 낟알도 더 굵었다 하옵니다. 소인의 아비에게 물어보시는 게 좋을 줄로 아뢰옵니다."

그래서 황제는 이 늙은이의 아버지를 데리러 사람을 보냈다. 노인도 황제 앞으로 불려왔다. 노인은 지팡이도 짚지 않고 어전으로 나아갔다. 가벼운 걸음걸이였다. 눈도 밝고 귀도 잘 들리며 목소리도 또렷했다. 황제는 이 노인에게 다시 그 씨앗을 보여 주었다. 노인은 그것을 이리저리 만지작거리고 요모조모 뜯어본 뒤 대답했다.

"소인은 오랫동안 이렇게 옛날 곡식은 보지 못해서." 노인은 씨앗을 이로 자근자근 깨물어보았다. "이게 바로 그것이옵니다. 틀림없습니다."

"노인이여, 어디 한 번 말해 보라. 어디서 이런 씨앗이 생겼는가? 그대는 이런 곡식을 밭에 심은 적이 없는가, 아니면 그 시절 어딘가에서 산 적은 없는가?"

그러자 노인이 말했다. "이런 곡식은 소인들의 시절에는 어디서나 생산되고 있었사옵니다. 소인은 이런 곡식을 한평생 먹고 살아왔고 또 다른 사람들도 먹여 살려 왔사옵니다."

그러자 황제는 다시 물었다. "그럼 노인, 어디 말해 보라. 그대는 이런 씨앗을 어디서 샀으며 그걸 밭에다 뿌린 적이 있는가?"

노인은 빙긋 웃으며 대답했다.

"소인 적에는 곡식을 사고파는, 그런 죄받을 짓은 아무도 하지 않았사옵니다. 또 돈이라는 것도 몰랐지요. 곡식은 누구에게나 충분히 있었으니까요. 소인은 이런 곡식을 직접 심어서 거두어들이고 타작도 하였사옵니다."

황제는 다시 물었다. "그럼, 노인이여, 그대는 어디다 이런 곡식을 심었고 또 그대의 밭은 어디에 있었는고?"

노인은 말했다. "소인의 밭은 하늘 아래 곳곳에 있었습니다. 쟁기질을 하면 바로 거기가 밭이었사옵니다. 땅은 모든 사람의 것이었고 지금처럼 내 땅이라고 주장하는 사람은 아무도 없었습니다. 제 것이라고 말할 수 있었던 것은 제 노동뿐이었사옵니다."

"그럼, 두 가지만 더 묻겠노라. 한 가지는 어째서 옛날에는 이런 곡식이 자랐는데 지금은 자라지 않는가 하는 것이고, 또 한 가지는 그대의 손자는 두 자루의 지팡이를 짚고 다니고 또 그대의 아들도 한 자루의 지팡이를 짚고 왔는데, 그대만이 그처럼 가뿐하게 혼자 걷는가 하면 눈도 밝은 데다 이도 실하고, 말도 또렷하고, 행동거지도 더 단정한 것은 어찌된 영문인가 하는 것이다. 어째서 그런가, 노인이여, 이 두 가지에 대해 대답해 보라."

그러자 노인이 말했다. "그것은 다름이 아니오라 세상 사람들이 땀 흘려 일하며 살기를 그만두고 남의 것을 넘보게 되었기 때문이옵니다. 옛날 사람들은 그렇게 살지 않았사옵니다. 옛날 사람들은 신의 뜻을 좇아 살며, 제 것으로 만족하고 남의 것을 탐내지 않았기 때문이옵니다." 레프 톨스토이 다시 씀

4월 29일

1

인간은 병에 걸렸을 때도 건강할 때와 마찬가지로 자신의 사명을 다할 수 있다.

2

인간이 만약 사후에도 자신의 생명이 불멸이라는 것을 믿는다면, 모든 병은 오직 하나의 생활에서 다른 생활로 옮겨가는 과정, 그것도 바람직하지 않은 생활이 아니라 바람직한 생활로 옮겨가는 과정으로 이해할 수 있을 것이다. 그러면 그는, 우리가 나중에는 좋은 결과를 가져올 것이 틀림없는 노동의 고통을 참고 견디는 것처럼 모든 병고를 참고 이겨낼 것이다. 병상에 있는 동안 우리는 우리 몸에 일어나고 있는 일의 의미를 이해하고, 다가올 새로운 상황에 대한 준비를 해야 할 것이다.

3

우리는 보통, 신에게 봉사하고 사람들에게 유익한 존재가 되려면 건강해야 한다고 생각하기 쉽다. 하지만 그건 틀린 생각이다! 오히려 그 반대인 경우가 많다. 그리스도가 신과 사람들에게 최대의 봉사를 한 것은, 십자가 위에서 숨을 거두기 직전 자기를 죽이려 한 사람들을 용서한 그 순간이었다. 이와 마찬가지로 병을 앓고 있는 사람도 그것이 가능하다. 신과 사람들에게 봉사하는 데 건강한 상태와 병에 걸린 상태 중 어느 쪽이 더 나은지는 비교할 필요가 없다.

4

사람들이 생각을 하기 시작한 이래, 그들은 죽음을 생각하는 것만큼 인간의 도덕적 생활에 도움이 되는 것은 없다는 것을 인정해 왔다. 잘못된 의술은 고통을 덜어 주는 것에 대해서는 관심이 없고, 환자의 목숨을 연장하는 것만 목적으로 하여, 그들로 하여금 죽음을 면하는 것에 대한 기대를 품고 죽음에 대한 생각을 뿌리치게 한다. 그래서 그들로부터 도덕적인 생활에 대한 가장 큰 격려를 빼앗는 것이다.

5

자신만을 위해서라면, 즉 자기 자신에게 봉사하기 위해서라면 가능한 한 건강하고 강해야 하지만, 신에게 봉사하기 위해서라면 그것은 불필요할 뿐만 아니라 종종 그 반대일 경우가 있다.

6

아픈 사람을 대할 때, 아픈 사람에게 가장 중요한 것은 죽음의 접근을 그의 눈에서 가리는 것이 아니라, 오히려 반대로 그 자신 속의, 결코 나약해지지도 죽지도 않고 항상 성장을 멈추지 않는 신의 자녀로서의 본질을 의식하게 하는 것임을, 우리는 얼마나 자주 잊고 있는 것인가!

7

병이라는 것은, 거의 어떠한 경우든 육체의 힘을 빼앗아감으로써 정신의 힘을 자유롭게 한다. 그리고 자신의 의식을 정신적인 영역으로 옮긴 사람에게, 병은 그의 행복을 빼앗는 것이 아니라 반대로 행복을 증대시켜준다.

4월 30일

1

인간은, 무엇 때문에 사는지도 모르고 살아갈 수는 없다. 우리는 무엇보다 자신의 생명의 의미를 분명히 알지 않으면 안 된다. 그리고 우리는 사람들이 그 의미를 과거에도 알았고 지금도 알고 있다고 생각한다. 그런데 이른바 교양인으로 자처하며, 자신들은 무지한 민중보다 사상적으로 훨씬 높은 입장에 있다고 스스로 도취해 있는 자들 중에, 인생은 아무런 의미도 없다고 말하는 자들이 있다.

2

사람들에게는 서로 대립하는 두 가지 인생관이 있다.

어떤 사람들은 말한다. "나는 나를 둘러싼 일정한 조건 속에서 사는 모든 생물과 마찬가지로 부모로부터 태어났다. 나는 그 조건을 조사 연구할 수 있기 때문에, 나를 포함한 모든 생물, 또는 무생물을 연구하고, 또 그들이 존재하는 조건도 연구하여, 그 결과에 따라 나 자신의 생활태도를 결정하기도 한다. 개개의 생물 내지 무생물의 발생에 대한 문제도 역시 그것과 마찬가지로, 관찰과 실험을 통해 끊임없이 지식을 넓혀간다. 그러나 나는 이 세상 전체는 어디서 생겼는가, 그것은 무엇 때문에 존재하고 있는가, 나는 무엇 때문에 그 속에서 살고 있는가 하는 문제에 대해서는 대답하지 않기로 한다. 왜냐하면 그것에 대해서는, 이 세상에 존재하는 것을 에워싸는 조건에 대한 문제처럼 명확하고 실증적으로 대답하는 것이 불가능하다고 생각하기 때문이다. 따라서 나를 이 세상에 태어나게 한 신이 존재한다거나 그 신이 일정한 목적에 따라 내 삶의 방식을 결정했다고 하는 생각에는, 수많은 생명현상의 원인과 조건에 대한 문제의 경우처럼 명료성과 실증성이 없기 때문에, 나는 그것을 인정할 수 없다."

이런 식으로 신앙을 갖지 않은 사람들은 말한다. 이 입장은 관찰과 그러한 관찰에 의해서 얻어진 지식, 또는 관찰한 것을 분석하고 판단함으로써 얻어진 지식 이외의 모든 지식을 인정하지 않는 것이다. 그것은 옳다고 할 수는 없어도 적어도 논리적으로는 완전히 일관성이 있다.

한편, 신을 믿는 그리스도교도는 말한다. "나는 스스로를 이성적인 존재로 의식할 때, 비로소 자신이 살아 있다는 것을 느낀다. 자신을 이성적인 존재로 의식하는 이상, 나는 나와 다른 모든 존재의 삶도 마찬가지로 이성적이라는 것을 인정하지 않을 수 없다. 이성적인 삶에는 목적이 있어야 한다. 그 목적은 내 밖에 있는 존재자, 즉 나를 포함한 모든 것이 오로지 그의 목적을 이루기 위해 있는 존재자 속에 있지 않으면 안 된다. 그 존재자는 틀림없이 존재하고 있다. 그리고 나는 그 존재자의 율법을 수행하지 않으면 안 된다. 나에게 그 율법의 수행을 요구하는 존재는 누구인가? 언제 어느 때 내 안에 그 이성적 생명이 태어났는가? 또 나 이외의 다른 존재 속에는 그러한 생명이 어떻게 태어났는가? 그것은 어디서 와서 어디로 가는가? 몸의 어느 부분에 살고 있는가? 그러한 물음에 대해 나는 모든 대답을 유보해야 한다. 왜냐하면 그것은 모두 무한한 시간과 무한한 공간 속에 숨겨져 있어서, 아무리 관찰하고 연구해도 결정적인 해답은 절대로 나올 수 없다는 것을 알고 있기 때문이다. 바로 그렇기 때문에 나는, 이 세상은 어떻게 창조되었으며 영혼은 어떻게 태어났는지, 그리고 그것은 두뇌의 어느 부분에 있는지 하는 문제에 학문이 제시하는 답을 인정하려 하지 않는 것이다."

전자의 경우처럼, 자신을 단순한 동물적 존재로 보고, 그래서 외적 감각기관이 받아들이는 것만 인정하는 사람은, 영적 본원을 인정하지 않고 이성의 요구를 묵살하는 자기 존재의 무의미함과 타협한다.

후자의 경우, 즉 자신을 이성적인 존재로만 보기 때문에 이성의 요구에 합당한 것만 인정하는 그리스도교도는, 외적 경험이 주는 정보의 진실성을 인정하지 않고, 그런 것은 환상에 지나지 않으며 오류로 가득 찬 것이라고 단정한다.

양쪽 다 나름대로 옳다. 그러나 그들 사이의 차이, 그것도 본질적인 차이는 전자의 세계관에 의하면, 이 세상의 모든 것은 지극히 과학적이고 논리적, 합리적이지만, 다만 인간과 세상의 모든 생명에는 아무런 의미가 없다는 얘기가 된다. 그래서 그러한 세계관에서는 매우 재미있는 생각이 끊임없이 난무하지만, 인생의 지침이 될 만한 사고는 하나도 없다. 그런데 후자의 세계관에 의하면, 인간과 이 세상의 모든 생명은 일정한 이성적 의미를 가지고 있고, 거기에 따라 각자가 쉽고 간단하게 자신의 생명에 의미를 줄 수 있으며, 또 과학적 연구의 가능성이 파괴되는 일 없이 제각각 합당한 영역을 지킬 수 있게 된다.

3

생명은 존재의 의식에 의해 주어지는 것이며, 그것은 언제나 어디에나 존재한다. 그런데 우리는, 우리로부터 생명을 가리고 있는 것을 생명 자체로 착각하고 있다.

4

인생의 참된 목적은 무한한 생명을 이해하는 데 있다.

5

인간은 자신이 왜 살고 있는지는 모르지만, 어떻게 살아야 하는지는 모를 수가 없다. 큰 공장의 노동자는 자신이 지금 왜 이런 일을 하고 있는지 모르지만, 그가 좋은 노동자라면 자기가 지금 하고 있는 일을 어떻게 해야 하는지는 알고 있다.

6

사람들의 인생관에는 두 종류가 있다. 어떤 사람들은 인생을 감성적이고 개인적인 관점에서 바라보고, 세상은 자신을 위해 만들어졌고 신은 인간이 편의상 만들어낸 것이라고 생각하며, 인생의 무의미한 고통과 무의미한 죽음에 대해 분개한다. 거기에 비해 어떤 사람들은 그것과 완전히 대립되는 정신적인 인생관을 갖고 있다. 그것에 의하면, 전자와는 반대로 인간이 세상을 위해, 그리고 신을 위해 살고 있는 것이며, 인간에게 고통과 죽음이 있는 것은 그것이 세상에 필요하고 신의 뜻에 합당하기 때문이다. 이 두 번째 인생관에 의하면, 우리가 태어나서 괴로워하고, 고통스럽게 죽어가는 것에도 의미가 있다. 첫 번째 인생관에 의하면 모든 것이 무의미하고 목적이 없지만, 두 번째 인생관에 의하면 세상은 합리적이고 엄연한 목적을 가지고 있다.

이 두 가지 인생관에 의해 사람들은, 두 줄기의 길을 더듬어 결국은 '진리'라는 같은 목표지점에 도달한다. 첫 번째의 감성적 인생관을 가진 사람들은, 인생을 극복하려고 안간힘을 쓰다가 결국 곳곳에서 실의와 비애와 피곤과 권태와 질병을 만나, 인생을 고뇌로 가득 채우고, 끝내 사물의 이치 앞에, 즉 신의 섭리와 신의 의지 앞에 고개를 숙인다. 그것도 마치 쇠사슬에 묶인 노예처럼 무의식적으로 마지못해 고개를 숙이는데, 거기에는 헛된 고통만 있고 기쁨은 아주 적다. 그런데 두 번째의 신적 인생관에 의하면, 사람들은 하늘에 있는 아버지의 아들, 진리의 아버지의 아들이라는 이성적인 존재자의 입장에서, 의식적으로 진리를 향해 정진하게 된다. 그리고 쇠사슬에 묶인 무의식적 노예에게는 숙명적 굴레인 모든 고뇌로부터 벗어난다.

한편 인생의 기쁨, 인위적이지 않고 진실하고 자연스러우며, 그렇기 때문에 가장 소중한 인생의 희열과 행복은, 인생관과는 상관없이 양자에게 평등하게 주어진다. 첫 번째 인생관의 사람들도 그것을 누린다면, 두 번째 인생관의 사람들한테 그것을 빼앗기는 일은 없을 것이다.　　　　　　　　　부카

7

모든 사람은 세계에서 자신이 처한 위치를 스스로에게 보여주는 기관을 갖고 있다. 인간의 경우 그 기관은 바로 이성이다.

만약 너의 이성이 너에게, 세계에서의 너의 위치와 사명을 보여주지 않는다면, 그것은 세상이 잘못된 것이 아니라, 네가 너의 이성을 왜곡했기 때문이다.

5월

5월 1일

1

인생의 목적을 정신적 완성에 두는 사람은 어떠한 외적 사건도 두려워하지 않는다.

2

아부 가나파흐는 바그다드의 한 감옥에서 죽었다.

그는 캇다의 가르침을 인정하기를 거부한 혐의로 국왕 알만주르에 의해 투옥돼 있었다. 이 유명한 스승은 어느 날 호되게 맞은 적이 있는데 그때 자기를 때린 사람에게 이렇게 말했다. "나는 내가 당한 모욕에 대해 모욕으로 되돌려 줄 수 있다. 그러나 그런 짓은 하지 않겠다. 나는 칼리프에게 고발할 수도 있지만 그런 짓도 하지 않을 것이다. 나는 내 기도로 네가 나에게 준 모욕을 신에게 호소할 수도 있다. 그러나 나는 그것도 하지 않을 것이다. 심판의 날에 나는 신에게 너에 대한 복수를 원할 수도 있지만, 만약 그날이 지금 당장 찾아와 내 기도가 이루어진다면, 나는 너와 함께 천국에 들어갈 것이다."

페르시아의 드헤르벨로트

3

남자다움은 오직 용맹함 속에만 있다고 생각해서는 안 된다. 최고의 남자다움은 분노를 이기고 자신에게 악을 행한 자를 사랑하는 데 있다.

페르시아의 궁전(제르벨로에서)

4

자신의 행위를 나무라라. 그러나 절망은 하지 말라.　　　　　에픽테토스

5

내가 어두운 데서 말하는 것을 너희는 밝은 데서 말하고, 귀에 대고 속삭이는 말을 지붕 위에서 외쳐라. 그리고 육신은 죽여도 영혼은 죽이지 못하는 사람들을 두려워하지 말고 영혼과 육신을 아울러 지옥에 던져 멸망시킬 수 있는 분을 두려워하여라!　　　　　마태복음 제10장 27~28절

6

옳은 것을 알면서 실천하지 않는 것은 용기가 없는 것이다.　　　　　공자

7

어떠한 불행도 그것에 대한 공포보다 무섭지 않다.　　　　　호케

8

만약 누군가가 나를 가혹하게 대한다면, 그것은 그 사람의 행위이며, 그것이 그의 버릇이고 성정(性情)일 것이다. 그러나 나에게는 나의 성정이 있고, 나는 그 편이 훨씬 인간답다고 생각하기 때문에 어디까지나 나의 성정에 따라 행동할 것이다.　　　　　마르쿠스 아우렐리우스

9

'마음을 애태우지 말라. 지나간 일, 끝난 일을 가지고 슬퍼하지 말라'고 현자들도 말했다. 오직 지금 네가 해야 할 일을 하되, 별처럼 쉬지 말고 서두르지도 말라.　　　　　하지 압둘 헤지

10

만일 무언가가 두렵거든 네 두려움의 원인이 네 밖에 있는 것이 아니라 네 속에 있음을 알라.

5월 2일

1

사람들이 진리에 동의하지 않는 것은, 무엇보다 그 진리가 제시되는 형식에 그들이 모욕을 느끼기 때문인 경우가 많다.

2

끓어오르기 시작하는 다툼은 둑을 무너뜨리는 물줄기 같은 것이다. 한 번 넘치기 시작한 물은 아무도 막지 못한다.

탈무드

3

싸움과 말다툼은 시작하기는 쉽지만, 끝내는 것은 활활 타오르는 불길을 끄는 것처럼 어려운 일이다.

4

논쟁을 할 때 노여움을 느끼기 시작하면 우리는 이미 진리를 위해서가 아니라 자신을 위해 논쟁하게 된다.

칼라일

5

어떤 사람을 설득할 때는, 그 사람이 지닌 사상에 의하지 않고서는 절대로 불가능하다. 즉 그 사람 안에 건전한 사려와 분별심이 있다고 생각해야 한다. 만약 그렇게 생각하지 않는다면 그 사람을 자기편으로 끌어들이는 것은 꿈도 꾸지 말라. 이와 마찬가지로 그 사람의 마음은 그 자신의 감정에 의해서만 움직일 수 있다. 그 사람 속에 선량한 마음이 틀림없이 있다고 생각해야 한다. 만약 그렇지 않다면 내가 아무리 악의 무서움을 얘기하고 선을 칭찬해도, 악에 대한 혐오를 느끼지 못할 뿐 아니라 선을 추구해야 할 필요성도 느끼지 못할 것이다.

칸트

6

논쟁할 때는 말은 부드럽게 논리는 분명하게 하는 것이 좋다. 상대방을 화나게 하지 말고 그를 설득하는 것이 중요하다.

윌킨스

7

이성의 승리에 가장 공헌하는 것은, 이성에 봉사하는 자의 평정한 마음이다. 진리는 종종 반대자의 공격보다 옹호자의 열광 때문에 더 괴로워한다.

토머스 페인

8

말을 하는 쪽은 어리석은 자라도 듣는 사람은 현명할 지어다!

온화한 응대는 증오를 멀리한다. 그러나 모욕적인 말은 분노를 불러일으킨다.

9

칭찬받을 만한 일을 한 사람은 마음껏 칭찬하라. 그 사람은 자신이 원하는 지지와 격려를 얻지 못해 바른 길에서 벗어날 우려가 있고, 너 자신도 상대방에게 그것에 대한 당연한 대가를 주는 기쁨을 잃게 된다.

존 러스킨

10

네가 만약 진리를 알고 있다면, 혹은 진리를 알고 있다고 생각한다면 그것을 될 수 있는 대로 간결하게, 그리고 가능한 한 부드럽게, 애정을 가지고 그것을 전하는 것이 좋다.

5월 3일

1

사람들이 자신의 사명과 행복이 어디에 있다고 생각하든, 학문은 바로 그 사명과 행복에 대해 배우는 것이다.

2

지혜로운 사람은 스스로 알기 위해 배우고 어리석은 사람은 남에게 알려지기 위해 배운다.

동양 금언

3

이른바 학문이니 예술이니 하는 것은 쓸데없는 지식과 감정의 소산이며, 또 그러한 쓸데없는 지식과 감정에 아부하는 것을 목적으로 하고 있다. 현대의 학문과 예술은 일반대중에게는 종잡을 수 없는 것으로 우리에게 아무것도 이야기해 주는 것이 없다. 왜냐하면 그것은 일반대중의 행복에는 아무 관심도 없기 때문이다.

4

인간은 자신의 힘이 허락하는 한, 또 사정이 허락하는 한, 자신과 이웃의 행복을 위해서 살고 있다. 그래서 자신의 궁극적인 목적에 더 빨리 도달하기 위해서 그는 선인(先人)의 경험을 이용한다. 그래서 배우는 것이다.

그러한 목적도 없이 그저 남이 한 말을 그대로 따라 말하기 위한 학문은 가장 저급한 학문이라고 해야 마땅하다. 도서목록을 책이라고 부를 수 없듯 그런 사람을 진정한 학자라고 부를 수 없다. 진정한 사람은 선인이 우리를 위해서 한 일을 알 뿐만 아니라, 그것과 같은 일을 미래의 사람들을 위해서 실제로 행하는 사람이다. 과연 우리는, 전에 이미 발견된 것을 재발견하는 방법도 모르면서, 단지 학자들의 역사를 공부하는 데 평생을 보내도 된단 말인가? 동일한 사상이 고의로 다시 한번 되풀이 되는 경우가 있는데, 그 사상이 새로운 측면에서 표현되기만 한다면 아무런 문제가 없다. 만일 우리가 자기 스스로 생각해낸다면, 그것이 이미 이전에 누군가에 의해 발견된 것이라 하더라도, 역시 소중한 것이다.
리히텐베르크

5

최고의 인(仁)에 도달하려면 무엇보다 마음을 정화하는 데 노력해야 한다. 그리고 마음이 진실을 찾고 의지가 신성을 지향할 때 비로소 마음이 정화된다. 모든 것은 참다운 지혜의 여하에 달려 있다.
공자

6

사람들이 자기 자신을 위해 공부하고 있을 때, 그 학문은 그들에게 유익하다. 그러나 학자라는 이름으로 불리고 싶어서 남에게 보이기 위해 공부할 때,

그 학문은 이롭지도 않을 뿐 아니라 오히려 해롭다.　　　　　중국 금언

7

종종 미신이 오히려 진리와 더 가깝고 학문이 진리와 더 멀 때도 있다. 소로

8

누구나 인생의 목표는 단 하나, 즉 선의 완성이다. 그러므로 선의 완성으로 이끄는 지식만이 진정 필요한 지식이다.

5월 4일

1

말로 표현된 사상은 모두 무한한 작용을 가진 힘이다.

2

우리는 모두 자신만의 시간과 공간 속에서 홀로 살고 있지만, 우리의 모든 사상과 감정은 인류에게 반향을 불러일으키고 있다. 그것은 과거에도 그랬고 앞으로도 그럴 것이다.

인류의 대부분이 자신들의 지도자, 계몽자로 인정하는 사람의 경우, 그 반향은 특히 절대적이고 강력하다. 그러나 아무리 보잘것없는 사람이라 해도 그의 사상이 타인에게 영향을 주지 않는 경우는 없다. 모든 진정한 사상의 토로와 신념의 표명은 누군가에게 또는 무언가에 반드시 도움을 준다. 설사 그것이 사람들에게 알려지지 않은 채 네 입이 봉해지거나, 네 목에 올가미가 씌워지려 하고 있을 때도. 누군가에게 일단 전해진 말은, 모든 운동과 마찬가지로 형태는 여러 가지로 바뀔지라도 결코 소멸하지 않는다.　　　　　아미엘

3

인간의 가슴에서 나오는 좋은 말은 모범이 되는 좋은 행위와 마찬가지로 유익하다.
　　　　　세네카

우리가 가지고 있고 또 이야기하고 있는 모든 사상은, 결국 선 또는 악을 행하는 능력으로 바뀌어 우리가 행한 것에 대한 마땅한 결과로 우리에게 다시 돌아온다.　　　　　　　　　　　　　　　　　　　　　　　류시 말로리

간결하게 표현된 힘찬 사상은 생활의 개선에 크게 이바지한다.　　　키케로

순진무구하고 미숙함은 신성한 것이다. 어린이의 마음에 풍요로운 언어의 씨앗을 뿌리는 아버지와 어머니는 신성한 일을 하고 있는 것이며, 항상 종교적 의식처럼 경건하게 기도하는 마음으로 그것을 행해야 한다. 왜냐하면 그들은 신의 나라를 세우기 위해 일하고 있기 때문이다. 땅에 뿌려지는 씨앗이든, 사람의 마음에 뿌려지는 씨앗이든, 씨앗을 뿌린다는 것은 신비로운 일이다. 인간은 모두 농부와 같아서, 깊이 생각하면 인간의 사명은 모름지기 생명을 가꾸고, 곳곳에 씨앗을 뿌리는 것이라 할 수 있다.

그것이 인류의 사명이며 그 사명은 신성한 것이다. 그리고 언어야말로 그것을 하는 데 가장 중요한 연장이다.

우리는 자칫하면, 언어가 동시에 파종이기도 하고 계몽이기도 하다는 것을 잊기 쉽다. 적절한 순간에 나오는 말은 한없이 큰 결과를 낳는 법이다. 아! 언어의 의미는 이렇게도 깊은데, 우리는 육체에 사로잡혀 이렇게도 둔감해지고 말았으니! 우리는 돌을 보고, 길 양옆의 나무를 보고, 집들의 겉모습을 본다. 형태를 이루고 있는 것은 뭐든지 본다. 그러나 대기를 가득 채우고, 우리 한 사람 한 사람의 주위에서 날갯짓하고 있는, 눈에 보이지 않는 사상의 행렬은 깨닫지 못하고 있다.　　　　　　　　　　　　　　　　　　　　　아미엘

사상은 인간에게서 나와 그 성질 여하에 따라 저주받을 일을 하기도 하고 축복받을 일을 하기도 하는 정신적 활력이다.　　　　　　　　류시 말로리

8

말로 표현된 진리는 인간의 생활에서 가장 강력한 힘이다. 우리들이 이 힘을 깨닫지 못하는 것은 그 결과가 금방 나타나지 않기 때문이다.

9

사람들의 좋은 사상을 아낌없이 이용하라. 그리고 똑같이 좋은 사상으로 그들에게 보답하지 못하겠거든, 적어도 자신의 것이든 남의 것이든 애매하고 잘못된 사상을 퍼뜨리지는 않도록 하라.

5월 5일

1

교육의 기초는 종교적인 가르침이 아니면 안 된다. 다시 말하면, 삶의 의의와 그 사명을 명백히 하는 일이 아니면 안 된다.

2

사람들은 법정에서의 거짓말을 범죄로 생각하고, 같은 성인들끼리 잘못된 말을 하는 것을 한심한 일로 생각하지만, 어린이들에 대해서는 아무리 허황한 말을 지껄이고 아무리 거짓말을 지껄여도 잘못이 아니며 오히려 필요한 일처럼 생각하고 있다. 그러나 어린이들에게 얘기할 때 어떻게 말해야 할지 특별히 신중을 기해야 한다는 것은 누구라도 알 수 있는 이치가 아닌가?

3

인생의 의의와 사명에 대해 설명하는 종교상의 가르침, 천년 전의 사람들에게는 만족을 주었지만 현대인들은 만족시키지 못하고 있다. 그런데 어린이들에게 무엇보다 먼저, 천년 전의 사람들의 요구에 대답했던 것을 가르치고 있는 것이 지금의 실정이다. 이것은 무서운 잘못이다.

"어린이를 교육할 때, 아직 확실히 밝혀지지 않은 것은 어린이들에게도 모르는 것으로 가르칠 수 있다면 얼마나 좋을까!"(리히텐베르크)

이 말은 흔히 세상에서 일어나고 있듯, 어린이들에게 의심스러운 미신을 제법 근거가 있는 것처럼 믿게 해서는 안 된다는 뜻이다. 그렇게 하면 결국 어린이들은 애매하고 어중간한 논거에 만족하는 버릇이 생겨서, 모르는 것도 아는 척하게 되어버리기 때문이다.

4

유년 시절에 너무 많이, 그리고 너무 일찍 알아버리면 틀림없이 훗날 늘그막에 들어 아무것도 아는 것이 없이 끝날 것이다. 그래서 이론을 따지기 좋아하는 사람은 마침내 자신이 젊었을 때 빠진 미신을 변호하기 위해 궤변을 늘어놓게 된다.

칸트

4

어린이들에게는 그들이 성인이 된 뒤에도 아무것도 덧붙일 필요가 없을 정도로 완전하게 이해할 수 있는 것만 가르쳐야 한다.

6

누구에게나 성실하라. 특히 어린이에게는 더더욱 성실하라. 어린이에게 약속한 것은 반드시 지켜라, 그렇지 않으면 어린이를 거짓말에 길들게 할 것이다.

탈무드

7

어린이를 교육할 때 그들을 지나치게 힘들게 하는 것은 생각해볼 문제이다. 다시 말하면, 우리는 아직 인간에 대해 충분히 모르기 때문에 어린이의 교육은 자연에 맡기는 것이 좋을 거라는 뜻이다. 만약 현대의 교육자들이 자신의 목적을 성공적으로 달성한다면, 다시 말해, 만약 그들이 어린이들은 완전히 자기가 뜻한 대로 교육한다면 진정으로 위대한 인물은 장차 한 사람도 나오지 않을 것이다. 인생에서 가장 중요한 것에 대해서는 거의 아무도 가르쳐주지 않기 때문이다.

전 자연을 스승으로 삼아야 할 인간이, 그 어떤 교수의 거만한 초상이 새겨진 밀랍 한 조각이 되어서는 큰일이다.

리히텐베르크

8

자신이 가르치는 자에게, 자신이 전혀 믿지 않는 것은 물론, 아직 의심스러운 것도 얘기하는 것은 피해야 하며, 그것을 신성하고 반박할 수 없는 진리처럼 얘기하는 것은 반드시 삼가야 한다. 그런 행위는 커다란 죄악이다.

이레째 읽을거리

교육

모든 인간은 제각각 특별히 타고난 재능과, 일정한 사명을 수행할 수 있는 능력을 가지고 있다. 그러므로 어린이의 내부에서 그 타고난 재능을 개발해 거기에 맞춘 교육을 펼치도록 노력해야 한다. 어린이에게 인간으로서 유익한 공부를 다같이 시킨 뒤에는, 개개의 어린이 안에 있는 특별한 재능을 발전시키는 교육을 하지 않으면 안 된다. 교육은 어린이에게 잠재된 능력을 찾아 키우는 것이지, 없는 능력을 새롭게 창조하는 것이 아니다. 그것은 절대로 불가능한 일이다.

그러나 단 한 가지, 모든 어린이들에게 반드시 필요한 것이 있다. 그것은 바로 삶에 대한 올바른 관념을 심어주는 것, 그들이 인간으로서의 사명을 수행하기 위해 보내진 이 세상이 대체 어떤 곳인지 올바르게 가르치는 것이다.

삶은 의무이자 과제이며 사명이다. 모든 성스러운 이름에 맹세코, 제발 어린이들에게 개인적인 또는 공공의 행복에 대한 가르침을 설교하지 말아주기 바란다. 개인적인 행복에 대한 신앙은 어린이를 이기주의자로 만든다. 또 공공의 행복에 대한 신앙도 얼마 안가 그들을 이기주의로 이끌게 될 것이다. 그는 실현 불가능한 것을 꿈꾸며, 청년시절에는 그 불가능한 일을 실현하기 위해 안간힘을 쓴다. 그러나 이윽고 자신이 마음속에 그렸던 꿈이 쉽사리 실현될 것 같지 않다는 것을 알면, 이번에는 자기만의 껍데기 속에 들어앉아 개인적인 행복을 얻기 위해 골몰한 나머지, 결국 이기주의의 늪에 빠지고 만다.

삶은 사명 또는 의무로서만 의미를 가지며, 삶이라는 여로를 가끔씩 비춰주는 행복의 태양이 그에게도 미소를 지어줄지 모르지만, 만약 그때가 오면 순수하게 그것을 기뻐하며 신에게 감사해야 한다는 것, 그러나 두리번거리며 행복을 찾아다니는 것은 인간을 파멸로 이끌고, 언젠가 행복을 누릴 수 있는 가능성조차 빼앗아갈 것임을 어린이에게 가르쳐야 한다. 나아가, 인류의 진보와 완성을 위해 도덕적 또는 지적인 자기완성에 이르기 위해 노력하는 것이 우리의 진정한 의무라는 것, 먼저 진리를 추구한 다음, 언어로, 또 그것을 두려움 없이 꾸준히 실천함으로써 진리에 봉사해야 한다는 것, 진리가 무엇인지 알기 위해서는 두 가지 지침, 즉 자신의 마음과 양심, 그리고 선인의 가르침, 다시

말해 전 인류의 예지가 있다는 것을 가르쳐야 한다.　　　　주세페 마치니

교육에 관한 편지

　모든 교육의 기초에는 현재 학교에서 도외시하고 있는 것, 즉 종교적인 인생관이 없으면 안 되며, 그것도 수업을 통해 가르치는 것이 아니라, 모든 교육활동의 지도원리로 존재하지 않으면 안 됩니다. 내 생각에는, 현대인들의 삶의 기초가 되어야 하는 종교적 인생관을 가장 간결하게 표현한다면, 다음과 같은 것이 아닐까 합니다. 즉, 우리의 인생의 의의는, 우리가 자신을 그 일부로 느끼고 있는 무한한 존재의 의지를 실천하는 데 있으며, 그 존재의 의지는 살아있는 모든 것, 특히 우리 인간의 일치에, 다시 말하면 사람들이 한 형제처럼 서로 도우며 사는 것에 있다는 것입니다. 이 종교적인 인생관을 다른 측면에서 표현한다면, 인생에서 가장 중요한 것은 살아있는 생명과의 일치, 무엇보다 사람들이 형제처럼 사이좋게 돕는 것입니다. 왜냐하면 우리는, 자신이라는 존재를 무한한 전체의 일부로 느낄 수 있어야만 참으로 살아 있다고 할 수 있는 것이며, 전체의 섭리는 바로 그 일치이기 때문입니다. 어쨌든, 종교적인 인생관에서 일어나는 생명현상은, 사랑에 의한 만물의 일치이며, 무엇보다 인류 화합의 관계형성입니다. 이것이 바로 인생의 최대의 실천적 법칙으로, 교육의 기초에 두어야 할 것이며, 그래서 어린이의 내부에 이러한 일치로 이끄는 모든 것을 개발하고, 분열로 이끄는 모든 것을 억제하는 것은 바람직한 일일 뿐만 아니라 반드시 이루어져야 할 일입니다.

　어린이들은 언제나, 어리면 어릴수록, 의사들이 암시의 제1단계라고 부르는 상태에 있습니다. 그들은 그러한 상태에 있기 때문에 많은 것을 배우면서 성장할 수 있습니다. 그러한 암시에 대한 감수성으로 인해 그들은 완전히 어른들의 영향 아래 있기 때문에, 우리가 그들에게 암시를 줄 때는 아무리 조심해도 지나친 법이 없는 것입니다. 그렇게 사람은 항상 암시를 통해 배우고 성장하기 마련인데, 이 암시에는 의식적인 암시와 무의식적인 암시, 두 종류가 있습니다. 우리가 어린이에게 가르치는 것은, 기도에서 노래와 춤, 음악에 이르기까지 모두 의식적 암시이며, 우리의 희망과는 상관없이 어린이가 모방하는 것, 특히 우리 어른의 생활과 어른의 행동을 모방하는 것은 모두 무의식적인 암시가 됩

니다. 의식적인 암시는 교육이고 훈육이지만, 무의식적인 암시는 실제 행위의 모범이자, 좁은 의미에서의 양육이며, 내 식으로 말하면 계발입니다. 현대사회에서는 전자에 모든 노력이 기울여지고 있고, 후자는 우리의 생활이 열악해서 등한시되고 있습니다. 교육자인 어른들은 대부분의 경우 어린이를 군사학교, 전문학교, 기숙사 같은 특수한 환경에 가두고, 자신들의 생활과, 일반적인 어른들의 생활을 어린이의 눈에서 가리거나, 무의식적으로 해야 할 것을 의식의 영역으로 가지고 가서 도덕생활의 규칙을 어린이들에게 강요하는데, 그 경우, 내가 말하는 것을 행하되 내가 행하는 것은 하지 말라(fais ceque je dis, mais ne fais pas ce que je fais)고 주의를 주지는 않는 것이 현실입니다.

그래서 현대사회에서는, 이른바 교양만이 앞서가고, 진정한 교육, 진정한 계몽은 완전히 뒷전이 되어 있습니다. 어딘가에 진정한 교육이 있다고 한다면, 오로지 가난한 노동자의 가정에 있을 뿐입니다. 그런데 어린이에 대한 무의식적인 영향과 의식적인 영향 두 가지 중에서는 전자, 즉 무의식적으로 일어나는 도덕적 영향이 개인에게 있어서나 사회에 있어서나 가장 중요합니다.

이를테면 은행가, 지주, 관리, 화가, 작가 같은 사람의 가족이 유복한 생활을 하면서도 술에 탐닉하지도 않고 방탕하지도 않으며, 누구와 싸우지도 않고 남에게 가혹한 처사도 하지 않으며, 어린이를 도덕적으로 교육하려 한다고 칩시다. 그러나 그것은, 어린이에게 어떤 새로운 언어를 가르치되, 그 언어로 말하지도 않고 그 언어로 쓰인 책을 주지도 않으면서 가르치려는 것과 마찬가지로 불가능한 일입니다. 어린이들은 도덕의 규칙과 인간존중에 대한 애기를 듣기는 하지만, 무의식적으로 어른의 세계를 모방할 뿐만 아니라, 어떤 사람은 구두를 닦고, 옷을 세탁하고, 물과 오물을 운반하고, 요리를 하는데, 어떤 사람은 옷을 더럽히고, 방을 어지럽히고, 남이 만들어주는 음식을 먹는 것을 참으로 당연한 일로 받아들입니다. 인생의 종교적 원리인 인류는 형제라는 이념을 진지하게 생각해보면, 남으로부터 착취한 돈으로 살고, 그 돈의 위력으로 남을 부리고 있는 사람들의 생활이 부도덕한 생활이라는 것은 명백하며, 입으로는 아무리 도덕을 외쳐대도 어린이들은 무의식적으로 그 부도덕한 영향을 피할 수 없으니, 결국 평생 왜곡된 인생관 속에서 살거나 뼈아픈 시행착오를 수없이 되풀이한 끝에 간신히 거기서 빠져나가는 게 고작입니다.

교육이라는 것, 무의식적인 암시라는 것은 이처럼 중요한 것입니다. 그것이 선한 것, 도덕적인 것이기 위해서는, 말하기 두려운 일이지만, 교육자의 생활 전체가 선한 것이 아니면 안 됩니다. 그럼 그 선한 생활이란 어떤 생활을 말하는 거냐고 물으시겠지요. 선한 생활에도 수없이 많은 단계가 있지만, 거기에는 보편적인 중요한 특징이 한 가지 있습니다. 그것은 바로 사랑의 완성을 위한 노력입니다. 만약 교육자 안에 그것이 있고 어린이가 거기에 물들 수 있다면, 그 교육은 선한 교육이라고 할 수 있습니다.

어린이를 성공적으로 교육하기 위해서는, 교육자들이 끊임없이 스스로를 교육하고 서로 협조하며 목적의 실현을 위해 노력하지 않으면 안 됩니다. 그러기 위한 방법은, 각자가 자신의 정신을 정화하기 위해 내면적으로 노력한다는 가장 중요한 방법 말고도 여러 가지가 있습니다. 그 방법들을 찾아 거기에 대해 깊이 생각하고 판단한 뒤 실천으로 옮겨야 합니다.

이것은 모두 사물의 한 측면, 즉 넓은 의미의 일반 아동교육에 대해 살펴본 것이고, 이번에는 다른 측면, 다시 말해 학문과 교양이라는 의미에서의 교육에 대해 알아봅시다. 나는 학문이니 교양이니 하는 것은, 뭐니 뭐니 해도 가장 현명한 사람들이 생각한 것을 일반대중에게 전달하는 것이라고 생각합니다. 그러한 현자들이 생각하는 것에는 세 종류가 있습니다. 첫째로, 자신의 생명의 의미를 철학적, 종교적으로 생각하는 것으로, 바로 종교이자 철학입니다. 두 번째는 다양한 실험과 관찰에서 결론을 이끌어내는 역학, 물리학, 화학, 생물학 같은 자연과학이며, 세 번째는 여러 가지 정리를 생각하고, 그 정리에서 다시 계통을 이끌어내는, 이른바 수학적으로 생각하는 사고방식으로, 이것이 수학 또는 고등수학입니다. 이 세 종류의 학문이야말로 진정한 학문이라고 할 수 있습니다. 이들 학문은 흉내낼 수 있는 것이 아니며, 어설픈 지식도 허용하지 않습니다. 알거나 모르거나 둘 중의 하나이지요. 이 세 종류의 학문은 만국공통의 학문이며, 사람들을 분열시키지 않고 합일시키는 성질을 가지고 있습니다. 그 어느 것도 모든 사람이 가까이 다가갈 수 있고, 인류형제의 이념에 대한 요구를 충족시킬 수 있는 것입니다. 그러나 각 나라와 각 민족 안의 법학이나 역사학 같은 것은 학문이 아니며, 그것을 굳이 학문으로 친다면 유해한 학문이니 마땅히 배제되어야 합니다. 여기에 또 덧붙인다면, 학문에 이상의 세 가지 부문이 있는 것처럼, 그것을 전달하는 데에도 세 가지 수단이 있습니다 (부디 내가 억지로 세 개로 끼워 맞췄다고 생각하지는 말아주십시오. 넷이든 열이든 있으면 좋겠지만 역시 셋입니다).

그 전달을 위한 가장 일반적인 첫 번째 수단은 언어인데, 언어에도 수많은 나라의 언어가 있어서, 그것 때문에 또다시 인류형제라는 이념이 요구하는 대로 어학이라는 학문이 태어납니다(만약 시간이 있고 학생들이 원하면 에스페란토어 수업도 필요할지 모릅니다). 두 번째 수단은 조형미술, 즉 회화와 조각 같은 것으로, 이것은 시각을 통해 자신이 알고 있는 것을 남에게 전달하는 수단이라고 할 수 있습니다. 또 세 번째 수단은 음악과 노래로, 이것은 청각을 통해 자신의 생각과 감정을 남에게 전달하는 수단입니다.

이들 여섯 가지 학과 외에, 또 한 가지 일곱 번째가 추가되지 않으면 안 됩니다. 그것은 바로 기술 공부로, 이것 역시 인류형제의 이념적 요구에 부응하는 것, 즉 모든 사람에게 필요한 대장장이, 소목장이, 목수, 재봉사 같은 기술입니다. 따라서 학과는 모두 일곱으로 나눠지는 셈입니다.

나날의 노동 외에 위의 일곱 가지 중 어느 것에 하루 중 얼마의 시간을 할애해야 할지는 학생 한 사람 한 사람의 성향이 결정해야 할 것입니다.

나는, 교사가 교사 나름대로 강의 시간을 정하고, 학생들은 거기에 참석하든 안하든 자유롭게 하는 방식이 좋다고 생각합니다. 참으로 기괴하기 짝이 없는 교육제도를 만들어버린 우리의 눈에는 그것이 이상하게 보일지라도, 완전한 학문의 자유야말로, 바꿔 말하면 학생들이 하고 싶을 때만 공부하는 것이야말로 효과적인 교육에 반드시 필요한 조건입니다. 그것은 음식이 진정으로 몸에 흡수되는 것은, 정말 먹고 싶을 때 먹는 경우뿐인 것과 같습니다. 다만 그 양쪽의 차이라고 하면, 물질적인 것에서는 자유의 결여에 의한 폐해가 즉시 나타나서, 당장 구역질을 하고 배가 아프기도 하지만, 정신적인 것에서는 폐해가 그리 빨리 나타나지 않아서, 1년이 지나도 아무 표시가 없을 때가 있습니다. 그렇게 완전한 자유를 보장해주어야 비로소, 우수한 학생이 능력이 뒤떨어지는 학생 때문에 제자리걸음하는 일 없이, 그가 가지고 있는 능력을 최대한으로 발휘할 수 있고, 그런 좋은 학생이야말로 가장 필요한 학생인 것입니다. 그러한 자유가 주어지면, 적당한 시간에 자유로운 조건 아래 배우면 굉장히 좋아하게 될 학과를 학생이 까닭 없이 싫어하는, 흔히 볼 수 있는 현상도 사라지고, 나아가서는 어느 학생이 어느 학과에 적성이 있는지도 알 수 있으니, 완전한 자유만이 아무런 방해도 받지 않고 교육효과를 올릴 수 있다고 할 수 있습니다. 그렇지 않으면 우리는 학생들에게, 남에게 폭력을 휘둘러서는 안 된다고 훈계하면서, 우리 자신이 그들에게 잔인하기 짝이 없는 지적 폭력을 휘두르게 되는 것입니다.

이상과 같은 것을 실천하는 것은 무척 어렵다는 것은 알고 있지만, 자유의 결여가 교육에 치명상을 입히는 것을 아는 이상, 어쩔 수 없는 일이 아닐까요? 아니 사실은, 우리가 어리석은 흉내를 내는 짓은 다시는 하지 않겠다고 굳게 결심한다면 그리 어려운 일도 아니라고 생각합니다.　　　　　　레프 톨스토이

5월 6일

1

동물에 대한 연민은 우리에게 지극히 자연스러운 감정인데, 세상의 온갖 관습과 암시의 힘에 의해 우리는 동물의 고통과 죽음에 대해 냉혹하고 무자비해지고 있다.

2

동물에 대한 연민은 선량한 성격과 밀접하게 관련이 있어서, 동물에게 잔인한 자는 결코 선량한 인간이 아니라고, 확신을 가지고 말할 수 있다. 동물에 대한 연민과 인간에 대한 선량한 태도는 같은 뿌리에서 나오는 것이다. 그래서 이를테면 감수성이 예민한 사람이라면, 기분이 나쁘거나 화가 날 때 또는 술에 취했을 때, 자기가 키우는 개며 말이며 원숭이를 이유도 없이 부당하게 또 매우 모질게 때렸던 것을 떠올리면, 인간에게 심한 처사를 한 것을 떠올릴 때와 마찬가지로 자기 자신에 대해 불만을 느끼게 된다. 우리는 이 경우 그 불만을 양심의 가책이라고 부른다. 쇼펜하우어

3

신을 두려워하라, 그리고 동물을 학대하지 말라. 기꺼이 일해 주는 동안에는 그들을 부리고, 지치면 쉬게 해주며, 말 못하는 그들에게 충분히 먹을 것과 마실 것을 주어라. 마호메트

4

육식은 동물을 죽이지 않고는 불가능하다. 동물을 죽이는 것은 행복으로 가는 길을 가로막는다. 인간들이여, 육식을 삼가라. 바라문의 〈마누법전〉

5

인간이 동물들보다 위에 서는 까닭은, 우리가 동물을 냉혹하게 괴롭힐 수 있기 때문이 아니라 동물을 불쌍하게 여기는 마음이 있기 때문이다. 부처의 가르침

6

아이들로 하여금 벌레를 죽이지 못하게 하라, 무서운 살인의 시작이 될 수 있기 때문이다.　　　　　　　　　　　　　　　　　　　피타고라스

7

동물에 대한 연민의 정이 우리에게 주는 기쁨은, 사냥과 육식을 끊음으로써 잃는 만족을 보상하고도 남는다.

5월 7일

1

현세에서나 내세에서나 자기 자신 밖에서 행복을 찾는 것은 잘못된 것이다.

2

나는 나를 이끌어 줄 빛을 찾아 전 세계를 구석구석 돌아다녔다. 낮이고 밤이고 쉬지 않고 그것을 찾아다니다 마침내 나는 나에게 진리를 계시하는 예언자의 목소리를 들었다. 그 예언자는 내 마음속에 있었고 내가 온 세계를 찾아 헤맸던 그 빛도 결국 내 속에 있었다.　　　　　　　　　　　수피의 금언

3

우리가 바로 우리 자신의 구원자이고 또한 파괴자이기도 하다. 외부적인 것은 인간에게 악을 저지를 수 없다. 인간이 자신의 삶의 법칙에 따라 살고 있다면, 설사 우주가 멸망한다 해도 그의 몸에 악은 깃들지 못할 것이다.

류시 말로리

4

그리스도는 오로지 외면적인 것에만 사로잡혀 있는 바리새인들과는 반대로, 내면적인 인간개선을 지향했다. 그는 바리새인들이 자신들의 전승을 좇아 신의 계율을 버린 것을 비난했다. 스스로 사람의 스승이라 칭하는 자의 정신력이 퇴폐하고 지난날의 수많은 제도가 처음의 힘을 잃고 약해지면, 두 가지 일이 일어난다. 즉, 외면적인 신에 대한 신앙의 습관이 복잡다단해지고, 사람들

에게 그 신앙이 진정한 선행의 대용품이 되기 때문에, 진정한 신의 계율은 지키지 않아도 된다고 설교하며, 공허한 신앙적 행사만을 그들에게 강요하게 된다. 그렇게 되면, 그런 어리석은 가르침이 지배하는 사회 안에 거짓양심이라는 것이 형성된다. 민중은 모두 추상적인 신앙을 열광적으로 지키면서, 가장 신성한 의무는 아랑곳도 하지 않고 태연하게 있거나 방탕과 타락의 늪에 몸을 던진다. 그들은 육체를 위한 음식을 먹기 전에는 손을 씻고 그릇을 씻지만, 영혼을 청결하게 하는 방법은 모른다. 마음이 내팽개쳐지고, 그 마음에서 예수가 열거해보인 온갖 무서운 죄악이 생긴다.

그리스도는 그것에 대해 말했다. "마음에서 모든 악의 뿌리를 뽑기 위해 마음속으로 깊이 들어가라. 외면적인 것은 중요하지 않다. 선도 악도 다 내면적인 것이다." 그리스도는 이와 같이 가르쳤다. 그것과 다른 것을 가르치는 자, 그리스도처럼 가르치지 않는 자는, 그리스도의 제자가 아니라 오로지 사람들을 속이기 위해 그리스도의 이름을 악용하고 있는 자이며, 그리스도가 "양의 가죽을 쓰고 너희에게 다가가지만, 속은 탐욕스러운 이리와 같은 위선자를 경계하라."고 말하거나, "주여! 주여! 하고 입으로는 외치면서 마음은 악에 있는 자는 천국에 들어갈 수 없다."고 말한, 바로 그 사이비 예언자이다.   라므네

5

운명에 우연이라는 것은 없다. 인간은 운명을 만나는 것이 아니라 운명을 창조하는 것이다.   빌멘

6

인간은 스스로 죄를 범하고 스스로 악을 생각하며, 스스로 악을 멀리하고 스스로 마음을 정화한다. 죄에 빠지는 것도, 마음이 깨끗해지는 것도 오직 자신의 힘에 달려 있다. 남이 너를 구원할 수는 없다.   법구경

7

네 육체는 선과 악이 살고 있는 도시이다. 너는 그 도시의 왕이고 이성은 너의 재상(宰相)이다.   세이크 물루크

인간의 행복과 불행은 재산에 있지 않고 금은보화에 있지도 않다. 행복과 불행은 각자의 마음속에 있다.

부정을 행하지 않는 자가 선량한 것이 아니라 그것을 추호도 생각하지 않는 자가 선량한 사람이다.

지혜로운 사람에게는 가는 곳마다 고향이요, 고귀한 영혼에는 전 세계가 조국이다.
                                                    데모크리트 아브델스키

9

자신의 노력 이외의 무엇인가에서 구원과 행복을 구하려고 하는 것만큼 인간을 무력하게 만드는 것은 없다.

5월 8일

1

선량함이 따르는 겸손처럼 사람의 마음을 끄는 것은 없다. 그러나 그것은 스스로 찾아야 하는 것이며, 전시되어 있는 것이 아니다.

2

이스라엘의 왕 아합은 뒤따라와서 그를 욕하는 남자에게 말했다. "나를 욕할 말이 더 있거든 문 안에 들어가기 전에 말하라. 그렇지 않으면 문 안의 사람들이 그것을 듣고 너에게 덤벼들 테니까."
                                                    이집트 금언

3

제자들 사이에서 누구를 제일 높게 볼 것이냐는 문제로 옥신각신하는 것을 보시고 예수께서 이렇게 말씀하셨다. "이 세상의 왕들은 강제로 백성을 다스린다. 그리고 백성들에게 권력을 휘두르는 사람들은 백성의 은인으로 행세한다. 그러나 너희는 그래서는 안 된다. 오히려 너희 중에서 제일 높은 사람은 제일 낮은 사람처럼 처신해야 하고 지배하는 사람은 섬기는 사람처럼 처신해야 한다. 식탁에 앉은 사람과 심부름하는 사람 중에 어느 편이 높은 사람이냐? 높은 사람은 식탁에 앉은 사람이 아니냐? 그러나 나는 심부름하는 사람으로

여기에 와 있다.　　　　　　　　　　　루가복음 제22장 24~27절

4

어느 겨울날 프란체스코는 아우 레프와 함께 페루자에서 포티웅쿨라를 향해 걷고 있었다. 날씨가 하도 추워서 그들은 온몸을 부들부들 떨고 있었다. 프란체스코는 앞장서서 걷고 있는 아우 레프를 불러 말했다.

"오, 레프야, 제발 우리 형제가 온 지상에 거룩한 삶의 본보기를 보여줬으면 좋겠구나. 그러나 거기에 완전한 기쁨이 있기 때문은 아니라는 것을 잊지 말아라."

조금 걷다가 프렌체스코는 다시 아우 레프를 불렀다.

"레프야, 설사 우리 형제가 병자를 낫게 하고 악마를 쫓고 소경을 눈뜨게 하고 심지어는 나흘 전에 죽은 사람을 되살릴 수 있다 해도, 그 속에 완전한 기쁨은 없다는 것을 잊지 말아라."

그리고 또 잠시 걸은 뒤 프란체스코는 아우에게 말했다.

"레프야. 설사 우리 형제가 온갖 언어와 온갖 학문을 알고, 온갖 책을 다 읽고, 또 앞날을 내다볼 뿐만 아니라 사람들 마음속의 모든 비밀을 안다 하더라도, 거기에도 완전한 기쁨은 없다는 것을 잊지 말아라."

또 잠시 걸으면서 프란체스코는 다시 레프를 불러 말했다.

"그리고 말이다, 신의 어린 양인 레프야. 설사 우리가 천사의 말로 얘기하고, 별의 운행을 알고, 또 대지의 온갖 보물을 발견하고, 새와 물고기, 온갖 동물, 인간, 나무, 돌, 물의 생명의 온갖 비밀을 다 안다 하더라도 이것 역시 완전한 기쁨이 되지 못하리라는 것을 잊지 말아라."

그리고 또 조금 걷고 나서 프란체스코는 다시 아우 레프를 불러 말했다.

"그리고 또, 설사 우리가 모든 이교도들을 그리스도의 신앙으로 돌아오게 할 수 있을 만큼 뛰어난 설교자라 하더라도, 역시 그것은 완전한 기쁨이 아니라는 것을 잊지 말아라."

그때 아우 레프가 프란체스코에게 말했다.

"그렇다면 프란체스코 형님, 도대체 어디에 완전한 기쁨이 있다는 것입니까?"

그러자 프렌체스코가 대답했다.

"그것은 바로 여기에 있다. 즉 우리가 진흙투성이에 흠뻑 젖어서 추위에 감각을 잃은 데다 굶주리고 지친 몸으로 포티운쿨라에 다다라, 안에 들어가게 해달라고 아무리 애걸해도, 문지기가 '뭐라고, 요 부랑자들아, 온 세상을 빈둥빈둥 돌아다니며 사람들을 속이고 가난한 사람들에게서 동냥이나 뜯어내는 주제에 무엇이 어째, 썩 꺼지지 못할까!'하고 말하며 우리들에게 문을 열어 주지 않는다 하더라도, 그때 우리가 화를 내지 않고 겸손과 사랑으로 문지기가 옳다, 신께서 그에게 그렇게 하라고 시킨 것이다 하고 생각하며, 젖은 채 추위와 굶주림으로 몸을 벌벌 떨면서 문지기에게 한 마디도 불평하지 않고 눈비 속에서 아침까지 밤을 샌다면 그때 레프야, 거기에 비로소 완전한 기쁨이 있을 것이다."

5

강과 바다가 저들이 흘러내리는 골짜기를 지배하는 것은, 강과 바다가 골짜기보다 낮기 때문이다.

그렇기 때문에 성인은, 만약 사람들보다 높게 되기를 바란다면 사람들보다 낮게 있지 않으면 안 된다. 만약 사람들보다 앞장서고 싶다면 그들 뒤에 있지 않으면 안 된다.

그리하여 성인은 설사 사람들보다 높이 있어도 사람들은 그것을 느끼지 못하며, 사람들 앞에 서 있어도 사람들은 그것을 보지 못하니, 그것으로 괴로워하지 않는다. 성인은 누구하고도 말다툼을 하지 않고 세상의 어느 누구도 그와 시비를 벌이지 않는다. 그렇기 때문에 세상은 끊임없이 그를 기다리는 것이다.

노자

6

어떤 사람이 한 지혜로운 이에게, "세상 사람들이 당신은 나쁜 사람이라고 말하고 있다"고 말했다. 그러자 지혜로운 이는 대답했다.

"그들이 미처 나의 모든 것을 알고 있지 않아서 다행이다. 만일 그랬다면 더 심한 말을 했을 텐데."

자기 자신에 대해 이러니저러니 말하지 말라. 특히 남과 비교하는 것은 좋지 않다. 비교할 거면 오직 완전한 신과 비교하라.

5월 9일

1

삶은 끊임없이 변화한다. 육체가 서서히 스러지고 정신생활이 서서히 풍요로워지는 과정 그 자체이다.

2

자기 자신과 투쟁하고 자기 자신에게 강제를 가하는 것은, 원래 번뇌를 갖고 태어난 우리 인간에게는 어쩔 수 없는 일이다. 그러나 자기 자신에 대한 이 강제는 사랑에 의한 정당한 것이다. 어머니는 자식을 맹수의 아가리에서 떼어 놓는다. 아이는 깜짝 놀라지만, 그렇다고 자신을 구해준 어머니를 원망해서는 안 되며, 원인은 자신을 물어 가려한 맹수에게 있다는 것을 알아야 한다. 선과 악의 투쟁에 대한 우리의 태도도 꼭 이와 같지 않으면 안 된다. 선은 어머니처럼 우리의 영혼을 악에서 떼어놓는다. 이 투쟁은 우리에게 고통스러운 것이기는 하지만, 역시 꼭 필요한 것이며 우리에게 행복을 가져다주는 것이다. 만약이 투쟁이 없다면 우리는 불행에 빠지게 되며, 결코 선량해질 수 없을 것이다.

파스칼

3

우리의 내부에 있는 빛이 밝아질수록, 우리는 우리 자신이 전에 생각하고 있었던 것보다도 훨씬 더 추하다는 것을 알게 된다. 또 우리의 마음에서 튀어나오는 온갖 부끄러운 감정을 느낄 때마다, 전에는 어째서 그것이 보이지 않았을까 하고 놀란다. 우리는 자신의 내부에 그렇게 추악한 감정이 숨어 있으리라고는 꿈에도 생각한 적이 없기 때문에 두려운 눈으로 그것을 바라본다. 그러나 놀랄 것도 없고 절망할 것도 없다. 우리는 전보다 나빠진 것이 아니라 오히려 나아진 것이므로.

페늘롱

4

살아 있는 한 배워라. 늙음이 지혜를 가져다주기를 빈손으로 기다리지 말라.

솔론

5

우리에게 가장 필요한 것은, 하늘이 곧 우리의 잘못을 바로잡아 주겠지 하는 어리석은 기대를 버리는 것이다. 음식을 아무렇게나 장만하면서 하늘이 그것을 맛있는 것으로 만들어 주기를 바랄 수는 없지 않은가! 그와 마찬가지로 만약 너희가 오랫동안 어리석은 나날을 보내며, 자신의 생활을 그릇된 방향으로 이끌었다면, 신의 손길이 곧 모든 것을 바로잡아 주기만을 기대해서는 안된다.

존 러스킨

6

덕은 끊임없이 전진하며, 또 끊임없이 새롭게 출발한다.

칸트

7

비둘기의 온화함을 덕이라고 할 수는 없다. 비둘기가 이리보다 더 선한 것은 아니다. 덕 또는 덕을 향한 한걸음은 노력이 시작될 때 비로소 시작된다.

8

만일 그 편이 좋다면, 신은 우리 모두를 한 백성으로 만들었을 것이다. 하지만 신은 우리를 시험하고 있다. 너희가 어디에 있든 온 힘을 기울여 선을 향해 노력하라. 그러면 언젠가 신이 너희를 모두 하나로 맺어줄 날이 올 것이다.

코란

9

자기완성의 길 위에서 걸음을 멈춰서는 안 된다. 네가 자신의 영혼에 대해서보다 외부 세계에 대해 더 관심을 느끼는 순간, 자신이 걸음을 멈춘 것임을 알아야 한다. 세상은 네 옆을 지나가버리고, 너는 멍하니 그 자리에 서 있게 된다.

5월 10일

1

진정으로 존재하는 것은 정신적인 것뿐이다. 육체적인 것은 모두 허상에 지나지 않는다.

2

"아무도 두 주인을 섬길 수는 없다. 한 편을 미워하고 다른 편을 사랑하거나 한 편을 존중하고 다른 편을 업신여기게 된다. 너희는 하느님과 재물을 아울러 섬길 수는 없다." 　　　　　　　　　　　마태복음 제6장 24절

(원주—두 주인이란 정신과 육체를 말한다)

3

자신의 영혼과 세속적인 행복을 동시에 돌볼 수는 없다. 세속적인 행복을 바라거든 영혼을 거부하라. 만약 자신의 영혼을 지키고 싶거든 세속적인 행복을 부정하라. 그렇지 않으면 너는 분열만 되풀이하다 결국 하나도 얻지 못할 것이다. 　　　　　　　　　　　　　　　　　　에픽테토스

4

손으로 만질 수 있는 것만 존재한다고 생각하는 사람들이 있다면, 그들은 굉장히 무지한 자들이다. 　　　　　　　　　　　　　　　플라톤

5

사람은 두 종류의 삶을 살 수 있다. 진실한 내면적인 삶과 허위의 외면적인 삶이다. 내면적인 삶은 사람이 단순히 외적인 자극과 겉모습만으로 살지 않고 모든 것 안에서 피안을, 즉 신을 보며, 자신의 생명이 자신의 만족을 위해 주어져 있는 것이 아님을 알고 신의 이름으로 자신에게 주어진 재능을 실천적으로 발휘하여 그것을 흙 속에 묻힌 채 두지 않는 것을 말한다. 　　　고골리

6

의무의 감정은 우리로 하여금 물질적 세계의 현실성을 느끼게 하고, 그 생

활에 참여케 하지만, 동시에 우리를 그 세계에서 떼어놓고 우리에게 그 비현실성을 드러내 보여준다.　　　　　　　　　　　　　　　　　　　아미엘

7

눈에 보이지 않고 손으로 만져지지도 않는 정신적인 것, 우리가 자신의 내부에서 자기 자신으로 의식하는 것, 오직 그것만이 현실이다. 눈에 보이고 손에 만져지는 것은 모두 우리의 감각기관이 만든 것이며 따라서 환영에 지나지 않는다.

8

육체의 가르침과 영혼의 가르침 두 가지가 있는데, 주의하여 육체의 가르침에서 멀어지도록 하라. 그것은 사람들을 노예 상태로 이끄는 가르침이다. 육체를 위해서만 일하는 자는 머지않아 자신의 발목에 채워질 족쇄를 스스로 만들고 있는 것과 같다. 영혼의 생활을 잊고 감성적 생활을 좇는 자에게 화가 있으리니! 그것이 한 인간이든 전국민이든 정신적 타락 끝에 완전히 육체적 욕망의 늪에 빠져 그 속에서 허송세월을 하는 자는, 결국 육체의 죽음과 함께 벌레에게 잔치를 제공할 준비를 하고 있는 것이다. 영혼의 가르침만이 자유와 생명과 구원을 준다. 영혼의 가르침에 의해서만 죽은 자도 새롭게 태어난다. 새롭게 태어나고자 하는 자, 모든 더러움과 해골로 가득 찬 낡은 세계의 무덤에서 탈출하려는 자는, 영혼의 목소리에 귀를 기울여라. 이 목소리가 어디서 오는지 알고 있는 사람은 아무도 없다. 왜냐하면 그것은 어떤 특정한 목소리가 아니기 때문이다. 이 목소리는 설교단에서도 들을 수 없고, 사람들이 들으나마나한 말을 들으려고 모여 있는 공개적인 모임에서도 들을 수 없다. 그것은 바로 들판을 가로지르는 바람 같은 것이어서 어느 누구도 그것이 여기서 일어났다, 저기서 일어났다 하고 말할 수 있는 성질의 것이 아니다. 또 이 목소리가 어디까지 미치는지 그것도 모른다. 오늘은 여기, 내일은 저기, 조심스러운 귀와 준비된 마음이 있는 곳이라면 어디서든 들을 수 있다. 또 그 목소리가, 그것을 향해 나를 이끌어달라고 말하는 자를 어디까지 데리고 갈지도 알 수 없는 것이다.　　　　　　　　　　　　　　　　　　　　　　　　　라므네

9

본질적으로는 학문의 대상은 단 하나, 영혼의 여러 가지 양상과 그 변용이다. 그 밖의 모든 대상은 결국 이 하나에 귀착한다.　　　　　　　아미엘

10

나는 내 사상을 여러 사람에게 전할 수가 있다. 만일 그 속에 신성한 사랑과 예지의 힘이 있기만 하다면, 그 사상들은 바다를 건너 세계 방방곡곡을 뒤덮을 것이다. 내 사상은 나의 정신적인 분자이며, 따라서 내 몸은 특정한 시간에 항상 한 곳에만 존재할 수 있지만, 내 사상은 동시에 수천 곳에 머물 수 있다.　　　　　　　류시 말로리

11

자연은 원래 부정(不正)하다. 그런데 만약 우리가 자연의 산물이라면 어째서 우리는 그 자연의 부정에 불만을 느끼는 것일까? 어째서 결과가 원인에 반발하는 것일까? 그것은 인간의 어린애 같은 하찮은 허영심에서 나오는 반항일까? 아니다, 그것은 자기 자신을 자연에서 독립된 것으로 인정하고 무슨 일이 있어도 정의를 요구하는 존재인 우리의 마음 깊은 곳에서 솟구치는 외침이다. 하늘과 땅은 멸망할지도 선은 존재해야 하며, 부정은 사라져야 한다. 그것이 전 인류의 의식이다. 정신은 자연에 종속될 수 없다.　　　　　　　아미엘

12

우리는 언제나 가장 알기 쉽고 가장 확실하게 존재하는 것은, 모양을 가지고 있는 것, 감각기관으로 확인할 수 있는 것이라고 느끼지만, 실제로는 그것이 가장 애매하고 이해하기 어려우며 모순에 찬 비현실적인 것이다.

5월 11일

1

완전성은 우리한테서 아득히 멀리 떨어져 있는 경지여서, 우리의 삶이 아무리 다르더라도 우리 각자의 완전성과의 거리는 모두 같다고 해도 무방하다.

2

완전성에 대한 관념을 가지지 않는 사람은, 있는 그대로의 현실에 만족하고 현실과 다투지 않으며, 그 현실이 그대로 정의이고 행복이며 아름다움이라고 믿고 있다. 그런 사람에게는 아무런 진보도 없고 생명도 없다.　　　아미엘

3

개인의 경우도 국민의 경우도 마찬가지지만, 모든 완전성을 향한 추진력은 그 개인과 민족이 현재 가지고 있는 것에 대한 지식이 아니라 가질 수 있는 것에 대한 관념이다.　　　마르티노

4

'인간은 약하니까 힘에 맞는 일을 시켜야 한다'고 사람들은 말한다. 그것은 마치 '나는 솜씨가 서툴러서 두 점 사이에 최단 거리인 직선을 그을 수 없다. 그러니까 직선을 그을 때에는 부담을 덜 수 있게 곡선이나 구불구불한 선을 본보기로 삼자'고 말하는 것과 같다.

손이 서툴면 서툴수록 나에게는 더욱 더 완전한 본보기가 필요하다.

5

"하늘에 계시는 너희 아버지처럼 완전하라.(마태복음에서)."

신의 완전성, 즉 모든 사람의 최고선(最高善)에 대한 이념이야말로 전 인류가 지향하는 궁극의 목표이다.

6

완전성에 대한 그리스도의 가르침은 인류를 이끌 수 있는 유일한 가르침이다.

그리스도의 가르침 속에 주어진 완전성의 이념을 외면적인 규범으로 바꿔치기하지 않고, 청정무구한 그 이념을 똑바로 응시하며, 무엇보다 그것을 믿지 않으면 안 된다.

해안에서 그리 멀지 않은 데서 헤엄치고 있는 자에게는 저 언덕, 저 곳, 저 해안을 따라 헤엄치라고 말할 수 있다. 그러나 해안에서 멀리 떨어진 곳을 향

해하고 있는 자에게 지침이 될 수 있는 것은 오직 아득한 별과 나침반뿐이다. 우리에게는 그 두 가지가 다 주어져 있다.

7

아무리 타락한 사람이라도 항상 자신이 지향해야 하는 완전성만은 볼 수 있을 것이다.

5월 12일

1

삶은 죽음을 향한 끊임없는 접근이다. 따라서 삶은 죽음이 더 이상 악으로 생각되지 않을 때 비로소 행복한 것이 될 수 있다.

2

인생은 기껏해야 칠십 년, 근력이 좋아야 팔십 년, 그나마 거의가 고생과 슬픔에 젖은 것, 날아가듯 덧없이 사라지고 맙니다.　　　　　시편 90편 10절

3

건강과 지력이 충실할 때, 우리는 인간의 일과 아주 하찮고 사소한 일상만 생각하고 신에 대해서는 생각하지 않는다. 마치 일상의 세속적인 의례와 습관이 우리에게, 신을 생각하는 것은 생각할 힘이 거의 남지 않아서 더 이상 어쩔 수 없다고 체념한 뒤에나 하라고 요구하고 있는 것처럼.　　　　　라 브뤼에르

4

많은 사람들이 쇠사슬에 묶여 있는 광경을 상상해 보라. 그들은 모두 사형선고를 받고 있고, 날마다 그들 가운데 몇 사람이 눈앞에서 죽어 가고 있다. 이들이 죽어가는 모습을 보면서 자기 차례를 기다리고 있는 사람에게는 자신에게 다가오고 있는 운명이 보일 것이다.

이런 상황에 있을 때 사람은 어떻게 살아야 할 것인가? 과연 서로 때리고 괴롭히고 죽이고 해도 되는 것일까? 아무리 흉악한 강도들도 이런 상태에서는 서로 악을 행하지 않을 것이다. 그런데 인간은 모두 그러한 상태에 놓여 있다.

그런데도 그들은 도대체 무슨 짓을 하고 있는 것인가?　　　　　파스칼

5

우리는 중요한 지위에 있는 사람이 갑자기 쓰러져 이내 죽어가는 것을 보기도 하고, 또 어떤 사람이 매일 조금씩 소모되고 쇠약해지는 것을 알고, 언젠가 결국 죽어버리는 것을 보기도 한다. 이러한 충격적인 사건이 어느 누구의 관심도 끌지 못하고 어느 누구의 마음도 움직이지 못한 채 끝난다. 사람들은 그런 사람에 대해 꽃이 시들거나 잎이 떨어지는 것을 볼 때만큼의 관심도 기울이지 않는다. 단지 그 사람들이 남긴 지위를 부러워하며, 누군가가 벌써 그 자리에 앉았는지, 또 누가 그 자리를 차지했는지 그런 것만 알고 싶어 안달할 뿐이다.
　　　　　라 브뤼에르

6

'비가 오는 계절에는 여기서 살자, 여름에는 저 자리가 좋겠다.' 어리석은 자는 이렇게 생각하며 자신이 죽을 거라는 생각은 하지 않는다. 그러나 죽음은 별안간 찾아와, 악착같이 욕심을 좇아 정신없이 살고 있는 사람을 저세상으로 데려가 버린다.

우리에게 갑작스러운 죽음이 찾아왔을 때는 자식도 부모도 친척도 친구도, 어느 누구도 도와줄 수 없다. 그 사실을 똑똑히 깨닫고 안심입명(安心立命)의 길을 닦는 현자는 행복하도다.
　　　　　부처의 가르침

7

사람은 태어날 때는 세상이 모두 내 것이라는 듯 주먹을 쥐고 있지만, 세상을 떠날 때는 '보아라, 이렇게 빈손으로 가지 않느냐?'고 하듯이 손바닥을 편다.
　　　　　탈무드

8

어떤 부자가 밭에서 많은 소출을 얻게 되어 '이 곡식을 쌓아 둘 곳이 없으니 어떻게 할까?' 하며 혼자 궁리하다가 '옳지! 좋은 수가 있다. 내 창고를 헐고 더 큰 것을 지어 거기에다 내 모든 곡식과 재산을 넣어 두어야지. 그리고 내 영혼

에게 말하리라. 영혼아, 많은 재산을 쌓아 두었으니 너는 이제 몇 년 동안 걱정할 것 없다. 그러니 실컷 쉬고 먹고 마시며 즐겨라' 하고 말했다. 그러나 하느님께서는 '이 어리석은 자야, 바로 오늘 밤 네 영혼이 너에게서 떠나 가리라. 그러니 네가 쌓아 둔 것은 누구의 차지가 되겠느냐?'고 하셨다.

루가복음 제12장 16~20절

9

'이 자식들은 내 것이다, 이 재산은 내 것이다.' 어리석은 자는 이렇게 생각한다. 그 자신이 이미 그의 것이 아닌데 어찌 자식과 재산이 그의 것일 수 있으랴.

부처의 가르침

10

우리는 눈가리개를 한 채, 겁도 없이 깊은 물을 향해 달리고 있는 것과 같다.

파스칼

11

지금 당장 이 세상에 작별을 고하지 않으면 안 되는 것처럼, 남겨진 시간을 뜻밖의 선물로 생각하고 살아라.

마르쿠스 아우렐리우스

12

너의 일생은 무한한 시간 속의 아주 짧은 한순간에 지나지 않는다. 그러므로 최선을 다해 그 짧은 일생 동안 할 수 있는 일을 다 하여라.

사이드 벤 하메드

13

우리는 이 세상에 살고 있는 것이 아니라 이 세상을 지나가고 있다는 사실을 기억하라.

이레째 읽을거리

병원에서의 죽음

이 글을 쓰고 있는 지금도, 다 죽어가는 한 폐병환자의 모습이 머리에 선명하게 떠오른다. 거의 내 맞은편에 미하일로프라는 사람이 누워 있었다. 나는 이 미하일로프라는 사람에 대해 실은 잘 알지 못했다. 겨우 스물다섯 남짓한 젊은 청년으로, 키가 크고 호리호리한 체격에 무척 잘생겼다. 그는 혼자 독방에 수감되어 있었는데, 이상하리만치 말수가 적고, 늘 어딘가 차분하고 애수띤 조용한 표정을 하고 있었다.

그는 감옥 속에서 시들어 말라가고 있었다. 적어도 그에 대한 좋은 기억을 가지고 있던 같은 죄수들은 나중에 그를 그렇게 평했다. 그가 무척 아름다운 눈을 가지고 있었던 것은 나도 기억한다. 그가 숨을 거둔 것은, 춥고 맑게 갠 날 오후 3시쯤이었다. 얼어붙은 녹색 유리창 너머로 강한 햇살이 비스듬하게 방안에 비쳐들고 있던 광경이 생각난다. 그 빛은 죽어가는 불쌍한 남자를 정면에서 비추고 있었다. 그는 의식을 잃은 채 몇 시간이나 괴로워하다가 죽어갔다. 아침나절부터 이미 그는 누가 옆에 와도 알아보지 못하고 있었다. 그가 무척 고통스러워하고 있다는 것을 안 우리는 어떻게든 그의 고통을 덜어주고 싶었다. 그는 괴로운 듯 깊은 숨을 몰아쉬며, 목을 그르렁거리고 있었다. 가슴은 더 많은 공기를 원하는 듯 높게 들썩였다. 그는 담요를 걷어차고 옷을 풀어헤치더니, 나중에는 입고 있는 셔츠까지 벗으려고 했다. 뼈와 가죽만 남은 팔다리와 등에 거의 들러붙은 배, 부풀어 오른 가슴, 해골처럼 선명하게 갈비뼈를 드러낸 그 길고 긴 몸을 바라보는 것은 무서운 느낌이었다. 그가 몸에 걸치고 있는 것이라고 해야, 부적이 달린 나무십자가와 앙상한 다리가 마음대로 들락날락할 것처럼 헐렁한 족쇄뿐이었다. 그가 숨을 거두기 30분 전에는 모두들 왠지 조용해져서, 말을 할 때도 거의 소곤거리다시피 했고, 걸음을 걸을 때도 소리를 내지 않도록 조심했다. 모두들 말은 별로 하지 않고, 갈수록 심하게 목을 그르렁거리며 죽어가는 병자를 이따금 힐끔거릴 뿐이었다. 마침내 그는 그 앙상한 손을 더듬어 가슴 위의 부적을 움켜잡더니, 그것을 잡아 뜯으려고 했다. 마치 그 무게에 짓눌려 숨쉬기가 괴롭다는 듯이. 누군가가 부적을 벗겨주었다. 10분 뒤에 그는 죽었다. 간수실 문을 두드려 그 사실을 알리자 간수 한

명이 와서, 공허한 눈으로 죽은 사람을 바라보더니, 곧 의무관에게 갔다. 이내 젊고 선량해 보이는 의무관이 나타났다. 그는 죽은 사람에게 다가가서, 아무렇게나 죽은 사람의 손목을 잡고 맥박을 짚어본 뒤, 한쪽 손을 저으며 나가버렸다. 곧 위병에게 보고가 들어갔다. 그 죄수는 독방에 수감된 중죄인이었기 때문에, 그의 사망을 확인하는 데도 특별한 절차가 필요했던 것이다.

위병을 기다리는 동안, 한 죄수가 조용한 목소리로, 죽은 자의 눈을 감겨주는 게 어떻겠느냐고 말했다. 고개를 끄덕이면서 그 말을 듣고 있던 또 한 사람의 죄수가 말없이 죽은 사람에게 다가가서 눈을 감겨주다가, 베개 밑에서 십자가를 발견했다. 그는 그것을 손에 들고 잠시 바라본 뒤, 말없이 그것을 원래대로 미하일로프의 목에 걸어주고 천천히 성호를 그었다. 그러는 동안에도 죽은 사람의 얼굴은 점점 경직되고 있었다. 햇빛이 그 얼굴 위에서 춤추고 있었고, 입은 반쯤 열려 있었다. 하얗고 튼튼한 두 줄의 치아가, 잇몸에 이어져 있는 얇은 입술 안쪽에서 빛나고 있었다. 곧 단검을 차고 헬멧을 쓴 위병 하사관이 찾아왔다. 그 뒤에 두 명의 간수도 따라 들어왔다. 위병 하사관은 천천히 다가오면서, 사방에서 조용하지만 험악한 눈길로 자신을 응시하고 있는 죄수들을 의심스러운 듯이 쳐다보았다. 죽은 자에게 한 걸음을 남겨 둔 곳까지 왔을 때, 그는 마치 겁이라도 먹은 것처럼 딱 걸음을 멈췄다. 족쇄만 차고 있을 뿐 완전히 드러난 앙상한 시체가 그의 마음을 움직인 듯, 그는 누가 요구한 것도 아닌데 갑자기 턱 끈을 풀어 헬멧을 벗더니 크게 성호를 그었다. 거의 반백의 머리에 너무나도 군인다운 엄격한 얼굴이었다. 바로 그때, 역시 반백의 노인인 체크노프가 거기 서 있었던 것을 나는 기억하고 있다. 체크노프는 내내 말없이 하사관의 얼굴을 정면으로 바라보면서, 이상하리만치 긴장된 모습으로 그의 일거수일투족을 관찰하고 있었다. 두 사람의 시선이 한순간 부딪혔을 때, 체크노프는 왜 그런지 갑자기 아랫입술을 바르르 떨었다. 그는 그 아랫입술을 이상한 모습으로 일그러뜨리며 이를 드러내더니, 하사관에게 죽은 사람을 턱으로 가리키면서, 마치 자기도 모르는 사이에 입밖에 튀어나온 것처럼 빠르게 말했다.

"이 사람에게도 역시 어머니가 있었겠지!"

그러고는 방에서 나갔다.

이윽고 시체를 내가기 위해, 그것을 다같이 볏짚 매트와 함께 들어올렸다.

짚이 바스락거리는 소리와 함께, 족쇄의 부품이 바닥에 떨어져 쇠붙이 소리가
정적 속에 날카롭게 울려 퍼졌다. 부품은 치워졌고 시체는 운반되어 나갔다.
갑자기 모두들 큰 소리로 얘기하기 시작했다. 복도에서는 벌써, 하사관이 누군
가에게 대장장이를 데려오라고 말하는 소리가 들려왔다. 죽은 사람의 족쇄를
풀어주기 위해.   도스토예프스키 《죽음의 집의 기록》

5월 13일

1

사람은 저마다 자기 자신을 위해 삶과 죽음의 의의에 관한 문제를 스스로 해결해야 한다.

2

군자는 모든 것을 자신에게서 찾고 소인은 모든 것을 남에게서 찾는다.

중국 금언

3

영혼은 배우지 않는다. 영혼은 다만 원래 알고 있는 것을 생각해 낼 따름이다.

다우드 엘

4

현자는 언제나 만물 가운데서 도움을 발견한다. 왜냐하면 그에게 주어진 재능의 본질은 모든 사물 가운데서 선을 이끌어 내는 데 있기 때문이다.

존 러스킨

5

정치적 승리, 수입의 증가, 너희 가운데의 병자의 회복, 멀리 갔던 벗의 귀가 같은 행운은 너희의 마음을 설레게 하고 너희에게 드디어 좋은 날이 온 것이라고 생각하게 한다. 그러나 그것을 믿어서는 안 된다. 너희 자신 외에 너희에게 평화를 가져다주는 것은 아무것도 없다.

에머슨

6

인생의 사명이라는 문제에 대한 해답을 바깥 세계에서 찾는 것은 소용없는 일이다. 너희의 모든 문제에 대한 해답은 너희 자신의 마음에 있다. 그러나 그것은 싹의 상태로 있으니, 너희는 선한 생활로 그 해답의 싹을 틔우지 않으면 안 된다. 그것만이 예지에 이르는 유일한 길이다.

류시 말로리

7

벗을 찾아 헤매는 자는 가련하다. 왜냐하면 참으로 충실한 벗은 자신뿐이며, 밖에서 벗을 찾는 자는 자기 자신에게 참으로 충실한 벗일 수 없기 때문이다.　　　　　　　　　　　　　　　　　　　　　　　　　　　소로

8

누가 가르쳐준 진리는 바로 의수요, 의족이요, 의치요, 밀랍이나 남의 살로 만들어 붙인 코처럼, 다만 너희에게 붙어 있을 따름이다. 그러나 자기 자신의 사색을 통해 얻어진 진리는 진짜 손발과 같은 것이다. 오직 그것만이 진짜 우리 것이다.　　　　　　　　　　　　　　　　　　　　쇼펜하우어

9

사람이 삶과 죽음의 문제에 대해 남의 해답을, 이를테면 옛 현자들의 해답을 받아들인다 해도 그 해답의 선택과 승인은 어디까지나 그 사람 자신의 몫이다.

5월 14일

1

영혼의 신성을 의식하면 삶의 모든 재난도 두렵지 않게 된다.

2

우리는 영혼에는 신성이 있다는 것을 나는 알고 있다. 현재 내 안에 살고 있는 영혼의 놀라운 모든 특성들이, 언젠가 그대로 다른 육체에 깃드는지 어떤지 나는 말할 수 없고, 또 그것이 나의 이 육체에 깃들기 전에 실제로 내 육체가 더듬어 온 자연적인 역사를 거쳤는지 어떤지도 뭐라 말할 수 없다. 그러나 단 한 가지 내가 확신할 수 있는 것은, 그 모든 특성들은 '존재하기 시작한' 것이 아니고, 내 육체가 병들면 함께 병드는 것도 아니며, 결코 무덤에도 묻히지 않고, 세상보다 먼저 존재하고 있었다는 사실이다. 그것이 나에게 믿음과 용기와 희망을 준다.

영혼은 모든 것을 알고 있다. 영혼은 어떤 것에도 놀라지 않는다. 누구도 영

혼보다 위대할 수는 없다. 무서워하고 싶은 자는 무서워하라. 영혼은 자기 본
원의 나라에 살며 공간을 초월하고 시간을 초월한다.　　　　　　에머슨

3

신은 모든 사람들 속에 살고 있지만 모든 사람이 신 속에 살고 있는 것은
아니다. 여기에 사람들의 고뇌의 원인이 있다.

불이 없으면 등잔을 켤 수 없듯 신 없이 인간은 살 수 없다. 바라문의 가르침

4

너는 자신이 얌전하게 있으면 사람들이 너를 얕보지 않을까 걱정한다. 그러
나 공정한 사람들은 그런 것으로 너를 얕볼 리가 없고, 공정하지 않은 사람은
그냥 내버려두면 되지 않는가. 그들의 말에는 귀 기울일 필요가 없다. 솜씨 좋
은 목수는 가구에 대해 아무것도 모르는 사람이 자신의 솜씨를 인정하지 않
는다고 한탄하지 않는다.

나쁜 사람들이 너를 해칠지 모른다고 걱정하지 말라. 과연 네 영혼을 해칠
수 있는 자가 있을까? 무엇을 두려워한단 말인가?

나는 나를 해칠 수 있다고 생각하고 있는 자를 속으로 비웃는다. 그들은 내
가 누구라는 것도, 내가 선과 악이 어디에 있다고 생각하고 있는지도 모른다.
그들은 자신들이 진정으로 내 것이며 내 삶의 근원을 이루는 것에는 손가락
하나 까딱할 수 없다는 사실을 모르고 있다.　　　　　　에픽테토스

5

이 세상의 모든 것은 내 것이다. 창조도 파괴도 내 생각에 따라 일어난다.
세상은 다만 껍데기일 뿐이고 그 핵심은 바로 나다. 그런 내가 티끌이 티끌로
돌아가는 것을 어찌 두려워할 필요가 있으랴. 나는 티끌이 아니다. 그러니 신
에게 복종하며 평안하게 이 세상에서 살라.　　　　　　페르시아 금언

6

이성은 묻는다, '어떻게? 왜?' 하고. 그러나 사랑은 '내가 사랑이다' 하고 말
할 뿐이다. 그리하여 물음에 대답하지 않고도 묻는 자를 충분히 만족시킨다.

7

그 누구도 그 무엇도 두려워하지 말라. 네 속에 있는 가장 귀중한 것은 누구에게도 무엇에도 손상될 리가 없다.

5월 15일

1

정직이 곧 선행이라고 말할 수는 없지만 적어도 죄가 없다는 것을 의미한다.

2

진리는 비웃음에 의해 상처받지는 않는다. 그러나 비웃는 자들 속에서 진리는 그 성장을 멈춘다.　　　　　　　　　　　　　　　　　류시 말로리

3

가장 평범하고 가장 광범한 거짓말의 원인은 남을 속이겠다는 욕망이 아니라, 자기 자신을 속이려는 욕망이다. 이 거짓말이 무엇보다 나쁜 거짓말이다.

4

미망에 이르는 길은 무수히 많고, 진리에 이르는 길은 오직 한 길뿐이다.

　　　　　　　　　　　　　　　　　　　　　　　　　　루소

5

진리가 자신의 죄를 폭로하지 않을까 두려워하는 것보다 불행한 일은 없다.

　　　　　　　　　　　　　　　　　　　　　　　　　　파스칼

6

우리는 오직 자명한 진리만을 실현시켜야 한다.　　　　　　공자

7

거짓말은 반드시 또 다른 거짓말을 부른다.　　　　　　　　레싱

진실을 말하기는 참으로 쉬운 것 같지만, 실제로 그렇게 하기 위해서는 엄청난 정신적 노력이 필요하다. 인간의 정직도는 그 도덕적 완성의 지표이다.

정직은 어디서나 통용되는 유일한 화폐이다.   중국 속담

정직하라. 그 속에 설득과 덕행의 비결이 있고, 정신적 영향력의 원천이 있으며, 예술과 인생의 최고 규범이 있다.   아미엘

세상에는, 경우에 따라서는 진실을 잠시 외면해도 괜찮을 때가 있다고 하는 잘못된 생각을 종종 볼 수 있다.

아무리 작은 허위라도 그 내용과 밖으로 미치는 영향은, 진실을 말할 때의 어색하고 불쾌한 기분보다 훨씬 나쁜 것이다.

5월 16일

인류는 여태까지 종교 없이는 산 적이 없었고 또 살 수도 없다.

현대의 학자들은 종교는 아무 쓸모도 없는 것이며, 과학이 그것을 대치하게 될 거라고, 또는 이미 대신하고 있다고 단정하고 있지만, 실제로는 옛날이나 지금이나, 단 하나의 인간사회도 단 한 명의 이성적인 인간도(이성적인 인간이라고 분명히 못 박는다. 왜냐하면 이성을 갖추지 않은 인간은 동물과 마찬가지로 종교가 없어도 살아갈 수 있기 때문이다), 종교 없이 살았던 적은 한번도 없었고, 살아갈 수도 없다.

이성적 인간이 종교 없이 살 수 없는 까닭은, 종교야말로 그에게, 자신과 자신이 그 안에 사는 무한한 세계의 관계에 대해 이해할 수 있게 하고, 나아가서

는 그 이해를 통해 그의 행동에 방향을 제시해주기 때문이다.

꿀을 따는 꿀벌은, 꿀을 따는 것이 좋은 건지 나쁜 건지에 대해서는 전혀 생각하지 않는다. 그러나 인간은 곡물과 과일을 수확할 때, 그 수확이 앞으로 그들의 성장을 망치게 되지는 않을까, 이웃이 먹을 것을 빼앗는 것은 아닐까 하는 생각을 하게 된다. 또 자신이 이렇게 먹이고 키우고 있는 아이들이 장차 어떤 사람이 될지, 그밖에도 많은 것을 생각하지 않을 수 없다. 아무리 이성적인 인간이라도, 인생의 가장 중대한 행위에 대한 문제를 철저하게 해결할 수 없는 것은, 자신의 행위에서 생기는 모든 결과를 예상해 보아야 하기 때문이다. 이성적인 인간이라면 모두, 만약 자신이 인생의 가장 중대한 문제에서 개인적인 감정에 사로잡히거나, 눈앞의 결과만을 보고 행동하면, 거기서 발생되는 여러 가지 결과가 종종 모순에 찬 것, 즉 자신에게나 남에게 좋은 일이기도 하고 나쁜 일이기도 한 경우가 있기 때문에, 결코 그래서는 안 된다는 것을, 설사 알지는 못하더라도 느끼고는 있다.

그래서 이성적인 인간은 동물과 같은 규범으로 행동할 수는 없다. 인간은 그날그날을 사는 동물들 속에서 자기도 한낱 동물에 불과하다고 생각할 수도 있지만, 또 가족의 일원, 사회의 일원, 몇 세기 동안 이어져 내려온 민족의 일원으로 생각할 수도 있고, 나아가서는 무한한 시간을 사는 무한한 세계의 일부라고도 생각할 수 있으며, 또 반드시 그렇게 생각해야 한다(왜냐하면 이성이 어쩔 수 없이 그렇게 생각하게 하기 때문이다). 그래서 이성적인 인간은, 인생에서 눈앞에 보이는 현상에 대한 관계뿐만 아니라, 무한한 시간과 공간의 세계 전체를 하나로 보고, 거기에 대한 자신의 관계를 정립하지 않으면 안 되며, 또 언제나 그렇게 해왔다. 그러한, 인간이 자신을 그 일부로 느끼는 무한한 전체자와 인간의 관계정립과, 그 정립된 관계에서 나오는 행동의 지침이 바로 종교라고 불려왔고, 지금도 불리고 있는 것이다.

그래서 이성적인 인간 내지 이성적인 인류에게 종교는 항상 존재했고, 또 반드시 필요한 생활의 조건으로서 절대적으로 존재해야만 한다.

3

인간의 내부에 종교적 감정이 강하면 강할수록 그에게 '진정으로 있어야 할 것'의 관념이 더욱 명백해지고 행동의 지침도 더욱 확고해진다.

반대로 종교적 감정을 가지지 않거나 조금밖에 가지지 않은 사람들은 이미 있었던 것, 즉 과거의 유물과 전승 등을 행동의 기준으로 삼고 있으며, 사람들은 그들을 종교적이라고 부르고 있다. 그러나 참으로 종교적인 사람은 과거의 나쁜 습관을 버리고 오직 진정으로 있어야 하는 것만 따르기 때문에 사람들의 눈에 오히려 종종 무신론자로 비치는 것이다.

4

결투, 전쟁, 자살 같은 터무니없는 것을 위해 모든 것을, 심지어는 목숨까지도 희생하는 사람들은 자주 보지만, 진리를 위해서 생명을 바치는 사람들은 좀처럼 보기 드물다. 이것은 세상으로부터 칭찬을 받거나 부추김을 받아 머리가 이상해지면, 특별히 신념 같은 것이 없어도 목숨을 버리기는 쉬운 일이지만, 세상을 거슬러 죽음을 각오할 만큼 굳게 진리를 믿는 것은 매우 어려운 일이기 때문이다.

5

무도장에서 귀를 막고 있으면, 이내 정신 병원에 있는 것 같은 기분이 든다. 종교적 의식을 상실한 인간에게는 인류의 모든 종교적 행위가 이와 똑같은 인상을 줄 것이다. 그러나 자기 자신을 인류의 법칙 밖에 놓고 자기 자신을 누구보다 올바르다고 생각하는 것은 더욱 위험한 발상이다.　　　　　아미엘

6

사람들은 종교가 이미 사람들에 대한 지배력을 잃었다고 자주 이야기한다. 그러나 그것은 사실이 아니며 사실일 리도 없다. 그것은 그렇게 생각하는 사람들이 종교적 감정을 상실한 특정한 계급의 사람들만 관찰하고 있는 데서 생기는 것이다.

7

어떤 사람이 불행한 생활을 하고 있다면 그 원인은 단 한 가지, 신앙심이 부족해서이다. 그것은 사회 전체에 있어서도 마찬가지이다.

5월 17일

1

아시시의 성 프란체스코의 말에 따르면 완전한 기쁨은, 부당한 비난을 참고 거기에서 오는 육체적 고통을 견뎌내며, 그 비난과 고통을 가져다 준 자에게 적의를 품지 않는 데에 있다. 그런 완전한 기쁨은 사람들의 악도 자기 자신의 육체적 고통도 결코 파괴할 수 없는 진정한 신앙과 사랑의 의식 속에 있다.

2

너희는 일부러 남들이 보는 앞에서 선행을 하는 일이 없도록 하여라. 그렇지 않으면 하늘에 계신 아버지에게서 아무런 상도 받지 못한다. 자선을 베풀 때에는 위선자들이 칭찬을 받으려고 회당과 거리에서 하듯이 스스로 나팔을 불지 말라. 나는 분명히 말한다. 그들은 이미 받을 상을 다 받았다.

마태복음 제6장 1~2절

3

선행 때문에 비난을 받아도 슬퍼하지 않고 오히려 그것을 기뻐하는 것은, 그 무엇보다 숭고하다.

마르쿠스 아우렐리우스

4

사람들이 알아주거나 이해해주지 않더라도 그것을 슬퍼하지 않는 것, 이것이야말로 참으로 선덕이 있는 사람의 특징이다.

중국 금언

5

욕을 하고 모욕을 주거든 기뻐하라. 칭찬을 하고 추켜세우면 두려워하고 슬퍼하라.

6

변명할 수도 없는 비방과 모함을 받는 것은 선을 배우는 가장 좋은 공부이다.

7

사람을 만날 때, 그들로부터 인정과 칭찬이 아니라, 자신을 단련하고 자신의 오만함을 없애기 위해, 오히려 매도와 굴욕과 억울한 모함을 기대하는 습관을 길러라.

8

광신과 같은, 사람들의 비난과 공격을 불러일으키는 행동은, 그것이 사람들의 나쁜 행동을 유발한다는 점에서는 잘못된 것이지만, 한편으로 신과 이웃에 대한 자신의 사랑의 유일한 시금석이 될 수 있다는 점에서, 긍정적이고 바람직한 것이라고 할 수 있다.

5월 18일

1

자기 영혼의 신성에 대한 의식이 우리에게 힘을 준다고 말해서는 안 된다. 이 의식은 우리를, 강하다거나 약하다는 관념조차 없는, 즉 힘에 대한 관념이 없는 높은 경지로 끌어올려준다.

2

자신의 영혼을 정화하고 의심에서 해방된 사람들에게 하늘은 땅보다 가깝다.

육체의 모든 감각으로 얻을 수 있는 모든 지식을 가지고 있다 해도, 만약 그들이 사물의 참다운 본질을 모른다면 그 지식 속에서 아무런 유익함도 찾지 못할 것이다.

온갖 사물에 대한 참다운 지식은, 그 속에 사물 자체로서의 참다운 본질이 숨어 있음을 스스로 깨닫는 것이다. 인도의 쿠랄

3

영혼에 있어서, 참으로 존재하는 것을 인식하는 것 외에 탄생의 길이 있다고는 생각하지 않는 것이 좋다. 그 인식으로 가는 길에 발을 들여놓은 자는 다시는 후퇴하지 않는다. 인도의 쿠랄

4

인간은 강한 존재이며, 자기 내부에 있는 영혼의 힘을 아는 자, 자기 밖에서 힘을 찾을 때는 무력한 존재가 되어 버린다는 것을 아는 사람은, 자신의 육체와 영혼을 통제함으로써 진정한 지배자가 되어, 한눈팔지 않고 전진해 목표를 달성한다. 그는, 자신의 두 발로 힘차게 서 있기 때문에 당연히 땅바닥에 쓰러진 자보다 강한 사람과 같다. 에머슨

5

어떻게 신을 알고 있느냐고 묻거든 신이 내 마음속에 살고 있기 때문이라고 대답하라. 만일 그렇지 않다면 인간은 완전히 구원받을 수 없는 존재가 되고 만다. 이 시공을 초월한 존재자를 육체의 눈이 아니라 마음의 눈으로 보라. 자기 자신을 모르는 자가 어찌 신을 알 수 있겠는가. 진정으로 자신을 아는 것이 바로 신을 아는 것이다. 페르시아 금언

6

네가 신과 하나가 될 때 누가 너에게 나쁜 짓을 할 수 있겠는가? 또 누가 너보다 강력할 수 있겠는가? 그 신과의 합일은 너에게도 가능한 일이다.

7

우리는 다음과 같은 것을 알고 있다. 또는 알고 싶은 마음만 있으면 알 수 있다. 즉 인간의 마음, 인간의 양심에는 신성이 있다는 것, 악을 거부하고 선을 받아들임으로써 인간 자신이 신이 된다는 것, 사랑으로 인한 인간의 기쁨, 분노로 인한 인간의 괴로움, 부정을 볼 때의 인간의 분노, 자기희생을 완수했을 때 스스로 느끼는 영광 같은 것은, 모두 인간과 최고의 주인 신의 합일을 흔들림 없이 영원히 증명해주고 있다는 것, 바로 그것이다. 존 러스킨

8

자신의 영혼에 깃든 신의 존재를 인정하고 그것에 의해 살고 있는 자는, 자신의 행복에 필요한 모든 것을 가지고 있다.

5월 19일

1

모든 신앙의 근본은 오직 한 가지이다.

2

의심할 나위 없이 신성의 현현(顯現)인 것이 하나 있다. 그것은 사람이 자신 속에 그 존재를 느끼고 인정함으로써, 다른 사람들과 아무 조건 없이 일치하지 않을 수 없게 되는 선의 법칙이다.

3

사람들은 장사를 하고, 계약을 맺고, 전쟁과 학문과 예술에 종사하고 있는 것처럼 보이지만, 실은 겉으로만 그렇게 보이고 있을 뿐이다. 그들에게 가장 중요하고 또 그들이 유일하게 실제로 하고 있는 것은, 자신의 삶이 바탕이 되고 있는 도덕률을 깨닫는 것이다. 그것만이 그들에게 가장 중요하고 유일한 일이다.

4

어떤 사람이 현자에게 물었다.

"행복을 위해 평생 지켜가야 할 말씀이 있습니까?"

현자가 대답했다. "서(恕)라고 하는 말이 있다. 자기가 원하지 않는 것은 남에게도 하지 말라는 의미이다."

중국 금언

5

내가 오늘 너희에게 내리는 이 법은 너희로서 엄두도 내지 못할 일이거나 미치지 못할 일은 아니다. 그것은 하늘에 있는 것이 아니다. '누가 하늘에 올라 가서 그 법을 내려다 주지 않으려나? 그러면 우리가 듣고 그대로 할 터인데' 하고 말하지 말라. 바다 건너 저쪽에 있는 것도 아니다. '누가 이 바다를 건너 가서 그 법을 가져다 주지 않으려나? 그러면 우리가 듣고 그대로 할 터인데' 하고 말하지도 말라. 그것은 너희와 아주 가까운 곳에 있다. 너희 입에 있고 너희 마음에 있어서 하려고만 하면 언제든지 할 수 잇는 것이다

6

누구에게나 '나처럼 행동하라'고 말할 수 있도록 행동하라.　　　　　칸트

7

우리의 의무의 원천은 신에게 있다. 우리의 의무의 규정은 신의 율법에 들어 있다. 그 율법을 끊임없이 탐구하고 실천하는 것, 그것이 인류에게 지워진 사명이다.　　　　　주세페 마치니

8

자연 속에서 관찰되는 지혜, 우리를 자극해서 해야 할 일을 하고 나쁜 짓을 제지하는 자연의 지혜가 법칙인 것은, 그것이 책에 씌어 있기 때문이 아니라, 인간의 이성과 마찬가지로 영원한 신의 법칙이기 때문이다. 그러므로 우리에게 행위를 명령하거나 금하는 참으로 영원불변한 법칙은 최고의 존재자의 이성, 바로 그것이다.

9

사람들과 갈등이 있을 때마다 상호법칙(相互法則), 즉 '남이 나에게 해주기를 바라는 것을 남에게도 행하라'는 법칙을 떠올려라. 그것은 곧 습관이 될 것이다.

이레째 읽을거리
폭력의 법칙과 사랑의 법칙

그리스도교도는 폭력을 사용해서는 안 된다. "누구든지 네 오른뺨을 치거든 왼뺨도 돌려 대라." 이 말의 의미는, 누가 나를 때리면 이쪽에서도 같이 때려줄 것이 아니라 잠자코 그에게 뺨을 대주라는 얘기다. 그것이 그리스도교도에게는 신의 법칙이다. 누가 폭력을 휘두르든, 또 어떤 이유로 그러든 그것은 어디까지나 악이다. 그것은 바로 살인이나 간음을 누가 어떤 이유로 저지르든, 한 사람이 저지르든 백만 명이 저지르든, 어디까지나 악이라는 것과 같다. 왜냐하면 모든 사람은 신 앞에 평등하기 때문이며, 신의 계율은 때와 장소에 따라 여러 가지 예외와 주석과 변명을 만들어 놓은 인간의 계율과는 다르기 때문이다.

신의 계율은 모든 사람에게 단 하나뿐이다. 왜냐하면 우리 속에 깃든 영혼은 모두 같은 영혼이기 때문이다. 그리스도교도는 피치 못할 경우, 살인을 하기보다는 차라리 살해당하는 편이 낫고, 폭력을 휘두르기보다는 폭력을 당하는 편이 낫다. 만약 사람들한테서 모욕을 당하면, 그리스도교도인 나 자신도 남에게 모욕을 준 적이 있으므로, 그 일을 반성하고 회개하라는 뜻에서 신이 이런 식으로 시련을 주는 것이니 좋은 일이라고 생각해야 한다. 또 내가 정의를 실천하고 있는데도 박해를 받는다면, 그것은 더더욱 좋은 일이다. 왜냐하면, 그것에 의해 나는, 생명과 빛과 자유를 위해 싸운 선인의 대열에 들어서게 되기 때문이다. 악으로 자신의 영혼을 구원할 수는 없고, 악의 길을 통해 선에 도달하는 것은 집에서 멀어지면서 집에 도착하기를 바라는 것과 마찬가지로 불가능한 일이다. 악마는 악마를 쫓아낼 수 없고, 악은 악에 의해 극복되지 않는다. 그렇게 하면 악은 더욱 더 쌓여가서 갈수록 그 힘이 강력해질 것이다. 악은 오로지 악과 반대되는 정신, 정의와 선을 통해서만 극복될 수 있다. 그러므로 악은 선을 통해서, 선과 인내와 고뇌를 통해 뿌리 뽑아야만 한다.

그러나 사람들은 그리스도교의 법칙, 즉 깨달음과 겸양과 자기희생과 관용과 형제애의 법칙에 따라 살지 않고, 약육강식의 동물적 본능, 짐승의 본능을 좇아 살고 있다. 상대에게 악을 행하려는 것이 아니라 불행에서 벗어나게 해줄 목적으로, 이를테면 열병환자와 주정뱅이나 미치광이, 어리석은 어린이를 다스리기 위한 강제는 허용해도 된다. 그러한 강제는 필요악으로서 참고 용서하고 인정해도 되지만, 그렇다고 그것을 찬미해서는 안 된다. 짐승의 본능을 모든 사람의 법칙으로 공공연하게 도입하여, 마치 신의 법칙인 것처럼 찬미하면, 그것은 이성적인 사람들에게, 특히 그리스도교도에게는 이미 자연을 거스르는 것이고, 그리스도에 대한 반역, 그리스도의 정신에 대한 비방이며, 용서할 수 없는 죄악이다.

그리스도와 반 그리스도는 오랜 옛날부터 대립하는 두 개의 힘으로 존재해 왔다. 그리스도를 따라 산다는 것은, 인간답게 살고, 인간을 사랑하고, 선을 행하고 선으로 악을 갚는 길이다. 반 그리스도에 따라 사는 것은 야수처럼 살고, 자기만 사랑하며, 악에 대해서도 선에 대해서도 악으로 갚는 길이다. 우리가 일상생활에서 그리스도를 따라 살려고 노력하면 할수록, 사람들의 사랑과 행복은 커질 것이다. 반대로 반 그리스도의 가르침을 고집하면 할수록, 사람들의 생활은 불행해진다. 악으로 악을 갚지 말라는 가르침은 우리 앞에 두 개의 길이 있음을 똑똑히 가르쳐준다. 즉 하나는 진리의 길, 그리스도의 길, 성실한 사상과 감정의 길, 즉 생명의 길이며, 또 하나는 허위의 길, 악마의 길, 모든 위선의 길, 즉 죽음의 길이다. 설사 악에 대한 무저항이라는 십자가를 지는 것이 아무리 두렵고, 또 내 몸을 악의 희생으로 바치는 것이 아무리 무서워도, 우리는 어디에 선의 길이 있고 구원의 길이 있는지 다 알고 있지 않은가? 그러니 끝까지 힘을 다해 그 길을 나아가야 하지 않겠는가? 우리는 절대로 벽에 부딪친 것이 아니며, 내 앞에 길이 있고 빛이 있다는 것을 알고, 그 길을 깨달음의 빛으로 비춰야 하지 않겠는가?

그러나 폭력으로 악에 저항하지 않는다는 것은, 자신과 남들의 생명과 노동을 지키는 것을 포기해야 한다는 것이 아니라, 그것을 지키려면 폭력 이외의 방법, 이성에 반하지 않는 방법으로 해야 한다는 얘기다. 자신과 이웃의 생명과 노동을 지키기 위해서는, 우리에게 다가오는 악인의 마음속에 선량한 감정을 환기시키도록 노력해야 하며, 그러기 위해서는 우리 자신이 선량하고 지혜로워야 한다. 이를테면 어떤 사람이 어떤 사람을 죽이려는 것을 보았을 때 내가 할 수 있는 최선의 길은, 자신이 살해당하려는 사람을 대신하여 자신의 몸으로 그를 보호하고, 가능하면 그 사람을 구출해서 안전한 장소로 데리고 가는 것이니, 이를테면 불이 나서 타 죽어가는 사람과 물에 빠져 죽어가는 사람을 살리는 것과 같으며, 자신이 죽느냐, 상대를 구하느냐 둘 중의 하나가 된다. 가령 나 자신이 길을 잃고 헤매는 죄인으로서 그것을 실행할 힘이 없다고 해도, 폭력행위와 그 변호를 통해 자신 속의 야수를 부추겨서, 세상에 혼란을 가져다줄 권리는 나에게 없는 것이다.   부카

5월 20일

1

동물적 존재로서의 인간에게는 원래 자유에 대해 운운할 여지조차 없다. 그의 모든 삶은 인과율에 속박되어 있다. 그러나 인간이 만약 자신을 정신적인 존재로 생각한다면, 그에게는 부자유 같은 것은 있을 수 없다. 부자유라는 관념은 인간의 이성과 자각과 사랑이 나타나는 곳에는 적용될 수 없는 것이다.

2

네 오성(悟性)은 그 속에 생명의 특질을 지니고 있다. 만약 네가 그것을 왜곡하여 육체에 대한 봉사에 이용하지 않는다면, 그 오성은 너를 자유롭게 해주는 것임을 잊어서는 안 된다. 오성의 빛을 받으며, 그 빛을 흐리게 하는 욕심과 번뇌에서 벗어난 사람의 영혼은 참으로 견고한 성채와 같아서, 인간에게 이보다 안전하고 이보다 악을 물리칠 수 있는 피난처는 없다. 그것을 모르는 자는 장님이며, 알고도 그 성채로 들어가지 않는 자는 불행한 사람이다.

마르쿠스 아우렐리우스

3

"그러면 너희는 진리를 알게 될 것이며 진리가 너희를 자유롭게 할 것이다."

요한복음 제8장 32절

4

물질적 자연에는 악이 존재하지 않지만, 선에 대한 의식과 선과 악을 선택할 자유의지가 주어진 인간에게는 악이 존재한다. 　마르쿠스 아우렐리우스

5

자유로운 사람이란, 모든 것이 그가 원하는 대로 되는 사람을 가리킨다. 그러나 그것은 그가 뭔가를 생각하면 반드시 이루어진다는 뜻은 절대로 아니다. 이를테면 읽고 쓰기만 할 줄 알아도 우리는 생각한대로 글로 쓰고 말로 표현할 수 있지만, 비록 자기 이름조차 자기가 멋대로 만들어낸 문자로 쓸 수는 없다. 그랬다가는 언제까지나 이름 석자도 제대로 쓰지 못하게 된다. 즉, 정말로

필요한 문자를, 정말로 필요한 순서에 따라 쓰려고 하지 않으면 안되는 것이다. 무슨 일에 있어서든 다 그러하니, 만약 우리가 머리에 떠오른 대로 제멋대로 하고자 한다면 아무것도 배우지 못할 것이다. 즉 자유로운 인간이 되려면 머리에 떠오른 것이면 무엇이나 원해서는 안 되며, 오히려, 자유로운 인간은 자신에게 일어나는 모든 것을 받아들이고, 모든 것에 순응하는 것을 배우지 않으면 안 된다. 왜냐하면 인간에게 일어나는 일은 모두 온 세상을 다스리는 자, 즉 지고한 신의 뜻에 따라 일어나기 때문이다.　　　　에픽테토스

6

우리는 우리의 의지가 자유롭다는 것을, 일어나고 있는 모든 것에는 원인이 있다는 것보다 훨씬 더 똑똑히 의식하고 있다. 하지만 이 명제를 뒤집어 '우리가 가진 인과율의 관념은 크게 잘못된 것이 아닐까? 만일 그 관념이 옳다면 우리의 의지는 자유로울 리가 없으니까'라고 말해서는 안 되는 것일까?

리히텐베르크

7

덕이 높다는 것은 정신이 자유롭다는 것을 뜻한다. 끊임없이 누군가에게 화를 내고 끊임없이 무언가를 두려워하고 욕망에 빠지는 자는 마음이 자유로울 수 없다.　　　　공자

8

자유를 부정하는 사람은 빛을 부정하는 장님과 같다. 그들은 인간의 자유로운 세계를 모르는 것이다.

1) 5월 21일

1

선을 믿기 위해서는 먼저 선을 실천해야 한다.

2

지나가는 나날을 선행으로 장식하라.

3

매일 아침 눈을 뜨자마자, 오늘도 단 한 사람이라도 기쁘게 해줄 수 있기를 기원하는 것보다 좋은 일은 없다. 니체

4

선행은 우리의 의무이다. 이것을 자주 실천하면 결국 자신이 선을 베푼 사람을 진정으로 사랑하게 된다. '네 이웃을 네 몸같이 사랑하라'는 말은 먼저 이웃을 사랑해야 하고 그런 뒤에 그 사랑의 결과로서 그에게 선을 베풀어야 한다는 의미가 아니다. 우리는 이웃에게 선을 베풀어야 한다. 그러면 우리의 그 행위가 선을 지향하는 그 행위의 결과인 인류에 대한 사랑을 네 가슴속에 일깨워줄 것이다. 칸트

5

선의는, 그것이 베풀어지는 대상에 의해서가 아니라, 다시 말해 무언가의 목적을 달성하는 데 도움이 되어서가 아니라, 그 자체만으로 이미 선이다. 그 자체만으로 인식된 선의에는 그것을 통해 언젠가 누군가를 위해, 또는 모든 사람들을 위해서도 이루어질 수 있는 어떠한 것보다 비교할 수 없는 높은 가치가 있다. 설사 특별히 운이 나빠서 또는 능력이 너무 부족해서, 그 같은 의지가 자신의 의도를 전혀 실현시키지 못하더라도, 또 아무리 노력해도 아무것도 행하지 못하고 그저 선의에 머무른다 하더라도(물론 그것이 단순하고 헛된 소망이 아니라 우리의 힘이 미치는 범위 안의 모든 수단을 다하는 것으로서), 역시 그 같은 의지는 값진 보석처럼, 그 자체가 지극히 큰 가치를 간직한 그 어떤 것처럼, 내면적인 광채를 보여줄 것이다. 칸트

6

어느 누구도 선을 행하지 않는 한, 선에 대한 이념을 가질 수 없다. 또 어느 누구도 희생적으로 몇 번이고 선을 행하기 전에는 진실로 선을 사랑할 수 없다. 어느 누구도 끊임없이 선을 행하지 않으면 그 속에서 안정을 찾아낼 수 없다. 마르티노

7

비록 조그만 악일지라도 이웃에게 악을 행했을 때는, 그것을 큰 잘못으로 생각하라. 그러나 남에게 큰 선을 베풀었을 때는, 그것을 보잘 것 없는 것으로 생각하고 남이 너에게 베푼 작은 선은 큰 은혜로 생각하라.

8

신의 축복은 가난한 사람을 돕고 베푸는 자에게 내린다. 그때 가난한 사람을 친절하게 맞이하고 친절하게 보내는 자는 곱절의 축복을 누린다.　　탈무드

9

선을 행하면서 그럴 수 있는 것에 감사하라.

10

자신의 한평생을 남의 행복을 위해 바치고 전력을 기울여 그들에게 봉사하는 것이 네 의무라는 것을 똑똑히 깨닫고 깊이 명심하라. 그리고 그것을 말없이 실천하라.　　　　　　　　　　　　　　　　　　　　　존 러스킨

11

사냥꾼이 사냥감을 찾듯 선을 행할 기회를 찾을 것까지는 없지만, 최소한 주어진 기회를 놓쳐서는 안 된다.

5월 22일

1

그 가장 큰 변화를 포함한 자연계의 모든 변화는 깨닫지 못하는 사이에 서서히 이루어지는 것이지, 결코 돌발적으로 이루어지는 것이 아니다.
정신생활도 이와 마찬가지이다.

2

무릇 참다운 사상, 살아있는 사상은, 기르는 힘과 변화하는 힘을 갖고 있다는 특징이 있다. 그러나 그 변화는 서서히 나무처럼 변하는 것이지 구름처럼

쉽게 변하는 것이 아니다.   존 러스킨

3

진정으로 위대한 사업은 모두 서서히 눈에 띄지 않게 달성된다.   세네카

4

개개의 인간과 각 사회가 모든 시대에 걸치는 완전성에 도달하는 일은 절대로 없다. 왜냐하면 모든 시대에는 그 시대마다의 독자적인 완전성이 있기 때문이다.   류시 말로리

5

인생은 영혼의 탄생이어야 한다. 동물적인 것이 인간화되고, 육체가 정신으로 거듭나고, 육체적 활동이 양초가 빛과 열로 바뀌듯 사상으로, 의식으로, 이성으로, 정의로, 관용으로 바뀌지 않으면 안 된다. 이 숭고한 연금술은 지상에서의 우리의 존재를 정당화한다. 여기에 우리의 사명이 있고 우리의 존엄성이 있다.   아미엘

6

속에 병아리를 품고 있는 계란을 깰 때는 그 병아리의 목숨에 미치는 위태로움을 감수해야 하듯, 사람도 다른 사람의 영혼에 미치는 위험을 감수하지 않고는 자유롭게 할 수 없다. 모든 영혼은 일정한 단계까지 성장하면 스스로 자신의 쇠사슬을 끊는다.   류시 말로리

7

생명은 끊임없는 기적이다. 생명의 성장이 무엇인지 아는 것은 자연계의 가장 신비로운 비밀을 아는 것이다.   류시 말로리

8

자신은 성공했다는 생각만큼 도덕적 완성에 해로운 것은 없다.

다행히도 진정한 도덕적 성장의 길은 눈에 띄지 않게 완성되므로, 인간은

오랜 시간이 지난 뒤가 아니면 자신이 그토록 성장했다는 것을 깨닫지 못한다.

네가 만약 자신이 완성되어 가고 있다고 생각한다면, 그것을 확실하게 느낀다면, 그것은 네가 미혹에 빠져 있다는 증거요, 정지하고 있거나 뒷걸음질치고 있다는 증거라는 것을 알라.

5월 23일

1

적은 것에 길들면 길들수록 우리는 가난을 두려워하지 않게 된다.

2

절제는 결코 '힘의 억제'를 뜻하는 것이 아니며, 또 선의 정지, 사랑과 신앙의 정지를 뜻하지 않는다. 오히려 그것은 인간에게 자신이 악이라고 생각하는 것을 행하지 않도록 억제하는 정신력의 발현이다.　　　　　　　　　존 러스킨

3

연기가 벌을 벌집에서 쫓아내듯 식탐은 정신적인 신의 선물과 지성을 쫓아낸다.　　　　　　　　　성 바실리

4

자기가 원하는 것을 가지는 것은 커다란 행복이다. 그러나 자기가 가지고 있는 것 외에 아무것도 원하지 않는 것은 더 큰 행복이다.　　　　　　　메네뎀

5

불나방은 제 몸이 타는 것도 모르고 불 속으로 날아든다. 또 물고기는 위험을 모르고 낚싯대 끝의 미끼를 문다. 그런데 우리 인간도 육체의 쾌락이 불행의 그물로 싸여 있음을 잘 알고 있으면서도 그것을 놓치려 하지 않는다. 바닥 없는 무분별의 늪이란 바로 이런 것을 두고 하는 말이다.　　　　　　인도 속담

6

우리의 욕망은 언제나 안절부절못하며 어머니에게 이것저것을 늘 조르면서

무엇을 얻어도 만족하지 않는 어린 아이와 같다. 들어주면 들어줄수록 더욱
더 귀찮게 한다.   성현의 사상

7

어떤 사람이 지혜로운 사람인가? 모든 사람한테서 무엇인가를 배우는 사람
이다.

어떤 사람이 강한 사람인가? 자기 자신을 이기는 사람이다.

어떤 사람이 부유한 사람인가? 자신의 운명에 만족하는 사람이다.   탈무드

8

인간이 거부한 것은 그에게 고통을 주지 못한다. '내가' '나의'라고 하는, 마
음속의 오만을 이긴 자는 이미 높은 세계에 가 있다.   인도 격언

9

급할수록 돌아가라.

10

너무 적게 먹었다고 후회한 사람은 아무도 없었다.

11

자연은 조금밖에 요구하지 않지만 인간의 마음이 많은 것을 요구한다.

12

애욕에서 슬픔이 생기고 애욕에서 두려움이 생긴다. 쾌락에서 해탈한 사람
에게는 이미 슬픔도 두려움도 없다.   부처의 가르침

(역주―「법구경」 제16장 쾌락의 장에 '좋아하는 것에서 근심이 생기고, 좋아
하는 것에서 두려움이 생긴다. 좋아하는 데서 벗어난 이는 슬픔이 없는데, 어
찌 두려움이 있으랴'라고 되어 있다)

13

지상을 통치하는 것보다, 하늘에 오르는 것보다, 또 온 세상의 왕좌보다, 예류과(預流果)가 으뜸이다.　　　　　　　　　　　　　부처의 가르침

(역주—예류과란 성자의 길에 들어섬을 뜻하는 말)

14

욕망을 키우는 것은, 사람들이 흔히 생각하듯 자기완성으로 향하는 길이 결코 아니다. 반대로 욕망을 억제하면 할수록 인간적 존엄성의 의식이 커져서, 더욱 자유롭고 더욱 용감하게, 그리고 무엇보다 많이 신과 인간에게 봉사할 수 있게 된다.

5월 24일

1

신은 사랑이 아니다. 사랑은 인간에게 나타나는 신의 모습 중 하나일 뿐이다.

2

우리가 하느님을 사랑하고 또 하느님의 계명을 지키면 우리가 하느님의 자녀를 사랑하고 있다는 것을 알 수 있습니다. 하느님의 계명을 지키는 것이 곧 하느님을 사랑하는 일입니다. 그리고 하느님의 계명은 무거운 짐이 아닙니다.

　　　　　　　　　　　　　　　　　　　　요한I서 제5장 2~3절

3

율법학자 한 사람이 와서 그들이 토론하는 것을 듣고 있다가 예수께서 대답을 잘 하시는 것을 보고 "모든 계명 중에 어느 것이 첫째가는 계명입니까?" 하고 물었다. 예수께서는 이렇게 대답하셨다. "첫째가는 계명은 이것이다. '이스라엘아 들으라, 우리 하느님은 유일한 주님이시다. 네 마음을 다하고 목숨을 다하고 생각을 다하고 힘을 다하여 주님이신 너의 하느님을 사랑하라.' 또 둘째가는 계명은 '네 이웃을 네 몸같이 사랑하라'는 것이다. 이 두 계명보다 더 큰 계명은 없다."　　　　　　　　　　　　　마르코복음 제12장 28~31절

4

쾌락주의는 우리를 절망으로 이끌고, 의무에 관한 철학에는 적지 않은 기쁨이 있다. 그러나 구원은 오로지 의무와 행복의 일치 속에, 개인의 의지와 신의 의지의 합일 속에, 또 그 최고의 의지가 사랑에 의해 지배되고 있다는 신앙 속에 있다.　　　　　　　　　　　　　　　　　　　　　아미엘

5

인간애에는 정의가 포함되어 있다.　　　　　　　　　　　　　보브나르그

6

현자가 말했다. "나의 가르침은 간단해서 그 의미를 쉽게 이해할 수 있다. 요컨대 그것은 '너 자신처럼 네 이웃을 사랑하라'는 것이다."　　　중국 금언

7

삶의 목적은 그 모든 곳에 사랑의 각인을 찍는 것이며, 악한 생활을 서서히 선한 생활로 바꿔 가는 것이다. 즉 진실한 생활을 창조하는 것이며(왜냐하면 사랑의 생활만이 진실한 생활이므로) 진실한 생활, 바꿔 말하면 사랑에 의한 생활을 탄생시키는 것이다.

8

선량함은 독자적이고 현실적인 어떤 것이다. 인간 속에 선량함이 있는 만큼 그 속에 생명이 있다. 이 법칙 중의 법칙을 깨닫는 것은, 우리의 마음에 우리가 종교적이라고 부르고 있는, 가장 행복한 감정을 일깨운다.　　　에머슨

9

행복하기 위해 필요한 것은 오직 하나, 서로 사랑하는 것이다. 내 몸을 희생해 모든 사람과 모든 사물을 사랑하고, 사방에 사랑의 거미줄을 쳐서 거기에 걸려드는 자를 모두 사로잡는 것이다.

10

정상적인 사람이라면 누구나 한 번쯤은 경험했을(특히 유년 시절 초기에) 다음과 같은 행복한 감정을 알고 있다. 즉 이웃도 부모도 형제도 악인도 원수도 개도 말도 풀도 사랑하고 싶어지는 감정, 오로지 모든 사람이 즐겁고 행복하기를 바라고, 특히 내가 그들을 행복하게 해주고 싶은 감정, 언제나 모든 사람이 즐겁고 기쁘게 살기 위해 자기 자신을, 자신의 생명을 바치고 싶은 감정이다. 바로 그 감정이야말로, 그리고 그 감정만이 인간 생명의 원점이다.

11

네 속에 행동력이 있거든 그 행동을 사랑이 넘치는 것이 되게 하라. 만약 네가 나약하고 무력한 존재라면 너의 나약함까지도 사랑이 넘치는 것이 되게 하라.

12

인(仁)은 멀리 있지 않다. 내가 인을 원하는 곳 바로 그곳에 인이 있다.
(역주—특별히 출전이 《논어》라고 되어 있지는 않지만, 《논어》 술이(述而)편 제7장에 나오는 말이 정확하게 번역되어 있다)

13

자신의 영혼을 흐리게 하는 모든 오물을 제거하라. 그러면 사랑만이 남을 것이다. 그러나 그 사랑은 대상을 찾으면서 너 자신만으로 만족하지 않고, 살아 있는 모든 것, 나아가서는 살아 있는 모든 것에 생명을 주는 것, 즉 신을 대상으로 선택할 것이다.

5월 25일

1

인간의 도덕성은 그 사람의 언어에 대한 관계를 통해 알 수 있다.

2

누구든지 자기가 신앙생활을 한다고 생각하면서도 자기 혀를 억제하지 못한다면 그것은 자기 자신을 속이는 셈이니 그의 신앙생활은 결국 헛것이 됩니다.

야고보서 제1장 26절

3

남의 흠이 눈에 띄는 것은 곧 자기 자신의 흠을 잊고 있기 때문이다. 흔히 이웃을 비난하면서 자기가 방금 비난한 잘못과 똑같은 잘못에 빠지는 경우가 있다. 제 영혼을 구하려 하지 않고 더 나은 사람이 되려고 애쓰지 않는 자는, 쉽게 유혹에 빠지고 남의 악을 모방하는 법이다. 성현의 사상

4

이웃의 결점을 알았더라도 그것을 누구에게도 말하지 말라.

5

남에게 상처를 주는 험담을 퍼뜨려서는 안 된다. 이웃의 결점을 친구에게도 적에게도 얘기해서는 안 된다. 그의 행위 속에 좋지 않은 점이 있음을 알아도 그것을 들춰내서는 안 된다. 남의 험담을 하는 사람이 있거든 될 수 있는 한 말리도록 하라. 성현의 사상

6

재주가 뛰어난 사람이 스스로 가장 뿌리치기 힘든 유혹은 이웃에 대한 교묘한 비난과 비웃음이다.

7

교묘한 비난은 썩은 고기에 친 향신료와 같다. 향신료가 없으면 구역질이 나지만 향신료 때문에 모르고 삼키는 것이다.

8

다른 사람들을 나쁘게 말하고 너를 좋게 말하는 사람들의 말에는 절대로 귀를 기울이지 말라.

9

자기가 말할 것을 미리 생각하지 않아도 될 때는, 마음이 평화롭고 선량하며 사랑에 차 있음을 느낄 때뿐이다. 그러나 나쁜 감정에 사로잡혀 화가 나고 평정을 잃었을 때는 함부로 말하지 않도록 주의하라.

5월 26일

1

우리는 생명의 소멸 자체도, 죽음 직전의 순간들도 죽음이라고 부른다. 전자는 우리의 힘 밖에 있는 일이지만, 후자의 의미에서 죽는 것은 인생에서 가장 중요한 마지막 일이다.

2

죽음은 신의 뜻에 동의하는 것이며, 그렇기 때문에 도덕적 행위일 수 있다. 동물은 숨이 끊어질 뿐이지만, 인간은 자신의 영혼을 창조주에게 온전히 맡기지 않으면 안 된다.　　　　　　　　　　　　　　　　　　　　　아미엘

3

그리스도의 입에서 나온 참으로 위대한 말, 그것은 그가 죽음에 임하며 "아버지, 저 사람들을 용서하여 주십시오. 그들은 자기가 하는 일을 모르고 있습니다"라고 기원한 말이다.

4

죽어가는 자의 말과 태도는 사람들에게 큰 영향을 미친다. 그러므로 잘 사는 것도 중요하지만 잘 죽는 것은 그에 못지않게 매우 중요하다. 미련을 버리지 못한 추한 죽음은 잘 살아온 자신의 삶에 상처를 내고, 깨달음을 얻은 의연한 죽음은 이전의 나쁜 삶을 보상해준다.

5

무대장치가 한 장면에서 다른 장면으로 완전히 바뀔 때, 우리가 그때까지 현실 속의 장면처럼 생각했던 것이 한낱 장치에 지나지 않았음을 깨닫는다. 이

와 마찬가지로 너는 죽음의 순간, 무엇이 현실이고 무엇이 무대장치였는지 깨닫게 될 것이다.

6

죽어가는 사람은 살아 있는 사람을 잘 알아보지 못하는데, 그것은 그가 그 순간 이해력을 잃었기 때문이 아니다. 그는 뭔가 다른 것을, 살아 있는 자는 알지 못하고 알 수도 없는 뭔가를 알게 되어, 그것에 영혼이 사로잡혀버렸기 때문이다.

7

한 인간이 죽는 순간, 그가 그때까지 그 아래에서 불안과 기만과 슬픔과 악으로 가득 찬 책을 읽어 왔던 촛불이, 그 어느 때보다 밝게 타올라 지금까지 어둠 속에 있던 모든 것을 비추어낸 뒤, 이윽고 지지직! 하는 소리와 함께 어두워지면서 영원히 꺼지는 것이다.   아미엘

8

죽어가는 사람은 어느 정도 이미 영원한 세계에 발을 들여놓고 있다. 그가 우리에게 얘기하는 것은 무덤 저편에서 들려오는 목소리처럼 느껴진다. 그 말은 우리에 대한 명령처럼 들린다. 그는 우리에게 거의 예언자와 같은 존재가 된다. 이윽고 생명이 떠나가고, 무덤이 열리는 것을 느끼는 자에게 중대한 발언의 순간이 닥쳐온 것이다. 바야흐로 그의 진면목이 발휘되지 않으면 안 되는 순간이다. 이제 그의 안에 살고 있는 신은 더 이상 숨어 있을 수가 없다.
                                                      아미엘

9

죽음을 준비하라. 일반적으로 생각하듯, 죽음에 임해서 여러 가지 종교적 의식이나 사업의 정리라는 의미에서의 준비가 아니라, 최선의 죽음을 맞이하기 위한 준비를 하라. 즉, 네가 이미 다른 세계의 존재가 되어 너의 말과 태도가 뒤에 남는 사람들에게 특별한 영향을 줄 수 있는 엄숙한 죽음의 순간을 충분히 활용할 준비를 하는 것이 좋다.

이레째 읽을거리

소크라테스의 변명

소크라테스에 대한 기소는 ⑴ 그가 아테네의 국교를 인정하지 않고, ⑵ 젊은 이들에게 국교에 대한 불신을 가르쳐 그들을 타락시키고 있다는 혐의에 의한 것이었다.

훗날 그리스도를 비롯해 대부분의 인류의 스승과 예언자들에게 일어난 것과 똑같은 일이 소크라테스에게도 일어난 것이다. 소크라테스는 세상 사람들에게 자신의 마음에 계시된 올바른 인생의 길을 가르치는 동시에, 이 시대의 사회생활의 기초를 이루고 있던 거짓 가르침을 부정하지 않을 수 없었다. 아테네 사람들은 대부분 그의 가르침이 옳다는 것을 인정하면서도 거기에 감히 발을 들여놓지는 못하고, 그들이 신성한 것으로 생각해 왔던 모든 것이 비난받는 것을 가만히 보고 있을 수도 없어서, 이 기성 질서의 고발자이자 파괴자한테서 벗어날 요량으로 소크라테스를 재판에 회부했고, 결국 사형을 선고하기에 이른 것이다.

그것을 알고 있는 소크라테스는 결코 달아나거나 숨지 않고, 다만 아테네 사람들에게 왜 자기가 그때까지 그렇게 행동했으며, 또 앞으로 살아남을 수 있다 해도 자신은 똑같은 행동을 계속할 것인데 그 이유가 무엇인지에 대해 밝혀야겠다고 생각했다.

재판관들은 소크라테스를 유죄로 인정하고 그에게 사형을 선고했다. 그 선고를 태연히 듣고 나서 소크라테스는 재판관들에게 이렇게 말했다.

이제 세상 사람들은, 아테네의 시민인 당신들이 아무 이유도 없이 현자 소크라테스를 죽였다고 말할 것이오. 사실 나는 전혀 현자가 아니지만, 그들은 당신들을 비난하기 위해서 아마 그렇게 말할 것이오. "당신들이 소크라테스를 죽인 것은 바보 같은 짓이었다, 그냥 내버려 둬도 얼마 못 갔을 다 늙은 노인네인데" 하고 말이오.

또 한 가지, 나에게 사형을 선고한 당신들에게 말하고 싶은 것은, 당신들은 사형만 선고하면 내가 죽음을 면치 못할 거라고 생각하겠지만, 그건 틀린 생각이오. 나는 죽음을 면할 수 있는 방법을 알고 있지만, 그런 짓을 하는 것은 내 품위를 손상시킬 뿐이라는 걸 알기 때문에 하지 않을 뿐이오. 내가 울부짖고 소리치면서 온갖 추태를 부린다면 당신들이 좋아할 거라는 건 알고 있소. 그러나 나는 물론이고 그 누구도, 부당한 방법으로 죽음을 면하려 해서는 안 되는 일이오. 어떤 위험에 처한다 해도 자존심만 버리면 죽음을 면할 방법은 있소.

죽음을 면하기는 그리 어렵지 않지만, 악을 면하는 건 정말 어려운 일이오. 악은 죽음보다 빨리, 순식간에 우리를 사로잡아버리지요. 나는 늙어 몸의 움직임이 둔해져서 이렇게 죽음에게 포로로 잡혀버렸소. 그러나 나에게 사형을 선고한 당신들은, 아직 젊고 몸도 가볍지만 죽음보다 더 빠른 악에 사로잡혀버렸소. 즉 나는 당신들의 선고에 의해 죽음에 사로잡혔지만, 나에게 선고를 내린 당신들은 진리의 선고에 의해 악과 오욕에 사로잡힌 것이오. 그리고 나는 사형에 처해지고 당신들은 당신들대로 벌을 받을 것이오. 이것도 인연이라고 한다면 뭐 그뿐이겠지요.

한 가지 더, 나를 고발한 당신들에게 말해 두고 싶은 것이 있소. 인간은 죽음 직전에는 미래의 일이 아주 똑똑하게 보이는 법이오. 그래서 아테네 시민 여러분, 여러분에게 예언해 두겠소만, 여러분은 나의 죽음 직후에 당신들이 나에게 내린 선고보다 훨씬 더 끔찍한 벌을 받을 것이오. 다시 말해, 여러분이 기대한 것과 정반대의 일이 일어날 것이라는 말이오. 나를 죽임으로써 여러분은, 여러분은 모르고 있겠지만 내가 지금까지 달래어왔던, 여러분에 대한 비판자들이 쏘는 화살을 받게 될 것이오. 그 비판자들은 아직 어려서 혈기왕성한 만큼 여러분에게는 성가신 존재가 될 것이므로, 그들의 공격을 견디는 건 쉬운 일이 아닐 것이오. 그래서 여러분은 나의 죽음으로 인해 자신들의 악한 생활에 대한 비난을 면치 못할 것이오. 이것이 나를 고발한 여러분에게 예언해두고 싶은 말이오. 사람을 죽여 놓고 비난을 면하기를 바랄 수는 없지요. 비난을 면할 수 있는 가장 간단하고 가장 실제적인 방법은 오직 하나, 더욱 선하게 사는 일이오.

그럼 이번에는 법정에서 나를 유죄로 인정하지 않고 끝까지 변호해준 당신들에게 인사를 하고 싶군요. 당신들과의 마지막 대화에서, 오늘 나에게 일어난 이 놀라운 일, 이 이상한 사건에서 내가 이끌어낸 추론에 대해 얘기하고 싶소이다.

나는 오늘까지 전 생애를 통해, 무척 중요한 국면은 물론이고 평범한 일상사에서도, 늘 마음속에 있는 신비한 목소리를 듣고, 그 목소리가 나에게 경고하며 불행을 부르는 행동을 하지 않도록 이끄는 대로 행동해 왔소. 보시는 바와 같이, 오늘 나에게 일반적으로 가장 큰 불행으로 간주되고 있는 사태가 일어났지만, 그럼에도 불구하고 그 목소리는 내가 아침에 집을 나섰을 때도, 이 법정에 들어왔을 때도, 또 이렇게 얘기하고 있는 지금도, 조금도 경고를 발하지 않고 제지도 하지 않고 있소.

이것은 도대체 무엇을 의미할까요? 지금 내 몸에 일어나고 있는 일은, 악이 아닐 뿐만 아니라 오히려 선이라는 것을 의미하고 있다고 나는 생각하오. 사실 생각해 보면, 죽음은 둘 중에 하나, 의식이 완전히 사라지고 없어지는 것이냐, 아니면 전해져 내려오는 전승처럼 영혼이 변화하여 한 장소에서 다른 장소로 이동하는 것이냐 하는 것이오. 만약 죽음이 완전한 의식의 소멸이고, 꿈도 꾸지 않고 깊이 잠든 밤 같은 것이라면, 죽음은 의심할 수 없는 행복이라고 하지 않으면 안 될 것이오. 그렇게 꿈도 꾸지 않고 푹 잔 날 밤과, 자신이 현실 속에서 또는 꿈속에서 경험한, 여러 가지 공포와 불안과 불만에 찬 밤을 비교하면, 누구든지 꿈도 꾸지 않고 잔 밤만큼 행복한 날 행복한 밤은 거의 없었다고 생각할 것이오. 그러므로 만약 죽음이 그런 잠과 같은 것이라면, 적어도 그것은 행복이라고 할 수 있을 거외다. 또 죽음이 이 세상에서 저 세상으로 가는 것이고, 저 세상에는 우리보다 먼저 죽은 현자들과 성자들이 살고 있는 것이 사실이라면, 저 세상에서 그분들과 함께 사는 것보다 더 행복한 일이 어디 있겠소? 그런 곳으로 갈 수만 있다면, 나는 한번이 아니라 백번이라도 죽을 수 있소.

그러므로 재판관 당신들이나 시민 여러분도 결코 죽음을 두려워할 필요가 없으며, 다만 선한 사람에게는 삶 속에도 죽음 속에도 악은 결코 존재하지 않는다는 것을 잊지 않아야 할 것이오.

그렇기 때문에, 나를 심판한 사람들의 의도가 나에게 악을 행하는 것이었다 해도, 나는 그들은 물론 나를 고발한 사람들에게도 화를 내지 않는 것이오. 자, 이제 헤어질 시간이 왔소. 나는 죽기 위해 가고, 당신들은 살기 위해 가고. 우리 중 누가 더 행복한지는 신만이 아실 것이오.

재판이 끝난 뒤 곧, 소크라테스에게 독배를 마시게 하는 사형이 집행되었다. 그리고 그는 자신의 제자들에게 에워싸여 편안하게 죽음을 맞이했다. 그의 임종에 대한 자세한 묘사는, 그의 제자 플라톤이 쓴 대화편 〈파이돈〉에 기록되어 있다.

플라톤 「소크라테스의 변명」

5월 27일

1

인간의 지적 활동은, 종종 진리를 해명하는 것이 아니라 진리를 은폐하는 데 이용되는 일이 있다. 그 같은 활동이야말로 모든 유혹의 가장 큰 원인이다.

2

재판의 목적은 현재의 사회체제를 유지하려는 것에 불과하다. 그래서 일반 사회의 수준보다 높은 사람들도 일반 수준보다 낮은 사람들과 마찬가지로 박해하고 처벌하는 것이다.

3

모든 도덕상의 실천적인 명령 속에는 같은 근거에서 나온 다른 명령과 모순될 가능성이 있다.

절제하라! 그렇다면 아무것도 먹지 않아서 사람들에게 봉사할 수도 없는 사람이 되라는 말인가? 동물을 죽이지 말라! 그렇다면 그대로 동물에게 먹혀버리라는 말인가? 술을 마시지 말라! 그렇다면 성찬(聖餐)도 받지 말고 포도주로 병을 낫게 해주지도 말라는 것인가? 순결을 지켜라! 그렇다면 인류의 절멸을 바라는 것인가? 폭력으로 악에 맞서지 말라! 그렇다면 자기 자신과 다른 사람들이 한 사람에게 죽음을 당해도 좋다는 말인가! 그러나 이러한 모순을 찾는 것은, 그 사람이 도덕적 규범에 따르고 싶어하지 않는다는 증거이다.

이 논리는 바로, 10년에 한번, 치료에 포도주가 필요한 단 한 사람을 위해 폭주도 반대하지 않고, 인류의 절멸이 걱정되어 간음을 삼가지 않으며, 언제 누가 난폭하게 덤벼들지 모르니 사람을 죽이고 처형하고 투옥하는 것과 똑같다.

4

인간은 모든 일을 다 할 수는 없다. 그러나 그렇다고 해서 나쁜 짓을 해야만 한다는 뜻은 아니다.

소로

5

이성을 가진 존재로서 인간이 이 세상에 등장한 이래, 그들은 선과 악을 구별하고, 그들 이전의 인간이 행했던 이 구별을 이용해 항상 악과 싸우며, 진정한 최상의 길을 찾아 느리기는 해도 꿋꿋하게 그 길을 걸어 왔다. 그러나 언제나 온갖 기만이 이 길을 가로막으며 인간을 향해 그런 짓은 할 필요가 없으니 그냥 하루하루를 편하게 살면 된다고 유혹한다.

6

나는 농부들을 사랑한다. 그들은 잘못된 판단을 내릴 만큼 많이 배우지 않았으므로.

몽테뉴

7

도대체 왜 그 사람은 종교적, 정치적, 학문적으로 그토록 괴상하고 불합리한 입장을 옹호하는 것일까 하고 참으로 이상하게 여겨질 때가 종종 있지만, 잘 살펴보면 그저 자신의 입장을 옹호하는 호신술에 지나지 않는다는 걸 알 수 있다.

8

사람이 자신의 행위를 복잡한 이론으로 설명하려 할 때는, 그 행위가 나쁜 행위라는 것을 믿어도 된다. 양심의 결정은 항상 간단명료하고 솔직하다.

5월 28일

1

이교도의 세계에서 부는 명예와 권력의 상징이다. 그러나 그리스도교도에게는 부는 그것을 소유한 자의 약점이나 허위의 증명에 불과하다. 부유한 그리스도교도는 발 없는 경주마라는 말과 같이 모순된 말이다.

2

사람들은 완전히 물욕에 사로잡혀, 대인관계 속에 나타나는 사람 마음의 움직임을 자기의 재산을 불린다는 생각에서만 관찰할 뿐이다. 그들의 존경심은 상대방의 부에 정비례하며, 인간의 내면적 가치와는 아무 상관이 없다. 그러나 진정으로 깨달은 사람은 이성적인 존재로서의 "나?에 대한 존경심에서

자신의 재물과 돈을 부끄러워한다. 에머슨

3

이번에는 부자들에게도 한 마디 하겠습니다. 당신들에게 닥쳐 올 비참한 일들을 생각하고 울며 통곡하십시오. 당신들의 재물은 썩었고 그 많은 옷가지들은 좀먹어 버렸습니다. 당신들의 금과 은은 녹이 슬었고 그 녹은 장차 당신들을 고발할 증거가 되며 불과 같이 당신들의 살을 삼켜 버릴 것입니다. 당신들은 이와 같은 말세에도 재물을 쌓았습니다. 잘 들으시오. 당신들은 당신들의 밭에서 곡식을 거두어 들인 일꾼들에게 품삯을 주지 않고 가로챘습니다. 그 품삯이 소리를 지르고 있습니다. 또 추수한 일꾼들의 아우성이 만군의 주님의 귀에 들렸습니다. 야보고서 제5장 1~4절

4

나는 도처에서 사회복지라는 이름하에 자신만의 이익을 좇아 가난한 사람들을 착취하는 부자들의 음모를 보고 있다. 토머스 무어

5

빈곤은 우리에게 지혜와 인내를 가르친다. 라자로는 빈곤 속에 살았지만 마침내 영생의 약속을 얻지 않았는가. 야고보가 원했던 것은 오직 빵뿐이었고, 요셉도 극도의 빈곤 속에서 노예였을 뿐만 아니라 죄수이기도 했지만, 그 때문에 우리는 더욱 더 그에게 경이를 느낀다. 우리는 밀을 나누어 주었을 때의 그보다 감옥에 있었을 때의 그를, 재상이 되었을 때의 그보다 쇠사슬에 묶였을 때의 그를 찬미한다. 우리는 이러한 것을 상기하고 그 수많은 위업으로 빛나는 부귀와 명예가 아니라, 또 쾌락과 권력이 아니라 선덕에 의한 빈곤과 쇠사슬, 족쇄, 그것에 대한 인내를 경탄하고 찬미하자. 이오안 즐라토우스트

6

부의 소유는 오만과 잔인, 자만으로 인한 난폭, 부패와 타락의 뿌리이다.

퓨지

7

부자의 냉담함은 차라리 그들의 동정심만큼 잔인하지 않다.   루소

8

부자를 존경해서는 안 된다. 그들의 생활에서 멀리 떨어져서 그들을 가엾게 여겨야 한다. 부자는 자신의 부를 자랑할 것이 아니라 부끄러워해야 한다.

5월 29일

1

인간의 삶은 유한한 육체 속에 사는 무한한 신성을 인식하는 일이다.

2

유일하게 직접적으로 확실한 것은 우리의 뚜렷한 의식이다.
(역주―자기 속에는 실제로 확실한 의식이 있다는 뜻. "나는 생각한다. 고로 존재한다"는 말과도 통한다)

3

버클리와 피히테도 옳고 에머슨도 옳다. 세계는 무엇인가의 영상에 지나지 않는다, 옛날 이야기나 종교적 전설도 박물학과 마찬가지로 옳다, 아니, 그 이상으로 옳다. 왜냐하면 그것은 훨씬 더 이해하기 쉬운 영상이기 때문이다. 진실로 존재하는 것은 정신뿐이다. 그러면 그 밖의 것은 무엇일까? 그림자이고 가정이고 환상이고 영상이고 꿈이다. 우리가 의식하는 것만이 정신이다. 세계는 우리의 연기를 위한 일종의 무대이며, 그 목적은 정신의 단련과 강화이다. 의식만이 참으로 존재하며 그 핵심은 사랑이다.   아미엘

4

발밑에는 굳게 얼어붙은 땅, 주위에는 거대한 나무, 머리 위에는 음울한 하늘, 나는 나의 육체를 느끼며 이렇게 사색하고 있다. 그러나 나는 굳게 얼어붙

5월 417

은 땅도, 거대한 나무도, 하늘도, 내 몸도, 내 상념도, 모두 우연한 것이며, 이 모든 것들이 내 오관의 산물이자 내 표상, 내가 구상한 세계에 지나지 않는다는 것, 그것은 내가 세계의 다른 부분이 아니라 바로 그 부분을 구상했기 때문에 그렇게 되어 있으므로, 그것이 하나의 개체로서 내가 세계로부터 받은 몫이라는 것을 알고 있고, 온몸과 마음으로 그것을 느끼고 있다. 그리고 내가 죽자마자 그것들은 모두 사라지는 것이 아니라, 연극의 무대장치가 수풀과 돌에서 궁전과 탑으로 바뀌는 것처럼 바뀐다는 것도 알고 있다. 죽음과 동시에 내가 완전히 사라지는 것이 아니라, 세계에서 다른 몫을 받은 다른 존재로 옮겨가는 것이라면, 죽음은 내 속에서 그런 변화를 일으킨다. 지금의 나는 내 몸과 내 감정을 나 자신으로 생각하고 있지만, 죽으면 완전히 다른 무언가가 나를 차지할 것이다. 그때 세계는, 뒤에 남은 사람들에게는 그대로 변함없지만, 나에게는 다른 것이 된다. 왜냐하면 나에게 있어서 세계는, 자신이 세계에서 어떤 몫을 받았다고 느끼는지에 따라 어떻게든 바뀔 수 있기 때문이다. 그리고 세계에서 제각각 자신의 몫을 받는 자의 수는 무수히 많다.

5

자신의 마음속에서 신을 찾아라. 그 밖의 어디에도 신은 존재하지 않는다.

알만조르 다르 카페드

6

우리의 생명은, 우리가 자기 자신을 영원하고 무한한 영혼으로, 다시 말해 현상으로서는 시간적, 공간적 조건의 제약을 받고 있지만 본질적으로는 물 자체(物自體)로서 시공을 초월한 영혼으로 의식하는 데 있다.

7

인간을 의식하는 것은 신을 의식하는 것이다.

5월 30일

1

땅은 사람의 몸과 마찬가지로 사고파는 대상이 될 수 없다. 땅을 사고파는 것은 사람을 사고파는 것과 같은 행위이다.

2

노예 제도의 본질은 남의 노동을 대가도 주지 않고 빼앗을 수 있는 권리를 특정한 사람에게 주는 것이다. 땅의 개인 소유는 노예 소유의 권리와 마찬가지로 그 권리를 주는 것이다. 노예 소유자는 자신의 노예에게 그 노동에 의해 얻어지는 것 가운데 그가 사는 데 필요한 만큼은 남겨주어야 한다. 그런데 과연 자유 국가의 무수한 노동자들은 그 이상의 것을 받고 있는 것일까?

헨리 조지

3

땅은 자연이 인간에게 준 엄숙한 선물이다. 적어도 땅 위에 태어난 사람은 모두 땅에 대한 권리를 가지고 있다. 그것은 아기에게 어머니의 젖을 물 권리가 있는 것처럼 당연한 권리이다.

마르몽텔

4

내가 땅에 태어난 이상, 그것을 갈고 씨를 뿌리는 데 필요한 만큼은 주어져 있을 것이다. 그러므로 나는 내 몫을 요구할 권리가 있다.

에머슨

5

현대 사회에서 살고 있는 인간은 자신이 잠을 잘 자리에까지 돈을 치르지 않고는 잘 수 없다. 공기, 물, 햇빛은 길 위에서만 누릴 수 있을 뿐이다. 법에 의해 보장된 유일한 권리는 지쳐서 비틀거릴 때까지 그 길을 걷는 것이다. 왜냐하면 그는, 땅 위에 머무는 것이 허용되지 않아 쉬지 않고 계속 걸어야하기 때문이다.

그랜트 알렌

6

남자든 여자든 인간의 몸을 사고팔아서는 안 되며, 영혼은 더더욱 사고팔 수 없는 것이다. 이와 마찬가지로 땅과 물과 공기도 매매의 대상이 될 수 없다. 왜냐하면 그러한 것들은 인간의 육체와 영혼을 지탱하는 데 없어서는 안 되

는 조건이기 때문이다.　　　　　　　　　　　　　　　　　　존 러스킨

7

땅을 사고팔고, 등기하고 관리하는 것은 크나큰 죄악이다.

8

사람들은 자신이 선이라고 생각하는 것을 실천하려고 노력하지 않고, 가능하면 많은 것을 자신의 것으로 만들려고 노력하고 있다.

5월 31일

1

사치에 익숙하지 않은 사람이 어쩌다 그 속에 빠지면 남들에게 으스대고 싶어서, 이 정도 사치는 당연한 것이고 놀라운 일이 아니며 별 것 아니라는 듯이 행동한다. 그와 마찬가지로 삶의 기쁨에 대한 멸시를 자신의 고상한 인생관의 증거로 여기며, 인생 같은 것에는 더 이상 흥미가 없고 인생보다 더 좋은 무언가를 생각하고 있는 척하는 어리석은 자들이 있다.

2

행복하고 영원한 생명을 얻는 것, 신의 품에 안기는 것, 구원받는 것, 이러한 것들은 모두 동일한 것이며, 인생의 사명의 완성이자 삶의 목적 그 자체이다. 슬픔이 성장하듯이 행복도 성장한다. 천국의 기쁨이 흔들림 없이 조용하게 영원히 성장하여 더욱 더 깊이 마음에 스며들고 더욱 더 확고한 내 것이 되어가는 것, 그것이 바로 행복이다. 행복에는 한계가 없다. 왜냐하면 신에게는 밑바닥도 없고 벼랑도 없으며, 행복이란 원래 사랑을 통한 신의 정복 바로 그것이기 때문이다.　　　　　　　　　　　　　　　　　　아미엘

3

우리가 인생에 불만을 느끼는 주된 원인은, 우리에게는 어떤 것에도 파괴되지 않는 행복을 누릴 권리가 있고, 또한 그런 행복을 누리기 위해 태어났다는 전혀 근거 없는 착각에 있다.

우리에게는 어떠한 것과도 비교할 수 없는, 다양한 기쁨으로 넘치는 인생의 행복이 주어져 있는데, 인생에는 기쁨이 적다고 불평한다. 우리에게는 영혼과 육체 양쪽을 교류하는 지극히 큰 삶의 기쁨이 주어져 있는데, 왜 인생은 이렇게도 짧은가, 왜 그 끝이 있는가, 더욱 더 계속되면 좋을 텐데 하고 말한다.

만약 우리가 사랑을 통해 영혼과 육체 양쪽의 세계와 교류할 가능성이 주어져 있다고 하는, 인생의 위대한 기쁨을 올바로 이해하고 판단한다면, 우리는 더 이상 아무것도 바라지 않게 될 것이다.

4
감사하는 기쁨이야말로 신에 대한 가장 큰 공물이다.　　　　　　레싱

5
정신의 기쁨이야말로 정신력의 상징이다.

6
행복해지기 위해서는 행복의 가능성을 믿어야 한다.

7
자기 삶의 법칙, 곧 신의 법칙을 파괴하는 자에게는, 그가 바라는 최대의 행복을 주어도 역시 불행해지지만, 삶의 법칙을 지키는 것을 행복으로 여기는 사람에게는 세상 사람들이 행복으로 여기고 있는 모든 것을 빼앗아도 여전히 행복하다.

8
배탈이 난 사람은 고통을 호소한다. 인생에 불만을 가진 사람도 이치는 마찬가지다.

9
우리에게는 현재의 인생에 불만을 품을 어떠한 권리도 없다. 자신의 인생에 도저히 만족할 수 없다면, 자기 자신에게 불만을 품고 있다는 증거이다.

6월

6월 1일

1

유해한 일을 하느니 차라리 아무 일도 하지 않는 것이 더 낫다.

2

흔히 사람들은 일이 바빠서 그럴 틈이 없다며 거만하게 악의 없는 오락을 거절한다. 악의 없고 유쾌한 오락이 다른 일보다 더 필요하고 더 중요한가 하는 문제는 제쳐두고라도, 그 바쁜 사람들이 거들먹거리며 일이라고 부르고 있는 것도, 차라리 하지 않는 편이 더 나을 때가 많다.

3

그리 나쁜 일(나쁜 일은 절대로 해서는 안 되지만)도 아니고, 피해를 주는 일도 아니며, 오히려 좋은 일을 하고 건전한 오락에 빠져 있을 때도, 어떠한 즐거움이나 일보다 더 중요한 양심이라는 것이 있어서, 양심이 다른 것을 요구하거나 현재 하기 시작한 일을 그만두라고 명령한다면, 우리는 모든 걸 즉시 그만두어야 한다는 것을 잊어서는 안 된다. 그런데 일이나 오락에는 완전히 사람을 사로잡는 성질이 있어서, 선량하고 도덕적인 사람들마저 도의상의 요구에 대해 "나에게는 시간이 없다, 소를 샀으니 부려 보아야 하고, 죽은 아버지를 묻어야 한다"며(루가복음 제14장, 마태복음 제8장 참조) 달아난다.

"사자(死者)로 하여금 사자를 묻게 하라"는 말의 의미를 우리는 마음에 새겨야 할 것이다.

4

냉혹한 사람들은 자신의 냉혹함을 변호하기 위해 늘 바쁘다는 소리를 연발

한다.

5

달구지에 매인 말이 걷지 않을 수 없듯, 인간도 아무것도 하지 않고 있을 수 없다. 그러므로 인간이 일을 하는 것은 호흡을 하는 것과 조금도 다를 바가 없다. 중요한 것은 어떤 일을 하는가 하는 것이다.

6

세상 사람들은 일반적으로, 오락과 기분전환을 중요하지 않은 것, 심지어 좋지 않은 일로 생각하는 경향이 있다(예를 들면 이슬람교, 정교구파, 청교도). 그러나 오락은 노동과 마찬가지로 중요한 일이며, 노동에 대한 대가이다. 노동도 쉬지 않고 계속할 수는 없다. 오락과 기분 전환으로 필요한 휴식을 취하는 것은 자연스러운 일이다.

오락이 좋지 않은 것은, 첫째로 그것을 위해 다른 사람들의 노동을 필요로할 경우(테니스와 연극, 승마 등의 준비를 위하여), 둘째로 여러 가지 경기에서 흔히 볼 수 있듯 오락이 치열한 경쟁으로 바뀔 경우이며, 셋째로 오락이 오직 소수자들을 위한 것일 경우이다. 그것만 아니면 오락이 나쁘기는커녕 좋은 일이며, 특히 젊은 사람에게는 아주 좋은 일이다.

7

재산을 불리려고 아등바등하는 것만큼 공허하고 쓸데없고 영혼에 해로운 일은 없다. 또 이것만큼 사람을 매료시키고 사람들에게 중요하게 여겨지는 일도 없다.

8

일과 오락은 그 적절한 조화를 통해 인생의 기쁨이 된다. 그러나 모든 일과 모든 오락이 다 그런 것은 아니다.

6월 2일

1

남녀의 사명은 오직 하나, 신에게 봉사하는 것이다. 그러나 남녀의 봉사 방법은 서로 달라서 각각 확실하게 정해져 있다. 그러므로 어느 쪽이나 자신에게 정해진 방법으로 신에게 봉사해야 한다. 그런데 여자에게만 주어진 여자만의 중요한 일, 인류의 생존과 그 완성을 위해 꼭 필요한 일은 출산과 초기의 육아이다. 그러므로 여자의 모든 힘, 모든 주의력은 그것과 관련된 일에 집중되어야 한다. 여자는 남자가 하는 일이라면 무엇이든 할 수 있지만, 남자는 여자가 하는 일, 즉 출산과 초기의 육아를 할 수 없다. 그러므로 여자는 여자만이 할 수 있는 일을 잘 해내기 위해 전력을 기울여야 한다.

2

가정주부로서 행복해질 수 없는 여자는 어디에 가도 결코 행복해질 수 없다.

3

인류에 대한 봉사에는 두 가지가 있다. 하나는 현재의 인류 속에 행복을 증대시키는 일이며, 또 하나는 인류 자체를 존속시키는 일이다. 전자는 주로 남성의 사명이고 후자는 주로 여성의 사명이다.

4

남자와 여자는, 영혼의 악기가 아름답고 힘찬 화음을 내는 데 없어서는 안 되는 두 가지 소리이다.

주세페 마치니

5

부엌일이며 바느질이며 빨래며 아이를 키우는 일은 오직 여자의 일이며, 남자가 그런 일을 하는 것은 수치라는 괴상한 편견이 세상에 뿌리 깊게 만연해 있다. 그러나 오히려 그 반대로, 지치고 허약한 임산부가 힘겹게 부엌일을 하고 빨래를 하고 아이를 돌보고 있을 때, 한가한 남편은 쓸데없는 일에 시간을 보내거나 아무 일도 하지 않고 빈둥거리고 있는 것이 더 부끄러운 일이다.

6

온 세상과 그 속에 있는 모든 것은 아름답다. 그러나 온 세상에서 가장 아름다운 것은 덕성이 있는 여자이다.　　　　　　　　　　　　　마호메트

7

여자와 남자의 덕은 완전히 똑같은 것으로 절제와 성실과 선량함이다. 그러나 여자에게는 그 덕이 특별한 매력을 띠고 있다.

8

출산은 여자에게 자기희생의 학교이다. 그것을 통해 자기를 희생하는 능력을 배운 여자는 다른 어떤 환경 속에서도 그 능력을 쉽게 발휘할 수 있다.

9

남자를 흉내내려고 하는 여자는 여자 같은 남자처럼 비정상적이다.

10

남자와 여자의 굳은 결합은 정신적인 교류 속에만 있다. 정신적 교류가 없는 성적관계는 남편에게도 아내에게도 괴로움의 원천이 된다.

11

여자는 큰일을 한다. 아이를 낳는다는 큰일이다. 그러나 사상은 낳지 않는다. 그것은 남자의 일이다. 여자는 언제나 남자가 가져와서 이미 세상에 보급된 사상에 따르며 그것을 더욱 보급시킬 뿐이다. 그것과 마찬가지로 남자는 다만 아이를 키울 뿐 낳지는 못한다.

12

결혼하기 전이나 출산에서 해방된 뒤에는 남자가 하는 일은 무엇이든 하라. 그러나 출산과 초기의 육아는 여자가 아니고는 할 수 없다는 것을 잊어서는 안 된다.

귀여운 여인

퇴직한 팔등문관인 플레먀니코프의 딸 올렌카는 자기 집 현관 층계에 앉아 생각에 잠겨 있었다. 날씨는 무덥고 파리가 귀찮게 달라붙어서 어서 저녁이 되기만을 기다렸다. 검은 비구름이 동쪽에서 이따금 습기 찬 바람을 몰고 왔다.

뜰에는 이 집 건넌방에 세 들어 살고 있는 치볼리 야외극장 지배인 쿠킨이 하늘을 쳐다보며 서 있었다.

"또야!" 그는 울상을 지으며 말했다. "또 비냐구! 허구헌 날 비만 오다니, 꼭 일부러 그러는 것처럼 말이야. 에잇, 목이라도 매달아야지 원! 이러다간 파산하고 말겠어. 날마다 손해가 이만저만해야지!"

그는 두 손을 딱 하고 마주 치더니 올렌카에게 계속 불평을 쏟아냈다.

"이봐요, 올리가 세묘노브나, 이게 우리의 생활입니다. 통곡을 해도 시원치 않을 지경이에요! 매일같이 온갖 고생을 다하며 죽도록 일하고, 밤에는 밤대로 내일은 어떻게 해야 할지 머리를 짜느라 잠도 못자고, 그래봤자 무슨 소용이나 있는 줄 아세요? 관중들은 야만인이나 다름없이 무지막지해서 일류 가수들을 동원해서 최고로 고상한 오페레타와 무언극을 공연해 줘도, 쳐다보지도 않아요! 전혀 이해할 생각을 안 한다니까요. 그 사람들이 보고 싶어하는 건 광대랍니다. 아주 저속한 것만 바라지요. 게다가 날씨까지 이 모양으로 거의 매일 저녁 비가 오잖아요! 5월 10일부터 시작해서 6월 내내 이 지경이니, 나더러 어떡하라는 말입니까! 구경꾼은 얼씬도 하지 않는데 그래도 자릿세는 물어야 하고, 배우들에게 출연료도 줘야 하는데!"

이튿날도 저녁에 다시 검은 구름이 몰려오자, 쿠킨은 미친 듯 웃어대며 말했다.

"에잇, 그래! 퍼부을 테면 퍼부어봐! 극장이 몽땅 물에 잠기고, 나도 물속에 둥둥 떠다니도록 실컷 퍼부어 보라구! 어차피 난 이 세상에서나 저 세상에서나 재수 없는 인간이니까! 배우들이 날 걸어 고소해도 좋아! 재판이 대수야? 시베리아도 좋고 감옥도 상관없어. 웬만하면 교수대에 올려놓지 그래! 으하핫!"

그 다음날도 또 비.

올렌카는 늘 어두운 표정으로 말없이 쿠킨의 넋두리를 들었고, 그때마다 눈에 눈물을 글썽였다. 쿠킨의 불행은 드디어 올렌카의 마음을 사로잡았고, 그녀는 그를 사랑하기 시작했다. 그는 키가 작고 바짝 마른 데다, 누런 얼굴에 살쩍을 말끔히 빗어 붙이고, 목소리는 가냘픈 테너였으며, 얼굴에는 언제나 절망의 빛이 감돌고 있었다.

그런 그가 그녀의 가슴에 진지하고 깊은 애정을 불러일으킨 것이다. 올렌카는 한시도 누구를 사랑하지 않은 적이 없었으며, 그러지 않고는 살아갈 수 없는 여자였다. 어릴 때는 지금은 병든 몸으로 어두운 방안에서 안락의자에 앉아 괴로운 숨을 몰아쉬고 있는 아버지를 무척 따랐다. 그리고 1년에 한두 번 브란스크에서 다녀가는 작은 어머니를 사랑했고, 그 훨씬 전, 여학교에 다닐 때는 프랑스어 선생님을 사랑했다.

올렌카는 온화한 눈빛의, 조용하고 착하고 인정 많고 또 굉장히 건강한 아가씨였다. 그녀의 통통하고 발그레한 뺨, 부드럽고 하얀 살결에 까만 점이 박힌 목덜미, 무슨 재미있는 얘기를 들을 때마다 떠오르는 티 없이 상냥한 미소를 보면, 남자들은 모두 빙그레 웃었고, 여자 손님들은 서로 얘기를 주고받다가도 "아이, 귀엽기도 하지!" 하며 갑자기 그녀의 손을 덥석 잡는 것이었다.

올렌카가 태어나면서부터 살아왔고, 지금은 상속에 의해 그녀의 명의로 되어 있는 이 집은, 마을 변두리에 있는 티볼리 야외극장에서 멀지 않은 교외에 있어서, 저녁마다 밤늦도록 음악소리와 폭죽소리가 들려오곤 했다. 그녀에게는 그 소리가, 쿠킨이 자신의 운명과 싸우며 자신의 가장 큰 적인 냉담한 관중을 향해 돌격하고 있는 소리처럼 느껴졌다. 그러면 그녀의 심장은 달콤한 감격으로 벅차오르는 것이었다. 잠을 이루지 못하다가 새벽녘에 그가 돌아오는 소리가 나면, 침실 창문을 톡톡 두드리며 커튼 사이로 얼굴과 한쪽 어깨만 내밀고 상냥하게 미소 지어 보이곤 했다.

이윽고 쿠킨은 올렌카에게 청혼했고 두 사람은 결혼했다.

그는 행복했다. 그러나 결혼식 날에도 하루 종일 비가 왔기 때문에 그의 얼굴에서 절망의 표정은 사라지지 않았다.

결혼 뒤 두 사람은 행복하게 지냈다. 올렌카는 입장권을 팔고 극장 안의 잡다한 일을 도와주며, 지출을 기록하거나 월급을 계산해주기도 했다. 그녀의 발그레한 두 뺨과 티 없이 맑고 귀여운 미소가 매표구에서 보였는가 하면, 무대

뒤와 구내식당에도 나타나곤 했다. 그녀는 어느덧 사람들에게, 세상에서 가장 멋지고 가장 중요하며 또 필요한 것은 극장이며, 극장에서야말로 진실한 오락을 얻을 수 있고, 교양 있고 인간다운 인간이 될 수 있다고 말하게 되었다.

"하지만 일반관중이 과연 그것을 이해할까요? 일반관중이 원하고 있는 건 광대예요! 어제 〈개작(改作) 파우스트〉를 상연했는데, 자리가 거의 비어 있더군요. 만약 우리(역주─원문에는 '바니치카와 나'로 되어 있다)가 저속한 연극을 상연했으면 틀림없이 대만원이었을 텐데! 내일은 〈지옥의 오르페우스〉를 상연하니까 꼭 구경 오세요."

그녀는 이렇게 극장과 배우에 대해 남편 쿠킨이 말하는 것을 그대로 되풀이했다. 그녀도 남편처럼 일반관중의 예술에 대한 냉담함과 무지를 경멸하며, 무대연습에도 참견했고, 배우들의 대사와 연기를 고쳐주거나, 악사들을 감독하고, 지방신문에 자신의 극장에 대한 혹평이 실리면 분해서 눈물을 흘리며 편집국으로 해명하러 가기도 했다.

배우들은 그녀를 사랑하여, 그녀를 가리켜 '우리(바니치카와 나)'라고 부르거나 '귀여운 여인'이라고 불렀는데, 그녀도 그들을 동정하여, 약간의 가불도 허용해주고, 어쩌다가 그들이 약속을 지키지 않아도 혼자 눈물을 찔끔거릴 뿐 남편에게는 이르지 않았다.

겨울에도 그들은 잘 지냈다. 한 겨울, 마을 극장을 세내어, 그것을 여러 기간으로 나눠서 소러시아의 극단이나 마술사, 지방의 아마추어 연극단체에 다시 빌려주기도 했다. 올렌카는 점점 살이 포동포동해졌고 넘칠 것처럼 만족스러운 표정으로 지냈지만, 쿠킨은 여위고 안색도 갈수록 누렇게 되어, 겨울 내내 경기가 좋았음에도 불구하고 손해가 막심하다고 늘 투덜거리기만 했다. 밤에 그가 기침을 하면, 그녀는 딸기즙이며 보리수꽃을 즙을 내어 먹이고, 오드콜로뉴로 마사지해 주거나 자신의 부드러운 숄로 몸을 감싸주기도 했다.

"난 당신이 얼마나 좋은지 몰라요! 당신은 정말 좋은 사람이에요." 그녀는 남편의 머리를 쓰다듬으며 진심으로 말했다.

사순절 기간에 쿠킨은 새로운 극단을 모집하기 위해 모스크바로 떠났다. 올렌카는 남편이 없이는 도저히 잠을 이룰 수가 없어서, 밤새도록 별을 바라보며 창가에 앉아 있곤 했다. 그런 때 그녀는 자신을, 닭장에 수탉이 없으면 불안해서 잠을 못 자는 암탉과 같다고 생각했다.

쿠킨은 모스크바에 오래 머물러 있었는데, 부활절까지는 돌아갈 테니 극장 일에 대해 여러 가지로 부탁한다는 편지를 보내 왔다. 부활절을 일주일 앞둔 일요일 밤 늦게 불길한 예감을 주는 노크 소리가 들려 왔다. 마치 문 밖에서 누가 커다란 나무통을 쿵쿵 두드리는 것 같았다. 잠이 덜 깬 하녀가 맨발로 물이 질퍽하게 고인 뜰을 지나 대문을 열어주러 달려갔다.

"문 좀 열어 주세요! 전보가 왔어요!" 밖에서 누군가가 둔탁한 저음의 목소리로 말했다.

올렌카는 전에도 남편으로부터 전보를 받은 일이 있었지만 이번만은 어쩐지 몸이 얼어붙는 듯한 느낌이었다. 그녀는 떨리는 손으로 봉투를 뜯어 전문을 읽었다. 거기에는 이렇게 적혀 있었다.

"이반 페트로비치 오늘 급사. 화요일 장례식. 연락 기다림."

이렇게 장례식이니 뭐니 하는 도통 무슨 소린지 모를 말이 적혀 있었고, 극단 매니저의 서명이 들어 있었다.

"오, 여보! 사랑하는 바니치카! 어쩌자고 당신을 만났을까요? 어쩌자고 당신을 좋아하게 되었을까요? 당신은 이 가엾은 올렌카를, 불행하고 가련한 나를 도대체 누구의 손에 맡기겠다는 거예요?" 올렌카는 울음을 터뜨렸다.

쿠킨은 화요일 모스크바의 바가니코보 묘지에 묻혔다. 올렌카는 수요일에 집에 돌아와서 자기 방에 들어가자마자, 침대에 몸을 던지고 거리와 이웃집에까지 들릴 만큼 큰 소리로 통곡했다.

"가엾기도 하지! 가여운 올리가 세묘노브나, 얼마나 상심이 클까!" 이웃 사람들은 가슴에 성호를 그으며 말했다.

그로부터 석 달이 지난 어느 날, 올렌카는 상복을 입고 수심에 찬 표정으로 교회에서 돌아오고 있었다. 바로 그때 이웃에 사는 바실리 안드레이치 푸스토발로프도 교회에서 돌아오다가 우연히 올렌카와 나란히 걷게 되었다. 그는 바바카예프라는 목재상의 창고관리인이었다. 밀짚모자를 쓰고 하얀 조끼에 금시곗줄을 드리운 품이 상인이라기보다는 차라리 시골 지주라고 하는 편이 어울릴 것 같았다.

"세상의 모든 일은 다 주님의 뜻대로 이루어지는 겁니다. 올리가 세묘노브나, 우리에게 가장 소중한 사람이 죽는다 해도 다 주님의 뜻이니, 슬픔을 참고 묵묵히 그 뜻에 순종해야 하지 않을까요?" 그는 동정어린 목소리로 차분하게 말했다.

집 앞까지 올렌카를 바래다 준 다음 그는 작별 인사를 하고 돌아갔다.

이런 일이 있고부터 그녀의 귓전에서는 온종일 그의 차분한 목소리가 떠나지 않았고, 눈을 감으면 금방 그의 검은 턱수염이 어른거렸다. 그녀는 그를 무척 좋아하게 되었다. 그녀 역시 그에게 좋은 인상을 준 것 같았다. 그로부터 얼마 지나지 않아 그녀와 잘 아는 사이도 아닌 중년부인이 차를 마시러 찾아와서, 자리에 앉기가 무섭게 푸스토발로프에 대한 얘기를 꺼내더니, 그 사람은 무척 착실하고 좋은 사람이며, 그 사람 정도면 여자들이 서로 시집가려고 줄을 서 있다고 말한 것을 보면. 그로부터 사흘이 지났을 때, 당사자인 푸스토발로프가 찾아왔다. 그는 겨우 10분 정도 있으면서 별로 말도 하지 않았지만, 올렌카는 완전히 그에게 빠져버려, 밤새도록 잠을 이루지 못하고 몸은 열병에라도 걸린 것처럼 들떴고, 아침이 되자 마침내 그 중년부인을 부르러 사람을 보냈다. 곧 혼담이 성사되어 이윽고 결혼식이 거행되었다.

결혼한 뒤 푸스토발로프와 올렌카는 화목하게 살았다. 대개 푸스토발로프는 점심때까지는 목재창고에 있다가 그 뒤 장사일 때문에 외출하면, 그때부터는 올렌카가 대신해 저녁때까지 사무실에 앉아 계산서를 작성하고 물건을 팔기도 했다.

"목재는 요즘 해마다 2할씩 가격이 오르고 있어요." 그녀는 찾아오는 손님과 만나는 사람들에게 말하기 시작했다. "보세요, 전에는 이곳의 목재만으로도 충분했는데, 지금은 우리 집 양반이 모길레프스카야 현까지 가서 사와야 하잖아요? 운임이 보통 많이 들어야지요." 그녀는 정말 고충이 이만저만이 아니라는 표정으로 두 손으로 뺨을 감쌌다.

그녀는 자신이 오래전부터 목재를 다루고 있었던 것 같은 기분이 들었고, 또 세상에서 가장 중요하고 필요한 것도 목재인 것 같은 느낌이 들어, 대들보, 통나무, 판자, 창 재료, 기둥, 톱밥 같은 이름들이 왠지 모르게 친근하고 다정하게 들리는 것이었다.

남편의 생각이 곧 그녀의 생각이었다. 그가 방안이 덥다고 생각하면, 그녀도 그렇게 생각했다. 그녀의 남편은 아무런 취미도 없었고, 축제일에는 언제나 집에 있었기 때문에 그녀도 그렇게 했다.

"당신은 언제나 집하고 사무실만 오가는군요. 가끔은 연극을 보러 가거나

서커스를 구경하러 가는 것도 좋을 텐데." 아는 사람들이 그렇게 말하면, "저나 우리 집 양반이나 그런 것 보러갈 틈이 어디 있어야지요" 하고 그녀는 차분하게 대답했다. "우리에게는 일이 있는 걸요, 그런 쓸데없는 일은 하고 있을 새가 없답니다. 그런 연극이 도대체 뭐가 좋다는 건지 모르겠어요."

토요일에는 푸스토발로프와 함께 빠짐없이 교회의 저녁기도에 나갔고, 일요일에도 오전 예배에 갔다가 경건한 표정으로 어깨를 나란히 하고 집으로 돌아왔는데, 그럴 때 두 사람의 몸에서는 달콤한 향수 냄새가 나고, 또 그녀의 비단 옷은 사락사락 경쾌한 소리를 냈다. 집에 도착하면 버터빵과 여러 가지 잼과 함께 홍차를 마시고 만두를 먹었다. 정오 무렵이 되면 매일, 수프며 양고기, 오리고기를 굽는 냄새가 집안은 말할 것도 없고 집밖의 한길까지 진동했고, 또 육식을 금하는 날에는 생선 굽는 냄새가 나서 지나가는 사람들을 너나없이 군침 흘리게 했다. 사무실에는 언제나 사모바르가 끓고 있었고, 손님들은 홍차와 도넛을 대접받았다. 일주일에 한번은 꼭 둘이서 함께 목욕탕에 갔다가, 발갛게 달아오른 얼굴로 어깨를 나란히 하여 집으로 걸어갔다.

"네, 덕택에 그럭저럭 행복하게 살고 있어요! 하느님이 모든 사람에게도 나와 우리 집 양반처럼 행복하게 살게 해주시라고 늘 기도한답니다!" 올렌카는 아는 사람들에게 종종 이렇게 말했다.

푸스토발로프가 모길레프스카야 현으로 목재를 구입하려 가면, 그녀는 몹시 외로워하며 밤에는 잠도 자지 않고 울기만 했다. 그런 때 가끔, 한밤중에 그녀의 집 건넌방에 세 들어 사는 군 수의관인 스미르닌이 그녀를 찾아왔다. 그리고 그녀와 함께 여러 가지 얘기를 나누고 트럼프 놀이도 해주었는데, 그것이 그녀의 외로운 마음에 위로가 되어주었다. 그 자신의 가정에 대한 이야기는 특별히 더 흥미로웠다. 그는 결혼해 아들을 하나 낳았지만 아내의 행실이 좋지 않아서 헤어지고, 지금은 그녀를 미워하면서도 아이의 양육비만은 매달 40루블씩 꼬박꼬박 송금하고 있다는 것이었다. 그 말을 듣고 올렌카는 깊은 한숨을 내쉬면서 고개를 젓고는 '정말 가엾은 분!' 하고 생각했다.

"그럼 편히 주무세요. 절 위해 와주셔서 정말 고마웠어요. 그럼 편히 주무시고 몸조심하시길."

촛불을 들고 계단까지 그를 배웅하고 헤어질 때 그녀는 말했다.

그녀는 그런 말을, 남편을 흉내내어 장중하고도 사려 깊은 말투로 얘기한 뒤, 수의관이 아래로 내려가 문밖으로 자취를 감추기 전에, 다시 한번 그의 이름을 부르며 이렇게 말했다.

"저, 블라디미르 플라토니치 씨, 부인하고 화해하시는 게 어떨까요? 아드님을 위해서라도 부인을 용서하셔야 해요! 아드님도 이제 곧 철이 들 텐데."

푸스토발로프가 돌아오면, 그녀는 소곤거리는 목소리로 수의관에 대해, 그 불행한 가정생활에 대해 얘기하고는, 둘이서 함께 한숨을 쉬며 고개를 가로저었다. 그리고 틀림없이 아버지를 그리워하고 있을 아이에 대해 얘기하다가 일종의 이상한 연상 작용에 촉발되었는지 둘이서 함께 성상 앞에 나아가, 무릎을 꿇고 머리를 바닥에 조아리며, '제발 하느님, 저희도 자식을 하나 얻게 해주십시오' 하고 기도하는 것이었다.

이런 식으로 푸스토발로프 부부는 사랑과 완전한 화합 속에서 조용하고 평온한 6년을 보냈다. 그런데 어느 해 겨울, 바실리 안드레이치는 사무실에서 뜨거운 차를 마신 뒤, 목재를 반출하기 위해 모자도 쓰지 않고 밖에 나갔다가 감기에 걸려 몸져눕게 되었다. 유명한 의사들이 그를 치료했지만, 결국 병을 이기지 못하고 넉 달 뒤에 저세상으로 가고 말았다. 이리하여 올렌카는 또다시 과부가 되었다.

"아아, 여보, 전 이제 누구를 의지하고 살아야 해요? 나처럼 불행하고 가련한 여자가 또 있을까! 당신 없이 이제부터 어떻게 살라고. 여러분, 홀로 남은 저를 불쌍히 여겨주세요." 그녀는 남편을 묻어주고 그렇게 말하며 울었다.

그녀는 검은 상복에 하얀 상장을 달고, 모자와 장갑은 절대 착용하지 않고, 외출하는 일도 거의 없이, 오로지 교회와 남편의 무덤에만 다닐 뿐, 수녀처럼 집에 틀어박혀 지냈다. 여섯 달이 지나자 처음으로 그녀는 상장을 떼고 창문의 덧문을 열었다. 간혹 아침나절에 하녀와 함께 시장에 물건을 사러가는 그녀의 모습이 보이기 시작했지만, 그녀가 자기 집에서 어떤 생활을 하고 있는지, 방 안에서 무엇을 하고 있는지에 대해서는 여전히 추측만 하는 수밖에 없었다. 이를테면 그녀가 자기 집 뜰에서 그 수의관과 차를 마시고 있거나, 수의관이 그녀에게 신문을 읽어주는 장면을 보고, 또 아는 부인을 우체국에서 만났을 때 그녀가 다음과 같이 말하는 것을 듣고, 모두 그런가보다 하고 추측할 뿐이었다.

"이 마을에서는 가축 검역이 제대로 실시되고 있지 않아서 이렇게 병이 많은 거예요. 그러니까 우유를 마시고 병에 걸리거나, 소와 말에서 병이 옮는 거랍니다. 정말 가축의 건강에 대해서도 사람과 똑같이 주의를 기울여야 해요."

그녀는 수의관의 생각을 그대로 되풀이했고, 그의 의견은 모두 그녀의 의견이 되었다. 누군가에 대한 애착 없이는 살아갈 수 없는 그녀가, 이제 자기 집 건넌방에서 새로운 행복을 발견한 것은 명백해보였다. 다른 여자였다면 비난을 받았겠지만, 올렌카의 경우는 아무도 나쁘게 생각하지 않았고, 사람들은 그것이 그녀에게는 당연한 삶의 방식인 것으로 받아들였다. 그녀와 수의관은 둘 사이에 생긴 변화에 대해 누구한테도 얘기하지 않고 세상에 숨기려고 노력했지만, 원래 비밀을 간직할 수 없는 올렌카에게는 그건 도저히 불가능한 일이었다. 같은 연대의 동료들이 수의관을 찾아오면, 페스트와 결핵 같은 가축의 병과 마을 도살장에 대한 얘기를 늘어놓아 수의관을 난처하게 만드는 바람에, 손님이 돌아가면 수의관은 그녀의 손을 잡고 화를 내며 나무라는 것이었다.

"자기도 잘 모르는 말을 해서는 안 된다고 그렇게 일렀는데! 우리 수의관끼리 얘기하고 있을 때는 제발 끼어들지 말아요. 내 입장이 뭐가 되겠소!"

그러면 그녀는 놀라고 불안한 표정으로 그를 바라보며 물었다.

"그럼 볼로치카, 난 무슨 말을 하면 돼요?"

그렇게 말한 뒤, 그녀가 눈에 눈물을 글썽거리며 그의 품을 파고들면서 제발 화내지 말라고 애원하면, 두 사람은 다시 원래처럼 행복해졌다.

그러나 그 행복도 오래가지 못했다. 수의관은 이윽고 연대와 함께 떠나버렸다. 그것도 영원히. 연대가 이동한 곳은 아득히 먼 곳, 시베리아처럼 먼 곳이었기 때문이다. 올렌카는 또다시 혼자 남겨졌다.

이제 그녀는 완전히 고독해졌다. 아버지는 벌써 옛날에 세상을 떠났고, 그가 앉았던 안락의자는 다리가 하나 빠진 채 먼지에 싸여 다락방에 굴러다니고 있었다. 그녀는 여위고 추해졌고, 거리를 오가는 사람들도 이제 전처럼 그녀를 쳐다보지도 않고 웃어주지도 않았다. 그녀의 좋은 시절은 이미 지나가버려 단순한 추억으로 남았고, 이제 새로운 미지의 생활이, 더 이상 생각하지 않는 게 좋은 생활이 시작된 것이 분명했다. 밤이 되면 올렌카는 자주 현관 층계에 나와 앉아 있었다. 그러면 그 '티볼리'에서 음악소리가 들리고 폭죽소리가 울리지만, 그것은 그녀의 가슴에 아무런 상념도 불러일으키지 않았다. 그녀는 단지 공허한 눈으로 아무도 없는 자기 뜰을 바라보며, 아무것도 생각하지 않고,

아무것도 바라지 않고, 먹는 것도 마시는 것도 죽지 못해 겨우 시늉만 내는 것이었다.

거기에 무엇보다 불행한 것은, 그녀에게는 자기의 의견이라고 할만한 것이 하나도 없다는 것이었다. 그녀는 자기 주위에 있는 여러 가지 사물을 보고, 주위에서 일어나는 모든 일에 대해 알지만, 그것들에 대해 무엇 하나 의견을 가질 수 없었고, 무슨 말을 해야 할지 도무지 알 수가 없었다. 이를테면 눈앞에 병이 굴러다니고 있어도, 비가 내려도, 농부가 짐마차를 타고 가도, 왜 거기에 병이 있는지, 비는 왜 내리는지, 왜 농부가 짐마차를 타고 가는지, 그리고 그런 것들에 어떤 의미가 있는지 하나도 얘기할 수 없었다. 쿠킨과 푸스토발로프, 그리고 그 수의관과 함께 살았을 때는, 올렌카는 모든 걸 얘기할 수 있었고, 모든 것에 대해 자신의 의견을 말할 수 있었지만, 지금은 어떤 것을 보고 들어도 그녀의 마음속은 그녀의 뜰처럼 텅 비어 있었다.

마을은 점차 사방으로 뻗어나갔다. 집시 부락도 지금은 큰 거리가 되었고, '티볼리' 야외극장과 목재하치장이 있던 자리에도 집들이 들어서고 많은 거리가 생겼다. 정말 유수같이 흘러가버린 세월이었다! 올렌카의 집은 허물어져 가고 지붕은 녹슬었다. 헛간은 기울고, 집 전체에 잡초와 쐐기풀이 무성했다. 올렌카 자신도 더욱 늙고 추해졌다. 그녀는 여름에는 현관 계단에 앉아 있었고, 겨울에는 창가에 앉아 눈을 바라보았다. 봄바람이 불고 성당 종소리가 울려 퍼지면, 갑자기 지난날의 추억이 한꺼번에 되살아나 달콤한 감상이 가슴을 옥죄는 듯 하염없이 눈물이 흐르지만, 그것도 잠시뿐 마음은 곧 다시 공허해지고, 도대체 무엇 때문에 살고 있는지 자신도 알 수 없게 되어버리는 것이다. 검은 고양이 브리스카가 야옹 야옹 응석을 부리지만, 고양이의 응석도 올렌카의 마음을 위로해주지는 못했다. 그녀에게 필요한 것은 그런 것일까? 그녀에게는 그녀의 영혼, 그녀의 이성, 그녀의 전존재를 사로잡아, 그녀에게 사상과 인생의 지침을 주고, 그녀의 늙어버린 피를 다시 따뜻하게 데워줄 사랑이 필요했다.

그녀는 달라붙는 고양이를 떼어내며 화가 나서 말했다.

"저리 가, 저리 가지 못해! 귀찮아!"

이렇게 하루하루가 가고 해가 가도 무엇 하나 기쁨은 없고, 자신의 의견도 아무것도 없었다. 살림은 모두 가정부 마르파에게 맡겨버렸다.

그러던 7월의 어느 무더운 날 저녁, 마을의 가축 떼가 흙먼지를 일으키며 집 앞을 지나간 뒤, 갑자기 누군가가 문을 두드렸다. 직접 문을 열어주러 나간 올렌카는 깜짝 놀라 그 자리에 우뚝 서버렸다. 문 밖에 서 있는 것은, 이미 머리가 희끗희끗하고 평복을 입고 있기는 했지만, 옛날의 그 수의관 스미르닌 바로 그 사람이 틀림없었다. 그 순간 모든 기억이 되살아나 어쩔 줄 몰라 하면서, 그녀는 말도 하지 못하고 수의관의 가슴에 자신의 얼굴을 묻고 울기만 할 뿐이었다. 너무 흥분한 나머지, 그 뒤 두 사람이 언제 집안에 들어갔으며, 어떻게 해서 테이블에 앉아 차를 마셨는지 전혀 기억이 나지 않을 정도였다.

"아, 당신!" 그녀는 기쁨에 몸을 떨면서 말했다.

"블라디미르 플라토니치! 도대체 어디서 오시는 거예요?"

"이쪽에 아주 자리를 잡고 싶어서 왔소. 실은 군대에서 나왔어요. 그리고 이제 자유의 몸으로 이쪽에서 일자리를 얻어 정착할 생각이에요. 아들 녀석도 어느새 자라서 벌써 중학교에 보내야 할 나이가 되었어요. 실은 아내와도 화해했소."

"그럼 부인은 어디 계세요?" 올렌카가 물었다.

"아들과 함께 여관에 있어요. 그래서 이렇게 셋집을 찾고 있는 거요."

"어머나, 그래요? 그럼 우리 집으로 오세요! 이 정도면 충분하잖아요? 당신한테는 집세 같은 건 절대로 받지 않겠어요. 이리로 오세요, 난 건넌방에서 지내도 괜찮으니까. 아, 정말 잘됐어요!"

이렇게 말하면서 올렌카는 또다시 흥분하여 울음을 터뜨렸다.

이튿날 당장 사람을 불러 지붕을 다시 칠하고 벽도 새하얗게 칠하면서, 올렌카는 두 손을 허리에 대고 지붕 위를 왔다 갔다 하며 꼬치꼬치 잔소리를 해댔다. 그녀의 얼굴에는 예전처럼 미소가 반짝였고, 마치 오랜 잠에서 깨어난 것처럼 완전히 생기를 되찾아 싱싱한 표정이 되어 있었다. 수의관의 아내인, 머리를 짧게 자르고 변덕스러워 보이는 얼굴에 여위고 못생긴 여자가 사샤라고 하는 아들과 함께 찾아왔다. 사샤는 열 살치고는 작은 몸집에, 밝은 하늘색의 동그란 눈동자와 귀여운 보조개를 가진 소년이었다. 사샤는 집안에 들어서기가 바쁘게 고양이를 쫓아다녔고, 이내 아이의 쾌활하고 기쁜 웃음소리가 들려오게 되었다.

"아줌마, 이거 아줌마네 고양이에요?" 사샤가 올렌카에게 물었다. "새끼고양이가 태어나면 저도 한 마리 주세요. 엄마가 쥐를 굉장히 싫어하시거든요."

올렌카는 그 아이와 얘기를 나누며 차를 따라주고 하는 사이에, 갑자기 마치 그 아이가 자신의 아들이기라도 한 것처럼 가슴이 따스해지면서 심장이 달콤하게 죄어오는 듯한 기분이 들었다. 밤이 되어 사샤가 식당에 앉아 공부를 하면, 그녀는 대견스럽다는 듯 그 모습을 바라보며 속삭였다.

"정말 착한 아기야! 귀여운 나의 도련님, 어쩜 이렇게 머리도 좋고 살갗도 뽀얀까!"

"사방이 바다로 에워싸인 육지의 일부를 섬이라고 한다……" 하고 사샤가 낭독했다.

"육지의 일부를 섬이라고 한다……" 하고 그녀도 따라했다. 그것은 바로 그녀가 오랜 침묵과 사상의 진공상태 뒤에 확신을 가지고 말한 최초의 의견이 되었다.

이리하여 그녀는 다시 자신의 의견을 가지게 되었다. 저녁식사 때 사샤의 부모를 상대로, 요사이는 중학교 공부도 무척 어려워졌다, 그래도 실업 교육보다는 역시 고전교육이 낫다, 중학교만 나오면 길은 얼마든지 열려 있어서, 의사가 되고 싶으면 의사가, 기사가 되고 싶으면 기사가 될 수 있지 않느냐고 말했다.

사샤는 중학교에 다니기 시작했다. 그의 어머니는 하리코프의 동생 집에 간 뒤로 돌아오지 않았다. 아버지는 매일 어디론가 가축을 진찰하러 나가 이틀이고 사흘이고 돌아오지 않을 때가 있었다. 올렌카는 사샤가 두 사람한테서 버림받은 귀찮은 존재가 되었으며, 이대로 버려두면 굶어죽을 거라고 생각했다. 그래서 그녀는 사샤를 자신의 건넌방으로 데리고 와서 옆에 작은 방을 하나 꾸며 주었다.

사샤가 그녀의 건넌방에 살게 된 지 반년이 지났다. 아침이 되어 올렌카는 사샤의 방에 들어가 보면, 아이는 뺨에 손을 고이고 잠들어 있다. 깨우기가 아까울 지경이다.

"사셴카!" 그녀는 애처로운 듯이 아이를 부른다. "이제 그만 일어나렴! 학교에 늦겠다."

사샤는 일어나 옷을 입고 기도를 드린 다음 식탁에 앉아 차를 마신다. 아이는 차를 세 잔 마시고, 커다란 도넛 두 개, 버터 바른 프랑스빵 반 개를 먹어치운다. 아직 잠에서 덜 깼기 때문에 기분이 좀 좋지 않다.

"애야, 사센카, 넌 아직 우화를 완전히 외우지 않았더구나." 올렌카는 마치 먼 길을 나서는 자식을 배웅하는 듯한 눈길로 아이를 보면서 말한다. "우리 사센카가 왜 그럴까? 열심히 해야지, 넌 공부를 해야 해. 선생님이 하시는 말씀 잘 듣고."

"에이, 그런 말 좀 이제 그만 하세요!"

사샤는 작은 몸에 커다란 모자를 쓰고, 가방을 메고 학교를 향해 걸어간다. 그 뒤를 올렌카가 가만히 따라간다.

"사센카!" 그녀가 부른다. 사샤가 돌아보면, 그녀는 아이의 손에 대추야자 열매와 캐러멜을 쥐어준다. 학교로 가는 길모퉁이에 오면, 사샤는 키가 크고 뚱뚱한 여자가 따라오는 것이 창피해진다. 거기서 아이는 그녀를 돌아보며 말한다.

"아줌마, 어서 집으로 돌아가요. 이제 나 혼자 갈 수 있어요."

그녀는 멈춰 서서 아이가 학교 정문 속으로 사라질 때까지 눈도 깜박이지 않고 지켜본다. 아! 그녀는 사샤를 얼마나 사랑하고 있는지! 지난날 그녀가 사랑했던 어느 누구에게도 이토록 깊은 애착을 느낀 적이 한번도 없었고, 그녀 속에 모성애가 날이 갈수록 뜨겁게 불타오르는 지금처럼, 그녀의 마음이 헌신적인 애정 속에, 크나큰 희열과 함께 빠져든 적도 여태까지 한번도 없었다. 자신과 피 한 방울 섞이지 않은 이 소년에게, 그 뺨의 보조개에, 아이가 쓰고 있는 학생모에, 그녀는 감격의 눈물과 함께 자신의 목숨이라도 기꺼이 바쳤을 것이다. 도대체 왜 그런 걸 누가 알랴!

사샤가 학교에 가면 그녀는 완전히 흡족하고 애정으로 가득 찬 기분 속에서 조용히 집으로 돌아온다. 지난 반년 동안 다시 젊음을 되찾은 그녀의 얼굴은 미소로 빛났고, 거리에서 만나는 사람들도 그녀의 얼굴을 보고 기뻐하며 이렇게 말하는 것이었다.

"어머나, 안녕하세요, 올리가 세묘노브나! 요즘 어떻게 지내세요?"

"요사인 학교 공부도 무척 어려워졌더군요." 그녀는 시장에서 이런 말도 했다. "어젠 말도 마세요, 1학년 아이에게 우화 암송과 라틴어 번역, 거기다 숙제가 한 가지 더 있지 뭐예요. 아직 어린 아이에게 너무 무리한 것 아니에요?"

그녀는 교사들과 학과 공부, 교과서에 대한 것 등을 사샤의 말을 그대로 흉내내어 되풀이했다.

2시 지나 두 사람은 함께 점심을 먹고, 밤에는 다시 함께 복습과 예습을 하느라 진땀을 뺀다. 소년을 침대에 누인 뒤, 그녀는 오랫동안 아이를 향해 성호를 그으면서 낮은 목소리로 기도한다. 그리고 자신도 침대에 들어가, 사샤가 학교를 졸업하고 의사나 기사가 되어, 커다란 집과 말과 마차를 가지고, 결혼하고, 아이가 태어나고 하는 먼 꿈같은 미래를 끝도 없이 상상한다. 그녀는 어느새 잠에 빠져들면서도 내내 같은 생각만 하다가, 감긴 눈꺼풀 사이로 눈물이 넘쳐 뺨을 타고 흘러내린다. 검은 고양이가 그녀 옆에서 코를 골며 잔다.

"가르릉 가르릉 가르릉."

갑자기 누가 문을 세차게 두드리는 소리가 난다. 눈을 뜬 올렌카는 두려움에 숨이 막힌다. 심장이 마구 방망이질한다. 30초쯤 지나자 다시 문 두드리는 소리가 난다.

"하리코프에서 전보가 온 거야. 사샤의 어머니가 사샤를 하리코프로 데려가려나 봐. 아, 이 일을 어떡하지!" 그녀는 온몸을 부들부들 떨면서 생각한다.

그녀는 절망에 빠진다. 머리도 다리도 손도 싸늘해지고, 온 세상에서 자기보다 더 불행한 사람은 없을 것 같은 느낌이 든다. 다시 1분쯤 지나자 사람의 목소리가 들린다. 수의관이 클럽에서 돌아온 것이다.

"아, 다행이다!"

그녀의 무거운 기분은 점차 사라지고, 마음이 다시 가벼워진다. 그녀는 침대에 다시 누워 사샤를 생각한다. 옆방에서 깊이 잠들어 있는 사샤가 이따금 잠꼬대를 한다.

"이 자식! 저리 비켜! 그만해!"

안톤 체호프

체호프의 단편 〈귀여운 여인〉 뒤에 부친 글

구약 〈민수기〉에 모압 왕 '발락'이 그 변경에 접근한 이스라엘 민족을 저주하려고 발람을 부르는 의미심장한 이야기가 나온다. 발락은 발람에게 그 대가로 많은 선물을 주겠다고 약속한다. 발람은 그 꾐에 빠져 발락에게 가는데, 가는 도중에 천사가 그를 불러 세운다. 그러나 그 천사는 발람의 나귀에게는 보이지만 발람 자신에게는 보이지 않는다. 발람은 천사의 제지에도 불구하고 발락에게 가서, 함께 송아지와 양을 희생으로 바치는 제단이 준비된 산으로 올라간다. 발락은 저주의 말을 기대하고 있었지만, 발람은 이스라엘 민족을 저주하는 대신 오히려 축복을 내리고 만다.

23장 11절―발락이 발람에게 이르되, "그대가 어찌 내게 이같이 행하느냐? 나의 원수를 저주하라고 그대를 데려왔거늘 그대가 온전히 축복하였도다."

12절―대답하여 가로되, "여호와께서 내 입에 주신 말씀을 내가 어찌 말하지 아니할 수 있으리이까?

13절―발락이 가로되, "나와 함께 그들을 달리 볼 곳으로 가자. 거기서는 그들을 다 보지 못하고 그 끝만 보리니 거기서 나를 위하여 그들을 저주하라.

그리하여 그를 다른 장소로 데리고 가는데, 그곳에도 제단이 준비되어 있었다.

그러나 발람은 또 다시 저주 대신 축복을 내린다. 그리고 다음 장소에서도 역시 그렇게 했다.

24장 10절―발락이 발람에게 노하여 손뼉을 치며 발람에게 말하되 "내가 그대를 부른 것은 내 원수를 저주하라 함이어늘 그대가 이같이 세 번 그들을 축복하였도다."

11절―"그러므로 그대는 이제 그대의 곳으로 달려가라. 내가 그대를 높여 심히 존귀케 하기로 뜻하였더니 여호와가 그대를 막아 존귀치 못하게 하셨도다."

이리하여 발람은 발락의 적을 저주하는 대신 축복을 주었기 때문에 선물을 받지 못하고 돌아갔다.

발람에게 일어난 일은 진정한 시인, 진정한 예술가에게도 흔히 일어나는 일이다. 발락의 꾐에 빠져, 즉 명성이나 어쩌다 빠진 잘못된 견해에 유혹되어, 시인은 자신을 제지하는 천사, 나귀에게는 잘 보이는 그 천사의 모습을 보지는 못하지만, 막상 저주하려는 순간에 오히려 축복해버리는 것이다.

바로 이런 일이 진정한 시인이자 진정한 예술가인 체호프가 이 멋진 〈귀여운 여인〉이라는 작품을 썼을 때 일어난 것이다.

작자는 분명히, 한 때는 쿠킨과 함께 연극 때문에 마음을 졸이고, 한때는 목재 장사에 열중하거나 수의관의 영향을 받아 가축의 결핵과 싸우는 것이 가장 중요하다고 여기고, 나중에는 커다란 학생모를 쓴 어린 학생의 문법 문제와 그 밖의 관심사에 완전히 마음을 빼앗기기도 하는 '귀여운 여인'이라는, 그의 판단에 의하면 참으로 가련한(그러나 개인적 주관에 따라서는 그렇지 않은) 여성을 조롱하고 싶었으리라. 쿠킨이라는 이름도 우스꽝스럽고, 그의 병과 자신의 죽음을 알리는 전보 애기도 이상하고, 단정하고 장중한 목재상의 모습도, 수의관과 그 아이도 모두 우스꽝스럽지만, 자신이 사랑하는 사람에게 전심전력을 바치는 능력을 가진 '귀여운 여인'의 아름다운 마음은, 우스꽝스럽기는커녕 오히려 성자의 마음이라 하지 않을 수 없다.

내 생각에는, 작자가 이 〈귀여운 여인〉을 썼을 때, 그의 마음이 아니라 머릿속에, 남녀평등론 위에 계몽되고 교양을 갖춘, 남자 이상은 아니라도 남자 못지않게 독립적으로 사회를 위해 일하는 신시대의 여성, 여성해방을 소리 높여 주장하는 여성이 어렴풋이 뇌리에 떠오르지 않았을까 한다. 그리고 〈귀여운 여인〉을 쓰기 시작할 때는 그녀를 부정적으로 쓸 생각이었을 거라고 짐작한다. 일반 여론이라는 발락이 체호프를, 오로지 남자에게 헌신하는 연약하고 순종적이고 무지한 여성을 저주하도록 유혹했고, 그래서 그는 송아지와 양이 바쳐진 제단이 있는 산으로 올라갔지만, 막상 입을 열었을 때 시인 체호프는 저주하는 대신 축복을 내린 것이다. 적어도 나는 작품 전체에 흐르는 훌륭하고 경쾌한 유머에도 불구하고, 이 멋진 작품의 몇몇 군데는 눈물 없이 읽을 수가 없었다. 나는 그녀가 모든 것을 바쳐서 쿠킨을 사랑하고, 또 쿠킨이 사랑한 모든 것을 사랑한 것에, 또 그것과 마찬가지로 목재상과 수의관을 사랑한 것에 감동하고, 나아가서 그 이상으로 그녀가 혼자가 되어 사랑할 대상을 잃고 고뇌하는 모습에 감동하고, 마지막으로 여성 특유의 모성애(실제의 어머니로서 직접 경험한 것은 아니지만)로 커다란 학생모를 쓴 어린 학생, 미래를 짊어진 소년에 대한 한없는 사랑에 몰입한 것에 감동했다.

작자는 그녀에게 염치없는 쿠킨과 보잘 것 없는 목재상, 불쾌한 수의관을 사랑하게 했는데, 아마 사랑이라는 것은 그 대상이 쿠킨이든 스피노자든 파스칼이든 실러든, 또 〈귀여운 여인〉의 경우처럼 끊임없이 대상이 바뀌든 평생을 통해 단 한 사람이든, 그 신성함에는 조금도 다를 바가 없을 것이다.

상당히 오래전 일이지만, 나는 〈새 시대〉의 문예란에서 아트 씨의 여자에 관한 훌륭한 글을 읽은 적이 있다. 그는 그 글 속에서 여자에 대한 매우 지혜롭고 심오한 사상을 전개하고 있었다.

'여자들은,' 하고 그는 시작한다. '우리에게 우리 남자들이 할 수 있는 일은 뭐든지 자신들도 할 수 있다는 것을 보여주려고 노력하고 있다. 나는 그 사실을 부정하기는커녕 여성들이 우리 남성이 하는 일을 모두 할 수 있다는 것, 어쩌면 우리 남성 이상으로 잘할 수 있을지도 모른다는 것에 쾌히 동의한다. 그러나 슬프게도 문제가 되는 것은 우리 남성들은 여성들이 할 수 있는 것을 흉내조차 내지 못한다는 사실이다.'

정말 그렇다! 그것은 출산과 수유와 초기의 육아뿐만 아니라, 원래 남성에게는, 인간을 가장 신에게 다가갈 수 있게 하는 숭고하고 선하고 아름다운 그 사랑의 행위, 수많은 여성들이 훌륭하고도 참으로 자연스럽게 수행해왔고, 지금도 수행하고 있으며, 앞으로도 수행할, 사랑하는 사람을 위해 온몸을 바쳐 헌신하는 사랑의 행위는 불가능한 것이다. 만약 여성에게 그러한 특성이 없고, 또 있어도 그것을 발휘하지 않는다면, 세상은, 그리고 우리 남성은, 과연 어떻게 될까! 여의사와 여기사, 여변호사, 여성학자와 여성작가는 없어도 상관없지만, 어머니와, 남성 속에 있는 모든 좋은 것을 사랑하며 그 좋은 모든 것을 알게 모르게 남성의 마음에 불어넣어 지키고 키워주는 여성 협력자, 여성 친구, 여성의 위로의 손길이 없다면, 그러한 여성이 없다면, 이 세상은 얼마나 따분한 것이 되겠는가! 만약 그리스도에게 마리아와 막달레나가 없었더라면, 아시시의 프란체스코에게 클라라가 없었더라면, 유형지의 12월 당원에게 그 아내들이 없었더라면, 두호보르파에게 그들을 말리지 않고 오히려 의를 위한 순교를 지지한 아내들이 없었더라면, 누구보다도 사랑의 위로가 필요한 주정꾼이나 무능력자, 방탕아들에게 그들을 위로해주는 참으로 부덕 높은 무수한 이름 없는 여성들(이름 없는 여성이야말로 진정으로 숭고하다)이 없었더라면, 세상은 과연 어떻게 되었을까! 그 사랑이 쿠킨에게 돌아가든 그리스도에게 돌아가든, 그러한 애정이야말로 가장 중요하고 가장 위대하며 무엇과도 바꿀 수 없는 여성의 힘이다.

꼭 쓸데없는 일에서 그렇듯, 수많은 여성들과 심지어는 남성까지 휩쓸고 있는 이른바 여성해방이라는 것은 또 얼마나 터무니없는 착각인지!

'여성은 자기완성을 원하고 있다.' 이보다 더 지당한 얘기가 어디 있을까?

그러나 여성의 일은 그 사명에서 볼 때 남성의 일과는 다를 수밖에 없다. 그래서 여성의 자기완성에 대한 이상도 남성의 그것과 같을 수가 없다. 이를테면 그 이상이 어디에 있는지는 모르겠지만, 적어도 남성의 자기완성의 이상과 같지 않다는 것은 의심할 여지가 없다. 그런데 현재 수많은 여성들을 혼란에 빠뜨리며 최근에 바람을 일으키고 있는 여성운동의 우스꽝스러운 움직임은, 그 남성의 이상을 획득하는 데 목표를 두고 있다.

어쩌면 체호프 자신도 이 〈귀여운 여인〉을 썼을 때, 그러한 잘못된 생각의 영향을 받고 있었는지도 모른다.

체호프는 발람처럼 저주할 생각이었지만, 시(詩)의 신이 그것을 제지하며 반대로 축복하라고 명령한 결과, 자신도 모르게 그 사랑스러운 여성에게 신비로운 빛의 옷을 입혔고, 그래서 그녀는 자기 자신도 행복해지고, 운명이 자신과 짝 지워준 사람도 행복하게 만드는 여성의 전형으로서 영원히 남게 된 것이다.

이 단편은 그러한 의도치 않은 무의식 속에서 태어났기 때문에 이러한 걸작이 될 수 있었다.

나는 사단의 열병장이기도 한 어떤 마술(馬術) 연습장에서 자전거 연습을 한 적이 있었다. 그런데 한 부인도 한쪽에서 역시 자전거를 연습하고 있었다. 나는 그 부인을 방해하지 말아야지 하고 생각하면서 그녀 쪽을 바라보았다. 그런데 바라보는 사이에 나도 모르게 점점 그녀에게 다가갔고, 위험을 느끼고 피하려는 그녀에게 자전거 째 부딪혀서 그녀를 넘어뜨리고 말았다. 그러니까, 그녀에게 너무 주의하다가 오히려 자신의 의지와는 정반대되는 일을 하고 만 것이다.

그것과 같은 일이 반대의 형태로 체호프에게 일어났다. 그는 〈귀여운 여인〉을 넘어뜨릴 생각으로 그녀를 유심히 응시하다가 오히려 그녀를 찬양하게 된 것이다.

레프 톨스토이

6월 3일

1

그들이 그것을 알고 있든 모르고 있든, 모든 존재는 떼어놓을 수 없이 서로 굳게 맺어져 있다.

2

사람의 아들이여, 그대는 네 형제들을 기만하지 않았는가? 그렇다, 기만하지는 않았다. 그대는 그들에게 '수고하고 무거운 짐진 자들아! 다 내게로 오라. 내가 너희를 쉬게 하리라(마태복음 제11장 28절)'고 말했다. 그러나 그들은 그대를 찾아오지 않았고, 그대의 가르침을 마음과 행위로 받아들이지 않았으며, 그대의 명령에 따르지 않고, 유일한 아버지의 아들로서 서로 사랑하지 않았다. 만약 그들이 신의 곁으로 다가왔더라면 그들은 서로 사랑했을 것이고, 모두 하나가 되었을 것이다. 그리고 그들이 하나가 된다면, 그들이 정의를 세우고 신의 나라를 건설하는 것을 누가 방해할 수 있으랴? 지금 그들은 무력하다. 그들은 뿔뿔이 흩어져 제각각 힘을 잃은 채 길을 잃은 압제자들 앞에 서있기 때문이다. 그들은 무력하다. 그들에게는 모든 것을 극복할 신앙도 없고, 신앙보다 더 강한 사랑도 없기 때문이다. 그들은 무력하다. 개인적 욕심에 빠져 있기 때문이며, 그들 속에 스스로를 희생시킬 용기를 주는 것, 단 하루가 아니라 매일 매일 결코 지치지 않고 결코 절망하지 않고 싸울 수 있는 용기를 주는 것이 없기 때문이다. 그들은 무력하다. 그들은 인간을 두려워하기 때문이다. 그들은 그대가 자신들에게 해준 말, 즉 '자신의 생명을 지키는 자는 그것을 잃고, 그대의 율법이 지배하는 나라를 건설하기 위해 생명을 잃는 자는 오히려 생명을 얻을 것이다'라고 한 말을 이해하지 못하기 때문에 더욱 무력한 것이다. 라프네

3

자신의 자아만을 진정한 존재로 생각하고, 다른 존재는 그들이 자신의 삶에 도움을 주거나 방해하는 경우에만 일종의 상대적 관계를 인정하는, 이를테면 환영에 지나지 않는다고 생각하는 사람은, 깊이를 알 수 없는 심연을 사이에 두고 자신과 타자가 동떨어져 있는 것으로 느낀다. 그리고 자신의 자아에만 존재를 인정하기 때문에, 자신이 죽으면 유일한 존재인 자신뿐만 아니라 전

세계도 함께 사라진다고 생각한다.

한편, 모든 타자, 즉 살아 있는 모든 것 속에 자기 자신을 인정하고, 자신의 생명을 통해 살아 있는 모든 것과 하나가 되는 사람은, 죽음으로 자기 존재의 극히 일부를 잃을 뿐이다. 그런 사람은 모든 타자 속에, 자신이 항상 그 속에 자신의 존재 또는 자기 자신을 인정하고 또 사랑해온 타자 속에 계속 존재한다. 그런 사람에게는 자신을 타자와 분리하는 기만과 망상이 사라진다.

이러한 점에서, 지극히 선량한 사람과 지극히 사악한 사람이 죽음에 임해 보여주는 태도에 차이가 드러난다. 오직 그것만이라고는 할 수 없더라도 주요 원인이 숨어 있는 것이다.   쇼펜하우어

4

나는 결코 나 한 사람만의 구원을 원하지 않고 또 인정하지도 않는다. 혼자서만 안심하며 살고 싶지도 않다. 나는 가는 곳마다 항상 모든 세계의 모든 존재의 구원을 지향하면서 살며 그것을 위해 노력할 것이다. 모든 생명이 미망에서 해방되기 전에는 나는 죄와 슬픔과 싸움의 이 세상을 버리지 않을 것이다.

중국의 크반 힐

5

함께 같은 일에 힘을 쏟는 사명을 띤 이성적 존재들은 일반 세계의 삶에서 팔다리가 인간의 몸에서 하는 것과 같은 역할을 수행하고 있다. 그들은 이성적 일치와 협동을 위해 창조되어 있다. 자신이 하나의 커다란 정신적 우호단체의 일원이라는 의식이 우리에게 얼마나 용기를 주고 위안을 주는지 모른다.

마르쿠스 아우렐리우스

6

우리 인간들은 모든 운명을 함께 하지 않으면 안 된다는 것을, 인류는 점점 확실하게 의식하고 있다. 사람들은 우리 마음속에서 끊임없이 얘기하고 있는 목소리에 더욱 더 귀를 기울이기 시작했다.   류시 말로리

개개인의 행복이 있을 수 있다거나, 개개인의 악은 세계 전체의 악이 아니며 나하고는 아무 상관없다고 생각해서는 안 된다.

6월 4일

1

인간은 모두 노예가 아니면 안 된다. 문제는 누구의 노예가 될 것인지 선택하는 일이다. 만약 욕망의 노예라면 말할 것도 없이 인간의 노예이고, 정신적 본원의 노예라면 오로지 신의 노예일 따름이다.

기왕이면 높은 주인을 가지는 것이 더 좋지 않을까.

2

그리스도교가 왜곡된 결과 우리의 생활은 이교도의 생활보다 더 나빠지고 말았다.

3

인간이 악으로 생각하고 있는 것도 결국 우리를 선으로 이끈다는 이기적 가르침의 기묘한 암시에 의해, 현대인들의 잔학성은 날이 갈수록 커지고 있다. 이 가르침의 결과 우리는 실제적으로는 우리에게 불쾌한 모든 악을 피하기 위해 진지한 노력을 기울이지만, 남이 입는 그 악의 영향은 만족스러운 듯이 냉정하게 바라보고 있다.

존 러스킨

4

'가난한 사람들은 언제나 너희 곁에 있다'(마태복음 제26장 11절). 성경의 말 가운데 이 말처럼 사악한 의도로 왜곡해 해석되고 있는 것은 없다. 만일 현대 사회의 모든 진보 발전에도 불구하고, 아직도 자신의 잘못도 아닌데 건전하고 정상적인 생활 조건 속에 살 수 없는 가난한 사람들이 있다면, 그것은 '우리'의 잘못이며 '우리'의 치욕이다. 누구든지 자신의 주위를 둘러보면 노동자들에게 당연히 주어져야 할 권리와 이익이 주어지지 않고, 그들이 자신의 노동의 결과를 빼앗기는 부정과 불의, 오직 그것만이 우리 모두가 부유해지는 것을 방

해하고 있음을 깨닫게 될 것이다. 헨리 조지

5

이 세상의 범죄와 악의 대부분은 이성을 불신하는 데서 생긴다. '나를 믿어라. 그렇지 않으면 저주가 있으리라!' 이러한 독단 속에 악의 가장 큰 원인이 있다. 자신의 이성으로 선택해야 할 것을 남으로부터 무비판적으로 받아들임으로써, 인간은 결국 판단력을 잃고 사실상 자신을 저주에 빠뜨리고 이웃을 죄악으로 끌어들이게 된다. 사람들이 구원받는 길은 오직 스스로 생각하는 법을 배워 자신의 생각을 올바른 쪽으로 돌리는 데 있다. 에머슨

6

세계의 모든 국민이 그것에 따라 행동하고 있는 체제는, 가장 가증스러운 기만 위에, 가장 심각한 무지 위에, 또는 그 둘의 결합 위에 기초를 두고 있다. 그러므로 이 체제가 서 있는 기초를 겉으로 아무리 바꿔 놓더라도, 그것은 사람들에게 선을 가져다주지 못하고 오히려 그 결과는 언제나 악을 불러올 뿐이다. 로버트 오웬

7

어떤 사물, 어떤 습관, 어떤 법률이 존중받으면 받을수록, 정말로 그것이 존중할만한 가치가 있는지 주의 깊게 살펴야 한다.

8

현재의 생활의 악을 바로잡기 위해서는 한 사람 한 사람이 자신 속의 종교적 허위를 버리고 종교적 진리를 자유롭게 세우는 것에서 시작하는 수밖에 없다.

6월 5일

1

우리가 눈앞에 보고 있는 외부 세계는 우리에게만 그렇게 보일 뿐이다. 이 세계가 실제로 우리가 보고 있는 대로의 것이라고 말하는 것은, 바로 우리와

다른 외적 감각을 가진 존재는 있을 수 없다고 말하는 것과 똑같다.

2

모든 물질적인 것은 우리의 표상에 지나지 않는다는 사상은 사람들에게 기이하게 느껴질지도 모른다. "이렇게 분명히 책상이 있지 않은가, 언제나 그곳에. 내가 이 방에서 나가도 책상은 그곳에 있고, 나에게 그것이 있는 것처럼, 모든 사람에게도 마찬가지로 그것은 존재하고 있다."고 보통 사람들은 말한다. 그러나 두 개의 손가락을 교차시켜서, 그 사이에 하나의 구슬을 끼우면, 반드시 두 개로 느껴지지 않는가? 내가 그렇게 하면 구슬이 두 개로 느껴지듯, 누가 해도 그렇게 느껴지지만, 실제로는 두 개가 아니다. 바로 그와 같이, 책상은 내 감각이라는 교차된 두 개의 손가락에 있어서만 책상에 지나지 않으며, 실은 2분의 1의 책상, 백분의 1의 책상, 또는 전혀 책상이 아닌 다른 물건일지도 모른다.

3

나는 눈에 보이는 선(線)을 내가 만들어 놓은 표상 속에 있는 어떤 형태에 끼워 맞춘다. 이를테면 지평선 위의 흰 물체를 보고 자신이 알고 있는 하얀 교회를 연상하는 것이다. 우리가 이 세상에서 보는 것은 모두, 어쩌면 우리가 전생에서 가지고 온 표상 속에 이미 존재하는 것의 모습을 취하고 있는 것이 아닐까?

4

나는 우리의 외부에 있는 것은 그것 자체로 존재하고 있는가 아닌가 하는 문제는 참으로 합리적인 의미를 잃고 있다고 생각한다. 우리는 그 본래의 성질상 우리의 감각기관을 통해 받아들이는 여러 가지 물체에 대해, 그러한 것들은 우리의 외부에 있다고밖에 말할 수 없다. 달리 어쩔 도리가 없는 것이다. 우리가 존재하고 있다고 인정하는 것이 실제로 존재하고 있는 것인가 하는 문제는, 이를테면 푸른 물감은 정말 푸른 것인가 하는 것과 마찬가지로 어리석은 질문이다. 우리는 이 문제에서 벗어날 수가 없다. 나는 단지 '대상은 내 밖에 있다. 왜냐하면 내 눈에는 그렇게 밖에 보이지 않기 때문이다' 라고 말할 수밖에 없다. 그렇지만 이 '내 밖에 있는 것'이 어떤 구조로 되어 있는지는 알 수 없다. 그것에 대해서는 우리는 아무 말도 할 수 없다.   리히텐베르크

5

생명의 법칙은 무형의 것이 유형의 것을 낳는다는 데 있다. 원인은 보이지 않지만 결과는 눈에 보인다. 원인은 무한하지만 결과는 유한하다. 무형의 것을 믿는다는 것은 곧 모든 힘의 원인을 믿는다는 것이며, 유형의 것만을 인정한다는 것은 곧 그 사람이 무익하고 쓸모없으며 죽음이 예정되어 있는 덧없는 존재라는 것을 의미한다.   류시 말로리

6

우리가 여러 가지 대상을 실재하는 것으로 생각하는 데는 두 가지 방법이 있다. 하나는 그 대상들을 시간과 공간의 관계에서 관찰하는 경우이며, 또 하나는 그것이 신 속에 포함돼 있으며 신적인 필연성에서 생긴 것으로 보는 경우이다. 모든 정신적인 것은 후자에 속해 있다.   스피노자에 의함

7

외적 세계는 그 자체로서, 실제로는 우리가 인식하고 있는 그대로가 아니다. 그러므로 이 세상의 물질적인 것은 모두 그다지 중요하지 않다. 그렇다면 중요한 것은 무엇인가? 모든 존재에 있어서 언제 어디서나 틀림없이 단 하나인 것, 곧 우리 생명의 정신적 본원이 그것이다.

6월 6일

1

인간이 저지르는 악은 인간의 영혼에 상처를 주고, 그에게서 참된 행복을 빼앗을 뿐만 아니라, 현세에서도 종종 그것을 저지른 당사자에게 되돌아오는 법이다.

2

이 세상의 악은 금방 열매를 맺지는 않지만 대지처럼 때가 되면 서서히 열

매를 맺는다. 그리고 그 열매는 참으로 무서운 것이다.　　　　　　　마누법전

3

적에 대해서도 악을 행하지 말 것, 이것이야말로 가장 큰 선덕이다.

남을 멸하려는 자는 반드시 스스로 파멸한다.

악을 행하지 말라. 가난은 악을 정당화할 수 없다. 만일 악을 행한다면 더욱 더 가난해지리라.

사람들은 적의 악의에서 비롯되는 악으로부터 몸을 피할 수 있지만 자신의 죄악에서 생기는 악으로부터는 결코 달아날 수 없다. 그것은 물체에 따르는 그림자처럼 그들의 뒤를 따라와서 결국 그들을 멸망시킬 것이다.

슬픔에 쫓기기를 바라지 않는다면 남에게 악을 행하지 말라.

만일 자신을 사랑한다면 아무리 작은 악일지라도 행해서는 안 된다.

인도의 쿠랄

(역주—이 경우의 '적'이란 이민족, 외국인으로 생각해도 무방할 것이다. 옛날에는 이민족은 언제나 적으로 간주되었다)

4

위로 던져 올린 돌이 그 자리에서 멈추지 않고 반드시 땅에 떨어져 되돌아오듯이, 네가 어떠한 모습으로 어떠한 세계에 들어가더라도, 네가 행하는 선한 일과 악한 일에 따라 네 마음의 소망이 채워지기도 하고 채워지지 않기도 할 것이다.

실론 불교

5

악인도 그가 행한 악이 아직 곪아 터지기 전까지는 행복하다. 그러나 그것이 곪아 터졌을 때 악인도 악을 의식할 것이다. 어느 누구도 악에 대해, 그런 것은 자기와 아무 상관없는 거라고 생각해서는 안 된다. 한 방울의 물이 모여 항아리를 채우듯, 어리석은 자는 조금씩 악을 거듭해가는 동안 악으로 가득 차게 된다. 악은 바람을 향해 뿌린 먼지처럼 그것을 행한 자에게 되돌아온다.

하늘을 날아가도 바다에 들어가도 깊은 산 속에 숨어도, 인간이 자신이 저지른 악한 일에서 달아날 수 있는 곳은 세상 어디에도 없다.

법구경

(원주—〈법구경〉을 그대로 옮기면 다음과 같다.)

119 '악의 열매가 맺기까지는 악한 자도 행복을 맛본다. 그러나 악행의 열매가 익었을 때 악한 자는 악업을 받는다.'

121 '그것은 내게 가까이 오지 않을 것이다'라고 악을 가볍게 여기지 말라. 방울물이 고여서 항아리를 채우나니, 조그만 악이라도 쌓이고 쌓이면 어리석은 자는 악으로 가득 찬다.

125 '순진하고 티 없는 이를 해치려는 어리석은 자는 도리어 갚음을 받는다. 마치 맞바람에 던진 먼지가 되날아오듯.'

127 '하늘에도 바다에도 산 속의 동굴에도, 사람이 악행에서 벗어날 수 있는 곳은 아무데도 없다.'

6

복수를 생각하는 자의 상처는 늘 처음 그대로이다. 복수를 생각하지 않으면 금방 나을 것을.

7

악을 행하는 것은 야수를 성나게 하는 것과 마찬가지로 위험하다.

악은 대부분의 경우 이 세상에서 가장 거친 형태로 그것을 행한 자에게 되돌아온다.

6월 7일

1

겸양은 자기만족에 빠진 오만한 자는 결코 알 수 없는 기쁨을 준다.

2

사람들 사이의 평화는 행복한 삶의 필수 조건이다. 평화에 대한 가장 큰 장애는 우리의 오만이다. 오직 겸양만이—모욕을 참고 매도를 견디고 오해도 두려워하지 않는 각오만이—사람이 자신과 타인의 관계 속에, 또 사람들 사이의 관계 속에 평화를 가져다주는 것을 가능하게 한다.

3

"고생하며 무거운 짐을 지고 허덕이는 사람은 다 나에게로 오너라. 내가 편히 쉬게 하리라. 나는 마음이 온유하고 겸손하니 내 멍에를 메고 나에게 배워라. 그러면 너희의 영혼이 안식을 얻을 것이다. 내 멍에는 편하고 내 짐은 가볍다."

마태복음 제11장 28~30절

4

세상이 우리를 질책하고 비난할 때 결코 화를 내서는 안 된다. 오히려 그 비난 속에 어떤 근거가 있지 않은지 살펴보아야 한다.

흄

5

만약 네가 지난 날 성현의 가르침을 무시하고 성현이 산 것처럼 살지 않아서, 자신이 성현의 명예를 얻을 자격이 없다고 생각해 자존심에 고통을 느낀다면, 그런 것에 대해 미련을 두지 않도록 생각을 고치는 것이 좋다. 네가 성현으로서의 평판을 얻지 못하고 있다면 그것은 오히려 좋은 일이다. 또 만일 지금 당장 네 양심이 요구하는 대로 살 수 있다면 그것으로 만족해야 한다.

마르쿠스 아우렐리우스

6

인간이 행복한 삶을 살기 위해 반드시 배워야 하는 것은 겸허함이다. 오만과 권세욕과 허영심은 따뜻하고 부드러운 마음에 자리를 양보하지 않으면 안 된다. 오만한 사람은 이미 모든 걸 다 가지고 있다고 생각하고 있으므로 아무것도 획득할 수 없다.

세계의 선진사상

7

오만은 오만뿐만 아니라 인간의 다른 모든 죄악도 옹호한다. 왜냐하면 그것은 비난을 싫어하고 치료를 거부하기 때문이며, 죄악을 숨기고 그것을 정당화하려 하기 때문이다. 인간을 겸허하게 하는 죄의식은 그의 오만을 부추기는 선한 일보다 더 유익하다.

박스터

자기 자신에게는 엄격하고 타인에게는 관대하라. 그러면 너희에게는 적이 없을 것이다.

중국 금언

겸허한 마음으로 받아들일 수 있다면 굴욕을 두려워할 필요가 없다. 굴욕은 겸허와 결합된 온갖 정신적 행복에 의해 몇 갑절 더 많은 보상을 받을 것이다.

6월 8일

진실이 없으면 선은 있을 수 없다. 선량함이 없으면 진리를 전할 수 없다.

선과 진리는 마차의 두 바퀴와 같다.

진리를 아는 자는 그것을 좋아하는 자보다 못하다. 진리를 좋아하는 자는 그것을 즐기는 자보다 못하다.

공자

(역주―「논어」 雍也 제6에 '眞理' 대신 '之'로 되어 있는데, 톨스토이는 그 之를 진리로 해석한 것이다)

"너희는 나에게 주님, 주님 하면서 어찌하여 내 말을 실행하지 않느냐? 나에게 와서 내 말을 듣고 실행하는 사람이 어떤 사람인지 가르쳐 주겠다. 그 사람은 땅을 깊이 파고 반석 위에 기초를 놓고 집을 짓는 사람과 같다. 홍수가 나서 큰 물이 집으로 들이치더라도 그 집은 튼튼하게 지었기 때문에 조금도 흔들리지 않는다. 그러나 내 말을 듣고도 실행하지 않는 사람은 기초 없이 맨땅에 집을 지은 사람과 같다. 큰 물이 들이치면 그 집은 곧 무너져 여지없이 파괴되고 말 것이다.

루가복음 제6장 46~49절

덕으로 증오에 보답하라. 모든 일은 아직은 쉬워서 더 어려워지기 전에 점검하고 대책을 강구하라. 또 작은 일은 커지기 전에 처리하라. 천하의 가장 어려운 일도 반드시 쉬운 일에서 시작되며, 천하의 큰일도 반드시 작은 일에서 시작된다.

노자

(역주—《도덕경》 원문 〈爲無爲章〉 제63장

爲無爲, 事無事, 味無味, 大小多少, 報怨以德. 圖難於其易, 爲大於其細.

天下難事, 必作於易, 天下大事, 必作於細.

是以聖人, 終不爲大, 故能成其大.

夫輕諾必寡信, 多易必多難. 是以聖人猶難之. 故終無難矣.)

덕에 이르는 두 길이 있다. 올바를 것, 생명이 있는 것에 악을 행하지 않을 것이 그것이다.

마누 법전

진리는 결코 폭력으로 악에 맞서지 않는다. 그 밝은 빛과 내면의 강인함이 무엇보다 강하게 악을 타파한다.

소로

모든 악은 나약함에서 생긴다.

루소

위선보다 나쁜 것은 없다. 위선은 노골적인 악보다 더 불쾌하다.

6월 9일

그리스도교 사회의 현체제는 진정한 의미의 그리스도교의 가르침을 어기고 있다.

2

인간의 거의 모든 지식은 노동하는 사람들의 수고를 덜어주는 것이 아니라, 부자들의 게으름을 거들고 그것을 장식하는 데 이용되고 있다.

3

정신적, 육체적으로 인간의 본성을 배반하는 삶을 살아온 현대인들은, 바로 그러한 삶이 가장 참된 삶이라고 끊임없이 사람들을 설득하려 한다. 현재, 문화라고 불리고 있는 것, 즉 학문, 예술, 온갖 형태의 진보와 발달은 모두 인간의 정신적 요구를 기만하려는 시도에 지나지 않는다.

4

만약 누군가가 현재 우리가 살고 있는 이 세상을 들여다본다면, 그 복잡하고 무질서한 모습에 기가 막혀, 얼마나 눈물을 흘리고 배를 잡고 웃고 또 분노를 느낄까! 우리가 실제로 하고 있는 일은 참으로 가소롭고 어리석고 가련하고 또 혐오스럽다. 어떤 자는 들짐승을 잡기 위해 개를 키우다가 자신이 야수가 되어버린다. 또 어떤 자는 돌을 운반하기 위해 소와 당나귀를 키우면서, 굶주림으로 죽어가는 사람들에게는 눈길조차 주지 않는다. 또 어떤 자는 석상을 만들기 위해 돈을 물 쓰듯 하면서, 가난으로 정작 돌처럼 되어 있는 사람들은 돌아보지 않고 있다.

또 어떤 자는 열심히 보석을 모아 그것으로 벽을 장식하면서, 가난해 헐벗은 사람을 보아도 조금도 동정심을 보내지 않는다. 또 어떤 자는 많은 옷을 두고도 유행 따라 새 옷을 만들어 입지만, 변변하게 몸을 가릴 옷이 하나도 없는 사람들도 있다. 또 어떤 자는 모든 것을 매춘부나 손님에게 쏟아 붓고, 어떤 자는 희극배우나 무희에게 쏟아 부으며, 또 어떤 자는 호화로운 집을 짓기 위해, 땅과 집들을 사들이기 위해 그렇게 한다. 어떤 자는 이자를 계산하느라 밤이 새는 줄 모르고, 또 어떤 자는 사람들을 파멸시키기 위해 밤잠도 자지 않고 인간을 살육하는 계획서 작성에 열을 올리고 있다. 낮이 되면 어떤 자는 부정한 이익을 구하여 동분서주하고, 어떤 자는 방탕에 빠지고, 또 어떤 자는 국민의 혈세로 자기 배를 채우려 한다. 이를 한 마디로 표현하면, 무익하고 사악한 일에는 열심이지만, 꼭 필요한 일은 아랑곳도 하지 않는 것이다. 이오안 즐

라토우스트

5

어린이가 어른을, 어리석은 자가 지혜로운 자를 지배하는 것이 자연의 법칙에 어긋나듯, 굶주린 군중이 생활필수품도 없어서 쩔쩔매고 있을 때 몇몇 사람들이 사치품에 싫증내는 것은 자연의 법칙에 어긋나는 것이다.　　　루소

6

식인(食人)의 시대에는 강자가 약자를 먹었다. 단적으로 말해 약한 자의 살을 먹었다. 그 뒤 온갖 법률이 정해지고 온갖 학문이 발달했지만, 무자비한 강자는 오늘날까지 여전히 불행하고 어리석은 약자들을 착취해서 살아가고 있다. 그들이 그 살코기를 먹지 않고 그 피를 마시지 않는 것은 사실이지만, 약자를 곤경과 궁핍에 빠뜨리면서 살고 있다는 점에서는 다를 바가 없다. 가혹한 노동으로 몸을 망쳐가면서 한평생 자신과 가족을 부양하기 위해 고생하고 있는 가난한 사람들은, 실제로는 자기네 동포에게 먹히고 있는 것이다. 문명 세계의 몰락을 보며 그 불안과 눈물, 부서진 희망과 가련한 현실, 기아와 범죄, 그 굴욕과 오욕을 목격할 때, 우리는 자기도 모르게, 식인도 타인을 희생시켜 살아가는 삶의 한 형태로서 이보다 더 잔인하지는 않았다는 결론에 이르게 된다.　　　류시 말로리

7

과거, 현재, 미래에 걸쳐서 인간이 전 생애를 걸만한 일이 꼭 한 가지 있다. 그것은 사람들 사이의 사랑에 의한 마음의 교류이며, 그들과의 사이에 만들어낸 장벽을 무너뜨리는 것이다.

이레째 읽을거리

정말 이래도 된단 말인가

들판 한복판에 커다란 굴뚝이 쉴 새 없이 검은 연기를 내뿜고 있고, 쇠사슬 소리와 용광로가 돌아가는 소리가 들려온다. 담장이 둘러쳐진 주철공장이 있는 그곳에는 철도의 지선이 들어와 있고, 주위에는 감독과 노동자들의 집들이 늘어서 있다. 이 공장과 광산에서 노동자들이 개미처럼 분주하게 일하고 있었다. 어떤 자는 지하 백 아르신(역주—1아르신은 71.12센티미터)의 어둡고, 좁고, 축축하고, 숨이 막힐 것 같은 갱도 속에서 끊임없이 생명의 위험과 마주한 채 밤낮을 교대로 광석을 캐내고, 어떤 자는 어둠 속에서 등을 구부리고 그 광석과 진흙을 수직 갱도로 운반한 뒤, 빈 광차(鑛車)를 밀며 원래의 장소로 돌아가서 다시 거기에 광석과 진흙을 담는 일을 되풀이하며, 일주일 내내 하루 열두 시간 내지 열네 시간 동안 일한다.

한편 용광로에서는, 어떤 자는 가마 바로 옆의 숨막히는 열기 속에서, 또 어떤 자는 이글이글 녹아내린 광석과 광재(鑛滓)를 밑으로 흘려보내는 관 바로 옆에서 일하고 있다. 또 기관사와 화부와 대장장이, 벽돌공, 목수도 각자 자신의 일터에서, 역시 일주일 내내 하루 열두 시간에서 열네 시간씩 일하는 것이다.

그들은 일요일마다 급료를 받아 몸을 씻거나, 때로는 씻지도 않은 더러운 몸으로, 사방에서 공장을 에워싸고 노동자들을 유혹하고 있는 요릿집과 선술집에서 술을 마시고, 월요일이면 아침부터 다시 같은 일에 매달린다.

그 공장 옆에서는 농부들이 지치고 비쩍 마른 말을 부리며 남의 밭을 갈고 있다. 이 농부들은 만약 밤에 방목하러 나가지만 않는다면, 즉 말이 충분히 먹고 마실 수 있는 유일한 장소인 늪지 옆에서 밤을 새우지만 않는다면, 모두 새벽과 함께 일어나 자기 소유의 말에 안장을 얹고, 빵 한 조각을 싸가지고 남의 밭을 갈러 나갈 것이다.

또 다른 농부들은, 역시 공장에서 제법 가까운 거리 옆의 거적으로 둘러친 작업장에 앉아 도로용 자갈을 깨고 있다.

그들의 다리는 휘어지고, 손은 못투성이가 되어 있으며, 몸은 더럽고, 얼굴과 머리와 수염뿐만 아니라 그 폐장까지 석탄가루로 시커멓게 뒤덮여 있다. 그들은 아직 부수지 않은 돌무더기에서 커다란 돌을 캐어, 그것을 짚신을 신고 넝마조각을 감은 발바닥으로 고정시킨 뒤, 커다란 쇠망치로 몇 번이고 몇 번이고 두드려 깬다. 그리고 깨진 그 돌조각을 손에 들고 작게 바스러질 때까지 때린다. 그런 다음 다시 커다란 돌을 캐어, 이렇게 새벽부터 한밤중까지 열다섯 시간 내지 열여섯 시간 일한다. 그동안 점심 식사 뒤에 두 시간쯤 쉬고, 아침과 점심으로 두 번 빵을 먹고 물을 마실 뿐이다.

이렇게 그들은, 광산에서, 공장에서, 밭에서, 채석장에서, 젊었을 때부터 늙을 때까지 일한다. 또 그들의 아내와 어머니들도 마찬가지로 가혹한 노동에 허덕이면서, 히스테리 증세에 시달리며 살고 있다. 그리고 그들의 아버지와 자식들도 역시 아침부터 밤중까지, 어려서부터 늘그막까지, 제대로 먹지도 입지도 못하며 몸을 망칠 정도로 중노동을 계속하는 것이다.

한편 그 공장과 채석장과 밭 옆을, 넝마를 걸치고 자루를 짊어지고 여기저기 구걸하며 돌아다니는 남녀 거지들 사이로, 놀라울 정도로 튼튼한 구렁말 네 마리가 끄는 사륜마차가 달려간다. 그 말 중의 가장 나쁜 것도, 그것을 찬탄의 눈길로 바라보는 농부의 집보다 값이 비싸다. 그 사륜마차에는 두 명의 아가씨가 화려한 꽃무늬 파라솔 밑에서 리본과 깃털로 장식한 모자를 쓰고 앉아 있는데, 그 파라솔과 모자가 또 농부의 밭을 갈고 있는 말보다 값이 비싸다. 사륜마차 앞자리에는 새하얀 군복에 금몰과 금단추가 반짝이고 있는 군인이 앉아 있고, 마부석에는 푸른 소맷부리가 달린 비단 루바시카에 비로드 속옷을 입은 뚱뚱하게 살찐 마부가 앉아 있다. 그는 하마터면 거지여자를 치어 죽일 뻔한 뒤, 또 광석으로 더러워진 루바시카를 입고 짐마차를 타고 흔들거리며 지나가던 농부도 거의 도랑에 처넣을 뻔했다.

"이봐, 이게 안보여?" 하고 마부가, 얼른 마차를 피하지 않은 농부를 향해 채찍을 휘둘러 보이니, 농부는 한 손으로는 고삐를 잡고 한 손으로는 황급히 모자를 벗으며 사죄한다.

사륜마차 뒤에서는 남녀 한 쌍이 햇빛에 에나멜이 반짝이는 자전거를 타고 웃고 떠들면서, 놀라서 가슴에 성호를 긋는 거지들을 추월해 간다.

거리 옆의 갓길에서는 두 사람이 말을 타고 간다. 한 사람은 영국산 수말을 탄 남자이고, 또 한 사람은 약간 빨리 말을 달리는 부인이다. 말과 안장의 가격은 그만두고라도, 그 부인의 보랏빛 베일이 달린 검은 모자만 해도, 값이 돌

깨는 인부의 두 달 치 임금과 맞먹고, 남자가 손에 들고 있는 최신유행의 영국식 채찍만 해도, 광산에 고용된 것에 만족하고 사는 젊은이—두 사람에게 길을 비켜주며, 말과 말을 탄 사람들의 말쑥한 모습과, 혀를 빼고 주인을 쫓아가고 있는, 살찐 목에 값비싼 목줄을 건 커다란 외국산 개를 감탄한 듯이 바라보고 있는 젊은이—의 일주일치 임금에 해당한다.

두 기수 바로 뒤에는 머리를 보글보글 지지고, 화려한 옷에 하얀 앞치마를 입고 생글거리며 웃고 있는 아가씨와, 구레나룻을 단정하게 빗고 입에 궐련을 문 사내가 달구지를 타고 오는데, 사내는 아가씨에게 뭔가 귓속말을 하고 있다. 달구지 속에서는 사모바르와 냅킨으로 싼 음식, 그리고 아이스크림 같은 것도 보인다.

그들은 사륜마차와 말과 자전거를 타고 가는 사람들의 하인들이다. 오늘 같은 날은 그들에게 결코 특별한 날이 아니다. 그들은 여름 내내 거의 매일처럼 피크닉을 가는데, 종종 오늘처럼 한 곳이 아니라 새로운 여러 장소에서 먹고 마시기 위해 차와 술과 과자를 싸들고 나가는 것이다.

이 상류계층 사람들은, 시골 별장에서 지내는 세 가족이다. 하나는 2천 제샤치나(역주—러시아의 넓이의 단위, 제샤치나는 1정 1단 4보 8)의 땅을 가지고 있는 지주의 가족이고, 또 하나는 3천 루블의 월급을 받는 고급관료의 가족이며, 나머지 하나는 공장주의 아들들인데 이들이 가장 부유한 가족이다.

그들은 주위에 널려 있는 빈곤과 가혹한 노동에는 눈 하나 깜빡하지 않고 조금도 신기해하지 않는다. 그들은 그런 것을 모두 당연한 일로 여기고 있다. 그리고 그것과는 전혀 다른 데 관심을 갖고 있다.

"안 돼요, 그건 너무해요!" 말 위의 부인이 개를 보면서 말했다. "차마 그냥 보고 있을 수가 없어요." 이렇게 말하며 그녀는 사륜마차를 세웠다. 모두들 불어로 얘기하고 웃기도 하면서 개를 마차에 태운 뒤, 돌 깨는 사람과 길 가는 사람들에게 석회먼지를 일으키면서 사라져 갔다.

사륜마차도, 말을 타고 가는 사람들도, 자전거를 탄 사람들도, 마치 딴 세상에서 온 유성처럼 사라졌다. 한편 공장의 직공과 채석장의 인부와 땅을 가는 농부들은 여전히 그 고통스럽고 단조로운, 타인을 위한 노동을 계속하다가 무덤에 들어가는 날에야 비로소 거기서 해방될 것이다.

"나도 저렇게 한번 살아봤으면."

그들은 사륜마차와 자전거, 말을 타고 가는 사람들을 바라보면서 마음속으로 생각한다. 그리고 자신들의 고통스러운 생활에 더욱 더 절망한다.

정말 이래도 된단 말인가!　　　　　　　　　　　　　　　　　레프 톨스토이

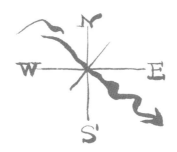

6월 10일

1

우리의 영혼 속에는 결코 죽지 않는 무언가가 있다. 우리는 그 무언가를 의식할 수도 있고 의식하지 못할 수도 있다.

2

남을 아는 사람은 지혜롭고 자기 자신을 아는 사람은 밝음이 있다.

남을 이기는 사람은 힘이 있고 자기 자신을 이기는 사람은 강하다.

죽으면서 자기가 멸망하지 않음을 아는 사람은 영원한 존재를 유지한다. 노자

(역주—〈도덕경〉 33장에 '남을 아는 것은 지혜이지만, 자신을 아는 것은 명철함이다. 남을 이기는 것은 힘이 있는 것이요, 자신을 이기는 것은 강한 것이다. 만족할 줄 아는 것은 부유함이요, 힘써 행하는 것은 뜻이 있는 것이다. 제자리를 잃지 않으면 오래가며, 죽어도 없어지지 않으면 영원한 것이다'라는 말이 있다.)

3

인간은 일종의 속성을 가지고 태어나 그것에 의해 살아간다. 그리고 그것은 결코 사라지지 않는다. 설사 우리의 눈앞에서 모습을 감추어도 사라지는 것은 아니다.

4

어떤 사람은 내 시야를 천천히 지나가고 다른 한 사람은 빨리 지나가 버렸다고 해서, 나로서는 도저히 전자에 더 많은 생명을 인정하고 후자에 더 적게 인정할 수는 없다. 만일 내 창문 앞을 사람이 지나간다면 빨리 지나가든 천천히 지나가든 아무 차이가 없으며, 그 사람은 내가 보기 전부터 있었고, 또 내 눈에서 사라진 뒤에도 존재한다는 것을 나는 알고 있다.

5

나는 현존하는 모든 종교를 믿지 않기 때문에, 내가 무언가의 전승과 교육

의 영향에 맹목적으로 따르고 있다고 의심 받을 이유가 없다. 나는 평생 동안 내가 할 수 있는 데까지 깊이, 우리의 삶의 법칙에 대해 생각해 왔다. 나는 그 것을 인류의 역사와 나 자신의 의식 속에서 탐구한 결과, 다음과 같은 흔들리지 않는 신념에 도달했다. 즉, 죽음은 존재하지 않는다는 것, 생명은 원래 영원한 것이어야 하며, 늘 그 자리에 있으며 변하지 않는 것이 진정한 생명의 법칙이라는 것, 내 안의 모든 능력과 모든 사상, 모든 요구는 실천을 통해 살려야한다는 것, 우리 안에는 우리가 세상살이에서 얻을 수 있는 가능성을 훨씬 넘어서는 높은 사상과 동경이 있다는 것, 우리 안에 있는 그러한 동경은 우리의 감성을 통해 그 출처를 확인할 수 있다는 것, 바로 그런 사실들이야말로, 그것이 세상 밖에 있는 세계에서 우리 안에 들어왔으며, 세상 밖에서만 채워질 수 있다는 것을 증명한다는 것, 이 세상에서 멸망하는 것은 물질의 온갖 형태뿐이며, 우리의 육체가 멸망하니까 우리도 멸망한다고 생각하는 것은, 노동자가 사용하는 연장이 닳아서 못쓰게 되었다고 해서 노동자도 죽어버렸다고 생각하는 것과 같다는 것이다.   주세페 마치니

6

삶의 근원이 영혼이라는 것을 알고 있는 자는 모든 위험의 밖에 있다. 삶의 마지막 순간에 감성의 문을 닫을 때도 그는 아무런 두려움도 느끼지 않는다.   노자

(역주—「도덕경」52장에, '천하에는 그 시작이 있다. 그것이 천하의 어머니이다. 이미 그 어머니를 찾아냈으니 그 아들을 알 수 있다. 그 아들을 알고 다시 그 어머니를 지키면 몸이 다할 때까지 위태롭지 않을 것이다'라는 말이 있다.)

7

신은 무궁한 시간과 무궁한 공간 속에서 영원하고 치우침 없는 생명이다. 신은 존재하는 모든 것이며 신 밖에 신은 없다. 모든 것은 신 속에 있으며 어떤 것도 신 밖에는 존재하지 않는다. 그러므로 모든 존재는 신의 생명의 나타남이고, 모든 생명은 태어날 때 비존재(非存在)에서 나오는 것이 아니라 신에게서 나오는 것이며, 죽음도 존재이기를 그만두는 것이 아니라 다시 신에게 돌아가

는 것이다.   앙팡텐

8

진정한 생명은 시간과 공간 밖에 있다. 그러므로 죽음은 이 세상에서의 생명의 현상을 바꿀 수 있을 뿐, 결코 생명 자체를 멸망시킬 수는 없다.

9

영원한 생명에 대한 믿음은 누구로부터 얻을 수 있는 것이 아니며, 제멋대로 그렇게 생각해서도 안 된다. 영원한 생명에 대한 믿음을 가지려면 영원한 생명이 실제로 있어야 하고, 그러려면 자신의 생명을 영원한 생명이라는 차원에서 이해해야 한다.

10

내세를 믿을 수 있는 자는 오직 그 의식 속에 이 세상에는 존재하지 않는 세계와의 새로운 관계를 세운 자뿐이다.

11

네 영혼 속에 있는, 스스로를 불멸의 존재로 의식하고 죽음을 두려워하지 않는 부분에 의해 살라. 영혼 속의 그 부분은 바로 사랑이다.

6월 11일

1

우리의 삶의 모든 외면적 변화는, 우리의 사상 속에서 일어나는 변화에 비하면 참으로 하잘 것 없는 것이다.

2

인간의 감정과 행위에 변화가 일어나려면 무엇보다 먼저 그의 사상에 변화가 일어나야 한다. 그리고 사상에 변화가 일어나려면, 자신의 영적 본성과 그 본성의 요구에 대한 깊은 성찰이 필요하다.

3

우리의 생애의 각 시기는, 우리가 의식하는, 우리의 의지에 의해 수행되는 행위, 즉 결혼, 취직 같은 것에 의해 결정되지 않고, 이를테면 산책할 때, 한밤중에, 식사 중에 떠오르는 사상에 의해 결정되는데, 특히 과거 전체를 통틀어 우리에게 너는 지금까지 그런 행동을 해왔지만 좀더 다른 행동을 하는 편이 나았을 거라고 얘기해 주는 사상에 의해 결정된다. 그 경우, 그 뒤의 우리의 모든 행동은 노예처럼 그 사상에 봉사하고 그 의지를 실천하는 것이다.   소로

4

인간이 그 앞에서 발을 멈추는 모든 사상은 그가 그것을 말하든 안하든 반드시 그의 생활을 해치기도 하고 돕기도 한다.   류시 말로리

5

죄악을 피하고 그것을 이기기 위해서는 무엇보다 먼저 모든 죄악의 뿌리는 나쁜 사상에 있다는 것을 인정해야 한다. 우리는 모두 우리의 사색의 결과에 지나지 않는다.   부처

6

인간의 운명을 결정하는 것은 그가 자기 자신을 어떻게 이해하고 있는가 하는 것이다.   소로

7

그릇된 사상은, 우리가 함께 살려고 불러들인 형편없는 남자가 우리의 집에 대해 하는 것과 같은 일을 우리의 마음에 대해 할 것이다.   류시 말로리

8

우리는 실생활에서 일어난 변화는 똑똑히 볼 수 있다. 전에는 사람이 타고 짐을 나르고 하는 데 마차를 썼지만 지금은 증기기관차를 쓰고 있고, 전에는 나무조각이나 기름을 태웠지만 지금은 가스나 전기를 쓰고 있는 것처럼. 그러나 우리는 인간의 정신에서의 그 같은 변화는 보려고 하지 않는다. 사실은 그

같은 변화가 가장 중요한 것이다.

9

우리는 돈이 든 지갑을 잃어버리면 아까워하지만, 우리의 머리에 떠오르거나 남한테서 들은 좋은 사상, 명심해 두고 있다가 자신의 인생에 적용하면 크게 도움이 될만한 사상은 잃어버리고도, 어떠한 보물보다 값진 그것을 아까워할 줄 모른다.

6월 12일

1

고뇌는 육체적, 정신적 성장에 없어서는 안 되는 조건이다.

2

정말 잘 들어 두어라. 너희는 울며 슬퍼하겠지만 세상은 기뻐할 것이다. 너희는 근심에 잠길지라도 그 근심은 기쁨으로 바뀔 것이다. 여자가 해산할 즈음에는 걱정이 태산 같다. 진통을 겪어야 할 때가 왔기 때문이다. 그러나 아이를 낳으면 사람 하나가 이 세상에 태어났다는 기쁨에 그 진통을 잊어 버리게 된다.

요한복음 제16장 20~21절

3

우리는 고통을 호소한다. 그러나 고통은 어떠한 것이라도 반드시 우리에게 이로운 데가 있다. 때때로 우리도, 어린아이들이 자랄 때나 종기가 터졌을 때처럼 육체적인 고통이 우리에게 약이 된다는 것을 안다. 또 때로는 우리의 육체적인 고통과 정신적인 고통이 주는 이익을 모를 때가 있다. 즉, 모든 고통이 우리에게 선을 이룬다는 것, 우리가 더 나은 인간이 되어 신에게 더 가까이 갈 수 있도록 도와준다는 사실을 깨달으려 하지 않는 것이다.

4

고통의 괴로움을 덜어주는 것은 첫째로 자신의 고통보다 더 큰 남의 고통을 머릿속에 생생하게 그리는 것이며, 둘째로 고통에 대처하는 데는 몸부림치며 괴로워하는 나쁜 방법과 그것을 조용히 견디며 인내하는 좋은 방법이 있다는 것을 깨닫는 일이다.

5

우리는 다음과 같이 성장해 간다. 즉 각자의 사상 속에는 이미 더욱 높은 사상이 들어 있다. 지금은 어떤 성격을 나타내는 사람 속에도, 이미 더 높은 성격이 완성되어가고 있다. 청년은 유년 시절의 어린아이 같은 몽상을 버리고, 장년은 청년 시절의 무지와 거친 혈기를 버리고, 노인은 장년의 아욕을 버리며 점점 우주적인 정신을 배워간다. 그리하여 그는 더 높고 더 강한 인생의 기반에 서게 된다. 외적인 관계와 조건은 서서히 소멸하고 더욱 더 신 속에 몰입하면서. 신도 또한 그의 속으로 들어와 마침내 아욕의 마지막 옷이 벗겨져 신과 일체가 되면, 자신의 의지를 신의 의지에 합류시켜 신의 위대한 행위에 참여하게 되는 것이다.

에머슨

6

좋은 일을 하면 할수록 더 많은 생명력이 인간에게 부여된다.　존 러스킨

7

마음이 괴로울 때도 결코 약해져서는 안 된다. 신 이외의 누구에게도 고백해서는 안 된다. 침묵을 지키며 견디는 것이 중요하다. 때로는 고통이 타인에게 옮아 그들을 괴롭히는 결과가 되기도 하고, 네 속에서 다 타버려 너를 더욱 높이고 더욱 완전에 다가갈 수 있게 해주기도 한다.

8

선덕과 정신력은 불행과 고뇌와 질병 속에서 강화되고 완성되어간다. 그러므로 너희는 자신에게 찾아올지도 모르는 시련을 두려워하지 말고 의연하게 그것을 견뎌내야 한다. 온갖 시련이 너희를 더욱 더 신에게 가까이 갈 수 있게 해줄 것이다.

성현의 사상

9

불행은 인생의 시금석이다.   플레처

10

고통 속에서 네 정신적 성장의 의의를 찾아라. 그러면 고통도 그 쓴 맛을 잃을 것이다.

6월 13일

1

이성은 인간을 동물과 구별할 수 있게 하는 특성이다.

2

부처는 말했다. "사색할 때도, 생활할 때도, 말을 할 때도, 배울 때도 나는 결코 가장 중요한 것, 즉 이성의 요구를 잊은 적이 없다"고.

3

이성적인 것과 도덕적인 것은 언제나 일치한다.

4

스스로 깨달았다고 자만하는 자는, 한평생 지혜로운 사람을 만나도 숟가락이 자기가 사람의 입에 넣어주는 음식의 맛을 모르듯 진리를 알지 못한 채 죽는다.   동양 금언
  (역주―「법구경」 제5 〈바보의 장〉 에 '어리석은 자는 한평생 현명한 이와 사귀더라도 진리를 모른다. 마치 숟가락이 국맛을 모르듯이'라는 말이 있다)

5

우리가 '인간'이라는 이름 자체에 존엄성을 인정하는 것은, 인간이 자신의 이성을 사용하는 점을 존중하는 것이 아니면 안 된다. 우리는 타인의 어리석음을 탓하거나 그를 가리켜 바보라느니 우둔하다고 해서는 안 되며, 반대로 그의 마음속 깊은 곳에는 뭔가 이성적인 것이 있을 것으로 생각하고 그것을

찾아내도록 힘써야 한다. 또 그를 속이는 그릇된 관념을 지적함으로써 그의 미망의 원인을 알게 하고, 그가 자신의 이성을 신뢰하도록 도와주어야 한다. 실제로 우리가 인간 속에 이성을 인정하지 않으면 어떻게 그를 설득할 수 있겠는가? 남의 잘못을 비난할 때도 마찬가지이다. 그 같은 비난이 절대로 잘못을 저지른 사람에 대한 경멸로 이어져서는 안 된다. 우리는 절대로 인간의 도덕적 존엄성을 부정해서는 안 되며, 그 도덕적 본성의 부활이 불가능하다고 생각해서도 안 된다. 왜냐하면 그 같은 생각은 원래 도덕적 존재이며 선의의 능력을 절대로 잃지 않는 인간의 개념에 반하기 때문이다.　　　　칸트

6

우리는 그 사람 속에 아직 잃어버리지 않고 남아 있는 선을 통하지 않고서는 누구도 더 나은 사람으로 만들 수 없고, 그 사람 속에 잃어버리지 않고 남아 있는 지혜를 통하지 않고서는 누구도 더 현명하게 만들 수 없다.　　칸트

7

이성은 생활의 근본원리가 될 수 없다고 말하는 사람은, 이성을 거부함으로써 자신의 생활을 망쳐놓고도 그것을 개선하려 하지 않는 사람이다.

8

이성은 모든 사람들 속에 있어서 단 하나이다. 사람들의 교류는 이성에 근거하고 있다. 그러므로 모든 사람에게 단 하나인 이성의 요구에 따르는 것은 우리 모두의 의무이다.

6월 14일

1

남을 비난하지 않는 데는 아주 약간의 노력이면 충분하다. 남을 비난하지 않는 자의 생활은 참으로 당당하다. 그런데 그 약간의 노력을 하는 사람을 이렇게 찾아보기 힘들다니!

2

성자열전에 이런 얘기가 있다. 한 노인이 꿈속에서 생전에 결점이 많았던 수도승이 천국의 맨 윗자리에 앉아 있는 것을 보고, 어떻게 그 많은 결점을 가진 수도사가 가당찮게도 저렇게 큰 행복을 누리게 됐느냐고 물었다. 그러자 그가 한평생 아무도 비난한 적이 없었기 때문이라는 대답이 돌아왔다고 한다.

3

그러므로 남을 판단하는 사람이라 하더라도 자기는 죄가 없다고 말할 수는 없습니다. 남을 판단하면서 자기도 똑같은 짓을 하고 있으니 결국 남을 판단하는 것은 바로 자기 자신을 단죄하는 것입니다.   로마서 제2장 1절

4

남의 행위를 비난하지 말라. 남을 비난하면 공연히 자신의 마음이 어지러워져 커다란 잘못을 범하게 된다. 오히려 자기 자신을 반성하라. 그러면 그것은 결코 헛되이 끝나지 않을 것이다.   성현의 사상

5

자기 스스로를 가차 없이 엄격하게 비판하면 할수록, 남을 더욱 공정하고 더욱 너그럽게 비판할 수 있게 될 것이다.   공자

6

남의 불명예 속에서 자신의 명예를 찾지 말라.

선량한 사람은 남의 치욕을, 심지어 그에게 해를 끼친 자의 치욕까지 숨겨주는 것이 어울린다.

뉘우치는 자에게 그 전의 잘못을 들춰내서는 안 된다.   탈무드

7

남의 잘못을 알아채기는 쉽지만 자신의 잘못을 깨닫기는 어렵다. 사람은 이웃의 잘못을 들춰내는 건 좋아하면서 자신의 잘못은 도둑이 범행도구를 감추듯 감추려고 한다.

사람은 남을 비판하기를 좋아한다. 그리고 그저 남들이 잘못한 것만 보지만, 그 자신의 번뇌는 갈수록 깊어져서 자기 개선의 길에서 점점 멀어져 간다.

부처의 가르침

8

너 자신에게 죄가 있는 한, 절대로 남의 죄를 들춰내서는 안 된다.

타블리치키 바비도프

9

남을 비난하는 말을 하지 말라. 그러면 너는 자신의 마음에 사랑의 힘이 커지는 것을 느끼고, 생명과 행복이 증대되는 것을 느낄 것이다.

6월 15일

1

신을 사랑하는 것은 우리가 마음에 그릴 수 있는 최고의 선을 사랑하는 것이다.

2

신에 대한 사랑이 뭔지 모른다고 말하는 사람이 흔히 있다. 그러나 더 정확하게는, 신에 대한 사랑 없이는 어떤 사랑도 이해할 수 없다고 말해야 할 것이다.

3

신에 대한 참된 사랑은 최고선에 대한 명료한 이해를 바탕으로 한 도덕적 감정이다. 그러므로 신에 대한 사랑은 덕, 정의, 선의에 대한 사랑과 완전히 일치한다.

채닝

4

율법에 대한 지식은 해박한데 신에 대한 사랑과는 거리가 먼 사람은, 바깥쪽 열쇠는 없이 안쪽 열쇠만 맡은 금고지기와 같다.

탈무드

5

신의 계율을 지키는 것은 신에 대한 사랑 때문이지 신에 대한 두려움 때문이 아니다.

탈무드

6

사람이 마음속에서 자기 자신을 어떻게 느끼는지가 그대로 그의 신이 어떤 신인가 하는 것으로 이어진다. 즉 그가 선량함과 사랑과 정의로 차 있는가, 아니면 복수심이 강하고 화를 잘 내며 악의에 차있는가에 따라 그의 신의 성격도 결정되는 것이다.

류시 말로리

7

어떤 사람을 그 사람 속의 신, 즉 선을 사랑함이 없이 사랑한다면 그 사랑은 결국 환멸과 고뇌를 가져다줄 뿐이다.

8

신을 사랑한다고 말하면서 이웃을 사랑하지 않는 자는 사람을 속이는 자이다. 이웃을 사랑한다고 말하면서 신을 사랑하지 않는 자는 자기 자신을 속이는 자이다.

9

오직 완전한 것만이 완전한 사랑을 받을 가치가 있다.

완전한 사랑을 경험하려면 우리의 불완전한 사랑의 대상을 완전한 것으로 보거나, 참으로 완전한 것, 즉 신을 사랑하거나, 둘 중의 하나를 선택해야 한다.

6월 16일

1

사회 질서의 개선은 사람들의 도덕적 완성에 의해서만 가능하다.

2

만약 국가가 자체의 목표에 도달하면, 사상적 영역에서도 도처에 완전한 정의가 지배하는 것 같은 상태가 성립될 것이다. 그러나 이 두 상태, 즉 표면적인 정의의 상태와, 진정한 정의에 근거하는 상태의 내적 본질과 근원은 완전히 정반대이다. 즉 진정한 정의의 상태에서는 부정을 행하는 것을 아무도 바라지 않지만, 표면적인 정의의 상태에서는 아무도 부정을 참으려 하지 않아 선택되는 수단은 그 목적에 완전히 일치하고 있다. 이렇게 외면적으로는 완전히 반대되는 방법으로 같은 목표에 도달할 수가 있다. 육식동물도 재갈을 물리면 초식동물과 마찬가지로 위험하지 않다. 그러나 국가는 거기까지밖에 할 수 없다. 따라서 국가는 우리 앞에 모든 사람들이 서로 선의와 사랑으로 살아가는 세상을 만들어 보여주지는 못한다.　　　　　　　　　　　　　　　쇼펜하우어

3

내가 이렇게 붓을 들고 있는 방의 창문 밖으로, 코에 코뚜레가 꿰어 말뚝에 매어 있는 커다란 소 한 마리가 보인다. 소는 풀을 뜯어먹다가 저도 모르게 자신이 매여 있는 고삐를 말뚝에 감아버렸다. 소담스럽게 자란 풀을 눈앞에 두고도 배를 주리고 어깨에 달라붙는 파리를 쫓기 위해 목을 흔들지도 못한 채 죄수처럼 가만히 서 있다. 그는 몇 번이나 빠져나갈 양으로 몸부림쳐보지만, 그때마다 슬픈 신음소리를 지르다가 지금은 얌전해져서 조용히 괴로워하고 있다.

엄청난 힘을 가지고 있으면서도 어떻게 하면 자유로워질 수 있는지 이해할 만한 지각도 없이, 많은 풀 앞에서 배를 주리며 지극히 연약한 생물에게 비참하게 당하고 있는 이 소의 모습은, 내 눈에는 마치 노동자들의 상징처럼 비친다.

모든 나라에서 이마에 땀 흘리며 풍요로운 부를 생산하는 노동자들은 가난에 시달리고 있다. 하루하루 진보하는 문명이 새로운 사상의 분야를 개척하고 새로운 욕망을 부추기고 있을 때, 그들은 그 보잘것없는 동물적 욕구를 채우기 위해 가축과 같은 생활을 하고 있다. 그들도 불공평하기 짝이 없는 현실을 의식하고, 마음속으로 자신들이 이런 비참한 생활을 보내야 할 이유가 없다는 걸 느끼며 때로는 싸우고 항의하기도 한다. 그러나 그들이 이런 현실의

결과가 어떤 이유에서 발생하는지를 배우지 않는 한, 자신들이 왜 이런 굴레에서 헤어나지 못하고 있는지, 또 어떻게 하면 거기서 헤어날 수 있는지 깨닫지 못하는 한, 그들의 싸움도 항의도 옴짝달싹할 수 없게 된 소의 슬픈 신음 소리처럼, 아니 그 이상으로 헛된 몸짓이 될 뿐이다. 나는 방에서 나가 '이랴! 이랴!' 소리를 지르며 소를 몰아 말뚝에 감긴 고삐가 풀리도록 해준다. 그러나 인간인 노동자들을 자유롭게 해줄 수 있는 자는 아무도 없다. 그들이 자신에게 주어진 이성을 사용하지 않는 한, 아무도 그들을 도와줄 수 없기 때문이다.

이를테면 어떠한 통치형태 아래서도 최종적인 정치권력은 실질적으로 대중의 손안에 있다. 모든 나라에서 대중을 노예화하고 있는 것은, 실질적으로는 왕도 귀족도 아니요, 지주와 자본가도 아니다. 대중을 노예화하고 있는 것은 바로 대중 자신의 무지인 것이다.   헨리 조지

4

나쁜 조직에 대해서는 폭력을 통해서만이 아니라 좋은 조직을 통해서도 투쟁해서는 안 된다.

왜 노동자의 조직을 만들어서는 안 되는가!

조직을 만들려면 만들어도 좋다. 그러나 노동자의 조직을 만듦으로써 우리는 단순히 노동의 능률과 생산성을 높일 뿐이며, 인류의 복지를 달성할 수는 없다는 것을 잊어서는 안 된다.

인류의 복지는 오직 자주적이고 도덕적이고 종교적인 길을 통해서만 달성될 수 있다.

실제로 나쁜 사회제도 자체보다 오히려 인간이 그 제도를 만들고 그것을 참아 내며 그것을 이용해 사리사욕을 채우려고 하는 것이 더욱 가증스럽고 화나는 일이 아닌가?

우리는 바로 거기에 맞서 싸우지 않으면 안 된다.   표도르 스트라호프

5

우리는 훈련과 교육의 시대에 살고 있지만 덕성의 시대에 살기에는 아직 멀었다. 현재와 같은 상태에서는 국가가 번영할수록 인간의 참상은 오히려 늘어난다 해도 지나친 말이 아닐 것이다. 그래서 오늘날과 같은 교육이 전혀 없었

던 원시시대가 더 행복하지 않았을까 하는 의문이 남는다.

사람들이 좀더 도덕적이고 현명해질 수 있게 하지 않고, 어떻게 그들을 행복하게 할 수 있단 말인가! 칸트

6

일반적인 사회악을 극복하는 데는 오직 한 가지 방법밖에 없다. 자신의 생활을 도덕적으로 완성하는 데 더욱 노력하는 것이다.

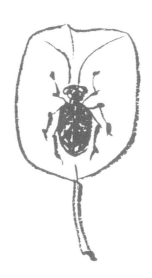

첫 슬픔

그리샤는 발코니에 나가 그 커다란 푸른 눈을 가늘게 떴다. 그러자 곧 활짝 열려 있는 마구간 문 안에, 자기 칸에 서 있는 애마 로프키의 반들거리는 둥긋한 엉덩이와, 칸막이 판자에 걸려 있는 마구류, 낡은 등걸이를 걸친 마부 이그나트가 보였다. 그쯤 되면 으레 그리샤는 당장 그곳으로 달려가고 싶어진다. 그는 두 손을 반바지 호주머니 속에 찔러 넣고, 발코니 계단을 내려간 다음 풀이 무성한 넓은 뜰을 지나 단숨에 마구간으로 달려갔다.

"어때?" 그는 눈에 익숙한 커다란 마구간의 광경을 바라보면서 이그나트에게 물었다. "왼쪽 말은 아직도 다리를 절고 있어?"

"아직 절고 있습니다요, 절룩절룩하고요." 이그나트는 기꺼이 상대해줄 작정으로 그렇게 말했다.

"굴레는 고쳤어?"

"지금 고치고 있습죠."

"오늘은 내 코를료크를 아무한테도 내주면 안 돼, 알았지?"

"그렇지만 어디 제 마음대로 할 수 있나요? '마을에 볼일이 있어서 역으로 가야겠으니 코를료크를 마차에 매어주게' 하고 분부하시면……. 그렇잖아도 코를료크를……."

"이게 뭐야, 정말! 언제나 내 말만, 언제나 내……." 소년은 볼멘소리로 말했다. "그런데 귀리는 먹였어?"

"먹이라는 분부도 없으신데 제가 어디서 가져옵니까요? 아버님께서 분부가 없으셨습죠." 이그나트의 수염으로 뒤덮인 음울한 얼굴에 장난기 가득한 표정이 떠올랐다.

"귀리도 주지 않고!" 흥분해서 소리치는 그리샤의 눈에 서러운 눈물이 글썽였다.

이그나트는 밝고 상냥한 미소를 지었다.

"어이구, 저런! 성미도 급하셔라! 저 토라지신 것 좀 봐. 걱정 마세요, 절대로 코를료크가 배를 곯게 하지는 않을 테니까요. 다른 말은 몰라도 코를료크에게만은 언제나 듬뿍 먹이고 있답니다."

이그나트는 달래듯이 소년의 눈을 다정하게 들여다보면서, 그 옹이가 박힌 거친 손으로 소년의 머리를 쓰다듬어주었다. 그리샤는 그제서야 마음이 진정되는 듯, 늘 하던 대로 마구간을 돌아보기 시작했다. 그는 차례차례 모든 마차에 올라타 마부석에도 앉아 보면서 그때마다 자신의 감상을 애기했다.

"이 마차는 썩 괜찮은데!" 그리샤는 마치 어른 같은 투로 말했다.

"예, 하나도 나무랄 데가 없지요!, 그리고 튼튼하기도 하고." 이그나트도 맞장구를 친 뒤 주의를 주었다. "옷에 타르가 묻겠습니다요, 도련님! 유모가 또 잔소리를 할걸요."

이그나트는 이 집에 고용된 지 채 1년도 되지 않았지만, 얼마 안 가 이 어린 주인과 친해져서, 두 사람 사이에는 기이하지만 진정한 우정이 싹트고 있었다.

"제가 르호프 씨 집에서 일했을 때 거기도 말이 있었는데."

"우리 집에 오기 전에 거기 있었어?"

"아니요, 이곳에 오기 바로 전에는 어떤 상인의 집에 있었지요. 입에 풀칠하기만 어렵지 않았다면 단 하루도 그런 데서 살지 않았을 겁니다! 나를 고발하다니! 왜 내가 재판을 받아야 합니까? 남의 것을 훔친 것도 아닌데!"

"그 상인이 아저씨를 재판에 부치려 했단 말이야?"

"부치려 했다는 얘기가 아닙니다! 정말로 재판소에 고발했어요. 내가 그 놈의 말과 마차를 훔쳤다고 하면서요. 아, 글쎄! 새경을 꼬박 일년이나 주지 않고 쉬는 날도 주지 않더라니까요! 그러니 견딜 수가 있어야지요. 내내 그런 식으로 나도 마누라도 공짜로 일만 해줬지요. 그자는 우리가 신분증을 갖고 있지 않은 것을 이용한 겁니다. 그래서 에라 나도 모르겠다 하고 마누라 마트료나와 함께 한밤중에 마차에 말을 채워서, 그러니까 집으로 돌아가버린 거지요. 걸어서는 갈 수 없었으니까요. 아이도 있는데 집까지는 60베르스타나 되거든요. 상인이 알았을 때는 우리는 흔적도 없이 사라진 뒤였죠. 말은 돌려줄 생각이었어요. 말 같은 것 있어봤자 뭐합니까? 그렇지만 그자는 공짜로 부리던 일꾼이 달아났다고 노발대발해서 재판소로 달려간 겁니다요. 말을 훔쳤다느니 뭐라느니 하면서."

"그래서 유죄가 되었어?"

"그렇다더군요."

"어떻게?"

"어떻기는요……." 이그나트는 애매하게 대답했지만, 그 짙은 눈썹이 험악하게 8자를 그리고, 얼굴에는 오랫동안 침울하고 거의 괴로운 듯한 표정이 떠올라 있었다.

"그럼 죄가 없다고 말하면 되잖아." 그리샤가 진지한 얼굴로 말했다.

"저한테 물어보기나 해야지요. 지금의 재판은 다 그 모양이에요. 전혀 진실이 없다니까요, 도련님. 결국 저는 재판에 회부돼 도둑이 되고 말았습니다요. 이런 젠장할!"

"어째서 그런 일을 하는 거지?" 소년은 집요하게 물었다.

"누가 알겠습니까!" 이그나트는 얼굴을 찡그리고 쓴 웃음을 지으면서 말했다.

때로는 대화가 다른 방향으로 흐를 때도 있었다.

"정말 마트료나가 아저씨 부인이야?" 그리샤가 묻자, "그럼요!" 하고 이그나트는 상냥하게 대답했다.

"그럼 왜 아저씨와 함께 있지 않고 움막에서 매일 빵만 굽고 있는 거야?"

이그나트는 빙그레 웃었다.

"뭐 하러 저하고 같이 있어야 합니까? 뭐 옛날이야기라도 해주라고요?"

"옛날이야기?" 소년은 반발하는 듯 흥분한 목소리로 말했다. "우리 엄마는 아빠한테 아무 얘기도 하지 않지만, 그래도 함께……. 그런데 폴리카는 아저씨 딸이야?"

"예."

"아이가 또 있어?"

"아니요, 그 아이뿐입니다요."

"어째서 그 아이 뿐인데?"

이그나트는 웃으면서 고개를 설레설레 저었다.

"어이구, 참, 도련님도!"

"왜 웃는 거야?" 그리샤는 약간 화난 얼굴이 되어 자기가 생각하는 대로 계속 말했다.

"우리 아빠와 엄마한테는 셋이나 있는데. 이그나트!" 그는 그 다정한 친구 마부의 눈을 들여다보면서 상냥하게 말했다. "우리가 시내에 간 뒤에도 내 코를료크를 잘 돌봐줘, 응?"

"그럼요, 잘 돌봐드리다마다요! 하지만 도련님, 제가 도련님보다 먼저 이 집에서 나갈지도 모릅니다."

"어디로 가는데?" 소년은 깜짝 놀라 물었다.

"저어…… 그러니까 거기로요." 이그나트는 또 수수께끼 같은 말투로 그렇게 대답했다.

이 두 사람의 정다운 대화를 종종 유모가 끊어놓는다.

"그리셴카! 여기 계세요? 아이 참, 여기서 뭐하시는 거예요?" 그녀가 헛간을 들여다보면서 나무라듯이 말했다. "도련님이 돼 가지고 노상 마구간에 붙어사시다니! 어머니한테 이를 거예요! 이런 남자하고 친구처럼 지내신다는 게 말이 되는 소리예요? 자, 자, 이리 오세요! 그리고 요 건달 같은 작자!" 이번에는 이그나트를 향해 말했다. "당신이 자꾸 이상한 말을 지껄여대니까, 도련님 머리가 점점 이상해지는 거야."

"내가 뭘 어쨌다고 그래? 안나 그라시모브나, 난 아무 말도 하지 않았어." 이그나트는 당황하면서 변명했다. "내가 도련님에게 무슨 못할 말이라도 했나?"

"누가 당신한테 물어봤어?" 유모는 경멸하는 듯 말했다. "가세요, 도련님, 어서요!"

그리샤가 아버지와 어머니의 얼굴을 볼 수 있는 건 대개 식사 때뿐이었다. 아버지는 늘 바빴고, 어머니는 몸이 아프다며 매일 침실에 있었다. 머리가 아프지 않을 때는 어딘가 다른 데가 아팠기 때문에, 그녀는 떠들썩한 아이들의 세계는 물론이고 한낮의 햇빛조차 견디지 못했다. 그리샤가 문득 생각이 나서 어머니의 침실로 달려가자, 그녀는 아들을 어루만지며 몇 번이고 키스를 해주지만, 곧 "자, 이제 저리 가서 놀렴, 엄마를 조용히 놔두고" 하고 말하는 것이었다.

이따금 그리샤는 그 말을 듣지 않았다.

"엄마, 나 가만히 있을 테니까, 네? 가만히 있을게요."

그리샤는 안락의자에 앉아 무릎 위에서 두 손을 맞잡았다.

"너, 몸은 괜찮은 거니?" 어머니가 걱정스러운 듯이 물었다.

"네." 그리샤는 다른 생각을 하고 있다가 건성으로 그렇게 대답하더니, 곧 자기가 관심을 가지고 있는 문제로 화제를 돌렸다. 그는 어머니의 침실의 조용하고 차분한 분위기를 깨지 않기 위해 속삭이는 목소리로 말했다.

"엄마, 더울 때는 왜 땀이 나요?"

"너 덥니?" 어머니가 물었다.

"더워요. 엄마는 내가 셔츠를 두 장 입고 있을 거라고 생각하세요?"

"한 장밖에 입지 않았단 말이야?"

"물론 한 장이죠! 보세요!" 그리샤는 새된 목소리로 그렇게 외치더니, 비뚤어진 루바시카의 깃을 헤치고 맨살을 보여주었다.

어머니는 괴로운 듯 얼굴을 찡그렸다.

"어째서 그렇게 큰 소리를 지르는 거니?" 그녀는 나무라는 것처럼 아들에게 말했다.

"아참, 깜박 잊었어요!" 소년은 미안한 듯 그렇게 말하고 입을 다물었다. 그러나 1분쯤 지나자 다시 속삭이듯 말했다. "엄마! 꼬리는 왜 있는 거예요?"

"무슨 꼬리?"

"있잖아요, 말이니 개에게 있는 것."

"거기에 무슨 이유가 있을까, 그냥 있으니까 있는 거지. 원래 그런 거야."

"그렇지 않아요, 엄마! 그건 파리를 쫓기 위해서예요. 꼬리가 없으면 파리를 쫓을 수 없잖아요."

소년의 수다에 어머니의 신경이 날카로워지기 시작했다. 하지만 그녀는 이제 곧 방안이 어두컴컴해지면 그리샤는 그것이 싫어서 나가려 하겠거니 하고 꾹 참고 있다. 그런데 그리샤는 안락의자의 등에서 미끄러져, 의자 위에 누워서 두 다리를 꼬아 높이 쳐들었다.

"엄마! 이는 어디에 생기는지 아세요?" 소년은 다시 입을 열었다.

어머니는 징그럽다는 듯 얼굴을 찡그리며 눈을 감았다.

"애도 원! 무슨 소릴 하고 싶어서 그러니?"

"가죽 고삐 속에 있어요. 이가 슬면 그 고삐는 내버리고 새 것을……."

"너 하루 종일 마구간에서 노는 게로구나! 가을에는 가정교사라도 고용해야지. 너 때문에 창피해서 안 되겠어!"

"왜 창피해요, 네?"

"이제 그만하고 저리 가서 놀렴! 유모나 누나들한테 가거라. 넌 늘 혼자 있거나, 아니면 하인들하고만 있구나."

그리샤는 깊은 한숨을 내쉬고는 마지못해 의자에서 일어나며 또 한숨을 내쉬었다. 그는 아직 시원한 방에서, 병이 들어 우울한 얼굴을 하고 있지만, 그래도 자기가 무척 좋아하는 어머니한테서 떨어지고 싶지 않았던 것이다.

"자, 키스해 주렴!" 어머니는 조용히 말했다.

소년은 어머니에게 키스를 하고 자신의 얼굴을 어머니의 뺨에 비볐다. 그녀는 루바시카 밑으로 아들의 앙상한 어깨를 느끼며 슬픈 듯 말했다.

"너, 정말 말랐구나, 얼굴도 파리하고! 왜 그런 거니, 그리샤."

"괜찮아요!" 소년은 늘 하는 대로 대답했지만, 안타까운 듯 아들을 바라보고 있는 어머니의 표정이 그의 감정에 작용하여, 그만 마음이 슬퍼지고 말았다.

"몸이 많이 약해졌구나! 이 일을 어떡해! 너, 항상 이렇게 피곤한 것 아니니, 그리샤?"

그리샤는 자신에 대한 어머니의 연민과, 아직 의미를 알 수 없는 그 말에 가슴이 북받쳐 와서, 느닷없이 그녀의 어깨에 얼굴을 묻고 울음을 터뜨렸다.

"왜 그러니? 얘야, 왜 우는 거야?" 어머니는 깜짝 놀라서 물으며 열이 나는 게 아닌가 하고 아들의 이마를 짚어보았다.

하지만 그리샤는 이내 울음을 그치고 나갔다. 그리고 채 문까지 가지도 않아서, 벌써 뭔가 새로운 생각이 떠올라, 까닭도 없이 흘린 눈물 같은 건 까맣게 잊어버렸다. 가슴속에서는 아직 무언가가 떨며 흐느끼고 있지만, 그리샤는 호주머니 속에 들어 있던 노끈을 즐겁게 만지작거리면서, 이 노끈으로 뭘 하고 놀까 하고 생각했다.

그러는 사이 최초의 슬픔이 그리샤를 향해 다가오고 있었다.

어느 날 아침, 아버지가 신문에서 눈을 떼지 않은 채 식탁 너머로 어머니에게 말했다.

"당신 알고 있소? 이그나트를 데리러 왔소."

"왔어요? 벌써?" 어머니는 깜짝 놀라 되묻더니, 뭔가 깊이 생각하는 듯 들고 있던 컵을 식탁에 내려놓았다.

"정말 어떻게 할 수 없는 거예요? 그 사람들에게는 아이도 있는데." 그녀는 낮은 목소리로 말했다.

"방법이 없어." 아버지는 어깨를 으쓱하면서 말했다. "그런 불한당하고는 애초에 관계를 맺지 말았어야지. 그 사람 보통내기가 아니야! 그 상인한테 걸리면. 그자에 대해 좀 아는데, 탐욕스러운 사기꾼이라구."

"맞아요, 그러니까 더……." 어머니가 말했다.

"그러니까 더, 뭐? 말은 훔쳤고 자물쇠는 부서져 있고, 그건 강도짓이야. 분명히 말해 두지만."

"그렇지만 그 사람들로서는 어쩔 수 없는 일이었잖아요. 그 상인은 신분증을 가지고 있지 않다는 걸 핑계 삼아, 새경도 주지 않고 거저 부려먹었잖아요. 그러니까 이그나트도 노예처럼 살 수는 없다고 생각해서……."

"그렇지만 말을 훔쳐간 건 누가 뭐래도 잘못한 거야! 어쨌든 이제 와서 왈가왈부해도 소용없는 일이지만!" 아버지는 혐오스럽다는 듯 말하고, 다시 신문을 읽기 시작했다.

그리샤는 조용히 듣고 있었지만, 뭐가 뭔지 도무지 알 수가 없었다.

"엄마, 이그나트를 어디로 데리고 가는 거예요?" 그리샤는 눈을 동그랗게 뜨면서 물었다.

어머니는 공허한 표정으로 그를 바라보다가, 갑자기 그리샤와 마부 사이를 떠올리고 살짝 얼굴을 찌푸리며 시선을 돌렸다.

"누가 이그나트를 데리러 왔어요, 엄마?" 그리샤가 다시 집요하게 물었다.

"말해 줘도 되지 않소!" 아버지가 못마땅하다는 듯 말했다. "이 아이의 신경을 건드릴까봐 늘 조마조마해 하다간 끝이 없잖아. 그러니까 소심한 계집아이처럼 저 모양이지."

"어머, 너무해요, 당신. 그렇다면 당신이 직접 말씀하세요. 말리지 않을 테니까요!" 어머니는 눈물을 글썽이면서 그렇게 소리치고는, 두 손으로 관자놀이를 누르면서 테이블에서 일어나 나가버렸다.

"당신은 언제나 그러지! 언제나 그래!" 아버지가 그녀의 등에 대고 소리쳤다.

"당신의 그 이그나트는 말이야, 강도죄로 감옥에 들어가는 거라구. 알겠어?" 그는 냉혹하게 내뱉었다. 그리샤의 얼굴이 새파랗게 질렸다. "이그나트는 강도죄, 그 마누라 마트료나는 방조죄로, 이그나트는 3년, 마트료나는 1년 반의 징역형이야."

"그럼 폴리카는요?" 그리샤가 물었다.

"폴리카? 그래, 폴리카는 어떻게 할까? 물론 감옥에 넣지는 않지만, 아빠도 잘 모르겠구나. 그 아이를, 폴리카를 어떻게 할지."

아버지를 똑바로 쳐다보는 그리샤의 눈이 분노로 이글이글 타오르고 있었다. 얼굴은 점점 더 새파래졌지만, 아버지가 두려워 있는 힘을 다해 참고 있는 것이다.

"도대체 무엇 때문에 그러는 건데요?" 그리샤는 도전하는 듯한 말투로 물었다.

"도둑질을 했다고 말했지? 아무튼 도둑질을 한 거나 마찬가지야."

"절대로 마찬가지가 아니에요! 아빠도 그 상인은 사기꾼이라고 하셨잖아요!"

"아, 그랬지."

"그런데 왜요? 어째서요? 도대체 왜 그렇게 되는 거예요?"

아버지는 갑자기 화를 벌컥 냈다.

"어허, 시끄럽다, 요 녀석! 오냐오냐하니까 완전히 계집아이처럼."

그리샤는 이를 악물고 일어서서 방에서 나갔다. 문을 나가자마자, 누군가에 대한 분노와 슬픔으로 목구멍이 죄어드는 것 같았다. 그리샤는 복도를 달려 발코니로 뛰쳐나갔다. 무엇보다 먼저 이그나트를 보고 싶었지만 마구간 문은 닫혀 있었다. 그것은 이그나트가 그곳에 없다는 뜻이다. 그리샤는 이번에는 하녀 방으로 뛰어갔다. 그곳에서는 유모가 테이블에 앉아서 차를 마시고 있고, 유모의 맞은편에는 그리샤가 생전 처음 보는 군복 차림의 웬 남자가 앉아 있었다. 군인은 위엄 있게 팔꿈치를 놀려, 단지 속의 잼을 떠서 차를 마시며 그것을 핥고 있었다. 그리샤는 곧 그것이 유모의 단지이며, 그녀가 군인을 대접하고 있다는 것을 깨달았지만, 이그나트가 가버린다는 뜻밖의 소식에 정신이 팔려 있었기 때문에, 유모의 손님에게는 전혀 주의를 기울이지 않았다.

"유모, 누가 이그나트를 데리고 가는 거야?" 그리샤는 떨리는 목소리로 물었다.

유모는 얼른 대답해주지 않았다.

"그래요, 도련님이 좋아하시는 이그나트는 잡혀갈 거예요. 그러니까 이제 이 유모한테서 도망가지 못할걸요?"

"유모, 누가 데리러 왔느냐니까!"

"이젠 도망갈 수 없다니까요. 누가 데리러 왔느냐고요? 아, 바로 이분이랍니다."

그리샤는 얼른 이해가 되지 않았다. 이그나트와 마트료나를 감옥으로 데리고 갈 사람은, 몸집이 크고, 무섭고, 미운 얼굴을 한 남자일 거라고 생각했는데, 유모의 손님은 햇볕에 잘 그을린 마음씨 좋아 보이는 얼굴로, 당황하는 것 같기도 하고 그냥 멍청해 보이기도 하는 웃음을 지으며 그리샤를 쳐다보고 있었다. 방안에는 그 남자와 유모 말고는 아무도 없었다. 그래서 마침내 그리샤도 깨달았다.

"아저씨야?" 그리샤는 가만히 군인을 응시하면서, 이상하고 믿기 어렵다는 듯 물었다.

"그렇습니다." 군인은 얼굴 가득 웃음을 띠고, 이 어린 도련님 앞에서 일어서야 할지 않은 채로 있어도 될지 망설이는 듯한 모습으로 말했다.

"아저씨? 아저씬… 아저씬 나쁜 사람이야! 아저씨, 아저씨를 때려줄 테야!" 그리샤는 새된 소리를 지르면서 군인에게 달려갔다.

그러나 별안간 그리샤의 얼굴이 일그러지고 입꼬리가 바르르 떠는 것 같더니, 마치 의지할 데 없는 아이가 심한 학대라도 받고 우는 것처럼 큰 소리로 호소하듯이 울음을 터뜨리고 말았다. 하사관은 난감해하는 웃음과 함께 두 팔을 벌리며 주위를 둘러보았다.

그리샤는 자기 방으로 달려가서, 자신의 침대 옆 구석에 숨어들어가, 두 팔로 가슴을 안고 벽에 꼭 기대고 있었다. 무력한 분노가 여전히 소년의 가슴 속에서 꿈틀거리며 분출구를 찾고 있었다. 그리샤는 방바닥에 누나의 인형이 나뒹굴고 있는 것을 보고 그것을 발로 마구 짓밟은 뒤, 방 반대쪽으로 내던져버렸다. 벽에는 그가 그린 그림이 걸려 있었는데, 그것도 끌어내려 바닥에 내동댕이쳤다. 그 격렬한 행동 덕분에, 팽팽하게 긴장되어 있던 그리샤의 신경이 약간 누그러졌다. 그리샤는 일어나서 침대 난간에 이마를 대고, 숨을 죽이며 생각에 잠기기 시작했다. 그리샤는 힘에 대해 생각하고 있었다.

그리샤는 복수하기 위해, 이그나트를 재판한 재판관과 그를 연행해 가는 하사관 같은 잔인하고 나쁜 사람들에게 복수하기 위해, 또 하사관에게 잼을 대접한 유모와 아버지에게도 복수하기 위해 힘을 갖고 싶었다. 아버지에 대해서는, 그가 이그나트의 운명에 대해 냉담한 것에 화가 났다. 아버지는 마땅히 이그나트를 보호하고 하사관을 쫓아버려야 하는데도, 태연하게 신문을 읽으며 "이그나트는 도둑이나 마찬가지"라는 말까지 했다.

그리샤는 자신의 친구 이그나트를 이렇게 잔인하게 다룬 모든 사람들에게 복수하고 싶었다.

그리샤는 아버지와 유모와 하사관에게 복수할 방법을 생각하면서, 발톱으로 침대 난간의 벗겨지다만 에나멜을 긁고 있었다. 갑자기 그리샤는 귀를 쫑긋 세웠다. 아버지의 높은 목소리와 거기에 대답하는 이그나트의 겁먹은 목소리가 들려왔다. 그리샤는 벌떡 일어나 하녀 방으로 달려갔다. 방 한복판에 이그나트와 마트료나가 고개를 푹 숙인 채 말도 제대로 못하고 몸을 떨고 있었다. 마트료나 옆에는 폴리카가 어머니의 옷 주름 속에 코를 처박듯이 매달려 있었다. 마트료나는 폴리카를 위에서 내려다보고 있었는데, 그 표정은 공포와 슬픔이라기보다는 오히려 뭐가 뭔지 전혀 모르는 것 같은 어리둥절한 표정이었다. 그들 뒤에 있는 문 밖에서 하인들이 호기심어린 눈길로 기웃거리고 있었다.

"이제 그만!" 그리샤의 아버지가 큰 소리로 말했다. "이제 와서 말해봤자 이미 늦었어. 도저히 방법이 없어. 폴리카는 걱정하지 않아도 돼. 절대로 나쁘게는 하지 않을 테니까. 사는 것도 죽는 것도 모두 신의 뜻에 달렸다. 어쨌든 폴리카는 잘 돌봐주겠다고 약속하마. 그럼 몸조심해, 이그나트! 어쩔 수 없는 일이잖아!"

아버지는 이것으로 작별은 끝났다는 신호인 듯 한 손을 흔들어 보였지만, 아무도 그 자리에서 움직이려 하지 않았다.

이그나트는 정신 나간 사람처럼 묵묵히 자신의 발밑을 쳐다보고 있었다.

"그래, 우리, 약속할게……" 어머니가 떨리는 목소리로 말하면서 폴리카 쪽으로 손을 뻗었지만, 이내 그 손을 내리고 얼굴을 돌렸다.

"이렇게 된 이상 어쩔 수 없는 일이잖아!" 아버지는 절망한 나머지 아무 말도 하지 못하는 이그나트 부부의 모습을 보기가 괴로운 듯, 다시 그렇게 되풀이했다.

"어쨌든 형기가 그리 길지 않으니까 견뎌내야지. 하는 수 없어."

마트료나는 폴리카를 가만히 떼어놓고 한 걸음 앞으로 나서더니, 여주인 앞에 무릎을 꿇고 바닥에 이마를 조아렸다.

"마트료나!" 소리치는 어머니의 눈에서 이내 눈물이 흘러넘쳤다. "그러지 마, 마트료나! 걱정하지 마. 네 딸은 내가 잘 보살펴줄 테니까. 맹세코 그렇게 할 거야, 응? 그렇게 자꾸 조아리지 말라는데도!"

그녀는 허리를 구부려 떨리는 손을 마트료나의 어깨에 얹더니, 자신도 마트료나와 나란히 바닥에 앉았다.

"견뎌야 해, 모든 걸 참고 견디는 거야, 모든 걸!" 그녀는 빠르게 말했다.

"이제 됐어, 그만해!" 아버지는 짜증을 숨기지 않고 말했다. "나도 정말 유감으로 생각해. 자네는 열심히 일해 주었어, 이그나트. 형기를 마치면 다시 찾아오게, 써줄 테니. 자네 딸은 걱정하지 말고. 그럼, 건강하게!"

그는 아내의 손을 잡고 나가려 했지만, 그녀는 남편의 손을 뿌리치고 마트료나를 다시 꼭 끌어안았다.

"꿋꿋하게 견뎌야 해!" 그녀는 다시 한번 속삭였다.

마트료나는 일어섰다. 그녀는 뭐가 뭔지 모르겠다는 눈길로 방안을 둘러보다가 그리샤에게 시선을 멈췄다. 한 순간 두 사람의 눈과 눈이 마주쳤고, 이윽고 그리샤는 가만히 눈을 감고 마트료나 옆으로 다가갔다.

"안녕!" 그리샤는 무척 조용하고 상냥한 목소리로 말했다. 마트료나는 여전히 뭔가 이해할 수 없다는 표정으로 말없이 그리샤를 응시했다. 그리샤는 이번에는 이그나트에게 다가갔다. 그리샤가 손을 내밀자, 이그나트는 그 손을 잡고 허리를 굽히며 그리샤의 얼굴을 들여다보았다.

"폴리카를 귀여워해주실 거지요?" 이그나트가 말했다.

"응, 귀여워해줄 거야!" 그리샤는 진지하고 굳은 표정으로 대답하며, 슬픔에 잠긴 이그나트의 눈을 향해 결연히 반짝이는 시선을 보냈다. 이그나트는 그리샤의 머리를 쓰다듬으며, 성상을 향해 열심히 성호를 그은 뒤 문을 향해 걸어갔다.

"마트료나!" 하인 중의 누군가가 불렀다.

"마트료나! 이그나트는 나갔어. 널 기다리고 있어. 어서 가! 마차는 현관 앞에 있어."

젊은 어머니의 몸이 꿈틀하더니 공허한 표정이 경악의 표정으로 변했다. 그녀 옆에는 폴리카가 역시 조금 전처럼 얼굴을 그녀의 옷 속에 파묻은 채, 온몸을 바르르 떨고 있었다. 마트료나는 천천히 몸을 돌려 나갔다.

그리샤는 눈물을 참으며, 처음에는 보통 걸음으로 나중에는 뛰어서 자기 방에 들어가, 다시 침대 위에 앉아 침울한 표정으로 앞쪽을 응시하고 있었다. 복도에서 아버지의 발소리가 들려왔다. 그는 아들 방으로 들어와서 그리샤 앞에 섰다.

"왜 이런 곳에 있니? 유모한테 가거라." 그는 말했다.

소년은 아무 말 없이 그대로 꼼짝 않고 있었다.

"그리샤!" 아버지가 엄한 목소리로 말했다. "아버지가 하는 말이 들리지 않니?"

그리샤는 고개를 들어 침울하고 원망하는 듯한 눈길로 아버지를 뚫어지게 바라보았다.

"애야, 그리샤." 아버지는 어느새 목소리가 누그러져 있었다. "넌 아버지를 원망하고 있는 모양이구나. 하지만 아버지더러 어떡하란 말이냐? 아버지가 나쁜 게 아니야! 그보다 너에게 주의를 주어야 할 일이 있다. 왜 그 하사관에게 그렇게 대들었니, 응? 왜!" 아버지는 아들의 집요한 시선에 초조감과 일종의 압박감을 느끼면서 말했다.

"마음대로 하세요." 그리샤가 침착한 목소리로 조용히 말했다.

"뭘 마음대로 하란 말이냐?

"아버지가 화내셔도 상관없어요. 저 이제 아무래도 상관없어요."

아버지는 조금 당황했다.

"좋아! 너하고는 더 이상 말하고 싶지 않다."

그는 몸을 돌려 문 쪽으로 갔다.

"아버지는 그럼" 하고 그리샤는 아버지의 등 뒤에 대고 말했다. "아버지는 그럼, 유모처럼 그 사람한테 잼을 준 것이 잘한 거라고 생각하시는 거예요?"

아버지는 걸음을 멈췄다.

"모두들 각자 제 할 일을 하고 있는 거란다. 자신의 의무를 다하고 있는 거지. 하사관은 이그나트를 데리고 오라는 명령을 받았기 때문에 온 거야. 그 사람은 선량하고 훌륭한 사람이다. 그런데도 너는 그 사람을 모욕하는 말을 했어. 게다가 나에게도 유모에게도 심한 행동을 했고. 도대체 왜 그랬지?"

그리샤는 가만히 눈을 감았지만, 그 얼굴에는 분명히 의혹과 고통의 표정이 드러나 있었다.

"그건 잘못한 거야, 너!" 아버지는 나무라듯이 그렇게 말하고 방에서 나갔다.

그리샤는 그대로 꼼짝 않고 앉아 있었다.

"그건 잘못한 거야, 너!"라는 아버지의 꾸짖는 듯한, 그래도 조금은 위로하는 듯한 목소리가 떠올랐다.

소년은 아픈 마음으로 생각했다.

'그건 잘못한 거라고?…… 심한 행동?…… 내가 심한 행동을 했다지만……, 모두들 이그나트에게 더 심한 짓을 했어……. 도대체 왜?'

그리샤는 고개를 떨구며 어린아이답게 얼굴을 찡그렸다.

"모두들 각자 제 할 일을 하고 있다고? 그렇다면, 어째서 이렇게 안 되는 일, 나쁜 일이 일어나는 것일까?"

그는 시선을 들었다. 그 미동도 하지 않는 눈동자에는 괴로운 의문이 가득 차 있었다.

엘 아빌로바

6월 17일

1

전쟁과 전쟁 준비가 빚어내는 모든 불행은, 전쟁을 변호하기 위해 제시되는 온갖 이유에 비해 너무 클 뿐만 아니라, 그 이유라는 것이 대부분 논의할 가치도 없을 만큼 하찮은 것이고, 또 전쟁 속에 죽어가는 사람들은 전혀 이해할 수 없는 것들뿐이다.

2

오늘날 전쟁의 광기는 왕조의 이익과 민족주의, 유럽에서의 세력균형, 민족의 명예 같은 것으로 변호된다. 그러나 명예라는 것으로 전쟁을 변호하는 것보다 더 기괴한 일은 없다. 왜냐하면 명예라는 이름으로 온갖 범죄와 행위에 빠짐으로써 자기 자신을 더럽히지 않은 국민은 하나도 없기 때문이다. 또 명예라는 이름으로 온갖 굴욕을 경험하지 않는 국민도 하나도 없다. 설사 또 여러 국민들 사이에 명예라는 것이 존재한다 하더라도 그것을 전쟁을 통해 유지하는 것은, 즉 명예를 중시하는 사람이라면 수치로 생각하는 방화, 약탈, 살인 같은 범죄행위를 통해 그것을 유지하는 것은 얼마나 기괴한 방법인가.

아나톨 프랑스

3

사람들은 묻는다. 여러 문명국들 사이에 아직도 전쟁이 필요한 것인가 하고. 거기에 대해 나는 이렇게 대답한다. '이미' 필요하지 않을 뿐만 아니라 애당초부터 그런 것은 한 번도 필요한 적이 없었다고. 이따금이 아니라 어떠한 경우에도 전쟁은 언제나 인류의 올바른 역사적 발달을 저해하고 정의를 파괴하여 그 진보를 방해해 왔다.

설사 전쟁의 결과가 때로는 문명 전반에 걸쳐서 유익하게 작용한 적이 있었다 하더라도, 유해함이 그보다 훨씬 더 컸다. 금방은 그 결과의 일부밖에 보이지 않기 때문에 우리는 그것을 깨닫지 못하고 있을 뿐이다. 그 같은 유해한 결과의 대부분, 그것도 가장 중요한 대부분을 우리는 모르고 있는 것이다. 그러므로 우리는 '아직도'란 말을 사용해서는 안 된다. 이런 말을 사용하는 것은 전쟁을 변호하는 사람들에게 우리들 사이의 논쟁은 한갓 시간적 문제, 개인적 견해의 문제라고 주장할 권리를 주는 것이 되며, 그렇게 되면 우리와 그들의 대립점은 우리는 이제 전쟁은 무익하다고 생각하는데, 그들은 그것이 아직 유익하다고 생각하고 있다는 것뿐이다. 그와 같은 문제의 제기에 그들은 기꺼이 우리의 의견에 찬성하고 동의하면서, 전쟁은 언제나 무익한 것, 오히려 유해한 것도 될 수 있지만 그것은 장래의 일이며, 지금은 그렇지 않다고 말할 것이다. 그들로서는 지금은 그 전쟁이라 불리는 무서운 유혈 참사를, 극히 일부 사람들의 사적인 명예욕을 만족시키기 위해 일어나는 전쟁을, 국민에게도 강요할 필요가 있다고 생각한다.

요컨대 이와 같은 것이 언제나 전쟁의 원인이었고 지금도 그러하다. 즉, 대중의 희생 위에서는 소수자의 권력욕, 명예욕, 물욕의 만족, 대중의 맹신, 소수자에 의해 날조되고 유지되고 있는 각종 편견, 이런 것들이 전쟁을 가능하게 만들고 있다.

가스통 모흐

4

전쟁이 얼마나 사소한 불화에서 발생하는지를 생각하면 개탄을 금할 수 없다. 이를테면 영국과 프랑스가 1815년에 러시아에 선전포고를 한 것도, 그 원인을 완전히 이해하려면 오랫동안 각종 외교 문서를 샅샅이 뒤지지 않으면 안되는 지극히 사소하고 하찮은 원인에서였다. 그런데 그 기묘한 불화의 결과로 50만의 무고한 사람들의 죽음과 50억에서 60억에 이르는 재산의 소실이 초래되었다.

사실 원인이 있기는 있었다. 다만 그것은 진정한 원인으로 인정되고 있지 않을 뿐이다. 나폴레옹 3세는 영국과 동맹을 맺어 전쟁에서 승리함으로써 원래 범죄행위로 획득한 권력을 확고하게 굳히려 했다. 러시아는 콘스탄티노플을 탈취하려고 했다. 또 영국은 자국의 상업권을 지키고 동양에 대한 러시아의 지배력을 저지하려고 했다. 이면은 요리조리 가려져 있어도 결국 그것이 언제나 변함없는 전쟁과 폭력의 정신인 것이다.

리세

5

때때로 한 권력자가 다른 권력자를, 이자가 나를 공격해 오지는 않을까 하는 공포에서 먼저 습격한다. 또 때때로 전쟁은 적이 너무 강하거나 반대로 너무 약할 경우에 일어나기도 한다. 그리고 또 우리의 이웃이 우리가 소유하고 있는 것을 원하거나, 그들이 우리가 갖고 있지 않는 것을 소유하고 있기도 한다. 그런 경우에도 전쟁이 일어나 그들이 자기에게 필요한 것을 약탈하거나, 우리가 필요로 하는 것을 그들이 내놓을 때까지 계속된다.   스위프트

6

전쟁만큼 사람들의 행동에서 외부로부터의 조종의 힘, 또는 이성이 아닌 사람들의 소문에 의해 좌우된 결과가 뚜렷이 나타나는 것은 없다. 몇백만 명의 사람들이 그것이 어리석고 추하고 해롭고 위험하며 파괴적이고 고통스럽고 사악하고 아무런 필요도 없는 것임을 스스로 인정하면서도, 기꺼이 자랑으로 여기며 실행하고, 그것이 일어나서는 안 된다는 것을 다 알고 입으로는 그렇게 말하면서도, 여전히 그만두려지 않는다.

7

정부가 전쟁과 군비의 필요성을 역설하는 말의 이면에는 항상 전혀 다른 동기가 숨어 있다.

6월 18일

1

의무에 대한 의식은 우리에게 우리 영혼의 신성에 대한 의식을 준다. 또 그 반대로 우리 영혼의 신성에 대한 의식은 우리에게 의무에 대한 의식을 준다.

2

우리의 영혼 속에는 만일 우리가 그것에 대해 적당한 관심을 기울인다면 언제나 최대의 감탄으로 바라보지 않을 수 없는 어떤 것이 존재한다(그 감탄이 당연한 것이라면 그것은 동시에 우리의 영혼을 높여주는 작용을 한다). 이 어떤 것이 바로 우리의 내부에 심어진 본원적 도덕성이다.   칸트

3

인간의 존엄성은 때로는 이성으로, 때로는 양심으로 불리는 우리의 영적 본

원에 존재한다. 이 본원은 시공을 초월하여 의심할 나위 없는 진리와 영원불변의 진실을 가진다. 그것은 불완전한 것 속에서 완전한 것을 본다. 그것은 보편적이고 공평하며 언제나 인성(人性)속의 편파적이고 이기적인 것과 대립하고 있다. 이 본원은 우리들 각 개인에게 엄연히 우리의 이웃이 우리와 마찬가지로 귀중한 존재라는 것, 그들의 권리 또한 우리의 그것과 조금도 다름없이 신성하다는 것을 말하고 있다. 그것은 또 우리에게 진리가 아무리 우리의 자존심에 거스르는 것일지라도 끝까지 진리를 받아들이라고 명령한다. 우리에게 공정하다는 것이 아무리 이익이 되지 않는 것일지라도 언제나 공정하라고 명령한다. 이 영적 본원은 우리에게 그것이 어떤 사람 속에서 발견되더라도 아름답고 거룩하고 행복한 모든 것을 진심으로 기뻐하라고 호소한다. 이 본원은 바로 인간의 내부에 있는 신의 빛이다.

채닝

4

사람들은 육체적인 생활 속에서 하늘의 기쁨을 얻고 법열을 얻을 수 있다. 그러한 사람들은 오직 선한 삶을 살고 싶은 바람으로 가득하기 때문에 청정한 사람들이다. 그들의 지혜와 감정이 청정할 때 그들에게 신성이 계시된다.

바라문의 가르침

5

인간의 마음의 문이 덕성을 향해 열릴 때 새롭고 신비롭고 기쁘고 초자연적인 아름다움이 그의 눈앞에 모습을 드러낸다. 그때 그는 자기보다 높은 것을 인식한다. 그때 그는 또, 자신의 존재가 무한하며, 현재의 자신이 아무리 보잘것없는 존재일지라도 자신은 선을 위해, 완전을 위해 태어났음을 인식한다. 그가 숭배하는 것은, 아직 손으로 만질 수는 없어도 이미 그의 것이라고 할 수 있다. '그는 그러하지 않으면 안 된다'—그는 이제 이 위대한 말의 의미를 알고 있는 것이다.

에머슨

6

양심의 소리는 곧 신의 소리이다.

6월 19일

1

양심은 자신의 영적 본원에 대한 의식이다. 양심이 그런 의식일 때, 비로소 사람들의 삶을 올바로 이끌 수 있다.

2

사람은 철들고부터 종종 자기 내부에서 서로 다른 두 존재를 깨닫는다. 하나는 맹목적이고 감성적인 존재이며, 또 하나는 관조적이고 영적인 존재이다. 맹목적이고 동물적인 존재는 먹고 마시고 쉬고 자고 번식하며 태엽이 감긴 기계처럼 움직인다. 그러나 또 하나, 동물적 존재와 공존하는 관조적이고 영적인 존재는, 자신은 아무 것도 하지 않지만 동물적 존재의 활동을 시인할 때는 그 동물적 존재와 하나가 되고, 그것을 부인할 때에는 그로부터 등을 돌림으로써 그 활동을 평가할 따름이다.

이 관조자, 우리가 그것이 나타나는 것을 보통 양심이라고 부르는 이 영적인 존재는, 나침반의 바늘에 비교할 수 있다. 이 바늘은 한쪽 끝으로는 선을 가리키고 다른 한쪽 끝으로는 악을 가리키고 있다. 우리의 영적 존재는, 우리가 이 바늘이 가리키는 방향에서 벗어나지만 않는다면, 바꿔 말해 선을 떠나 악으로 향하지만 않는다면 우리의 눈에는 보이지 않는다. 그러나 우리가 양심이 가리키는 방향에서 벗어나는 행위를 하는 순간, 우리의 동물적 존재가 양심이 가리키는 방향에서 이탈했음을 지적하는 영적인 존재의 의식이 나타나는 것이다.

3

신은 너에게 전통적인 가르침, 즉 전 인류의 의식과, 너 자신의 개인적 의식, 즉 너의 양심이라는 두 개의 날개를 주었다. 그것을 통해 너는 비로소 신에게 접근하고 신의 곁으로 올라갈 수 있다. 그런데 어째서 너는 이 날개의 하나를 잘라내고 싶어하는가? 왜 이 세상에서 숨어버리거나 이 세상에 빠져 버리려고 하는가? 어찌 제 양심의 목소리를 죽이고 인류의 목소리를 죽이려고 하는가? 그 둘은 다 신성한 것이다. 그 둘을 통해 신은 너에게 말하고 있다. 그 둘이 일치할 때, 너의 의식 또는 양심의 목소리가 전 인류의 의식에 의해 뒷받침

될 때, 너는 언제나 신과 정면으로 마주하고 있는 것이며, 자신이 진리를 발견한 것을, 또는 최소한 신의 섭리의 일부를 알아냈다는 것을 확신해도 된다. 왜냐하면 한 목소리가 또 하나의 목소리가 지닌 진실성을 보증하기 때문이다. 주세페 마치니

4

사람들은 도덕에 대한 전통적인 가르침 또는 종교와, 우리의 양심에 대해, 인간에 대한 두개의 다른 지침인 양 말하고 있다. 그러나 실제로는 오직 하나의 지침, 즉 양심만 있을 뿐이다. 왜냐하면 도덕에 대한 가르침과, 종교를 인정하느냐 인정하지 않느냐는, 오직 양심에만 속하는 문제이기 때문이다.

5

양심! 너, 신성하고 영원한 하늘의 목소리여! 너, 무지하고 유한한 자, 그러나 이성을 갖추고 자유가 주어진 존재의 유일한 바른 지도자여! 너, 선에 대한 실수 없는 심판자여! 너만이 인간을 신과 닮은 존재로 만들 수 있다. 인간 본성의 탁월함과 그 행위의 도덕성은 모두 너에게서 나온다. 네가 없으면 내 속에는 무질서한 판단과 나침반 없는 이성이 작용한 결과, 갖은 미망에 빠지는 슬픈 특성 말고는, 나를 동물보다 높여 주는 것은 아무 것도 존재하지 않게 될 것이다.   루소

6

아직 젊은 너는 쾌락과 방종 속에 나날을 보내고 있다. 그런 때는 너는 무엇보다 먼저 양심의 목소리에 귀를 기울이며 양심의 목소리를 존중하지 않으면 안 된다. 색욕에 빠지고 방종에 몸을 맡김으로써, 또는 세속의 가르침과 관습(설령 그 관습을 사람들이 법률이라 부르더라도)에 굴복함으로써, 양심을 버려서는 안 된다. 항상 이것이 내 양심과 일치하는지 자문하라. 양심의 요구에 응하기 위해 용감해지고 스스로를 버리고 뛰어들라. 사람들의 의견과 달라도 결코 두려워하지 말라.   파커

7

인간은 언제나 자신의 배후에 어떤 목소리를 듣고 있다. 하지만 그는 고개를 돌려 그 목소리의 주인을 볼 수 없다. 그 목소리는 온갖 나라의 언어로 말하며 모든 사람에게 말을 걸지만, 일찍이 그 목소리의 주인을 본 사람은 아무도 없다. 만일 그가 올곧게 그 목소리에 따르고 그 목소리를 자신 속에 받아들여 한시도 그것에서 떨어지지 않는다면, 그에게는 그 자신이 그 목소리이고 자신과 그 목소리가 하나가 된 것을 느낄 수 있을 것이다. 그가 그 목소리에 주의 깊게 귀를 기울이면 기울일수록 그는 더욱 더 많은 예지를 얻게 되고, 그 목소리는 위대하고도 장엄한 외침이 되어 그에게 최고의 행복으로 가득한 삶을 계시해 줄 것이다. 그러나 그가 세속의 일에 골몰해, 모든 행위가 추구해야 할 목표인 진리를 소홀히 한다면, 그 목소리는 희미해져서 모기 소리처럼 약해지고 말리라.

에머슨

8

우리의 양심의 목소리를 억압하는 것도, 거기에 귀 기울여 그 빛을 받는 것도 모두 우리의 마음에 달려 있다. 양심에게 무언가를 하라고 명령해도, 우리가 그것을 하지 않거나, 양심이 우리에게 줄곧 경고하고 있는데 우리가 그것에 주의를 돌리지 않는다면, 그 목소리는 서서히 약해져서 마침내 완전히 사라져 버린다. 그러므로 항상 그 목소리에 귀를 기울이고 있지 않으면 안 된다. 사소한 죄를 돌아보지 않음으로써 우리는 쉽사리 커다란 죄에 빠질 수 있다. 사소한 죄야말로 우리에게 온갖 위험한 습관을 심어 놓는다. 아직 우리의 내부에 깊이 뿌리를 내리기 전에 싹을 도려내도록 하자. 선과 악은 우리가 우리의 마음에 그것을 받아들이는 정도에 비례해 성장한다.

성현의 사상

9

너의 양심이 인정하지 않는 것은 모두 피하라.

6월 20일

1

인간이 인육(人肉)을 먹는 것을 나쁘게 생각하지 않았던 시대가 있었다. 지금도 그런 야만적인 사람이 전혀 없지는 않다. 그러나 사람들은 점차 인육을 먹는 것을 그만두었다. 마찬가지로 동물의 살코기를 먹는 습관 또한 현재 서서히 줄어들고 있다. 따라서 아주 가까운 미래에 사람들이 인육을 먹는 악습에 대해 현재 느끼고 있는 것과 같은 혐오감을, 동물의 고기를 먹는 습관에 대해서도 똑같이 느끼게 될 때가 올 것이다.　　　　　　　　　　　　　라마르틴

2

　어린아이를 버리고, 검투사를 고용해 관중들 앞에서 격투를 시키고, 포로를 학대하는 것 같은, 전에는 아무도 죄악이나 정의에 반하는 것으로 여기지 않았던 온갖 야만행위가, 지금은 추악하고 수치스러운 행위로 여겨지고 있듯, 언젠가는 동물을 죽이고 그 주검을 식탁에 올리는 것도 용서할 수 없는 부도덕한 행위로 여겨질 날이 올 것이다.　　　　　　　　　　　　레 치메르만

3

　너희들은 장난삼아 새끼 고양이나 어린 새를 괴롭히고 있는 어린아이를 보면 틀림없이 그들을 말리며 생명의 소중함을 가르칠 것이다. 그러면서 자신들은 사냥을 나가 길짐승이며 날짐승을 쏘고, 경마에 나가고, 점심 식사에는 여러 마리의 산 동물의 주검으로 마련된 식탁에 앉는다. 즉 너희가 그래서는 안 된다고 가르치면서 아이들을 말렸던 바로 그 짓을 하고 있는 것이다.

　이 얼토당토않은 모순이 확연히 드러나 사람들이 육식을 그만두는 날은 정녕 오지 않을 것인가?

4

　육식을 그만두는 사람이 점점 늘어나고 있다. 지금은 고기가 들어가지 않은 음식만 내는 이른바 채식주의 식당이 한 군데서 여남은 군데쯤 없는 도시가 거의 없을 정도다.　　　　　　　　　　　　　　　　　류시 말로리

5

　'같은 육지에서 살며, 우리와 똑같은 것을 먹고, 같은 공기를 호흡하고, 같은 물을 마시고 있는 동물을 죽이고 먹을 권리는 우리에게 없다. 동물들이 살해

될 때 무섭게 울부짖는 소리는 우리의 마음을 전율시키고 우리로 하여금 그 행위를 부끄러워하게 한다.'

무슨 이유에서인지 플루타르크는 물에서 사는 동물은 제외하고, 나머지 동물에 대해 그렇게 생각했다. 육지에서 사는 동물에 대해서는 우리가 그보다 훨씬 더 야만적이다.

6

네 형제를 향해 손을 치켜들지 말라. 또 땅에 사는 어떠한 산 동물의 피도 흘리지 말라. 사람의 피도, 가축의 피도, 맹수와 새의 피도 흘려서는 안 된다. 네 마음속에서 예언하는 목소리가 너에게 피를 흘리는 것을 금하고 있다. 왜냐하면 거기에는 생명이 존재하고, 한번 죽임을 당한 생명은 원래대로 되돌릴 수 없기 때문이다.

라마르틴

7

오락을 위해 또는 식욕을 위해 동물을 죽이는 행위가 죄악임이 명백해진 오늘날, 사냥과 육식은 해도 괜찮은 행위가 아니라, 의식적으로 저질러진 모든 악행과 마찬가지로, 그 뒤에 더욱 끔찍한 악행을 부르는 명백한 악행이다.

6월 21일

1

불합리한 생활에서 오는 고뇌는 우리에게 합리적인 생활이 필요함을 깨닫게 한다.

2

나 역시 그 도둑처럼 내가 더러운 생활을 보내왔고 지금도 그렇게 살고 있다는 것을 알고 있었고, 내 주위에 있는 대부분의 사람들도 똑같은 생활을 하고 있는 것을 보았다. 나 또한 그 도둑과 마찬가지로 내가 불행하며 괴로워하고 있다는 것, 내 주위 사람들도 마찬가지로 불행하며 괴로워하고 있다는 것을 알고 있었지만, 죽음 외에는 이 처지에서 빠져나갈 수 있는 길은 보이지 않았다. 나는 바로 십자가에 못 박힌 도둑처럼 어떤 힘에 의해 이 고뇌와 악의 인생에 못 박혀 있었다. 그리고 그 도둑에게 무의미한 인생의 고뇌와 악 뒤에 무서운 죽음의 어둠이 도사리고 있었던 것처럼, 나에게도 똑같은 것이 기다리고 있었다.

모든 점에서 내 처지는 완전히 이 도둑과 닮아 있었다. 내가 이 도둑과 다른 것은, 그는 이미 죽어 버렸지만 나는 아직도 살아 있다는 것뿐이었다. 도둑은 자신이 저세상에서 구원받을 것임을 믿을 수 있었지만 나는 그것을 믿을 수 없었다. 왜냐하면 저세상의 삶 외에 내 앞에는 아직도 이세상의 삶이 있었기 때문이다. 그런데 나는 이세상의 삶을 이해하지 못하고 있었다. 그것은 나에게는 너무나 무서운 것이었다.

그때 갑자기 나는 그리스도의 말을 듣고 그것을 이해했고, 죽음과 삶도 나에게는 더 이상 악이 아니라는 것을 깨닫게 되었다. 그리고 절망 대신 죽음에 의해서도 소멸하지 않는 삶의 희열과 행복을 경험한 것이다.

3

대부분의 사람들은 아무런 가치도 없는 것에 자신의 생명력과 재산을 낭비하는 방탕한 아들, 방탕한 딸과 같다. 그들은 '아버지의 집'에서 점점 멀어져서, 성서에 나오는 방탕아처럼 돼지먹이로 배를 채우게 된다. 마침내 정신적인 빈곤이 그들로 하여금 '아버지의 집'으로 돌아가게 한다. 그때 그들은 마치 어린애처럼 맨 처음부터 진정한 삶의 길을 배우게 되는 것이다.　　　류시 말로리

4

우리는 세 가지 방법으로 예지를 얻을 수 있다. 사색에 의한 방법, 이것이 가장 좋은 길이고, 모방에 의한 방법, 이것은 가장 수월한 길이며, 마지막으로 경험에 의한 방법, 이것이 가장 힘든 길이다.　　　공자

5

고통이 너를 덮칠 때는 항상, 어떻게 해서 그 고통에서 벗어날 것인가 하는 것보다 네가 도덕적으로 더욱 완전해지기 위해 그 고통이 무엇을, 어떤 노력을 너에게 요구하고 있는지 생각해 보라.

전 인류의 불행도 개개인의 불행도 모두 무익한 것이 아니며, 비록 멀리 돌아가기는 하지만, 그것은 전 인류와 개개인을 인간에게 부여된 같은 하나의 목적으로 이끈다. 그 목적이란 한 사람 한 사람이 전 인류 속에 신을 나타내는 일이다.

6월 22일

1

모든 사람에게 진정한 종교는 오직 하나이다.

2

사람들이 신을 모르는 것은 나쁜 일이지만, 그보다 더 나쁜 것은 신이 아닌 것을 신으로 인정하는 일이다.

락탄티우스

3

종교의 차이라니, 이 얼마나 기묘한 표현인가! 물론 종교를 공고히 하기 위해 시대에서 시대로 전해지는 역사적 사건에 대한 여러 가지 신앙은 있을 수 있다. 마찬가지로 젠다베스타(페르시아의 고대 경전), 베다(바라문의 경전), 코란과 같은 여러 가지 종교 서적도 있을 수 있다. 그러나 예나 지금이나 진실한 '종교'는 오직 하나뿐이다. 여러 가지 신앙도 다만 진정한 종교에 대한 보조 수단 외에 아무것도 포함하고 있지 않으며, 그 보조 수단은 우연히 출현한 것으로, 때와 장소에 따라 모습을 달리할 뿐이다.

칸트

4

믿는다는 것은, 우리가 알고 있는 것, 의심할 여지없이 존재하는 것, 그러나 우리가 이성으로 파악할 수 없고 언어로 표현할 수 없는 것에 대해서만 가능하다.

5

세상의 많은 사람들을 두고, 그들은 이 종교를 믿고 있다거나 저 종교를 갖고 있다고 말할 때, 우리는 그들에게 지나친 존경을 보내고 있는 것이다. 왜냐하면 사실 그들은 어떠한 종교도 모르고 있고 또 탐구하지도 않기 때문이다. 그들이 사용하는 종교라는 말은 교회의 교의에 대한 신앙일 뿐이다. 그처럼 자주 세계를 뒤흔들고 피로 물들인 종교 전쟁이라는 것도, 교회 신앙에서 오는 싸움 외에 아무것도 아니었다. 그리고 종교적 억압에 항의한 사람들은, 사실은 자신들의 신앙이 방해를 받은 것에 항의한 것이 아니라(왜냐하면 그것은 어떠한 외적인 힘으로도 방해할 수 없는 것이므로), 자신들이 그 교회 신앙을 공공연하게 내세우는 것이 허용되지 않은 것에 대해 항의한 것이다.　　칸트

6

너는 그르고 나는 옳다고 말하는 것은 사람이 사람에게 할 수 있는 말 중에서 가장 잔인한 말이다. 특히 그것이 인생에서 가장 중요한 사항일 경우 더욱 그렇다. 그런데 종교에 대해 논쟁하고 있는 사람들이 바로 그 잔인한 말을 서로 거침없이 내뱉고 있다.

7

네가 만약 이슬람교도라면 그리스도교도에게 가서 함께 살아라. 만일 그리스도교도라면 유대인과 함께 살아라. 만일 가톨릭교도라면 정교도와 함께 살아라. 네 종교가 어떠한 것이든 신앙을 달리하는 사람들과 사귀어라. 만일 그들의 말에 네가 화내지 않고 자유로이 그들과 사귈 수 있다면 너는 이미 평화를 얻은 것이다.

하피스도 말했다. "모든 종교의 대상은 단 하나이다. 모든 사람들은 사랑을 구하고 있다. 전 세계가 사랑의 주거이다. 무엇 때문에 이슬람 사원을 말하고 그리스도교 교회를 말할 필요가 있으랴!"　　수피의 잠언

8

참으로 믿는 자는 어떤 교의 또는 어떤 경전을 맹신하는 자가 아니라, 자신의 신앙을 순수한 양심과 명쾌한 사상 속에, 즉 신의 의지를 가장 바르게 표현하는 것에 두는 자이다.　　게르베르트 비겔로프

9

의심하는 것을 두려워하지 말라. 너희에게 제시된 신앙의 조항을 이성적으로 대담하게 검토하라.

6월 23일

1

자기 생명의 본질은 육체적 생명이 아니라 정신적 생명에 있다고 생각하는 사람만이 자유로운 인간일 수 있다.

2

자신의 처지에 만족하는 노예는 이중으로 노예이다. 왜냐하면 그는 육체뿐만 아니라 정신까지 노예이기 때문이다.

3

남에게 악을 행하는 것은 자기 자신에게 악을 행하는 것이다. 너에게 그들은 악을 행할 수 없다. 너는 사람들과 함께 악을 행하고 죄를 짓기 위해서가 아니라 선한 일로서 그들을 돕고 그 속에서 행복을 찾아내기 위해 태어난 것이다.

만약 어떤 사람이 불행하거든 그것은 그 당사자의 죄임을 기억하라. 왜냐하면 신은 모든 인간을 행복하게 하기 위해 만들었지, 그들을 불행에 빠뜨리려고 만든 것이 아니기 때문이다.

신이 이 세상에서 우리에게 주는 모든 것 가운데 일부를, 신은 완전히 우리의 처리에 맡겼다. 그것은 말하자면 우리의 사유재산이다. 다른 일부는 우리의 지배 밖에 있고 우리에게 속해 있지 않다. 다른 사람들이 속박하고 강제로 빼앗을 수 있는 것은 우리의 것이 아니며, 어느 누구도 또 어떤 것도 방해할수 없고 해칠 수 없는 것이 바로 우리의 소유이다. 그런데 다행히도 신은 우리에게 진짜 행복을 재산으로 준 것이다. 그러니까 신은 우리의 적이 아니며 우리를 좋은 아버지로서 대하고 있다. 신은 우리를 불행하게 하는 것은 주지 않았다.

그러므로 현자는 오직 신의 의지를 실천하는 것에만 전념하며, 마음속으로 이렇게 생각한다.

'주여, 만일 당신이 제가 더 살기를 바라신다면 저는 당신이 명령하신 대로 살 것이며, 당신이 저에게 속하는 모든 것에 주신 자유를 행사할 것입니다.

그러나 만일 제가 당신에게 더 이상 필요하지 않다면 부디 당신의 뜻대로 처분하십시오.

저는 여태까지 오로지 당신을 섬기기 위해 이 지상에서 살아왔습니다. 만일 당신이 저에게 죽음을 보내신다면 저는 제 주인의 명령과 금지를 분별할 줄 아는 종으로서 당신의 뜻에 좇아 이 세상을 떠날 것입니다. 그러나 이 지상에 머무르는 동안은, 저는 당신이 원하시는 사람으로 살겠습니다.' 에픽테토스

4

평화는 커다란 행복이다. 그러나 만일 그것이 노예 제도에 의하여 얻어진다면 그것은 행복이 아니라 불행이 될 것이다. 평화는 모든 사람의 권리를 인정하는 것에서 오는 자유이며, 노예 제도는 인권의 부정, 인간 존엄성의 부정이다. 그러므로 우리는 평화를 얻기 위해 모든 것을 희생해야 하며, 더욱이 노예 제도에서 벗어나기 위해 더욱 더 그렇게 하지 않으면 안 된다. 키케로

5

나의 생각을 바꾸고 나의 잘못을 바로잡아 주는 자의 뜻에 따르는 것은, 그 잘못을 고집하는 것보다 훨씬 자유의 정신에 부합되는 것임을 기억하라.

마르쿠스 아우렐리우스

6

나는 자유롭게 받아들여진 불변의 원리를 바탕으로 한 내적 동기에 의해 활동하는 영혼만을 자유로운 영혼이라 부른다. 나는 관습이라는 노예 제도에 굴복하지 않는 영혼, 낡은 도덕에 만족하지 않는 영혼, 일정한 틀 안에 갇히지 않는 영혼, 뒤에 있는 것을 잊고 양심의 소리에 귀를 기울이며, 더 높은 새로운 과제를 향해 정진할 수 있는 것을 기뻐하는 영혼, 그런 영혼만을 자유로운 영혼이라 부른다. 채닝

7

노예적 굴종을 강요하지 않는 의무만이 진정한 의무이며, 자유를 위한 지식만이 진정한 지식이다.

다른 모든 의무는 새로운 멍에일 뿐이며, 다른 모든 지식은 쓸모없는 허구에 불과하다.

인도 철학

8

중간은 없다. 신의 노예가 되든지, 그렇지 않으면 인간의 노예가 되라.

이레째 읽을거리

스스로 노예이기를 원하다

의사들은 흔히 회복될 가망이 없는 중상에는 손을 대지 말라고 충고한다. 내가 아주 오래전에 모든 이해력을 잃고 자신이 병에 걸린 사실조차 알지 못할 만큼 치명적인 병에 걸려 있는 사람들에게 충고하려는 것 또한 어리석은 일일지도 모른다.

무엇보다 분명하게 말할 수 있는 것은, 우리가 자연이 주는 법칙과 가르침에 따라 살아간다면, 우리는 부모에게 효도하며 보다 이성적인 삶을 살 수 있고, 또 아무도 노예로 전락하지 않을 거라는 사실이다. 부모에 대한 효도의 소중함에 대해서는 모든 사람들이 스스로 잘 알고 있다. 나는 이성이란 인간의 영혼의 본성이며, 사람들이 그것을 내면에 간직하고 있다면 반드시 선덕의 꽃을 피울 것이라고 생각한다.

하지만 결코 의심할 수 없는 것, 태양처럼 명명백백한 것은, 자연이 우리 모두를, 우리가 서로를 동지로 생각하도록, 아니 형제로 생각하도록, 마치 한 모양틀에서 뽑아낸 것처럼 똑같이 만들었다는 것이다. 설사 자연이 재능을 분배함에 있어서 어떤 자에게는 약간의 육체적, 정신적 우월성을 주었다 해도, 그것은 결코 우리들 사이에 불화의 씨앗을 뿌리려는 것이 아니고, 숲 속의 강도처럼 약자를 습격하도록 하기 위한 것도 아니다. 오히려 어떤 사람들에게 다른 사람들보다 큰 재능을 줌으로써, 전자가 도움을 필요로 하는 후자를 위해 우애정신을 발휘하도록 하는 것에 자연의 의도가 있다고 생각해야 할 것이다.

그래서 만약 따뜻한 어머니인 자연이 우리가 서로 상대방 속에서 자신을 볼 수 있도록 같은 외모를 주었다면, 또 만약 자연이 우리 모두에게 서로 사상을 교환하고 감정과 의사를 서로 주고받는 습관을 통해 상대를 더욱 잘 알게 되고, 그래서 더 가까이 다가갈 수 있게 하기 위해 언어라는 위대한 재능을 주었다면, 나아가서는 자연이 모든 방법을 동원해, 서로의 교류 사이에 단단하게 묶은 꾸러미처럼 인류사회를 하나로 화합시키려고 노력한다면, 또 자연의 이 화합에 대한 노력이 삼라만상에 의해 뒷받침된다면, 우리는 모두 형제라는 것, 어느 누구도 자연이 어떤 사람들에게는 노예가 되기를, 또 어떤 사람들에게는 군주가 되기를 명령했다고 생각해서는 안 된다는 것은 의심할 여지가 없다.

또 현실적으로 자유가 자연에 합당한 것인가 하는 문제에 대해 골몰하는 것은 쓸데없는 짓이다. 왜냐하면 노예가 되는 것보다 괴로운 것은 없고, 세상에서 굴욕만큼 견디기 힘든 것은 없다는 걸 모를 사람은 아무도 없기 때문이다. 따라서 우리는 자유가 자연스러운 것이며, 우리에게 원래 자유가 자연스러운 일일 뿐만 아니라, 자유를 지키려는 욕구도 자연스러운 일이라는 것을 인정하지 않으면 안 된다.

그러나 만약 그것이 의심스럽다면, 또는 우리의 행복과 우리의 당연한 희구를 인식하는 능력을 완전히 잃어버릴 만큼 우둔해졌다면, 그것을 야생동물한테서 배우도록 하라. 인간에게 듣는 귀가 있다면 동물들이 '자유만세!'라고 소리치고 있는 것을 들을 수 있을 것이다. 실제로 대부분의 동물들은 자유를 빼앗기면 이내 죽어버린다. 또 큰 동물과 작은 동물은 사람이 잡으려고 하면 부리, 발톱, 뿔 같은 온갖 무기로 저항하며, 그들이 얼마나 자신들의 자유를 소중히 하고 있는지 보여준다. 그러다가 잡히면, 자신들이 얼마나 큰 불행을 느끼고 있는지를 생생히 표현하고, 그 뒤에도 잃어버린 자유를 계속 탄식하면서, 자신들의 노예상태에 대해 절대로 만족하는 법이 없다. 우리는 말이 태어나면 곧바로 일을 할 수 있도록 길들인다. 그러나 아무리 말을 귀여워하며 돌봐줘도, 막상 무슨 일을 시키려 하면 말은 재갈을 물어뜯고 버둥거리며, 자신이 좋아서 인간에게 봉사하는 것이 아니라 인간의 강요에 의해 어쩔 수 없이 일한다는 기분을 분명히 표현한다. 그처럼, 무릇 감정을 가진 생물은 본능적으로 예종을 거부하고 항상 자유를 추구하기를 그치지 않는다. 인간보다 저급한 동물조차 마지못해 하면서 가까스로 길들여지고 있는데, 원래 자유롭게 살기 위해 태어난 인간이 그 본성을 완전히 바꾸어, 자유에 대한 추억도 그것을 되찾고자 하는 욕구도 다 잃어버렸다는 건 얼마나 괴이한 얘기인가!

전제군주에는 세 종류가 있다(내가 여기서 전제군주라고 한 것은 나쁜 군주를 가리킨다). 첫 번째는 민중의 선거를 통해 군주가 된 자, 두 번째는 무기의 힘을 빌려 권력을 잡은 자, 세 번째는 세습에 의해 권력을 잡은 자이다. 전쟁에서 이겨 군주가 된 자는, 자신이 정복자로서 권력을 휘두르고 있다는 것을 조금도 감추지 않는다. 세습에 의한 군주들도 정복자 못지않게 나쁘다. 전제정치의 전통 속에서 자란 그들은, 어머니의 젖과 함께 전제군주의 자질을 빨아들여, 민중을 세습재산으로서의 노예처럼 다룬다. 탐욕스러운 군주는 탐욕스러운 대로, 방종한 군주는 방종한 대로, 모두 민중을 자신의 사유재산으로 생각하는 것이다. 민중들로부터 권리를 받은 군주는 그보다 조금 나을 수 있다. 나도 만약 그가 권력에 우쭐해하지 않고 아첨꾼들에게 에워싸여 있지 않으며, 온갖 칭호를 얻어도 거기에 집착하지 않고, 그 권력을 자신의 아들에게 물려주기 위해 악용하지도 않는다면, 정말 그럴 거라고 생각한다. 그런데 이상하게도, 민중의 선거에 의해 권력의 자리에 앉은 군주들이 오히려 다른 군주들보다 더 포악하고 더 잔인한 정치를 한다. 그들은 노예 제도를 강화하는 것 외에는, 즉 그들의 신하로부터 이미 얼마 남지 않은 자유를 더욱 더 박탈하는 것 외에는 자신의 권력을 강화하는 방법을 모른다.

이상과 같은 이유로, 사실을 말하자면 앞에서 든 세 종류의 전제군주에는, 서로 약간의 차이는 있어도 그 본질은 모두 같으며, 권력을 획득하는 과정은 다양하지만 권력을 행사하는 방법은 모두 똑같다. 전쟁에 의해 정복한 군주들은 민중을 마치 전리품처럼 다룬다. 또 세습 군주는 신하를 자신의 사유재산인 노예로 취급한다.

그러나 만약 현대에, 예속에도 자유에도 익숙지 않은 완전히 새로운 인종이 태어났다 치고, 아니 그 어느 쪽도 전혀 모르는 사람들이 태어났다 치고, 그들에게 예속과 자유 중 어느 쪽을 선택하겠느냐고 물으면, 과연 그들은 어느 쪽을 선택할까? 그들이 한 사람의 인간을 따르기보다 자신의 이성, 즉 자유를 선택하리라는 것은 불을 보듯 뻔한 일 아닌가? 그러나 그것은 다만, 그들이 그 특별히 강요받지도 않고 또 그럴 필요도 없는데 일부러 자신들의 군주를 만들어낸 이스라엘 민족을 흉내 내지 않는 경우에만 그렇다. 이스라엘 민족의 역사를 읽을 때면, 나는 도저히 분개를 참지 못하고 급기야 잔인한 기분이 되어, 이스라엘 민족이 자신들에게 스스로 초래한 재앙이 오히려 통쾌하게 여겨질 지경이다. 모든 인간에 대해 말할 수 있는 일이지만, 그들이 적어도 인간인 한 그들을 복종시키려면 폭력이나 기만, 둘 중의 하나가 필요하다.

민중은 한번 예속당하기 시작하면 당장 자유를 망각해버리고, 자유를 되찾기 위해 일어서는 일이 좀처럼 없다는 것에는 참으로 놀라지 않을 수 없다. 민중이 너무나 기꺼이 군주를 섬기는 걸 보면, 그들이 잃은 것은 자유가 아니라 노예제도가 아닌가 하고 생각될 정도다. 처음에는 사람들이 강제되고 정복되지 않으면 안 되었던 건 사실이다. 그러나 자유를 한번도 경험해본 적이 없어서 자유가 도대체 어떤 것인지 모르는 다음 세대 사람들은, 이미 아무런 불평 없이 복종하며, 전 세대가 강요에 의해 행동했던 것을 스스로 하게 된다. 그렇게 멍에 아래에서 태어나 노예제도 하에서 자란 사람들은, 자신들이 태어났을 때의 상태를 당연한 것으로 받아들이고, 미래를 바라지도 않고 현실에 만족하며, 자신들의 눈앞에 있는 권리와 행복 외에는 아무것도 구하려 하지 않는다. 이를테면 아무리 방종하고 제멋대로인 상속자라도, 언젠가 한 번쯤은 자신의 상속권리서를 들여다보며, 자신이 그 모든 권리를 행사하고 있는지, 자신과 자신의 조상이 부당하게 권리를 빼앗기고 있지는 않은지 점검해보지 않을까? 그러나 일반적으로 우리에게 큰 위력을 휘두르고 있는 습관이라는 것도, 우리를 노예로 길들이고, 자기 자신을 서서히 독살해 갔던 그 미트리다트처럼, 노예제도라는 독약을 아무렇지도 않게 삼키도록 길들이는 습관보다 더 큰 위력을 발휘하지는 않는다.

어떤 나라, 어떤 풍토에서든 굴종은 나쁘고 자유는 좋은 것이다. 그래서 목에 멍에를 지고 태어난 사람들을 가엾게 여겨야 한다. 동시에 그런 사람들을 용서해 주지 않으면 안 된다. 왜냐하면, 그들은 여태까지 자유라는 걸 한번도 구경한 적이 없어서 노예제도의 폐해를 전혀 모르고 있기 때문이다. 한번도 가져본 적이 없는 것을 아까워하는 사람은 아무도 없을 것이고, 가지고 있던 기쁨을 잃고 나서야 비로소 분노하는 법이다.

인간에게 있어서 자유롭다는 것, 자유롭고 싶어 하는 것은 당연한 일이지만, 동시에 인간에게는 모든 것에 익숙해지는 성질이 있다.

그래서 우리는, 인간이 익숙해지기만 하면 무엇이나 자연스럽다고 말한다. 따라서 사람들이 즐겨 노예가 되는 첫 번째 원인은 습관, 아무리 혈통이 뛰어난 말이라 해도 처음에는 재갈을 물어뜯지만 나중에는 그것을 가지고 놀게 되고, 처음에는 멍에를 지는 것을 거부하며 소란을 피우지만, 마지막에는 사뭇 자랑스러운 듯이 마구를 달고 유유히 걸어가게 되는, 그 습관이라는 놈이다. 사람들은 자신들은 항상 국왕의 신민으로서 그에게 복종해 왔고, 자신들의 조상도 그랬기 때문에, 자신들은 당연히 지금의 노예상태에 만족해야 한다고 생각하고, 자신들에게 폭압을 가하는 군주의 권력을, 그것이 긴 역사를 가졌다는 이유로 억지로 정당한 것으로 믿으려 한다. 그러나 그렇게 길들여진 사람들 중에도, 멍에의 고통을 느끼고 이것을 뿌리치려고 하며 결코 예속에 길들지 않는 고귀한 사람들이 있다. 그런 사람들은 바다에서도 뭍에서도 고향의 아궁이의 연기를 보고 싶어 했던 그 율리시즈처럼, 자신들의 원래의 권리와, 자유로웠던 자신들의 조상들을 떠올린다. 명징한 이해력과 날카로운 통찰력을 가진 그들은, 우매한 대중처럼 자신의 발밑에 있는 것만으로는 만족하지 못하고, 두 어깨 위에 꼿꼿한 머리를, 교양과 학문으로 함양된 머리를 가지고 있는 것이다. 그 사람들은 설사 자유가 이 세상에서 완전히 자취를 감춘다 해도, 사람들이 그것을 잃는다 해도, 역시 마음속으로 그것을 느끼고 그것을 계속 사랑할 것이다. 왜냐하면 그들에게 노예제도는 겉모습을 아무리 장식해도 언제나 혐오스러운 것이기 때문이다.

일찍이 터키의 술탄은 그것을 간파했다. 그는 책과 학자가 무엇보다 민중의 자각을 촉구하고 전제정치에 대한 증오심을 부추긴다고 생각했다. 그래서 그의 영토 내에는 그에게 필요한 학자 외에는 한 사람의 학자도 없었다고 한다. 때문에, 그런 가운데서 마음속에 자유에 대한 열망을 계속 품고 있었던 사람들이 아무리 많고, 자유를 원하여 아무리 거기에 정진했어도, 결국 아무런 영향력도 가질 수 없었다. 왜냐하면, 완전히 언론의 자유를, 아니 그것은 고사하고 생각하는 자유조차 빼앗기고 있었기 때문에, 서로를 알 수 없었던 것이다.

그러므로 사람들이 스스로 노예의 처지에 몸을 내맡기는 가장 큰 원인은, 그들이 그런 처지로 태어나 그런 처지에서 자란 것에 있다. 거기에서 다시 파생하는 현상은, 전제군주의 지배 아래서는 사람들은 금방 겁 많고 연약한 존재가 되어버린다는 것이다. 군주는 결코 자신의 권력이 안전하다고 생각하지 않기 때문에, 자신의 영토 내에 고결한 인간이 한 사람도 없도록 노력한다.

전제군주들이 자신의 백성을 바보로 만드는 데 사용하는 간계가 무엇보다 확실하게 드러나고 있는 것은, 그 키루스가 리디아인의 수도 리디아를 점령하고, 그곳의 부유한 국왕 크라수스를 포로로 끌고 간 뒤, 리디아인에게 했던 행위이다. 리디아인들이 반란을 일으켰다는 보고를 받자, 그는 당장 그들을 다시 제압했다. 그러나 그 아름다운 도시를 파괴하고 싶지 않았고, 또 그 도시를 계속 점령하기 위해 끊임없이 군대를 주둔시키는 것도 원하지 않았기 때문에 그는 다른 방법을 생각해냈다. 즉, 그 도시에 술집과 유곽, 극장 같은 유흥시설을 만들고, 주민들에게 그것을 이용하라는 포고령을 내린 것이다. 이 방법은 매우 효과적이어서, 그 뒤 그에게는 리디아인과 전쟁할 필요가 전혀 없었다. 이 가없은 민족은 거기서 다양한 오락을 만들어내어 그 즐거움에 빠져들고 말았다. 그래서 로마인은 리디아인의 이름에서 따온 'ludi'라는 말을 '소일(消日)'이라는 의미로 사용할 정도다.

전제군주들은 그들이 민중을 타락시키고 싶어한다는 것을 공개적으로 인정하지는 않는다. 그러나 실제로는 키루스가 공공연히 한 것을 어느 군주나 다하고 있다. 왜냐하면, 도시의 일반민중에게는 자신을 사랑하는 자는 의심하고, 자신을 속이는 자는 쉽게 믿는 성질이 있기 때문이다. 작은 새가 그물에 걸리는 것보다, 물고기가 낚시 바늘에 걸리는 것보다, 가느다란 깃털로 입술에 살짝 기름을 발라주기만 해도 일반민중이 이내 노예로 전락하는 것이 훨씬 더 쉽다고 나는 생각한다(그들이 살짝 가려운 곳을 긁어주기만 해도 금방 노예로 전락하는 모습에는 정말 놀라지 않을 수 없다). 연극과 흥행물, 광대, 격투기, 진기한 동물, 그림, 그밖에 이와 비슷한 온갖 어리석은 것들이, 옛날 사람들에게 노예제도에 대한 함정이 되고, 자유에 대한 보상이 되며, 전제정치를 유지하는 무기가 되었다. 그것이 옛날의 전제군주들이 민중을 그 멍에 아래 잠재우기 위해 이용했던 농간이다. 이렇게 그러한 오락으로 우둔해져서 눈앞에서 벌어지고 있는 하잘 것 없는 구경거리에 빠져버린 사람들은, 책 속의 아름다운 삽화의 의미를 알고 싶어서 글을 배우는 어린아이들처럼, 쉽사리 노예의 신분으로 전락해간다.

아시리아의 역대 왕과 그 뒤 메디아의 왕들은, 민중이 자신들을 이상하고 거대한 인물로 상상하고 영원히 그 망상에서 깨어나지 않도록, 가능한 한 민중 앞에 모습을 드러내지 않았다. 왜냐하면 일반적으로 사람들에게는, 자신이 볼 수 없는 것을 과장되게 생각하는 버릇이 있기 때문이다. 이리하여 아시리아 왕정 하의 민중은 그 비밀 덕택에 노예제도에 길들여졌고, 군주를 아는 자가 적으면 적을수록 스스로 노예가 되어갔던 것이다. 또 때로는 원래 왕이 있는지 없는지도 모르는 채, 아무도 본 적이 없는 왕의 존재를 믿고 그것을 두려워했다. 이집트의 초기 왕들은, 민중 앞에 모습을 드러낼 때는 반드시, 나뭇가지를 들고, 또는 머리에 불을 얹고 가면을 쓰고 나가서, 민중에게 외경심을 불어넣으려 했다. 그 당시만 해도 아직 노예근성이 그다지 배어 있지 않아서 그렇게까지는 어리석지 않았던 사람들은, 그것을 보고 우습기도 하고 가소롭기도 했을 것이다. 고대의 전제군주들이 쉽사리 기만에 걸려드는 민중을 그 권력 아래 두기 위해 이용한 속임수는, 이렇듯 참으로 어리석고 허술한 것이었다.

그러나 아무리 허술한 함정에도 민중은 걸려들었다. 전제군주로서는 그들을 속으로 비웃고 있을 때가 가장 그들을 속이기 쉽고, 가장 지배하기 쉬웠다. 그러니, 전제군주들이 자신의 권력을 강화하기 위해, 복종과 노예적인 봉사뿐만 아니라, 자신을 신으로 숭배하도록 민중을 길들이지 않았던 시절이 과연 있었던가 하는 생각이 드는 것이다.

전제군주들이 사람들을 자신에게 복종하도록 조련하고 있다는 나의 지금까지의 얘기는, 단순하고 무지몽매한 민중에 대한 것이다.

이번에는 전제정치의 비밀이자 그 주된 무기가 되고 있는 것에 대해 생각해보자. 전제군주들이 호위병의 무기와 요새로 자신을 지키고 있다고 생각하는 것은 큰 착각이다. 그들이 그것을 이용하는 건 사실이지만, 그것은 주로 형식적이고 단순한 위협에 사용할 뿐이며, 실제로 그것에 의지하는 경우는 그리 많지 않다. 그들에게는 철통같은 호위병이 붙어 있어서, 위험한 인물이 궁중에 들어오는 것을 철저히 차단하고, 군주에게 아무런 위해를 가할 수 없는 하잘 것 없는 자들만 들여보낸다.

암살당한 역대 로마황제를 예로 들어 보아도, 그들의 호위병이 그들을 위험에서 지키기보다 오히려 그 주인을 살해한 예가 더 많음을 알 수 있다. 무기와 무장한 사람들(기병이든 보병이든)이 전제군주를 지키는 것이 아니라, 좀 믿기 어려운 말 같지만, 몇몇 소수의 사람들이 전제군주를 지지하며 그를 위해 민중 전체를 노예로 삼고 있다. 전제군주의 측근은 늘 5, 6명 정도이며, 그 중의 어떤 자는 스스로 군주에게 다가가 환심을 사고, 어떤 자는 군주의 부름을 받아 그 잔학행위의 공범자, 향락의 동료, 향락의 시중꾼, 그리고 민중에 대한 가렴주구의 공모자가 된다. 그 6명이 자신의 주인을, 그 자신의 흉악성에 그들의 흉악성까지 더한 흉악한 존재로 만드는 것이다. 이 6명 밑에는 다시 600명이 있는데, 그 6명이 전제군주를 대하는 것과 같은 태도로 그들을 대한다. 그 600명은 다시 6000명의 하수인을 거느리고 있고, 그들은 그 하수인들에게 지방행정권과 재무지배권을 준다. 그것은 곧, 그 하수인들을 자신들의 사리사욕과 잔학행위에 봉사하게 하여, 그 협력을 통해 비로소 가능해지는, 법률적으로 처벌할 수 없는 악을 저지르게 하기 위해서이다. 또 그 6000명 밑에는 다시 막대한 수의 하수인들이 있다. 그럴 생각만 있다면 누구든지 이 거대한 그물망을 풀려고 시도해보라. 6000명은커녕 수십만, 수백만의 하수인들이 그 그물망을 통해 전제군주와 연계되어 있다는 놀라운 사실을 곧 알게 될 것이다. 그리하여, 전제정치를 유지하는 데 필요한 직무가 점점 늘어난다. 그 직무를 수행하는 사람들은 거기서 이익을 얻고, 그 이익을 통해 군주와 연계되어 있는데, 전제정치가 자신에게 유리한 사람이 매우 많아서 자유를 좋아하는 사람들과 거의 같을 정도도 많은 사람들이 그 직무에 벌떼처럼 몰려드는 것이다. 우리의 몸 어딘가에 나쁜 데가 있으면 몸 안의 나쁜 피가 모두 그곳으로 몰린다고 하는 의사들의 말처럼, 국왕이 전제군주가 되면 이내 온 나라의 사악한 자들, 도둑과 파락호 같은 아무런 쓸모도 없으면서 탐욕만 많은 무리가, 민중으로부터의 약탈물에서 떨어지는 고물이라도 받아먹으려고, 두목인 전제군주 밑으로 모여드는 것이다. 유명한 약탈자와 해적들은 모두 그런 식으로 한다. 어떤 자는 먹잇감을 찾아 덤벼들고, 어떤 자는 여행자가 가는 길을 가로막고 이를 약탈하며, 또 어떤 자는 호시탐탐 먹잇감을 털려고 노리고, 어떤 자는 숨어서 기다린다. 이렇게 약탈하고 살육까지 하면서, 그들은 하수인과 주인이라는 차이는 있어도 모두 민중으로부터 약탈한 것을 나눠가지는 공범자들이다.

이리하여 군주는 한 신하들을 다른 신하들을 써서 복종시키며, 때로는 악당까지는 아니더라도 마땅히 위험시해야 할 자들에 의해 보호되고 있다. 그러나 속담에도 '장작을 패는 데 같은 나무로 만든 쐐기를 쓴다'는 말이 있는 것처럼, 전제군주의 호위병도 전제군주와 같은 인간이다. 그들도 종종 전제군주를 위해 희생하고 고통을 겪는다. 그러나 신에게 버림받고 타락의 늪에 빠진 이들 무리는, 자신들에게 악을 행하는 사람들이 아니라 악을 참고 견디는 것 외에는 아무것도 할 수 없는 사람들에게 악을 행할 수만 있다면, 자신들에게 가해지는 악쯤 얼마든지 참아낼 수 있는 것이다.　　　　　　　　　　라 보에티

(역주—에티앙 드 라 보에티는 1530년에 태어나 16살 때 여기에 그 일부를 발췌 소개한 《스스로 노예이기를 원하다》를 썼다. 드 라 보에티는 보르도 재판소의 재판관으로, 몽테뉴의 친구였다. 몽테뉴는 그를 작가로서도 인간으로서도 높이 평가하고 그의 병과 죽음에 대한 기록을 남겼다. 드 라 보에티는 1563년에 사망했다. 이 《스스로 노예이기를 원하다》의 출판자는 이 글에 대해, 이

런 글을 읽는 것은 불행히도 현대인이 잃어버린 '사자의 뇌수(moelle de lion)'에 양분을 주는 것이라고 극찬했다.)

독수리

한때 우리 감옥 속에 '카라구시'라고 하는, 보통 스텝(시베리아 초원)에 사는 작은 독수리가 있었다. 누군가가 다친 독수리를 감옥에 가지고 온 것이었다. 죄수들이 그것을 빙 에워쌌다. 그 독수리는 날지 못했다. 오른쪽 날개는 밑으로 축 처져 있고 한쪽 다리는 부러져 있었다. 그 독수리가 신기한 듯 자신을 들여다보고 있는 사람들을 날카로운 눈길로 노려보며, 갈고리처럼 생긴 부리를 벌리고, 미친 듯 덤벼들려고 하던 모습이 지금도 눈에 선하다.

모두들 실컷 구경하고 뿔뿔이 흩어지자, 독수리는 다리를 절름거리고 아직 성한 날개를 파닥이며 방에서 가장 먼 구석으로 가더니, 거기 있는 말뚝에 몸을 착 기대며 웅크리고 앉았다. 독수리는 석 달가량 감옥 속에서 살았는데, 그동안 한번도 그 구석에서 나온 적이 없었다. 처음에는 모두들 하루 종일 녀석만 들여다보며, 개를 부추겨 싸움을 붙여보기도 했다. '샤리크'라는 그 개가 녀석에게 사납게 짖어댔지만, 차마 겁이 나서 가까이 다가가지는 못하는 모습을 보고 죄수들은 모두 웃어댔다.

"요 녀석! 바짝 얼었군!"

그러나 그 뒤 샤리크는 점점 독수리를 괴롭히기 시작했다. 두려움이 사라진 개는, 우리가 부추기면 독수리의 다친 날개를 물기까지 했다. 독수리는 온 힘을 다해 발톱과 부리로 방어하며, 구석에 웅크린 채 호기심 많은 구경꾼들을 마치 부상을 입은 왕처럼 오만하고 사나운 눈빛으로 노려보았다. 그러다가 모두들 독수리에게 싫증이 나서 아무도 돌아보지 않게 되었지만, 그래도 매일 녀석 옆에는 신선한 고기조각과 물이 담긴 깨진 그릇이 놓여 있는 것으로 보아, 역시 누군가가 돌봐주기는 하는 모양이었다. 독수리는 처음에는 먹는 것을 거부하며 며칠 동안 아무것도 먹지 않다가, 이윽고 먹기는 했지만 결코 사람 손에서 직접 받아먹거나 사람이 보는 데서 먹지는 않았다.

나는 그 독수리를 먼발치서 여러 번 관찰한 적이 있었다. 이따금 아무도 보지 않는다고 생각한 듯, 독수리는 그 구석에서 조금 나와, 말뚝에서 열두 걸음쯤 되는 곳에서 말뚝을 따라 다리를 절며 한 바퀴 돈 뒤 이내 제자리로 돌아 가서는, 다시 나와서 같은 동작을 되풀이하는 것이었다.

내 모습을 보면, 독수리는 부리나케 다리를 절고 날개를 파닥이면서 제자 리로 돌아가, 머리를 높이 쳐들고 부리를 벌리고 털을 곤두세워 전투자세를 취 했다. 나는 아무리 해도 그 독수리를 길들일 수가 없었다. 독수리는 부리를 들 이대거나 날뛰면서 내가 소고기를 줘도 먹으려 하지 않았고, 내가 그 옆에 서 있으면 증오에 찬 날카로운 눈초리로 내 눈을 뚫어지게 노려보기도 했다. 녀석 은 아무도 믿지 않고, 누구하고도 화해하지 않은 채, 고독과 적의 속에서 죽음 을 기다리고 있었다.

하지만 얼마 뒤 드디어 죄수들도 독수리에 대해 진지하게 생각하게 되었는 지, 두 달 동안 아무도 관심을 보이지 않고 얘기도 하지 않다가, 갑자기 모두 들 독수리에 대한 동정을 표시하기 시작했다. 그러다가 독수리를 바깥세상으 로 내보내줘야 한다는 말까지 나왔다.

"어차피 죽더라도 감옥에서 죽게 하는 건 너무 가여워." 누군가가 말했다.

"맞아, 자유로운 야생 새라서 감옥에 길들 리가 없지." 다른 사람들도 맞장 구를 쳤다.

"아마 우리하고는 다른가봐."

"당연하지, 이 놈은 새고 우리는 인간이니까."

"독수리란 놈은 말이야, 자네들, 숲의 왕으로……" 하고 말 많은 스크루토프 가 또 얘기를 늘어놓기 시작했지만, 아무도 그의 얘기를 들으려 하지 않았다.

어느 날 점심시간이 끝난 뒤, 작업시작 신호인 큰 북이 울렸을 때, 다같이 독수리의 부리를 잡고(무시무시하게 저항했기 때문에) 감옥 밖으로 데리고 나 갔다.

모두들 감옥을 에워싸고 있는 누벽 옆으로 갔다. 12명의 죄수들은 독수리 가 어느 쪽으로 날아갈지 마른 침을 삼키며 지켜보고 있었다. 이상하게도 모 두들 뭔가 기쁨을 느끼고 있는 듯했다. 마치 반쯤 자기 자신이 자유의 몸이 되는 듯한 기분인 것 같았다.

"아니! 요놈이 자유롭게 해주려는데도 물어뜯고 난리야!" 독수리를 잡고 있 던 죄수가 날뛰는 독수리를 오히려 사랑스럽다는 눈길로 바라보면서 말했다.

"이제 놓아줘, 미키트카!"

"이놈을 이런 좁은 곳에 가둬둬서는 안 돼. 놔줘, 놔줘, 완전히 자유의 몸이 되게."

미키트카가 독수리를 누벽 위에서 스텝 쪽으로 높이 던져 올렸다. 쌀쌀하고 찌무룩한 늦가을의 어느 날이었다. 황량한 스텝을 불어지나가는 바람에 바싹 말라 누렇게 뒤엉킨 풀이 바스락거렸다. 독수리는 다친 날개를 움직이면서 한시 빨리 우리의 시야에서 벗어나고 싶은 듯 똑바로 날아 내려갔다. 죄수들은 독수리의 머리가 풀 사이에서 숨바꼭질하는 것을 열심히 바라보고 있었다.

"저것 좀 봐!" 한 사람이 감동스럽다는 듯 말했다.

"한번 돌아보지도 않는구먼!"

"야! 정말 한번도 돌아보지 않고 그대로 달아나버리네."

"돌아와서 고맙다고 인사라도 할 줄 알았나?"

"저렇게 자유로운데! 저 녀석은 자유를 느끼고 있어."

"자유로운 세상!"

"아, 이젠 보이지도 않아, 저기 봐."

"뭘 그렇게 멍하니 서 있나 자! 일해야지, 일!" 간수들이 불렀다. 모두들 묵묵히 입을 다물고 느릿느릿 일터로 향했다.　　도스토예프스키 '죽음의 집의 기록'

6월 24일

1

죽음은 그것을 생각하는 인간에게 지금 눈앞에 있는 상황 속에서 언제나 완전무결한 것을 선택하도록 한다. 그것이야말로 가장 필요한 것이다.

2

흔히 인간은 자신의 생명을 보존하려는 욕구가 유달리 강하다고 한다. 참으로 옳은 말이다. 그러나 이 욕구의 대부분은 사람들에 의해서 키워진 것이다. 인간은 그 본성으로 미루어 보건대 자신의 생명을 보호할 수 있는 수단이 있을 때 비로소 욕구를 채우기 위해 노력한다. 그러나 일단 그 수단을 잃었다고 느끼기 무섭게, 포기하고 차분해지면서 헛되이 괴로워하기를 그친다. 그러한 체념은 자연에 의해 우리에게 주어진 것이다. 미개인들은 동물과 마찬가지로 죽음을 피하지 않고 불평 없이 그것을 받아들인다. 자연이 주는 이 수단이 상실되었을 때 이성에서 나오는 다른 수단이 생기지만, 그것을 이용하는 사람은 극히 적다.　　　　　　　　　　　　　　　　　　　　　　　　　　　루소

3

죽음이 너를 얼마나 빨리 덮치는지 모르느냐! 그런데도 너는 여태 허위와 욕망에서 벗어나지 못하고, 세속적이고 외면적인 모든 것들이 인간을 해칠 수 있다고 생각하는 편견을 버리지 못하고, 모든 것을 온유하게 견디는 것을 배우지 못하고 있다.　　　　　　　　　　　　　　　　마르쿠스 아우렐리우스

4

현자는 죽음에 대해서보다 삶에 대해서 더 많이 생각한다.　　　스피노자

5

정신에는 죽음이 없다. 따라서 정신에 의해 사는 사람은 죽음으로부터 자유롭다.

6

두려움 없이 죽음을 생각할 수 있게 되기를 원하거든, 열심히 삶에 매달리려고 하는 사람들을 바라보고 그들의 입장이 되어 보라. 그들은 죽음이 너무 일찍 찾아왔다고 생각한다. 그러나 수많은 사람들의 장례식을 지켜보며 지극히 오래 살았던 사람도 결국은 역시 죽지 않았는가. 그 기간이 얼마나 짧고, 그 속에 얼마나 많은 슬픔과 재앙이 들어 있으며, 생명의 그릇은 또 얼마나 깨지기 쉬운 것인가!

이 순간적인 인생의 기간에 대해 이러쿵저러쿵 말할 필요가 있을까! 너 이전에도 영원이, 그리고 또 미래에도 영원이 있다는 것을 생각하라. 이 무한한 두 심연 사이에서 네가 사흘을 살든 삼백 년을 살든 무슨 차이가 있겠는가.
　　　　　　　　　　　　　　　　　　　　　　마르쿠스 아우렐리우스

7

정리되지 않은 마음은 자유를 방해하는데, 마음을 정리하지 못하는 것은

일을 뒤로 미루는 데서 비롯된다. 준비가 되어 있다는 것은 곧, 끝났다는 것을 뜻한다. 끝나지 않은 것은 결국 아무것도 이루어지지 않은 것이다. 우리가 미뤄 두고 있는 일은 나중에 가서 다시 우리를 가로막고 우리의 진로를 방해한다. 우리는 하루하루, 그날의 일을 처리하고 다음날은 다음날의 일을 위해 남겨두어야 한다.

준비가 되어 있다는 것은 언제라도 죽을 수 있다는 것을 뜻한다.   아미엘

8

흔히 "이제 와 무엇을 한들 무슨 소용이냐. 이제 곧 죽을 텐데."라고 말하는 사람이 있다. 그러나 곧 죽을 것이니 할 필요가 없는 일은 언제 해도 필요 없는 일이다. 그런데 언제 어디서나 필요하고 죽음에 가까워지면 가까워질수록 더욱 더 필요한 일, 그것은 바로 영혼을 키우는 일이다.

9

이렇게 할까 저렇게 할까 판단이 서지 않는 문제가 발생했을 때는, 만일 자신이 그날 저녁에 죽는다면, 또 자신이 무엇을 할 것인지 아는 사람이 아무도 없다면, 어떻게 행동할 것인지 스스로에게 물어보면 해답이 나올 것이다.

10

죽음은 사람들에게 자신의 일을 최종적으로 마무리하는 방법을 가르친다. 모든 일 가운데서 언제든지 충분히 마무리할 수 있는 일이 있는데, 그것은 바로 대가를 바라지 않는 사랑의 일이다.

6월 25일

1

사람은 타인에 대한 아첨과 허영에서 벗어나면 벗어날수록 신을 섬기기가 수월해지고, 그 반대의 경우 역시 진실이다.

2

다른 사람들이 나에 대해 어떻게 생각할지 마음을 졸이며 살 것이 아니라,

너 자신이 좋다고 생각하는 삶을 살도록 살라.   류시 말로리

3

남의 결점에 대해서는 불쾌하게 느끼면서도, 자신 속의 결점은 전혀 깨닫지 못하고 그것을 알려고도 하지 않는 법이다. 남의 얘기를 할 때, 그 사람을 흉보는 사람은 그게 바로 자신에 대한 얘기임을 알지 못한다.

만일 우리가 다른 사람들 속에서 자기 자신의 모습을 볼 수 있다면, 그것보다 빨리 우리의 결점을 바로잡아 주는 것은 없을 것이다. 그렇게 떨어진 거리에서 우리의 결점을 있는 그대로 관찰하면 당연히 그 결점이 싫어지기 때문이다.   라 브뤼에르

4

선한 사람들이 편히 쉬는 곳은 그들의 양심이지 결코 다른 사람들의 입술이 아니다.

5

인간은 자기가 아무것도 보지 못할 때는 자기도 다른 사람들에게 보이지 않을 거라는 착각에 빠지기 쉽다. 마치 자기가 남에게 보이지 않도록 눈만 꼭 감는 어린아이처럼.

그래서 우리의 생활과 우리의 행위가 다른 사람들에게 어떤 인상을 주고 있는지 반성해 보는 것이 필요하다.

6

선덕이 있는 사람이라는 평판을 얻을 수 있는 가장 빠르고 가장 확실한 방법은, 그런 사람이 되도록 스스로 노력하는 것이다. 모든 선덕을 관찰해보라. 그것은 모두 정진과 노력의 결과임을 알게 될 것이다.   소크라테스의 '대화편'

7

입을 다물고 있어도 비난하고 말이 많아도 비난하며 또한 말이 적어도 비난한다. 세상에 비난당하지 않는 사람은 아무도 없다.   법구경

8

인간의 가장 돋보이는 특징은 부끄러움이다. 부끄러움을 아는 사람은 좀처럼 죄를 짓지 않는다. 탈무드

9

절대로 변명하지 말라.

10

진리를 존중하지 않는 친척보다 진리를 사랑하는 남이 더 낫다.

11

너는 행복이 자식과 친구, 무상한 것, 소멸하는 것 속에 있다고 생각하는 사람을 행복한 사람이라고 부르는가? 그런 사람의 행복은 한순간에 무너지지 않던가? 너 자신과 신 외에 네 행복을 지켜주는 것은 하나도 없음을 알아야 한다. 데모필

12

인간의 허영심은, 진정한 슬픔과 가장 양립할 수 없는 감정이면서도 인간의 마음속에 깊이 파고들어, 가장 비통한 슬픔도 그것을 몰아내지 못한다.

슬플 때의 허영심은 자신이 너무나 슬픔에 빠져 있는 것처럼, 또 불행한 것처럼, 그러면서도 꿋꿋한 것처럼 보이고 싶다는 바람으로 나타난다. 우리가 스스로 인정하려 하지 않는 이 비열한 욕구는 거의 절대적이라 할 수 있을 만큼 (가장 슬플 때도) 우리에게 달라붙어 떨어지려 하지 않는다. 그것은 이웃의 슬픔이 사람들의 마음에 불러일으키는 동정심이 우리에게 돌아오는 것을 방해한다.

13

아무리 선량한 행위에도 어느 정도는 허영과 세상 사람의 칭찬을 바라는 마음이 섞여 있다. 이 마음은 그가 자신의 행위 때문에 칭찬이 아니라 비난을 받더라도 절대로 그 행위를 바꾸지 않겠다고 자기 스스로에게 말할 수 있을

때 비로소 사라진다고 말할 수 있다.

6월 26일

1

사랑은 인간에게 그의 삶의 목적을 보여주고 이성은 그것을 실천으로 옮기는 방법을 보여 준다.

2

태양은 온 세상 구석구석 그 빛을 비추고 있어도 그 빛이 다하는 일은 결코 없다. 바로 그와 같이 네 이성의 빛도 모든 방향으로 비치지 않으면 안 된다. 그것은 마르는 일이 없이 모든 곳을 비추며, 설사 장애에 부딪히더라도 안달하거나 노여워하지 않고, 오로지 조용히, 그것을 갈망하며 줄기차게 그 빛을 향하는 모든 것을 감싸면서, 다만 제 쪽에서 얼굴을 돌리는 자만을 그늘에 남겨 둘 뿐이다.   마르쿠스 아우렐리우스

3

인간은 자신을 둘러싸고 있는 삼라만상에 비하면 연약한 갈대에 지나지 않는다. 그러나 그는 생각하는 갈대이다.

아주 사소한 것으로도 사람을 죽일 수 있다. 그러나 인간은 모든 생물, 모든 지상의 존재보다 고귀하다. 왜냐하면 그는 죽으면서 자기가 죽는다는 것을 잘 알고 있기 때문이다. 인간은 자연 앞에 자신의 육체가 얼마나 작은지 알고 있다. 그러나 자연은 아무것도 모른다.

우리 인간의 우수성은 그 사고력에 있다. 오직 사고력만이 우리를 다른 세계 위로 높여 준다. 우리의 사고력을 소중하게 지키자. 그것은 우리의 삶을 골고루 비추며 무엇이 선이고 무엇이 악인지 우리에게 가르쳐준다.   파스칼

4

인간은 오직 그 이성에 의해 다른 동물과 구별된다. 그런데 어떤 사람들은 그것을 단련하고 발달시키고 있지만 대다수 사람들은 그것을 무시하고 있다. 마치 자신과 가축을 구별하는 모든 것을 거부하고 싶은 듯.   동양 금언

내가 그리스도교를 찬미하는 것은 그것이 내 이성적 본질을 펼쳐주고 강화시켜 주며 드높여 주기 때문이다. 만일 내가 그리스도교도가 되면 이성적 존재로 있을 수 없다고 한다면, 나는 그 선택에 있어서 추호도 망설이지 않을 것이다. 나는 그리스도교를 위해 재산이고 명예고 생명이고 모두 내던져야 한다고 생각한다. 그러나 어떠한 종교를 위해서든 나를 짐승보다 높여 주고 나를 인간으로 만들어 주는 것을 희생시켜서는 안 된다고 생각한다. 또 나는 신에게서 부여된 고귀한 자질을 거절하는 것보다 더 큰 신성 모독은 없다고 생각한다. 그렇게 함으로써 우리는 우리의 내부에 깃들어 있는 신적 원리에 육체적인 자연을 대립시키게 된다. 이성이야말로 사색하는 자연의 최고의 표현이다. 그것은 신과 만물의 합일에 호응하는 것이며, 우리의 영혼을 그 최고의 합일의 표현, 그 통일을 비추는 거울로 만드는 것이다.　　　　　　　채닝

만약 인간에게 이성이 없다면, 그는 선악을 구별하지 못하고 진정한 행복을 찾아 그것을 누릴 수도 없을 것이다.

6월 27일

선한 삶은 끊임없이 그것을 향해 노력하는 사람에게만 주어진다.

선한 삶을 달성하려면 어떠한 선행도 소홀히 해서는 안 된다. 보잘 것 없는 미미한 선행도 세상을 떠들썩하게 하는 최대의 선행에 못지않게 강한 힘이 필요하다.

사람이 무엇이 선인지를 알고도 그것이 그에게 요구하는 바를 행하지 않는다면, 그것은 바로 나그네가 길을 계속 나아가면 잠자리도 먹을 것도 있다는 것을 뻔히 알고 있으면서도, 걸음을 멈추고 그것들이 자기에게 찾아오기를 기

다리는 것과 똑같다.

4

그릇에 찰랑찰랑한 물을 흘리지 않으려면 조심스럽게 그것을 반듯이 들어야 한다.

날이 잘 들게 하려면 그것을 항상 갈아야 한다.

네가 진정한 행복을 찾고 있다면 네 영혼도 또한 그와 마찬가지다.　　노자

5

너에게 있어서 매우 중요하고 좋은 일이 있다 하더라도, 그것을 한두 번 부른다고 금방 너에게 찾아오지 않는다. 수고와 노력을 하지 않으면 쉽게 찾아오지 않는 것이다.　　에머슨

6

구하라, 받을 것이다, 찾으라, 얻을 것이요, 문을 두드리라, 열릴 것이다. 누구든지 구하면 받고, 찾으면 얻고, 문을 두드리면 열릴 것이다.

마태복음 제7장 7~8절

7

피타고라스는 가능한 한 선과 일치하는 생활을 하라고 말했다. 그것은 가장 어려운 일일지도 모르지만 그것에 익숙해짐에 따라 점점 즐거운 것이 되어 간다.

8

신은 동물들에게 그들에게 필요한 모든 것을 주었다. 그러나 인간에게는 그것을 주지 않고 인간 자신이 자기에게 필요한 모든 것을 스스로 구하게 했다. 인간이 지닌 최고의 예지는 인간과 함께 태어난 것이 아니고, 그것을 얻기 위해서는 노력이 필요하며, 그 노력이 크면 클수록 돌아오는 것도 더 많아진다. 인간은 많은 노력이 없이는 최고의 예지에 가까이 다가갈 수 없을 것이다.

타블리치키 바비도프

9

행복을 원한다면 신의 법칙을 따르라. 신의 법칙을 따르는 것은 오직 노력에 의해서만 가능하다. 노력은 즐거운 생활로 보상받을 뿐만 아니라, 노력 자체가 우리에게 인생 최대의 행복을 준다.

6월 28일

1

가족적 결합이라는 것은 그것이 단순히 가족일 뿐만 아니라 종교적이기도 할 때, 온 식구가 하나의 신과 그 법칙을 믿을 때, 비로소 확고한 것, 사람들에게 행복을 주는 것이 된다.

그렇지 않으면 가족은 기쁨의 샘이 아니라 괴로움의 샘이다.

2

가족적 이기주의는 개인적 이기주의보다 훨씬 더 맹렬하다. 자기 한 사람을 위해 다른 사람의 행복을 희생시키기는 것을 부끄러워하는 사람도, 가족을 위해서 다른 사람들의 불행과 곤경까지 이용하는 것을 자신의 의무로 여긴다.

3

자신의 나쁜 행위를 변명하기 위해 가장 자주 이용되는 그릇된 구실은 가족의 행복을 위해서라는 구실이다.

인색, 뇌물, 노동자의 탄압, 부정한 상술, 이러한 것들은 모두 가족에 대한 사랑이라는 이름으로 합리화되고 있다.

4

가족이니 조국이니 하는 것이 우리의 영혼을 제약할 수는 없고, 또 제약해서도 안 된다. 인간은 태어난 날부터 몇몇 사람들에게 둘러싸이는데, 그 사람들의 사랑이 그의 마음속에 인간에 대한 사랑을 불러일으킨다. 그러나 가족애와 조국애가 배타적인 것이 되어 그것 때문에 인류의 보편적인 요구를 물리치게 된다면, 그것은 우리의 마음의 양육자가 아니라 그 무덤이 되고 만다.

채닝

5

　가족에 대한 사랑은 결국 자기애의 감정이며, 그렇기 때문에 부정하고 나쁜 행위의 원인은 될 수 있어도 결코 그 변명이 될 수는 없다.

6

　그래서 어떤 사람이 예수께 "선생님의 어머님과 형제분들이 선생님을 만나시려고 밖에 서 계십니다" 하고 알려 드렸다. 그러자 예수께서는 사람들에게 "하느님의 말씀을 듣고 그대로 실행하는 사람들이 내 어머니이며 내 형제들이다" 하고 말씀하셨다.　　　　　　　　　　　　　　　루가복음 8장 20~21절

7

　아버지나 어머니를 나보다 더 사랑하는 사람은 내 사람이 될 자격이 없고 아들이나 딸을 나보다 더 사랑하는 사람도 내 사람이 될 자격이 없다.

　　　　　　　　　　　　　　　　　　　　　　　　마태복음 제10장 37절

8

　'누구든지 나에게 올 때 자기 부모나 처자나 형제 자매나 심지어 자기 자신마저 미워하지 않으면 내 제자가 될 수 없다.'(루가복음 제14장 26절). 여기에 나오는 '미워한다'는 말은 그리스도가 가족을 부정하거나 가족에 대한 미움을 설교한 것이 아니라, 루가복음 제8장 21절에서 말하고 있는 것, 즉 그리스도와 그 제자, 그리고 그들의 추종자들에게 있어서, 인간은 그 가족적인 결합을 통해 가까이하고 사랑하는 것이 아니라, 신과의 결합을 통해, 또 그것으로 인한 서로의 결합을 통해 가까이하고 사랑한다는 의미이다.

　이 말은 방탕한 가족이나 도덕적으로 더 높은 가족만 생각하는 사람에게 있어서, 가족이라는 상태는 최고의 상태가 아니라, 오히려 반대로 대부분의 경우 최고의 상태에 도달하는 데 장애가 되는 종교적인 인간을 생각한 적이 없는 사람들에게 자주 오해받고 있다.

9

　어떤 사람들은 행복을 권력 속에서 찾고, 어떤 사람들은 지식욕, 즉 학문 속

에서 찾으며, 또 어떤 사람들은 육체적 향락 속에서 찾는다. 이 세 종류의 욕망에서 세 개의 학파가 태어나는데, 모든 철학자들은 그 셋 중 어느 하나에 속해 있다.

그러나 누구보다 참된 철학에 가까이 다가가 있는 사람들은, 다음과 같은 것을 이해하고 있다. 즉, 모든 사람들이 노력하는 목표인 만인의 행복은, 일부 사람들만이 소유할 수 있는 것, 그것을 나누었을 때 자신에게 돌아오는 몫에 기쁨을 느끼기 않고 오히려 나눠준 몫만큼 적어진 것을 아깝게 생각하는 것 속에 있지 않다는 것이다. 그들은 참된 행복은 모든 사람이 동시에 서로를 부러워할 필요 없이 송두리째 소유할 수 있는 것, 누구든지 자신의 의지와 상관없이 잃는 일이 있을 수 없는 것임을 깨닫고 있다. 　　　　　　파스칼

10

가족에 대한 사랑 속에는 자아에 대한 사랑과 마찬가지로 도덕적인 의미의 선악이 들어 있지 않다. 이것은 어느 쪽이나 다 자연적인 현상이다. 그러므로 가족에 대한 사랑도 자아에 대한 사랑과 마찬가지로 적당한 한계를 넘어서면 죄악이 될 수는 있어도 절대로 선이 될 수는 없다.

6월 29일

1

실의란 인간이 자신의 삶 속에서나 세계의 어떤 삶 속에서도 의미를 찾지 못하는 정신 상태를 가리킨다.

2

실의와 분노 속에 있으면서 그러한 정신상태에 도취하거나, 심지어는 그것을 자랑하기까지 하는 사람들이 있다. 그것은 바로 자신을 태우고 산을 달려 내려가는 말의 고삐를 놓치고도 여전히 채찍질을 하고 있는 것이나 다름없다.

3

실의와 불쾌감은 주변 사람들을 괴롭힐 뿐만 아니라 남에게 전염되기도 한다. 따라서 올바른 사람이라면 다른 사람들이 불쾌하게 생각하는 일은 언제

나 혼자 있을 때 하듯이, 그러한 실의와 불쾌감에 몸을 맡기는 것도 혼자 있을 때 한다.

4

외적 원인이 인간의 정신 상태에 영향을 준다고 하는 생각은 사람들이 자주 빠지는 미망이다. 피로와 굶주림, 질병 같은 육체적 조건이 정신상태에 영향을 미치는 것은, 자신의 생명의 영적 본원과 자신의 활동을 약화시키기는 해도 그 방향을 바꾸지는 않는다는 견해를 가진 사람의 경우뿐이다. 어린이들, 종교가 없는 사람들과 같이 외적 생활에 의해서만 사는 사람들만이 외적 원인에 의해 인생에 대한 태도를 바꾸고, 실의와 초조 속에서 전에는 칭찬하고 사랑했던 사람을 비난하고 미워한다.

5

모든 것이 어둡게 보이고 모든 사람이 나쁘게 여겨지고, 아무한테나 욕을 퍼부으며 심술을 부리고 싶어질 때는, 절대로 자기 자신을 믿지 않는 것이 좋다. 그런 때는 자신을 주정꾼을 보듯 바라보며 아무것도 하지 말고 그런 상태가 빨리 지나가기를 기다려야 한다. 그런 상태에 있을 때는 가능한 한 아무것도 하지 않는 것이 빨리 원상태로 돌아갈 수 있는 방법이다. 그것은 바로 주정꾼이 하룻밤 푹 자고 나면 말짱해지는 것과 같다.

6

악인으로 일컬어지고 있는 사람들의 대부분은, 자신의 나쁜 정신상태를 정상으로 생각하고 그것에 몸을 맡겨버린 결과 자신도 모르게 그렇게 되어 버린 것이다.

7

세상이 추악하게 여겨지고 사람들이 악하고 불쾌하며 그들의 행위가 어리석고 추악하게 보인다면, 오히려 그런 상태를 이용하여 서둘러 자기 자신을 돌아보도록 하라. 그러면 너는 자신 속에서 전에는 보지 못했던 오점을 발견하고, 그 같은 자신의 추악함을 인정함으로써 스스로를 이롭게 할 것이다.

8

끝없는 불행은 좀처럼 없는 법이다. 절망은 희망 이상으로 사람을 기만한다.

보브나르그

9

절대로 의기소침하지 말라.

10

인간은 행복하지 않으면 안 된다. 만일 불행하다면 그것은 그 사람 자신의 잘못이다.

11

나는 인간은 행복하고 만족하다는 것을 첫 번째 명제로 삼아야 한다고 생각한다. 불만을 느낄 때는 나쁜 짓을 했을 때처럼 부끄러워해야 하고, 내 주위나 내 마음속에 무엇인가 불쾌한 일이 있으면, 그것을 다른 사람들에게 얘기하거나 불평하지 말고, 조금이라도 빨리 그것을 바로잡도록 노력해야 한다.

12

주여, 저에게 힘을 주시어 청정한 마음과 겸양과 사랑으로 당신의 뜻을 실천하며 끊임없이 기쁨을 누릴 수 있게 해주옵서!

13

육체적 고통과 의기소침한 시기는 지상에서의 삶의 재앙이며, 언젠가 그것이 지나가기를 기다리거나 지상의 삶 자체가 지나가기를 기다리는 수밖에 없다.

14

주위의 모든 것과 자신의 상황에 불만을 느낄 때는, 껍데기 속으로 움츠러드는 달팽이처럼 이 세상에서의 자신의 사명에 대해 깊이 생각하면서, 자신을 이런 상태로 이끈 조건들이 지나갈 때를 기다려라. 그러면 다시 자신의 인생에서 해야 할 일에 뛰어들 수 있는 힘이 솟아날 것이다.

6월 30일

1

외면적 문제는 일단 젖혀두고, 인생을 어떻게 더 잘 보낼 것인가 하는 단 하나의, 진정으로 인간에게 필요한 내면적 문제를 자신에게 제기한다면, 외면적 문제도 모두 최선의 해결책을 찾을 수 있을 것이다.

2

우리는 모든 사람의 행복이 어디에 있는지 모르고 있고 또 알 수도 없다. 그러나 그 모든 사람의 행복은 우리 각자가 자신에게 계시된 선의 법칙을 실천함으로써 비로소 가능하다는 것은 똑똑히 알고 있다.

3

참된 생활은 외면적인 큰 변화, 즉 이동, 충돌, 투쟁, 살육 같은 것에 있는 것이 아니라, 오직 눈에 띄지 않는 미미한 변화, 즉 사람들의 의식의 변화 속에서 생기는 것이다.

4

주께서 이렇게 대답하셨다. "마르타, 마르타, 너는 많은 일에 다 마음을 쓰며 걱정하지만 실상 필요한 것은 한 가지뿐이다. 마리아는 참 좋은 몫을 택했다. 그것을 빼앗아서는 안 된다."　　　　　　　　　　　　루가복음 제10장 41~42절

5

온 세상 사람들이 두려움에 떨고 있다. 곳곳에 흡사 지진의 전조인 양 무언가의 징후가 느껴진다. 지금처럼 우리들 각자의 책임이 중요했던 적은 일찍이 없었다. 더욱 더 중요한 문제가 시시각각 우리에게 일어나고 있다. 우리는 뭔가 위대한 일이 일어나고 있다는 것을 느낀다. 그러나 그리스도가 출현하기 전에는, 세계는 위대한 일을 그토록 목마르게 기다리고 있었으면서도, 막상 그리스도가 출현했을 때는 그를 받아들이려 하지 않았다. 그처럼, 지금도 온 세상이

그리스도의 새로운 출현을 앞두고 산고를 경험하면서도, 여전히 다가올 것이 무언지 이해하려 하지 않고 있다.　　　　　　　　　　　　　　　류시 말로리

6

사회주의에는 두 종류가 있다. 그리고 둘 다 모든 사람의 최대 행복을 추구한다.

하나는 모든 사람의 행복을 획득하려고 노력하지만, 또 하나는 모든 사람에게 저마다 제 나름대로 행복해질 수 있는 가능성을 주려고 한다.

전자는 국가의 권력을 인정하지만, 후자는 어떠한 권력도 인정하지 않는다.

전자는 국가의 전제를 요구하지만, 후자는 모든 전제의 타도를 외친다.

전자는 일정한 지배 계급의 지배를 원하지만, 후자는 모든 계급의 절멸을 희구한다.

전자는 사회주의적 전쟁을 긍정하지만, 후자는 오직 사회주의의 평화적 방법만을 믿는다.

사회주의에는 이 두 가지밖에 존재하지 않는다. 하나는 어린이의 사회주의, 하나는 어른의 사회주의이다. 전자는 과거의 것이고 후자는 미래의 것이다. 따라서 전자는 마땅히 후자에게 그 자리를 물려주어야 한다. 우리들 각자는 이 두 사회주의 중의 하나를 선택해야 한다. 그렇지 않으면 자신을 사회주의자로 불러서는 안 된다.

7

온갖 집단의 흥분한 외침 속에서 진리의 목소리를 가려듣는 것은 참으로 어려운 일이다.　　　　　　　　　　　　　　　　　　　　　　　실러

8

진리와 정의를 추구하는 사람은 고독 속에 혼자 있을 마음의 준비가 되어 있어야 한다.　　　　　　　　　　　　　　　　　　　　　　　베르시에

9

납과 같은 본성에서 황금 같은 행동을 이끌어내는 것은 어떠한 정치적 연

금술로도 불가능하다.　　　　　　　　　　　　　　허버트 스펜서

10

만약 사람들이 세계를 구원하는 대신 자기 자신을 구원하고자 하고, 인류를 해방시키는 대신 자기 자신을 해방시키고자 한다면, 그들은 세계를 구하고 인류를 해방하기 위해 참으로 많은 일을 할 수 있을 텐데!　　　　게르센

11

사람들이 뭔가 외면적인, 자신들의 의지와 관계없이 저절로 움직이는 힘에 의해 자신들의 삶을 변혁하고 개선할 수 있다고 생각하면 할수록, 그 변혁과 개선은 더욱 어려워진다.

이레째 읽을거리

딸기

바람 한 점 없는 유월의 무더운 날이 계속되었다. 숲 속의 나뭇잎은 짙은 녹색으로 촉촉하게 물기를 머금고 있고, 군데군데 노란 자작나무와 보리수 잎이 떨어져 있을 뿐이었다. 들장미 수풀에는 향기로운 꽃들이 흩어져 있었다. 숲 속의 풀밭에는 꿀을 머금은 클로버가 쫙 깔려 있고, 풍요롭게 자란 호밀은 검게 물결치며 이미 반쯤 알이 차 있었다. 저지에서는 뜸부기가 서로를 부르고, 귀리밭과 호밀밭에서는 메추라기가 후두음과 설음 비슷한 목소리로 지저귀고 있었다. 휘파람새는 숲 속에서 이따금 노래를 한 가락 뽑다가 뚝 그치곤 했다. 타는 듯한 여름이었다. 길에는 손가락만한 두께의 마른 먼지가 쌓여 있다가, 이따금 살짝 미풍이 불기만 해도 구름처럼 피어올라 이쪽저쪽으로 일렁거렸다.

농부들은 움막을 다 지었는지 벌써 거름을 옮기고 있다. 가축들은 바짝 마른 묵정밭에서 배를 곯며 다시 새 풀이 돋기를 기다리고 있다. 암소와 수송아지들은 꼬리를 갈고리 모양으로 발딱 세우고 울면서 소치기한테서 벗어나 외양간에서 달아나고 있다. 아이들은 길가와 지주에게 빼앗긴 땅에서 말을 지키고 있다. 아낙네들은 숲 속에서 풀망태를 끌고 나오고, 혼기에 든 처녀와 계집아이들이 앞 다투어 벌목된 뒤의 숲 속을 돌아다니며 딸기를 따서 별장 사람들에게 팔러간다.

색색으로 칠해 풍취 있게 꾸민 별장 주인들은, 가볍고 아름다운 값비싼 옷으로 치장해, 양산을 들고 조약돌이 깔린 오솔길을 거닐거나, 나무 그늘이나 정자의 화려하게 색칠된 테이블 앞에 앉아, 더위에 쩔쩔매면서 차와 시원한 음료수를 마시고 있다.

작은 탑과 베란다, 발코니, 회랑까지 있는, 모든 것이 산뜻하고 새롭고 청결한 니콜라이 세묘노비치의 호화별장 옆에, 방울을 단 삼두 역마차가 서 있었다. 그것은 마부들이 말하는 왕복 15베르스타 떨어진 곳에 있는 도시에서, 상트 페테르부르크의 한 귀족을 태우고 온 것이었다.

이 귀족은 모든 위원회와 간부회, 자문위원회 등, 겉으로는 정부 편인 척하고 있지만, 사실은 지극히 자유주의적 성향을 가진 여러 모임에 얼굴을 내밀고 있는 유명한 자유주의자였다. 그는 그 도시에서(언제나 굉장히 바쁜 그는 그곳에서 이삼 일밖에 묵지 않았다) 자신의 죽마고우이자, 자신과 거의 같은 사상을 가지고 있는 니콜라이 세묘노비치를 찾아온 것이었다.

두 사람은 헌법의 원리를 적용하는 방법에 대해 약간 의견을 달리하고 있을 뿐이었다. 상트 페테르부르크 토박이인 이 손님은 오히려 유럽인에 가까웠고, 사회주의에도 제법 동조하는 편이었다. 현재 그는 자신이 차지하고 있는 몇몇 지위로 인해 거액의 봉급을 받고 있었다. 한편 수천 정보의 땅을 가지고 있는 니콜라이 세묘노비치는, 순수한 러시아인 정교도로, 슬라브주의적인 색채를 띠고 있었다.

그들은 뜰에서 다섯 가지 요리로 식사를 하고 있었다. 그러나 너무 더워서 거의 아무 것도 먹지 못했기 때문에, 손님을 위해 특별히 솜씨를 발휘한, 한 달 40루블의 봉급으로 고용된 요리사와 그 조수의 노력은 거의 허사로 돌아갔다. 그들은 얼음을 채운 신선한 황어수프와 줄무늬로 설탕가루를 치고 비스킷으로 장식한 갖가지 빛깔의 아이스크림만 먹었을 뿐이다. 그때 식탁에 앉아 있었던 사람들은 그 손님과 자유주의자 의사, 니콜라이 세묘노비치가 고삐를 잘 잡고는 있지만 극렬한 혁명사회주의자 대학생인 가정교사, 니콜라이 세묘노비치의 아내 마리아, 세 아이들이었는데, 아이들 중 막내는 과자가 나올 때에나 겨우 얼굴을 내밀었다.

식사는 약간 숨 막히는 분위기에서 진행되었다. 왜냐하면 무척 신경질적인 부인인 마리아가 '고가'(상류가정의 관습대로 그 막내아이는 그렇게 불리고 있었다)의 배탈로 몹시 걱정하고 있는 데다, 손님들과 니콜라이 세묘노비치 사이에 정치에 대한 얘기가 시작되자마자, 그 맹렬한 혁명주의자 학생이 자기는 누구 앞에서도 자신의 신념을 밝히는 것을 두려워하지 않는다는 태도를 보여주기 위해 두 사람의 대화에 당장 끼어들었고, 그 바람에 손님이 입을 다물어버리자, 니콜라이 세묘노비치는 당황하여 그 혁명주의자를 달래는 상황이 연출되었기 때문이었다.

식사는 7시에 끝났다. 식후에 두 친구는 베란다에 나가 얼음을 띄운 나르잔 산(産) 탄산수와 백포도주를 마시면서 얘기를 나눴다.

두 사람 사이의 의견 차이는 무엇보다도, 선거는 어떻게 해야 하나, 간접선거로 해야 하나 직접선거로 해야 하나, 하는 문제에서 극명하게 드러났다. 그리고 바야흐로 맹렬한 논쟁이 시작되려는 순간, 두 사람은 차를 마시러 오라는 전갈을 받고, 파리를 막기 위해 창문에 철망이 쳐진 식당으로 갔다. 마리아도 있는 그 자리에서는 평범한 대화가 오갔지만, 마리아는 전혀 그 대화에 관심을 보이지 않았다. 고가의 배탈이 걱정 되어서 그럴 정신이 없었던 것이다. 그래도 화제가 그림으로 옮겨갔을 때, 마리아는 데카당스의 그림에는 "뭐라고 표현해야 할지 알 수 없지만"(un je n'sais quoi) 아무래도 부정할 수 없는 뭔가가 있다고 말했다. 그때 그녀는 데카당스의 그림 같은 것은 전혀 생각하고 있지 않았고, 전에 여러 번 말한 적이 있는 것을 되풀이한 것에 지나지 않았다. 손님은 그런 것에는 아무 흥미도 없었지만, 그도 데카당스에 대한 반대의견을 여러 번 들은 적이 있어서, 그것을 그대로 잘 활용했기 때문에, 사실은 그가 데카당스니 비(非)데카당스니 하는 것에 관심이 없다는 것을 아무도 눈치 채지 못했다. 니콜라이 세묘노비치는 아내를 바라보며, 그녀가 왠지 기분이 좋지 않다는 것, 저러다가 뭔가 불쾌한 일이 일어날지도 모른다고 느끼고 있었다. 게다가 그로서는 벌써 백 번도 넘게 들은 것 같은 얘기를 또 듣는 건 어지간히 지겨운 일이었다.

값비싼 청동램프에 불이 켜지고, 뜰에도 등불이 켜졌다. 고가가 의사의 진료를 받은 뒤, 아이들은 모두 침실에 자러 들어갔다.

손님과 니콜라이 세묘노비치와 의사는 베란다로 나갔다. 하인이 갓이 달린 촛대와 나자르산 탄산수를 내오자, 드디어 12시가 거의 다 되어, 현재의 러시아에서 매우 중대한 이 시기에 어떠한 정책이 채택되어야 하는가 하는 문제에 대한 본격적인 토론이 시작되었다. 두 사람은 쉴 새 없이 담배를 피우면서 열정적으로 얘기를 주고받았다.

문 밖에서는 여물을 얻어먹지 못한 말이 방울을 짤랑짤랑 울리고 있고, 마차 속에서는 늙은 마부가 하품을 했다, 코를 골았다 하면서 기다리고 있었다. 이 늙은 마부는 벌써 20년이나 한 주인을 모시며, 자신의 급료에서 술값으로 3루블에서 5루블을 뺀 나머지를 몽땅 동생에게 보내고 있었다.

이윽고 여기저기의 별장에서 닭들이 홰를 치며 울기 시작했고, 바로 옆 별장에서 유난히 크고 날카로운 닭울음소리가 들렸을 때, 마부는 주인이 혹시 자기가 거기 있다는 것을 잊어버린 게 아닌가 걱정이 되어, 마차에서 나가 별장 안으로 들어갔다. 그는 자신의 손님이 그곳에서 뭔가 먹으면서, 사이사이에 얘기를 하고 있는 모습을 보았다. 그것을 보자 그는 주인을 방해하지 않으려고 하인을 찾으러 갔다. 하인은 제복을 입은 채 현관방에 앉아서 말뚝잠을 자고 있었다. 마부가 그를 깨웠다. 자신의 벌이(한 달에 15루블의 봉급과 이따금 주인한테서 100루블에 가까운 보너스를 받고 있어서 썩 괜찮은 수입이었다)로 다섯 딸과 두 아들을 포함한 대가족을 부양하고 있는 그 하인은, 이내 일어나서 매무새를 가다듬고 주인과 손님들이 있는 곳에 가서, 마부가 걱정하며 일찍 돌아가고 싶어한다는 걸 알렸다.

하인이 들어갔을 때 논쟁은 한창 무르익어가고 있었다. 의사도 두 사람 옆에 다가가서 논쟁에 끼어들었다.

"러시아 민족이 다른 발전경로를 걸어가야 한다는 건 인정할 수 없어요. 무엇보다 필요한 것은 자유, 정치적 자유입니다. 그 자유…… 모두가 알고 있는 그 최대의 자유…… 타인의 최대의 권리를 보장해 주는 자유 말입니다."

손님은 자기가 혼란에 빠져 있고, 스스로도 이상한 말을 하고 있다는 걸 느꼈지만, 논쟁이 열기를 뿜으면 뿜을수록 어떻게 말해야 할지 잘 생각이 나지 않았다.

니콜라이 세묘노비치는 손님의 말은 귀담아 듣지 않고, 특별히 마음에 드는 자신의 생각만 말하려 했다. "그건 그렇지만, 그건 더욱 다른 방법으로, 투표수에 의해서가 아니라 전반적인 합의에 의해 달성될 수 있어요. 예를 들면 농촌 공동체의 결의를 보시오."

"아니, 그 농촌 공동체라는 것이 정말이지!"

"그러나 슬라브 민족에게는 슬라브 민족 특유의 견해가 있다는 걸 부정할 수는 없습니다. 이를 테면 폴란드의 저 거부권 말입니다. 나도 그것이 좋다고는 생각하지 않지만……." 의사의 말에 니콜라이 세묘노비치가 다시 끼어들었다.

"실례지만 끝까지 들어주시겠소? 러시아 민족에게는 독특한 성격이 있어요. 그 성격은……."

그러나 그때 잠에 취한 얼굴로 찾아온 정복 차림의 이반이 그의 말을 방해했다.

"마부가 걱정을 하고 있어서……."

"아! 곧 출발할 거라고, 그리고 지체한 만큼 사례할 거라고 전해주시오." 손님이 말했다. 그는 하인들에게 늘 존댓말을 했고, 그것을 자랑으로 여기고 있었다.

"알겠습니다."

하인은 물러갔고, 니콜라이 세묘노비치도 자신의 생각을 끝까지 말할 수 있었다. 그러나 손님도 의사도 이미 그 얘기를 스무 번쯤 듣고 있어서(적어도 두 사람에게는 그렇게 느껴졌다) 이내 그것을 반박하기 시작했고, 특히 손님은 역사의 예를 들어 반론을 펼쳤다. 그는 역사에 무척 해박한 지식을 가지고 있었다.

의사는 손님 편이 되어, 그의 해박한 지식에 감탄하면서 그와 가까워질 수 있는 기회를 가진 것을 행운으로 여겼다.

얘기가 무척 길어져서, 길 건너편의 숲 너머가 뿌옇게 밝아오고, 앵무새도 잠에서 깼지만, 두 사람은 여전히 쉴 새 없이 담배를 피우면서 얘기를 나눴다.

그때 하녀가 들어오지 않았다면 얘기가 얼마나 더 계속되었을지는 아무도 모르는 일이었다.

이 하녀는 고아 출신으로, 살아가기 위해 하녀살이를 하지 않으면 안 되었다. 그녀는 맨 처음에는 어느 장사치의 집에 들어가서 일했는데, 거기서 지배인에게 유혹당하여 아기를 낳게 되었다. 아기는 이내 죽고 그녀는 다시 관리의 집에 들어갔지만, 이번에는 중학생인 그 집 아들이 끈질기게 그녀를 쫓아다녔다. 그 뒤에 견습하녀로 니콜라이 세묘노비치의 집에 들어와서야 겨우 행복해질 수 있었다. 이제 그녀에게 치근거리는 남자는 아무도 없었고, 급료도 꼬박꼬박 받을 수 있었다. 그녀는 마님이 의사와 주인나리를 찾고 있다는 걸 알리러 왔다.

'음, 틀림없이 고가의 상태가 더 나빠진 게야' 하고 니콜라이 세묘노비치는 속으로 생각했다.

"무슨 일이지?" 그가 묻자 하녀는 대답했다.

"니콜라이 니콜라예비치의 상태가 좀 좋지 않아서요."(니콜라이 니콜라예비치는 너무 많이 먹어서 설사를 하고 있는 고가를 가리킨다)

"아, 이만 실례하겠소! 벌써 날이 저렇게 밝았군요. 너무 오래 폐를 끼쳤소!" 손님은 마치 두 사람이 오랫동안 많은 대화를 나눈 것에 대해, 자신과 상대를 칭찬하는 것처럼 미소 지으면서 말했다.

이반은 손님이 엉뚱한 곳에 둔 모자와 우산을 찾기 위해, 그 피곤한 다리로 한참동안 이리저리 뛰어다녀야 했다. 이반은 팁을 받을 수 있을 거라고 생각했지만, 언제나 흔쾌하게 1루블씩 주는 손님은 애기에 열중해버린 나머지 까맣게 잊고 있다가, 나중에야 팁을 주지 않은 것이 생각났다. "에잇, 하는 수 없지!"

마부는 마부석에 올라가 고삐를 잡고 비스듬히 앉아서 마차를 출발시켰다. 상트 페테르부르크의 손님은 방울소리가 짤랑짤랑 울리는 가운데 부드러운 스프링에 흔들리면서, 자기 친구가 편협한 사상과 선입관에 사로잡혀 있다고 생각했다.

니콜라이 세묘노비치도 곧장 아내한테 가지 않고 역시 같은 생각을 하고 있었다. '그 페테르부르크식의 옹졸함! 아무리 해도 자신의 껍데기를 깨지 못하고 있는 거야' 하고 그는 생각했다.

아내한테는 서둘러 가고 싶지 않았다. 만나봤자 좋은 일은 없을 거라는 걸 알고 있었기 때문이다. 사건의 발단은 딸기였다. 어제 마을 아이들이 딸기를 팔러왔기에, 니콜라이 세묘노비치는 달라는 대로 돈을 주고 덜 익은 딸기를 두 접시나 샀다. 그때 아이들이 뛰어와서 먹겠다고 조르더니, 결국 접시에 담긴 딸기를 손으로 집어 먹었던 것이다. 아내 마리아는 자기 방에 있다가 나중에 고가가 딸기를 먹은 것을 알고 무섭게 화를 냈다. 고가가 그 전부터 배탈이 나 있었기 때문이다. 그녀는 남편을 나무랐고, 남편도 아내를 비난했다. 그리고 거의 싸움에 가까운 말다툼이 벌어졌다. 저녁이 되자 아니나 다를까, 고가가 설사를 하기 시작했다. 니콜라이 세묘노비치는 설사를 하고 나면 좀 가라앉을 줄 알았는데, 의사가 불려온 것을 보면 용태가 심상치 않은 것 같았다.

그가 아내한테 갔을 때, 그녀는 전부터 무척 좋아하던(하기는 지금은 그런 얘기를 할 때가 아니지만) 화려한 빛깔의 비단 실내복을 입고, 의사와 함께 아이 방의 변기 옆에 서서, 촛불로 의사에게 그 속을 보여주고 있었다.

의사는 변기 속의 오물을 작은 막대 끝으로 헤집으면서, 코안경 너머로 지긋이 들여다보고 있었다.

"그래요, 모두 그 끔찍한 딸기 때문이에요." 그녀는 의미심장하게 말했다.

"어째서 딸기 탓이란 말이오?" 니콜라이 세묘노비치가 기가 죽은 모습으로 말했다.

"어째서 딸기 탓이냐구요? 당신이 저 아이한테 딸기를 너무 많이 주었기 때문에, 난 간밤에도 잠을 자지 못했어요. 저 아인 거의 죽을 지경이 되었다구요.”

“뭐, 꼭 그렇지는 않습니다. 비스무트를 조금 먹이고 앞으로 조심만 하면 괜찮아질 겁니다. 당장 먹입시다.” 의사가 웃으면서 말했다.

“이 아인 지금 곤히 잠들어 있어요.” 어머니가 말했다.

“그럼 깨우지 않는 게 좋겠군요. 내일 다시 오겠습니다.”

“부탁드려요.”

의사는 돌아갔고, 니콜라이 세묘노비치는 혼자 남아 아내를 달래느라 한동안 진땀을 빼야 했다. 그가 잠들었을 때는 이미 날이 훤히 밝은 뒤였다.

바로 그 시간, 이웃 마을에서는 농부와 아이들이 밤새 불침번을 선 뒤 집으로 돌아오고 있었다. 어떤 사람은 말을 타고, 어떤 사람은 여러 마리의 말의 고삐를 잡고 오고, 그 뒤에 망아지들이 따라오고 있었다.

열두 살 난 소년 타라스카 레주노프는 반코트를 입고 챙 없는 모자를 쓰고, 맨발로 얼룩 암말을 탄 채, 어미 말과 같은 얼룩 망아지의 고삐를 끌며, 다른 사람들을 앞질러 마을을 향해 언덕길을 달려 올라갔다. 검은 개 한 마리가 말보다 앞쪽에서 뒤를 돌아보고 또 돌아보며, 신이 나는 듯이 달려갔다. 살이 오른 얼룩 망아지는 그 뒤에서 양말이라도 신은 것처럼 하얀 발로 이곳저곳을 차면서 뛰어갔다. 타라스카는 집에 도착하자, 말들을 문에 매어놓고 현관으로 들어갔다.

“얘들아, 아직도 자고 있니!” 그는 매트 위에서 자고 있는 동생들을 향해 소리쳤다.

함께 자고 있던 어머니는 벌써 일어나 소젖을 짜러 나가고 없었다.

올리그시카는 벌떡 일어나 새집처럼 헝클어진 금발을 손가락으로 대충 빗었다. 나란히 자고 있던 페지카는 여전히 목을 코트 속에 웅크린 채 일어나지 않고, 밖으로 삐져나온 그 가느다란 어린이다운 한쪽 발을 다른 발의 까칠까칠한 뒤꿈치로 긁고 있었다.

전날 밤부터 딸기를 따러 갈 계획을 세워둔 동생들을, 타라스카가 불침번에서 돌아오면 깨워주기로 약속이 되어 있었던 것이다.

그래서 그는 그 약속을 지켰다. 불침번을 설 때는 수풀 속에 앉아서 연신 졸고 있었지만, 지금은 완전히 정신이 맑아져서 이대로 자지 않고 아이들을 데리고 딸기를 따러 가기로 마음먹었다. 어머니가 우유를 한 컵 가득 따라주었다. 빵을 직접 적당히 잘라서, 테이블 앞의 높은 의자에 걸터앉아 아침을 먹기 시작했다.

그가 달랑 저고리와 잠방이 차림으로, 그 맨발의 발자국을 선명하게 찍으면서 빠른 걸음으로 밖으로 나갔을 때(그 길에는 이미, 마찬가지로 맨발인 크고 작은 다양한 발자국들이 발가락 하나하나까지 선명하게 찍혀 있었다)는, 벌써 멀리 앞쪽에 있는 숲의 짙은 녹색 사이로, 계집아이들의 모습이 빨갛고 하얀 점으로 보이고 있었다. 그녀들은 벌써 어제부터 항아리와 커다란 컵을 준비해 두었다가, 아침도 먹지 않고 점심 때 먹을 빵도 가지지 않고, 성상을 향해 성호를 두 번 긋기만 하고, 그대로 밖으로 뛰어나간 것이다. 타라스카는 커다란 숲 뒤에서 그녀들을 따라잡았다. 그들은 마침 길을 돌아 그곳으로 들어간 참이었다.

풀 위에도 덤불 위에도, 심지어는 나무의 낮은 가지에까지 이슬이 잔뜩 맺혀 있었다. 계집아이의 조그만 맨발은 이내 젖어버려서, 처음에는 차가웠지만 부드러운 풀과 울퉁불퉁한 흙 위를 걷는 사이에 이내 따뜻해졌다.

딸기는 벌채림 곳곳에 있었다. 계집아이들은 맨 먼저 작년에 벌목한 땅에 들어갔다. 어린 새순이 막 키를 키우며, 온기를 머금고 있는 싱싱한 덤불 사이에, 키 작은 풀이 자라는 곳이 군데군데 있고, 아직 담홍색의 딸기 사이사이에 새빨간 딸기가 잘 익어서 숨어 있었다.

계집아이들은 몸을 둘로 거의 꺾듯이 하여, 햇볕에 탄 손으로 딸기를 하나하나 따서, 좋지 않은 것은 자기 입 속에 쏙 집어넣고, 좋은 것만 커다란 컵에 담았다.

"올리그시카, 이쪽으로 와! 이쪽에 많이 있어!"

"거짓말! 오빠, 어디 있어?" 두 사람은 덤불 속에 들어가서 너무 멀리 떨어지기 전에 서로를 찾았다.

타라스카가 계집아이들한테서 멀리 떨어져서, 골짜기 저편의 재작년에 벌목한 곳에 들어가 보니, 어린 나무가, 특히 어린 호두나무와 단풍나무가 사람 키보다 높게 자라 있었다. 풀이 유난히 싱싱하고 무성한 그곳의 딸기는 풀 속에서 한층 더 크고 싱싱해보였다.

"그루시카!"

"왜?"

"늑대가 오면 어떡할래?"

"늑대가 어쨌다구. 겁 줘도 소용없어. 난 무섭지 않아" 하고 그루시카는 대답했지만, 늑대를 생각하자 긴장한 나머지 자기도 모르게 가장 좋은 딸기를 큰 컵이 아니라, 제 입 속으로 계속 집어넣고 있었다.

"오빠는 골짜기 건너편으로 가버렸어. 오빠! 어디 있어?"

"나 여기 있어! 이쪽으로 건너와!" 타라스카가 골짜기 저편에서 대답했다.

"우리도 가자, 저쪽에 많이 있을 것 같아."

계집아이들이 관목을 헤치면서 골짜기를 기어 내려가, 계곡의 지류를 타고 건너편으로 건너갔다. 키 작은 풀이 자라고 볕이 잘 드는 그곳은 온통 딸기밭이었다. 두 아이는 말도 하지 않고 손과 입을 쉴 새 없이 움직였다.

그러자 갑자기 뭔가가 튀어나오더니, 일대의 정적을 깨는 무시무시한 굉음(두 여자아이에게는 그렇게 느껴졌다)과 함께 풀과 관목수풀을 헤치고 뛰어가는 것이었다.

그루시카가 깜짝 놀라 엉덩방아를 찧는 바람에, 컵에 열심히 모은 딸기가 반쯤 쏟아지고 말았다. "엄마야!" 하고 소리치며 그녀는 울음을 터뜨렸다.

"토끼야, 토끼라니까. 그루시카! 토끼야, 저기 봐!" 올리그시카는 회갈색의 작은 동물의 등과 긴 귀가 덤불 속으로 힐끗 보이는 것을 가리키면서 말했다.

"왜 우는 거니?" 토끼가 자취를 감췄을 때 올리그시카가 그루시카에게 물었다.

"난 늑댄 줄 알았어." 그렇게 말한 그루시카는 이내, 공포와 눈물에 대한 반동으로 큰 소리를 지르며 웃기 시작했다.

"이 바보!"

"정말 무서웠단 말이야!" 그루시카는 방울 소리처럼 까르르 높은 웃음을 터뜨렸다.

둘은 쏟은 딸기를 주워 모으고 다시 앞으로 나아갔다. 해가 높이 떠올라 밝게 반짝이는 빛과 그늘의 얼룩무늬를 풀 위에 펼치며, 계집아이들의 허리께까지 흥건히 적신 이슬을 반짝반짝 비춰주고 있었다.

두 아이가 앞으로 더 가면 딸기가 더 있을 거라고 생각하며, 드디어 거의 숲 가장자리까지 왔을 때, 뒤에 나타나서 역시 딸기를 따고 있던 처녀들과 아낙네들이 높은 소리로 서로를 부르는 소리가 여기저기서 들려왔다. 아침밥을 먹을 시간이 되자 컵이며 항아리가 벌써 반이나 차 있었다. 그 때 두 아이는, 역시 딸기를 따러 온 아쿨리나 아주머니를 만났다. 아쿨리나 아주머니 뒤에서 저고리 바람에 모자도 쓰지 않고, 배가 나온 난쟁이 같은 사내아이가 퉁퉁한 안짱다리로 뒤뚱뒤뚱 걸어왔다.

"나한테서 떨어져야 말이지." 아쿨리나 아주머니는 사내아이를 두 손으로 안아 올리면서 아이들에게 말했다. "누구, 맡길 사람도 없고 해서."

"우리 방금 커다란 토끼를 한 마리 쫓아냈어요. 어찌나 무서운 소리를 내던지, 정말 컸어요!"

"그래?" 아쿨리나는 그렇게 말하고 사내아이를 다시 내려놓았다.

그런 대화가 오간 뒤, 아이들은 아쿨리나 아주머니와 헤어져 다시 딸기를 따기 시작했다.

"잠깐 쉬었다 하자." 올리그시카가 그렇게 말하며 호두나무 그늘에 앉았다. "아! 힘들어. 에이, 빵을 더 가지고 올걸 그랬어. 배고파."

"나도 배고파." 그루시카가 말했다.

"아쿨리나 아주머니가 왜 저렇게 소리를 치실까? 너도 들었니? 아쿨리나 아주머니!"

"올리그시카!" 아쿨리나 아주머니의 목소리가 대답했다.

"왜 그러세요?"

"우리 아이 거기 없니?" 아쿨리나 아주머니가 지류 저편에서 소리쳤다.

"없는데요."

그때 관목 덤불이 바스락 소리를 내나 싶더니, 지류 쪽에서 바로 그 아쿨리나 아주머니가 무릎까지 옷자락을 걷어 올린 채 손에 바구니를 들고 나왔다.

"우리 아이 보지 못했어?"

"못 봤어요."

"아, 큰일 났다! 미시카!"

"미시카!"

아무 대답도 없었다.

"어이구, 이 일을 어떡해, 아이를 잃어버렸어! 숲 속에서 길을 잃어버릴 텐데!"

올리그시카는 벌떡 일어나서 그루시카와 함께 한쪽으로 찾으러 갔고, 아쿨리나 아주머니는 다른 쪽으로 찾으러 갔다. 세 사람은 쉴 새 없이 큰 소리로 미시카를 불렀지만, 아무 대답이 없었다.

"아이, 힘들어." 자꾸 뒤처지던 그루시카가 말했다.

그러나 올리그시카는 계속 "미시카! 어디 있니!" 하고 소리치면서 주위를 두리번거리며 이쪽저쪽으로 뛰어다녔다.

아쿨리나 아주머니의 필사적인 목소리가 멀리 숲 속에서 들려왔다. 올리그시카가 더 이상 찾는 것을 포기하고 집으로 돌아가려했을 때, 어린 보리수나무 그루터기 부근의 덤불 옆에서, 아무래도 새끼를 데리고 있는 듯한 새가 무언가에 화가 난 것처럼 끈질기고 맹렬하게 울고 있는 소리가 들려왔다. 새는 분명히 뭔가를 걱정하며 화를 내고 있었다. 올리그시카가 하얀 꽃이 핀 키 큰 풀이 가득 자라고 있는 덤불을 들여다보니, 바로 그 밑에 숲의 풀과는 전혀 다른 푸른색이 보였다. 멈춰 서서 자세히 들여다보니 틀림없는 미시카였다. 새는 미시카를 두려워하며 신경을 곤두세우고 있었던 것이다.

미시카는 커다란 배를 깔고 엎드려, 머리 밑에 손을 괴고, 통통한 안짱다리를 뻗은 채 곤히 잠들어 있었다.

올리그시카는 큰 소리로 아주머니를 부른 뒤, 미시카를 깨워 딸기를 먹여 주었다.

그 뒤 오랫동안 올리그시카는 만나는 사람마다, 그리고 집에 돌아간 뒤에는 어머니와 아버지, 이웃사람들에게 자기가 아쿨리나 아주머니의 아이를 얼마나 찾아다녔으며, 결국 어떻게 찾았는지 그 경위를 자랑스럽게 들려주곤 했다.

태양은 완전히 숲 위로 떠올라, 대지와 그 위에 있는 모든 것을 불태우려는 듯 내리쬐고 있었다.

"올리그시카, 우리 멱 감으러 가자!" 올리그시카를 만난 아이들이 그녀를 꼬드겼다. 그리고 다 같이 줄을 지어 노래를 부르면서 강으로 갔다. 아이들이 물을 찰싹찰싹 때리고 깍깍 소리치며 발로 첨벙첨벙 차기도 하면서 시간 가는 줄 모르고 놀고 있는 동안, 서쪽 하늘에서 검은 구름이 낮게 나타나, 해가 구름 속으로 들락날락하기 시작하더니, 꽃향기와 자작나무 이파리의 냄새가 피어오르고, 드디어 천둥이 우르릉 쾅! 하고 울리기 시작했다. 아이들이 미처 옷을 입을 사이도 없이, 비가 쫙 하고 쏟아져 내려 모두 물에 빠진 생쥐처럼 젖고 말았다.

비에 젖어서 거뭇한 색으로 몸에 착 달라붙은 셔츠를 입은 채, 아이들은 집으로 뛰어가서 간단하게 요기한 뒤, 감자밭에서 일하고 있는 아버지에게 도시락을 가지고 갔다.

그녀들이 집에 돌아와서 식사를 할 무렵에는 이미 옷도 다 말라 있었다. 산딸기를 잘 가려서 컵에 담고, 그것을 언제나 좋은 값에 사주는 니콜라이 세묘노비치의 별장으로 가지고 갔다. 하지만 이번에는 거절당하고 말았다.

파라솔 밑의 큰 의자에 앉아서 더위에 괴로워하고 있던 마리아는, 딸기를 가지고 온 계집아이들을 보더니 그녀들에게 부채를 흔들어보였다.

"필요 없어, 돌아가!"

그때 고전 중학에서 공부를 끝내고 쉬면서, 이웃집 아이들과 크리켓을 하고 있던 열두 살 난 장남 발랴가 딸기를 보더니 곧장 올리그시카 옆으로 달려와서 물었다.

"얼마니?"

그녀는 대답했다.

"30코페이카예요."

"비싼데?" 발랴가 말했다. 이런 경우 어른들이 늘 그렇게 말하는 걸 듣고, 그도 그렇게 말한 것이었다. "잠깐만 기다려, 저쪽 구석에서." 그는 그렇게 말하고 유모한테 뛰어갔다.

올리그시카와 그루시카는 그동안, 집과 숲과 뜰이 어쩐지 작게 비쳐 보이는 유리공을 넋을 잃고 들여다보고 있었다. 하지만 그 유리공도 그 밖의 여러 가지 것도, 그녀들에게는 그리 큰 경탄의 대상은 못 되었다. 왜냐하면 그녀들은 자신들이 이해할 수 없는 신비로운 귀족들의 세계에는 어떤 멋지고 신기한 것이 있더라도 놀라운 일이 아니라고 생각했기 때문이다.

발랴는 유모에게 가서 30코페이카를 달라고 졸랐다. 유모가 20코페이카면 충분하다며 작은 궤에서 그만큼만 돈을 꺼내 주자, 발랴는 간밤의 괴로운 잠에서 겨우 일어나 담배를 피우며 신문을 읽고 있던 아버지 몰래 나가서, 20코페이카를 아이들에게 주고 딸기를 접시에 옮겨서 그대로 먹기 시작했다.

집으로 돌아온 올리그시카는 20코페이카 은화 한 닢을 싼 손수건의 매듭을 이로 풀어서, 그 은화를 어머니에게 주었다.

어머니는 돈을 챙겨 넣고 빨랫감을 들고 강으로 나갔다.

아침 식사 뒤 아버지와 함께 감자밭에서 일했던 타라스카는, 그때 짙게 우거진 떡갈나무 밑에서 낮잠을 자고 있었다. 아버지도 같은 곳에 앉아서, 다리를 묶고 마구를 풀어준 말을 지키고 있었다. 무엇보다 남의 밭 바로 옆이었기 때문에, 말이 언제 보리밭과 남의 목장에 들어갈지 몰랐던 것이다.

니콜라이 세묘노비치의 집에서는 그날도 여느때와 다름없이 모든 것이 잘 돌아가고 있었다. 세 가지 요리의 아침 식사가 벌써부터 준비되어, 아까부터 파리가 먼저 맛을 보고 있었지만, 아직 아무도 먹으러 오지 않았다. 모두 식욕이 나지 않았던 것이다.

니콜라이 세묘노비치는 오늘 읽은 신문기사에도 자신의 생각이 옳다는 것이 증명되어 있는 것에 만족을 느꼈다. 마리아도 고가의 병이 차도가 있어서 한시름 놓고 있었다. 또 의사는 자신이 처방해준 약이 효과가 있었기 때문에 흐뭇해하고 있었다. 발랴는 발랴대로 딸기 한 접시를 먹어 치우고 흡족한 기분이었다.

레프 톨스토이

채수동

한국외국어대학교 러시아어과 졸업. 미국 뉴욕대학교 대학원 수료(러시아문학). 미국 콜롬비아대학교 대학원 수학. 주러시아대사관 총영사. 주수단대사관 대사. 한국외국어대학교 러시아문학 강의. 지은책 〈한 외교관의 러시아 추억〉. 옮긴책 톨스토이 〈사람은 무엇으로 사는가〉〈이반 일리치의 죽음〉〈크로이체르 소나타〉 도스토옙스키 〈죄와 벌〉〈악령〉〈카라마조프형제들〉〈하얀밤〉

고산

성균관대학교국문학과 졸업. 성균관대학교대학원 졸업(비교문화학). 동서문화사 창간발행인 편집인. 동인문학상 운영위원회 집행위원장. 「자유문학」〈소설 청계천〉 신인상 수상. 지은책 전작소설 〈장진호레퀴엠〉〈고산 삼국지〉〈한국을 만든 사람들〉〈한국출판100년〉〈열정의 출판·新文館 崔南善·講談社 野間淸治〉〈칼럼·역사 인간 시대〉〈고산 국어대사전〉〈파스칼세계대백과사전〉

세계사상전집086
Lev Nikolaevich Tolstoy
A CALENDAR OF WISDOM
인생이란 무엇인가 I
톨스토이/채수동 고산 옮김
동서문화창업60주년특별출판
1판 1쇄 발행/2017. 2. 20
1판 2쇄 발행/2020. 3. 1
발행인 고정일
발행처 동서문화사
창업 1956. 12. 12. 등록 16-3799
서울 중구 마른내로 144(쌍림동)
☎ 546-0331~6 Fax. 545-0331
www.dongsuhbook.com

＊

사업자등록번호 211-87-75330
ISBN 978-89-497-1601-5 04080
ISBN 978-89-497-1514-8 (세트)